JN297133

海上保険の理論と実務

木村栄一
大谷孝一 編
落合誠一

弘文堂

はしがき

　わが国は、四方を海に囲まれ、世界有数の貿易立国として発展してきたが、経済のグローバル化が進む現在、わが国の企業活動は、国際的な展開をますます強めている。保険は、こうした企業活動を支える経済制度の1つであるが、なかでも海上保険は、海運、物流、海洋工事などにおける危険に対処する制度として、経済の発展においてきわめて重要な役割を担っている。

　個人分野の保険種目の保険料収入の飛躍的増大に伴い、損害保険料収入全体のなかで海上保険料収入の占める割合は年々減少しているが、海上保険は、損害保険事業において、保険料規模では計れない重要な位置を占めている。海上保険は、14世紀に北イタリアのピーサ、フィレンツェなどの商業都市で生まれて以来、長い歴史を有し、あらゆる保険の基礎であるとともに、海上輸送等の技術革新に対応し進化してきた保険である。そのため、海上保険には、保険の基礎理論から現代の先端的問題まで多様な事柄が含まれている。また、海上保険は、ロンドン市場をはじめとする世界の市場との競争のなかで、アンダーライティングやクレーム処理を進化させてきた保険制度である。海上保険事業において蓄積されてきた専門性は、わが国の保険会社における保険事業の国際的展開に欠くことのできない基礎となっている。

　海上保険の研究もまた、保険の学問研究においてきわめて重要な位置を占めている。わが国における保険の学問研究は、1893（明治26）年、高等商業学校（一橋大学の前身）の村瀬春雄博士による海上保険の講義に遡る。村瀬春雄博士は、ベルギーのアントワープに留学して欧州諸国の海上保険法や慣習を学び、その成果をもとに同校における保険研究の道を切り拓いた。また、村瀬春雄博士は、保険会社の役員も務め、理論と実務が調和した研究を展開した。このようにして始まった海上保険の学問研究は、その後、多くの研究者の努力によって体系化が図られ、「海上保険論」として確立し、戦後、その理論研究や歴史研究は、世界第一級の水準に達した。海上保険における研究成果は、保険学の基礎となり、とりわけ保険法理論

や保険契約論の発展に貢献している。

このようなわが国における海上保険の研究は、以下の特徴を有している。

第1に、海上保険の研究は、その契約理論を解明していく手法をとっている。海上保険は、商人間の取引として実施される。そのため、海上保険研究は、その契約理論の研究が中核を占めている。

第2に、海上保険は、長い歴史を経て生成されてきたものであるので、歴史的考察が不可欠な部分となっている。

第3は、理論と実務との調和である。海上保険の研究においては、実際の商取引をもとに理論を構築し、その理論を実際に応用し、理論を進化させてきている。

第4は、比較法的な分析手法である。海上保険は、ロンドン市場の影響を強く受けた国際的取引である。研究においては、イギリスをはじめ、先進諸国の法や慣習などを比較検討していく手法がとられている。

こうした研究の特徴や手法は、村瀬春雄博士がわが国で海上保険の専門教育を開始した時から今日まで、海上保険研究における基本姿勢として貫かれている。

このように、海上保険は保険事業における重要な保険種目であり、また、海上保険の研究は重要な学問領域を形成しているが、海上保険料収入の相対的低下に伴い、海上保険の専門家や研究者も減少し、専門図書もほとんど出版されていない状況が続いている。これは、大変憂慮すべき状況といえる。海上保険の研究や実務において蓄積されてきた英知は、これからの保険理論の研究や国際化が進む損保事業において、重要な財産となるものである。現在を生きる私たちには、先人の努力によって蓄積されてきた英知を活用するとともに、それをさらに高めて次の世代に継承していく責務がある。

こうした問題意識と責任感が動機となり、海上保険の専門家が集まり、本書を取りまとめることとなった。本書では、海上保険の役割や歴史から、法制度、契約理論、主要約款、Ｐ＆Ｉ保険、共同海損、クレーム処理に至るまで、海上保険制度の全体を網羅し、また、保険法の施行やそれに伴う約款変更、最新の実務も反映させている。いずれの執筆者も諸事多忙のなか、本書の執筆に力を注いでいただいた。本書をご一読いただければ、海

上保険の研究が蓄積してきた広く豊かな世界や、海上保険が大きな可能性を持つ制度であることがご理解いただけるものと確信している。

　本書のような専門書を出版できるようになったのは、ひとえに株式会社弘文堂第一編集部・北川陽子部長の格別のご厚意の賜物である。同氏は、本書の刊行を快く引き受けてくださるとともに、字句の統一等の細かな点検から、専門的助言、温かい励ましまでしてくださった。ここに記して深甚なる感謝の意を表したい。また、付録として掲載した東京海上日動火災保険株式会社利用の約款は、東京海上日動火災保険株式会社海上業務部・近内保利部長のご好意により、同社から掲載の許諾をいただいた。また、校正にあたっては、早稲田大学大学院商学研究科学生・松下千紗君の力を得た。感謝の意を表する次第である。

　本書が、わが国の海上保険研究の次の時代の扉を開くことになれば、望外の幸せである。

　　2011年6月

　　　　　　　　　　　　　　　　　　編者を代表して　木村栄一

目　次

はしがき …………………………………………………………………………… i

第1部　海上保険の基礎理論 ………………………………………………… 1

第1章　海上保険の役割と研究の意義 ……………………………………… 3
 I　総説 …………………………………………………………………………… 3
 II　海上保険の特徴 …………………………………………………………… 5
   1　歴史性　　2　多様性　　3　国際性
   4　企業保険　　5　海の特殊性
 III　海上保険の役割 …………………………………………………………… 11
   1　企業活動の安定　　2　事業活動の推進
   3　危険に対する準備の経費化　　4　信用の補完
   5　保険制度の運営を通じたノウハウの集積
   6　被害者の保護　　7　貿易・海運・産業の振興
 IV　海上保険研究の意味 ……………………………………………………… 15
 V　海上保険研究の誕生 ……………………………………………………… 16
   1　海上保険約款の定型化
   2　海上保険法の生成と海上保険法学の誕生
 VI　海上保険研究の展開 ……………………………………………………… 18
   1　中世の保険約款および保険法研究の必要
   2　16世紀中葉から17世紀末まで
   3　18世紀初頭から19世紀末まで
   4　20世紀初頭から今日まで
 VII　わが国における海上保険研究 …………………………………………… 38
 VIII　入手可能な英米海上保険文献 …………………………………………… 43

第2章　海上保険の歴史 ……………………………………………………… 47
 I　総説 ………………………………………………………………………… 47
   1　イタリア商業の発展と冒険貸借　　2　徴利禁止令

Ⅱ　仮装保険契約 ……………………………………………………………………… 52
　　　　1　仮装冒険貸借　　2　仮装保険契約
　　Ⅲ　真正保険契約 ……………………………………………………………………… 55
　　　　1　海上保険の誕生と伝播
　　Ⅳ　スペイン …………………………………………………………………………… 57
　　Ⅴ　フランス …………………………………………………………………………… 59
　　　　1　マルセイユ（Marseille）
　　　　2　モンペリエ（Montpellier）
　　　　3　ルアン（Rouen）
　　Ⅵ　イギリス …………………………………………………………………………… 67
　　　　1　海上保険の伝播　　2　ロイズ（Lloyd's）
　　　　3　近年におけるロイズ
　　Ⅶ　ロイズ S. G. 保険証券（Lloyd's S. G. Policy）と MAR 保険証券
　　　　（Marine Cargo Policy） ……………………………………………………… 78
　　　　1　海上保険の国際性とイギリス市場の優位性
　　　　2　1779 年ロイズ S. G. 保険証券
　　　　3　UNCTAD（国連貿易開発会議）事務局による改善勧告
　　　　4　MAR 保険証券と新協会貨物約款
　　　　5　2009 年協会貨物約款の制定
　　Ⅷ　日本 ………………………………………………………………………………… 84

第 3 章　海上保険に関する法規整 ………………………………………………………… 87
　　Ⅰ　概説 ………………………………………………………………………………… 87
　　Ⅱ　日本 ………………………………………………………………………………… 88
　　　　1　総説　　2　保険法と海上保険契約法との関係
　　　　3　海上保険契約の法規整
　　Ⅲ　主要国の海上保険に関する法規整 ……………………………………………… 99
　　　　1　イギリス　　2　アメリカ　　3　ドイツ
　　　　4　フランス　　5　ノルウェー

第 4 章　被保険利益 ………………………………………………………………………… 109
　　Ⅰ　総説──被保険利益の意味 …………………………………………………… 109
　　Ⅱ　被保険利益の本質 ……………………………………………………………… 111
　　Ⅲ　被保険利益の要件 ……………………………………………………………… 113
　　　　1　金銭に見積ることのできる利益でなければならない
　　　　2　確実な利益でなければならない
　　　　3　適法な利益でなければならない

Ⅳ　被保険利益の種類 ………………………………………………… *114*
　　　　　1　所有者利益　　2　担保利益　　3　使用利益
　　　　　4　収益利益　　5　代償利益　　6　消滅することある利益
　　　　　7　未必利益　　8　責任利益　　9　費用利益
　　　Ⅴ　保険価額、協定保険価額、保険金額、保険制限金額 ……… *118*
　　　　　1　保険価額　　2　協定保険価額　　3　保険金額
　　　　　4　保険制限金額
　　　Ⅵ　保険金額と（協定）保険価額との関係 ……………………… *123*
　　　　　1　全部保険、一部保険、超過保険　　2　重複保険

第5章　保険期間 ………………………………………………………… *135*
　　　Ⅰ　総説 …………………………………………………………………… *135*
　　　Ⅱ　期間保険 ……………………………………………………………… *136*
　　　　　1　概説　　2　継続条項　　3　休航戻条項
　　　Ⅲ　航海保険 ……………………………………………………………… *141*
　　　　　1　概説　　2　船舶保険の始終期　　3　貨物保険の始終期

第6章　担保危険と免責危険 …………………………………………… *149*
　　　Ⅰ　総説 …………………………………………………………………… *149*
　　　Ⅱ　危険の基本概念 ……………………………………………………… *150*
　　　Ⅲ　担保危険、免責危険とは何か ……………………………………… *151*
　　　　　1　危険の限定とその意義　　2　担保危険の意義
　　　　　3　免責危険の意義と類型
　　　　　4　不担保危険、非担保危険、中性危険
　　　　　5　担保危険と免責危険の関係
　　　Ⅳ　海上危険の意義 ……………………………………………………… *156*
　　　Ⅴ　海上危険とは何か …………………………………………………… *159*
　　　　　1　日本法における海上危険の概念
　　　　　2　イギリス法における海上危険の概念
　　　　　3　日本法とイギリス法の比較
　　　Ⅵ　海上危険の分類 ……………………………………………………… *163*
　　　Ⅶ　海上保険における主要な担保危険 ………………………………… *164*
　　　　　1　わが国の海上保険契約における主要な担保危険
　　　　　2　イギリスにおける主要な担保危険の概念
　　　Ⅷ　海上保険における主要な免責危険 ………………………………… *171*
　　　　　1　日本法における法定免責危険
　　　　　2　イギリス法における法定免責危険
　　　　　3　主要な免責危険

第7章　因果関係 ……………………………………………… *181*

- I　総説 ……………………………………………………… *181*
- II　わが国における因果関係理論 ………………………… *183*
    - 1　概説　　2　因果関係に関する学説
    - 3　近時の議論
- III　イギリス ………………………………………………… *196*
    - 1　海上保険法と判例法における因果関係
    - 2　契約解釈論としての因果関係論
    - 3　因果関係理論の公式化
    - 4　イギリスの海上保険における因果関係について
- IV　小括 ……………………………………………………… *202*
    - 1　因果関係に対するアプローチ　　2　割合的因果関係

第8章　危険事情の限定と危険の変動 ………………… *205*

- I　総説 ……………………………………………………… *205*
    - 1　保険制度における危険事情の限定の意義
    - 2　海上保険における危険事情
- II　危険事情の限定に関係する各種制度 ………………… *208*
    - 1　告知義務　　2　契約における危険事情限定の方法
    - 3　危険事情の限定に関する約款文言の解釈
- III　ワランティ ……………………………………………… *217*
    - 1　ワランティの定義と効果
    - 2　MIA における warranty
    - 3　warranty の功罪
- IV　危険の変動に関する一般理論 ………………………… *221*
    - 1　危険の変動とは何か
    - 2　危険の変動の分類
    - 3　危険の変動または変革の例
    - 4　危険の変動に対する対応方式
    - 5　危険の変動に関する適用法
- V　日本法における危険の変動 …………………………… *226*
    - 1　適用される法
    - 2　危険の変動に関する保険法の内容
    - 3　危険の変動に関する商法の内容
    - 4　約款における危険の変動
- VI　イギリス法における危険の変動 ……………………… *230*
    - 1　適用される法
    - 2　MIA における危険の変動に関する規定
    - 3　危険の変動に関する約款規定

第9章　損害てん補 ……………………………………………… 233
Ⅰ　総説 …………………………………………………………… 233
1　本章の対象　2　損害てん補原則
3　保険制度における損害てん補
Ⅱ　海上保険における損害てん補の特徴 …………………… 237
1　一般原則
2　海上保険における損害てん補の特徴
3　海上保険における損害てん補の方法
4　海上保険における損害の種類と評価
Ⅲ　財物の損害——全損 ……………………………………… 241
1　意義　2　日本法　3　イギリス法
Ⅳ　財物の損害——分損 ……………………………………… 245
1　海上保険における損害の評価
2　分損に関する日本とイギリスの法
3　貨物海上保険における分損処理
4　船舶保険における分損
Ⅴ　各種費用損害 ……………………………………………… 251
1　総説　2　損害防止費用
3　共同海損分担額　4　証明費用
Ⅵ　賠償責任保険における損害てん補 ……………………… 254
1　総説　2　船舶間の衝突と責任原則
3　責任保険契約における被害者から保険会社等に対する直接請求権
Ⅶ　保険金の請求 ……………………………………………… 257
1　損害発生の通知義務、損害の説明義務
2　保険給付の履行期
3　消滅時効、出訴期限
Ⅷ　残存物代位 ………………………………………………… 260
1　総説　2　日本法　3　イギリス法
Ⅸ　請求権代位 ………………………………………………… 264
1　総説　2　日本法　3　イギリス法

第2部　各種海上保険の実際 ………………………………… 271

第10章　海上保険の種類と市場 …………………………… 273
Ⅰ　概説 …………………………………………………………… 273

Ⅱ 海上保険の種類と約款 ………………………………………… *273*
   1 日本における海上保険の種類と約款
   2 海外市場における海上保険の種類と約款
 Ⅲ 日本の海上保険市場 ……………………………………………… *277*
   1 市場規模 2 募集
 Ⅳ 世界の海上保険市場 ……………………………………………… *281*
   1 世界の海上保険市場の規模 2 海上保険市場の当事者
 Ⅴ 貨物海上保険市場の特色 ………………………………………… *288*
   1 クロスボーダー取引の自由と国際競争
   2 多様なリスクとオーダーメイド型の商品設計
   3 再保険と集積リスク
 Ⅵ 船舶保険市場の特色 ……………………………………………… *292*
   1 限られたリスク総数と高額な保険金額
   2 クロスボーダー取引の自由と国際競争
   3 多様なリスクとオーダーメイド型の商品設計

第 11 章 貨物海上保険の契約実務と約款 ………………………… *294*
 Ⅰ 概説 …………………………………………………………………… *294*
 Ⅱ 和文貨物海上保険約款 …………………………………………… *295*
   1 概説 2 1989 年貨物海上保険普通保険約款
   3 保険法改正と普通保険約款の改定
 Ⅲ 英文貨物海上保険約款 …………………………………………… *300*
 Ⅳ 英文証券フォーム ………………………………………………… *301*
   1 概説 2 MAR フォーム
 Ⅴ 2009 年協会貨物約款 …………………………………………… *304*
   1 協会貨物約款(A)
   2 協会貨物約款(B)および協会貨物約款(C)
   3 2009 年協会戦争約款 4 協会ストライキ約款
   5 輸送方法と適用約款
 Ⅵ ロイズ S.G. フォームと 1963 年協会貨物約款 ………………… *319*
   1 ロイズ S.G. フォーム
   2 1963 年協会貨物約款（オール・リスクス担保）
   3 1963 年協会貨物約款（分損担保）・（分損不担保）
   4 戦争危険およびストライキ等危険
 Ⅶ 貿易取引と外航貨物海上保険 …………………………………… *323*
   1 概説 2 インコタームズ
   3 信用状および信用状統一規則
 Ⅷ 貨物海上保険の契約手続き ……………………………………… *328*
   1 概説 2 包括予定保険契約

第12章 船舶保険の契約実務と約款 …… 331

- Ⅰ 概説 …… 331
- Ⅱ 船舶保険の契約実務 …… 331
  - 1 保険契約の主体と関係者　2 保険契約に関わる事務
  - 3 保険料に関する事務
  - 4 保険金の請求と支払い（保険給付の履行期）
- Ⅲ 船舶保険約款（和文約款）…… 336
  - 1 わが国の船舶保険約款の歴史
  - 2 船舶保険普通保険約款の特徴
  - 3 主な特別約款
- Ⅳ 英文船舶保険約款 …… 351
  - 1 イギリスの船舶保険約款の歴史
  - 2 New ITC（ITC Hulls 1/11/95）導入の動きとその結末
  - 3 船舶保険普通保険約款と ITC（1/10/83）の主要な相違
  - 4 普通期間保険以外の船舶保険の英文約款

第13章 P&I保険 …… 361

- Ⅰ 総説──意義 …… 361
- Ⅱ P&I保険の沿革 …… 361
  - 1 イギリスの場合　2 北欧の場合
  - 3 アメリカの場合　4 日本の場合
- Ⅲ P&I保険の組織 …… 369
  - 1 P&Iクラブ　2 再保険協定
  - 3 保険料（call or premium）
  - 4 保険年度（Policy Year）および保険期間
  - 5 保険金額　6 担保危険　7 条件、免責および制限

第14章 共同海損 …… 385

- Ⅰ 総説 …… 385
- Ⅱ YAR の歴史と基本構造 …… 387
  - 1 YAR の歴史と現行規則
  - 2 YAR の基本構造──共同安全主義と共同利益主義の結合
- Ⅲ 共同海損の成立要件 …… 393
  - 1 共同海損行為の一般的成立要件
  - 2 共同海損たる損害の範囲　3 運送人の過失と共同海損
- Ⅳ 主要な共同海損行為 …… 396
  - 1 海難救助と環境損害　2 避難
  - 3 その他の共同海損行為

Ⅴ　共同海損の精算 …………………………………… 404
　　　　　1　分担利益と共同海損精算書
　　　　　2　負担価額および損害額の算定基準
　　　　　3　損害通知義務、書類提出期限およびタイム・バー

第15章　海上保険の損害対応実務 …………………………… 412
　　　Ⅰ　概説 ……………………………………………………… 412
　　　Ⅱ　海損精算関係の組織 …………………………………… 412
　　　　　1　海損精算人　　2　鑑定人（マリン・サーベイヤー）
　　　　　3　クレーム代理店
　　　Ⅲ　単独海損（貨物） ……………………………………… 413
　　　　　1　概説　　2　貨物損害対応の流れ
　　　　　3　必要書類　　4　代位求償
　　　Ⅳ　船舶の精算 ……………………………………………… 425
　　　　　1　海難発生時の対応　　2　修繕　　3　衝突　　4　全損
　　　Ⅴ　救助 ……………………………………………………… 435
　　　　　1　救助に関する法律および条約　　2　救助の実務
　　　　　3　救助報酬の決定　　4　環境損害防止費用
　　　　　5　アレジド・サルベージへの対処
　　　Ⅵ　共同海損 ………………………………………………… 441
　　　　　1　共同海損　　2　共同海損精算の実務

付録 …………………………………………………………………… 445
　　　1　商法（抜粋）　　2　保険法（抜粋）
　　　3　貨物海上保険証券（記載例）　　4　貨物海上保険普通保険約款
　　　5　船舶海上保険証券（記載例）　　6　船舶保険普通保険約款
　　　7　船舶保険第6種特別約款　　8　英文貨物海上保険証券旧フォーム
　　　9　英文貨物海上保険証券新フォーム
　　10　2009年協会貨物約款(A)(B)(C)（訳）
　　11　協会期間約款（船舶）
　　12　1906年英国海上保険法（訳）

索引 …………………………………………………………………… 543
　　　和文事項索引 ………………………………………………… 545
　　　欧文事項索引 ………………………………………………… 552

【執筆担当一覧】　＊執筆順

中出　哲	第1章Ⅰ～Ⅲ、第6章～第9章
大谷孝一	第1章Ⅳ～Ⅷ、第2章、第4章、第5章
落合誠一	第3章
近内保利	第10章Ⅰ～Ⅴ、第11章
梅野鉄朗	第10章Ⅲ・Ⅳ・Ⅵ
山口裕幸	第12章
今泉敬忠	第13章
中西正和	第14章
増谷　博	第15章Ⅰ～Ⅲ
村上暢男	第15章Ⅳ～Ⅵ

第1部
海上保険の基礎理論

▶▶▶▶▶▶▶▶

第1章　海上保険の役割と研究の意義
第2章　海上保険の歴史
第3章　海上保険に関する法規整
第4章　被保険利益
第5章　保険期間
第6章　担保危険と免責危険
第7章　因果関係
第8章　危険事情の限定と危険の変動
第9章　損害てん補

第1章

海上保険の役割と研究の意義

I 総　説[1]

　海上保険は、海上危険、すなわち航海に関する事故、によって生じる損害のてん補を目的とする保険である。商法815条は、海上保険契約について、「海上保険契約ハ航海ニ関スル事故ニ因リテ生スルコトアルヘキ損害ノ塡補ヲ以テ其目的トス」と規定する。「航海ニ関スル事故」とは、海上危険と同義とされている[3]。海上保険という名の具体的な保険はなく、海上保険は、外航貨物海上保険、内航貨物海上保険、船舶保険、船舶の不稼働損失保険、船舶の建造保険、造船所等の賠償責任保険、海上石油掘削装置関係の各種保険、Ｐ＆Ｉ保険などの保険を総称する概念である[4]。

　海上保険は、契約者の特性、保険の目的物、被保険利益などからみて多様の保険を包含するが、対象とする危険が「航海に関する事故」すなわち

---

1)　海上保険については、国内外に多くの文献があり、それらについては、本章ⅦおよびⅧに記載したとおりである。本章ⅠからⅢの記述にあたっては、特に、以下の文献を参考にしている。木村栄一『海上保険』（千倉書房・1978）、今泉敬忠＝大谷孝一『海上保険法概論〔第3版〕』（損害保険事業総合研究所・2010）、松島恵『海上保険論〔改訂第8版〕』（損害保険事業総合研究所・2001）、林忠昭『貨物海上保険』（有斐閣・1993）、藤沢順＝小林卓視＝横山健一『海上リスクマネジメント〔改訂版〕』（成山堂・2010）。

2)　木村・前掲注1) 21頁。

3)　大判大正2年12月20日民録19輯1036頁参照。海上危険の概念について詳しくは、本書第6章Ⅳ参照。

4)　海上保険は、イギリスでは marine insurance、ドイツでは Seeversicherung、フランスでは assurance maritime と称される。いずれの国においても1つの保険種目を形成している。海上保険にＰ＆Ｉ保険を含める場合と含めない場合とがある。本書では、原則として、海上保険にＰ＆Ｉ保険を含めて説明している。

「海上危険」であるという点から、陸上の各種保険と区別される。

実務界では、海上保険分野は、「マリン」と称され、専門の実務家によって扱われる分野となっており、そうした状況は、諸外国においても大きな違いはない。

海上保険は、適用される法律面でも他の保険と相違がある。わが国では、海上保険契約については商法に特別に規定がある。イギリスでは、1906年英国海上保険法（Marine Insurance Act 1906、以下、MIA という）が制定されており、海上保険契約に適用される。その他の国においても、海上保険について特別に法律を設けている国が多い。

多様な保険を包含しつつも、なお「海上保険」として他の損害保険と区別し、特別の法規整の適用を認めるのはなぜであろうか。それは、海上保険は他の保険とは異なる数々の特徴を有しているからにほかならない。

本章では、はじめに海上保険が有する特徴を確認し、海上保険が果たしている役割や機能を検討する。そのうえで、海上保険の研究を歴史的に素

---

5) この立場は、諸外国の法制においても同様である。なお、海上保険に関する商法の改正試案においても、「海上保険契約は、海上危険（航海に関する事故）によって生ずることのある損害をてん補することを目的とする」との定義が提案されている（損害保険法制研究会『海上保険契約法改正試案理由書〔1995年確定版〕』（損害保険事業総合研究所・1995）1頁）。
6) 一般的に、保険は高度な専門知識を必要とする事業といえるが、マリンの業務を遂行するためには、船体構造や貨物に関する商品知識に加え、日本・イギリス等の保険法、海事関係の法律や条約、貿易条件、各種海事制度、国際私法などに関する法律知識が必要不可欠である。また、国際的な仕事であるために、高い英語能力も必要となる。そのため、担当者として独り立ちできるためには、最低でも10年は必要といわれる。特に、海上保険の損害サービス処理には、渉外弁護士に比肩する法律実務知識が必要となる。状況は海外でも同じで、特にP＆Iクラブなどでは、弁護士資格を有する者が業務にあたっている場合が多い。また、海上保険は、古くから自由化されている保険であり、営業部門では、顧客のリスクに応じて最適な保険を提案する能力（保険条件に応じた特別条項等の起草能力を含む）や、リスクに応じた料率を算定する能力が求められる。わが国における海上営業部門の業務は、欧米では、保険ブローカーが担っている場合が多い。
7) 船舶保険と貨物海上保険は、それぞれ高度な専門性が求められ、その専門性の質に違いがあるため、いずれについてもエキスパートである実務家は少ないといわれる（林・前掲注1）3頁）。
8) 商法第3編海商第6章保険815～841条の2。
9) Marine Insurance Act 1906. エドワード7世即位第6年法律第41号。1906年12月21日。同法は、前文で、海上保険に関する法を法典化する法律（An Act to codify the Law relating to Marine Insurance）であることを示している。
10) イギリスでは、海上保険法とそれ以外の保険と適用法に違いがあり、海上保険には制定法であるMIAと判例法が適用される。オーストラリア、ニュージーランド、カナダ、シンガ

描し、その研究の意義を明らかにしていく。また、読者の利用に供するため、章の最後に現在入手可能な欧米の海上保険に関する参考文献の一覧を掲げる。

II 海上保険の特徴

1 歴史性

海上保険の特徴として、まず、その歴史性を挙げておきたい。

海上保険の歴史の詳細は第2章に譲るが、海上保険は、14世紀の北イタリアの諸商業都市で生まれたというのが通説である。ギリシャ・ローマ時代から地中海沿岸地方で行われていた冒険貸借[11]から融資の部分が分離し、危険負担のみの制度として誕生したといわれる。しかし、それは、いずこかの天才によって突然生み出されたものではなく、教会法に基づく徴利禁止によって冒険貸借を利用できなくなり、商人によるさまざまな形式の取引が試みられるなかで、純粋に危険負担のみで対価を得る取引として生み出された。これこそが海上保険であり、今日存在するさまざまの保険の嚆矢である。北イタリアの商業都市で誕生した海上保険は、フランス、スペイン、ポルトガルへと伝播し、16世紀には、フランドル地方（フランス北部からベルギー西部、オランダ南部にかけての地域）がイタリアに代わって海上保険の中心地となり、19世紀には、ロンドンが海上保険の中心地となっていく。

海上保険は、商人が商業取引のなかで生み出し、600年をゆうに超える長い年月のなかで、さまざまな海難事件、契約をめぐる紛争や犯罪などの出来事を通じて改良されてきた制度である。契約文言は洗練されたものと

ポールなどのコモン・ロー諸国も、イギリスと似たような状況にある。フランスでは、海上保険法が制定されていて、海上保険にはこれが適用される。ドイツでは、保険契約法（Versicherungvertragsrecht）は再保険および航海の危険に対する保険（海上保険）には適用されない（209条）。海上保険については、商法典5編10章（778条以下）に規定が設けられていたが、これらの規定は時代遅れとなっており、ドイツ海上保険普通保険約款（Allgemeinen Deutschen Seeversicherungsbedingungen；ADS）およびそれに関係する各種約款が実質的な法として適用される。詳しくは、本書第3章を参照。

11) *fœnus nauticum* と呼ばれ、「海上貸借」とも訳される。

なり、紛争は判例として蓄積され、その集積が、法理論の形成や各国の海上保険法典へと昇華されていった。海上保険の法理論は、長年にわたる膨大な取引実務と紛争処理をもとに形成されてきたところに最大の特徴があり、それは、保険法の基礎理論を形成するとともに、海事法や契約法などの法理論にも多くの影響を与えた[12]。

　海上保険は、長年にわたり蓄積されてきた知的財産を基盤とし、約款文言の一語一語について存在する判例[13]は、将来生じうる出来事に対する予測性を高めている[14]。こうした知的財産の存在は、約款文言の変更において保守的となる傾向を生む面がある。一方、貿易取引や輸送技術は、技術革新が目覚ましく、時代とともに変化していく。海上保険が、現在でも重要な保険制度としてその機能を発揮しているのは、貿易や商業取引の変化に的確に対応し、改良されてきたからに他ならない。海上保険は、過去からの知的財産に裏づけられて、それらを利用しつつも、商人の創意工夫と法律家の知恵とによって改良が続けられてきた制度といえる。

　海上保険の特徴として、その歴史性を挙げることができるが、ここにいう歴史性には、保険のなかで誕生が最も古いという意味だけでなく、長く蓄積してきた知的財産を基盤に持ちつつ、時代の変化に適合して改良を続けてきたことに、その意義を認めるべきであろう[15]。

2　多様性

　海上保険の特徴として、次に、その多様性を挙げることができる。その多様性には、いくつかのものが考えられる。

　第1は、海上保険の対象物の多様性である。海上保険は、海上危険にさらされる多様な財物や利益を対象とする柔軟性のある保険であり、対象物

---

12) 海上保険研究の意義は、その歴史性を踏まえて検討する必要がある。詳しくは、本章Ⅳを参照。
13) ここにおける判例とは、基本的には、海上保険が発展したイギリスにおける判例を指している。
14) 保険では、将来の偶発的な事象に対して、その危険率を予測して保険料を算出する。将来発生する可能性がある事象は千差万別であり、合意した特定の文言のもとでどのような事象が給付対象となるかが問題となる。過去の判例は、文言の意味内容を明確化し、予測性を高め、円滑な取引を可能とする。
15) 海上保険の保守性と革新性は、海上保険取引の中心的役割を担うロイズの特徴やイギリスの国民性にも関係しているかもしれない。

に特段の制限はない。実際の海上保険取引の中心は、船舶、貨物、海洋石油掘削装置関係となるが、いずれの保険においてもその対象物は多岐にわたる。船舶保険であれば、対象は、小さなプレジャーボートから巨大なタンカーまでさまざまであり、用途も、一般商船、客船、漁船など多様である。貨物海上保険の対象は、海上（および航空）輸送されるあらゆる物体といってよい。対象物が異なればそれに伴うリスクも異なり、その背景に存在する商取引も同じではない。原油、プラント機械、食品、生動物、絵画など、それぞれにおいて異なる取引慣行が存在し、そうした商取引を前提に海上保険が存在する。

　第2は、海上保険が対象とする被保険利益の多様性である。目的物の所有者利益、使用利益、費用利益、収益利益、代償利益、責任利益と、被保険利益を種類ごとに分類した場合の、あらゆる被保険利益の保険が、海上保険には存在する[16]。1つの保険契約で複数の被保険利益を対象とする場合も多い。

　第3は、事故発生地の多様性である。保険の目的物が存在し、事故の発生する可能性がある場所は、公海上、いずれかの国の領海内、あるいは、海上に限らず、河川、湖、陸上、空とさまざまである。

　第4は、地理的な多様性や海上の特殊性を背景として、生じる事故（危険）や損害の形態も多様性を帯び、沈没、座礁、火災、爆発、衝突、海賊、ストライキ、戦争といった、さまざまな危険が対象となりうる[17]。

　第5は、損害の態様における多様性である。対象物とそれに伴う危険とがさまざまであるから、損害の態様もさまざまとなる。物の価額も変動し、事故の発生場所によっても相違が生じる。加えて、ビジネスの実態や当事者の所在する国などの違いにより、損害の評価基準においても、さまざまな価値判断や制度の衝突[18]が生じる。そのため、こうした変動や多様性を前提[19]と

---

16) 海上保険における被保険利益については、第4章を参照。
17) 基本条件では担保外としてあっても、特別約款または特別条項で復活担保する場合も多い。このために、海上保険の危険引受方式は複雑で、事故が生じた場合の因果関係の問題も複雑となる。
18) 物理的には同一の形状であっても、国の生活水準、取引の実情などによって、損害の評価が大きく変わる場合がある。特に、日本は、品質に対する基準が厳しい国の1つである。
19) 保険制度において認容した損害額が、運送契約に基づく運送人による損害賠償や第三者による不法行為責任に基づく損害賠償において、そのまま認容されるとは限らない。

して、その変動を排除して予測可能性を高める制度が取り入れられている。[20]

このように、対象となる目的物の種類、目的物の所在場所、被保険利益の種類、危険の種類、損害の態様と評価など、いずれの要素を取り上げても多様であり、海上保険は、こうした多様性がある事象を対象として存在する制度といえる。言い換えれば、このような多様性に対応できる柔軟性が海上保険の特徴であるといってよいであろう。

3 国際性

海上保険の特徴として、さらにその国際性をあげることができる。

第1に、貿易取引や海上運送に伴い、保険の目的物は、世界のさまざまな国を移動する。事故発生の可能性がある場所は全世界にわたり、対象とするリスク自体が国際的である。[21]

第2に、海上保険契約では、保険契約の当事者や関係者が複数国にまたがり、複数国間の当事者による国際的契約となる場合も多い。[22]

第3に、海上保険のリスクは巨大で、再保険を通じたリスク分散が不可欠である。一国内だけでリスクを消化することは難しく、ロンドン市場等で再保険を手配する必要が生じる。海上保険は、再保険手配の必要性から、元受保険の契約内容・文言を国際的に受け入れられるものとする必要がある。海上石油掘削装置などの保険では、国際的な共同保険の形態をとる場合もある。

以上のように、海上保険は国際的な性格を有する。その結果、国際的な取引慣行や標準約款が発達している。

さらに、海上保険は国際競争にさらされている点も見逃してはならない。貿易取引の当事者は、原則として、いずれの国で貨物海上保険を手配する

---

20) 厳格な損害額の算定をせずに、迅速性と予測性を高めることを目的に、海上保険で利用されている制度として、保険価額不変の擬制、評価済保険証券、希望利益の協定（通常10％）、分損計算、差引計算、保険委付などをあげることができる。

21) また、海上保険契約の保険金額の通貨も円に限らない。売買契約と保険契約の通貨が異なることによる為替変動リスクを回避するために、保険契約者は売買契約の取引通貨と同じ通貨で保険金額を設定する場合もある。保険金は、保険証券上の通貨で算定され、支払い時点において保険金支払地の通貨に換算して支払われる。保険料が円建ての場合、保険者は為替変動リスクも負っているといえる。

22) 海上保険契約では、銀行も質権者等として契約の関係者となる場合がある。

かを選択できる[23]。世界を航行する外航船舶の場合も、船主や運航者は、原則として、いずれの国で保険を付けるかを選択できる[24]。保険契約者から選択されるためには、保険会社やその保険商品の優劣のみならず、法律や紛争処理等に関する国の法制度も重要となる。したがってわが国で提供する海上保険の内容は、わが国の契約者のみならず、諸外国の事業者にも理解され、またアピールするものでなければ、国際競争力を失うだろう[25]。

4　企業保険

海上保険は、船会社、貿易商社、メーカー等が利用者となる企業保険で

---

[23] わが国においては、わが国の国内財産については、原則として、わが国に支店等を設けていない外国保険業者等に保険を付けることが禁止されているが、貨物の保険については、外国保険業者等に保険を付けることが認められている（保険業法186条1項2号、同3号）。なお、外国の一部の国では、国外の保険会社に貨物海上保険を付けることを禁止している場合がある（このような規制を「付保規制」と呼んでいる）。

[24] わが国では、内航船については、保険業法上、国内の他の財産と同じく、原則として、日本に支店等を設けない外国保険業者に保険を付けることは認められない（保険業法186条1項）。国際海上運送に使用される日本国籍の船舶等については、日本に支店等を設けない外国保険業者に保険を付けることが認められる（同条1項2号）。

[25] 現状では、準拠法を日本法とした場合には国際競争力が低くならざるをえない。そのため、わが国保険会社の外航貨物海上保険契約や英文の船舶保険契約では、てん補請求に対する責任とその決済に関しては、イギリスの法と慣習に従う旨の準拠法約款が挿入されている。

　準拠法約款の具体的な文言は会社間で多少の相違はあるが、たとえば、東京海上日動火災保険株式会社における外航貨物海上保険証券には、以下の条項が入れられている（2011年1月末時点）。

　Notwithstanding anything contained herein or attached hereto to the contrary, this insurance is understood and agreed to be subject to English law and practice only as to liability for and settlement of any and all claims. （なお、この条項では、適用法についてのみ指定し、管轄裁判所については指定していない。）

　同社の英文船舶保険証券では、Law and Jurisdiction Clause として、以下の条項が入れられていて、管轄裁判所に関する合意文言も含まれているほか、契約の存在や有効性に関しては、日本法が適用されることを明示している。

　Article 1. English Law and practice shall apply as to liability for and settlement of any and all insurance claims. In all other respects, including issues as to the existence and validity of this insurance, this insurance is subject to Japanese law and practice.

　Article 2. This insurance shall be subject to the exclusive jurisdiction of the Tokyo District Court of Japan, except as may be expressly provided herein to the contrary.

　以上のような部分的な管轄の指定については、議論はあるものの、有効とするのが通説である。しかし、この条項がいかなる法律問題を射程範囲とするのか明確でない点が問題として指摘されている（山下友信『保険法』（有斐閣・2005）138-141頁）。実際には、告知義務、時効、履行遅滞の起算点などをめぐり、裁判で争いとなっている。こうした問題を解決する方法としては、事項ごとに準拠法を細かく指定する方法や、準拠法をすべてイギリス法

あり、この点からもいくつかの特徴が生まれる[26]。

第1は、海上保険の内容の相違である。海上保険は、企業リスクに対する保険であり、ビジネスの中身やリスクの実態は企業によって同一ではなく、それに適合する最適の保険カバーが求められる。海上保険では、国際的に保険カバーの標準化が進んでいるが、それだけではリスク対応としては十分でない場合があり、オーダー・メイドのカバーが提供される場合も少なくない。

第2は、企業取引に適合する運営スキームが求められる点である。貿易貨物の場合は、大量取引が発生し、それらを効率的に処理する必要が生じる。海上保険における遡及保険、包括予定保険契約（オープン・カバー）や保険証券発行の省略などの制度は、その例である。

第3は、法理論面における問題である。海上保険の対象物は多様で、国をまたがって契約がなされることもしばしばであり、個別のリスク実態が保険会社にはほとんどわからない場合も多い[27]。こうした状況において、商業上の必要から、当事者双方にとって予測性が高く、できるだけ迅速で、コストのかからない取引が求められる。告知や表示に関する義務、ワランティ（warranty）などの法制度は、保険の目的物等に関する危険情報が契約者側に偏在するなか、取引コストを抑えて効率的な引受けを行うための制度として生み出されたものである。こうした取引が可能となるためには、前提として、保険契約者と保険者の信頼関係が必要である。保険契約は契約当事者の最大善意（*uberrimae fidei*）に基づく契約と称されるが[28]、海上

としてしまう方法も考えられるが、前者はその煩雑さゆえに実現可能性に問題があり、後者は、契約締結地が日本であって裁判管轄を日本の裁判所にする場合でも、準拠法を完全にイギリス法にしてよいかといった問題があり、実務上、そのいずれも採用できない状態となっている。

26) 個人の海外引越荷物に対する保険も存在するが、被保険者が個人であっても、引受けのスキームとしては引越業者の包括的貨物海上保険契約をベースとして、契約の実態は、法人保険といってよい場合がほとんどである。

27) 特に、外航貨物海上保険では、保険会社は、契約者の説明とインボイスなどの書面で引受け可否を決定せざるを得ない場合がほとんどで、保険の目的物の確認が可能であっても、そのために多額の費用を要する場合が多い。

28) MIA 17 条は、海上保険契約は最大善意（utmost good faith）に基づく契約であって、当事者の一方が最大善意を守らない場合には、相手方はその契約を取り消すことができると規定

保険は、保険制度のうちでも、最大善意が最も要請され、これを前提として効率的な運営が図られている制度といえる。また、予測性を高めるためには、一定の割切りを行うことにも合理性があり、厳格な損害てん補を修正した各種制度が導入されている。

5 海の特殊性

海上では、陸上と異なるリスクが存在するとともに、共同海損、船舶衝突、船主責任制限、油濁損害賠償責任、海難救助、船骸撤去など、海上特有の法制度が存在し、また、数多くの国際条約が制定されている。したがって、海上保険は、海に特有のリスクや法制度に適合する制度となっている。

Ⅲ　海上保険の役割

海上保険には、細かくみればきわめて多岐にわたる保険が含まれ、厳密には、それぞれの保険によって、機能や役割も異なる。しかしながら、大きくみれば、以下のような役割を果たしているものといえる。

1　企業活動の安定

船舶は、船主にとって、重要な財産であるとともに、海上運送という事業における基本手段でもある。それに損害が生じれば、船主は、多額の財産を失い、あるいは修繕工事などの費用を負担し、収入も減少する。また、

する。イギリス法において、最大善意の原則は、保険契約締結時における告知や表示の義務（pre-contractual duty）に加え、その後の保険期間中の被保険者による通知や保険金請求における義務（post-contractual duty）にも及ぶ。この原則は、契約の当事者双方の義務であり、保険者側にも適用される。Jonathan Gilman, Robert Merkin et al., *Arnould's Law of Marine Insurance and Average*, 17th ed., London, 2008, at p. 538 参照。

29) MIA 17 条ないし 20 条に規定される最大善意の原則は、イギリスでは、海上保険以外の保険契約にも適用される（Arnould, p. 538）。ただし、最大善意の原則は、保険利用者に対して厳しく、その保護に欠けるなどの多くの批判があり、Law Commission により、制定法の変更が提案されている（Arnould, p. 540）。

30) 前掲注 20) の各種制度とその法理論は、典型例といえる。

31) 大谷孝一「海上保険の役割」大谷孝一編著『保険論〔第 2 版〕』（成文堂・2009）193-194 頁）、中出哲「企業活動にとっての保険の役割」同 11-14 頁参照。

船舶等の運航に伴ってさまざまな賠償責任を負う場合もある。こうした損害は時に甚大なものとなり、海運企業を破綻させる危険性がある。海洋の原油掘削事業においても状況は同じで、実際に、これまでにいくつもの大事故が発生している。

貿易貨物の場合も同様である。貨物は、貿易当事者における重要な財産であり、事故が生じた場合には、その財産を失うだけでなく、貿易により得ることを期待されていた収益[32]も失う。

企業においてキャッシュ・フローはきわめて重要で、それが途絶えれば経営破綻に結びつく。そのため、金銭の入用が生じた場合に、直ちに対応できるようにしておく必要がある。保険は、緊急事態におけるキャッシュ・フローの提供を通じて、企業を倒産リスクから守り[33]、計画的な事業活動を可能とする[34]。

海上保険における事故は、運航者の過失による貨物事故や、他船による衝突といった第三者の過失等によって生じ、法律上、その損害をてん補すべき当事者が、保険者以外にも存在する場合がある。純理論的には、そのような場合において保険制度が必要か否かについて議論になるかもしれない。しかし、賠償義務者から損害てん補を受けるまでには、事故原因の調査、相手側の過失の立証、責任主体の特定、損害額の立証、責任割合や賠償範囲に関する交渉、訴訟対応などの一連のプロセスが必要で、相当の時間と手間がかかる。海上保険は、損害発生後、迅速に保険給付を行い、第三者に対する賠償請求権は、保険者が代位取得して行使することで、円滑な事業活動を可能とする。迅速かつ予測性の高い給付は、企業活動に必須であり、賠償制度の有無にかかわらず、保険制度の存在は不可欠といえる。

2 事業活動の推進

海上保険は、事業活動を安定させるだけでなく、さらに進んで、事業そ

---

32) 海上保険では、貿易取引の買主が貿易取引によって取得することを期待している利益を希望利益として、保険の対象としている。
33) 海上保険では、損害が巨額となる場合も少なくなく、迅速な保険金の支払いはきわめて重要である。
34) 事故等が生じ、保険が手配されてなかったために企業活動に重大な支障が生じれば、仮に事故発生については責任がなかったとしても、企業経営者は、不測の事態に対する適切かつ合理的な対応に問題があったとして、責任を負う可能性がある。

のものを後押しする機能も有する。事故の発生可能性が小さくてもその損害が甚大となりうる場合、プロジェクトの着手に躊躇せざるを得なくなる場合もあるが、事故が生じても保険給付が受けられるとなれば、新たな事業に乗り出しやすくなる。たとえば、海外の美術品を日本で展示するためには保険が不可欠であり[35]、保険がなければ、高額の美術品を日本に持ってくること自体が難しくなる。

3　危険に対する準備の経費化

万が一の場合に備えて多額の資金を長期間寝かせておくことは、企業にとって合理的でない。発生の可能性がある損害に見合った資金を準備すること自体が、不可能な場合もある。海上保険は、危険に対処するための準備金を減らし、そのコストを毎年度の経費として会計処理することを可能とする。

海上保険は、危険負担を経費化し、それを当事者間で分担するうえで合理的な制度といえる。貨物海上保険では、輸送の船積み単位ごとに保険を付け、売買契約の条件に従って、保険料は最終的な売買価格に組み込まれていく。危険負担コストを、合理的な方法で個々の取引に分配しているといえる。

4　信用の補完

船舶等の建造には巨額の資金が必要であり、船舶金融において保険は必須である。通常、銀行は、保険金請求権に質権を設定し[36]、事故が生じた場合には、銀行に保険金が支払われるようにしている[37]。外国貿易においては、

---

35) 絵画の場合は、通常、航空輸送によるが、外航貨物海上保険で引き受けられている。通常、所蔵美術館の所定の場所を離れてから展示場所までの輸送、展示期間中、元の場所に安全に戻るまでの輸送期間の全体を保険期間として、梱包作業等の危険を含めて担保する方式がとられている。
36) 質権は日本法上の制度であり、英文保険証券などでは、Loss Payable Clause を保険証券に加え、保険金の支払先を契約上指定しておく方法がとられている。
37) 当然ながら、銀行が承諾すれば保険金は船主等に支払い可能となる。船舶保険契約の質権設定にあたり、分損（修繕費）については、あらかじめ銀行から包括的な承諾を得ておくなどの方法により、迅速に被保険者に支払えるようにしている場合がある。

国をまたがる売主と買主との間で代金決済が必要となり、通常、外国為替銀行を利用した決済が行われるが、その際には、貨物に対する担保として貨物海上保険が必須となる[38]。海上保険は、融資や決済において信用を補完する重要な役割を果たしているといえる[39]。

5　保険制度の運営を通じたノウハウの集積

　海難事故は、きわめて複雑で国際的な問題を伴う。保険会社やＰ＆Ｉクラブは、数多くの事件処理を通じて、専門的なノウハウを蓄積し、そのノウハウをもとに事故処理を円滑に進め、紛争の迅速な解決にあたっている。また、事故情報等をもとに、被保険者に対して事故防止・軽減に向けたロス・プリベンション（loss prevention）などの提案を行っている場合もある[40]。

6　被害者の保護

　責任保険は、加害者の賠償資力を確保させ、その保険金は被害者救済の原資となる。とりわけＰ＆Ｉ保険は、人身損害を含む各種の賠償責任をカバーしており、被害者救済において重要な役割を担っている。タンカーの油濁損害賠償責任や乗組員の労災事故に対する災害補償では、被害者や遺族などに、保険会社やＰ＆Ｉクラブに対する直接請求権を認めている場合もある。

7　貿易・海運・産業の振興

　上述した海上保険の各種機能は、いずれも国の貿易や海運、産業の振興に寄与する重要な機能である。海上保険は、貿易・海運国における基本的

---

[38]　外航貨物海上保険の実務などでは、国によっては、被保険者（assured）を銀行としておき、銀行が保険証券を保有し、代金決済前は、銀行が保険金の受取人となる場合も見受けられる。この場合、代金決済が完了すれば保険証券は買主に裏書譲渡される。複数国間の貿易取引では、輸送途中で、貨物が転売される場合も多い。その場合は、保険証券も他の船積書類とともに移転する。保険証券は証拠証券であるが、外航貨物海上保険では、以上のように、有価証券に似た実務がとられる場合がある。
[39]　保険がなければ、融資の金利が上昇するか、融資の実行自体が難しくなる。
[40]　海上保険を通じて、海上の事故処理センターとしての機能を発揮しているといえる。

なインフラを形成し、国の産業の発展において重要な役割を担っているものといえる[41]。

Ⅳ　海上保険研究の意味

　海上保険契約は通常、諾成不要式契約であるといわれるが[42]、その内容は、端的にいえば、保険証券および保険約款によって表象される（海上危険によって生じることのある損害をてん補するという）将来の約束と当該契約における当事者の権利義務そのものが売買される契約であるから、それ自体、契約理論と実務・慣習とが一体化したものであって、理論と実務の融合体そのものが売買される契約であるといっても過言ではない。したがって、海上保険の研究者にとっては、この契約に関わる法律問題とともに実務・慣習がその主たる研究対象となりうるのであるが、また実務家にとっても、実務研究ばかりでなく、保険契約に関わる法律問題が日常業務の主要な対象となりうる[43]。このように、海上保険契約に関わる法律問題が研究と実務の両面においてその扱いの中心となっているのは、海上保険が売買における一定商品の引渡しや運送における物品の運搬のような現実取引の性質を有しておらず、常に契約の定めに従って、海上危険によって生じることのある損害をてん補するという将来の約束（すなわち、「危険負担」という法律的責任）を負うというのが取引の実体だからであるが、同時に、前項で述べたように契約者の特性、保険の目的物、被保険利益などからみて多様な保険を包含するとはいえ、基本的には、依然として船舶や貨物といった物の保険が中心であって、損害てん補を主たる機能としているからであろう[44]。

---

41)　近年、損害保険会社の保険種目の多様化や個人保険分野の成長を背景に、保険料全体に占める海上保険料の割合が減少している。こうした背景から、保険会社における海上保険分野の人材育成や、大学における海上保険の教育・研究が弱まっている可能性がある。それは、国の将来からみて憂慮すべき事態といっても大げさではないであろう。アジアの主要国は、海上保険の教育・研究に力を入れていることにも目を向ける必要がある。

42)　1500年代の地中海諸都市（フィレンツェ、ブルゴス、セビリア、ビルバオ等）の条例では、保険契約そのものが要式化され、標準保険約款が法定されて、これと異なる約款を使用することは許されず、内容の一部に違反があっても全契約を無効としていた。

43)　加藤由作註訳『オット・ハーゲン独逸海上保険法』（巌松堂・1941）緒論5頁。

44)　今村有『海上保険契約法論〔上巻〕』（損害保険事業研究所・1978）1-2頁。

それゆえ、海上保険の研究は伝統的に法律論が中心であるといえるが、しかし法律論といっても、それは純粋法律論ではなく、海上保険契約論あるいは海上保険法論という特殊範疇に属する法律論であって、純粋法学者の研究する法文の解釈ではない。これら法学者や法律専門家の研究を基礎として、海上保険判例の解釈や損害に対する保険者の責任の有無の判定、あるいは各種約款の制定・改定といった法律的実際論が中心である。そこにおいて、海上保険研究者は、法律専門家の研究を事実に即して発展させながら、法律的研究と実際的研究とを融合させなければならない。

しかし、実務家のなかには、海上保険の実務と理論研究とはまったく別物であって、理論と実務とがあたかも何か別のものを扱っているかのような錯覚をもつ人たちがいるが、これは間違いである。その方法をみると、前項で述べたように、海上保険実務は、船体構造や貨物に関する高度の商品知識を要する場合があるとはいえ、大部分は当事者の権利義務関係を取り扱っているのであるから、その限りにおいてやはり法律論なのであり、また法律的理論研究といっても、単に法文の解釈だけに終始するのでは不十分で、実務・慣習と一体化した契約理論を研究しなければならないという点で、同時に実際論でもあるといえよう。[45]

V 海上保険研究の誕生

1 海上保険約款の定型化

このように、海上保険の研究が法律論を中心として行われており、またそのように行われてきたという事実は、もう1つ、海上保険の生成と発展の歴史に由来する。すなわち、海上保険は、すべての保険に先立って、当事者間の権利義務を構成する「契約」として実施された。実務としての海上保険は、保険制度として形成される以前において、経済学的な意味における「保険団体」（Versicherungsgemeinschaft）の構成のないままに、まず金融業者の投機的事業として、当事者間の個別的な権利義務を構成する

---

45) 加藤由作『海上保険概要』（巖松堂・1936）1-4頁。

「契約」として行われた[46]。これが、14世紀、地中海時代[47]における海上交通の発達や交易範囲の拡大、海難や他国との戦争、海賊の横行といった海上危険への対処の必要性、すなわち海上保険に対する時代的要請に応じて、急速に拡大していった。海上保険がこうして大量に営まれるようになると、危険負担の合理的経営に不可欠の危険測定の重要性が経験的に理解されるようになり、いわゆる危険の分散と均質化のために、できるだけ多くの同種危険を組織的に引き受けることが求められるようになった。そのためには、引き受けた多数危険の処理を迅速かつ合理的に行う必要性と同時に、多くの同種危険を組織的に引き受け、それら危険の分散と均質化とを図るための基礎となる保険技術の重要性が認識されて、契約内容（契約条款）を定型化することが求められるところとなった。そのようななかで、元来は個々の保険者や公証人や保険仲立人が個別的に作り出した、形式も内容も異なる、それ自体純然たる私法自治の結果でありその具体的表現にほかならない、まったく別個の契約条款にすぎなかったものが、取捨選択され、そのうちの重要な部分は保険者たちの共通財として徐々に海上保険契約上の基本原則を形成するようになった。こうして、保険取引上の慣行として次第に収斂され、固定化されて、保険約款が定型化されていったのである[48]。

2　海上保険法の生成と海上保険法学の誕生

上述のように、同一市場における、あるいは1つの市場の枠を超えた保険者の共通財としての定型的な保険約款をもって事業が展開され、当事者間の取引が保険契約という法的手段によって意図的かつ大量に営まれるようになるにつれて、それら保険約款をめぐる多くの争いや判決やこれらをめぐる実務処理の要請が生まれた。さらに、そういった裁判所の判決や当

---

46) これに対して、Levin Goldsmidt, *Universalgeschichte des Handelsrechts*, Neudruck, 1891, p. 369 note 111 のように、海上保険は当初から意図的かつ大量に営まれていたとする見解を採るものもある。
47) 「地中海時代」という表現は多少曖昧であるが、これは、加藤由作博士が述べるように（『海上保険新講』（春秋社・1964）22頁）、海上保険の揺籃期ともいうべき海上保険の誕生からヨーロッパ諸国による新大陸や新航路の発見がなされた「大航海時代」に至るおよそ200年間を指す。
48) 加藤・前掲注43）緒論23頁、加藤由作著訳『レアッツ欧州海上保険法史』（巌松堂・1944）16-17頁。

18　第1章　海上保険の役割と研究の意義

事者の要請のなかから、海上保険取引の慣行が保険契約の法的構造や法的枠組みを作り出し、保険約款が保険契約の規制の原案を導き出すことによって、この契約解釈の対象である保険約款に対する規制がかなり急速に、特定市場に、あるいはその枠を超えて広がって定着し、海上保険契約についての私法的側面を規律する保険契約法が形成されることになった[49]。したがって、保険約款が保険契約法の法源をなすとすれば、その意味における保険契約法は、海上保険の生成と発展の歴史上、かなり早い時期からヨーロッパにおいて始まったということができる[50]。

　こうして、保険契約法は、地中海時代に保険約款の形式で表現された海上保険取引の慣行が、裁判所の幾多の判決を経ながら、あるいはまた、当事者の多数の変革の要請と妥協を繰り返しながら発達した。その形成過程で、慣習法の研究や立法化のための資料の収集や判例の評釈・検討が必要となり、慣習法や各種約款の解釈等の研究が進められ、それがさらに実務に反映されて、約款または保険契約法をさらに発展させてきた[51]。そして、このような過程を経ながら、海上保険法学とも呼ぶべき海上保険の法律的研究（現代的用語法によれば、海上保険契約論または海上保険法論）が誕生したのである。

VI　海上保険研究の展開

1　中世の保険約款および保険法研究の必要

　既述のとおり、すべての保険に先立って当事者間の個別的な権利義務を構成する「契約」として始まった海上保険が、各別の保険約款を生み出し、それが保険取引上の慣行として次第に固定化・定型化され、同時にこの私法的側面を規律する保険契約法が形成される過程で、海上保険の法律的研究が生まれてきたのであるから、海上保険法学は海上保険の生成と発展のかなり早い時期から発達した学問分野であるといえる。したがって、近世

---

49)　窪田宏『保険法』（晃洋書房・1979）19頁。
50)　加藤・前掲注48) 17頁。
51)　加藤・前掲注47) 22頁；加藤・前掲注48) 16-17頁；坂口光男『保険法立法史の研究』（文眞堂・1999）65頁。

初頭までは保険といえば海上保険であり、保険の研究といえば海上保険契約法の研究が中心であった。その後、17世紀の後半に火災保険が生まれ、18世紀の半ばに生命保険が誕生し、その他の多くの保険がさらに遅れて誕生して、これらの保険の内容が充実・発展するにつれ、国民経済に占めるこれらの保険の重要性が増大していった。また他方では、法律学や哲学や数学に遅れて、経済学・経営学等の学問が生まれ、それらが急速に発展するにつれて、保険そのものの研究対象も大きく広がった。しかし、海上保険固有の問題に対しては、経済学的研究あるいは経営学的研究はそれほど重要なものではなかった。なぜならば、それらは火災保険や運送保険を含めた損害保険、あるいはさらに生命保険までも含めた保険の問題として、一般に共通の研究対象となり得たからである。

　ところで、海上保険研究において重要なもう1つの対象は、海上保険の歴史的研究である。現代における各国海上保険法は、これを一括りで説明することができないほどに広範かつ複雑で、各国法規間の統一性や共通性も乏しく、またこれと約款との対立も顕著になっているが、第2部においてみるように、わが国の海上保険取引が、商法や保険法を離れて、「契約自由の原則」のもとに、主として私法自治の賜物である約款によって行われ、それがとりわけ英文約款の使用においてある程度までイギリス法の支配を受け、ことに外航貨物海上保険契約において、保険者の責任の有無および保険金の決済についてイギリスの法律および慣習に従う旨が規定されている現実を、過去の因習や現実的利害から解放されて真に理解するためには、現代法規や約款の単なる論理解釈や文理解釈で事を済ますのではなく、現代海上保険法の法源といわれる14世紀末の北イタリア諸都市の保険約款や、現代海上保険法の母法ともいえる15世紀のバルセロナ条例[52]をはじめとする地中海法にまで遡って研究することが是非とも必要であって[53]、その研究を通してこそ法規と約款についての真の理解が得られるの

---

52) バルセロナ条例としては1432年条例をはじめ、1435年条例、1436年条例、1452年条例、1458年条例、1461年条例、1471年条例および1484年条例の8条例が知られている。海上保険契約についての私法関係を規律する世界最古の統一的な海上保険条例は、条文数も多く、内容も最も充実した1435年の条例であろう。近見正彦『海上保険史研究』（有斐閣・1997）91-107頁。
53) 加藤・前掲注48) 訳者序2頁。

である[54]。

2　16世紀中葉から17世紀末まで

（1）　本書では、前項で述べた海上保険約款や海上保険法の史的研究について論述すべき紙幅のゆとりはなく、またそれが本章の目的でもないので、海上保険法（制）史については、海上保険研究の発展と各時代においてその発展に貢献した若干の名著について述べる前提として簡説するにとどめる。

まず、16世紀中葉から17世紀末までのこの時期、すでに述べた現代海上保険法の母法といわれる世界最初の海上保険法典バルセロナ条例に倣って、ブルゴス（1538年）、セビリア（1556年）、ビルバオ（1569年）等のイベリア半島の諸都市において、多数の勅令が発布されている。またイタリアでは、ロイズS. G. 保険証券の原型といわれる保険証券様式をその付則に掲げたフィレンツェ市条例が、1523年1月28日に出されている[55]。

またこの時期、地理上の発見や東インド航路と北欧航路の直結によって、世界貿易と海上保険の中心地がイタリアからネーデルランドのブルージュ、次いでアントワープに移行したが、とりわけアントワープでは、海上保険に関する特有の慣習（約款）が発達し、このアントワープの慣習（Coatumes d'Anvers）は、ロンドンやハンブルクをはじめとするヨーロッパ各地で締

---

54) しかし、ここで誤解してはならないのは、わが国海上保険法とイギリス海上保険法との関係についてである。確かに、わが国の外航貨物海上保険の実務では英文約款が使用されることが多く、船舶保険でも英文約款が利用されることがある。したがって、保険者ばかりでなく、保険契約者・被保険者もイギリスの海上保険法、約款、判例および慣習等について十分な知識を持たなくてはならず、その意味で、イギリスの海上保険法はわが国の海上保険研究の重要な対象であることに間違いはない。しかし、わが国の海上保険法はドイツ法に倣って作られたものであるから、海上保険法の理解のためには、海上保険に関する知識だけでは不十分であって、海上保険法と保険法、商法あるいは民法との内的相互関係を通じた原理原則の理解が必要であって、そのためには私法領域の全体を統一的、系統的に考察するための一般法律学の知識が要求されるのである。わが国の船舶約款や内航貨物海上保険約款がイギリスの判例の影響を受けて間接的に改定されることがあるとしても、それらの約款について争いが生じたときに、その解決についてもイギリス法の支配を受けるわけではない。ましてや、これをテストケースとして、イギリスの裁判所に訴訟提起するなどということは問題外であろう。

55) この保険証券の詳細については、木村栄一『ロイズ保険証券生成史』（海文堂・1979）55頁以降参照。

結された海上保険契約に大きな影響を与えた。1563年には、このアントワープの慣習法を取り入れて、フェリーペ2世条例がブリュッセルで制定された。第7篇・保険条例（Ordonnancie opde versekeringhe, oft asseurancie）第2条に掲げられている保険証券様式（Teneur vande Policen）は、その使用が強制され、これにいかなる条項も追加することは許されなかった[56]。

さらに、1585年戦争（英西戦争）のためにアントワープが没落すると、フェリーペ2世のスペインと戦って1581年に独立を宣言しネーデルランド連邦共和国を設立した上部オランダ7州（今日のオランダ）の中心都市アムステルダムが、国際商業と金融、保険の中心市場として登場した。カルヴァン派の新教徒を中心とするアントワープの商工業者たちはアムステルダムに移住し、またその一部はイギリスにも移住した。

そのイギリスでは、私法上の保険関係を規律する法律ではないが、最初の海上保険法である保険裁判所の設立に関する法律 An Act concerning Matters of Assurances used amongst Merchants が、エリザベス1世治世下の1601年に制定された。この裁判所は1人の海事裁判所判事とロンドン市裁判官（Recorder of London）、2人の民事法博士、コモン・ロー専門法律家および8人の商人で構成され、そのうちの任意の5人が事件を審理することになっていた。しかし、その権限がロンドンで起きた訴訟に限られていたこと、および同裁判所の判決で結審するわけではなく、いずれの当事者もコモン・ロー裁判所に事件の再審を請求することができたことから、実際にはあまり機能しなかった[57]。

その後、イギリスでは、次々と航海法（Navigations Act）を発令して国威の発揚に努めるとともに、外国船の締め出しと自国海運の保護を図ったが、とりわけ、"The Great Act"と称されたオリヴァ・クロムウェル（Oliver Cromwell）による1651年の航海法によって、植民地との中継貿易からオランダを締め出し、さらに英蘭戦争によってオランダを駆逐して、制海権を得た。

一方、フランスでは、1500年代後半に、Antoine Massias および（彼の

---

56) 木村・前掲注55）253-254頁。この1563年のアントワープ証券は、全体の構成や文調が1779年のロイズ S. G. 保険証券と酷似している。木村・前掲注55）258頁。
57) Jervis, B. G., *Marine insurance*, London, 2005, p. 13.

死後は）その息子の Laurent Massias の共同で、ルアンにおいて、海事法規集である"Guidon de la Mer"が編纂されたが[58]、1681 年には、この海事法規集に倣って海上保険に関する統一的規定を設けるため、「アンシャンレジームを飾るにふさわしいもっとも素晴らしい勅令のひとつ」[59]と、今もフランス人が誇りをもって語る海事勅令（Ordonnance de la marine）が、ルイ 14 世によって制定された[60]。5 編から成るこの勅令は、第 3 編第 6 章「保険」（des Assurances）において、海上保険に関する 74 か条の詳細な規

---

58) Cleirac はその著 *Les us et coutumes de la mer*（Bordeaux, 1647）において、「威厳に満ちたルアン市で商売を行う商人」の教育のためにこれを作成した者は、「その祖国およびヨーロッパの他の諸国に多大の恩恵をもたらしたことについて功績のあった、その名声と栄誉とを保持することができたのに、そこに自分の名前を記すこと」を忘れていた、と述べている。一方、Boiteux は、「Ch. de Beaurepaire がその作者は Antoine Massias であるとする見解を最近発表した。スペイン語の通訳、商事仲裁人、保険業者、卸商人、保険会議所書記であり、またその場その場で駆け引きのうまい人であった Massias は、この作品の作者であると主張するのに十分に足る資質をもっていた。そして、この見解は、証明されてはいないけれども、少なくともありそうなことである」と述べている（Boiteux, L. A., *La fortune de mer-Le besoin de securité et les débuts de l'assurance maritime*, Paris, 1968, p. 123）。しかし、1607 年版の出版社 Le Megissier による同版の序文では、「後世の人々に対してではなく、その友人たちに知らせるために書かれたこの街の熟練の、大変裕福な商人 2 人の作品であると思われる」としているところから、少なくとも 1607 年版については、Antoine Massias と、彼の死後同じ保険会議所書記の職に就いた息子の Laurent Massias との共同編纂の賜物であると考えるのが自然である。実際、Antoine Massias 自身は、1596 年の復活祭から 1597 年の復活祭の間に死亡したことが史料上確認されている（Beaurepaire, Charles de Robillard de, "*Note sur le Guidon des marchands qui mettent à la mer*", Rouen, 1888, p. 12. 近見正彦「『ギドン・ドゥ・ラ・メール』について」三田商学研究 43 巻 6 号（2001）87-99 頁）。なお、Guidon de la Mer は、1619 年、1645 年および 1651 年に再版されている。

59) Lasserre-Kiesow, V., *L'esprit du code de commerce*（1807〜2007. Le code de commerce-Livre du bicentenaire）, Paris, 2007, p. 20.

60) この海事勅令は、実際には、Jean-Baptiste Colbert（1619〜1683）が、その息子の Seignelay とともに、最も熟練した人々をもって、諸港および海事中心地において大規模な調査を行わせた後、海上商業にこれを適用するために作り上げたものである。Colbert は、太陽王ルイ 14 世の宰相として同王の幼児期を支え、王国安定に絶大な貢献をした Jules Mazarin の家令を長らく務めていたが、Mazarin の死（1661 年 3 月 9 日）後も財務卿（Surintendant des finances）の職にあった Nicolas Fouquet が国費乱用の罪で投獄されると、これに代わり王国財政を委ねられ、同王のもとで経済政策および行政全般の最高責任者として事実上の宰相ともいうべき重要な役割を演じた。1665 年、広範な権限を付与されて財務総監（Controleur général des Finances）に就任した当時（1669 年には海事担当の国務卿（Secrétaire d'Etat à la Marine）も兼務した）、フランスの海運業は、他のヨーロッパ諸国、とりわけオランダやイギリスと比べて著しく劣勢であって、ブルターニュや大西洋岸の港では、とりわけオランダの船舶がわが物顔に振る舞っていた。彼は、海軍と海上商業の発展に多大な貢献をした。

定を置いていた。その第6章「保険」1条は、「すべてのわが国民、および同様に外国人に対しても、わが王国の範囲内において、船舶、貨物ならびに海および航行しうる河川によって運送されるその他の身回品を保険に付けることを認め、また保険者に対して、彼らが危険を引き受ける対価を定めることを認める」旨を定めている。また2条は、「保険証券と呼ばれる契約は書面で作成され、私署をもってこれを行うことができる」旨を定め、また3条は保険証券の記載事項を定めている。1681年の海事勅令は、「知恵と英知の記念碑として」(comme un monument de sagesse et d'intelligence)、多くのヨーロッパ諸国に採用された。

(2) 海上保険研究についていえば、保険契約法形成過程の16世紀半ば以降のこの時期にその系統的研究が始まったということができよう。

「保険は神の意思に不信を抱くものであるからこれを禁止すべきである」と述べた1370年頃の神学者 Franco Sacchetti の説 (*i sermoni evangelici etc, serm, IV* 〈ed. O. Gigli, Firenze, 1857〉)や、14世紀末から15世紀半ばにかけて編纂されたジェノヴァの法律家 Bartolomes Bosco の保険契約を売買の一種とするかどうかといった原初的な保険に関する記述(『法律手引』〈*Consigli*〉)を別にすれば、海上保険学の始祖は、Petro Santerna Lusitano (ポルトガル語表記は、Pedro de Santarém または Pedro Santarena) であるとされている。彼はポルトガル人の法律家であり、またフィレンツェ、ピーサ、リヴォルノ等において今日の領事に相当する商事代理人(agente de negócios)も務めたが、1552年にヴェネツィアで出版した *Tractatus de as-*

---

61) Ruffat, M., Caloni, E. V. et Laguerre, B., *UAP et l'histoire de l'assurance*, Paris, 1990, p. 39. なお、本勅令については、Magens, N., *An essay on insurances*, London, 1755, Vol. 2, pp.157-186 に英語訳がある。
62) Valin, R.-J., *Nouveau commentaire sur l'ordonnance de la marine du mois d'août 1681*, La Rochelle, 1760, preface p. 3.
63) Sanfourche-Laporte, *Le nouveau Valin ou code commercial maritime*, Paris, 1809, discours préliminaire, p. v.
64) この海事勅令がこのようにヨーロッパ諸国に大きな影響を与えたのは、Valin をはじめ、Pothier (*Traité du Contrat d'Assurance*, Marseille, 1810) および後述の Emérigon (*Traité des assurances et des contrats à la grosse*, 2 vols., Marseille, 1783) による本勅令の研究に負うところが大きい。
65) Endemann, W., *Das Wesen des Versicherungsgeshäftes*, ZHR, Bd. 9, S. 308f.
66) 加藤・前掲注48) 28-29頁。
67) Santerna はポルトガルの Santarém で生まれたが、生没年月日は不明である。Santerna, P.

securationibus et sponsionibus mercatorum は、一般に、世界最初の海上保険書、したがって保険ないし保険法に関する世界最古の文献[69]といわれ、Chaufton、Bensa、Goldschumidt、Vivante をはじめとする多くの学者によっても紹介されている。同書では、貨幣は通常の貨物保険の対象となりうるか、船舶を保険に付けたときはその保険は積載された貨物にも及ぶか、あるいは保険契約者が実際には 1,000 に満たない価値の貨物しか有していないときに、船舶に 1,000 の価値の貨物を有していると不実告知した場合に、保険者の責任や保険料の取得の問題はどうなるかといった、海上保険契約に関する諸問題とその解釈が、かなり無秩序にかつ雑然と展開されている。[70]

なお、Santerna の初版本については、1961 年に国際海上保険連合（IUMI）[71]の年次総会がリスボンで開催された折に、ポルトガル保険協会（Grémio dos Seguradores）が、ポルトガル語訳、英語訳およびフランス語訳を載せ、Ruy Ennes Ulrich 教授による前書きと Moses Amzalak 教授による解説を加えた 517 頁におよぶ復刻版を出している。

また、イタリア・アンコーナの貴族で法律家でもあり、1553 年に世界最初の商法論 *De mercatura, seu mercatore tractus* を著した Benvenutus Straccha（イタリア語表記は Benvenuto Stracca。〈1509～1578〉）が、1569 年にヴェネツィアで刊行した *Tractatus de assecurationibus* は、当時アンコーナで使用されていたイタリア語の海上保険証券を詳細に解説したラテン語の解説書であるが、Straccha は同書において、保険を「海または陸で運送される物についての危険を、一定の約定された価格（pretio）を対価として引き受けるもの」と定義し、また海上保険を「船舶または貨物の安全な到達をおびやかす危険の売買であり、売買契約として合法な契約であ

L., *Tractatus de assecurationibus et sponsionibus*, Grémio dos Seguradores, (Grémio dos Seguradores, 1961), p. 177.
68) 上記 Straccha や Nider, I.（*De contractu mercatuae*）、Baldus de Ubaldis（*De constituto*）および Suarez, R.（*Consilia de usu maris et mercibus*）などとともに掲載されている Santerna の著書のタイトルは *Tractatus de sponsionibus et assecurationibus mercatorum* となっている。
69) 木村栄一「サンテルナの海上保険論」保険学雑誌 420 号（1963）39 頁。
70) 木村・前掲注 69) 49-61 頁参照。
71) 国際海上保険連合（IUMI）については、第 10 章参照。

る」と定義して、保険を賭博および徴利禁止に反する取引と区別した。[72]

　また、ジェノヴァの法律家 Carlo Targa（1614 または 1615～1700）は、1692 年に、教会法、Consolat del mare および海事慣習、ならびに各種契約の様式を一巻に収めた *Ponderationi sopra la contrattatione marittima* を著したが、その 51 章において、ジェノヴァおよびリヴォルノにおいて当時使用されていた保険証券の様式を掲げるとともに、保険一般について記述し、また 52 章において、保険契約の個別的問題について論じている。同書はその後 1 世紀以上にわたって版を重ねたが、1787 年のジェノヴァ版の復刻版が 1972 年にトリノで出されている。[73]

　海上保険研究の草創期におけるこれらポルトガルやイタリアの学者のほかに、イギリスでは、ネーデルランドにおけるイギリスの地方行政官も務めた貿易商の Gerard de Malynes（1586～1641）が、1662 年に *Consuetudo, vel, lex mercatoria* を著した。同書は、中世ヨーロッパ商業圏における商事慣習法体系について記したイギリス最初の商事法に関する書であり、そのなかで、彼はロンバード人がロンドンに海上保険ビジネスを定着させたのかどうか、次いでイギリスの商人たちによってこれがアントワープや北海沿岸諸国に紹介されたのかどうか、などについて論じている。[74]

3　18 世紀初頭から 19 世紀末まで

　(1)　この時期の前半は、イギリスの産業革命によって大きく産業構造が変わり、それに伴ってイギリスの社会構造が大きく変化した時期である。イギリス本国と海外植民地との交易が盛んになり、その間接的な効果として、1720 年に泡沫法（the Bubble Act）が制定され、同法によって、ロンドン・アシュアランス（London Assurance）およびロイヤル・エクスチェ

---

72)　木村栄一「損害保険研究史上の人々」損害保険研究 51 巻 4 号（1990）249 頁、坂口光男『保険法学説史の研究』（文眞堂・2008）2 頁。なお、Straccha の本書は Santerna の著書に先立って刊行された保険法に関する世界最初の書物であるという説もある。木村・前掲注 69) 40 頁。

73)　木村・前掲注 72) 250 頁。

74)　Malynes, G., *Consuetudo, vel, lex mercatoria : or, the ancient law-merchant*, London, Vol.1, 1622, p. 105-106. なお、同書は 2009 年に New Jersey 州のクラークにおいて復刻版が出されている。

ンジ・アシュアランス（Royal Exchange Assurance）の2つの勅許会社が設立されることによって、それが17世紀末にできたEdward LloydのCoffee Houseに結集した個人保険業者たちを刺激して、海上保険業を大いに発展させたのである。[75]

また、この時期の後半、すなわち19世紀は、王政と封建政治が崩壊し、フランス革命の混乱のなかからナポレオン・ボナパルト（Napoléon Bonaparte）が登場し、その後、王政復古から第2共和政、第2帝政、パリ・コミューン、そして「ベル・エポック」と呼ばれる独特の文化を生み出した19世紀末の第3共和政に至るめまぐるしいフランスの政情を中心に、ヨーロッパの歴史が展開された時期である。

この時期、各国における海上保険法も大いに発達し、同時に海上保険研究の面でも、現代へ大きな転換が図られた。[76]

まず、18世紀半ば以降、組合形態や株式会社形態をとる保険事業が出現するに及んで、1731年、弁護士Hermann Langenbeckの起草になるドイツ最初の海上保険法として、23か条の条文と船舶保険証券、貨物保険証券を含む7つの保険証券フォームをもった「ハンブルク保険および海損条例」（Der Stadt Hamburg Assekuranz- und Haverey-Ordnung）が制定された。[77] 同法は、当時のヨーロッパにおける慣習法を集成したもので、オランダ法の流れを汲んでいるが、本法制定後、オランダの保険証券様式を脱して、ドイツ独自の保険証券フォームを採用し、ドイツの海上保険取引は初めて固有の法的基礎を得た。[78] 同法はその後、デンマーク（1746年）、スウェーデン（1750年）、およびとりわけプロイセン（1766年）の保険条例に大きな影響を与えた。

既述のとおり、17世紀後半に火災保険が誕生し、18世紀半ばに至って近代的な生命保険が興るに及んで、上記の「ハンブルク保険および海損条例」を基礎として、海上保険ばかりでなく、火災保険および初めて生命保険にも海上保険法の諸原則を拡大適用した統一法典が、1794年6月1日、

---

75) イギリスにおける海上保険の歴史については、本書第2章参照。
76) 加藤・前掲注48) 59頁注6。
77) Magens, *supra* note 61, Vol. 2, pp. 210-252 に本条例の英語訳がある。
78) 加藤・前掲注48) 38頁。

Carl Gottolieb Svarez の指導のもとに編纂されたプロイセン普通法 (Allgemeines Landrecht für die Preußischen) として制定・公布された。

またフランスでは、1807年にナポレオン商法典が制定された。この商法典には、1753年に刊行された『完全無欠の商人』(le Parfait Négociant) の著者として名高いパリの商人 Jacques Savary の草案になる 1673 年の「商事勅令」(Ordonannce de Commerce) とともに、すでに述べた 1681 年海事勅令の海上保険に関する諸規定が、大きな修正を施されることなく継承されている（第 2 編第 10 章 332～396 条）。同法は、さらにラテン系法典の母法となって、1865 年イタリア商法典や 1886 年スペイン商法典等に大きな影響を与えた。[79]

(2) のちに René-Josué Valin が「疑いもなく、すべての著者のなかで最も優れた著者である」(Cet auteur est sans contredit le meilleur de tous.) と評した[80]、ジェノヴァ生まれの貴族で法律家の Laurentii Marie de Casaregis (1670～1737) は、1707 年、ジェノヴァにおいてラテン語の商法論 *Discursus legales de commercio* を著した。同書では保険法についても論じられ、特に、被保険利益あるいは危険がその中心概念として強調されている。本書も 1971 年にトリノで復刻版が刊行されている。[81]

しかし、16 世紀半ば以降展開されてきた諸学者の研究にもかかわらず、海上保険法学が真に確立したのは、18 世紀中葉以降のことである。すなわち、当時、産業革命のもたらした世界貿易の飛躍的発展とともに、海上保険取引はますます隆昌し、同時にその内容が一層複雑化し、そのために、学者たちは、海上保険の理論的・体系的研究の必要性を痛感するようになった。このようななかで、La Rochelle の弁護士で同市の海事裁判所判事を務め、1760 年に同市において、1681 年の海事勅令についての 2 巻にわたる詳細な解説書 *Nouveau commentaire sur l'ordonnance de la marine du mois d'août 1681* を著した Valin (1695～1765)、フランス民法典の編纂に貢献し、また 1777 年にマルセイユで *Traité du contrat d'assurance* を著して、当時のフランスで保険法に最も精通した学者と評された

---

79) Gow, W., *Marine insurance*, 3rd ed., London, 1903, p. 6. 窪田・前掲注 49）21 頁。
80) Valin, *supra* note 62, preface p. 16.
81) 木村・前掲注 72）214-215 頁。

Robert-Joseph Pothier（1699～1749）、1828年から1845年にかけて世界各国の海事関係法令を収集し解説した資料集 *Collection de lois maritimes antérieures au XVIIIe siècle* をパリで刊行した Jean-Marie Pardessus（1772～1853）等のフランスの学者、ならびに、1807年ナポレオン商法典の編纂に参画し、海商法に関する部分を起草したサルデーニア島出身の海商法学者 Domenico Albert Azuni（1749～1827）[82]や、1786年に3巻から成る大著 *Delle assicurazioni maritime* をフィレンツェで刊行し、海上保険契約の全般について多数の学説・判例をもって研究したリヴォルノ出身の法律家 Ascanio Baldasseroni（1751～1824）[83]等のイタリアの学者の名を忘れることはできない。

しかしこの時期特に注目すべきは、イギリスの Lord Mansfield、フランスの Emérigon、そしてドイツの Wilhelm Benecke であろう。彼らの判決や著書が後世に与えた影響はまことに大きい。

まず、今日イギリスに存在する海上保険法の基礎を築いたといわれているのが William Murray、すなわちのちの Lord Mansfield（1705～1793）である。彼は1705年、貧しい子爵家の4男としてスコットランドの Scone Palace で生まれた。1718年、14歳の時にロンドンに出て法律を学び、37歳の時に法務次官、後に法務長官となった。そして1756年、王座裁判所の首席裁判官となり、1788年までの32年間、首席裁判官を務めたが、その間、彼の下した多くの判決は、2件を除いて貴族院によって覆されたことがない[84]。彼の時代以前には、判例集に掲載された海上保険事件の数は60件に満たず、またこれらのうち、先判例としての価値を有する判決はほとんどなかった。なぜならば、海上保険取引は旺盛であったにもかかわらず、紛争はほとんどが仲裁によって解決され、たとえ訴訟になっても、陪審の一般評決か、あるいは保険契約を律する法律原則について法廷において一言の陳述を行うこともなく、すべての訴訟を陪審に任せた1人の裁判官の意見の、いずれかによって決せられていたからである。

Lord Mansfield は、これをすべて改善した。ローマ法から、当時存在し

---

82) 木村・前掲注72) 208頁。
83) 木村・前掲注72) 209頁。
84) O'May, D., *Marine insurance law and policy*, London, 1993, p. 3 n. 9.

ていたヨーロッパ（とりわけフランス）の海上保険の全法典に至るまで検討し、また、イギリスおよび外国の学者の著書を引用して、それらに含まれる主要な原則の多くを採用した。また、経験豊かな商人、保険仲立人、海損精算人、保険者等から成る特別陪審（special jurors）たちから学んだ、商慣習および商事に関する事実たる慣習を参考にした[85]。彼はこうして海上保険法という特別な分野を生み出したのである[86]。

　Lord Mansfield の時代になって、判例集に掲載される事件の数が著しく増え、また彼の判決の多くは、類似した将来の事件における先判例として確立された。1906年海上保険法の制定にあたっては、この著名な裁判官の判決がそのまま採用されて条文化されたものもいくつかある[87]。

　なお、弁護士で、のちに検事総長や民事控訴裁判所長を務めた Sir James Allan Park（1763〜1838）が 1787 年にロンドンで刊行した *A system of the law of marine insurance* は、Lord Mansfield の見解と判決に基づいて書かれたもので[88]、イギリス最初の体系的・理論的海上保険法論と評されている[89]。1799 年の第 6 版にかなりの追加修正を施して 1817 年に刊行された第 7 版の付録には、当時の船舶または貨物の海上保険証券、積荷抵当冒険貸借証書のほかに、生命保険証券や火災保険証券の雛形も掲げられている。

　フランスでは、プロヴァンス高等法院の弁護士 Balthazard-Marie Emérigon（1716〜1784）を挙げることができる。とりわけ、1783 年にマルセイユで刊行された *Traité des assurances et des contrats à la grosse* 全 2 巻は、フランスにおいて近代的海上保険法学を確立した古典であって、1827 年 Boulay-Paty によって改訂されたが、この改訂版は 1850 年に Samuel Meredith によって英訳され[90]、Arnould をはじめとするイギリスの

---

85)　Dunt, J., *Marine cargo insurance*, London, 2009, p. 2.
86)　Gow, *supra* note 79 p. 8；Parks, A. L., *The law and practice of marine insurance and average*, Vol. 1, Maryland, 1978, p. 10-11.
87)　Jervis, *supra* note 57, p. 14.
88)　そのせいもあってか、本書の第 1 版および第 2 版は Lord Mansfield に献呈されている。Park, *supra* note 86, preface p. 8.
89)　木村・前掲注72) 239-240 頁。
90)　Samuel Meredith による英訳書 *A treatise on insurances* の序文には、エックス・アン・プロヴァンス大学の商法教授 Cresp（*Cours de droit maritime*, Paris et Aix, 1876 の著者）が、Emérigon の近親者や親戚に照会してまとめ上げた Emérigon の履歴が掲げられている。

海上保険学者にも大きな影響を与えた。Emérigon は、Lord Mansfield とともに、近代的海上保険法学の創始者とも称されている[91]。

また、Levin Anton Wilhelm Benecke（英語表記は William Benecke。1776～1837）は、1776 年にハノーファで生まれ、その後、ハンブルクで商人教育を受けたが、1813 年イギリスに渡り、同国に長期間滞在し、ロイズにおいて保険の引受けにも従事した。1805 年から 1821 年にかけて、彼はヨーロッパ主要商業都市における保険条例および慣習について考察した *System des See-Assekuranz- und Bodmerei-Wesens* 全 5 巻をハンブルクで刊行した。同書は、1824 年、彼自身によって *A treatise on the principles of indemnity in marine insurance, bottomry and respondentia* と題して英訳され、また、1825 年にフランス語に、1828 年にイタリア語に翻訳された。その当時、保険制度に関する包括的な書物は存在しておらず、そのことが同書を著す契機となったのであるが、彼は本書において、まず保険の歴史的発展と対象から説きおこし、保険を付すべき権限について研究し、それとの関連において、すべての保険に必要な要件である被保険利益の概念に到達している。この書物は、ドイツの国内外において絶賛され、多くの権威者によってきわめて卓越した書物であると評され、保険学研究に多大な貢献をなした[92]。

また、「ハンブルク保険および海損条例」の起草者 Langenbeck が、1727 年にハンブルクで刊行した *Anmerkungen über das hamburgische Schiff- und Seerecht* は、当時の同地における海上保険慣習法に関する注釈書で、現在も史料的価値を有する著書である。

さらに、学者ではないが、長らくロンドンに居住したハンブルクの商人 Nicolas Magens（ドイツ語表記は Nikolaus Magen[93]）は、1753 年にハンブルクで、保険、共同海損、冒険貸借に関する研究と約款および関係法規を集めた *Versuch über Assecuranzen, Havereyen und Bodmereyen* を刊行した。その後、出版社の求めに応じてかなりの史料を追加し、1755 年、みずか

---

91) 加藤・前掲注 48) 59 頁。
92) 加藤・前掲注 48) 45 頁、木村・前掲注 72) 211 頁、坂口・前掲注 72) 46 頁。
93) 木村・前掲注 72) 204 頁、232 頁では、Nicholas Magens となっているが、原著では Nicolas Magens となっている。

らこれを英訳して、*An Essay on insurances* と題し、これをロンドンで刊行した。同書は 2 部構成で、第 1 部 An essay on insurances は海上保険の意義や効用から説きおこし、多数の海上保険事件の解説まで、海上保険法理論について詳述し、第 2 部 A collection of ordinances of insurance, averages and bottomry は、1523 年のフィレンツェ市条例、フェリーペ 2 世によってスペインで公布された 1556 年の条例をはじめ、主要国、主要都市における保険法や保険証券を英訳して紹介しており、海上保険史料としての価値がきわめて高い。

19 世紀末のドイツについていえば、1861 年に普通ドイツ商法が制定され、ドイツ連邦諸邦に統一的に適用される海上保険法（商法第 5 編第 13 章）が施行された機会に、1847 年およびその後の 1852 年のハンブルク海上保険普通約款（Allgemeiner Plan Hamburger Seeversicherung）を改正して、1867 年に、事実上の（ブレーメンを除く）ドイツ統一海上保険普通保険約款（Allgemeine Seeversicherungsbedingungen von 1867：ASVB）ができあがった。この約款は、リューベックやライヒ等で裁判官を務めた Johann Friedrich Voigt（1806〜1886）の起草にかかるものである。その詳細な解説書 *Das deutsche Seeversicherungs-Recht* が Voigt および Voigt の死後、その研究を引き継いだ Seebohm との共著で、1887 年にイェーナにおいて出版され、保険契約法の標準書として高い評価を得た。[94]

また、ヘッセン州にあるギーセン大学講師から判事・弁護士となった Karl Fredinand Reatz（1831〜1907）が、1870 年にライプツィッヒで書いた *Geschichte des Europäischen Seeversicherungsrecht* は、初期海上保険法の解説書である。同書は海上保険の起源に始まり、1435 年のバルセロナ条例や中世イタリア・スペインの諸都市で行われていた主要海上保険法を網羅して詳細に紹介し、解説している貴重な著書で、海上保険ポルトガル起源説を唱えている。[95] 本書は加藤由作博士によって『レアッツ欧州海上保険法史』[96]として翻訳されている。[97]

---

94) 加藤・前掲注 43) 26 頁。
95) 加藤・前掲注 48) 訳者序 1-2 頁。
96) 加藤・前掲注 48)。
97) 原著書の価値もさることながら、加藤由作博士の『レアッツ欧州海上保険法史』の「訳者

さらに、ハイデルベルク大学およびベルリン大学で商法および保険法を担当した Levin Goldsmidt（1829～1897）が、1891 年にシュトゥットガルトで著した *Universalgeschichte des Handelsrechts* は、海商法および海上保険法に関する歴史研究書としての評価が高い。

このほか、19 世紀のドイツでは、ベルリン大学教授 James William W. Lewis（1836～1891）が 1889 年に同じくシュトゥットガルトで著した保険法の教科書 *Lehrbuch des Versicherungsrechts*、ゲッティンゲン大学およびライプツィッヒ大学の教授を務めた Victor Ehrenberg（1851～1929）が 1893 年にライプツィッヒで著した *Versicherungsrecht* 等、保険契約法に関する何冊かの名著はみられるものの、19 世紀末のドイツには体系的海上保険法書として注目すべきものはほとんどない。

イギリスでは、弁護士で後にボンベイ最高裁判所の判事を務めた Joseph Arnould（1814～1886）の『海上保険および海損法』（*A treatise on the law of marine insurance and average : with references to the american cases, and the later continental authorities*, 2 vols.）が 1848 年にロンドンで、また 1850 年には若干の修正の後、アメリカのボストンで刊行された。[98)99)]

フランスでは、1807 年商法典の制定後しばらくの間、海上保険法の研究は停滞し、イギリスやドイツのような発達を遂げなかったが、19 世紀半ば以降になって、ようやく何人かの弁護士や実務家による著書[100)]が刊行さ

序」は誠に学問的価値の高いもので、それだけを独立させても十分読み応えがある。

98) 木村・前掲注 72) 207-208 頁。

99) 同書の第 2 版は Arnould 自身によって 1857 年に刊行されているが、彼の死後も、海上保険法のバイブルとして改訂を重ね、第 3 版（1866）、第 4 版（1871）、第 5 版（1877）および第 6 版（1887）が David Maclachlan によって、第 7 版（1901）、第 8 版（1909）、第 9 版（1914）、第 10 版（1921）および第 11 版（1924）が E. L. de Hart および R. I. Simey によって、第 12 版（1939）が Simey および G. R. Mitchison によって、第 13 版（1950）および第 14 版（1954）が Lord Chorley によって、第 15 版（1961）が Lord Chorley および C. T. Bailhache によって、第 16 版（1981）、同第 2 刷（1987）および同第 3 刷（1992）が Sir Michael J. Mustill および Jonathan C. B. Gilman によって、第 16 版第 3 巻および同第 2 刷（1997）が Jonathan Gilman によって、そして 2008 年には、第 17 版が、Jonathan Gilman、Robert Merkin、Claire Blanchard、Phillipa Hopkins および Mark Templeman によって、*Arnould's law of marine insurance and average* として改訂・出版されている。本書第 14 版については葛城照三訳『アーノルド海上保険〔第 1～第 6 分冊〕』（アーノルド海上保険刊行会・1955～1958）、また第 15 版については葛城照三＝今泉敬忠＝坪井照彦＝大沢清一共訳『アーノルド海上保険〔第 1～第 6 巻〕』（国際書房・1965～1966）がある。

れるようになった。

　さらに、イタリアでは、ジェノヴァ大学教授 Enrico Bensa（1848〜1931）が 1884 年にジェノヴァで著した *Il contratto di assicurazione nel medio evo* は、ジェノヴァおよびトスカーナの古文書館でみずから発見した 14〜15 世紀の海上保険証券や公証人の記録から、海上保険が 14 世紀のはじめに北イタリアの商業諸都市で始まったことを実証し、海上保険生成史の決定的著作となった。

4　20 世紀初頭から今日まで

　(1)　20 世紀に入り、大保険会社が出現すると、フランスの 1930 年保険契約法をはじめとして、各国で次々と、経済的弱者である陸上保険の契約者保護を主たる目的とする保険契約法が公布された。これに対して、海上保険に関する単行法として、イタリアでは 1942 年に航行法典（Codice della Navigazione）が制定され、またフランスでは、1807 年の商法がその後 4 度にわたって改正された後、同法の海上保険に関する規定は、1967 年の海上保険法（1967 年 7 月 3 日法律第 67-522 号）が制定されて、そのなかに海上保険に関わる規定が織り込まれることによって、廃止された。イタリア航行法典は 2005 年に改正されており、またフランスの 1967 年海上保険法は 1992 年 7 月 16 日の法律第 92-665 号によって改正されたが、2010 年 9 月 26 日の保険法典（Code des Assurances）は、海上保険法の規定を再び取り入れて、その第 7 章 L. 171-1 条ないし L. 174-6 条に海上保険に関する規定を設けている。

　なお、この時期について特筆すべきことは、1906 年のイギリス海上保険法（Marine Insurance Act 1906）の制定であろう。保険裁判所を設立した

---

100)　Delaborde, J., *Traité des avaries particulières sur marchandises, dans leurs rapports avec le contrat d'assurance maritime*, 2e éd., Paris, 1838；Cauvet, E., *Traité des assurances maritimes*, Paris, 1879；Weil, G.-D., *Des assurances maritimes et des avaries*, Paris, 1879；Daroz, A., *Traité des assurances maritimes du délaissement et des avaries*, Paris, 1881；Chaufton, A., *Les assurances-Leur passé, leur présent, leur avenir*, Paris, 1884；Droz, A., *Traité des assurances maritimes*, Paris, 1881；Desjardins, A., *Traité de droit commercial maritime*, T.4, Paris, 1885 等の弁護士による著書や、海上保険実務の大家 de Courcy, A.の *Commentaire des polices françaises d'assurance maritime*, 2e éd., Paris, 1888 および *Questions de droit maritime*, Paris, 1879 等。

エリザベス1世の法律、およびすべての海上保険証券に被保険者の名前を記載すべきことを要求した1788年海上保険法、ロンドン・アシュアランスおよびロイヤル・エクスチェンジ・アシュアランスの2つの勅許会社に与えられた独占権を廃止した1824年海上保険法、保険証券の譲受人に対して自己の名前で訴訟を提起する権限を付与した1868年海上保険法等を除いて、1906年までにイギリスで施行された海上保険関係法のほとんどすべてが賭博保険証券および歳入税の賦課に関するものであったが、ここにおいて、イギリスではじめて海上保険の私保険契約を規律する海上保険法典が制定されたのである。

すなわち、イギリスでは、長い間、契約文言の解釈に関して用いられる法はイングランドのコモン・ローであり、また、訴訟時に適用される先例として確立された多くの判例（判例法）であった。しかし、あまりに判例が多くなると、契約に適用すべき判例を知ることが困難になったため、多数の海上保険関係判例を整理し、法典化する必要が生まれた。そこで、Lord Mansfield以来の数世紀にわたる判決から抽出された法律理論の重要部分を、できるだけ簡明に編成し、可能な限り忠実にこれを再現することを目的として、Mackenzie D. Chalmers（1847～1927）に海上保険法案の起草が依頼された。

Chalmersは勅選弁護士であり、同時に官吏であって、英領インドの総督評議会の法務官僚としてインドで数年を過ごしたが、その滞在中に刑事訴訟法の改正を行っている。また彼は、1882年為替手形法（Bills of Exchange Act 1882）および1893年動産売買法（Sale of Goods Act 1893）の法案起草の実績をすでに有していたが、インドからの帰国後、海上保険法案の起草者に任命された。1894年にその作業を終えて、同年、上院にこの法案が提出されると、Lord Herschellによって任命された弁護士、船主、保険者および海損精算人から成る委員会（委員長は勅選弁護士Sir R.T. Reid）で長い間検討された。その後、1895年、1896年、1899年および1901年に、同法案は上院に再提出されたが、Lord Herschellは審議途中で亡くなったために、大法官Lord Halsburyが別の委員会を立ち上げ、みずから同委員

---

101) 本章Ⅵ 2(1)参照。

会を主宰して逐条的にこれを検討し、同年上院を通過させた。しかし、下院では、Chalmers の起草した上記2法案のようにはたやすく可決されず、何度も提出されては、その都度反対を受けたが、1906 年、大法官 Lord Loreburn によって提出された法案がようやく下院を通過した。こうして、Chalmers の偉大な法典化3部作の3番目となるこの海上保険法が無事国会を通過し、国王の裁可が与えられたのは、彼の退職の直前の 1906 年 12 月 21 日のことであった[102]。

1906 年海上保険法は、今日イギリスに存在する海上保険契約私法関係を規律する唯一の海上保険法典であるが、上述のように、同法は新しい原則を導入したものではなく、Lord Mansfield やその後継者たちによる数世紀にわたる判例を募集・整理して編成したものであって、そのなかから一定の法則を見出そうというのであるから、ある意味実際的ではあっても、必ずしも理論的ではない[103]。イギリスの海上保険法の解釈にはこの法律の規定のみでなく、関係判例をも参照しなければならない[104]。

またドイツでは、すでに述べた 1867 年の海上保険普通約款（Allgemeine Seeversicherungsbedingungen von 1867；ASVB）を基礎として、127 条から成る 1919 年ドイツ海上保険普通約款（Allgemeine Deutsche Seeversicherungsbedingungen von 1919；ADS）が制定された。これはハンブルク商業会議所が中心になり、海上保険者、船主、荷主、海損精算人、保険仲立人等の利害関係者および法学者が集まり、検討した結果できあがったもので、強行規定を除いてドイツ商法第4編第 10 章の海上保険に関する規定の適用を排除した事実上の海上保険法典（Gesetzbuch der Seeversicherung）[105]であった。かくして、商法中の海上保険法は「きわめて特殊な場合を除いてまったく死文と化し、最早法律史の一部をなすに過ぎ

---

102) O'May, *supra* note 84, pp. 5-6.
103) Jervis, *supra* note 57, p. 16 も、「1906 年海上保険法は、大陸の他の海上保険法典ほどその範囲は包括的ではなく、また判断する資格のある多くの者の意見では、その規定の多くが数多くの問題点を論争に委ねるような文言で述べられている。明らかなことは、同法が制定されて以降、海上保険問題の訴訟が非常に頻繁になされてきたということであって、毎年新たな問題が裁判所に委ねられている」と述べている。
104) 加藤・前掲注 48) 28-29 頁。
105) Bruck-Möller, *Kommentar zum Versicherungsvertragsgesetz und zu den allgemeinen Versicherungsbedingungen*, Berlin, 1961, S. 54.

ない運命に陥った[106]」とまでいわれた[107][108]。

(2) 海上保険の研究が真に進化を遂げたのも、20世紀に入ってからのことであって、前項に掲げた諸学者の著書も、今日ではそのほとんどが沿革的意義しか有していないといえる[109]。

しかし、判例の解釈に終始するイギリスやアメリカでは、依然として実務書が多く、この時期、特筆すべき海上保険書はほとんどないといっても過言ではないが、そのなかで、*Arnould on the law of marine insurance and average*（第7版以降）は相変わらず海上保険法研究の第1の標準書であろう。

その他に、実務家の読むべき比較的手頃な英書として、現在入手可能なものを本章Ⅷに掲げておく。

一方、フランスは、1807年商法典の制定後しばらくの間は、商法の解釈や商商法の研究が盛んで、海上保険法の研究は停滞していたが、この時期に入っても見るべきものはほとんどない。そのなかで、Ripert, G., *Droit maritime*, Tome Ⅲ, 4e éd., Paris, 1953、および Rodière, R., *Droit maritime-Assurance maritime et ventes maritimes*, Paris, 1983 の2冊（とりわけ

---

106) 加藤・前掲注48) 28頁。
107) 本約款については、加藤・前掲注43) の付録に同博士による全訳がある。
108) 1919年 ADS は、その後、貨物保険および船舶保険の各追加約款によって補充された。前者については、1947年に貨物保険に対する ADS 追加規定（Zusatzbestimmungen zu den ADS für die Güterversicherung 1947）が制定されたが、以後次々と諸約款が追加されて複雑化したために、1973年にドイツ運送保険連盟（Deutscher Transport-Versicherungs-Verband e. V.; DTV）はこれを大改定して、ADS 第2編の貨物保険に関する第2章（80～99条）の規定を廃止し、ADS の追加規定に取って代わるドイツ海上保険普通約款、貨物保険に対する特別規定（Allgemeine Deutsche Seeversicherungsbedingungen, Besondere Bestimmungen für die Güterversicherung 1973; ADS Güterversicherung 1973）等を制定した（1973年 ADS 貨物約款の解説として、木村栄一「1973年ドイツ貨物海上保険普通約款について」損害保険研究36巻3号94頁以下参照）。この時から、貨物保険については、上記第2編第2章の規定を削除した ADS と ADS 貨物約款とが併用されている。さらに、1984年および1994年に小改定がなされ、さらに2000年にも改定されたが（DTV-Güterversicherungs-bedingungen 2000）、現在、実際の市場では、およそ半分が2008年版（DTV-Güterversicherungsbedingungen 2000 in der Fassung 2008; DTV-Güter 2000/2008）を使用している。一方、船舶約款は、1978年および2004年に改定され、小改定はこの間に何度か行われている。これに対して、ドイツ保険協会（Gesamtverband der deutschen Versicherungswirtschaft e. V.; GDV）は2009年モデル約款として、ドイツ船舶保険普通約款（Allgemeine Deutsche Seeschiffsversicherungsbedingungen 2000; DTV-ADS 2009）を制定している。
109) 加藤・前掲注48) 4頁。

前者）は一読すべき専門書であるといえる。

実務書としては、次のようなものが挙げられる。

Govare, J-P, *L'assurance maritime française-Etude des polices*, Paris, 1960.

Hoursiangou, J. et Latron, P., *Les polices françaises d'assurance maritime sur facultés du Juin 1983*, Paris, 1984.

Lureau, P. et Olive, P., *Commentaires de la police française d'assurance maritime sur facultés*, Paris, 1952.

Lureau, P., *Commentaires de la police française d'assurance maritime sur corps de navires*, Paris, 1972.

また、次のようなものは、海上保険史研究にとって欠かせない著書・論文であろう。

Masson, P., *L'origine des assurances maritimes, spécialement en France et à Marseille*（Bulletin du comité des travaux historiques et scientifiques）, Paris, 1923.

Baratier et Reynaud, *Histoire du commerce de Marseille*, Paris, 1951.

Boiteux, L.A., *La fortune de mer-Le besoin de sécurité et les débuts de l'assurance maritime*, Paris, 1968.

Gallix, L., *Il était une foit...L'assurance*, Paris, 1985.

ドイツでは、第1に挙げなければならないのは、何といっても、ハンザ高等裁判所判事、同部長、同副所長等を務めた Rudolpf Carl Ritter (1870～1941) の *Das Recht der Seeversicherung-Ein Kommentar zu den allgemeinen deutschen Seeversicherungs-Bedingungen* であろう。1922年と24年にハンブルクで刊行された2巻本で、古今東西の立法令・学説・判例・慣習を網羅した海上保険に関する不朽の名作として知られる。一般保険契約法に対しても多大の影響を与え、ドイツの学者をしてさえ、「保険契約に関するあらゆる重要問題の発生に際して、本書を参照しなければ必ずや後悔するであろう」[110]といわしめるほどであって、今日でも多くの学者が同書を参照している[111]。同書は、イギリス海上保険法についても精緻な

---

110) 加藤・前掲注43) 36頁。
111) 木村・前掲注72) 246頁、坂口・前掲注72) 109-110頁。

研究を行っており、イギリス法研究の書としての価値も高い。その後、本書は1953年に復刻版が出されたが、1967年にはHans Jürgen Abrahamによって判例、参考文献が追加され、Ritter-Abraham, *Das Recht der Seeversicherung* 第2版としてハンブルクで刊行されている。

なお、ドイツの海上保険研究は、かつては海上保険約款の研究が中心であったが、そのなかにあって、1922年にハンブルクでGustav Sievekingが著した *Das deutsche Seeversicherungsrecht* は、海上保険法規、すなわちドイツ商法中の海上保険の章の逐条的解説を行っている純理論的研究書として注目される。

イタリアでは、ピーサ大学教授Federigo Melis（1914～1973）が、フィレンツェの北西の町、プラートのダティーニ文庫（Archivio di Francesco di Marco Datini）の膨大な史料のなかから、1380年代前後のピーサおよびフィレンツェの真正海上保険証券を多数発見した。これをもとに、14～15世紀のイタリアにおける海上保険の起源と発達を実証した名著 *Origini e sviluppi delle assicurazioni in Italia* の第1巻を、1975年にローマで刊行し、海上保険の生成史研究を大きく前進させた。[112]

Ⅶ わが国における海上保険研究

(1) 世界における保険の歴史は海上保険に始まったが、わが国における保険の歴史、そして保険学の歴史もまた海上保険に始まった。海上保険学は、海上保険私法の研究が中心であったが、わが国におけるこの海上保険法学の基礎を築いたのは村瀬春雄博士（1871～1938）である。

村瀬春雄博士は、1890（明治23）年に、のちの東京高等商業学校、その後の東京商科大学および一橋大学の前身である高等商業学校を中退して、ヨーロッパの商業大学のモデルとなったベルギー・アントワープの国立高等商業学校（Institut supérieur de commerce de l'Etat）に2年半留学した。独仏その他ヨーロッパ諸国の海上保険法および慣習を学んで、1893（明治26）年春に帰国し、ただちに23歳の若さで母校高等商業学校の教授とな

---

[112] 木村・前掲注72) 211-212頁および236頁。

ったが、1895（明治28）年には実業界に転じ、帝国海上保険会社（現、損害保険ジャパンの前身の一部）の副支配人となった（1912（明治45）年副社長）。同年以降は、実務の傍ら、東京高等商業学校およびのちの東京商科大学の講師として、海運および保険学を担当し、1899（明治32）年には、商業教科書として、『海上保険』を同文館から出版した。同書は、わが国最初の海上保険専門書であり、こうして、村瀬博士は、わが国「海上保険（法）学の開祖」となった。

当時、わが国海上保険に携わる弁護士および実務家は、わが国への海上保険実務の導入の経緯からか、イギリスの法律および慣習一辺倒であった。そのために、村瀬博士はこの実情を嘆き、ドイツ、フランスその他ヨーロッパ諸国の法律慣習をも研究すべきであるとして、次のように述べている。

「世人動もすれは本邦法典の不完全なるを喋々し殊に海上保険の如き之に重きを置かされとも斯の如き誤解は畢竟開國以來現時に至るまて本邦に於ては英國との交通頻繁にして英學最も盛に行はれ法律家の多くは所謂英法を學ひ保險業に從事する者も『アーノルド』『ホップキンス』『ローンヅ』『マッカーサー』『ガウ』等諸氏の著書其他の英書に依りて斯業の智識を得たるか然らされは英國の慣例を見聞したる者にして所謂先入主となり斯眼孔に映する處は總て英國の法律慣例より他無きの致す所なる可く果して佛獨其他の法律慣例と對照研究したる結果此に至れるや大いに疑無き能はす蓋し英國は世界の海王國なれは此國の法律慣例に從はされは實際上不便多しとの説は一理あるに似たれとも佛獨其他歐洲大陸諸國の海上保險業者は現に各々自國の法律慣例を有し之に依り營業しつつあるのみならす是等の法律慣例か寧ろ彼に比して大に完備せる點少なからさるに非すやされは各々自國の法律慣例を基礎とし其足らさるを外に求むるこそ其當を得たるものといふ可けれ」。（原文のまま）[113]

海上保険学の開祖村瀬春雄博士は、こうして広く海外の著書論文を渉猟して比較法的研究を行い、本文826頁に及ぶ『海上保険講義要領』（同文館・1907、巖松堂・1912等たびたび改訂され、最終改訂版は巖松堂・1913）、

---

113) 村瀬春雄『海上保険』（同文館・1899）自序3頁。

および、(これに 348 頁に及ぶ『火災保険講義要領』を合わせた)『村瀬保険全集』(清水書店・1926)を刊行し、こうして「村瀬保険学」ともいうべき、理論と実際とを兼ね備えた一種独特の研究を成就させた[114]。しかし、村瀬博士の著書においては、いまだ必ずしも海上保険学の学問体系は確立されていなかった。

(2) その後、村瀬春雄博士の弟子の1人である加藤由作博士(1894～1978)が、1923(大正12)年から1927(昭和2)年にかけて、イギリス、アメリカ、フランス、ドイツに留学し、帰国後は、東京商科大学付属商学専門部教授、東京商科大学助教授、東京商科大学・一橋大学教授として、海上保険の研究に没頭し、『海上危険論』(巌松堂・1932)、『海上損害論』(巌松堂・1935)および『海上被保険利益論』(巌松堂・1937)の3部作を刊行して、海上保険学の学問体系を確立した。こうして、加藤博士は海上保険学の「中興の祖」といわれ、以後の海上保険学者のほとんどすべてが、加藤博士の学問体系に従って、海上保険を「海上被保険利益」、「海上危険」および「海上損害」の3部に分けて論じている。加藤博士は、その後、『海上保険概要』[115]、『被保険利益の構造』(巌松堂・1939)、『レアッツ欧州海上保険法史』[116]、『ロイド保険証券の生成』(春秋社・1953)その他多数の書を著し、わが国の保険および海上保険学界および実務界に多大の貢献をした。

(3) 上記の2人の先達およびその業績のほかに、代表的な海上保険学者およびその著書を教科書も含めて古い順に挙げれば、次のようなものがあるが、今ではこれらはいずれも海上保険研究の古典に属する。

久川武三『海上保険要論』(文雅堂・1930)

瀬戸弥三次『海上保険体系』(文雅堂・1931～1935)

勝呂弘『海上保険』(春秋社・1950、現代商学全集第26巻)

椎名幾三郎『海上保険論』(千倉書房・1938)

石井照久『海上保険法』(日本評論社・1939、新法学全集第16巻の中)

---

114) 喜寿記念加藤由作博士論文集刊行会『喜寿記念加藤由作博士論文集』(同刊行会・1970) 341頁。
115) 加藤・前掲注45)。
116) 加藤・前掲注48)。

今村有『海上保険契約論』(巌松堂・1941〜1942)

同『海上損害論』(巌松堂・1952)

葛城照三『海上保険研究——英法における海上危険の研究〔上中下巻〕』(損害保険事業研究所・1949〜1950)

亀井利明『海上保険証券免責条項論』(保険研究所・1961)

藤本幸太郎『新版海上保険』(千倉書房・1962)

葛城照三『イギリス船舶保険契約論』(早稲田大学出版部・1962)

同『新版講案海上保険契約論』(早稲田大学出版部・1966)

小町谷操三『海上保険法各論〔1〜5巻〕』(岩波書店・1966〜1968)

1970年以降のものとしては、次のようなものがある。

葛城照三『貨物海上保険普通約款論』(早稲田大学出版部・1971)

同『新版英文積荷保険証券論』(早稲田大学出版部・1981)

今村有『海上保険契約法論〔上中下巻〕』(損害保険事業研究所・1978〜1980)

亀井利明『英国海上保険約款論』(関西大学出版部・1986)

松島恵『海上保険における固有の瑕疵論』(成文堂・1979)

同『貨物海上保険概説』(成文堂・1991)

同『船舶保険約款研究』(成文堂・1994)

今泉敬忠『英国 P. & I. 保険の研究』(成文堂・1993)

教科書としては、次のようなものがある。

葛城照三『海上保険講義要綱』(早稲田大学出版部・1975)

木村栄一『海上保険』(千倉書房・1978)

松島恵『海上保険論〔改訂7版〕』(損害保険事業総合研究所・1998)

今泉敬忠＝大谷孝一『海上保険法概論〔改訂3版〕』(損害保険事業総合研究所・2010)

　さらに、既述のとおり、イギリスの海上保険法および約款を含めて、現代の海上保険法規および海上保険約款は、われわれが想像する以上に地中海時代の影響を維持しているのであるから、これを研究する者は、当時の海上保険制度・法規にまで遡って研究することが大事である。その意味で、海上保険研究の分野において海上保険契約の歴史的研究はとりわけ重要である。この分野の研究書のいくつかを挙げれば、既述の加藤由作博士の

『レアッツ欧州海上保険法史』および『ロイド保険証券の生成』も重要文献であるが、とりわけ、加藤博士の弟子である木村栄一博士が世界中の文献や膨大な生の史料にあたって書き上げた『ロイズ保険証券生成史』（海文堂・1979）は、本領域における世界最高の著書であって、諸外国の学者もこれを大いに参照している。このほかに、勝呂弘『損害保険論選集』（千倉書房・1985）、葛城照三監訳『英国海上保険約款の変遷』（損害保険事業研究所・1968）、坂口光男『保険法立法史の研究』（文眞堂・1999）、同『保険法学説史の研究』（文眞堂・2008）、近見正彦『海上保険史研究』（有斐閣・1997）、大谷孝一『フランス海上保険契約史研究』（成文堂・1999）なども、重要な沿革的研究である。

　また、実務家の著書としては、質量ともに群を抜いている東京海上火災保険株式会社編『新損害保険実務講座』〔第4巻、船舶保険〕・〔第5巻、貨物保険〕（有斐閣・1964）、およびその改訂版ともいうべき『損害保険実務講座』〔第3巻、船舶保険〕（有斐閣・1983）・〔第4巻、貨物保険〕（同・1987）を挙げることができる。海上保険実務に携わる者には必読の書であろう。また、中堅実務家層を対象として、内航貨物海上保険および外航貨物海上保険の全般について詳細に述べた、東京海上火災保険株式会社編の『貨物海上保険の理論と実務』（海文堂・1978）、および船舶保険については同編『船舶保険普通保険約款の解説』（損害保険事業総合研究所・1998）も一読の価値がある。

　さらに、木村治郎『海上保険実務の基本問題』（保険研究所・1978）、加藤修『国際貨物海上保険実務〔3訂版〕』（成文堂・1997）、同『国際物流のリスクと保険』（白桃書房・1990）、同『貿易貨物海上保険改革』（白桃書房・1998）、および林忠昭『貨物海上保険』（有斐閣・1993）、同『輸出入貨物保険の実務事典』（日本実業出版社・1996）が手頃な著書である。

　また、共同海損の研究については、鈴木祥枝『海上保険と共同海損の実際』（東京海上各務記念財団・1965）、東京海上火災保険株式会社船舶損害部＝貨物損害部訳『共同海損と1974年ヨーク・アントワープ規則』（成山堂・1983）、中西正和＝原田一宏『ヨーク・アントワープ規則の発展』（東京マリーンクレームサービス・2000）などがある。

Ⅷ　入手可能な英米海上保険文献

以下に、復刻版を除いて、現在入手可能な英米書文献を挙げておく。

American Bar Association ; Tort and Insurance Practice Section. Admiralty & Maritime Law Committee, *Marine P & I policy annotations : annotations of the American Steamship Owners Mutual Protection and Indemnity Association Form Policy*, Chicago, 1982.

Annesley, A., *A compendium of the law of marine insurances, bottomry, insurance on lives, and of insurance against fire : in which the mode of calculating averages is defined, and illustrated by examples*, London, 1808.

Astle, W. E., *International cargo carriers' liabilities*, London, 1983.

Badger, D. & Whitehead G., *Elements of cargo insurance*, Cambridge, 1983（大谷孝一監訳『貿易貨物保険の基礎』（成文堂・1989）；『新訂貿易貨物保険の基礎』（成文堂・1992））.

Bennett, H. N., *The law of marine insurance*, Oxford ; New York, 1996.

―, *The law of marine insurance*, 2nd ed., Oxford ; New York, 2006.

Braekhus, S., *Handbook of P & I insurance*, 3rd ed., Arendal, Norway, 1988.

Brown, R. H., *Marine insurance abbreviations*, London, 1974.

―, *Dictionary of marine insurance terms*, 4th ed., London, 1975 [reprinted 1980].

―, *Marine insurance, Vol. 3-Hull practice*, 1st ed., London, 1975.

―, *Marine insurance, Vol. 2-Cargo practice*, 4th ed., London, 1979.

―, *Marine reinsurance terms and abbreviations*, London, 1981.

―, *Analysis of marine insurance clauses*, London, 1983-1984.

―, and Reed, P. B., *Marine reinsurance*, London, 1981.

Buglass, L. J., *Marine insurance and general average in the United States*, Cambridge, Md., 1973 ; 2nd ed., Centreville, Md., 1981（第2版の第10章について、東京海上火災保険株式会社船舶損害部＝貨物損害部訳『共同海損と1974年ヨーク・アントワープ規則』（成山堂・1983））.

Clarke, Malcolm, *The law of insurance contracts*, 5th ed., London, 2006.
Cockerell, H. A. L., *Lloyd's of London : a portrait*, Cambridge, 1984.
Dover, V., *A handbook to marine insurance*, 8th ed., London, 1975（第8版の第5章について、姉崎義史監訳・大正海上海損部訳『ビクター・ドーバー海上保険法』（成山堂・1988））.
Dunt, John, *Marine cargo insurance*, London, 2009.
Goodacre, J. K., *Marine insurance claims*, 2nd ed., London, 1981（葛城照三＝木村栄一＝大谷孝一＝小池貞治監訳・大正海上海損部訳『グッドエーカー海上保険クレーム』（損害保険事業研究書・1978））.
Gow, W., *Marine insurance : a handbook*, 4th ed., London：Macmillan, 1917.
Hazelwood, S. J., *P & I clubs : law and practice*, 2nd ed., London；New York, 1994 ; 3rd ed., London；Hong Kong, 2000.
Hill, J. S., *An introduction to P & I*, 2nd ed., London, 1988.
Hodges, S., *Law of marine insurance*, London, 1996.
Hudson, N. G., *The institute clauses*, 2nd ed., London, 1995；
—*Marine claims handbook*, 5th ed., London；New York, 1996.
—and Allen, J. C., *The institute clauses*, 3rd ed., London, 1999.
—and Madge T., *Marine insurance clauses*, 4th ed., London；Singapore, 2005.
Ivamy, E. R. H., *Marine insurance*, 3rd ed., London, 1979 ; 4th ed., London, 1985（第1版については、葛城照三＝大谷孝一＝椿弘次共訳『アイバミー海上保険法』（早稲田大学出版・1972））.
—, *Chalmers' Marine Insurance Act 1906*, 10th ed., London, 1993（第6版については、葛城照三＝今泉敬忠共訳『チャーマーズ英国海上保険法論』（早稲田大学出版・1967））.
Jervis, B. G., *Marine insurance*, London, 2005.
Luddeke, C. F., *Marine claims*, London；New York, 1993.
Merkin, R. M., *Annotated marine insurance legislation*, London, 1997.
—, *Marine insurance legislation*, 2nd ed., London, 2000 ; 3rd ed., London, 2005.
—and Gilman, etc., *Arnould's law of marine insurance and average*, 17th ed.,

London, 2008 ; 1st ed. (1848) and 2nd ed. (1857) by Arnould, J. ; 3rd ed. (1866) to 6th ed. (1887) by Maclachlan, D. ; 7th ed. (1901) to 11th ed. (1924) by de Hart, E. L. and Simey, R. I. ; 12th ed. (1939) by Simey, R. I. and Mitchison, G. R. ; 13th ed. (1950) to 14th ed. (1954) by Lord Chorley ; 15th ed. (1961) by Lord Chorley and Bailhache, C. T. ; 16th ed. (1981) by Sir Mustill, M. and Gilman, J.

Miller, Michael D., *Marine war risks*, 2nd ed., London, 1994 ; 3rd ed., London, 2005.

Noussia, K., *The principle of indemnity in marine insurance contracts : a comparative approach*, Berlin ; New York, 2007.

O'May, D., *Marine insurance law and policy*, London, 1993.

Park, J. A., *A system of the law of marine insurances, with three chapters on bottomry, on insurances on lives, and on insurances against fire*, 6th ed., London, 1809 ; Clark, N. J., 2005.

Schoenbaum, T. J., *Key divergences between English and American law of marine insurance : a comparative study*, Centreville, Md., 1999.

Soyer, B., *Warranties in marine insurance*, 1st ed., London, 2001 ; 2nd ed., London, 2006.

Templeman, F., *Templeman on marine insurance : its principles and practice*, Plymouth, 1981 ; 4th ed. by Templeman, F. and Greenacre, C. T., London, 1934 ; 5th ed. by R. J. Lambeth, 6th ed. by R. J. Lambeth, London, 1986（木村栄一＝大谷孝一訳『テンプルマン海上保険──その理論と実際』（損害保険事業総合研究所・1991）。第4版については、葛城照三訳『テンプルマン海上保険〔復刻版〕』（早稲田大学出版部・1973））.

Thomas, D. R., *The modern law of marine insurance*, Vol. 1, London ; New York, 1996 ; Vol. 2, London ; New York, 2002.

Turner, H. A. and Alexander, E.V.C., *The principles of marine insurance*, 7th rev. ed., London, 1986（木村栄一＝近見正彦訳『海上保険の原理』（損害保険事業総合研究所・1994））.

Winter, W. D., *Marine insurance : bits principles and practice*, 3rd ed., New York : McGraw-Hill, 1952.

Wright, C., *A history of Lloyd's from the founding of Lloyd's Coffee House to the present day*, London, 1928.

　最後に、海上保険法(制)史または海上保険契約史の重要文献を、ほんの一部であるが、既述のものも含めて以下に挙げておく。

Bensa, E., *Il contratto di assicurazione nel medio evo*, Genova, 1884.

Boiteux, L. A., *La fortune de mer-Le besoin de securité et les débuts de l'assurance maritime*, Paris, 1968.

Gallix, L., *Il était une foit…L'Assurance*, Paris, 1985.

Goldschmidt, L., *Zur Geschichte der Seeversicherung*, Juristische Abhandlungen, Festgabe für Georg Beseler zum 6. Januar 1885, Berlin, 1885, SS. 203-19.

Gow, W., *Sea insurance*, London, 1914.

—, *Marine insurance*, 5th ed., London, 1931.

Hagen, O., *Seeversicherungsrecht*, Berlin, 1938（加藤由作訳註『オット・ハーゲン独逸海上保険法』（巖松堂・1941））.

Magens, N., *An essay on insurances*, 2 vols., London, 1755.

Marsden, R. G., *Select pleas in the court of admiralty*, Vol. 2, The High Court of Admiralty（A. D. 1547-1602), London, 1897.

Melis, F., *Origini e sviluppi delle assicurazioni in Italia*, Ⅰ, Roma, 1975.

Pardessus, J. M., *Collection des lois maritimes antérieures au XVIIIe siècle*, Paris, 1821.

Raynes, H. E., *A history of British insurance*, 2nd ed., London, 1964.

Reatz, C. F., *Geschichite des europäischen Seeversicherungsrechts*, Leipzig, 1870（加藤由作著・訳『レアッツ欧州海上保険法史』（巖松堂・1944））.

Rodière, R., *Droit maritime-Assurance maritime et ventes maritimes*, Paris, 1983.

Trenerry, C. F., *The origin and early history of insurance*, Westminster, 1926.

第2章
海上保険の歴史

I　総　説

1　イタリア商業の発展と冒険貸借

（1）　産業革命以降に誕生した各種保険はしばらくおくとして、歴史の古い海上保険、火災保険、生命保険を比べてみると、火災保険および生命保険と海上保険とでは、その社会的役割の適用領域が異なるのであり、したがって、その生成の歴史も同一でないことは容易に想像がつく。すなわち、火災保険や生命保険にあっては、自然経済時代における血縁的集団社会、地縁的共同体やゲルマン的村落共同体、また中世にあっては、分化した種々の職業が同職に従って結合・組織された同職集団（ギルド：Guild やツンフト：Zunft）などが、災害発生時にその所属構成員を救済するという事実から始まったのであり、一方、海上保険は、商人が営利のために行った「非常に儲かる仕事と海上危険との交換」という１つの事業から起こったのであって、この営利主義に基づく海上保険が相当程度に発達した後に、その経験が他の被災者救済制度に採用されて、今日の合理的な真正保険へと発展を遂げたと考えることができる[1]。それゆえ、現代の相互主義の保険は、古代または中世における相互救済集団または組合から発達したのに対して、営利主義の保険は、中世における商人経営の海上保険から発達したという主張も、一応肯定できる[2]。しかし、これを詳細に見ると、前者にあっては、古代または中世における相互救済制度と現代の火災保険や生命保

---

1)　Rodière, R., *Droit maritime-Assurance maritime et ventes maritime*, Paris, 1983, pp. 10-14.
2)　加藤由作『レアッツ欧州海上保険法史』（巌松堂・1944）5頁。

険との間には直接的な関わりは乏しく、他方、後者にあっては、中世商人の営利事業が今日まで営々と受け継がれ、発展し、その過程で他の保険を派生させているのであって、その意味において、現代的保険は海上保険を始祖とするといって構わないであろう。[3]

(2) この「非常に儲かる仕事と海上危険との交換」という、海を舞台とする中世商人の営利事業は、いつ、どこで、どのようにして始められたのか。

この海上保険の生成の問題に関しては、1182年、ユダヤ人がフィリップ・オーギュスト（Philip Augusutus）によってフランスから追放された時に海上保険の仕組みを発明したというGiovanni Villani（1276～1348）の説、『フランドル年代記』（Chronyk van Vlaenderen）に見られる「1310年に、フランドル伯が保険会議所（Kamer van Verzekeringhe）の設立を許可した」という記録から、海上保険はブルージュを中心とするフランドル地方で始まったという説[4]、あるいは、1434年頃にポルトガルの史家 Fernão Lopes によって編纂された『フェルナンド王年代記』（Chronica d'el rei D. Fernando）にみられる、フェルナンド王が1367年と1383年のある時期に、50トン以上の船舶に対して保険を強制するために船舶相互保険組合を設立したという記録から、ポルトガルを発祥地とする説[5]など、過去に種々の説が唱えられた。しかし、今日の通説では、海上保険は14世紀後半に北イタリアの商業諸都市において、後述の fœnus nauticum（1(4)参照）から転化したと考えられている。[6]

(3) それではなぜ、海上保険は14世紀後半に北イタリアの商業諸都市において生まれたのか。その淵源を訪ねるには、まず、早くから商人の間に資本主義精神が横溢していた中世前期、イタリアのコムーネ（comune：都市国家）の時代にまで遡らなければならない。

---

3) 加藤・前掲注2) 5頁。
4) Trenerry, C. F., *The origin and early history of insurance*, Westminster, 1926, pp. 265-269 ; Pardessus, J. M., *Collection des lois maritimes antérieures au XVIIIe siècle*, Paris, 1821, T. I, p. 356 et T. II, p. 370.
5) Reatz, K. F., *Geschichte des europäischen Seeversicherungsrechts*, 1. Theil, Leipzig, 1870, S. 13-14 ; Jervis, B. G., *Marine insurance*, London, 2005, p. 4.
6) 木村栄一『海上保険』（千倉書房・1978）1頁。

ローマ帝国の滅亡後、内陸部では古典的荘園の確立をみたものの、かつて地中海貿易に支えられて隆盛を極めていた商工業や文明が衰退し、いわゆる「中世の暗黒」が長らく支配していた地中海沿岸諸都市も、十字軍の遠征によってようやく活気を取り戻した[7]。すなわち、これらの都市は、第1回十字軍（1096年）の準備・遠征には直接関与しなかったが、やがてその成功を見ると、たちまちこれに加わり、支援することによって、各種の巨大な利益を獲得した。リグリア海側に位置するピーサとジェノヴァがまず大きく発展を遂げ、次いで西地中海ばかりではなく、東地中海の諸都市も、たちまちヴェネツィアと肩を並べるまでになり、12世紀前半には、シリアとパレスチナのほとんどすべての沿岸都市に、これら3つのコムーネの居留地が形成されるに至った[8]。

　このような沿岸都市の発展に象徴される国際商業の急速な発展は、内陸の都市にも大きな影響を与え、その発展を促した。特にポー川流域とトスカーナの都市の発達が著しかったが、とりわけトスカーナでは、まずルッカとシエナが、また遅れてフィレンツェが飛躍的な発展を遂げた[9]。

　こうして、13世紀の後半に入ると、それまで十字軍との密接な関係のもとに発展してきたイタリア商人は、一方において黒海方面へ、他方において北西ヨーロッパへと、その商業圏を著しく拡大していく。13世紀末には、ジェノヴァ、ヴェネツィアとフランドルおよびイギリス間の大西洋沿岸航路が開け、またイタリアとフランドル、シャンパーニュとの間の陸路も発展し、商業関係は一層緊密となった。同時に、イタリア商人間の競争も激化し、ピーサ、シエナなどが相次いで第一線から脱落し、結局、ヴェネツィア、ジェノヴァ、ミラノ、フィレンツェの4大勢力が勝ち残った[10][11]。

7）　秦玄龍『ヨーロッパ経済史』（東洋経済新報社・1979）59頁。
8）　森田鉄郎編『イタリア史』（山川出版社・1981）107-109頁。
9）　森田・前掲注8）110-112頁。
10）　森田・前掲注8）138-140頁。
11）　イスラーム圏およびビザンツからの学問の導入も、こういった地中海商業の発展と密接な関係を持つ文化的現象として見逃すことができない。ビザンツやイスラーム圏に継承されていた古代ギリシャの学問やイスラーム各地の医学その他の自然科学、計算に便利なアラビア数字などが、北イタリアの海港都市を通して導入され、またHaverei（海損）、Risiko（危険）などの新しいアラビア語も輸入された。

(**4**) こういった状況のなかで、14世紀に入ると、商人の間には、危険に立ち向かうという精神や自覚が一層強まり、海から遠く離れ、内陸商業にとってのみ重要な意味を持ったミラノを除く3大勢力都市では、実質的な海上保険契約が行われるようになった。「実質的な」海上保険契約というのは、表面的には無償の消費貸借や売買の形式を帯びているが、実質的には危険負担（*susceptio perculi*）を唯一の目的とする契約（仮装保険契約：contrats d'assurances déguisées）を意味する。

しかし、この仮装保険契約も、誰かの考案に基づいて、ある日突然に生み出されたのではなく、すでにギリシャ・ローマ時代から地中海沿岸地方で行われていた fœnus nauticum[12]から転化したものであるといわれている[13]。

fœnus nauticum というのは、冒険貸借（prêt à la grosse；prêt à la grosse aventure；de grose；prêt à retour du voyage）または海上貸借（Seedarlehen）と訳される金銭消費貸借契約（prêt à intérêt）の一種であって、航海業者（船主および／または荷主）が、船や積荷を担保にして金融業者から借金をし、船が無事に帰港すれば、元金に多額の利子（usura）を付けて返済するが、船が航海中に海難・海賊・戦争等の海上事故に遭遇して全損となったときは、借金の返済を免除されるという契約である[14]。したがって、金融業者は、航海資金を融資すると同時に、海上危険を負担することになるから、危険負担料を含んだ利子は、当然高率であった[15]（1回の航海につき、

さらに、市民の間に読み書きの知識が広まってきた事実にも注目する必要がある。当時のヨーロッパにおける商業の中心地であり、それゆえに人口や富の流動性が顕著であったこれらイタリアの都市では、文字による証拠を確保することがきわめて重要であった。このために、公証人（notaio）の制度が著しく発展し、市民たちは、土地の売買・相続・遺言・結婚・貸借などあらゆる問題を公証人の登記簿に「登記」し、権利の保全に努めた（森田・前掲注8）146-147頁；増田四郎監訳『クーリッシェル・ヨーロッパ中世経済史』（東洋経済新報社・1976）88頁）。これら公証人の登記簿が、いまや、海上保険契約生成の歴史を解明する最も重要な手掛りとなっている。

12) Rodière, *supra* note 1, p. 6 は、Emérigon, B. M., *Traité des assurances et des contrats à la grosse*, Marseille, 1783 の *nautico fœnore* に倣って、*nauticum fœnus* としている。
13) 木村・前掲注6) 1-2頁。
14) 木村・前掲注6) 1-2頁、Emérigon, *supra* note 12, chap. I, sect. 2.
15) Rodière は、冒険貸借は3つの意味（①金融業者が借手の事業に関与する、②金融業者が借手の危険を負担する、③借手が航海資金の融資を受ける）において、協同組合（Association）契約、保険（Assurance）契約、そして信用供与（Crédit）契約の3つの機能を有すると述べている。Rodière, *supra* note 1, p. 87.

元金の 24〜36％という高率であったといわれる)。

2 徴利禁止令

12、13 世紀頃になると、海上商業の発達につれて、冒険貸借はイタリア、フランス、スペインなど地中海沿岸諸国の港で盛んに行われるようになった。

ところが、1234 年、180 代ローマ法王グレゴリウス 9 世（Gregorius IX〈1170〜1241〉、在位 1227〜1241）は、キリスト教的隣人愛を重んじ、利子の授受を罪悪視する教会法に基づいて、いわゆる徴利禁止令（décrétale《Naviganti vel eunti ad nundinas》）を発し、その chap. 19,《de usuris》において一切の利子の授受を禁止した。利子を取ることは、教会の説く《mutuum date, nihil inde sperantes》（何物をも求めずして互いに与えよ）という教えに背く違法な行為であり、利子の授受は、人間愛の仮面をかぶった詐欺であり、困窮者からの搾取であって、利子付き貸借を生業とすることは「汚らわしい職業（turpe lucrum）」に従事することであった。当時、北イタリアのロンバルディア地方を中心に、蓄財と利殖を戒め、多額の借金や高率の利子に苦しむ者の救済や負債法の適用緩和を要求し、主の平和と告解を求めて、「ハレルヤ、ハレルヤ」と口ぐちに唱えながら、托鉢僧出身の説教師たちを先頭に、町々を練り歩くキリスト教徒の世直し運動（「大ハレルヤ」運動）が、炎のごとく民衆の心を席巻した。こういった民衆運動が、徴利禁止令の背景にあったことも事実であろう。とにかく、イノケ

---

16) このいわゆる「徴利禁止令」が発せられた年については、諸説ある。たとえば、勝呂弘『海上保険〔改訂新版〕』（春秋社・1955）8 頁は 1230 年とし、Gallix（Il était une foit...L'Assurance, Paris 1985, p. 111）、および Richard（Histoire des institutions d'assurance en France, Paris, 1956. 木村栄一＝大谷孝一訳『リシャール・フランス保険制度史』（明治生命 100 周年記念刊行会・1983）2 頁）は 1234 年とし、Braun（Geschichte der Lebensversicherung und der Lebensversicherungs-technik, 2 Aufl., Berlin, Duncker & Humblot, 1963. 水島一也訳『ブラウン・生命保険史』（明治生命 100 周年記念刊行会・1983）33 頁）は 1230 年ないし 1234 年とし、Rodière（supra note 1, p. 12, n. 2）や Boiteux（La fortune de mer-Le besoin de securité et les débuts de l'assurance maritime, Paris, 1968, p. 80）などは 1237 年としている。
17) この禁止令の内容および訳については、窪田宏『概説保険法』（晃洋書房・1975）35 頁注(1) 参照。
18) 増田・前掲注 11) 348 頁；堀米庸三『世界の歴史 3〔中世ヨーロッパ〕』（中央公論社・1978）219 頁。

ンティウス3世（Innocentius Ⅲ〈1160〜1216〉、在位1198〜1216）からグレゴリウス9世の頃までは、ローマ法王が全ヨーロッパのピラミッド的教会組織の頂点に立ち、宗教上はもちろんのこと、政治上も経済上も絶大な権力をふるうことのできた、いわば中世ローマ法王権の最盛期である。超国家的権威の象徴たる法王の定める法令は、神の正義そのものであったから、この法令に違反することはできない。さしもの隆盛を極めた冒険貸借も、事実上消滅し、海上商業も衰微するかにみえた。

Ⅱ　仮装保険契約

1　仮装冒険貸借

　長い間冒険貸借をなりわいとしてきた金融業者たちにとっては、徴利禁止令による利子付き貸借の禁止は死活問題である。もちろん実際には、高利を払ってでも航海資金を調達したいと考える船主や荷主も多かったであろう。つまり、経済活動の必要は、教会の教義解釈よりも強力であった[19]。

　彼らは、利子を契約の表面に出さずに徴収するさまざまな方法を考え出した。ある時は金融業者のサービスに対する報酬の名目で、ある時は金融業者の支払った費用に対する謝礼のかたちで、また、ある時は貸金と返済金とを異なった鋳貨で支払い、両鋳貨の相場の差を利用することによって[20]、さらには、無償の消費貸借や売買を仮装することによって、多額の利子を徴収し、冒険貸借と同じ機能を果たさせようと考えた。

　無償の消費貸借（mutuum gratis et amore）を仮装した場合には、貸借証書に、実際の貸借金額よりも大きな金額を記入し、貸借は無報酬で好意に基づいて（gratis et amore）行われる旨を記しておく。また、仮装売買（compra-venditio；vente fictive）の場合には、航海開始前に金融業者が船主や荷主からその船や積荷を買い取って代金を支払い、航海が無事終了すれば、その売買契約は解除されて代金が返済され、海難に遭遇して航海が失敗に帰したときには、売買契約は有効に存続することになり、船や積荷の所有者となった金融業者が損害を負担した。航海が無事終了したとき、

---

19)　Braun H.（水島訳）・前掲注16）19頁、33頁。
20)　増田・前掲注11）552頁。

契約解除によって金融業者に返済される代金は、航海開始前の契約による船や積荷の売買代金よりもずっと多かったはずである。このようにして、船主や荷主は、航海開始前に資金を調達でき、同時に海上危険を金融業者に転嫁することができる。金融業者も、航海が無事終了すれば、利子分を多額に含んだ売買代金の返済を受けられるのであり[21]、利子は表面に現れないけれども、これは冒険貸借そのものであるということがわかる。

こうして、冒険貸借は姿を変え、いろいろな方法で続けられていた。

しかし、航海中海難に遭遇して船や積荷が全損となれば借金を返済しなくてもよいのであるから、航海業者のなかには、航海が無事終了したのに、「海難に遭遇した」と偽って、借金の返済を怠る者が出てきた。それと同時に、冒険的な航海を重ねてかなりの私財を蓄え、もはや航海開始前に他からの資金調達を必要としない航海業者も次第に増えてきた。彼らにとっては、新たな航海の挫折によって、せっかく蓄えた財産を失うことがいちばん恐ろしいことであった。

2 仮装保険契約

このような状況のもとで、必ずしも豊富な資本を有していなかった当時の金融業者たちは、冒険貸借によって事前に資金を融通し、借金を踏み倒される危険を冒すよりも、事前にいくばくかの金（premium）を取り、事故後に損害の補償を行うほうが得策であると考えるようになった。つまり、冒険貸借の融資と危険負担という2つの機能のうち、後者だけを取り出した制度がここに生み出されたわけで、これはまさに、海上保険そのもので

---

21) たとえば、仮装売買の最も古い現存記録として、Boiteux が Dœchaerd, *Chiffres d'assurances à Gênes*, Revue Belge de phil. et d'hist., 1949, III, n° 1550 から引用しているジェノヴァの1298年10月28日の契約がある。これによれば、Palialgus Zacharias は、650缶の良質の明礬（みょうばん）を Suppe および Grillo に売って、ジェノヴァ貨幣で3,000リーヴルの代金を受け取り、その積荷を自己および Spinala の共有する船でエーグ・モルト（Aigues-Mortes）からブルージュまたは英仏海峡もしくはフランドルの他の港まで無料で運送する代わりに、航海が無事終了した暁には、この積荷を荷卸港において3,000リーヴル・トゥルノワで買い戻すか、または、2か月後に約定の相場に従いジェノヴァ貨幣3,780リーヴルで買い戻す権利を有していた。つまり、船主の Palialgus Zacharias は、航海開始前、金融業者の Suppe および Grillo から3,000リーヴルの金を借り、航海終了後、この3,000リーヴルの元金に26%の利子を添えて返済する約束をしたのである。Boiteux, *supra* note 16, p. 78.

あるといえる[22)][23)]。

しかし、当時の一般法規や教会法のもとでは、契約といえば、売買契約や消費貸借契約など数種のものしか存在していなかったのであるから、海上保険がただちに1つの契約（contractus sui generis）としての市民権を勝ち得たと考えることはできない。したがって、たとえば、1343年2月18日、1347年10月23日、あるいは1348年1月15日のジェノヴァの海上保険契約は無償の消費貸借を仮装していたし、同じくジェノヴァの1362年9月17日および1370年7月12日の海上保険契約は売買を仮装したものであった[24)]。すなわち、無償の消費貸借を仮装した保険契約の場合には、保険者が船主や荷主から無利子で一定額の借金をし（実際には金銭の授受は行われない）、海難に遭遇したときは借金の返済（＝保険金の支払い）を要するが、航海が無事終了すれば、この契約は無効となって、返済を要しないという方法がとられる。また、売買を仮装した保険契約の場合には、航海開始前に保険者が船主や荷主からその船や積荷を買い取り、それらが海難に遭遇したときは売買代金（＝保険金）を支払うが、航海が無事終了すればこの契約を無効にするという方法がとられた。

上記の日付の史料以外にも、海上危険の負担を唯一の目的としながら、無償の消費貸借や売買を仮装した契約の記録は多数現存しているが、こういった仮装契約は、イタリアでもジェノヴァだけにみられる[25)]。徴利禁止令の適用は、イタリア各地において必ずしも均等ではなかったが、ジェノヴァだけにこのような形態がみられるのは、この地における徴利禁止令の適

---

22) すなわち、金融業者が前もって資金を支払うのではなく、逆に航海業者のほうが、危険負担の対価として前もってその代金を支払うこととしたのである。このために、保険契約者が「前もって」支払う保険料を premium（前もって支払われる金額：primum）と呼ぶのである。この危険のみを負担するという制度がもたらした便益は、保険者が前もって一銭も支払わずに保障を売ることであったから、当然のことながら、危険負担料は冒険貸借の場合よりも低下した。

23) しかし、この新しい制度が冒険貸借に取って代わり、これを完全に消滅させたと考えることはできない。冒険貸借は商人に欠けている資金を獲得させる1つの手段であり、したがって資金や商品などの現実の供与なくしてはこれを考えることはできないのに対し、保険は商人に保障を提供することを目的とするものであるから、この両者に対する経済的需要はそれぞれ異なるからである。cf. Bciteux, supra note 16, p. 77.

24) これらの契約の詳細については、木村栄一博士の世界的名著『ロイズ保険証券生成史』（海文堂・1979）114-135頁参照。

25) 木村・前掲注24）115頁。

用が比較的厳しかったためではないかと推察される[26]。また、無償の消費貸借を仮装した保険契約は、1340年代初頭から1350年代半ばにかけて行われ、その後（1360年代以降）は、もっぱら売買を仮装した保険契約が行われているが、これは、教会法の「売買は徴利貸借の前提を除去する」（emptio tollit praesumptioem usurae）という原則に準拠したためである[27]。

なお、このジェノヴァでは、世界最古の保険条例、すなわち1369年10月22日のGagriele Adorno[28]の条例が制定されている[29]。

III 真正保険契約

1 海上保険の誕生と伝播

仮装保険契約は、14世紀の半ばから後半にかけて次第に形を整え、形式的にも内容的にも、今日の海上保険契約と同じような独立した種類の契約に変容していった。

この頃の地中海では、海図や羅針盤が航海業者の不可欠の航海用具として広く利用され、灯台などの設備も整って、船は一段と大型化・高速化した。陸上では、牛10頭が引く荷車でも、せいぜい2トンの貨物を1日に5〜7マイル運ぶのがやっとであったが、船では、その数百倍の積荷を1日に20〜30マイルも運ぶことができた。さらに、海上では税関などの障害物もない。このために、海上輸送は飛躍的な発展を遂げたが、それと同時に、海賊や暴風雨のような海上危険による損害が頻発し、商人の間で海上保険の重要性がますます認識されるに至った。

たとえば、ピーサ大学のメリス（Melis）教授は、かつてフィレンツェの北西の町プラートにあるダティーニ文庫（Archivio di Francesco di Marco Datini）の所蔵資料から、400通にのぼる保険証券を発見した。そのなかには、現存する最古の真正な海上保険証券である1379年4月13日の保険

---

26) Boiteux, *supra* note 16, pp. 80, 103.
27) 加藤由作『海上保険新講』（春秋社・1964）21-22頁。
28) 本条例の規定については、Melis, F., *Origini e sviluppi delle assicurazioni in Italia（secoli XIV-XVI）*, Vol. 1, Roma, 1975, pp.231-232参照。
29) 本条例の詳細については、近見正彦「イタリア初期の保険条例」保険学雑誌496号（1982）55-83頁参照。

証券から 1401 年 3 月 15 日の保険証券まで、ピーサで作成された保険証券が実に 150 通もあったし、また、ジェノヴァの Teramo di Maggiolo という公証人が、1393 年 8 月 21 日から 9 月 15 日までの 1 か月足らずの間に、80 以上の海上保険契約に関与したという記録もある[30]。これらは、当時、海上保険が商人の間でいかに弘布していたかを証拠立てるものであろう[31]。ただし、既述のとおり、ジェノヴァでは、1360 年代から 1460 年代まで、保険契約のほとんどが売買を仮装して行われており、14 世紀末の真正海上保険証券は 2 通しかみつかっていない[32]。

ピーサは、1284 年、メロリア（Meloria）の戦いでジェノヴァに敗れ、1290 年にピーサ港を破壊されて、アルノ河の河口を埋められ、さらに 14 世紀末には、フィレンツェによって征服され、リヴォルノ港（Porto Livorno）を併合されて、ついに没落した。そして、ピーサに代わって、それまではみずからの港も船隊も持たず、もっぱらジェノヴァ、アンコーナ、とりわけヴェネツィアの仲介によってその毛織物を遠隔地に輸送していたフィレンツェが、15 世紀初頭以降、急速に国際商業の表舞台に登場してくる[33]。したがって、メリス教授がダティーニ文庫で発見した既述の 400 通の保険証券中に多数含まれていたフィレンツェの保険証券が、わずかの例外を除いて、全体的にピーサの保険証券よりも新しかったという事実も、歴史的に納得できよう[34]。これら初期のフィレンツェ証券は、1523 年 1 月 28 日の（フィレンツェ市条例の付則として掲げられていた）保険証券様式を経て、今日のロイズ保険証券（Lloyd's S. G. Policy）に至る、保険証券様式の原型をなしているのである[35]。

また、地中海諸都市のなかで、「第 2 のビザンツ」、「流行の女王」、「あらゆる美の中心」といわれた「水の都」ヴェネツィアでも、14 世紀後半には海上保険が行われていたようで、現在、1395 年 10 月 22 日の海上保険証券が残されている[36]。

---

30) 木村・前掲注 24) 3 頁。
31) Bensa, E., *Il contratto di assicurazione nel medio evo*, Genova, 1884, p. 79.
32) 木村・前掲注 24) 135-136 頁。
33) 増田・前掲注 11) 375-376 頁。
34) 木村・前掲注 24) 3 頁、39 頁。
35) 木村・前掲注 24) 39-81 頁。

こうして、14世紀、北イタリアの商業諸都市で生まれた海上保険は、地中海商業の発展とイタリア人の活躍、オスマン・トルコの台頭による東方貿易の衰退、ロンバード人を中心とするイタリア人の国外移住に伴って、イタリアから地中海西岸のマルセイユやバルセロナ（同市の1435年の条例は、世界最初の体系的海上保険法である）、ヴァレンシア、さらにはリスボン、アヴィニョン、リヨン、ボルドー、ラ・ロシェル、ナント、ルアン、ブルージュ、アントワープと、おおまかにいってヨーロッパ大陸を北上する形で伝播し、16世紀にはこのブルージュ、アントワープを中心とするフランドル地方が、イタリアに代わって海上保険の中心となった。さらに、海上保険は、北上してハンブルク、アムステルダムへ、また英仏海峡を渡って、現在の海上保険の中心地であるロンドンへと伝えられていくのである。

Ⅳ　スペイン

　ここで、スペインの初期の海上保険契約について簡単に付言しておこう。
　北イタリアの商業諸都市で生まれた海上保険は相当早い時期にスペインへ伝播し、すでに1300年代後半には行われていた。これを証明するものとして、マルセイユのブーシュ・デュ・ローヌ県立古文書館（Archives départementales des Bouches-du-Rhône）には、1378年の訴訟記録が残されている。これによれば、アヴィニョンの商人 Andrea di Tissio が、その代理人であるルッカの A. Orohkanta に対して、マルセイユ向けの緋色の種子8袋を本人のためにバルセロナで保険に付けるように依頼している。保険者は、カタルニャ語で Luquin Scalampa（または Scarampa）と呼ばれていたが、実際はその兄弟とともに、バルセロナに移住したジェノヴァの商人であった。[37]
　また、現存するスペイン最古の海上保険証券として、1402年のバルセロナの保険証券がある。公証人によってラテン語で作成された証券で、内

---

36)　木村・前掲注24) 82-86頁。
37)　Boiteux, *supra* note 16, p. 89.

容は Bernard Pratz なる人物の船で南仏エーグ・モルト（Aigues-Mortes）からアフリカのアレクサンドリアに向けて運送される 155 壺の油に関するものであった。被保険者は Francesco de Manelli、保険者は Andrea de Pazzi で、ともにフィレンツェの商人である[38]。

また、公証人 Mermany なる人物がカタルニャ語で作成した 1428 年 4 月 12 日付の保険証券がある[39]。Jehan de La Torra が、ヴァレンシアに向けて、イギリスでジェノヴァ船に積み込んだ 2 梱包のラシャについて、スペイン・バルセロナのラシャ商人 Jean Font が付けた保険に関する証券で、保険者は Pierre Marie、Jean Clossi、Jean Albo、Jean de Pallars および Jean Thome であった。彼らはバルセロナの市民であったが、1 人はドイツ生まれ、数人はイタリア生まれの商人である[40]。

さらに、ナポリの歴史学者 Mario del Treppo は、バルセロナの古文書館（Archivo histórico de la ciudad de Barcelona）の記録のなかから、公証人 Masons によって作成された 1428 年 7 月 10 日から 1429 年 12 月 20 日までの 380 件に及ぶ一連の海上保険契約に関する書類（Libro de seguros maritimos）を発見している[41]。この書類中には 100 人の保険者が見出されるが、そのうち、最も多いのはイタリア人で、メディチ家の Francisco や Fantino をはじめとして、Frescobaldi、Giovanni Ventura、Tosinghi、Galvano de Salviati 等のフィレンツェ出身者、Geronimo Grimaldi、Francisco Salvago、Barnaba Centurione、Tomaso Imperiale、Giovani Grillo、Rafaele Giustiniani 等のジェノヴァ出身者、さらには Canyoly、Botxi といった 2 人のルッカ出身者や Filippo Aldighieri というピーサ出身者の名前もみられる。

しかしながら、バルセロナには、Johan de Torralba、Gaspar du Vat、Filippe della Cavalleria、Luis Sirvent、Jean des Guez、Joffe Sirvent らの

---

38) Boiteux, *supra* note 16, p. 89；木村・前掲注 24) 191-194 頁。
39) Boiteux, *supra* note 16, pp.89-90；Sayous, A.-E., *Les transferts de risques-Les associations commerciales et la lettre de change à Marseille pendant le XIVe siècle*（Revue Historique de Droit Français et Etranger. 1935), p. 508 et suiv.
40) Boiteux, *supra* note 16, pp. 89-90. なお、本保険証券の原文については、木村・前掲注 24) 194-196 頁参照。
41) Boiteux, *supra* note 16, p. 90；木村・前掲注 24) 191 頁。

カタルニャ人保険者もすでに多数おり、彼らのなかには、大商人ばかりではなく、船主、小売商人、両替商、ラシャ商人等も含まれていた。[42]

このように、中世カタルニャ地方第1の都市バルセロナでは、すでに1300年代後半から海上保険契約が行われ、多くのカタルニャの保険者が存在していた。こういった状況のなかで、1435年、世界最初の体系的海上保険法としてバルセロナ条例が生まれたのである。

V　フランス

1　マルセイユ（Marseille）

次に、フランスへの海上保険の移植について述べておく。

フランスの19世紀における偉大な法律学者の1人であるIsidore Alauzet[43]、あるいは近年の学者であるAndré Belhomme[44]やAlain Besséなどは、1556年7月31日のルアンの王令をもってフランス海上保険の嚆矢とし、したがって、フランスに海上保険が伝播したのは16世紀半ばあるいは末であるとしている。また、フランス地中海沿岸の都市マルセイユの公文書は、同市議会の議事録において、用船契約の問題、あるいは私掠船や海賊による船舶や積荷の損害の問題についてはしばしば討議されているが、1584年以前に同市に海上保険が存在したことを示すものは何もない、と述べている。[45]

しかしながら、すでに1300年代後半には海上保険が知られていた北イタリアの商業諸都市、あるいは遅くとも1400年代初頭までには海上保険が利用されていたヴァレンシアやバルセロナなどのスペインの商業諸都市

---

42)　Boiteux, *supra* note 16, p. 90.
43)　Alauzet, I., *Traité général des assurances-Assurances maritimes, terrestres, mutuelles et sur la vie*, T. I, 1843, pp. 91-93.
44)　Belhomme, *L'assurance sur corps et ses caractères distinctifs*, Paris, 1927, p. 17.
45)　Masson, P., *L'origine des assurances maritimes, spécialement en France et à Marseille*, Bulletin du Comité des Travaux Historiques et Scientifiques, 1923, pp. 207-208. この1584年というのは、もちろん、同市の商工会議所（Chambre de Commerce et d'Industrie de Marseille）に保存されているかの有名な1584年10月15日付の聖イラリー号（*St.Ilary*）積み貨物の保険証券が発行された年である。この保険証券の詳細については、大谷孝一『フランス海上保険契約史研究』（成文堂・1999）59-68頁参照。

と絶えず関係を有していたフランスの地中海沿岸都市が、海上保険の導入または利用につき、1500年代末まで待っていたということは考えられない。

当然に、1400年代初頭まで絶えず成功裏に海上商業に従事していたマルセイユやモンペリエといったフランスの地中海沿岸都市へ、海上保険は最初に伝えられたはずである。あるいは、そこで行われていた冒険貸借または海上貸借から、仮装無利息消費貸借または真正海上保険契約は生まれたはずである。

事実、すでに13世紀から、マルセイユにおいて冒険貸借が行われていたことは、マルセイユの公証人の記録からも明らかであるし[46]、またさらに一歩進んだ形の、売買を仮装した1379年2月15日付けの保険契約書[47]もパリの国立図書館に保存されている。

ところで、14世紀末から15世紀初頭にかけて、マルセイユは、緊張する国際関係のなかで幾多の戦争の巻き添えとなり、特に、アンジュ公Louis 2世によるナポリ王国への派兵（王位継承戦争への参加）によって疲弊した。また1407年には、護送船団が荒天によって破壊され、その多くの船舶を所有していたマルセイユの人びとが大損害を被るという事件が起きた。

このように、マルセイユは非常に不運な15世紀を送っていたが、1423年のアラゴンの襲撃は、これに追い討ちをかけた。この襲撃を受けたマルセイユの街は、決定的に廃墟と化したのである。その結果、それまでマルセイユの貿易取引を支配していた商人たちが滅び、ラングドック地方、カタルニャ地方、とりわけジェノヴァやフィレンツェなどから新たに同地に移住した多数の活発な外国の商人たちが同地の商業に重要な地位を占めるに至った[48]。現存している当時の非常にたくさんの公証人の記録から、マル

---

46) Sayous, *supra* note 39, p. 470；Boiteux, *supra* note 16, pp. 60-61；Baratier et Reynaud, *Histoire du commerce de Marseille*, Ⅱ, Paris, 1951, p. 885；Valéry, J., *Contrat d'assurance maritime du XIIIe siècle*（Revue Générale du Droit, de la Législation et de la Jurisprudence, 1915 et 1916）。一例として、マルセイユのブーシュ・デュ・ローヌ県立古文書館所蔵の1328年11月12日の用船契約書を挙げておく（この詳細については、大谷・前掲注45）26-33頁参照）。

47) これについては、大谷・前掲注45）33-37頁参照。

48) 大谷・前掲注45）129頁参照。

セイユの商人たちは、1425年以前には、まったくといっていいほどに真正海上保険契約を無視していたことがわかるのであるが、この外国人、とりわけ当時すでに海上保険の制度が弘布していたイタリアのジェノヴァから移住した商人たちが、マルセイユにおける海上保険の生成に大きな足跡を残したと思われる。すなわち、現在知られるマルセイユ最古の真正海上保険契約は、1426年のもの（複数）であるが、その保険契約における保険者は Raphaël Castagne、Barthélemy de Marinis、Martin Domestègue、Raphaël Corezzaといったジェノヴァの商人であったこと、その後の初期のマルセイユの海上保険契約をみても、独占的にではないにしても、Lombardino di Passano、Julien de Cazaux、Giovanni de Remezano、di Marinis家、Corezza家、Doria家、Vento家のPierreやAdam、Nicolas Spinulla、Balthazar de Paul、Perucci、Ceratoril等、ジェノヴァの保険者が圧倒的に多いこと、初期の保険契約がフィレンツェやピーサにおいてみられるようなイタリア語のものではなく、ジェノヴァで行われていたようなラテン語のものであること、契約内容や約款が他の地のものと比べてきわめて少ないこと、さらには、マルセイユにおける海上保険契約書はジェノヴァにおけると同様に、公証人によって作成されていること等から、マルセイユには、海上保険は15世紀初頭にジェノヴァの商人らによって伝えられたと推論することができる[50]。

また、バルセロナではフィレンツェの影響が強かったのに対して、マルセイユでは、この近隣国ジェノヴァの影響を強く受け、その影響はその後も長らく続いたとみられる[51]。

2 モンペリエ (Montpellier)

ラングドック地方が中世フランスの政治・経済および文化に果たした役割は非常に大きく、数々の貴重な遺産がみられるが、海上保険の分野においても、モンペリエおよびトゥールーズ（Toulouse）の2都市は重要な地位

---

49) これは、ジェノヴァでは1360年代から1460年代まで保険契約はほとんどが売買を仮装して行われており、14世紀末の真正海上保険証券が2通しか見つかっていないという事実とも符合する。木村・前掲注24) 135-136頁参照。
50) 大谷・前掲注45) 39-40頁参照。
51) Boiteux, *supra* note 16, p. 92.

を占めている。とりわけエロー（l'Hérault）県の県庁所在地であり、またヨーロッパ最古の大学医学部をもつ古都モンペリエは重要であって、同地の県立古文書館には、非常に完成された形の1425年12月3日付け海上保険証券が保存されている。同市に住むJean de Cazeauxなるジェノヴァ商人が、カタルニャの帆船でエーグ・モルトからバルセロナまで運送される織物の積荷について、エーグ・モルトに住むフィレンツェ商人Jean Jacob Boccassiに100ムートンドールの保険を付け、Boccassiは5ムートンドールを受け取ったことを表明したもので、担保危険は「海の、風の、人の、火災の、盗難の、座礁の、味方の、敵の、並びにその他すべての人および神の……偶然事故」（cujuscumque casus fortuitus……sicuti de mari, de ventu, de gentibus, de insendio, de rapina, de naufragio, de amicis, de inimicis et alterius cujuscumque dampnum divinum seu humanum, ……）、であった。さらに、この契約は、「フィレンツェ市におけると同じ条件で」（in talibus in villa Florensie）なされていた。これは、当時すでに、公証人が定型化された様式の証書を作成する慣習があったことを証明する重要な史料であり、同時に、マルセイユ最古の海上保険契約よりもさらに1年古い、現在われわれの知る範囲でフランス最古の保険証券ということができる。書面はラテン語で書かれているが、上記危険条項は、現存する14世紀末および15世紀初頭のトスカーナの保険証券のそれと類似しており、また本証券が上記のとおり、「フィレンツェ市におけると同じ条件で」なされる旨が定められている。当時、モンペリエには、Guovanni Ventura、Bernardo Carnesecchi、Galviano de Salviati等多数のトスカーナ出身の保険者がおり、この地では、特にフィレンツェの影響が強かったことがわかる。[52]

3 ルアン（Rouen）

(1) 15世紀末のアメリカ大陸の発見と東インド航路の開拓は、海上保険の中心市場を地中海から大西洋岸に移行させた。[53] しかし、海上保険そのものは、すでにそれ以前からブルージュを中心とするフランドル地方やア

---

52) モンペリエの海上保険契約および1425年12月3日の海上保険証券については、大谷・前掲注45) 83-87頁参照。
53) 加藤・前掲注2) 31頁。

ントワープ（Antwerp）その他の地において利用されていた。

De Fréville は、11世紀以降地中海に存在していた海上保険が、いつ、大西洋岸に伝えられたかは不明であり、また、それを正確に知ることは決してできないと述べている[54]。どのような根拠によって、海上保険が11世紀以降地中海に存在していたと述べたのかについて、彼は明らかにしていないが、それはともかくとして、大西洋岸に海上保険が生成された、あるいは移殖された正確な時期は未だ不明である。

1300年代初頭に、ブルージュを中心とするフランドル地方で海上保険が利用されていたとする説、あるいは1310年に保険取引所（Kamer von Versekeringe；Chambre d'assurance）が設立されたという既述の年代記作家の説は[55]、今日では否定されている[56]。

しかし、当時のブルージュの繁栄、国際貿易に占める地位、北イタリアの商業諸都市との関係等を考えるならば、遅くとも15世紀の前半には、ブルージュにおいて、主としてイタリア人によって保険が広く引き受けられていたことは確実であって[57]、このブルージュを中心とするフランドル地方が北フランスにはじめて海上保険というものを伝えたのであろう。したがって、フランドル地方が、少なくとも初期の時代（1400年代）に、北フランスへの海上保険の導入にいくばくかの役割を果たしたであろうということは否定できない。

実際、ブルゴーニュ公 Philippe の1458年2月5日の王令の前文には、非常に簡単ながら「保険」について述べているが[58]、この王令はブルージ

---

54) De Fréville, E., *Mémoire sur le commerce maritime de Rouen*, Paris et Rouen, 1857, T. I, p. 348.
55) Pardessus, *supra* note 4, p. 370.
56) Cauvet, E., *Traité des assurances maritimes*, Paris, 1879, p. 34 et suiv.；Alauzet, *supra* note 43, p. 69；Raynes, H. E., *A history of British insurance*, 2nd ed., London, 1964, p. 20（庭田範秋監訳『H. E. レインズ著イギリス保険史』（明治生命100周年記念刊行会・1985）28頁), etc.
57) Kracht によれば、14世紀の半ば頃には、ブルージュにおいて海上保険は引き受けられていたと思われる。*Die Rotterdamer Seeversicherungs-Börse, Ihre Entwicklung, Bedutung und Bedingungen*, 1922, p. 8. また、Bensa らによれば、1370年にスペインの諸港に向かって航行中に滅失した船舶について、Goffredo Demarini なる人物が、ブルージュにおいて、複数のジェノヴァ人保険者と締結した保険契約に関わる仲裁の記録が残っている。Valéry, J., *Histoire de contrat d'assurance au moyen âge par M. E. Bensa*（Ouvrage traduit de l'italien), 1897, p. 20.
58) Alauzet, *supra* note 43, pp. 7071；Pouget, L., *Dictionnaire des assurances terrestres*, Paris,

ュにおいて下されたものである。[59]

　De Fréville も、15 世紀初頭からディエップ（Dieppe）に代わって徐々に発達し、16 世紀には北フランスの商業および金融の中心地となったルアンには、15 世紀のイタリア戦争中に、フランドル地方から海上保険は伝えられたと考えているようである。[60]

　しかし、ルアンは、15 世紀の半ば頃には、スペイン移民の影響下で、海上保険の中心市場となり[61]、1567 年には、ブルージュに代わって商業の一大中心地となったアントワープのスペイン人のための海上保険取引の中心地となっている。[62]

　また、ルアンで編纂されたかの Guidon de la Mer の編者（後述）がおそらくスペイン系住人[63]であったと思われること、さらに、De Fréville のいうように[64]、ルアンなどの北フランスに海上保険が伝わった時期がはっきりしないのは、Guidon de la Mer 第 1 章 2 条にも定めるとおり、アントワープにおけるのと同様に、この地における初期の海上保険契約が書面によらず、口頭（または信用）によってなされていたことにもよると思われる[65]が、マルセイユやボルドーでは、こういった口頭による契約や私署証書による契約がみられないことなどから、ルアンの海上保険の実際の発達に貢献したのは、マルセイユやボルドーの場合とは異なり、スペイン系の商人たちであったと考えることができる。

　このように、ルアンでは、16 世紀半ば以降、スペイン系商人中心の活発な保険市場が存在したが、これはおそらく彼ら自身の懇請に従い、各種の集会や組合の長を選任するにあたって外国人を排除しないような、非常にリベラルな諸規定を 1556 年の王令に盛り込むことによって、同地における彼らの地位の向上を図ったためであると思われる。本質的には民族主

　1855, p. 20, n. 3.
59) Cauvet, *supra* note 56, p. 36 ; Coonaert, E., *Les Français et le commerce international d'Anvers*, T. II, Paris, 1961, p. 235.
60) De Fréville, *supra* note 54, p. 348.
61) Mollat, M., *Le commerce maritime Normand à la fin du moyen âge*, Paris, 1952, p. 393.
62) Coonaert, *supra* note 59, T. I, p. 225.
63) ただし、Antoine Massias の出生地はスペイン本国ではないようである。
64) De Fréville, *supra* note 54, p. 348.
65) Hubrecht, G., *Quelques observations sur les contrats maritimes à Bordeaux dans la première*

義的かつ保護主義的な当時のフランス法令のなかにあって、このように、外国人に対して自由な特別待遇を認めることは、当時としてはまれであって、他の都市にまで広がりを見せることはなかった。同市の旧貴族やブルジョワ商人たちの大反対運動があったにもかかわらず、同市における外国人、とりわけスペイン人に対して自由な特別待遇が付与されたのには、いくつかの原因が考えられる。遠因としては、カトリック両王（カスティーリアのイザベルとアラゴンのフェルナンド2世）の結婚とそれによるスペイン国家の統一、地理上の発見とそこからもたらされる財貨（特にアメリカ大陸産の銀）、カトリック両王の孫でハプスブルグ家のカルロス1世の即位（両祖父母・両親からスペイン本国・植民地のほか、ブルゴーニュ・フランドル・ネーデルランド・イタリア領を継承した）と彼およびその子フェリーペ（フィリップ）2世によるスペイン絶対主義の完成、イタリア戦争における対フランス勝利とマドリード条約の締結、この条約以後の経済的繁栄と、この時期、黄金期にあったスペインの対外的な力が強大であったこと、あるいは身を挺して寛容を説いたユマニスト Michel de l'Hopital の大法官への登用や1560年のオルレアンでの全国三部会の召集等によると思われる。しかし、直接的には、既述の Antoine Massias らスペイン系の商人たちの活躍と策謀によるところが大きい。事実、Massias は、この活躍によって、初代保険会議所書記（greffier des assurances）に選任されている。

(2)　ルアンにおいて、最も重要なものは Guidon de la Mer であろう。この海事法規集の内容や後世に及ぼした影響などについては、ここで改めて述べるまでもない。

Cleirac が、その著 "*Les us et coutumes de la mer*" に収録して世に出してから、Guidon de la Mer の名は広く巷間に流布した。

当時、スペインやフランドル地方では、保険は国王の勅令によって規制されていたが、ルアンでは、商人たちの自主的規制の規範として、この Guidon de la Mer が選ばれたのである。

---

moitié du XVIᵉ siècle（Annales de la Faculté de Droit de l'Université de Bordeaux, 1951), p. 90.
66)　Boiteux, *supra* note 16, p. 97.
67)　Boiteux, *supra* note 16, pp. 121-122.
68)　Boiteux, *supra* note 16, p. 122.

Guidon de la Mer の編纂時期については、多くの学者が Pardessus に拠って[69]、1556 年から 1584 年までの間と推論している。その理由は、同法規集が、1556 年 7 月 31 日の王令において[70]、ルアンで公布されたそれまでの王令や勅令ではみられなかった prieur や consuls という役職（いわゆる Juges-Consuls）と、彼らの保険に関する裁判権とについて定めていること、また、1584 年の勅令 2 条によって、彼らの保険に関する訴訟は海事裁判所に移管されることになったが、同法規集がこの Juges-Consuls については言及しながらも、1584 年以降の海事裁判所については何も触れていないこと、にある。

　しかし、この編纂時期はさらに限定できる。すなわち、1556 年 7 月 31 日の王令で初めて設けられた Juges-Consuls の裁判権については、遅くとも 1565 年までには異議が唱えられており、一方、1556 年の王令は 1563 年 7 月 20 日のノルマンディ高等法院（Parlement）に登録されてはじめて、その効力を生じたからである[71]。

　すなわち、Guidon de la Mer の編纂時期は、1563 年 7 月 20 日から 1565 年までの間と考えることができる[72]。

　Guidon de la Mer の編者については、諸説ある。既述のとおり[73]、Cleirac は、「威厳に満ちたルアン市で商売を行う商人」の教育のためにこれを作成した者は「その祖国およびヨーロッパの他の諸国に多大の恩恵をもたらしたことについて功績のあった、その名声と栄誉とを保持することができたのに、そこに自分の名前を記すこと」を忘れていたと述べている。一方、1607 年版の出版社 Le Megissier による同版の序文によれば、「後世の人々に対してではなく、その友人たちに知らせるために書かれたこの街の熟練の、大変裕福な商人 2 人の作品であると思われる」としているところから、少なくとも 1607 年版は、Antoine Massias と、彼の死後同じ保険会議所

---

69) Pardessus, *supra* note 4, T. II, p. 372. ただし、特に 1584 年について、Pardessus はこれを断定しているわけではなく、異論があることを認めている。
70) これについては、大谷・前掲注 45) 185-189 頁参照。
71) De Fréville, *supra* note 54, p. 347.
72) Guidon de la Mer の編纂時期については、諸説がある。近見正彦「『ギドン・ドゥ・ラ・メール』について」三田商学研究 43 巻 6 号（2001）87-99 頁。
73) 第 1 章注 58) 参照。

書記の職に就いた息子の Laurent Massias との共同編纂の賜物と考えるのが自然であろう。[74]

Ⅵ　イギリス

1　海上保険の伝播

　ロンドンに海上保険が伝えられた正確な時期はわからない。しかし、神聖ローマ皇帝フリードリヒ2世（Friedrich Ⅱ）の数度にわたるイタリア派兵によって国を追われ、安住の地を求めて、13世紀初頭にイタリアのロンバルディア地方からイギリスに渡来したロンバード人が、主として金融業を営むかたわら、1500年代前半に海上保険を移植したといわれている。イギリス最古の保険契約として、1547年9月20日のブドウの貨物保険証券と、1548年11月26日の織物の貨物保険証券が現存するが、この保険証券はどちらも本文がイタリア語で書かれており、イギリスの初期の海上保険がイタリア人によって独占的に営まれていたことを証拠立てている。[75]

　1500年代初頭から半ばにかけて、イギリスは、絶対王政の確立と重商主義政策の推進とによって国家の経済的基盤が徐々に固まり、後進国から先進国への途を歩み始める。商品流通を円滑にするために、貨幣と度量衡の統一を行い、航海法を発令して、イギリス海運の保護・育成を図り、さらに、金融制度を準備して、外国人による金融支配から脱却し、諸外国との自由貿易を保証するかたわら、従来からロンドンのスティールヤード（Steelyard）を根拠としてイギリスの貿易を支配していたハンザ商人やヴェネツィア商人に対しては、強硬な手段を講じて、自主権の獲得に努める。その結果、16世紀半ば以降、イギリスは、重商主義的富国強兵策によって、世界第一の海運力と広大な植民地を保持し、日の出の勢いで世界市場の制覇へと動き出す。

　ロンドンのロンバード・ストリート（Lombard Street）に拠って金融業や海上保険業を営んでいたロンバード人の信用は、のちのロイズ S. G. ポ

---

74) Beaurepaire, Charles de Robillard de, *Note sur le Guidon des marchands qui mettent à la mer*, Rouen, 1888, p. 12. 近見・前掲注72) 91-95頁。
75) 木村・前掲注6) 11頁。

リシー（Lloyd's S.G. Policy）において、「この保険の書面または証券はロンバード・ストリート……においてこれまでに作成された最も確実な保険の書面または証券と同様の効力を有する」（This writing or policy of assurance shall be as much Forced and Effect as the Surest Writing or policy of assurance herefore made in Lombard Street….）、と言わしめるほどのものであったが、前記のような状況のなかで、ロンバード人たちが1483年以降のたび重なる法的圧力に耐えかねてイギリスを去った後、海上保険取引は、1568年、アントワープの取引所を模して、トーマス・グレシャム卿（Sir Thomas Gresham）によって City of London に設立された王立取引所（Royal Exchange）を中心に行われるようになる。また、1601年には、保険裁判所の設立に関する法律が制定されている。

2 ロイズ（Lloyd's）

(1) コーヒーハウスの誕生　当時の商取引はまったく形式ばらずに、非常にくだけた雰囲気のなかで行われるのが普通であった。それゆえ、伝統と格式のある王立取引所は、気楽さと利便性の面からも商人や金融業者たちにはあまり好まれず、海上保険の取引は、戸外、あるいは個人の事務所や店で行われることが多かった。

しかしながら、世界の海上保険取引に占めるイギリスの地位を決定的なものとしたのは、実は1軒のコーヒーハウス（Coffee House）である。コーヒーハウスは、イギリスでは17世紀半ばに初めて出現したが、当時発達していた各種職能別クラブと結びついて急速に増え、さらに、オリヴァ・クロムウェル（Oliver Cromwell）が権勢を握るに至って、あらゆる享楽を罪悪視するピューリタン的な生活のなかで、市民が罪悪感を伴わずに利用できる唯一の社交場として大いに栄え、その後も1世紀以上にわたって、同国の政治・経済・文化などに多大な影響を与え続けた。ロンドンでは、1652年、レヴァント貿易で財を成して帰国したダニエル・エドワ

---

76) Lloyd's, *A sketch history*, London, 1982, p. 1.
77) 一部では、1649年から1660年にかけて、短期間ではあったが、比較的リベラルな共和制、オリヴァ・クロムウェルによる摂政政治が現出し、言論の自由が保障されるようになった結果、急激にコーヒーハウスが増えたともいわれている。渡辺淳『カフェ——ユニークな文化の場所』（丸善ライブラリー・1995）11頁。

ーズ（Daniel Edwards）という商人（トルコ人の商人であるともいわれており、また彼ではなく、デイヴィッド・サンダース（David Saunders）という商人であるともいわれている）が、ラグーザから伴ったギリシャ人の召使いパスカ・ロゼ（Pasqua Rosée）に、王立取引所近くの St. Michael's Alley に出させたコーヒーハウスが大繁盛し、以後、「雨後の筍」のごとくに、たくさんのコーヒーハウスができた。市民は、それぞれ贔屓の店を持ち、そこに集まっては熱いコーヒーの神秘的な香りを楽しみ、議論や商談に花を咲かせるという具合であった。

　こうしてコーヒーハウスが増えてくると、それぞれの店が特色を備え、そこに集まる客の色合いや人種や職業も一定してくる。特定分野の商業に従事する商人たちは、各種の取引を容易に行うために、特定のコーヒーハウスに自然と集まり始めた。顧客たちも、そのコーヒーハウスに出向けば、欲する業種の商人と容易に接触できた。当時重要な商業活動の中心拠点となった有名なコーヒーハウスは、ジョンズ（John's）、ヘインズ（Haine's）、ギャロウェイズ（Galloway's）、ギャラウェイズ（Garraway's）、ジョナサンズ（Jonathan's）、バザーズ（Bather's）、ウィドウ・モーガンズ（Widow Morgan's）などであったが、Edward Lloyd なる男の経営するコーヒーハウス、Lloyd's Coffee House も、そのような店の１つであった。

　(2)　ロイズ・コーヒーハウス（Lloyd's Coffee House）　Edward Lloyd（1648？〜1713）については不明な点も多い。彼が歴史の表舞台に現れるのは、1680 年である。その年の９月、妻 Abigail とともに、ロンドン塔近くにある All Hallows Barking 教区内の Red Cross Alley に住んでいたが、それ以前はどこに住んでおり、いつ当地に転居してきたかは不明である（ただ、彼らの長男 Edward が 1680 年９月に死亡した記録、および娘の Mary が 1680 年 11 月に、息子の Hugh が 1681 年 12 月に洗礼を受けたという記録が

---

78)　1700 年頃になると、ロンドンだけで 2000〜3000 軒のコーヒーハウスがあったといわれている。当時の客はほとんどが男性で、喫煙の流行とともに、紫煙の立ち込める店内で、客たちは、活発な議論や商談に花を咲かせた。1675 年、チャールズ２世は「反社会的な活動をする輩のたまり場」や「悪の温床」になっているとして、すべてのコーヒーハウスの閉鎖を命じているが、市民（商人）からの反発にあって、16 日後にはこの命令は撤回されている。
　　Flower, R., & Jones, M. W., *Lloyd's of London-An illustrated history*, London, 1975, p. 16.
79)　Jervis, B. G., *Marine insurance* (London, 2005) p. 3.

All Hallows Barking 教会に残っているが、長男の誕生や Edward Lloyd と Abigail の結婚についての記録がないところから、同教区への移転はそれほど古いことではないと考えられている)。Warren Dawson の研究によれば、彼らは Red Cross Alley（後の Red Cross Court）に 1681 年 12 月まで住み、その後、近くの St. Dunstan's-in-the-East 教区に移った。[80]

1680 年代の前半、彼がどのような職業に就いていたかもはっきりしていないが[81]、1685 年 3 月から 1687 年 3 月までの間に、コーヒーハウスのオーナーになったとみられる。このコーヒーハウスは、テムズ河の船着場から北へ 2 本入った Tower Street の西端、Salutation Precinct of Tower 区の St. Dunstan 教会近くにあったといわれている。[82]

1691 年 12 月、同店は Lombard Street 16 番地へ移転することになった[83]が[84]、当時、Lombard Street は金融、銀行およびビジネスの中心街であったから、同店の移転は、社会的にも営業の面でも、立地条件のよりよい場所への転進といってよい。[85]ただ、旧店舗地における海事関係の仕事との関

---

80) Flower & Jones, *supra* note 78, p.31；Harding, V. & Metcalf, P., *Lloyd's at home*, London, 1986, p. 73.
81) 彼の遺言書には、若い頃に父と同じくメリヤス工場（Framework-knitters Company）に勤めていたと書かれているが、青年時代を船乗りとして送ったのではないかという説がある。Wright, C. & Fayle, C. E, *A History of Lloyd's*, London, 1928, p. 14；Flower & Jones, *supra* note 78, pp.29-31；木村栄一『損害保険の歴史と人物』（日本損害保険協会・1993）41 頁。
82) ロイズ・コーヒーハウスの設立時期は不明である。公に発行された 1687～88 年の「飲食店主」(victuallers) リストには Lloyd の名前が見られるが、一般には 1688 年 2 月 18 日（月曜日）～21 日（木曜日）の日付の The London Gazette 紙（2429 号）に載った以下のような新聞記事が、この店に関する最も古いものだといわれている。すなわち、「Darby の Edward Bransby という人が 2 月 10 日、時計を 5 個盗まれた。犯人はカールした黒い髪の毛で、顔に痘痕があり、古い乗馬用のコートを羽織り、黒のベヴァリ・ハットをかぶった中年の男であると思われる。心当たりの方は、Tower Street の Edward Loyd（原文のまま）氏のコーヒーハウス、または Darby の上記 Edward Bransby 氏宛にお知らせいただければ、1 ギニーの謝礼を差し上げる。」したがって、その間に Edward Lloyd のコーヒーハウスが移転していない限り、同店（彼の所有家屋ではなく、ロンドン大火後に新築された家屋を借りたものであるといわれている）は、その頃にはかなりよく知られた場所になっていたことが看て取れる。ただ、この新聞では、彼の名前の綴りが間違っているところから、Wright & Fayle, *supra* note 81, p.13 によれば、彼の名前は当時は未だ新聞の印刷業者にはあまり知られていなかったと思われる。
83) この 16 番地は一般に Lombard Street と Abchurch Lane とが交差する角地といわれているが、角地は 17 番地で、そこには Peck というメリヤス商が住んでいた。
84) この番地の建物の壁には、1691 年から 1785 年まで、そこに Lloyd's Coffee House があったことを示すレリーフが、The Corporation of the City of London によって嵌め込まれている。
85) Harding & Metcalf, *supra* note 80, p. 75.

わりは続けた。同店が海上保険に重点を置いた活動を行うようになる以前、1692年から1704年にかけて、Lloyd は、"Ships Arrived at, and Departed from Several Ports in England, as I have Account of Them in London……(and) An Account of What English Shipping and Foreign Ships for England, I Hear of in Foreign Ports."という名称の週刊ニュース・ペーパーを刊行し、その顧客に海事情報を提供していた。彼は、海事情報ばかりでなく、この"Ships Arrived at, ……"を模倣しつつ、一般のニュースも載せたもうひとつのニュース・シート Lloyd's News を週3回、1696年から1698年まで刊行した。[86] コーヒーハウスの移転にあたって、店の近く（西へ100フィートほどの所）に郵便局があることが、Lloyd にとって重要な条件であったと思われる。[87] さらにこの地は、ギャロウェイズ、ジョナサンズ、ジョンズといった当時ロンドンで最も有名なコーヒーハウスにも至近の距離にあり、店の格を高めるには好都合であった。Lloyd 自身は、海上保険取引そのものには直接関与することなく、顧客に場所と正確な情報と各種のサービスを提供することを心掛けた。やがて彼の顧客のなかには、海上保険契約に加担して、海上危険の一部を引き受ける裕福な商人や銀行家が現れ、彼らは、保険証券の下部に引き受けた金額とみずからの署名をしたためたために、"underwriter"として知られるようになった。

　Lloyd 夫妻は、少なくとも9人の子供をもうけたが、そのうち5人は早逝し、4人の娘だけが成人まで生きた。[88] 1695年当時、Lloyd 一家には、Edward・Abigail 夫妻のほかに、上の娘2人、メイド1人、おそらくコーヒーハウスのウエイターであったと思われる3人の男子の使用人、そして John Finch（彼はおそらく下宿人であろうが、コーヒーハウスの手伝いをしていたと思われる）の9人が暮していた。下の娘2人は当時別居していた。長女の Elinor は、のちに使用人の William Holman と1695年に結婚した。

---

86) この Lloyd's News は76号まで発行され、現在、この8号から76号まではオックスフォードのボドレー図書館（Bodleian Library）に保存されている。Bodleian ref：Nichols newspapers m q London 1696 sm. fol. Pre-1920 catalogue, vol. 43, p. 2710.
87) Harding & Metcalf, *supra* note 80, pp. 73-75.
88) Edward の最初の妻 Abigail は1698年に死去。彼は同年、2番目の妻 Elizabeth Mashbourne と再婚し、Elizabeth が1712年に死亡すると、同年 Martha Denham と3度目の結婚をしている。

末娘の Handy は、1713 年 1 月 30 日、当時給仕頭であった William Newton と結婚したが、その 2 週間後の 2 月 15 日に父 Edward が死亡すると[89]、コーヒーハウスを引き継いだ。その後も、父 Edward の生前の名声と、Handy および William Newton（1714 年死亡）、そして 2 番目の夫 Samuel Sheppard の経営努力によって店は繁盛し、同時に海上保険の中心市場としてますます栄え、そこを根城とする個人の海上保険業者は、Underwriters of Lloyd's Coffee House として一般に知られるようになった。

(3) 1720 年泡沫法　しかし、Lloyd 家の側からいえば、店は依然として個人経営であって、店の経営と顧客との間には何ら公的な繋がりはなかった。また、当時、海上保険取引は、個人保険業者によって各所で行われており、したがって、Lloyd's Coffee House も海上保険取引が盛んに行われるコーヒーハウスの 1 つにすぎなかった。しかし、1720 年、1 つの法律が国会において制定され、Lloyd's Coffee House の将来に大きな影響を与えることになった。1714 年にアン女王（Ann Stuart）が急死し、ドイツのハノーファ選帝侯ゲオルグ・ルードヴィッヒ（George Ludwig）がジョージ 1 世（George I）としてイギリス王位についた当初、無秩序な商業世界に一定の秩序をもたらすために、新国王は確固とした基礎の会社または勅許会社を創設しようと努めた。1711 年に設立され、スペイン領北アメリカとの貿易特権を付与された南海会社（South Sea Company）が、1719 年多額の国債を引き受けて、北アメリカへの奴隷供給の独占権を獲得するや、同社の株価は暴騰し、多くの国民が投機熱に冒された。また、実体のない多数の類似の泡沫会社が設立されて、人びとの投機熱はさらに煽られ、1720 年、ついに南海会社の崩壊と数千人の投機家の破滅をもたらす、いわゆる「南海の大恐慌」を招来した。この 1720 年の泡沫法（the Bubble Act．南海会社のドラマが最高潮に達した時に制定されたので、こう呼ばれる）によって、ロンドン・アシュアランス（London Assurance）およびロイヤル・エクスチェンジ・アシュアランス（Royal Exchange Assurance）の 2 つの勅許会社が設立され、この 2 社に法人としての海上保険の独占権が付与されると、個人保険業者たちは、Lloyd's Coffee House に結集し、実力

---

89) 死後、彼が長い間教会委員を務めていた St. Mary Woolnoth 教会の墓地に葬られた。

を誇示した。1720年代半ばには、彼らだけでロンドンの海上保険取引のおよそ90％を引き受けるまでになった。[90] Lloyd's Coffee House に集まった個人保険業者たちが、これほどの実力を急速に身につけられたのは、1720年の法律が上記2勅許会社以外の会社や組合に海上保険営業を禁止しながら、個人保険業者による営業を禁止しなかったこと、および上記2社は火災保険取引に重点を置いて、海上保険に力を入れなかったこと、による。[91] もちろん、彼ら個人保険業者たちの内部努力も見逃すことはできない。

(4) 王立取引所への移転　1734年には、当時 Lloyd's Coffee House の給仕頭であった Thomas Jenson が、金融情報（為替相場、金相場、株価等）および船舶の発着のニュースを掲載した週刊の Lloyd's List の発行を始めた。時を同じくして、同店は、いろいろな情報を提供してくれる人々からの郵便物を迅速に、かつ、無料で配達してもらうよう、近くの郵便局と交渉し、これが成立して、同店の情報サービスの提供は飛躍的な発展を遂げた。このことが、Lloyd's List の成功、ひいては海事情報の発信元としての同コーヒーハウスの命運を決する大きな要因となった。すなわち、これらの情報の提供によって、同コーヒーハウスは、顧客にとって一層魅力のある場所となったのである。

顧客に対する同店のサービスは、他の店で海上保険取引を行っていた個人保険業者たちからも多大な評価を得た。同コーヒーハウスの顧客のなかには、同じサービスが、しかももっと良い場所で提供されたならば、もっと多くの顧客を獲得することができるであろうと考える者が現れた。時あたかも、ロンドンでは賭博が大流行し、このコーヒーハウスにおいても、海上保険取引のかたわら、たとえば病気の国王が特定期間内に死亡するかどうか、強盗が逮捕されて絞首刑に処せられるかどうかといった賭けを引き受ける者が現われ、新聞による非難を受けた。そこで、同店のウエイターであった Thomas Fielding は、1769年、近くの Pope's Head Alley 5番地に New Lloyd's Coffee House を開き、真摯に海上保険を営む多くの顧客たちを集めた。

同時に、New Lloyd's Coffee House に集う顧客たちは、コーヒーハウス

---

90)　Lloyd's, *supra* note 76, pp. 2-3；木村栄一『ロイズ』（日経新書・1981）42-46頁。
91)　Lloyd's, *supra* note 76, pp. 2-3；木村・前掲注90）42-46頁。

の経営を管理し、コントロールすることによって、自分たちの欲する情報やその他のサービスを確保することこそが、自分たちにとって得策であると考えるに至った。また、Pope's Head Alley のこの店は手狭であった。そこで、1771 年、顧客たちは、自分たちのビジネスにとって最適で、しかもステイタスのシンボルとなる新たな店舗を見つけるために、ロイズ委員会（Lloyd's Committee）を組織し、79 名の商人、保険業者およびブローカーたちが、各自 100 ポンドの資金を拠出し、イングランド銀行の口座に払い込んだ。そして、Freeman's Court に土地を見つけ、建築家 Robert Adam に依頼して、1772 年 4 月 14 日、素晴らしい建物を作るための精緻な設計図面を得た[92]。しかし、この Freeman's Court は袋小路で、地の利が良くなかった。そこで 1773 年 11 月、ロイズ委員会は、のちに「ロイズの父」（Father of Lloyd's）と呼ばれるようになった John Julius Angerstein の尽力により、王立取引所の運営を任されていたグレシャム委員会（Gresham Committee）との間で、当時 the British Herring Fishery Society が借りていた取引所の部屋について、「21 年間、家賃年 160 ポンド」の条件で賃貸契約を結び、1774 年初頭、ロイズをそこに移転させた[93]。当地は、イングランド銀行や Mansion House にも近く、目立つ場所であった。これを機会に、New Lloyd's Coffee House はコーヒー店の営業を停止し、名称も単にロイズ（Lloyd's）と呼ばれるようになった。一方、旧 Lloyd's

---

92) Robert Adam によって設計されたこの図面は、Harding & Metcalf, *supra* note 80, pp. 86-87 に見られる。

93) 1568 年（Wright & Fayle, *supra* note 81, p. 40 と p. 41 との間に挿入されている図によれば 1569 年）にトーマス・グレシャム卿によって設立された最初の王立取引所は、1666 年 9 月 2 日の大火によって焼失していたので、当時の建物は、1667 年から 1771 年にかけて再築された新しい建物であった。しかし、この新しい建物も 1838 年 1 月 10 日夕刻の火災で焼失し、1844 年に王立取引所が再度建て直されるまでの間、ロイズは一時 Threadneedle Street の東詰めにある、大きな中庭を持った石造りの South Sea House に移転して、営業を続けた。ただ、ここは手狭であったために（王立取引所の部屋は 320 名の保険者が座れるだけのベンチがあったが、ここには 232 名が座れるだけのベンチしかなかった）、南海会社のオフィス・ビルの一部も借りて、営業を行っていた。なお、1928 年には、Leadenhall Street の 12 番地にできたはじめての自社ビルに移転、1958 年には、Lime Street にできた第 2 のビルに移転した。そして、1986 年には、建築家 Richard Rogers（現在は Lord Rogers）とその 2 人のパートナー（John Young、Marco Goldschmied）の設計になる新ロイズ・ビルが Leadenhall Street と Lime Street の角地に竣工し、11 月 17 日、エリザベス女王を迎えて大々的にオープニング・セレモニーを行った。同地での営業は、同年 5 月 27 日から始まっている。

Coffee House は 1785 年に消滅している[94]。

1800 年代に入ると、ロイズの保険者集団は一層充実し、1824 年にアライアンス（The Alliance）およびインデムニティ（The Indemnity）の 2 社が設立され、海上保険業の独占が法律上廃止された時には、1,000 人以上の個人保険業者から成るロイズの、海上保険市場における地位は不動のものとなっていた[95]。

さらに 1871 年には、国会制定法の「ロイズ法」（Lloyd's Act）が制定され、ロイズは「ロイズ保険組合」（Corporation of Lloyd's）という一種の特権を有する組合として、法人格を有するに至った。

そして、1887 年にはノン・マリン保険、1909 年には自動車保険、1911 年には航空保険の引受けを開始した。今日、ロイズは海上保険のほかに、信用保険を除く各種損害保険、および長期生命保険を除く生命保険をも引き受けており[96]、名実ともに世界最大の保険業者として、世界の保険市場の中心を担っている。

3 近年におけるロイズ

（1）新ロイズ法（Lloyd's Act）の制定　1988 年に 300 年の歴史を祝賀したロイズは、それまで、ネーム（Names）と呼ばれる個人投資家の人的無限責任主義を背景に大きな発展を遂げてきた。彼らは、各自の好む 1 つまたはそれ以上のシンジケート（syndicate）に所属し、各シンジケートが引き受けた保険を、あらかじめ定めた自己の分担割合で負担し、事故の発生に際しては、保険金の支払いについて無限責任を負ったのである。

しかし、1965 年、アメリカで起こった巨大ハリケーン・ベッツィ（Betsy）の被害に対する保険金支払い等により、ロイズは第二次世界大戦後初めて大幅な赤字を記録し、これに伴って多くの個人メンバーが退会し、経営危機を招いた。そこで、メンバーを増加させるために、外国人や女性

94）木村・前掲注 90）42-46 頁。
95）Lloyd's, *supra* note 76, pp. 3-4.
96）ネームの退任や新任によって、シンジケートおよびその構成員の数が一定しないため、長期の生命保険の引受けは不可能である。この困難を克服するために、1971 年に、ロイズ生命保険会社（Lloyd's Life Assurance, Ltd.）が設立された。

のメンバーを認可し、さらにメンバーのロイズへの供託金の引下げを行うなどの措置をとった。その結果、メンバーの数は爆発的に増加したが、それが逆に、無限責任を負うべきネームのなかに十分な資産を有しない多数のメンバーを抱えることになり、またメンバーの急増による過度の保険料引下げ競争などを生み、これがさらなる経常損失をもたらすといった、種々の矛盾を生み出す結果となった。そこで、ロイズの構造そのものを根本的に変える新たな国会制定法の制定が提唱され、1982年7月、新ロイズ法が制定された。

この法律に基づいて、ロイズの最高意思決定機関であるロイズ評議会（Council of Lloyd's）が設置された。

(2) ロイズの改革　1988年から1992年にかけて、世界各地で異常自然災害や巨大事故が多発した。アメリカでも、巨額のアスベスト災害や製造物責任法の改正によって、1973年から1985年にかけて3万件にも及ぶ訴訟が提起され、ロイズはおよそ79億ポンドにのぼる多大の損失を計上することになった。多くのシンジケートが赤字を抱え、ネームの数は再度減少することになった。同時に、ネームによるロイズ組合やシンジケートの管理者であるアンダーライティング・エイジェント（Underwriting Agent）に対する訴訟が増え、その結果、ロイズの評判は低下し、また危険引受能力も落ち込んだ。これを受けて、1990年、特別検討委員会（Lloyd's Task Force）が発足し、1992年1月、ロイズの経営改革に関するレポートを公表した。このレポートの提言を受けて、1993年4月、ロイズの保険引受業務の改革および管理と運営の機構改革を求めるビジネス・プランが作成された。1995年には、抜本的再建策であるロイズ改革プランが発表され、これに基づいて、ロイズ評議会のもとにマーケット委員会（Lloyd's Market Board）と監督規制委員会（Lloyd's Regulatory Board）が設けられた。また、過去の累積赤字の処理について、1985年以前に引き受けられたすべての契約に対するネームの責任を1995年までに終了させるために、保険金支払い責任を負うおよそ3万4,000人のメンバーの共同出資によって1996年、エクイタス再保険会社（Equitas Reinsurance Ltd）が

---

97) 1968年、ネームの国籍についての制限が廃止され、翌年には、女性にもその資格が認められた。

設立された。

　さらに、1994年1月、ロイズの歴史上はじめて有限責任の法人メンバー（corporate member）が認められるとともに、個人メンバーの配当率を高め、ネームにとってのマーケットの魅力向上が図られることになった。

　ロイズ評議会は、その後、2000年金融サービス市場法（Financial Services and Markets Act 2000）に基づき、金融庁（Financial Services Authority：FSA）の監督を受けるようになり、さらに、2002年9月、マーケット委員会と監督規制委員会に代わる委員会としてフランチャイズ委員会（Franchise Board）がロイズ評議会のもとに設けられ、ロイズ市場全体のリスク管理と収益目標の達成に向けた幅広い権限を付与されて、2003年から活動している。

　また、上記エクイタス再保険会社は、2007年4月にアメリカのコングロマリット Berkshire Hathaway の子会社である National Indemnity によって買収され、現在は Resolute Management Services Ltd. と改名されている。

　人的無限責任主義を負うネームによって長い間支えられてきたロイズも、1970年代以降のたび重なる巨額損害の影響とアメリカの「9.11同時多発テロ」の影響で、その数は大幅に減少し、さらに1980年代後半の大損害を受けて、4,000人以上の個人メンバーがロイズから去り、残った個人メンバーの多くも「ネームコ」（NameCo）と呼ばれる有限責任のメンバーに移行して、最盛期には3万4,000人いたネームも2010年末現在では700人にまで減少した[98]。現在では、もはや個人メンバーの新たな入会は認められていない。一方、バミューダ諸島、アメリカおよびイギリスの法人を中心とする法人メンバー（2010年末現在1443）のロイズ資本に占める割合は、2010年末で87%に及び、無限責任を負う個人メンバーは4%、有限責任の個人メンバーは9%である。この法人メンバーの増加傾向、個人メンバーの減少傾向は今後ますます大きくなり、ロイズの伝統を支えてきた個人投資家の余命はいくばくもないといっても過言ではない。

---

[98] 松岡順「現代のロイズ――ロイズの組織とその仕組み」損保総研レポート90号（2009）58頁。

法人メンバーの参加が認められる以前は、ネーム（Name）の参加だけが認められていたシンジケートも、2011年6月末現在で82しか存在しない。個人メンバーは、他の有限責任または無限責任を負う個人メンバーとともに、自分の希望するシンジケートのいくつかに投資し、シンジケートを運営・管理するマネージング・エージェント（managing agent）の選任するアクティブ・アンダーライター（active underwriter）のもとで、実際に保険引受業務を行うアンダーライター（underwriter）と呼ばれる人びと[99]がロイズのルーム（room）で引き受けた保険を、あらかじめ定めた自己の分担割合で負担し、事故の発生に際しては、保険金の支払いについて無限責任を負う。一方、法人メンバー（corporate member）は、1つのシンジケートに属することが比較的多い。[100]

Ⅶ　ロイズ S. G. 保険証券（Lloyd's S. G. Policy）と MAR 保険証券（Marine Cargo Policy）[101]

1　海上保険の国際性とイギリス市場の優位性

第1章において述べたとおり、海上保険の特色の1つに国際性がある。大型船舶、工業用プラントや大型精密機械、一度に6,000台も運ばれる場合もある大量の自動車等の貨物、あるいは石油掘削施設や海上工事物件など、巨大な損害を生じる可能性のある保険の目的物を対象とする海上保険では、被保険者がその保険を国際市場で求めることがあり、また保険者が再保険の引受けを専門とする国際市場への参加によってリスクの国際的な分散を図ったり、複数国の保険者とともに共同保険に参加したりすることがある。また、輸出入貨物および3国間を輸送される貿易貨物の海上保険は、とりわけ強い国際的性格を有しており、インコタームズ（Incoterms）

---

99) 現在「アンダーライター」と呼ばれる人たちは、シンジケートのためにルームで保険引受けの業務を行うためだけにマネージング・エージェントに雇用された者であって、かつてのようにみずから保険責任を負う「ネーム」を兼ねている者はほとんどいない。松岡・前掲注98) 61頁参照。

100) 現代のロイズの組織等については、松岡・前掲注98) に詳しい。

101) 英文保険証券および英文貨物海上保険約款については、さらに本書第11章ⅢないしⅥも参照のこと。

のような国際的取引条件の選択によって、原則として売主・買主の自由に任されている保険を獲得するために、保険者は保険条件、保険料率あるいは事故後のサービス面で世界中の保険者と競争しなければならず、それらも国際的に受け入れられる内容のものでなければならないから、基本的な条件は必然的に国際的に標準化される傾向がある。しかも、その基本的条件はイギリス市場における条件に近づけるべく国際的に標準化され、同市場の法律および慣行が国際的に支配的な地位を占める傾向がある。貨物海上保険についていえば、それを利用している国の3分の2が、何らかの形でイギリスの条件を使用し、開発途上国に限れば、その4分の3がこれをそのまま使用している[102]。

このように、世界の海上保険市場が、その基本的条件・事業内容について、イギリス市場から多大の影響を受けるに至ったのは、もちろん、過去においてイギリスが、世界の海運・貿易・金融面で支配的な地位を占め、その当然の帰結として国際海上保険の中心市場をロンドンに置き、長い経験により確立した海上保険についての実務や慣習、高度の専門知識、および判例を豊富に有するためである。また、とりわけ開発途上国が先進国の支配から解放されて独立し、自国の保険市場が出現した後も、イギリスの海上保険市場の優位性は依然として失われず、開発途上国の大部分は、従来の先進国海上保険市場の法律、慣行や海上保険証券・保険約款を引き続き使用してきたからである[103]。

2　1779年ロイズS. G. 保険証券

現在、各国の保険市場では各種の保険証券様式が使用されているが、世界の海上保険市場において実際に使用される保険証券様式および保険約款は、長い間、先進国とりわけイギリスの保険者が一方的に作成したものであって、その中心はロイズS. G. 保険証券であり、また、それを修正・補完するために添付されるロンドン保険業者協会（Institute of London

---

102）　小池貞治「国連貿易開発会議（UNCTAD）事務局報告書（1978.11.20付 TD/B/C.4/ISL/27）―海上保険―海上保険契約に関する法律と保険書類の問題」損害保険研究41巻1号（1979）13頁、26頁。
103）　小池・前掲注102）13-15頁。

Underwriters；ILU）制定の協会貨物約款（Institute Cargo Clauses；ICC）であった。

わが国の損害保険会社も、外航貨物海上保険について、1949年に損害保険料率算定会海上約款委員会制定の標準様式に拠った英文保険証券を使用してきた。これは、1906年英国海上保険法（MIA）第1付則に掲げられているロイズ S. G. 保険証券に倣って、ロンドン保険業者協会が1939年に保険会社統一様式として作成した Companies Combined Policy（Cargo）をほとんど一字一句模倣したものであって、これに上記ロンドン保険業者協会の制定にかかる協会貨物約款が標準約款としてそのまま追加適用されてきた。

このロイズ S. G. 保険証券は[104]、上記 MIA 制定時に新しく制定されたものではなく、1300年代のフィレンツェの保険証券に淵源を有する保険証券の様式が、1500年代初頭に海上保険の移植とともにイタリアから伝えられ、その当時使用されていたイタリア語の保険証券（たとえば、1547年の *Santa Maria di Vinetia* 号保険証券や1548年の *Santa Maria di Porto Salvo* 号保険証券）の様式を経て、1600年代から1700年初頭にかけて徐々に形成されていった保険証券のなかから採用されたあるいはそれらを参考にしながら作成された保険証券様式が、1779年1月12日に王立取引所において開催された総会において採択され、当時海上保険の独占権を付与されていたロンドン・アシュアランスおよびロイヤル・エクスチェンジ・アシュアランスの2つの勅許会社もこの様式を受け入れて[105]、ロンドン市場における正式フォームとして採用されたものである[106]。ロイズ S. G. 保険証券は、それ以来、1879年に放棄条項（Waiver Clause）が挿入され、1899年に捕獲拿捕不担保条項（Free of Capture and Seizure Clause）をはじめとする欄外

---

104) ロイズ S. G. 保険証券（Lloyd's S. G. Policy）の S. G. が何を意味するかについては、*Salutis Gratia*（安全のために）の頭文字であるとか、*Salva Guardia*（保障）、あるいは *Sterling Gold*（金貨ポンド）、*Somma Grande*（合計金額）、*Signatories* or *Security Guaranteed*（署名者または担保の保証）、*Sicurata Generale*（一般的保障）、*Silgili Gratia*（印章による保証）を意味するといわれ、諸説あるが、今日では「船舶」（Ship）と「貨物」（Goods）の頭文字を取ったものであると考えられている。Wright & Fayle, *supra* note 81, pp. 132-133；Jervis, *supra* note 79, pp. 9-10.
105) Dunt, J., *Marine cargo insurance*, London, 2009, p. 4.
106) ロイズ S. G. 保険証券の生成の歴史については、木村・前掲注24）に詳しい。

約款が導入されたのを除けば、今日まで230年以上にわたって実質的にその様式を変更せずにきた。その後、各保険者が独自の様式のメモランダム（Memorandum）、艀舟条項（Craft &c. Clause）、船員過失条項（Negligence Clause）や離路条項（Deviation Clause）を使用して、被保険者の要求に応じていた。[107]

3　UNCTAD（国連貿易開発会議）事務局による改善勧告

ロイズS.G.保険証券は、船舶の大型化とこれに伴う船主と荷主の分離、輸送手段の変化、戦争規模の拡大やストライキ等の新たな危険の発生、被保険者による陸上危険等への担保範囲の拡大要求といった時代の変化に十分対応できなくなっていった。

そのようななかで、ロイズS.G.保険証券の法的効果を修正・補完するために、これにロンドン保険業者協会制定の協会貨物約款を添付するという方法が1912年8月1日以降とられた。複雑で難解なロイズS.G.保険証券の内容および文言を基本的に変更しないまま、協会貨物約款を添付して対応するという方法は、1963年制定の協会貨物約款の使用によってほぼ今日まで続けられることになった。しかし、こういったやり方は契約全体に対する被保険者側の理解を一層困難なものにした。たとえば、戦争危険のあるものを、保険者の負担する危険を列挙している危険条項でいったん負担しながら、同じ保険証券（S.G.保険証券）でそれらを含めた多くの危険を免責し、さらに最初の保険証券（S.G.保険証券）に優先する裏面の協会約款で再度それを免責したうえで、別の約款によって元の免責危険を復活させて改めて負担したり、また、協会貨物約款（Institute Cargo Clauses ; ICC（WA, FPA, All Risks））の各5条のように、保険者の負担する危険の拡張に関する内容、その負担危険による損害のてん補に関する内容、MIAを参照しなければ理解できない内容などが1つの条項のなかに渾然一体となって盛り込まれていたりといった具合で、海上保険に関する十分な実務的・法律的知識を有していない、とりわけ開発途上国の多くの保険者および被保険者にとっては、自己の保険契約全体の内容を正確に理解す

---

107)　葛城照三監訳『ロンドン保険協会編——英国海上保険約款の変遷』（損害保険事業研究所・1968）185頁。

ることは、ほとんど不可能に近い状態となっていた。

　その結果、このロイズ S. G. 保険証券とこれに添付される協会貨物約款の全体を通した契約内容の解釈が国によって異なり、あるいはその内容に誤解を生じることになり、国際条約の存在していない海上保険市場において、法律的あるいは経済的に不利な状況に追い込まれる国々の保険者および被保険者の経済的影響は計り知れないものがあった。こういった状況に対する不満が開発途上国を中心に醸成されて、（海上保険に関するイギリスの法制度は元々自国市場用として作られたものであるとしても、それが海上保険契約の基礎として国際市場で使用されているところから）このイギリスの法制度を中心に、国連貿易開発会議（UNCTAD）の場において批判が続出し、「海上保険——海上保険契約に関する法律と保険書類の問題」と題する 1978 年 11 月 20 日付の国連貿易開発会議事務局報告書[108]が公表された。同報告書では、20 項目に及ぶ船舶および貨物海上保険に関する改訂案が示されるとともに、イギリスの法制度を中心とした先進国海上保険制度に対する改善勧告がなされ、ついには公平の原則に従った国際的に統一された新しい海上保険証券および海上保険約款の作成が決議されるに至った[109]。

4　MAR 保険証券と新協会貨物約款

　イギリスでは、UNCTAD 事務局の上記報告書が出された後、1979 年 2 月には国際海上保険連合（International Union of Marine Insurance；IUMI）が、この UNCTAD 事務局報告書によるロイズ S. G. 保険証券と協会約款とに対する批判および改善案について、ロイズ保険業者協会とロンドン保険業者協会のメンバーを交えて検討を始めた。8 月には、両協会は Alain Jackson 氏を委員長とする保険証券フォームの検討専門委員会を設置し、事務弁護士で高名な海法学者であり、O'May on *Marine Insurance* (London, 1993) の著者でもある Donald O'May 氏の指導を受けながら、共

---

108)　この報告書については、小池・前掲注 102）参照。
109)　これに対して、先進国グループは、1979 年 6 月 18 日〜26 日にジュネーブで開催された UNCTAD 海運委員会の国際海運立法作業部会第 6 会期において、国際的に統一された標準約款の作成作業を行うことには一応賛成しながらも、国際条約のような枠組みのなかにこれを閉じ込めることには反対し、あくまでも「強制適用」（mandatory）としないことで、開発途上国グループを説得することに成功した。

同でロイズ S. G. 保険証券の全面的な改定作業を開始した。そして、これより先 6 月 18～26 日にジュネーブで開催された UNCTAD 海運委員会の国際海運立法作業部会第 6 会期の会議の終了直後、ロンドン市場では、1978 年 11 月 20 付の UNCTAD 事務局報告書の批判に応えて、すでにロイズ S. G. 保険証券および主要協会貨物約款の自主的な全面改定作業に入っていることを公式発表し、その対応の早さで世界の国々を驚かせた。

こうして、ロンドン保険業者協会は[110]、1982 年 1 月 1 日付で新しい協会貨物約款、協会戦争約款、協会ストライキ約款等の約款と海上保険証券フォームを公表するに至った。この新海上保険証券フォーム（MAR 保険証券）と新協会貨物約款(A)・(B)・(C)、協会戦争約款、協会ストライキ約款等の新約款は、上記事務局報告書の指摘する改正点（同報告書 109～123 節および 175～188 節）のほとんどすべてを修正して盛り込んでおり、これらの新保険証券フォームおよび各種協会約款の制定は、まさに UNCTAD の動きに機先を制することに成功した。

わが国でも、1982 年、損害保険会社各社はロンドンの MAR 保険証券フォームに倣って新たな保険証券フォームを定め、これとともに使用される上記新約款の使用を開始した。

5　2009 年協会貨物約款の制定

この 1982 年の新協会貨物約款は制定後すでに 20 年以上が経過した。この間の世界の政治・経済情勢の変化や世界的な契約者保護の高まりなどを受け、また契約者やブローカーなどからの希望もあって、ロイズ（Lloyd's Market Association；LMA）と保険会社（International Underwriting Association of London；IUA）の合同委員会である Joint Cargo Committee（JCC）は、2006 年 2 月、これらの標準約款(A)・(B)・(C)を見直し、併せて協会戦争約款および協会ストライキ約款についても再検討を行うことにして、関係業界からの意見を徴した。さらに JCC は、作業部会を設け、寄せられ

110）　海上保険の発展とロンドンの海上保険業者の利益を図るために保険会社市場の組織として 1884 年に設立されたこのロンドン保険業者協会は、1998 年 12 月 31 日にロンドン国際保険・再保険市場協会（London International Insurance and Reinsurance Market Association；LIRMA）と合併して、ロンドン国際保険業協会（International Underwriting Association of London；IUA）と改称されている。

た意見に基づいて、約款改定の提言をまとめ、新約款制定の趣旨説明書を作成し、新協会貨物約款(A)・(B)・(C)、協会戦争約款および協会ストライキ約款のドラフトを添えて、2008 年 5 月 23 日、各関係業界に回覧し、再度意見を徴した。そして、このフィードバックを受けて若干の修正を施し、2009 年 1 月 1 日付の改定約款ができあがった[111]。

　わが国の損害保険会社は、この新協会貨物約款の制定を受けて、輸出貨物について信用状（L/C）の指定がある場合はもとより契約者の要請がある場合などに、裏面に 1982 年約款を印刷した MAR 保険証券フォームを使用し、契約者から 2009 年約款の指定がある場合には、裏面に印刷された 1982 年約款を覆う形でこれを糊づけするか、別紙として添付する方法をとってこれに対応していたが、2009 年の後半以降、各社はおおむね、MAR 保険証券フォームとともに使用される約款を 2009 年約款に一本化する約款変更の約定手続きを終えて、今や 2009 年約款に完全移行しつつある。一方で、ロイズ S. G. 保険証券に倣った伝統的な保険証券も相変わらず使用されており、わが国の外航貨物海上保険では、依然として 2 種類の保険証券およびそれらとともに使用される 2 種類の協会貨物約款が存在する[112]。

Ⅷ　日　　本

　わが国においても、17 世紀初頭の朱印船貿易の時代に、冒険貸借が行われていた。これはポルトガルから伝えられたもので、抛銀（なげがね）と呼ばれ、博多や堺の金融業者と貿易業者の間でかなり広く活用されていたが、江戸時代初期の幕府による鎖国政策によって外国との通商が禁止されると、この制度は急速に衰え、イタリアにおけるように、「抛銀」制度から海上保険へという進化の道を辿ることができなかった。

　17 世紀末、元禄年間に入ると、菱垣廻船や樽廻船などの廻船問屋や船

---

111)　本節については、大谷孝一「2009 年新協会貨物約款(A)・(B)・(C)」早稲田商学 422 号（2009）25-110 頁および大谷孝一監訳『外航貨物海上保険──2009 年ロンドン協会貨物約款対訳』（損害保険事業総合研究所・2009）参照。

112)　しかし、「1963 年約款および 1982 年約款は、原則的に使用しない」旨を客先に通知し、すでに新約款への完全移行が完了した会社もある。

主が、高い運送賃を取って、受託貨物の輸送中に生じた損害を補償するという海上請負の制度が生まれ、18世紀を通じて広く利用されるようになった。この「海上請負」の制度は、本来、運送人が貨物の輸送中に生じた損害を荷主に対して補償するという特約の付いた運送契約の一形態にすぎず、したがって、海上保険類似の制度としての意味合いを持つとしても、それがただちに今日の海上保険に移行したと考えることはできない。しかし、この元禄年間以来の「海上請負」制度が、明治維新以後、海上保険の先駆的諸事業の基礎として機能し、また海上保険に対する海運業者や貿易業者の関心を高め、理解を深めるのに貢献したことは事実である。

近代、この海上請負が、海上保険業の先駆として最初に具体的な姿を現わすのは、1873（明治6）年の保任社である。これは、北海道および樺太の開拓を目的として、1869（明治3）年に設立された北海道開拓使（現在の北海道庁の前身）が、大阪・東京および函館間の海上交通輸送の発展を図るために、100トンの汽船北海丸と基金10万円を貸与して、10人の御用商人たちに設立させた会社であるが、同社は北海丸積み貨物の荷為替業とともに、海上請負業を併せて行う計画を立てていた。

今日の保険約款に相当する同社の「保任社定則」[113]は、ロイズの保険証券を模範にしたといわれている。しかし、同社の主要業務である北海丸による定期航路の輸送が不振で、たちまち欠損を生じ、みるべき業績をあげることもなく、翌年には開拓使より廃社を命じられている。

保任社と同じく1873年に、野崎貞晴により合資会社の宏盟社が設立された。同社は、危難弁償と称して、東京湾および関東一円の内陸河川筋で小型船舶を中心に海上請負を行ったが、海難が多発し、また料率が低すぎるために赤字が累積して、1877（明治10）年末、解散を余儀なくされている[114]。

1873年7月、わが国最初の本格的な銀行として、第一国立銀行が国立銀行条例に基づいて開設され、営業を始めた。折しも、明治政府による地

---

113) 保任社定則については、葛城照三『新版講案海上保険契約論』（早稲田大学出版部・1966）30-34頁参照。
114) 宏盟社の危難弁償については、葛城照三「宏盟社（明治6年〜10年）の危難弁償」損害保険研究22巻4号（1960）1-40頁参照。

租改正に伴って米穀売買の必要性が高まったことから、同行は1876（明治9）年、米の産地である東北地方の荷為替金融に積極的に乗り出し、こうして、同地方の米穀売買に関わる荷為替取引が、同行の重要な業務のひとつとなった。

ところで当時、東北地方には未だ鉄道の便がなく、同地方で産する米穀類は、船で東京その他に輸送されなければならなかったが、船は小型で、風波による危険も大きく、しばしば海難に遭遇して、荷主は多大の損害を被った。そこで、1877年、第一国立銀行は、将来わが国に損害保険会社が設立されるまでの暫定的な措置として、大蔵省の許可を受け、同行の荷為替貨物に限って、海上請負業務を始めることになった。本来、荷為替には海上保険が必要であるが、わが国にはまだ保険会社がなかったために、同行がみずから海上請負業務を行ったのである。同行の海上請負は「海上受合」と呼ばれ、周到な準備が効を奏して業績も順調に伸び、保険料に相当する受合料の積立金残高も、1879（明治12）年末には、初年度の3.5倍にも膨れ上がった。元禄年間に萌芽を持つ「海上請負」制度は、ここにおいて、正確な計算基礎に基づく、近代的な真正海上保険に脱皮したということができる。

1879年7月、第一国立銀行頭取渋沢栄一、三菱会社社主岩崎弥太郎などの尽力によって、わが国最初の保険専業会社として、東京海上保険会社（現在の東京海上日動火災保険株式会社の前身の一部）が、資本金60万円の株式会社として東京日本橋南茅場町に設立され、貨物保険の取引を始めると、第一国立銀行の海上受合業務はすべて、同社に譲渡された。ここに、東京海上保険会社は、わが国最初の海上保険会社であり、同時にわが国最初の保険会社となったのである。[115]

---

[115] わが国の海上保険の歴史の部分については、東京海上火災保険株式会社『東京海上火災保険株式会社百年史（上）』（東京海上火災保険株式会社・1979）3-56頁、日本損害保険協会『日本貨物保険百年史』（日本損害保険協会・1981）2-51頁参照。

第 3 章

海上保険に関する法規整

I　概　説

　わが国のビジネス法制は、現在その全面的な現代化に向けての改革途上にある。たとえば、ビジネス法制の中核をなす1899（明治32）年制定の商法は、2005（平成17）年に会社法が成立し、また2008（平成20）年には、保険法が制定され、さらに近い将来には、商法に残された商法総則、商行為、海商の各編の全面的な現代化が予定されているからである[1]。しかも、民法の特別法としての商法の企業取引に関する法ルールが前提となる一般法としての民法においても、その債権法についてドラスティックな改正検討が法制審議会において進行中である[2]。

　他方、目を海外に転ずれば、たとえば、保険法制については、大きな動きがみられる。すなわち、世界の海上保険に関する法規整と実務に大きな影響を及ぼしているイギリスにおいては、海上保険を含む保険法制全体に対する改革の検討が進行中である[3]。またドイツにおいても、海商を除く商法全体の現代化を図る商法の改正が、2004年に成立し（Handelsgesetzbuch 2004）、さらに2007年には、新しい保険契約法（Versicherungsver-

---

1) 商法の全面的な現代化をめぐっては、2010（平成22）年の日本私法学会のシンポジウムにおいても取り上げられた。その際の論稿については、NBL935号（2010）掲載の各論文を参照されたい。
2) 法制審における検討状況については、ジュリスト、NBL等の関連論文・記事等を参照。
3) その一斑については、たとえば、甘利公人監訳『英国保険法──共同意見募集書（2007年7月）──不実告知、不告知および保険契約者によるワランティ違反』（日本損害保険協会＝生命保険協会・2008）参照。

tragsgesetz 2007）が成立している。

このように世界のビジネス法制も、大きな変化が認められるが、とりわけわが国の場合には、まさに全体的な大変革のさなかにあるといってよい。こうした大きな流れのなかで、わが国を含めた主要国の海上保険に関する法規整の基本的な現状を明らかにすることが、本章の課題である。

そこで、最初に、日本に関する海上保険の法規整の現状を明らかにし（後述Ⅱ）、次いで、主要諸国の法規整の現状を紹介することにする（後述Ⅲ）。

Ⅱ 日 本

1 総 説

わが国の最初の保険私法は、1890（明治23）年の旧商法であり、第1編商法通則第11章保険において、すべての保険に共通の法ルールとしての総則が置かれ、火災、震災、土地の産物、運送、生命、傷害等の主として陸上保険の法ルールが定められ[4]、他方、第2編海商第8章において海上保険に関する法ルールが置かれていた。しかし旧商法は、その全部が施行されたのは、1898（明治31）年から現行商法施行までの約1年間にすぎなかった。その後、現行商法（新商法）（明治32年法律第48号）が、1899（明治32）年に成立し、同年から施行されることになった。

現行商法は、その第3編商行為第10章保険において損害保険契約と生命保険契約に分けて、それぞれ法ルールを用意しており、また海上保険契約については、第4編海商第6章において、その損害保険契約性から損害保険の総則の規定（第10章第1節第1款）の適用を定めるとともに、一連の特則規定が置かれる構成となっていた。その後、現行商法は、1910（明治43）年に相当の改正を受けたが、以後、会社法ルールに関する改正は相当頻繁になされたものの、保険法ルールに関する部分の実質的な改正はなされないままに推移してきた。もっとも、その現代化の必要性は十分認識されており、そのための努力も着実になされてはいたのであるが[5]、なかな

4） 保険事業監督に関する規定も置かれていた。
5） たとえば、保険法研究者と実務家による一連の保険契約法に関する改正試案作成作業が想起される。

か立法化の機運が熟するまでには至らなかった。

しかし会社法の全面的現代化作業が、2005（平成17）年に商法から分離された単行法としての会社法（平成17年法律第86号）となって結実した後、商法の他の分野もその全面的な現代化を図ることとされ、2008（平成20）年には、やはり商法から分離した独立の単行法としての保険法（平成20年法律第56号）が成立した。同法は、2010（平成22）年4月1日から施行され、商法第2編商行為第10章保険の規定に取って代わることになった。

それでは、保険法の制定は海上保険契約法にどのようなインパクトを与えることになったのであろうか。以下に、その検討を行うこととする。

2　保険法と海上保険契約法との関係

(1)　商法815条2項の意義　(a)　新しい保険法の成立・施行に伴い、海上保険に関する法ルールの適用関係はどうなったのであろうか。まず、この点につき、商法815条2項は、「海上保険契約ニハ、本章ニ別段ノ定アル場合ヲ除ク他保険法（平成20年法律第56号）第2章第1節乃至第4節及ビ第6節並ニ第5章ノ規定ヲ適用ス」と定めて、その関係を明らかにしている。

そこで本条項の意義を考えると、第1に、第3編海商第6章における815条1項、816条から841条の規定は、保険法の損害保険に関する諸規定の特則として位置づけられることを意味する。すなわち、これら第3編海商第6章の諸規定と異なる定めが保険法にあったときは、816条から841条の規定の定めが優先することになる。もっとも816条から841条までの規定の定めは、いずれも任意規定であるから、海上保険契約当事者は、これらの定めと異なる合意を有効になしうる。したがって、これら海商編に置かれた海上保険に関する規定の特則性は強いものではない。

本条項の意義の第2としては、本条項がかかげる保険法の諸規定は、海

---

6)　会社法が商法第2編から分離独立した結果、商行為は1つ繰り上がって商法第2編となった。同様に海商も、商法第3編となった。

7)　新しい保険法については、たとえば、落合誠一「新しい保険法の意義と展望」落合誠一＝山下典孝編『新しい保険法の理論と実務』（経済法令研究会・2008）4頁以下参照。

上保険契約にも適用があることを意味する。それでは、具体的にはどの規定の適用があるかというと、次のとおりである。すなわち、まず、保険法第2章第1節ないし第4節とは、第2章が損害保険に関する定めであり、そのうちの第1節から第4節は、損害保険契約の成立、効力、保険給付、終了に関する3条から33条までの諸規定であり、また第6節は、これらの諸規定に関する適用除外を定める36条である。次に、第5章は、雑則であり、具体的には95条および96条となる。これは、要するに海上保険契約に対して保険法の規定の適用が排除されるのではなく、前述の諸規定は、海上保険契約についても適用があることを意味するから、保険法は、原則的に海上保険契約をも規律するものとして位置づけられていることになる。

(b) このような保険法と海上保険契約との関係は、保険法制定前の商法815条2項が商行為編第10章第1節第1款の損害保険の総則規定を海上保険契約に適用していたのと同様の規律を維持しようとしたものと考えられる。

しかしここで注意しなければならないのは、保険法制定前の商法815条2項が商行為編の損害保険に関する総則規定を適用するとしていたのは、商行為編第10章第1節第1款の損害保険の総則規定の適用が海上保険契約における契約の自由を制約する心配はなかったからである。なぜならば、沿革的には、海上保険の原則として発達した諸規定がすべて損害保険の原則に発展したのであり、法典の編纂上、それらを損害保険の総則規定としたうえで、海上保険契約に適用する形式をとったにすぎないものだからである[8]。したがって、これら損害保険の総則規定を海上保険契約にそのまま適用することにしても何ら支障は生じなかったのである。

しかし保険法は、商法が契約の自由を最大限に尊重するものであったのとは大きく異なり、消費者保護の観点を重視した片面的あるいは絶対的強行規定を新たに導入するものである。他方、海上保険は、典型的な企業保険であり、しかも国際的な保険であることを考慮すれば、依然として契約の自由が最大限に尊重されるべき分野である。すなわち、沿革的には、商

---

8) 小町谷操三『海上保険法総論1〔海商法要義下巻4〕』（岩波書店・1953）33頁。

人のビジネスが発展させてきたものであり、当然、そのユーザーは、企業であり、またその国際性からして大きな影響力を有しているイギリス法・イギリス海上保険実務とも、両立可能なものでなければならないのである。したがって、保険法における損害保険の諸規定を海上保険契約に適用するかどうかの問題においては、そもそも海上保険が有するその特性に配慮する必要があり、海上保険における契約の自由が不当な制約を受けることがないよう注意しなければならないのである。その意味において、保険法の海上保険契約への適用と同法制定前の商法815条2項が商行為編の損害保険に関する総則規定を適用するとしていたこととは、その意義が大きく異なるのである。

(c) 保険法と海上保険契約との関係では、商法815条2項により適用がある保険法の諸規定のなかに保険法36条があることがとりわけ重要となる。なぜならば、保険法36条1号は、海上保険契約につき片面的強行規定の適用を排除するものだからである。すなわち、7条（4条の告知義務および5条2項の遡及保険に関する定めを片面的強行規定とする規定）、12条（8条の第三者のためにする保険規定、9条本文の超過保険規定および10条の保険価額の減少規定および危険の減少規定をそれぞれ片面的強行規定とする定め）、26条（15条の損害発生後の保険の目的物の滅失規定、21条1項・3項の保険給付の履行期に関連する規定、24条の残存物代位に関する規定および25条の請求権代位に関する規定をそれぞれ片面的強行規定とする定め）および33条（28条1項から3項の告知義務違反による解除の規定、29条1項の危険増加による解除の規定、30条の重大事由による解除の規定および31条の解除の効力に関する規定をそれぞれ片面的強行規定とする定め）は、商法815条1項に規定する海上保険契約には適用しない旨を定めているからである。したがって、片面的強行規定の適用を海上保険契約につき排除することにより、その関係においては、海上保険契約における契約の自由が確保されることになるからである。

もっとも保険法36条1号については、いくつか解釈問題が生じうるが、ここではそのうちの1つを挙げることにしよう。すなわち、保険法36条1号により片面的強行規定の適用がないとされる海上保険契約とは、商法815条1項に規定する海上保険契約を意味すると定められているが、その

場合の海上保険契約の意味をいかに解するかの問題がある。たとえば、現在の物流において広範囲に利用されている複合運送契約(9)のリスクをカバーする保険契約は、商法815条1項に規定する海上保険契約に該当するかが問題となる(10)。もし該当しないとなれば、保険法36条1号の適用除外とはならず、したがって、片面的強行規定のすべてが適用されることになるからである。

商法815条1項は、「航海ニ関スル事故ニ因リテ生スルコトアルヘキ損害ノ填補」を目的とする保険契約が海上保険契約であるとしている。この規定は、そもそも複合運送が存在しない時代にできたものである。したがって、当時の発想からすれば、明らかに陸上危険と海上危険とは別個のものであり、したがって、その保険契約法ルールも、それぞれ別個のものとなると考えていた時代の産物である。このような分断的な考え方によるならば、たとえば、陸上のトラックと海上の船舶とを組み合わせた複合運送契約の場合には、トラック運送による陸上危険には、片面的強行規定を含めて保険法の規定がそのまま適用されるが、船舶運送による海上危険には、保険法の片面的強行規定の適用はないと解することになりそうである。しかしそれでは、複合運送リスクを統一的にとらえることにはならないとの問題が生じる。

あるいは複合運送リスクをカバーする保険は、保険法36条4号に該当すると解釈することにより、片面的強行規定適用の排除を実現することも考えられる。しかし海上運送区間がある場合は、それは、少なくとも海上危険であり、したがって、海上保険契約の法ルールを適用すべきであるとする解釈を当然に排除できるかは、相当に問題があるであろう。そうだとすると、いずれにしても解釈上の争いから生じる紛争を未然に防止するとの観点からは、保険法において複合運送契約の場合についての明文の定め

---

9) 複合運送契約とは、単一の運送人が異なる運送手段を組み合わせて出発地から到達地までの全運送区間を自己の責任として引き受ける契約を意味する。詳しくは、たとえば、落合誠一「複合運送人の責任」竹内昭夫編『特別講義商法Ⅱ』(有斐閣・1995) 211頁以下参照。
10) 同様なことは複合運送が出現する前においても問題となり得たことではある。たとえば、海陸相次運送の場合がそうである。しかし、当時の商法の諸規定は、保険法とは異なり、基本的に陸上保険も海上保険もいずれも任意規定であったから、片面的強行規定の適用といった問題は生じなかったのであり、保険実務の支障となることはなかったのである。

を置いていたほうがよかったのではあるまいか。

　(d)　さらに保険法の海上保険契約への適用において検討を要するのは、片面的強行規定の適用問題のみではないことである。すなわち、保険法は、その絶対的強行規定は、海上保険契約へも適用があるとしているからである。商法815条2項により適用がある保険法の諸規定では、保険法36条で排除されるのは片面的強行規定だけであるから、保険法の損害保険に関する絶対的強行規定は、海上保険契約にも適用があるのであり、したがって、海上保険にも適用がある保険法の絶対的強行規定が、海上保険のビジネスに支障を生じせしめないかの検討が必要となるからである。

　ところで保険法の定める絶対的強行規定で海上保険契約に適用があるのは、すなわち、3条、5条1項、7条、9条ただし書、12条、18条2項ただし書、22条、26条、28条4項、29条2項、33条、36条、95条および96条である。これら規定の定めは、海上保険契約の当事者の合意によってはいささかの変更も許されない。したがって、これら強行規定の強制的・画一的な適用が、海上保険契約における契約の自由の制約となり、海上保険のユーザーの便益を害したり、あるいは大きな影響力を有しているイギリス法・イギリス海上保険実務との関係においてバッティングを生じさせることにならないかである。

　この関係で特に気になるのは、責任保険契約における被保険者に対する損害賠償請求権者に対して保険給付請求権につき先取特権による保護を与えるとする22条の定めである。たとえば、強大な大企業が被害者として損害賠償請求権を有するような場合においても、当然に保険給付請求権につき先取特権を与えるような強行法的保護が本当に必要なのかは、相当な疑問がないでもないようにも思えるからである。

　このように、保険法の損害保険の諸規定を海上保険契約にそのまま適用させることの是非は、慎重な検討を要する問題であり、保険法制定前の商法815条2項が商行為編第10章第1節第1款の損害保険の総則規定を海上保険契約に適用していたことを、形式的にそのまま踏襲すれば済むという問題ではないのである。[11]

---

11)　この点は、後に述べるドイツのように海上保険契約は、保険法の適用から完全に除外することにしたほうがよかったように思える。わが国の保険法の制定過程において海上保険契約

(2) 商法841条の2の意義　海上保険においては、損害保険各社が提供する保険のほかに、船主相互保険、すなわち、P＆I保険も重要な役割を果たしている。それでは、P＆I保険の取扱いはどうなるか。この点については、商法841条の2は、「本章ノ規定ハ相互保険ニ之ヲ準用ス但其性質ガ之ヲ許サザルトキハ比限ニ在ラズ」と定めている。

相互保険は、営利保険ではないから、営利保険を対象とする商法の規定は、当然には適用がない。したがって、非営利である相互保険につきその準用を認めるか否かについて問題が生じる。そうした懸念を除去するには、その点に関する明文の規定を置くことが好ましい。本条は、そのための規定であり、保険法の制定により損害保険の総則規定を相互保険にも準用する旨を定めていた商法664条が廃止となることから、同趣旨の定めとして商法841条の2の定めを設けたものと解される。

本条の意味するところは、次のとおりである。すなわち、本章の規定、具体的には815条から841条までの規定は、P＆I保険に準用されることになる。そして、この準用規定を設けた趣旨は、2つあると考えられる。その第1は、前述のとおり、営利保険に関する商法の海上保険法規定を非営利であるP＆I保険に準用があることを明確にするためである。その第2は、保険法は、営利・非営利にかかわらず適用があるから[12]、保険法の適用除外規定に該当しない場合には、当然にP＆I保険にも準用ではなく、そのまま適用があることになる。そうだとすると、保険法との関係では、わざわざ本条のような準用規定を設ける必要はないようにもみえる。しかし、保険法の規定をそのまますべて適用するとなると、問題が生じうる余地があるので、その適用範囲を限定するために、815条2項の定めを準用する必要があることになる。そこで本条を定めることにより、営利保険に関する商法815条2項の定めを非営利のP＆I保険に対しても準用があるようにしたものと判断されるのである。

を含む海商はその検討対象とならなかった。しかし海上保険契約法のあり方は、海商の全面的現代化が俎上に上がったときには改めて本格的に問題となる。それに備える意味でも、保険法の絶対的強行規定を海上保険契約に及ぼすのが妥当か否かの論点も含めて、わが国の海上保険契約法のあり方についての検討は必要であり、私としても、別途、論稿を発表する予定である。

12) 萩本修編著『一問一答保険法』（商事法務・2009）2頁参照。

しかし本章の規定が、上述の意味で準用されるのが原則であるとしても、相互保険であるという性質からみて、その準用を認めるのが適当でない場合があるかもしれない。そのような場合への対応として、本条ただし書があると考えられる。それでは、具体的にいかなる規定につき準用を認めるべきではないかは、P＆I保険の実務上の必要性・合理性等を考慮して個々的かつ慎重に決すべき問題である。その際に特に問題になると思われるのは、本条ただし書を根拠に保険法の絶対的強行規定の準用を排除できるかである。

3 海上保険契約の法規整

(1) **保険約款の拘束力等**　海上保険契約においてもそれに関連した主要論点の検討が必要であるが、被保険利益、保険期間、担保危険と免責危険、因果関係、危険事情の限定と危険の変動、損害てん補については、次章以下で詳細に取り扱われる。そこでここでは、それ以外の基本的論点の若干につき取り上げることにする。

そこでまず問題となるのは、保険約款である。いうまでもなく、保険契約においては、保険約款の果たす役割がきわめて大きいが、契約の自由が最大限に貫徹されるべき海上保険契約においては、契約当事者間の法律関係の規律は、海上保険約款が決定的であるといっても過言ではない[13]。保険契約は、諾成・不要式の契約であり、申込みと承諾の合致により成立する。その意味で、保険約款の作成・存在は、保険契約成立の要件ではないが、リスク・カバー（危険の引受け）という無形のサービスを提供する債務の性質上、その内容は、具体的に定められる必要があり、また同種のリスクを保有する多数者により構成される危険団体が形成されることなどから、保険約款の利用は、保険契約において不可欠のものとなる。

約款に関して従来からさまざまに議論されてきた問題は、どうして約款が当事者の契約の内容になるのか、すなわち、約款の拘束力の問題である。判例としては、大判大正4年12月24日がそのリーディング・ケースであ[14]

---

13) 現在のわが国おいてどのような海上保険約款が利用されているかについては、本書第2部第11章から13章を参照。
14) 民録21輯2182頁。

り、学説も種々の見解があるが、いずれにしても、判例・学説ともに、結論として約款に拘束力を認めることにおいて基本的な相違はないから[15]、これ以上の言及は避けることにする。

　保険約款は、保険事業監督の必要性から、監督当局の認可を要する場合があるが、その認可がない保険約款の私法上の効力に関しては、最判昭和45年12月24日[16]があり、「船舶海上保険につき保険業者が普通保険約款を一方的に変更し、変更につき主務大臣の認可を受けないでその約款に基づいて保険契約を締結したとしても、その変更が保険業者の恣意的な目的に出たものではなく、変更された条項が強行法規や公序良俗に違反しあるいは特に不合理なものでない限り、変更後の約款に従った契約もその効力を有する」と判示している。正当なものというべきであろう。

　また、わが国の貨物保険約款、船舶保険約款およびＰ＆Ｉ保険の現状については、本書第2部第11章から13章を参照されたい。

　(2)　告知義務　　保険法は、保険契約者等の告知義務につき、自発的申告主義から質問応答義務へと変更した[17]。すなわち、告知義務の対象となる事項は、保険者になる者が指定しなければならず、保険契約者等は、その指定された事項につき回答すればよいことになった。また、告知義務違反を理由とする解除の要件についても、保険契約者等の故意・重過失による告知義務違反について契約の解除ができるが、保険媒介者が告知妨害・不告知教唆をしたときは、保険契約の解除ができない旨を規定した[18]。さらに一定の場合には、保険媒介者に告知妨害・不告知教唆があっても解除ができる場合も定められた[19]。もっとも、解除の効果に関しては、保険法改正前の商法と同様であり、いわゆるプロラタによることはなく、保険給付責任の全部を免れることになるが、保険給付の要件となる事態が告知義務違反の事実と無関係に発生したときには、保険者の免責は認められない[20]。そして告知義務に関するこれらの法ルールは、保険契約者側の不利には変更で

---

15)　山下友信『保険法』（有斐閣・2005）111頁以下参照。
16)　民集24巻13号2187頁。
17)　損害保険の場合は4条。
18)　損害保険の場合は28条2項2号3号。
19)　損害保険の場合は28条3項。
20)　損害保険の場合は31条2項1号。

きない片面的強行規定とされている[21]。

　保険法のこのような告知義務に関する法ルールは、そのまま海上保険契約に及ぼすことにしてよいかについては、とりわけイギリス法・イギリス海上保険実務の現状等を考慮すると、相当に問題があると思われる。この点は、保険法も配慮しており、商法815条2項により海上保険契約に適用がある保険法36条1号に基づき7条および33条の規定は、海上保険契約に及ばない。したがって、告知義務について自発的申告主義等を定める海上保険約款は有効とされることになる。

　(3) 準拠法約款　　(a) 抵触法的指定と実質法的指定　　自国の法ではなく、他国の法に準拠して法的紛争を解決することは、国際取引契約においては、種々の理由から広く行われ、法もこれを許容している。そしてその場合に、抵触法的指定と実質法的指定とが区別される。抵触法的指定とは、契約そのものを支配するいずれかの国の法を契約において指定する場合であり、その契約の全体が、指定された国の法により支配されることになる。これに対して実質法的指定とは、当事者が契約の内容を細目的に取り決める代わりに、契約のなかでいずれかの国の法規・慣習を援用する場合であり、その場合には、契約そのものを支配する法は別に存在し、その法が認める範囲内においてのみ、援用された国の法規・慣習が契約を規律するにとどまることになる。

　さらに抵触法的指定をする場合に、分割指定ができるかとの問題がある。分割指定とは、1つの契約から生じる法律関係について、事項ごとに異なる準拠法を指定できるかという問題であり、かつては、分割指定はできないとの見解が多数であったが、現在では、できるとする立場が多数となっている[22]。

　(b) 英文海上保険証券のイギリス法準拠約款　　わが国の英文海上保険証券では、いわゆるイギリス法準拠約款が存在し、それは、「保険者のてん補請求に対する責任およびその決済については、イギリスの法律および慣習に従う。」(This insurance is understood and agreed to be subject to English law and usage as to liability for and settlement of any and all claims.) と

---

21)　損害保険の場合は7条、33条1項。
22)　たとえば、道垣内正人『ポイント国際私法〔各論〕』(有斐閣・2000) 220頁以下参照。

いった約款の定めである。このイギリス法準拠約款の解釈については、基本的に2つの問題がある。第1は、この約款は、抵触法的指定なのか、それとも実質法的指定なのか、である。第2は、この約款にいう「保険者のてん補請求に対する責任およびその決済」とは、具体的に、当該海上保険契約におけるいかなる範囲の事項を意味するものか、である。

　第1の問題に関しては、本約款は、抵触法的指定であり、保険者のてん補請求に対する責任およびその決済について、イギリス法に準拠する分割指定がなされているとする見解が多数である。また判例も、同様に解していると思われる。

　第2の問題に関しては、判例においては、アメリカ国内への輸入が原則的に禁止されているイラン製絨毯の紛失による損害のてん補を内容とする貨物海上保険におけるイギリス法準拠約款の適用範囲が問題となった事件につき、航海（海上）事業の適法性は、同約款の適用の対象外であり、日本法によって判断されるとしたものがある。また、保険契約上の権利の譲渡が、イギリス法準拠約款の適用範囲に含まれるかが問題となった事件につき、やや判旨は不明確であるが、保険金請求権の譲渡性の有無、その実質的要件および方式等は、本準拠法約款の適用対象になるものと判断したと思われる。

　いずれにしても、本準拠約款の定めが、「保険者のてん補請求に対する責任およびその決済について」という漠たる文言となっており、その意味するところが相当に不明確であることは否定できない。今後の解釈をめぐる紛争の未然防止の観点等からは、より明確な約款文言とするための工夫が必要であろう。

　(c)　保険法の絶対的強行規定との関係　　契約において準拠法を選択する合意（準拠法約款）は、当事者自治の原則により一般的に尊重される

---

23) 東京高判平成12年2月9日判時1749号157頁、東京地判昭和52年5月30日判時880号79頁。

24) 東京高判平成12年2月9日判時1749号157頁。反対の見解として大谷孝一「英法準拠条項と海上保険者の責任——取引規制対象品の不着事件に関する高裁判決を中心に」森宮康＝古瀬政敏＝大谷孝一編集代表『現代保険論集〔鈴木辰紀先生古稀記念〕』（成文堂・2001）239頁以下参照。

25) 東京地判昭和52年5月30日判時880号79頁。

べきことはもちろんである。しかし、近時、いわゆる公法の属地的適用、さらには強行法規の特別連結を主張する見解が有力になっていることとの関係において、問題を生じないであろうか。

すなわち、公法の属地的適用とは、強行法規は公法的性格を有するから、その適用関係は、国際私法とは別個のルールによるべきであり、外国法を準拠法とした場合でも、法廷地の強行法規は直接的に適用されうるとするものである。そして強行法規の特別連結とは、法廷地の強行法規のみならず、外国の強行法規をも適用があるとする立場である。

ところでこのような見解を前提とすると、海上保険契約についての保険法の絶対的強行規定の適用については、属地的適用さらには特別連結の可能性を考慮する必要が生じることになる。たとえば、海上保険証券においてイギリス法を全面的に準拠法とする抵触法的指定をした場合であっても、法廷地が日本である場合には、たとえば、被害者保護のために保険金請求権に先取特権を与える旨を定める絶対的強行規定である保険法22条は、公法規定としてその点に関するイギリス法を排除して適用される可能性があることになる。そして、前記Ⅱ2(1)(d)で述べたとおり、保険法は、相当数の絶対的強行規定を定めており、それらは、すべて海上保険契約にも及ぶからである。ここでは、問題の指摘のみにとどめるが、重要かつ慎重な検討を要する問題である。[26]

Ⅲ 主要国の海上保険に関する法規整

1 イギリス

イギリスにおける海上保険に関する法規整の中心は、1906年英国海上保険法（Marine Insurance Act；MIA）である。[27] MIA は、海上保険契約法

---

26) これは、保険法の適用を海上保険契約には全面的に除外する選択のほうがよかったかどうかの問題につながることになる。前掲注11)も参照。

27) イギリスにおける最初の海上保険に関する制定法は、1601年の An Act concerning Matters of Assurances used amongst Merchants である。そしてそれから100年以上経過した後の1745年に被保険利益のない海上保険を禁止する法律が制定され、また1778年には、保険証券に保険関係当事者等の氏名の記載のないものを無効とする法律が、1795年に海上保険証券の書面化および印紙貼付を要求する法律が、さらには1803年に保険者に対する詐欺行

を改革しようとするものではなく、200年以上にわたって形成されてきた海上保険契約に関する判例法を法典化するものであった。MIAは、さまざまな点で海上保険のみならず非海上保険にも妥当する法ルールを定めているが、イギリスでは、MIAに比肩しうるような非海上保険契約に関する総合的な制定法は、現在のところ存在していない[28]。

MIAにおける海上保険契約とは、同法1条において「保険者が、被保険者に対して、契約によって合意した方法と範囲に従い、海上損害すなわち航海事業に付随する損害をてん補することを引き受ける契約」と定義されている。また海陸混合危険をカバーする保険についても、同法2条1項は、「海上保険契約は、その明示の特約または取引慣行により、その担保の範囲を拡張し、海上航行に付随する内水または陸上おける危険の損害についても、被保険者への保護を及ぼすことができる」と規定することにより、法ルールとして前記Ⅱ2(1)(c)で触れたような問題への対応もなされている。

MIA1条の海上保険契約の定義からも明らかなように、海上保険契約は、被保険者に生じた損害をてん補するための保険（a contract of indemnity）である。それゆえに損害がないならば、保険カバーはなく、また損害があっても、保険によってそれを超える利益を得ることはできないことが基本になる。そしてその依って立つところが契約であることから、その内容は、明示または黙示の合意によって規律されることを意味する[29]。したがって、MIAは、海上保険契約の定義、被保険利益の評価、全損・分損の際に保険者が被保険者に支払うべき損害てん補の範囲に関する法ルールを定めているが、それは、基本的に任意規定であり、デフォルト・ルールである。またMIAの用意する法ルールは、海上保険契約の問題のすべてをカバーするものでもない。

　為に対して刑事罰を科す法律が、1868年に海上保険証券の譲渡に関する法律が、それぞれ制定されている。また1909年には、海上危険による損害をギャンブルの対象とする者に対して刑事責任を科すMarine Insurance (Gambling Policies) Act 1909が制定された。
28) Kyriaki Noussia, *The Principle of Indemnity in Marine Insurance Contracts*, Springer, 2007, p. 7.
29) D. Rhidian Thomas, *The Concept and measure of indemnity in marine policies*, The Modern Law of Marine Insurance, vol. 3, Informa, 2009, p. 11.

以上のことから、現実のイギリスの海上保険契約の具体的内容は、いわゆる協会貨物約款および協会船舶期間約款などによって規律され、それに規定されていないものには、MIAの法ルールの適用があることになる。そして協会貨物約款および協会船舶期間約款などの具体的内容については、本書第2部第11章および12章を参照されたい。またP＆I保険は、イギリスが発祥であり、現在のところ、United Kingdom Mutual Steamship Assurance Association、The Steamship Mutual Underwriting Association、The West of England Ship Owners Mutual Insurance Association、The Standard Steamship Owners' Protection & Indemnity Association、The London Steam-Ship Owners' Mutual Insurance Association、The Britannia Steam Ship Insurance Associationなどがある。

MIAは、このようにイギリス海上保険契約の中核をなすものであるが、あくまでも1906年時点における判例ルールの集大成であるから、その後の重要な判例ルールの展開は反映されておらず、またその後の消費者法等の法思想の進展・変化に伴い、MIAを含むイギリス保険法制の全面的な見直しの論議が目下進行中である。

2 アメリカ

アメリカでは、長い間イギリスの保険業者が支配的な役割を果たしていたが、1792年には、アメリカで最初の海上保険会社が設立された。その後、徐々にその数が増加し、第一次世界大戦の頃からは、アメリカの会社が海上保険分野においても大いに活躍するようになった。そして海上保険契約の意義は、前記のMIA 1条の定義と同様の理解が判例において示されており、またその意義は、裁判所の海事管轄権と連動するがゆえに、その点でイギリスの場合よりもより重要性を有していたといえる。連邦憲法

---

30) MIAは、ロイズS. G. フォームを承認するものであったが、その時代遅れ等が意識されることになり、それに応える新しい約款として協会約款が制定されることになった。

31) 甘利・前掲注3) 参照。またB. Soyer ed., *Reforming Marine and Commercial Insurance Law*, Informa, 2008も参照。さらに山下友信「海上保険に関するソフトローとハードローの展開」中山信弘編集代表『市場取引とソフトロー』（有斐閣・2009）136頁以下参照。

32) Thomas J. Schoenbaum, *Admiralty and Maritime Law*, 4th ed., 2001, p. 917.

33) *Insurance Co. v. Dunham*, 78 U. S.（11 Wall）at 30.

には、海事条項規定があり、それは連邦裁判所にその管轄権を付与するものであるからである。

アメリカでは、MIA のような海上保険法は制定されていない。しかし海上保険法ルールに関する基本的な実質法は、連邦海事法であるとされ、連邦最高裁判所も、その適用ルールとしてはイギリス法を参照すべきであるとの判示を繰り返していた[34]。しかしこうした対応が大きく変化したのが、1955 年の *Wilburn Boat Co. v. Fireman's Fund Ins. Co.* の判決である[35]。この判決において連邦最高裁判所は、海上保険に関する係争事件を解決すべき支配的な連邦海事法原則がない場合には、裁判所は、法廷地の準拠法によって決定される州法ルールを適用しなければならないと判示したからである。その結果、海上保険は、連邦海事法と州法の両方によって規制されうることになり、裁判所は、海上保険契約の解釈にあたって、いずれの法の適用があるかという問題に直面することになったのである。しかしこの判例により、現実には、アメリカの海上保険は、州法ルールが支配的になったことを意味する[36]。したがって、本判例の結果、イギリス法との統一性は、必ずしも維持されないことになった[37]。

アメリカで利用される約款としては、船舶保険については、American Institute Hull Clauses が、また貨物保険については、American Institute Cargo Clauses がそれぞれある。さらに P & I 保険については、1917 年設立のアメリカ唯一のクラブとして American Steamship Owners Mutual Protection and Indemnity Association がある。

3　ドイツ

ドイツでは、2007 年に新しい保険法（Versicherungsvertragsgesetz 2007；

---

34) Schoenbaum, *supra* note 32, p. 941.
35) 348 U.S. 310, 75 S. Ct. 368, 99 L. Ed. 337（1955）; rehearing denied 349 U. S. 907, 75 S. Ct. 575, 99 L. Ed. 1243（1955）.
36) Schoenbaum, *supra* note 32, p. 943. この判例法の適用においては、異なる州法ルールの対立が生じうるが、その場合には、最も利害を有する州法ルールのほうが優先することになる（*Lien Ho Hsing Steel Enterprise Co.* v. *Weihtag*, 738 F. 2d. 1455（9th Cir. 1984））。
37) 海上保険契約に関するイギリス法とアメリカ法との異同の詳細な検討については、Thomas J. Schoenbaum, *Key Divergences between English and American Law of Marine Insurance : A Comparative Study*, Cornell Maritime Press, 1999 参照。

VVG）が制定され、それは、2008年1月1日から施行された。この新しいVVGは、1908年の旧VVGを全面的に改正するものであり、その基本的な改正理念は、保険契約法ルールへの消費者法の観点の導入といえよう。ところで、新しいVVGの制定によって、海上保険契約の法規整はどう変わったのであろうか。

実は、海上保険契約に関する法規整については、新しいVVGができるまでに一連の論争があったのである[38]。というのは、2004年に保険法改正のための最終報告草案が公表されたが、そこにおいては、海上保険に関する商法典の規定は廃止されて、海上保険・航空保険にも適用がある包括的な運送保険に関する規定を置くとされていたからである。その理由は、第1に、現行VVGにおいて海上保険が適用除外とされているのは、商法典に海上保険に関する778条から900条までの規定があるからであるが、それら商法典の規定は、普通保険約款によって排除され、現実には機能しないものになっており、したがって、商法典の諸規定は、廃止されるのが適当であり、第2に、廃止されるのであれば、VVGにおいて適用除外をする必要がなくなるし、また海上保険は、大規模リスクであるから、絶対的強行規定・片面的強行規定による契約の自由の制限は、最終報告草案203条[39]によって排除されるので不都合はない、というものである[40]。

まず最終報告草案の立場に反対する見解は、そもそも陸上保険と海上保険は、別個の分野であるから、その統合には問題があるのみならず、絶対的強行規定・片面的強行規定が排除されるとしても、任意規定は適用があることになるから、それを回避しようとすると、海上保険契約においてVVGの適用を逐一排除する合意が必要となり、実務上多大の負担が生じることになるし、さらに不当条項規制の海上保険契約への適用においてVVGの任意規定が一定の重要性をもつことになることへの懸念がある、

---

38) この論争の詳しい紹介・分析については、山下友信「ドイツにおける保険契約法改正と海上保険」海法会誌復刊49号（2005）25頁以下参照。
39) 203条は、「この法律による契約自由の制限は、2006年保険契約法施行法10条1項に掲げられた大規模リスクおよび最新の保険には適用されない」と規定しており、海上保険は、2006年保険契約法施行法10条1項に掲げられた大規模リスクに該当する。
40) 山下・前掲注38) 28頁。また日本損害保険協会＝生命保険協会『ドイツ保険契約法改正専門家委員会最終報告書（2004）（訳）』（2006）7頁以下参照。

と主張する。これに対して、最終報告草案の立場の擁護論者は、VVG の任意規定の適用を排除することは、実務的にも十分可能であり、また不当条項規制の海上保険契約への適用も対応が可能であり、不都合を生じさせるものではないと反論する。

こうした理論的な論争に加えて、ドイツ船主協会（Verband Deutscher Reeder；VDR）を中心とする強力な司法省への働きかけ等の結果、2006年10月11日の政府案では、海上保険を新しい VVG に運送保険としてとり込むことを断念するものとなった。そして議会を通過した新しい VVG においても、旧 VVG 186条と同様の趣旨を定める209条により、従前どおり、海上保険には適用がないこととされた。すなわち、海上保険については、不当条項規制を除いて、最大限の契約自由が確保された。すなわち、商法典の海上保険に関する規定は廃止されたから、形式的にも実質的にも海上保険約款が海上保険契約を全面的に規律することになる。

さらに VVG 施行法10条1項は、海上保険を大規模リスクに関する保険と位置づけて、その契約に関する準拠法を他国法にすることを許容する定めをしている点も注目される。このような明文による許容規定があれば、前記Ⅱ3(3)(c)において日本の準拠法選択につき指摘したような問題の回避に有益となるからである。もっとも VVG 施行法10条1項の定めは、利益保険（Interessenversicherung）や共同海損超過額保険（Havarie-Grosse-Exzedenten-Versicherung）のような海上保険分野が考慮されていないとの問題点が指摘されている。

ドイツの海上保険約款としては、Allgemeine Deutsche Seeversicherungs-bedingungen（ADS 1919），Besondere Bestimmungen für die Güterversicherung

---

41) 山下・前掲注38) 41頁以下参照。
42) 山下・前掲注38) 43頁以下参照。
43) Elmar Schleif, *Die Seeversicherung in der VVG-Reform*, TranspR 2009, 18（本論文は、最終報告草案の問題点を指摘し、その立場がなぜ撤回されたかを論じるもので、有益な論稿と認められる）参照。新しい VVG 209条は、「本法の規定は、再保険および航海の危険に対する保険（海上保険）には適用されない」と規定している。本条の意義については、Proelss/Martin, *Versicherungsvertragsgesetz*, 28 Aufl., 2010, § 209 Rn.16 ff. 参照。
44) Art. 4 des Gesetzes zur Reform des Versicherungsvertragsrechts vom 23. 11. 2007, BGBl. I S. 2631（2668）.
45) Schleif, *supra* note 43, p. 22.

（ADS Güter1973/1994）、DTV Güterversicherungsbedingungen（DTV Güter2000/2008）等がある[46]。

4　フランス

　フランスの海上保険契約に関する法規整は、保険法典（Code des assurances）第7章 L.171条から L.174条の定めによる[47]。もっともこれら保険法典の諸規定は、基本的に 1967年7月3日の法律および 1968年1月19日のデクレを統合したものとなっている[48][49]。その全体的構成は、第1節　総則、第2節　各種の海上保険に関する通則、第3節　各種の海上保険についての特則、第4節　各種の河川・湖沼航行保険に関する特則となっており、船舶保険（assurance sur corps）、貨物保険（assurance sur facultés）、責任保険（assurance de responsabilité）に関する特則は、第3節に置かれている。

　海上保険契約に関する法規整は、陸上保険契約とは異なり、契約自由を広範囲に認めるものとなっている。すなわち、陸上保険に関する保険法典 L.111―2条は、当事者の約定による法律規定と異なる変更を認めないと定めたうえで、個別列挙された規定は、その例外となると定めることにより、契約の自由を原則的に禁止しているが、海上保険に関する保険法典 L.171―2条においては、限定的に個別列挙された規定のみは、当事者の合意により変更できないと定めることにより、当事者による自由な合意が原則であるとの趣旨を明らかにしている。

　海上保険契約につき当事者の合意により変更できない規定は、次のとおりである。すなわち、被保険利益の必要性を定める L.171―3条、告知義務を定める L.172―2条、危険の著しい増加の場合の通知義務を定める L.172―3条、詐欺的な超過保険の無効を定める L.172―6条、詐欺的な重複保険の無効を定める L.172―7条、詐欺的ではない重複保険の場合に被保険者が保険者に重複保険を通知したときのみ有効とする L.172―9条1項、被

---

46)　本書第1章注 108) 参照.
47)　2006年1月19日時点での邦訳としては、日本損害保険協会＝生命保険協会『ドイツ、フランス、イタリア、スイス保険契約法集』（2006）がある。
48)　1967年の法律は、Rodière 教授が中心となって制定されたものであり、内容的にも高く評価されているものである。
49)　Pierre Bonassies et Christian Scapel, *Traité de droit maritime*, 2e ed., L. G. D. J, 2010, p. 884.

保険者の故意・重過失による損害に対する保険者の免責を定める L.172—13 条 2 項、事故の原因が戦争危険か海上危険か判明しない場合に海上危険とみなす L.172—17 条、保険料不払いの場合の保険者の契約停止・解除請求権を定める L.172—20 条、保険料不払いの場合の保険者の契約停止・解除請求は、善意の第三者等に対抗できず、また保険者が保険金請求につき未払い保険料をもって相殺できることを定める L.172—21 条、被保険者あるいは保険者の破産等の場合の権利関係を定める L.172—22 条、保険事故に関する故意の不実告知は、保険金請求権を喪失させるとする L.172—28 条、保険契約から生じる権利につき 2 年の時効期間を定める L.172—31 条である。以上の諸規定であれば、実際上、海上保険における契約の自由が害されることはないと思われる。

海上保険約款については、船舶保険では、Police française d'assurance maritime sur corps de tous navires (Imprimé du 01/01/98, modifiée le 01/01/02)、Assurance FAP sauf、Assurance FAP absolument 等があり、貨物保険では、Police française d'assurance maritime sur facultés (marchandises) において Garantie "tous risques" (Imprimé 01/07/09)、Garantie "FAP sauf" sauf événements majeurs (Imprimé 01/07/09) などがある。他方、フランスには、P & I 保険を行うクラブは存在しない。[50]

5 ノルウェー

ノルウェーにおいては、1986 年保険契約法があるが、同法は、海上保険あるいは国際通商に関係する商業活動についての保険を原則的に適用除外としており、したがって、海上保険契約は、広範囲の契約自由が妥当することになる。[51] このような状況下において、海上保険約款は、当然のことながら大変重要な役割を果たすことになるが、北欧諸国においては、すべての海上保険約款を伝統的に私的に法典化（Marine Insurance Plan）することが行われており、ノルウェーでは、それはノルウェー海上保険プラン（Norwegian Marine Insurance Plan）として知られている。

このプランは、海上保険に関するさまざまな実務上の問題を解決するた

---

50) Bonassies et Scapel, *supra* note 49, p. 496.
51) Noussia, *supra* note 28, p. 11.

めの全体的かつ総合的なルールを用意しており、すべての海上保険契約に適用がある一般規定とそれぞれの海上保険分野の需要に応じる特則とで構成され、内容的には、法律が規定していない問題に対する定めのみならず、保険契約法等の強行規定も、このなかに取り込まれている。しかも、プランが定める規定についての詳細な注釈も併せて用意されている。したがって、プランは、いわば立法活動が担うべき役割を肩代わりする私的立法である。異なるのは、その作成が、海上保険契約に関係するすべての関係者・団体によって構成される私的な委員会によって行われ、議会を通過するものではないことであるが、それが果たす機能・役割においては、議会を通過する立法ときわめて類似する。[52]

最初のプランは、1871年に制定され、環境の変化等に応じて適宜に改正されてきているが、現在のものは、船舶保険の分野をカバーする1996年ノルウェー海上保険プラン2010年バージョン（Norwegian Marine Insurance Plan of 1996, Version 2010）である。このプランは、その全体的な構成は、第1部がすべての保険契約に共通する規定、第2部が船舶保険、第3部が海上航行船舶に関するその他の保険、第4部がその他の保険である。そのうち船舶保険においては、まず、船舶保険に共通の規定が置かれ、次いで、全損、損害、衝突等から生じる被保険者の責任の定めがなされている。[53]

貨物保険については、1964年のプランの改正により、プランから分離され、1967年に貨物保険に関するプランとしての物品運送のためのノルウェー保険プラン（Norwegian Insurance Plan for the Carriage of Goods of 1967）およびその注釈が制定された。このプランは、1985年まで使用されたが、1982年1月1日から効力を生じたイギリスの協会貨物約款（A, B, C Clauses）に適合させるため、より簡潔化した貨物保険約款に改められ、さらに1990年には、1989年の保険契約法改正を取り入れるための改正がなされた。そして1993年春には、約款の現代化のための全面的な見直しのための業界関係者・有識者による委員会が設置され、その広範囲の検討

---

52) Noussia, *supra* note 28, p. 12.
53) 本プランには、包括責任主義によるカバーであり、ワランティ（warranty）は採用されておらず、被保険者による無責の契約条項違反は原則的に契約を無効とすることはなく、また共同海損、海難救助、損害防止費用を全額担保であり、しかもディダクティブルもないし、さらに衝突の場合には交差責任となる等の特色がある。

の結果、1995年2月に改正提案がなされ、またそれを受けての関係団体の意見聴取等を経て、ノルウェー貨物保険約款（1995年物品運送のための保険条項（Norwegian Cargo Clauses：Conditions relating to Insurance for the Carriage of Goods of 1995））が成立した。その後、2002年から2003年にかけて見直しがなされ、現在のものは、1995年ノルウェー貨物保険約款（1995年物品運送のための保険条項2004年バージョン）となっている。

またノルウェーにはP&I保険については、スカルド（Assuranceforeningen Skuld）とガード（Gard P & I）の2つのクラブがある。

第4章

被保険利益

I　総説——被保険利益の意味

　第1章においてみたとおり、海上保険契約は、沈没、座礁、座州、火災、衝突その他の海上危険（＝航海に関する事故）によって生じる損害をてん補することを目的とする契約であるから、これらの海上危険が作用する対象物（＝危険発生の客体）があり、海上危険がその対象物に作用することによって損害（＝経済的損失）を被る可能性のある者がいなければならない。当該保険契約において、これらの海上危険が作用する対象物を保険の目的または保険の目的物（subject-matter insured）といい、海上危険がこの保険の目的物に作用した結果、損害を被るおそれのある者を被保険者（insured, assured）という。具体的には、海上保険において海上危険が作用する対象物（すなわち保険の目的物）は、主として船舶、貨物またはこれらに準ずる有体物である。港に定着している料亭船や灯台船、浚渫船、起重機船、艀舟、浮きドック、ポンツーン（pontoon：自航力のない平底舟）

1）　保険法6条1項7号は、保険の目的物を「保険事故によって損害が生ずることのある物として損害保険契約で定める物」と定義している。しかし、「損害」の定義が与えられないと、「保険事故によって損害が生ずることのある物」という表現は誤解を招くおそれがある。なぜならば、保険事故が保険の目的物に作用することによって生じる滅失または損傷を「損害」ということもあり、保険事故が保険の目的物に作用した結果、被保険者の被る経済的負担が「損害」であるともいえるからである。したがって、これは当該損害保険契約において負担しまたは免責する危険が発生する客体、すなわち危険発生の客体というほうがわかりやすい。

2）　その他に、船舶や貨物とは直接関係のない、たとえば海上工事物件や石油掘削設備のような物を保険の目的物とすることもできる。

等は船舶に準ずる有体物であり、旅客や船員の手荷物、水中貯木場の材木筏(いかだ)、真珠や牡蠣(かき)の養殖棚等は貨物ではないが、貨物に準ずる有体物である。これらの保険の目的物に海上危険が作用した結果、損害を被る可能性のある者は、当然この保険の目的物に何らかの利害関係（relation）を有しているはずであるが、この利害関係のうち保険に付けることのできるものを被保険利益（insurable interest；versicherbares Interesse；intérêt d'assurance）という。保険に付けることのできる利害関係とは、後にⅢで述べる3つの要件を備えた利害関係である[3]。損害とは経済的損失（＝経済的利益の喪失）を意味するから、海上危険の発生によって経済的利益を喪失する可能性を保険の目的物に対して有する者は、その可能性が現実のものとなることによって、実際に経済的利益を失うことになる。したがって、被保険利益は、保険者の負担する危険の発生によって被保険者が失うおそれのある経済的利益そのものと捉えることもできる[4]。保険の目的物に保険に付けることのできる利害関係がなければ、保険者の負担する危険が発生しても保険者のてん補すべき損害を生じる可能性はないから、被保険利益のない保険契約は無効とされる（ここから「利益なければ保険なし」(no interest, no insurance；ohne Interesse, keine Versicherung；pas d'assurance sans intérêt) という法諺が生まれた[5]）。

　船舶や貨物などの保険の目的物に保険者の負担する危険が作用した結果、

---

[3] 現在通説とされる「関係説」によれば、被保険利益とは、保険の目的物に危険が発生することによって経済的損失を被るおそれのある被保険者と保険の目的物との関係ということになる。

[4] 海上保険契約は、当事者の一方（保険者）が一定の偶然の事故によって生ずることのある損害をてん補することを約し、相手方（保険契約者）がこれに対して当該一定の偶然事故の発生の蓋然性に対応した保険料を支払うことを約する損害保険契約の一種であるから（保険法2条1号および6号）、保険の目的物に偶然の事故が発生することによって損害を被る可能性がなければ、損害のてん補を約束する前提が存在しないことになり、契約の目的自体が存在しなくなる。そこで、保険法3条は「損害保険契約は、金銭で評価することのできる利益に限り、その目的とすることができる」と規定し、金銭に見積もることができる利益をもって損害保険契約の「目的」、すなわちその本質的内容としている。

[5] 損害保険契約において被保険利益の存在が強行法的に要求される理由、あるいは被保険利益の法的地位については、損害保険契約は損害てん補を目的とする契約であって、現実に発生した損害のてん補を本質的内容とする契約であるから、損害発生の可能性がなければ損害保険契約は有効に成立し得ないはずであり、したがって、損害発生の前提として「失われる可能性のある利益」が絶対的に要求されるのだという契約上の地位（立場）から説く学説（絶

それらの保険の目的物の所有者は損害を被る可能性を有するが、その同じ危険によって損害を被る可能性のある者は彼らだけに限られない。船舶を例にとると、Aの所有する船舶を担保としてBがAに融資し、Cがこの船舶を用船し、DがAとCとの用船契約の仲立ちをし、用船契約上定めた航海を完了することを条件としてDは仲介料を取得できるものとする。この場合、船舶を唯一の保険の目的物として、船主Aはその船舶について有する自己の利益を保険に付け、船舶抵当権者Bはその船舶に対して有する自己の利益を保険に付け、用船者Cは第三者の貨物を運送して収得する運送賃とAに支払う用船料との差額、すなわち、用船利潤につき自己の有する利益を保険に付ける。さらにDは、その船舶が用船航海を無事終了することにより収得するはずの仲介料について、その船舶を保険の目的物とする自己の利益を保険に付けることができる。このように、さまざまな人間がそれぞれの立場から、同一の保険の目的物に重畳的に被保険利益を有しており、危険が発生することによって損害を被る可能性（あるいは損害を被る可能性のある経済的利益）をもっている。

II　被保険利益の本質

上述のとおり、被保険利益というのは、保険の目的物に危険が発生することによって損害を被る可能性、または損害を被る可能性のある経済的利益である。被保険者が被る損害には、財産的損害もあれば、予定していた

対説）、損害保険契約が損害てん補契約とされるのは、他人の物を保険に付けたり、自分の物でもその経済的な価値を超えて保険を付けるといった賭博等の反公序良俗的行為に悪用されるのを防止する保険政策的な意味合いによるのであると考える学説（相対説）、そして損害保険契約にも評価済み保険、保険価額不変の擬制、新価保険等の量的例外と保険委付、保険代位、重複保険、遡及保険、希望利益保険、責任免脱型の責任保険等の質的例外があり、前者の量的例外については絶対説の立場を多少修正することができるとしても、後者の質的例外については被保険利益の観念そのものを入れる必要がないもしくは硬直的な被保険利益概念に対する救済であるとの立場から得利禁止の措置として被保険利益の存在を要求すべきであるとする学説（修正絶対説）がみられるが、実務上では、保険実務の慣行あるいは保険加入者や保険者のニーズ実現の必要性から、この被保険利益の要件の厳格性は大幅に緩和されており、したがって、学会でも一時期華々しく展開された被保険利益に関する論争も、今日では学理的あるいは純理的関心事にすぎないといえる。山下友信＝竹濱修＝洲崎博史＝山本哲生『保険法〔第3版〕』（有斐閣・2010）84-85頁参照。

収益その他の金銭的利益の損害もあれば、第三者に責任を負担しなければならないという損害もあれば、予定外の費用を支出しなければならないという損害もある。したがって、保険の目的物に危険が発生することによっていろいろな損害を被る可能性があるから、人は1つの保険の目的物に複数の被保険利益を有する可能性があり、またその1つの保険の目的物に存する複数の被保険利益を複数の者が重畳的に持ち合うことがある。このことは、被保険利益の本質を知るうえで重要である。なぜならば、このことを知らなければ、「利得禁止原則」が適用される損害保険契約において、1つの保険の目的物に複数の保険を付け、その価額を超える保険金を受け取ることができる理由を説明できないからである。

　このように、人は1つの保険の目的物に複数の被保険利益を有する可能性があり、またその1つの保険の目的物に存する複数の被保険利益を複数の者が重畳的にもち合うことがあるが、個々の被保険利益についてみれば、それは特定の保険の目的物に対する特定の被保険者の関係においてのみ存在する。したがって、被保険利益は、独占的、排他的存在であるといえる。

　しかし、特定の保険の目的物と特定の被保険者との独占的、排他的関係は、必ずしも契約成立の時から終了の時まで継続されるべきものである必要はなく、基本的には、損害発生の時に当該被保険利益が誰に属するのかが確定できればよい[6]。たとえば、CIF条件で売買された貨物が航海中に保険者の負担する危険によって滅失した場合、買主は、保険契約締結当時貨物に被保険利益をもっていなかったけれども、損害発生の時に被保険利益を有していたので、この保険証券に基づき損害のてん補を受けることができる。

---

[6] ただ、上に述べた被保険利益の本質は、海上保険や運送保険のような物保険の被保険利益についてはあてはまるが、特定の保険の目的物をもたない責任保険の被保険利益にはあてはまらない。すなわち、責任保険では、被保険者が、財産を有すると否とを問わず、将来賠償責任を負担することによって被る損害をてん補するのであるから、保管物賠償責任等一部の例外を除いて被保険利益の額を評価することは不可能であり、したがって、一部保険や超過保険や重複保険の問題を判断するための技術的基礎としての保険価額は存在しないとみるべきである。

III 被保険利益の要件

1 金銭に見積ることのできる利益でなければならない

　被保険利益は、保険者の負担する危険が保険の目的物に作用することによって損害を被る可能性、または危険が保険の目的物に作用することによって失われる可能性のある経済的利益であるから、金銭に見積ることのできる利益、すなわち経済的利益でなければならない。保険法3条が、「損害保険契約は金銭に見積ることができる利益に限り、その目的とすることができる」と規定し、金銭に見積ることのできる利益をもって損害保険契約の目的としたのも、このためである。したがって、一般個人が有する家系図や先祖の位牌、あるいは恋人の写真等、その価値を客観的に評価できない精神的、宗教的あるいは感情的利益は、被保険利益とはならない。もっとも、被保険利益は、金銭に見積ることができれば、必ずしも法律上の利益である必要はなく、運送貨物の到達地における価値の増加のように、実体的な利益あるいは事実上の利害関係があれば足りる。

2 確実な利益でなければならない

　被保険利益は損害保険契約の一要素であるから、契約上これが確定され、または確定された利益が実際に存在しなければならない。被保険利益のない保険は賭博にすぎず、それゆえ法律の保護に値しないから、その契約は無効である。イギリスでも、被保険利益の存在しない保険契約は法律上無効であるが[7]、実際取引では、ある物に対する利害関係の存在の証明が困難な場合に、"interest or no interest"、"without benefit of salvage to the insurer"、"without further proof of interest other than the policy itself" 等の文言を使用して、被保険利益の存在しない保険の引受けをすることがある。これらの契約は法律上はもちろん無効であるから、法廷に訴えて保険金の支払いを強制することはできず、単に保険者がその名誉または信用にかけて責めを負うにすぎない。よって、これを名誉保険証券（honour poli-

---

7) MIA 4条参照。

cy）という。

　ただ、被保険利益は必ずしも契約締結時に現存する必要はなく、その存在が将来において確定できることが客観的に予想されるものであればよい。たとえば、現代の輸出業者は、取引としてただ1回だけ航海事業に携わるわけではなく、同じような航海事業を継続して行うのが普通であるが、それぞれの航海事業について1回ごとに別個の保険契約を締結するのは面倒であるばかりか、保険の付け忘れや重複保険のおそれがあるので、将来積み出される貨物を一定の範囲または条件内ですべて保険に付ける（包括）予定保険（open cover）を付けることが多いが、これも将来の被保険利益の例である。

3　適法な利益でなければならない

　被保険利益は適法なものでなければならない。すなわち、契約の目的が公序良俗に反する場合は、契約自体が無効とされる。法律で禁止された保険の目的物に対する利益を保険に付けることはできないし、また法律で禁止された航海事業に対する利益を保険に付けることはできない。

Ⅳ　被保険利益の種類

　被保険利益は、被保険者が保険の目的物に対して有するところの、保険に付けることのできる利害関係であるから、被保険利益は特定の保険の目的物に対する特定の被保険者との関係においてのみ存在する。したがって、個々の被保険者の、特定の保険の目的物に対する関わり具合によって、個々の被保険利益に名称を付することができる。具体的には、所有者利益、担保利益、使用利益、収益利益（このなかには果実収益利益と稼得利益が含まれる）、代償利益、消滅することある利益、および未必利益である。これらは、被保険者が現に有する財産が海上危険によって失われ、または将来財産を取得する期待が海上危険によって妨げられる。したがって、損害の対象となるものがいわゆる積極財産である。

　これに対して、固有の海上被保険利益ではないが、保険の目的物に一次的に作用する危険が海上危険であるために、海上被保険利益に準じて取り

扱われる被保険利益がある。具体的には、責任利益と費用利益である。これらは被保険者が現に有する保険の目的物に直接関わる利益というよりも、海上危険が発生した結果、被保険者の全財産からの支出を余儀なくされ、被保険者の財産が減少するか負債が増加するという形で損害が現れる。具体的には、損害が第三者に対する賠償責任や債務の発生または費用の支出というマイナス財産の取得によって生じる。したがって、損害の対象となるものがいわゆる消極財産である。

積極財産に関する被保険利益は、契約締結時にその価額を確定することができるが、消極財産に関する被保険利益は、保管物賠償責任のようにその価額を確定できるものはむしろ例外であって、その価額を確定できないのが普通である[8]。

1　所有者利益

保険の目的物の所有者が、保険の目的物を所有すること自体で有する利益を所有者利益という。保険の目的物が留置権、先取特権、質権、抵当権等の担保物権によって制限を受けていても、債務者たる所有者が人的無限責任を負う限り、所有者利益は制限を受けない。これに反して、冒険貸借債務や共同海損債務のように、保険の目的物の滅失損傷によって債務を減免される限り、その減免の範囲において、所有者利益は制限を受ける[9]。

保険の目的物が2人以上の者によって共有されている場合には、各自は当然、自己の損害を被る持分の割合においてのみ所有者利益を有する。

2　担保利益

債権者が債権の弁済を確保するために、債務者の船舶、積荷その他の海上財産を担保とする場合、債権者がこの担保物に対して有する利益を担保利益という。担保物は船舶、積荷等の有体財産であることもあれば、運送賃等の権利であることもある[10]。

---

[8]　したがって、これらの消極財産に関する被保険利益の場合には、一部保険、超過保険などの問題は生じない。
[9]　葛城照三『新版講案海上保険契約論』(早稲田大学出版部・1966) 78頁。
[10]　葛城・前掲注9) 78頁。

3 使用利益

船舶賃借人がその船舶について有する利益のように、他人の保険の目的物を使用する権利のある者がその使用物について有する利益を、使用利益という。

4 収益利益

収益利益には、他人に対して自己の保険の目的物の使用を許すことによってある利益を期待する者が有する利益（果実収益利益）のように、収益について保険の目的物の所有者が期待しうるものと、保険の目的物に関して役務を提供する立場にある者が、その目的物が無事であることについて有する利益（稼得利益）のように、他人の目的物にある働きかけを行うことから期待しうるものとがある。たとえば、船舶を他人に使用させて得る船舶賃貸料や用船料は前者に属し、船舶や積荷に労働を提供することによって得られる報酬や利潤（各種の手数料や船員の賃金等）は後者に属する。

5 代償利益

ある代償の取得を目的に費用が支出された場合に、海上危険のためにその代償の取得が妨げられるという関係を保険の目的物に対して有する者の利益を、代償利益という。たとえば、運送賃を取得する目的で船費を支出する運送人や、運送による貨物の増値を得る目的で運送賃を支出する荷主などは、海上危険の発生によって支出した船費や運送賃を失うから、この利益を有するといえる。

6 消滅することある利益

自己の選択によって消滅させることのできる被保険利益を、消滅することある利益（defeasible interest）という。たとえば、貨物の売主が約束の引渡時期に貨物の引渡しを怠ったとき、あるいは契約と異なる貨物を送付してきたとき、貨物を保険に付けた買主は、自己の選択によって貨物の引取りを拒絶しまたは貨物を売主の危険負担として処理することができ、あるいは貨物を引き取ったうえで売主に損害賠償を求めることができる。この最後の方法を選択した場合には、買主はその貨物についてこの被保険利

益を有する。

7 未必利益

保険契約締結時には存在せず、将来の特定の条件が発生した結果生じる被保険利益を、未必利益（contingent interest）という。たとえば、FOB、CFR、CIF 等の条件で売買された貨物に対する売主の危険負担責任は、貨物が本船の船上に置かれた瞬間から買主に移転するから、売主はその時点で、貨物に対する被保険利益を失うことになるが、買主がその後の倒産や市況の悪化や品質に対するクレーム等を理由に貨物の引取りを拒絶したり、船積書類の受取りを拒否した場合には、その貨物に対する危険は船積みの時に遡って売主の負担となるから、売主はこの種の利益を保険（未必利益保険）に付けることができる。

消滅することある利益と未必利益との違いは、前者は、保険の目的物について被保険者の有する既存の利益であるが、何らかの理由によってのちに消滅するか喪失する利益であるのに対して、後者は、初めは利益の見込みにすぎなかったものが、ある条件の発生によって被保険者がのちに現実の利益として獲得するものであるという点である。

8 責任利益

海上危険の発生によって第三者に損害賠償その他一定の給付をなすべき法律上の責任を生じうる者の有する利益を、責任利益という。たとえば、自己の船舶の過失ある運航によって他船と衝突した場合の他船に対する衝突損害賠償責任、運送貨物の損害や遅延に対する運送人の損害賠償責任、賃借した船舶の損害に対する船舶賃借人の損害賠償責任、共同海損分担責任等に対する被保険利益などがその例である。

9 費用利益

海上危険の発生によって費用の支出を余儀なくされる可能性のある者が有する利益を、費用利益という。たとえば、損害防止費用や損害調査費用、航海の遅延のために余分に必要となった船員の給料、食料、燃料、旅客のための費用等に対する利益が、その例である。

V 保険価額、協定保険価額、保険金額、保険制限金額

1 保険価額

　保険の目的物について被保険者の有する利益の価額、すなわち被保険利益を金銭に見積もった価額を、保険価額 (insurable value；Versicherungswert；valeur d'assurance) という。したがって、物保険においては、保険価額の有無の問題は結局、被保険利益の有無の問題であって、被保険利益がある以上、保険価額があるはずであるから、保険価額がいくらかということが実際上の問題となる。[11]

　海上保険契約は損害てん補の原則に従う損害てん補契約の一種であるから、保険者は発生した損害額を限度に損害をてん補する。海上保険についていえば、損害とは海上危険の発生によって経済的利益の全部または一部を失うことであるから、被保険利益とは、海上危険の発生による経済的利益の喪失を生じる可能性であり、同時にその可能性が現実のものとなって実際に失われるおそれのある経済的利益そのものであって、これを最大限に金銭に見積もったものが保険価額であるから、保険価額は被保険者が被る可能損害の最高限度額である。

　それゆえ、被保険者は保険価額を超える直接損害を被ることは理論上あり得ないわけであるから、従来の商法631条の規定では、保険価額を超え

---

11) 従来、保険価額は被保険利益の評価額であるという点に異論を差し挟む者はほとんどなく、この点は受け入れられてきた。しかし、保険法9条は、保険価額を「保険の目的物の価額」としている。所有者利益の保険であれば、保険価額を保険の目的物の価額とすることに特段の問題はないであろうが、既述のとおり、被保険利益は所有者利益だけではない。債権者が担保物に対して有する担保利益の保険、運送人が他人の貨物を運送することによって収得する運送賃の保険、他人に自己の船舶の使用を許すことによって船舶所有者が期待する用船料の保険、用船者が他人の貨物を運送して収得する運送賃と船主に支払う用船料との差額である用船利潤について有する利益の保険、船舶に役務を提供して給料の支払いを期待する乗組員の有する稼得利益の保険、船舶を利用して運送賃を収得することを目的的に、船舶の艤装に要した費用（燃料や食料等の諸費用や保険に要する費用）を支出した運送人が、海上危険によってそれらの支出が失われる場合に備えて付ける代償利益の保険などの場合に、船舶の価額をもって保険価額とすることはできないであろう。本文の例でいえば、A所有の船舶を唯一の保険の目的物として、Aはもちろん、BもCもDもそれぞれの立場から被保険利益を有しているが、この唯一の保険の目的物である船舶の価額をもって、B・C・Dの付ける保険における保険価額とすることは適当でないであろう。

る保険金額の部分を無効としていた。しかし、損害てん補の原則が適用される損害保険契約においては、保険価額以上のてん補額を受けることはできないのであるから、保険金額の保険価額を超える部分を一律に無効とする必要はなく、また本来、保険期間中絶えず価額が変動すべき物の保険において、保険価額の上昇を見込んで高めの保険金額を設定することまで禁止する必要はない。そういった立法論的批判に応えて、保険法9条は、損害保険契約の締結時において保険金額が保険価額を超える、いわゆる「超過保険」について、そのことに保険契約者および被保険者が善意でかつ重大な過失がなかったときは、保険契約者は、その超過部分について、当該保険契約を取り消すことができることとした。もちろん、保険契約者がその超過部分について契約を取り消した場合には、保険料の一部の返還を請求することができる。

　この保険価額は、運送契約によって定められた運送賃や貨物の仲立人が運送終了の暁に受け取る一定の手数料のように、保険期間中不変のものもある。しかし、海上被保険利益の大宗を占める船舶や貨物の所有者利益の場合には、時間の経過、物価の変動、場所の移動等によって、保険価額は保険期間中絶えず変動すべきものであるから、諸外国では、保険価額を保険期間が始まる時の価額（始期価額）、保険期間中任意の時の価額（期中価額）、損害発生の時および場所における価額（てん補価額）などといって区別することがある。[12] 上述のとおり、海上保険契約は損害てん補の原則に従う損害てん補契約の一種であるから、保険金の支払いにとって最も重要なのは損害発生の時および場所における価額（てん補価額）であるが、海上保険の場合には、保険の目的物である船舶や貨物は、火災保険の目的物である建物などと異なり、一定の場所に留まっているわけではないから、損害発生の時および場所における保険価額を知ることはなかなか困難であり、また場合によっては不可能なことさえある。それにもかかわらず、客観的な保険価額の算定に固執すれば、多大の時間と費用と労力とを要し、多くの紛争を生むことになろう。一方、航海保険のように保険期間が比較的短期であるために、保険期間中の保険価額の変動を特に考慮しなくてもよい

---

12)　木村栄一『海上保険』（千倉書房・1983）46頁参照。

という事情もある。そこで、海上保険では、保険者の責任開始の時または運送開始の時における被保険利益の価額（すなわち始期価額）をもって保険価額とし（商法818・819条）、それが全保険期間を通じての標準とされる。すなわち、保険価額は保険期間中変わらないものとされるから、損害発生時の保険価額も始期価額と同じものと考えられる。本来、船舶や貨物の所有者利益の価額は常に変動すべきものであるから、始期価額をもって保険価額とし、それが保険期間中不変なものと考えることは便宜的、例外的措置であって、これを保険価額不変の例外または保険価額不変の擬制（Fiktion des gleichbleibenden Versicherungswertes）という。したがって、保険金額が保険者の責任開始の時または運送開始の時の価額を超えていない限り、のちにその価額が下落しても、超過保険として扱われることはない。

　陸上損害保険、いわゆるノン・マリンの保険では、この保険価額の概念は比較的希薄であるが、海上保険契約においては、とりわけ重要である。なぜならば、海上保険契約では、損害が発生した時、保険者の責任額（てん補額）を確定するための一方の基準となるものだからである（船舶保険普通保険約款9条3項、貨物海上保険普通保険約款12条)[13]。ただし、同じ損害保険でも、火災保険のように、損害発生時に事後的に保険価額を決定できるものもある。それらの保険では、契約時に保険価額は決定されないが、海上保険契約では、契約時に必ずこれが決められる。

2　協定保険価額

　保険価額に対して協定保険価額（agreed value；Taxe；valeur agréée）というのがある。これは保険契約当事者が契約締結時に協定した保険価額であって、当該保険契約に関する限り、保険価額の代用をなす。本来、保険価額は被保険利益を金銭に見積もった価額であるから、客観的に定められるべきものであり、したがって、当事者の協定とは無関係なものであるはずである。しかし、上記のとおり、保険価額を客観的に確定することは困難または不可能な場合があるため、便宜上、保険法および商法が認めた制

13）　現在、貨物海上保険普通保険約款は各社まちまちであるので、本章では、東京海上日動火災保険株式会社の2010年4月1日以降始期契約用の約款を使用している。

度である。実際上は、保険証券の保険価額欄にある金額が記載されれば、それが協定保険価額となる。この価額は、実際の保険価額より大きいことも小さいこともある。また、たとえ商法または保険法の定める保険価額と一致しても、それは協定保険価額であって、当該保険関係に関する限り、保険価額の代用をなす。もちろん、この協定保険価額は、海上保険契約の必要上、例外的に認められるものであるから、共同海損分担額や第三者に対する損害賠償額を決定するにあたって、保険契約外の第三者を拘束するものではない。

被保険利益を最大限に見積もった価額が保険価額であるから、理論的には被保険者は保険価額以上の損害を被ることはあり得ない。しかし、法令上、保険価額不変の例外（擬制）が認められ、また実務上、契約当事者による保険価額の協定が認められていることから、海上保険契約は損害てん補の原則に従う損害保険契約の一種であるといいながら、海上保険契約において損害てん補の原則は、必ずしも厳格に適用されているわけではないということがわかる。

しかし、契約当事者はどのように保険価額を協定しても差し支えないとはいえ、協定保険価額は実際上の便宜のために認められたものであるから、実際の価額とあまりにもかけ離れた価額の協定を許すべきではない。そこで、こういった過大な価額の協定を避けるために、保険法18条2項ただし書は、「当該約定保険価額が保険価額を著しく超えるときは、てん補損害額は、当該保険価額によって算定する」旨を規定している。どの程度の高値評価があれば著しい過大評価となるかは、取引の通念によって決定するほかはない。大正6年3月10日の大審院判決では、実価9万5,000円の船舶を12万円と協定した場合に、これを過大評価としたが、海上保険契約における協定保険価額の拘束力を考えれば、とりわけ保険契約者と同様に保険者も価額を評価しうる船舶の保険において、保険者がこの程度の評価額をもって著しい過大評価とすることは、詐欺の疑いでもない限り、あり得ないであろう。

---

14) MIA 27条3項、ドイツ商法793条、ドイツ保険契約法57条、スイス保険契約法65条、イタリア民法1908条等でも、協定保険価額が有効であることを認めている。

MIA 27 条は、協定保険価額に原則上絶対的な（conclusive）拘束力を認め、詐欺がある場合には、保険者がこれを知っていれば引き受けなかったであろう程度に過度に超過しているときに限って、告知義務違反として契約を無効にすることができるものとする。[15][16]

保険価額の協定された保険を評価済保険（valued policy；taxierte Police；police évaluée）といい、これを協定しない保険を無評価保険または評価未済保険（unvalued policy；untaxierte Police；police non évaluée）という。このために、協定保険価額を保険評価額ともいう。海上保険の実際においては、取引の便宜や迅速性を考慮して、評価済保険をもって契約されるのが普通である。

わが国の保険証券や保険約款にいう「保険価額」は、商法 818～820 条によって客観的に決まる保険価額と、契約当事者の合意によって決められる協定保険価額とを区別せずに使用している。

3 保険金額

保険金額（sum insured；insured amount；Versicherungssumme；somme assurée）は、一般的な言葉でいえば契約金額を意味するのであって、その契約において保険者が責任を負う最高限度額として契約当事者の定めた金額である。もちろん、保険者が損害防止費用を負担するときは、保険損害のほかにこれを支払うから、保険者の支払い合計額は保険金額を超えることがある（保険法 23 条 1 項 2 号）。また、保険者は実務上、1 回の保険事故ごとに保険金額を限度として損害をてん補するから（船舶約款 9 条 1 項、貨物約款 11 条 1 項）、保険期間の全体を通してみれば、保険者の支払い額は保険金額を超過することがある。保険金額の定めがないときは、保険者の責任は（協定）保険価額をもって決められる。

---

15) たとえば、実価£2,000 の船舶が£9,000 と評価された *Irvin v. Hine* 事件（[1950] 1 KB 555）および実価£65,000 の船舶が£350,000 と評価された *Helmville Ltd. v. Yorkshire Insurance Co. Ltd.*（*The Medina Princess* 号）事件（[1965] 1 Lloyd's Rep. 361, QBD (Comm.)）において、保険者は著しい過大評価の抗弁をしなかった。

16) 船舶約款 18 条 1 項、貨物約款 7 条 1 項および 2 項。

4　保険制限金額

　船舶保険証券面の保険価額欄と保険金額欄との間に、保険制限金額という言葉が出てくる。この保険制限金額というのは、保険価額のうち、これ以上保険を付けてはいけないとされる金額、すなわち、保険金額の制限額である。通常は保険価額と同額であるが、場合によっては、保険価額より低く設定されることがある。これは2つの目的のために利用される。1つは重複保険を禁止するため、そしてもう1つは、過去の保険成績のよくない船舶について、強制的に一部保険にし、損害額の一部を船主に負担させることにより、事故を起こさないように注意を喚起するためである。

Ⅵ　保険金額と（協定）保険価額との関係

1　全部保険、一部保険、超過保険

　保険金額が保険価額または協定保険価額と同額の場合を全部保険（full insurance；Vollversicherung od. Vollwertversicherung；assurance en valeur totale）といい、保険金額が保険価額または協定保険価額に達しない場合、すなわち、保険価額または協定保険価額の一部しか保険が付けられていない場合を一部保険（under insurance；Unterversicherung；sous-assurance）という。また、保険価額より保険金額のほうが大きい場合を、すなわち、保険金額が保険価額を超える場合を超過保険（over insurance；Überversicherung；sur-assurance）という。改正前商法では、保険金額が被保険利益の価額である保険価額を超えることは損害てん補の原則に反するとして、保険金額の保険価額を超過する部分を無効としていたが（631条）、逆にこの原則が適用される以上、保険価額以上のてん補額を受けることはできないのであるから、既述のとおり、保険金額が保険価額を超える部分を一律に無効とする必要はなく、また本来、保険期間中絶えず変動すべき物の保険において、保険価額の上昇を見込んで高めの保険金額を設定することまで禁止する正当な理由はないことから、保険法は超過保険を有効とし、保険契約の締結時に超過保険であることについて保険契約者および被保険者が善意・無重過失であるときは、保険契約者は、その超過部分について当該保険契約を取り消すことができるものとした（9条）。ただ

し、評価済保険の場合には、保険契約者および被保険者が善意・無重過失のときでも、超過部分について当該契約を取り消すことはできない（同条ただし書）。

　海上保険の実務では、ほとんど常に、保険金額が保険価額または協定保険価額と同額の全部保険が行われる。全部保険および超過保険の場合には、保険金額を限度として損害額が全額支払われるが、一部保険の場合には、損害額は一部しか支払われない。すなわち、保険金額が保険価額または協定保険価額より低い一部保険のときは、保険者は保険金額の保険価額に対する割合で損害をてん補するから[17]、損害額は一部しか支払われないことになり、損害額の残余部分は被保険者自身によって負担されることになる。これを、比例てん補の原則（Principle of average；Proportionalregel；règle proportionnelle）という。式で示せば、次のようになる。

$$保険金 = 損害額 \times \frac{保険金額}{保険価額}$$

　保険者の危険負担に対する対価である保険料は、保険金額に保険料率を乗じて得られるから、同一の保険の目的物に対しては、保険金額が同じであれば、全部保険であろうと一部保険であろうと、原則として保険契約者の支払う保険料は同額となる。ところが、分損の場合には、保険金額が同額でも、その契約が全部保険か一部保険かによって、支払われる保険金の額が異なる。たとえば、同一の貨物について、A保険契約では保険価額を4,000万円と評価して4,000万円の全部保険を付け、B保険契約では保険価額を5,000万円と評価して4,000万円の一部保険を付けた場合において、2,000万円の損害が発生したとき、保険者に支払われる保険料は同額であるにもかかわらず、A保険契約では2,000万円が支払われ、B保険契約では1,600万円が支払われるということになるのであるが、その理由は、一部保険では被保険利益の一部しか保険が付けられていないのであるから、損害についてもその一部しか負担されないということにある。保険金額が同じで、同じ保険料を受け取っても、一部保険の場合には保険金額よりも

---

17)　保険法19条、商法832条1項、船舶約款9条3項、貨物約款12条、MIA 81条。

保険価額のほうが大きいのであるから、保険者は実質上その差額分に見合った保険料、換言すれば、実損てん補の場合に必要なコスト分を受け取っていないことになる。したがって、保険金額とてん補額との差額については、被保険者は自家保険者としてこれを負担すべきであるということになる。

もっとも、一部保険の場合に、比例てん補の原則の適用を排し、保険金額を限度に損害額を全額てん補することも可能である。このような保険を、実損てん補の保険または第1次危険保険（first-loss insurance；Erstrisikoversicherung od. Versicherung auf erstes Risiko；assurance au premier risque）という。

2　重複保険

(1) 重複保険の意味　被保険利益に関連して、重複保険について述べておく。

同一の保険の目的物について、被保険利益、保険事故および保険期間の全部または一部を共通にする数個の保険契約が締結された場合において、その保険金額の合計が保険価額を超過するとき、これを重複保険（double insurance resulting in over insurance）という。たとえば、保険価額1億円の貨物について、A保険者に6,000万円の保険を付け、B保険者に7,000万円の保険を付けたような場合である。[18]

数個の契約において、保険事故（保険者の負担する危険）および保険期間を共通にしても、たとえば、船舶の所有者が一方の契約でその所有者利益の保険を付け、他の契約で同じ船舶について有する責任利益の保険を付けた場合のように、各契約において付保された被保険利益が異なれば、各保険契約の保険金額の合計が所有者利益の保険の保険価額を超えても、重複保険はないし、複数の契約において、被保険利益と保険期間を共通にしても、一方の契約では戦争危険が負担され、他方の契約ではそれが免責されている場合のように、各契約において保険者の負担する危険が異なれば、重複保険はない。もちろん、複数の契約において、被保険利益と保険者の

---

18)　もちろん、重複保険の場合にも、数個の保険契約における保険金額の合計は保険価額を超過することになるから、全体として超過保険となる。

負担する危険が同じであっても、保険期間が重複しなければ、重複保険はない。たとえば、売主の倉庫から買主の倉庫までの保険に付けられた貨物について、倉庫業者が港の倉庫に保管中の同貨物について、荷主のために火災保険を付けた場合のように、一部でも期間が重複すれば、重複保険は生じうるのであるから、数個の契約において、保険期間の全部が重複する必要はない。

(2) 重複保険の効果　(a) 重複保険は、故意でなされることも、過失によってなされることもある。故意でなされる場合でも、詐欺による場合とそうでない場合とがある。後者については、商人が積荷の正確な価額を知らずに、外国からの委託販売品に保険を付け、その後の情報によって、不足していると思われる価額について再度保険を付けることがあり、さらに安全のために、重複保険を付けることがある。あるいは、売り手が買い手のために商品に保険を付け、それを知らずに、買い手が自己の商品に保険を付けることがある。あるいはまた、火災危険を負担する保険が荷主によって付けられた商品が輸送中の倉庫にある間、倉庫業者によって荷主のために火災保険が付けられることがある。こういった場合において、損害が発生したとき、被保険者はどのように保険金を請求するのか、あるいは各保険者はどのように保険金を支払うのか。

重複保険の場合の効果につき、わが国の改正前商法は、契約成立の日付を同じくする数個の保険契約が重複保険関係に立つ同時重複保険の場合については、各保険者が保険金額の割合によって損害額を分担し（保険金額比例主義または保険金額比例方式）、契約の日付が異なる異時重複保険の場合については、日付の早い保険者がその契約の定めるところに従ってまず損害をてん補し、そのてん補額で損害額の全部を満たさないときは、後の契約の保険者がその差額についててん補する旨を定めていた（順位主義または順位方式）。しかし、この保険金額比例方式では、各保険者の責任額を算定するにあたって、各契約における保険価額が無視されるという欠点があるうえに、数個の契約のうち1つでも保険金額無制限の契約があれば、この主義を採用することはできないし、異時重複保険について順位方式を採用した場合でも、両保険者の支払いが確保されなければ、被保険者の立場からいえば、必ずしも満足のいく規定でないことは明らかである。さら

に、改正前商法下では、被保険者は、損害発生時にそれぞれの保険者に個別に保険金請求の手続きをとらなければならなかった。そこで、近時諸外国の立法や実務では、これらの方式を排するものが多いが、保険法20条は、それぞれの保険契約について他の保険契約がないものとして算出した保険金の額（これを「独立責任額」という）の全額を連帯して支払う義務を保険者に負わせる独立責任額連帯方式を採用した。すなわち、超過保険の場合でも、保険価額を超える保険金額を無効としないことから（保険法9条）、重複保険についても、各保険契約を有効とすることによって、他の保険者にてん補責任がある場合でも、それぞれの保険者が自己の保険契約で負担すべきてん補額の全額を支払う義務を負い（同法20条1項）、そのうえで、自己の負担部分を超えて保険金を支払ったときは、その負担部分を超える金額について、他の保険者に求償することにしたのである（同法20条2項）。

(b) 船舶保険の実務では、従来と同様、それぞれの保険契約における独立責任額の合計独立責任額に対する割合で保険者のてん補額を決めるという独立責任額比例方式（または独立責任額比例主義）を採用している（船舶款30条1項）。貨物保険では、従来の独立責任額比例方式を排して、他の保険契約等（すなわち、他の保険契約または共済契約）がある場合において、それぞれの保険契約または共済契約について他の保険契約等がないものとして算出した独立責任額の合計額が損害額を超えるときは、当該保険契約の独立責任額（他の保険契約等から保険金または共済金が支払われていない場合）、または損害額から他の保険契約等から支払われた保険金または共済金の合計額を差し引いた残額（他の保険契約等から保険金または共済金が支払われた場合。ただし、当該保険契約の独立責任額が限度）を、保険者が支払う旨を規定している（貨物約款13条）。

(c) これに対して、MIAはわが国の保険法と同じように、契約成立の前後を問わず、すべての契約をそのまま有効とし、各保険者は、その引き受けた独立責任額を限度として連帯して責任を負担し、保険金を支払った保険者は、他の保険者に対して各自の契約上責めを負うべき金額の割合に応じて求償することができるとする連帯主義をとっている。しかし、この問題に関するMIAの規定は一種の変則規定（anomaly）であるので、こ

れについて以下に述べる。

　(3)　イギリス海上保険法上の重複保険　　(a)　MIAの規定　　MIA 32条は以下のように定めている。

> "(1) Where two or more policies are effected by or on behalf of the assured on the same adventure and interest or any part thereof, and the sums insured exceed the indemnity allowed by this Act, the assured is said to be over-insured by double insurance.
>
> (2) Where the assured is over-insured by double insurance–
>
> (a) The assured, unless the policy otherwise provides, may claim payment from the insurers in such order as he may think fit, provided that he is not entitled to receive any sum in excess of the indemnity allowed by this Act ;
>
> (b) Where the policy under which the assured claims is a valued policy, the assured must give credit as against the valuation or any sum received by him under any other policy without regard to the actual value of the subject-matter insured ;
>
> (c) Where the policy under which the assured claims is an unvalued policy he must give credit, as against the full insurable value, for any sum received by him under any other policy ;
>
> (d) Where the assured received any sum in excess of the indemnity allowed by this Act, he is deemed to hold such sum in trust for the insurers, according to their right of contribution among themselves."

「(1)　同一の危険および同一の利益またはこれらの一部について、2つ以上の保険契約が被保険者によってまたは被保険者のために締結される場合において、保険金額の合計額がこの法律で認められたてん補額を超えるときは、これを被保険者が重複保険によって超過保険を付けたものという。

(2)　被保険者が重複保険によって超過保険を付けた場合には、

　(a)　被保険者は、保険証券に別段の定めがない限り、自己の適当と考える順序に従って各保険者に支払いを請求することができる。ただ

し、被保険者はこの法律で認められたてん補額を超える額を受け取る権利はない。
 (b) 被保険者が保険金を請求する保険証券が評価済保険証券である場合には、被保険者は、保険の目的物の実価のいかんにかかわらず、他の保険証券の下で受け取った額をその評価額から控除しなければならない。
 (c) 被保険者が保険金を請求する保険証券が評価未済保険証券である場合には、被保険者は、他の保険証券の下で受け取った額をその保険価額の全額から控除しなければならない。
 (d) 被保険者がこの法律で認められたてん補額を超える額を受け取った場合には、被保険者は、その超過額を保険者相互間の分担請求権に従って、各保険者のために受託したものとみなされる。」

　上記32条1項は重複保険の定義をし、2項は重複保険によって超過保険を付けた場合の効果について規定している。

　重複保険の定義についていえば、上記32条1項の「この法律で認められたてん補額」は、評価未済保険証券の場合には保険価額、評価済保険証券の場合には保険証券で決められた価額（いわゆる協定保険価額）を意味するから（MIA 67条）、「保険金額がこの法律で認められたてん補額を超える場合」とは、「保険金額が保険価額または協定保険価額を超える場合」を意味し、この場合を超過保険という。したがって、同条1項の規定では、「同一の危険および同一の利益またはこれらの一部について、2つ以上の保険契約が被保険者によってまたは被保険者のために締結される場合」を重複保険といい、この場合において、「保険金額の合計額がこの法律で認められたてん補額を超えるとき」を超過保険というのか、それとも、「同一の危険および同一の利益またはこれらの一部について、2つ以上の保険契約が被保険者によってまたは被保険者のために締結される場合において、保険金額の合計額がこの法律で認められたてん補額を超えるとき」を重複保険というのか判然としない。前者を広義の重複保険とみる者も多いが、同一の危険および同一の利益またはこれらの一部について、2つ以上の保険契約が被保険者によってまたは被保険者のために締結されても、各保険金額の合計額がこの法律で認められたてん補額を超えなければ、数個の有

効な一部保険が併存するだけであって、被保険者が重複して保険金を受け取ることによる弊害を防止するための特別の精算を要しないから、「同一の危険および同一の利益またはこれらの一部について、2つ以上の保険契約が被保険者によってまたは被保険者のために締結される場合」の超過保険を重複保険と考えるのが妥当であろう。

32条1項には明定されていないけれども、複数の保険者に保険を付ける必要はなく、同一の保険者に複数の保険を付けても、重複保険となりうることはいうまでもない。

ただ、そう考えても、上記1項の重複保険の定義は十分ではないであろう。なぜならば、同一の危険および同一の利益またはこれらの一部について、2つ以上の保険契約が被保険者によってまたは被保険者のために締結され、各保険金額の合計額がこの法律で認められたてん補額を超えても、保険期間を共通にしなければ、重複保険の問題は起こらないからである。

(b) 評価済保険契約の場合の効果　　評価済保険契約の場合における重複保険の効果については、32条2項b号に規定するが、本規定はイギリス法独特の変則規定であって、常識ではなかなか理解しにくい。すなわち、重複保険の場合、a号によって、被保険者は、保険証券に別段の定めがない限り、自己の適当と考える順序に従って各保険者に支払いを請求することができるが、評価済保険証券の場合、すなわち保険証券に協定保険価額が明記されている場合には、b号によって、被保険者は、保険の目的物の実価のいかんにかかわらず、先の保険者から受け取った額を、後で請求する保険証券の協定保険価額から控除した金額を受け取るから、複数の保険契約において協定保険価額が異なる場合において、全損が発生したときは、被保険者が協定保険価額の高い保険証券に基づいて先に保険金を請求するか、協定保険価額の低い保険証券に基づいて先に保険金を請求するかによって、同一の事故でありながら、被保険者の受け取るてん補額に差異が生じるのである。たとえば、売主がある積荷について、A保険者に協定保険価額を£9,000として£7,000の保険を付け、B保険者に協定保険価額を£8,000として£6,000の保険を付けた場合において、全損が発生したとき、B保険者へ先に保険金を請求すると、B保険者からは£6,000をもらい、A保険者からはその協定保険価額£9,000からB保険者から受け取

った£6,000を控除した残額£3,000をもらうから、合計£9,000を受け取ることになるが、A保険者に先に保険金を請求すると、A保険者からは£7,000をもらい、B保険者からはその協定保険価額£8,000からA保険者から受け取った£7,000を控除した残額£1,000をもらうから、合計£8,000しか受け取れないということになる。しかも、いずれの場合にも、各保険者は連帯して責めを負うから、各保険者の支払い後の調整金額も当然異なるということになる。

既述のとおり、企業保険である海上保険では、立法論として、被保険者側の有利不利を考える必要はなく、被保険者が重複して保険金を受け取ることによる弊害を防止するにはどのような手当が合理的か、という政策的な問題として考えれば足りるのであるが、イギリス法の連帯責任方式では、被保険者が1人の保険者に対して保険価額を限度として全額直接請求でき（後述(C)参照）、また一部保険者の支払不能の場合にも損害額全額を回収できる可能性が大きい点で被保険者側にとって便利であるのは事実である。それでも、重複保険のうちの1つが外国において被保険者のために締結されたような場合において、複数の保険契約において協定保険価額が異なるときは、全損の発生に際して、被保険者には思わぬ落とし穴が待ち受けていることを銘記しなければならないのであって、この場合、被保険者は、決して協定保険価額の大きいほうの保険者に先に保険金を請求してはならないのである。

　(C)　保険者間の分担　　重複保険の効果に関するMIAの規定は、以下の2点において曖昧である。

第1は、上記32条2項d号の「被保険者がこの法律で認められたてん補額を超える額を受け取った場合」(where the assured receives any sum in excess of the indemnity allowed by this Act) という文言の意味についてである。すなわち、同号は、重複保険の場合に、被保険者がこの法律で認められたてん補額を超える額を受け取る可能性を示唆しており、この場合には、被保険者はその超過額を保険者相互間の分担請求権に従って、各保険者のために受託したものとみなされるのである。しかし、この文言は、被保険者が一方のまたはある任意の保険者に対して、そのてん補額を超えて損害額の全額を請求する権利を被保険者に与えるものであるかどうか、たとえ

ば、全損が発生した場合に、一部保険を引き受けている保険者に対して、全損金を請求する権利を被保険者に与えるのかどうかという点が曖昧である。具体例を示せばわかりやすい。1776 年の *Davis v. Gildart* 事件では[19]、保険価額£2,200 の商品について、最初にリバプールの保険者に£1,700 の保険を付け、その後ロンドンで£2,200 の保険を付けた商人は、後の保険証券によって£2,200 の全額を回収することができたのであるが、上記の規定に基づいた場合、この商人は、リバプールの保険者に先に請求して、£2,200 の全額を回収し、その後の保険者間の調整については彼らに委ねるということができるのかという点である。保険者は保険金額を限度に責任を負うから、£1,700 の保険を引き受けたリバプールの保険者は、この限度においてのみ責任を負うにすぎないというのであれば、分損の場合はどうであろうか。たとえば、保険価額£4,000 の積荷についてA保険者には£3,000 の保険が付けられ、B保険者には£2,000 の保険が付けられていた場合において、£400 の分損が生じたとき、被保険者はいずれか一方の保険者に損害の全額を請求することができるであろうか。

全損の場合には、被保険者が保険者に対して、当事者間の契約を表示する保険証券を離れて損害のてん補を請求することは不可能であり、また、MIA が順位に関する規定を含んでいることからみても、保険者が自己の契約した保険金額を超えててん補する責めを負うことはないが、分損の場合には、一方の保険者に全額請求することができると考えて差し支えないであろう。

第 2 に、80 条 1 項に規定する「自己の契約上責めを負うべき金額」(the amount for which he is liable under his contract) という文言の意味についてある。

すなわち、被保険者が重複保険によって超過保険を付けた場合の、被保険者への損害てん補後の保険者間の分担について、MIA 80 条 1 項は次のように規定している。

"(1) Where the assured is over-insured by double insurance, each insurer is bound, as between himself and the other insurers, to

---

[19] Gilman, J., Merkin, R. et al., *Arnould's law of marine insurance and average*, 17th ed., London, 2008, S. 32-18.

contribute rateably to the loss in proportion to the amount for which he is liable under his contract.

(2) If any insurer pays more than his proportion of the loss, he is entitled to maintain an action for contribution against the other insurers, and is entitled to the like remedies as a surety who has paid more than his proportion of the debt."

「(1)　被保険者が重複保険によって超過保険を付けた場合には、各保険者は、自己と他の保険者との間においては、事故の契約上責めを負うべき金額の割合に応じて、比例的に損害を分担する義務を負う。

(2)　保険者の1人が自己の分担割合を超えて損害を支払った場合には、その保険者は、他の保険者に対して分担請求のための訴えを提起する権利があり、かつ、自己の分担割合を超える債務を支払った保証人と同様の救済手段を取る権利がある。」

このように、保険者間の分担についていえば、上記80条1項は各保険者が「自己の契約上責めを負うべき金額の割合に応じて、比例的に損害を分担」すべきことを定めている。しかし、「自己の契約上責めを負うべき金額」(the amount for which he is liable under his contract) という表現は曖昧で、それがある損害に関する各保険者の最高可能責任額 (his maximum potential liability) すなわち保険金額を指すのか、それとも特定の損害に関する実際の独立責任額 (his independent actual liability) を指すのかは明確でない[20]。

そこで、この点に関し、一般損害賠償責任保険 (public liability policy) に関する事件である *Commercial Union Assurance Co. Ltd. v. Haydon* (C. A. 〔1977〕 1 Lloyd's Rep. 1) を検討し、MIA 上、重複保険の場合における保険者間の調整について独立責任額比例主義の採用が確定しているのかを検証してみよう。

本件によれば、訴外被保険者 C は、一般損害賠償責任を担保する2個の保険契約を締結した。その1つは、1事故につき£100,000 を限度とする一般損害賠償責任保険で、原告である Commercial Union Assurance

---

20) R. J. Lambeth, *Templeman on marine insurance*, 6th ed., London, 1986, p. 440（木村栄一＝大谷孝一訳『テンプルマン海上保険』（損害保険事業総合研究所・1991）604頁）。

Co. Ltd.に付けられたものであり、他の1つは、ロイズ保険者の代理人である被告 Haydon の引き受けた保険で、これには同じく一般損害賠償責任を担保する条項が含まれており、その保険金額は£10,000であった。各保険証券には、当該保険証券について保険金請求が生じた場合において、同一の危険を担保する別の保険契約が存在したときは、各保険者は両保険証券に関わる請求につき、比例的割合を限度にこれを負担するという条項を含んでいた。

　訴外PがCの屋敷内において傷害を被ったため、Cは自己が法律上負担することになった損害賠償金について保険金を請求し、合意によって原告が請求金額£4,425.45の全額をまずてん補した。次いで、原告は、独立責任額比例主義に基づき、その支払い額の半分すなわち£2,212.72について被告保険者の分担を請求した。しかし、被告保険者は、保険金額比例主義に基づいて、11分の1すなわち£402.31について分担すべきことを主張した。第1審裁判所では、この主張が受け入れられたが、控訴院は、この判決を覆し、£2,212.72の金額で分担すべきことを裁定した[21]。この裁定にあたって、2人の判事が独立責任額比例主義を採用すべきであると判示したのである。

　独立責任金額比例主義を採用すべきであるとした控訴院の多数決による判決は、MIA 80条1項と似た表現の規定を含んでいた一般損害賠償責任保険証券中の条項の解釈に基づいて下されたものである。したがって、『テンプルマン海上保険』によれば、上記事件の判決に基づき、海上保険証券上の賠償責任に対する保険金請求（たとえば4分の3衝突責任条項に基づく保険金請求）では、重複保険の場合の保険者間の分担について、独立責任額比例主義がとられるものと推定される。しかし、責任保険以外の保険については、重複保険の場合の保険者間の分担についていかなる方式を採用すべきかについて、イギリス法上ではいまだ決定されていないことも事実である[22]。

---

21) Lambeth., *supra* note 20, p. 440（木村＝大谷・前掲注20) 604-605頁）．
22) Lambeth, *supra* note 20, p. 441-442（木村＝大谷・前掲注20) 605-606頁）．

第5章

保険期間

I 総説

　海上保険契約は、特定の期間内に発生する特定の海上危険によって、特定の被保険利益に生じる特定の損害をてん補する契約である。したがって、保険者が特定の損害をてん補するためには、それは特定の被保険利益に生じなければならず、また、保険者の負担する特定の海上危険が作用した結果でなければならない。さらに、その危険は特定の期間内に発生しなければならない。保険者は無条件に無限の期間、危険を負担するわけにはいかないから、保険契約の締結にあたっては、危険を負担する期間を特定しなければならない。そして、保険者の負担する危険はその特定期間内に発生しなければならない。この保険者の負担する危険の発生すべき期間、換言すれば保険者の責任（危険負担責任＝損害てん補義務）の開始から終了までの期間を保険期間（period of insurance ; Dauer der Versicherung ; durée de l'assurance）という。すなわち、保険者の危険負担責任の時間的限界のことである。イギリスやフランスでは、「危険が開始し、終了する」（the risk attaches, ceases ; les risques courent, cessent）というところから、これを危険期間（duration of risk ; temps de risque）と呼ぶことがある。

　保険者は、この保険期間内に発生した特定の危険によって生じた特定の損害をてん補するのであるから、保険者がてん補の責めを負う損害は、保険期間中に発生した危険によって生じたものでなければならない。したがって、損害が保険期間中に生じても、その原因である危険が保険期間開始前に生じたときは、保険者はその損害をてん補しない。逆に、保険期間中

に危険が発生すれば、それによる損害が保険期間満了後に生じても、保険者はその損害をてん補する責めを負う。

　保険期間と似た言葉に保険契約期間というのがあるが、これは保険期間と区別されなければならない。これは保険契約の存続すべき期間、すなわち保険契約の成立から終了の時までの期間のことである。保険期間と保険契約期間とは必ずしも一致しない。すなわち、保険期間は保険契約に基づくから、保険契約期間の終了は常に保険期間を終了させることになるが、継続予定保険のように、保険期間の終了が保険契約期間の終了を意味しないことがある。また保険期間は、保険契約成立の前に遡って開始することがあり（遡及保険）、他方、契約成立後に開始することもある。さらにまた、保険契約期間は継続しているのに、一定の事情のために（たとえば、船舶保険普通保険約款14条に列記されたような事情の継続中や、保険契約者が支払期日に保険料の支払いを怠ってから保険料の支払いがある時までの期間のように）、保険期間が一時中断することがある（保険期間の中断）。

　保険期間は、契約によって定められた時に終了するとは限らない。たとえば、全損が発生したとき（船舶保険普通保険約款10条5項）、保険期間中に被保険船舶の所有者または賃借人が変更したとき（同14条1項6号）、保険契約者が保険料の払込みを怠ったとき（同20条2項）、危険の変更または変革があったとき等々、多くの場合に、契約で保険期間として定められた日時以前に終了する。

　既述のとおり、保険契約の締結にあたっては、保険期間を特定しなければならないが、海上保険は保険期間の特定の仕方によって、期間保険と航海保険に大別される。前者は期間を単位とするものであり、後者は航海を単位とするものである。以下に詳述する。

II　期間保険

1　概　説

　保険期間が一定の期間を標準として定められる保険を期間保険（time policy；Zeitversicherung；assurance à temps）といい、保険者の危険負担責任の時間的限界が一定の日または日時によって表示される。

船舶は航海中も港内停泊中も常に危険にさらされているから、船舶、運送賃、船費等、船舶に関わる被保険利益の保険では期間保険が適当であり、実際、船舶保険の大部分は期間保険で契約される。もっとも、造船業者が新造船を注文主に引き渡すためにドックから引渡し港に回航する場合、あるいは買入れ船を買主の港まで回航する場合、解撤船をスクラップ場まで回航する場合等には、船舶の保険でも航海保険が行われる。また、浚渫船、起重機船、艀舟等の特殊船、浮ドック、ポンツーン等の移動の場合には、航海保険に付けられる。[1]

　期間保険の場合には、原則として、保険期間中、被保険船舶が就航する一切の航海が担保されるから、航海は特定されないが、被保険船舶が航行することのできる水域が契約により前もって制限されるのが普通である。このように被保険船舶が航行しうる水域として定められた範囲を航路定限（trading limits；Fahrtbegrenzung；limites de navigation）という。

　また、イギリス法では、航海保険について、航海開始の時に船舶が被保険航海事業遂行のために堪航でなければならないという、厳格に充足されなければならない堪航黙示担保（implied warranty of seaworthiness）があるが、[2] 期間保険においては、船舶が航海事業のいかなる段階においても堪航でなければならないという黙示担保はない。ただし、被保険者が、船舶が不堪航状態にあることを知りながらこれを就航させた場合には、保険者は不堪航に起因する一切の損害について責めを負わない。

　船舶の期間保険においては、保険期間は通常1年とされるが、3か月でも6か月でも、自由に契約することができる。ただし、船舶保険の大宗を占める一般商船（総トン数100トン以上の鋼鉄製普通船舶、すなわち漁船または浚渫船や起重機船等の特殊船を除いた一般の船舶）の普通期間保険では、このような1年未満の短期契約はきわめて稀である。同時に、1年を超える長期契約も、物価の変動、船舶の損耗、危険事情の変化等を考慮すると、契約当事者にとって不都合な点も多いため、ほとんど行われない。[3]

1）　木村栄一『海上保険』（千倉書房・1983）147頁参照。
2）　貨物の航海保険については、この厳格な適用は堪航承認条項（Seaworthiness Admitted Clause）によって緩和されている。
3）　東京海上火災保険株式会社編『損害保険実務講座3〔船舶保険〕』（有斐閣・1983）157頁。

期間保険においては、始終期を、「2011年1月1日から2011年12月31日まで」のように、日をもって特定する場合と、「2011年1月1日正午から2012年1月1日正午まで」のように、日時をもって特定する場合とがある。

日をもって始終期を特定する場合には、初日を含むかどうかが問題となろう。これについて、商法・保険法には特別の規定はない。民法140条の規定によれば、日、週、月または年をもって期間を定めたときは、期間の初日は算入されないから、上の例でいえば、1月1日が終了した瞬間から保険期間は開始することになるが、当事者の意思としては1月1日の午前零時に始まり、12月31日の午後12時に終わるものと解すべきであろう。イギリスでは、*Scottish Metropolitan Assurance Co. Ltd. v. Stewart* 事件[4]において、Rowlatt判事は、"from 20 September to 20 February" という記載において9月20日を含むかどうかについては、専門的な解釈規則によるべきではなく当事者の意思によるべきであり、したがって9月20日の全日が含まれると判示した。

日時をもって始終期を特定する場合には、日時の計算は契約地の標準時によるのか、それとも船舶の所在地の標準時によるのかといった問題が起こりうる。この点についてわが国の商法・保険法には何の規定もないが、理論的には契約地の標準時によるべきであろう。イギリスで保険契約が締結された場合には、保険証券に別段の定めがあるときはそれに従うこととして、1972年夏時間法（Summer Time Act 1972）に従い、今日UTC（Universal Time Co-ordinated）として知られるグリニッジ標準時（Greenwich Mean Time）が適用される。

船舶保険普通保険約款10条1項では、保険証券に異なる時刻の記載がない限り、保険期間は保険証券記載の開始日の正午に始まり、終了日の正午に終わる。

2　継続条項

期間保険においては、保険期間は一定の日（または日時）に終わるから、

4）　(1923) 39 TLR 497, KBD.

保険期間が終了する時点で、船舶が航海の途中にあることがある。このような場合、保険契約者は直ちに保険契約を締結して船舶の保険保護を継続すべきであるが、航海の途中にある船舶を保険に付けるにはいろいろな障害を伴う。とりわけ、到着時期の遅れている船舶、台風にさらされている船舶、または行方不明のおそれのある船舶を保険に付けることは容易なことではない。また、保険期間中に保険事故が発生し、その結果が確定しないうちに保険期間が満了し、その後に損害が生じた場合や、保険期間中の保険事故によって生じた損傷が保険期間満了後の事故によって拡大された場合に、その結果損害が保険期間中に発生した保険事故を原因とするものであるかどうか、あるいはどこまでを保険期間中の保険事故による損害とするかについて、争いが生じやすい。そこで、契約当事者間の争いを避け、被保険者側の不利不便を取り除くために、船舶保険普通保険約款10条4項は、イギリスにおける継続条項（Continuation Clause）を模倣して、次のような一定の期間、保険期間を延長する規定を設けている。

　「10条4項　被保険船舶が航海している間または被保険船舶に保険事故が発生して当社の責任の有無が確定しない間に(1)に規定する保険期間が満了する場合、保険契約者または被保険者は、保険期間の満了前に書面をもって保険期間の延長を当会社に請求し、かつ、30日間に相当する保険料を支払うことによって、保険期間を30日間延長することができます。さらにその保険期間を延長しようとするときも同様とし、30日を1期として保険期間を延長することができます。ただし、保険期間が延長された場合であっても、次に掲げる時をもってこの保険契約は終了します。

　① 航海中であった被保険船舶が安全に停泊できる水域においてかりを降ろし終わった時または係留索をつなぎ終わった時のいずれか早い時
　② 被保険船舶に発生した保険事故について当会社の責任の有無が確定した時または被保険船舶の損傷の修繕が完了した時のいずれか早い時」

3　休航戻条項

　被保険船舶が修繕、改造もしくは検査のために上架または入渠（にゅうきょ）し、または長期にわたって係船、係留もしくは停泊等で航行の用に供されないときには、被保険船舶のさらされる危険はある程度軽減されるが、かかる事情が保険法 11 条の「損害保険契約の締結後に危険が著しく減少したとき」に該当するかどうかの判断は難しい。しかし、おそらく、保険契約者がかかる事情を理由に保険料の返還を請求することは難しいであろう。また、海上保険契約における保険料は原則として不可分であるから、このような場合に一定額の保険料を返還することは、いわゆる保険料不可分の原則に抵触することになる。それでも、保険期間中の休航状態が相当長期にわたる場合には、保険者は、公平の観点から、あるいは経営上のサービスとして、一般に既収保険料の一定割合を返還することを認めている。このように、被保険船舶の休航に対して所定の保険料を返還することを特約する条項を休航戻条項（Off-Hire Clause）という。この条項は、わが国では休航戻特別条項として、船舶保険の特約である第 2 種および第 5 種特別約款の各 2 条、および第 6 種特別約款 5 条に、休航した場合の保険料の返還に関する規定のあるものとこれを削除したものの 2 種類を設けて規定されている。[5]　その規定は、次のとおりである。

　「1　保険期間を 1 年とする保険契約で保険期間中に被保険船舶が継続して 30 日以上休航した場合には、当会社は、保険期間中に被保険船舶が全損（保険事故によると否とを問わない）とならなかったときにかぎり、次項による保険料を保険期間満了後に返還する。

　2　返還する保険料は、1 回の休航ごとに、その休航した期間について毎 30 日を 1 期（30 日未満は 1 期とみなさない。以下同じ）として、休航承諾書記載の 1 期当たり返還保険料にその期数を乗じて得た額とする。ただし、毎 30 日を 1 期とする休航期間に返還対象外期間が含まれている場合には、その返還対象外期間に相当する日割り計算による返還保険料の割当額を控除した残額とする。

　3　前 2 項によって保険料の返還を請求しようとするときは、保険契

5）　第 1 種、第 3 種および第 4 種特別約款は、現在では実際には使用されていない。

約者または被保険者は、休航に先立ち書面によりその事実を通知し、当会社の承諾を得なければならない。

4 休航が終了したときは、保険契約者または被保険者は、遅滞なくその旨を当会社に通知し、かつ、管海官庁の証明書その他当会社が要求する書類を提出しなければならない。

5 休航承諾書に記載された休航の条件の全部または一部に反する事実が生じた場合には、1項および2項の保険料の返還は行われないものとする。ただし、当会社の承諾を得たときは、このかぎりでない。

(以下、省略)」

III 航海保険

1 概　説

　航海保険（voyage policy；Reiseversicherung；assurance au voyage）とは、一定の航海を標準として保険期間を定める保険である。この保険は、期間保険のように「いつからいつまで」の保険というより、むしろ「どこからどこまで」というように、保険者の危険負担責任の時間的限界が多少曖昧な保険である。

　航海保険の対象となる航海は、単一の航海であることもあれば、往復航海または複数航海であることもある。また、積荷や底荷の積取り航海、あるいは陸上運送との複合航海、さらには漁船や海洋調査船のように、ある目的をもって一定の水域に留まる目的航海（Zweckreise）であることもある。運送の対象となる貨物は、ある地点から他の地点まで運送されれば、危険負担者の危険は終了するから、貨物海上保険の大多数は航海保険に付けられる。ただ、貨物海上保険でも、国際見本市船に積まれて移動する商品見本の保険、あるいは水中貯木場に係留されている木材の危険を担保する係留筏の保険、真珠や牡蠣の養殖棚の保険、港内の船舶に燃料を供給するオイル・バージ内の貯蔵重油等の保険、コンテナ自体の保険、あるいは中身が入れ替わっても、特定のタンカーに積まれている重油であればそのすべてを担保するフローター保険のように、期間保険に付けられることも

ある。

　貨物保険の実際では、最終荷卸港において被保険貨物が本船から荷卸しされた後60日までというように保険期間が制限されるのが普通であるが、これは、陸上運送をも含めて広義の航海の一部分につき保険期間が時間的に制限されている契約であるから、航海保険であって、期間保険ではない。また、運送保険や貨物海上保険の実務では、特約書または期間建証券による契約がしばしば行われるが、これは特約書または期間建証券の有効期間中（すなわち保険契約期間中）に保険期間が開始する運送や航海について一括して契約しているにすぎず、貨物について一定期間を保険期間としているわけではないから、これを期間保険ということはできない。

2　船舶保険の始終期

　船舶の航海保険における保険期間は、わが国商法の規定によれば、発航港において積荷または底荷の船積みに着手した時（積荷または底荷の船積みを終えた後に保険契約が締結されたときは、契約締結の時）に始まり、到達港において積荷または底荷の陸揚げを終了した時に終わる(商法821条1項、2項および3項)。積荷または底荷の陸揚げが不可抗力によらずに（すなわち、保険契約者または被保険者の故意または過失によって）遅延したときは、それがなければ陸揚げが終了したはずの時をもって終わる(同821条3項ただし書)。積荷または底荷の陸揚げに艀舟が利用される場合には、被保険船舶から艀舟への積荷または底荷の積卸しは陸揚げではないが、艀舟による陸揚げの時まで保険者の責任は継続すると考えるべきではない。すなわち、商法821条3項にいう積荷または底荷の陸揚げは、被保険船舶からの積荷または底荷の積卸しを意味するものと解さなければならない。積荷または底荷の積卸しをしないときは、船舶の保険期間は到達港において適当な場所に投錨または係留された時に終わる。

　これに対して、船舶保険普通保険約款10条3項では、特約がある場合を除き、被保険船舶が保険証券記載の発航港において発航のための係留索を解き始めた時、またはいかりを揚げ始めた時のいずれか早い時に始まり、保険証券記載の到達港においていかりを降ろし終わった時、または係留索をつなぎ終わった時のいずれか早い時から24時間を経過した時に終わる

としている。ただし、この 24 時間が経過しないうちに、被保険船舶が次の航海の発航に向けて係留索を解き始めたまたはいかりを揚げ始めた時は、次の航海に保険が付けられていれば、重複保険を生じることになるから、各保険者間の責任について複雑な関係を生じうる。これを避けるために、同条 3 項ただし書は、24 時間以内であっても、他の航海のために積荷の積込みその他発航の準備に着手した時、または他の航海のために係留索を解き始めたときもしくはいかりを揚げ始めた時は、そのいずれか早い時に保険者の責任は終わると規定している。

　航海開始後に契約した時は、遡及保険の場合等保険証券に別段の記載がない限り、保険者の責任は契約成立の時に開始するものと解さなくてはならない。

3　貨物保険の始終期

　(1)　貨物の航海保険における保険期間は、わが国商法の規定によれば、船積港において積込みのために積荷が陸地を離れた時に始まり、陸揚港において積荷の陸揚げが終了した時に終わる（商法 822 条 1 項）。積荷の陸揚げが不可抗力によらずに（すなわち、保険契約者または被保険者の故意または過失によって）遅延したときは、それがなければ陸揚げが終了したはずの時をもって終わる（同条 2 項）。しかしながら、海上保険に付けられる貨物は、荷送人の倉庫を出た後、陸上輸送されて港に向かい、そこで本船に積み込まれて海上輸送され、仕向港に到達して陸揚げされ、また陸上輸送されて荷受人の倉庫に搬入されるという輸送過程をたどるのが普通であるから、海上輸送中の危険だけを負担してもらえばよいというわけではない。貨物は陸上輸送中の危険にも、河川湖沼輸送中の危険にも、あるいは船積み前・陸揚げ後一時倉庫に保管中の危険にもさらされる。しかも、貨物の船積み前または陸揚げ後の陸上や河川湖沼の輸送危険を、海上輸送中の危険に対する保険とは別に保険に付けることは不便であり、煩雑である。そこで、貨物海上保険普通保険約款[6]14 条 1 項は、保険者の責任は、輸送開始のために、貨物が保険証券記載の発送地における保管場所から搬出さ

---

[6]　本章では、東京海上日動火災保険株式会社の 2010 年 4 月 1 日以降始期契約用の約款を使用している。

れた時またはその保管場所において貨物が輸送用具に直ちに積み込む目的で最初に動かされた時のいずれか早い時に始まり、通常の輸送過程を経て、貨物が保険証券記載の仕向地における荷受人の指定した保管場所に搬入された時またはその保管場所において輸送用具からの荷卸しが完了した時のいずれか遅い時に終わる旨を定めている。そして、この規定は、搬出された、もしくは積込みが開始された貨物の部分ごと、または搬入された、もしくは荷卸しされた貨物の部分ごとに適用される（同条4項）。もちろん、航海保険がいわば「A地からB地まで」の、時間的には多少曖昧な保険期間の保険であるとしても、貨物保険者にとって、被保険貨物が発送地の保管場所を出てから荷受人の倉庫に搬入されるまで、際限なくいつまでも担保を提供し続けることは耐え難いことであるから、輸送用具が仕向地における荷受人の指定した保管場所に到着した後の担保期間は輸送用具が到着した日の翌日の正午をもって限度としており（同条1項ただし書）、また、これらの規定にかかわらず、積込港において貨物が海上輸送用具に積み込まれる前の担保期間は、貨物の保険証券記載の発送地における保管場所からの搬出が開始された日またはその保管場所における輸送用具への積込みが開始された日のいずれか早い日の翌日の午前零時から起算して15日間（発送地が積込港以外の地である場合は30日間）をもって、また、荷卸港において貨物が海上輸送用具から荷卸しされた後の担保期間は、貨物の荷卸しが完了した日の翌日の午前零時から起算して15日間（仕向地が荷卸港以外の地である場合は30日間）をもって、限度としている（同条2項）。

(2) MIAでは、貨物保険の始終期について特別の規定を設けていないが、外航貨物海上保険契約において使用される旧英文保険証券の本文には次のような規定がある。

> "Beginning the adventure upon the said goods and merchandises from the loading thereof on board the said ship, and so to continue and endure until the said goods and merchandises shall have arrived at……, and until the same be there discharged and safely landed."
>
> 「上記貨物および商品に対する危険は上記船舶にそれが積み込まれた時に開始し、上記貨物および商品が……に到達するまで、かつそれがそこで荷卸しされて安全に陸揚げされるまで継続する。」

これによれば、貨物が本船に実際に積み込まれるまでは保険者の責任は開始せず、それゆえ、陸地から本船までの危険（たとえば、sling loss や本船までの艀舟危険）は負担されない[7]。また、仕向港に到達後、慣習的方法[8]により、かつ相当な期間内に貨物が陸揚げされなければ、保険者の責任は終了することになる[9]。

　もちろん、上記の規定が今日における貨物被保険者の要求に合致していないことは明らかである。そこで、貨物海上保険普通保険約款14条について上に述べたところと同じ理由によって、旧英文貨物海上保険証券とともに使用される1963年の定型的特約である協会貨物約款（Institute Cargo Clauses；ICC）WA、FPA および All Risks の各1条の運送条項（Transit Clause）は、被保険貨物が荷送人の倉庫を出てから荷受人の倉庫に搬入されるまでの危険を担保する旨を規定している[10]。もちろん、この運送条項でも、仕向港における航洋船からの荷卸し後の担保期間について期限を設けている。また、同2条の運送契約打切条項（Termination of Adventure Clause）は、海上貨物運送契約上船主または用船者に与えられた自由裁量権の行使によると否とを問わず、運送契約が被保険者の支配しえない事情（たとえば、港湾ストや戦争など）によって、その契約で指定された仕向地以外の港もしくは地において打ち切られるか、または貨物が引き渡される前に積出地から仕向地までの運送事業（adventure）が途中で打ち切られる場合において、被保険者がその旨を遅滞なく保険者に通知し、保険者の請求があれば割増保険料を支払うことを条件として、条項に定めた一定期間、担保が継続されることを定めている。これは、上記1条と併せて理解されなければならない。

---

7) R.C.P. 4-Where goods or other movables are insured "from the loading thereof," the risk does not attach until such goods or movables are actually on board, and the insurer is not liable for them while in transit from the shore to the ship.
8) たとえば艀舟を使用する慣習があれば、これを使用しても差し支えない。
9) R.C.P. 5-Where the risk on goods or other movables continues until they are "safely landed," they must be landed in the customary manner and within a reasonable time at the port of discharge, and if they are not so landed the risk ceases.
10) 新英文貨物海上保険証券（MAR Policy）とともに使用される1982年1月1日付け協会貨物約款(A)、(B)および(C)の各8条（運送条項）も、若干の語句の違いはあるものの、これとほとんど同じ内容の規定を置いていた。なお、2009年1月1日付け協会貨物約款(A)、(B)および(C)の各8条（運送条項）については、次頁の(3)参照。

また、イギリス法では、危険開始後に、船舶の仕向地が保険証券に定めた仕向地から任意に変更される場合を「航海の変更」(change of voyage) といい (MIA 45 条 1 項)、航海の変更がある場合には、保険証券に別段の定めがない限り、保険者は、その変更の時、すなわち航海を変更する決意が表明された時から、その責任を免れ、損害発生の時に船舶が保険証券に定めた航路を実際に離れていなかったとしても、そのことは問わないのであるが (MIA 45 条 2 項)、上記 1963 年協会貨物約款 4 条の航海変更条項 (Change of Voyage Clause) は、航海の変更等がある場合には、追って協定される保険料をもって担保が継続される旨を定めている。

(3) 1963 年の旧協会貨物約款に対して、1982 年 1 月 1 日に制定され、2009 年 1 月 1 日に改定された新協会貨物約款(A)・(B)・(C)の各 8 条の運送条項 (Transit Clause) は、保険の目的物が、保険契約で指定された地の倉庫または保管場所において、保険契約の対象となる輸送開始のために輸送車両またはその他の輸送用具に保険の目的物を直ちに積み込む目的で最初に動かされた時に保険は開始して、通常の輸送過程にある間継続し、保険契約で指定された仕向地の最終の倉庫または保管場所において、輸送車両またはその他の輸送用具からの荷卸しが完了した時に終了する旨を規定し、保険者の危険負担の始終期が、被保険者側に有利となるように改定されている。

すなわち、1963 年約款の運送条項では、「この保険は、貨物が、運送開始のために、保険証券記載の地の倉庫または保管場所を離れる時に始まる」(This insurance attaches from the time the goods leave the warehouse or place of storage at the place named herein for the commencement of the transit.) としているが、この「倉庫または保管場所を離れる」というのは、文字どおり、「倉庫または保管場所の外に出る」、「保険証券記載の地の倉庫または保管場所の境界を離れる」ということであって、たとえば、倉庫内でトラックに積まれた貨物が倉庫の出口に向かっている際に、トラックが衝突して、あるいは他の物が落下して貨物に損害を与えても、まだ保険は開始していないから、保険者は責任を負わなくてよいということになる。また、終期についても、「保険証券記載の仕向地の荷受人の倉庫もしくは保管場所またはその他の最終の倉庫もしくは保管場所に引き渡される時に終了す

る」としており、これは文字どおり、貨物が倉庫または保管場所の境界を越えた時に保険は終了すると解すべきであるが、MAR Policy とともに使用される 2009 年の新約款では、「この保険は（この保険契約で指定された地の）倉庫または保管場所において、この保険の対象となる輸送の開始のために輸送車両またはその他の輸送用具に保険の目的物を直ちに積み込む目的で保険の目的物が最初に動かされた時に開始する」(this insurance attaches from the time the subject-matter insured is first moved in the warehouse or at the place of storage (at the place named in the contract of insurance) for the purpose of the immediate loading into or onto the carrying vehicle or other conveyance for the commencement of transit) から、貨物が倉庫や保管場所の中にあって、輸送の開始のために輸送車両またはその他の輸送用具に貨物を積み込むために移動中に損害を生じても、保険者は責任を負うことになる。また終期についても、「この保険契約で指定された仕向地の最終の倉庫または保管場所内で、輸送車両またはその他の輸送用具からの荷卸しが完了した時」(on completion of unloading from the carrying vehicle or other conveyance in or at the final warehouse or place of storage at the destination named in the contract of insurance) であるから、この点でも、被保険者側に有利となるように改定されたことになる。ただし、日本の実務では、すでに倉庫間条項における保険期間の始終期をそのようにしているとのことである。

また、被保険者の支配し得ない事情によって、運送がその契約で指定された仕向地以外の港または場所において打ち切られるか、または保険の目的物が荷卸しされる前に輸送が打ち切られる場合について規定する新協会貨物約款(A)・(B)・(C)の各 9 条の運送契約打切 (termination of contract of carriage) 条項の規定は、1963 年約款とほぼ同じである。

さらに、新協会貨物約款(A)・(B)・(C)の各 10 条の航海の変更 (change of voyage) 条項は、航海の変更がある場合には、被保険者は遅滞なくその旨を保険者に通知し、保険料率および保険条件について協定することによって担保が継続されること、また協定前に損害が発生した場合は、営利保

---

11) これについては、アメリカの判例であるが、*Kessler Export Corp. v. Reliance Ins. Co. of Philadelphia* (1962) A.M.C. 2429 がある。

険市場において妥当と考えられる保険条件および保険料率による担保が得られることを条件に、担保が提供されることを規定している。

第6章

担保危険と免責危険

I 総　説

　本章では、海上保険における担保危険と免責危険に関する基本的事項を解説する[1]。保険契約における担保危険・免責危険は、保険カバーの中核を占める事項である。とりわけ海上保険では、事故の態様が複雑で損害が巨

---

1) 　本章では、注記で特に示している文献のほか、海上保険に関する重要な著作として、特に、以下を参考にしている。加藤由作『海上危険新論』（春秋社・1961）、葛城照三『海上保険研究——「英法に於ける海上保険」の研究〔中巻〕』（葛城教授海上保険研究刊行会・1950）、今村有『海上保険契約法論〔中巻〕』（損害保険事業研究所・1979）、小町谷操三『海上保険法各論二』（岩波書店・1961）、葛城照三『貨物海上保険普通約款論』（早稲田大学出版部・1971）、同『1981 年版　英文積荷保険証券論』（早稲田大学出版部・1981）、亀井利明『英国海上保険約款論』（関西大学出版部・1986）、木村栄一『海上保険』（千倉書房・1978）、松島恵『海上保険における固有の瑕疵論』（成文堂・1979）、同『海上保険論〔改訂第 8 版〕』（損害保険事業総合研究所・2001）、今泉敬忠＝大谷孝一『海上保険法概論〔第 3 版〕』（損害保険事業総合研究所・2010）、藤沢順＝小林卓視＝横山健一『海上リスクマネジメント〔改訂版〕』（成山堂・2010）。また、保険法につき、特に、山下友信『保険法』（有斐閣・2005）、落合誠一＝山下典孝編集『新しい保険法の理論と実務』（経済法令研究会・2008）、萩本修編著『一問一答・保険法』（商事法務・2009）、落合誠一監修・編著『保険法コンメンタール（損害保険・傷害疾病保険）』（損害保険事業総合研究所・2009）、甘利公人＝山本哲生編『保険法の論点と展望』（商事法務・2009）、金澤理監修＝大塚英明＝児玉康夫編『新保険法と保険契約法理の新たな展開』（ぎょうせい・2009）を参照している。

　イギリスの文献については、Howard Bennett, *The law of marine insurance*, 2nd ed., Oxford, New York, 2006 ; Malcolm Clarke, *The law of insurance contracts*, 5th ed., London, 2006 ; John Dunt, *Marine cargo insurance*, London, 2009 ; Susan Hodges, *Law of marine insurance*, London, 1996 ; B. G. Jervis, *Marine insurance*, London, 2005 ; Robert Merkin, *Marine insurance legislation*, 3rd ed., London, 2005 ; Robert Merkin (ed.), *Insurance law an introduction*, London, 2007 ; Gilman and Merkin, etc., *Arnould's law of marine insurance and average*, 17th ed., London, 2008（以下、本章で、Arnould として参照する）; O'May and Julian Hill , *Marine insurance law and policy*, London, 1993 ; D. Rhidian Thomas (ed.), *The modern law of marine insurance*, London, 1996 を参照している。

額となる場合も珍しくなく、危険をめぐる事項は、実務上、きわめて重要である。また、海上保険は、複雑な事象を対象とすることから、危険担保に関する多様な理論問題を含む。

海上保険の実務においては、すでに第1章で触れたとおり、イギリスの法と慣習が世界的な影響力を有しており、とりわけ、てん補責任に関する事項はロンドンにおける実務慣行が世界標準となっている。わが国で利用されている外航貨物海上保険契約や英文船舶保険契約では、てん補請求に対する責任およびその決済についてはイングランドの法および慣習に従うことを定める準拠法条項を設けている。こうした背景から、本章では、日本法とイギリス法の内容について取り上げる。また、本章では、基本となる考え方を説明し、標準約款における危険担保の内容については、第2部における約款解説に譲る。

II 危険の基本概念

海上保険における担保危険と免責危険について解説する前に、保険理論における危険の概念について触れておく。危険の意味は多義的であるが、特に次の3つが重要である[2]。

第1は、損害発生の不確実性を意味し[3]、英語では一般に risk と称されるものである[4]。この意味における危険は、保険制度が存在するうえでの大前提となる。「危険なくして保険なし」といわれる場合の「危険」は、この意味といえる[5]。ここでいう危険の有無とは、損害を受ける可能性があるかどうかであるので、損害保険契約においては被保険利益の有無の問題に

---

[2] 危険・リスクという語は多義であるため、学問領域により、または学説により、その定義や理解に違いがある。ここでは、保険学における基本的な3つの危険概念を用いて整理している。大谷孝一編著『保険論〔第2版〕』(成文堂・2009) 22頁参照。

[3] 損害の発生する可能性を、危険率と呼ぶ場合もある。可能性を possibility、危険率を probability と分けていう場合もある。

[4] この意味の risk は、さらに、危険が現実化した場合に損害（経済的不利益）のみをもたらす純粋危険（pure risk）と、損害と利得双方の発生可能性がある投機的危険（speculative risk）とに分けられる。保険で対象とするのは、基本的には、前者となる。

[5] 木村・前掲注1) 91頁。

関係する。

　第2は、事故を意味し、英語では一般にperilと称されるものである。事故とは、被保険利益を有する経済主体に具体的な損失を生じさせる出来事を指し、保険者の給付義務を具体化せしめる出来事を「保険事故」と称している。海上保険では、事故を「危険」と呼び、保険事故を「担保危険」、免責とする事故を「免責危険」と称する場合が多い。

　第3は、事故の発生の原因となる事象や事故の発生頻度や損害の大きさに影響を与える事情を意味し、英語では一般にhazardと称されるものである。本章では、原則として、「危険事情」という用語を用いる。

　これら3つは、明確に区別されずに使用されることも多いので注意が必要である。

Ⅲ　担保危険、免責危険とは何か

1　危険の限定とその意義

　発生する可能性のある危険事故（peril）は多種多様で、その背景に存在する危険事情（hazard）もさまざまである。保険における大原則である「大数の法則」、「収支相等の原則」や「給付反対給付均等の原則」を確保するためには、保険で対象とする事象や前提とする事情をできるだけ明確化し、また一定の範囲内に限定しておく必要があり、それを契約において

---

6)　損害が生じるか否かは、そのような利益関係があるか否かという問題になる。「利益なくして保険なし」という場合も、損害が生じる可能性があるか否かを意味するといえる。
7)　保険法では、保険事故とは、損害保険契約によりてん補することとされる損害を生じることのある偶然の事故として、当該損害保険契約で定めるものをいうと定義されている（保険法5条1項）。
8)　危険事情は、損害の発生可能性に影響し、危険率測定の材料になる。
9)　hazardは、保険契約者や被保険者との関係において、外部的なものを「物理的危険事情」（physical hazard）、内部的なものを「道徳的危険事情」（moral hazard：モラル・ハザード）と呼び、後者は、保険を悪用しようとする「狭義の道徳的危険事情」（moral hazard：モラル・ハザード）と、保険の存在により事故防止等の注意が弱くなる「精神的危険事情」（morale hazard：モラール・ハザード）とに分けられる。
10)　さらに、危険という用語は、事故の結果、財産上生じる結果（loss）や保険者の契約上の支払い責任（liability）を指す場合もある。「危険」が何を意味するかは、文脈において判断する必要がある。危険概念の多義性については、今村・前掲注1) 1頁参照。
11)　それらについては、さしあたり、大谷・前掲注2) 24-26頁参照。

示す必要がある。

　対象を契約で明確化するためには、まず、対象事象を何らかの抽象概念を用いて表現する必要があるが、いずれの概念であっても例外的事象を含みうるため、一定の除外が必要となる。対象事象を担保危険（または保険事故）、除外事象を免責危険（または免責事故）と称している。そして、損害がいずれの危険によって発生したかを判断するうえでは、その危険と損害との間に求められる関係、すなわち因果関係（causation）が問題となる[12]。また、事故の背景に存在する危険事情についても、一定の範囲内に限定しておく必要があり、そのために保険契約では各種方法がとられる[13]。これらの方法は、保険契約における給付対象事象を法的に画する機能をもつ[14]。

2　担保危険の意義

　保険法では、「損害保険契約によりてん補することとされる損害を生ずることのある偶然の事故として当該損害保険契約で定めるもの」を「保険事故」と呼ぶ（保険法5条1項）。海上保険では、通常、これらを「担保危険」と呼ぶ[15][16]。

　担保危険は、保険給付を生じさせる対象を画するための基本概念であり、担保危険（保険事故）に該当する事実が発生すれば、免責事由によらない限りは、その原因を問わずに、保険の対象事故として認められる。これを「危険普遍の原則」という[17]。

　保険法に示されるように、損害保険で対象とする危険は、偶然の事故である必要がある。偶然性を欠く事象は、保険制度の対象とはならない。こ

---

12)　因果関係については、本書第7章で扱う。
13)　危険事情の限定については、本書第8章で扱う。
14)　契約上の免責条項には、契約上の債務を免責させる種々の条項が存在する。免責として、特定の危険を示す場合、担保する範囲から特定の危険事故を除外する趣旨のものと、もともと担保範囲には入っていないが、念のために免責として示すものとが存在する。
15)　「被保険危険」、「負担危険」、「担保事故」と呼ぶ場合もある。
16)　担保危険という場合に、厳密には、免責危険を除く前の担保範囲を指す場合（グロス）と免責危険を除いて最終的に担保する危険（ネット）を指す場合があるので注意が必要である。
17)　山下・前掲注1）358頁。この法則を示す条文としては商法665条が存在していたが、保険法の制定により同条は廃止となった。そのため、危険普遍の原則の扱いは、保険法の法文上は明確とはいえない面があるものの、法理論としては、当然に存在するものとして考えられる。

の要件を満たすものであれば、いかなる事象を担保危険として設定するかは、基本的には、契約自由に属する事項である。ただし、公序良俗に反する事象を対象とすることは、契約一般の考え方と同じく認められない。加えて、当該契約が海上保険契約といえるためには、担保する危険が海上危険である必要がある。[18] 海上危険の意味とその意義については、本章IV以下で説明する。

3 免責危険の意義と類型

免責危険とは、保険契約において、保険者のてん補責任を免じさせる原因たる事実を指す。保険の担保範囲を明確化するために、保険契約では、必ず免責とする危険が示される。[19] 免責危険については、法律にも規定がある。

法律や約款で免責危険を定める理由はさまざまであるが、その趣旨に照らすと、以下の類型がある。[20]

(1) **公益的な観点からの免責** 保険金の給付請求者である被保険者の事故招致は、公序良俗、モラル・ハザード (moral hazard) の排除、信義則違反、一般倫理などの点から免責とすべき事象である。[21] 被保険者の重過失や給付請求者ではない保険契約者(ただし、被保険者ではない場合)の故意や重過失なども、それに準じるものとして免責することが相当の事由といえる。[22] 公益的観点からの免責は、当事者による変更を認めない強行法規

---

18) 海上危険は、一定の柔軟性がある概念と考えられる。「海上危険」とはいえない事象を担保の対象に付加した場合に、当該契約が海上保険契約でなくなるか否かは、当該契約の本質に従い総合的に判定すべきであろう。
19) なお、約款の免責条項においては、損害発生の原因たる事実に関する免責だけでなく、①損害の程度に関する免責(小損害不担保)、②一定事由が生じた場合の保険者の引受責務の免脱(船級変更、船級登録抹消の場合の以後免責など)、③契約違反の場合の保険者の免責、④その他、厳密には、性格の異なる事項が記載されているので注意が必要である。保険学の用語を用いれば、peril に関する免責、hazard に関する免責、loss (damage) に関する免責、warranty の違反、liability に関する免責などが混在している場合がある。
20) 以下の免責事由の分類は、山下・前掲注1) 363頁を参考にして、筆者が整理したものである。
21) 故意の事故招致の免責については、その根拠として、いくつかの点が挙げられる。そのいずれか1つが趣旨ということではなく、これらを複合的に理由として挙げることができる(山下・前掲注1) 369頁以下参照)。
22) 保険法では、賠償責任保険において重過失を免責から外している。保険金受給権者とはな

性が高く、各国の保険法においても法定免責事項として掲げられている[23]。

(2) **保険制度の技術面から生じる免責** 大数の法則や危険分散を本質とする保険制度の技術上、免責とすることが合理的な場合がある。この類型の免責としては、以下がある。

(a) **巨額リスク** 著しい巨額リスクは、大数の法則に基づく保険制度で消化することが困難である。原子力事故や陸上の戦争危険は、特別のスキームを構築できない限りは、リスクの消化が難しい。

(b) **偶然性に欠ける事象、偶然性がきわめて低い事情** 必然的な事象は保険制度の対象とならない。また、発生の可能性がきわめて高い事象は、偶然性がまったくないとはいえない事象であるが、保険料と保険金とのバランスからみて保険制度の対象として運営することに問題があり、免責とすべき領域の事象である[24]。

各国の法律等で免責として掲げられている自然の消耗や固有の瑕疵などの性質危険は、偶然性がまったくないとまではいえない事象であるが、事故の発生頻度が高く、それを保険対象とした場合には、その分の保険料が高くなり、危険分散としての保険制度になじまない事象である。しかし、貨物海上保険においては、輸送技術や梱包・準備等の改善等により事故発生の可能性がきわめて低くなっている場合は、付保可能な危険となる。実際に、復活担保される場合も多い。

(c) **主観的事情によって危険率の差が大きい事象** 主観的な事象（船舶保険における船舶の不堪航、貨物海上保険における梱包不良など）は、偶然性を満たさない事象であると必ずしもいえないが、被保険者の対応いかんによって危険の程度に大きな差を生む事象である。そのような主観的な状態について保険者が正確な情報を入手することは難しいうえ、逆選択[25]

らない場合の保険契約者の免責の根拠については議論があり、常に強行法規性があるとまでは言い切れない面がある。保険契約の仕組みによっては、保険契約者の故意を免責から外すことはありうる（山下・前掲注1）369頁以下参照）。
23) ただし、厳密な意味内容と適用範囲などは、国により同じではない。
24) ファイナイト・リスク保険（finite risk insurance）は、保険制度の境界領域近くに存在する制度である。偶然性がないか、きわめて低い事象を対象として保険の形をとる場合、その保険料や給付金の扱いが会計制度や税務制度の観点から問題となりうる。
25) 逆選択（adverse selection）とは、識者によって定義は異なるが、保険事故発生の可能性が高いリスクを進んで保険に付けること、リスクの高い人ほど保険に入ろうとすることをいう。

の可能性が高い。また、損害防止のための努力を怠るなどのモラール・ハザード（morale hazard）を誘発しかねない面がある。こうしたことから、このような事象は排除しておく必要がある。これらの事象は、保険学の分類上は、危険事情（hazard）にあたる場合が多い。危険事情を排除するための方法としては、次章で説明するとおり、原因免責という方式のほかに、以後免責[26]、ワランティ等がある。

(3) 行政運営面からの要請によるもの　わが国では、保険事業は認可事業として営まれている。行政認可上の保険商品間の調整により、特定の危険を免責とする場合がある[27]。

(4) 保険料を軽減するための危険の限定　担保危険としての要件は満たすが、保険料を下げるために特定の危険を免責とする場合もある。この種の危険は、標準的な引受条件では免責としておき、追加保険料の支払いによって担保可能とする場合が多い。

4　不担保危険、非担保危険、中性危険

　危険のなかには、もともと担保危険の範疇に入っていない危険も存在する。これらの危険と免責危険とを合わせて、契約で担保していない危険を「不担保危険」または「非担保危険」という場合がある[28]。また、不担保危険のうち、もともと担保危険の範疇に入っていない危険を「中性危険」と呼ぶ場合がある。これらの語句は、因果関係を議論する場合に意味があるが、理論上は中性危険と位置づけられる危険であっても、念のために、契約上、免責危険として表示する場合もあり、確立したものとはいえない。本章では、原則として、免責危険という語を使用する。

5　担保危険と免責危険の関係

　特定の危険を免責とする趣旨はさまざまであり、その位置づけも一様ではない。しかし、公益的な観点や行政の観点からの免責を除けば、免責と

---

26)　以後免責は、爾後免責とも呼ばれ、特定事由が発生した場合にそれ以降の保険者の責任を停止させるものをいい、主として実務で利用されている表現である。
27)　山下・前掲注1) 363頁。
28)　木村・前掲注1) 111頁。

するかどうかは契約当事者が決定できるものといってよい。実際に、海上保険では、一定の危険を担保し、そこから特定の危険を免責とし、さらに免責危険のうちの一部を復活担保するといった複雑な引受方式をとる場合が多い。ほとんどの危険は、危険の性質に基づいて担保危険か免責危険かが絶対的に導かれるものではなく、当該保険契約において、契約当事者がその扱いをいずれとするかを決めることによってその位置づけが決まる相対的なものといえる。[29]

担保危険と免責危険との関係において、免責危険を優先すべしとの理論(「免責危険優先の原則」と称される)がある。[30] この理論は、因果関係の適用上の解釈原則を指すものであって、担保危険と免責危険の内在的性格から、その序列が生まれることを示すものではない。当該危険を免責とする当事者の意思内容を根拠として導かれる原則といえる。[31] 契約当事者の意思内容を判定するうえでは、契約における具体的文言が重要となる。

Ⅳ 海上危険の意義

これまで保険契約における危険について、一般的な事項を説明したが、以下に、海上保険契約における危険についてみていく。

最初に、海上危険の意義について述べる。海上保険契約は、海上危険を対象とする損害保険契約であり、「海上危険」という概念は、次の2つの意義を有する。

第1は、法の適用上の意義である。「海上危険」という概念は、当該保険契約が「海上保険契約」として海上保険に関する法が適用されるかどうかを決めるうえでの基本的な要素となる。わが国では、海上保険契約には、商法(第3編海商第6章保険)が適用され、また、保険法の損害保険契約

---

29) この点からすれば、重要なことは、意思内容を契約で明確にすることにある。それでも、法律で免責危険に関する規定を設けることに意味がないわけではない。予見可能性や透明性の観点から、標準的な担保範囲のレベルを規定しておくことは重要である。
30) 葛城・前掲注1)『1981年版 英文積荷保険証券論』160頁。
31) この原則は、イギリス法の研究から導かれているもので、イギリス法では、後から行った行為に優先的な効果を認めるという考え方により、担保範囲から一定危険を除外すれば、その除外が特約として優先されることになる。しかし、それをさらに追加担保すれば、担保が優先されることになる。

に関する規定が適用されるが、保険法の片面的強行規定にかかわらず、強行法規に反しない限りは契約自由が認められる（保険法 36 条）。

多様な保険が開発されている現在、それらの保険契約にいかなる法律が適用されるかは実務上も重要である。商法は、「海上保険契約ハ航海ニ関スル事故ニ因リテ生スルコトアルヘキ損害ノ塡補ヲ以テ其目的トス」と規定する（商法 815 条）。保険契約が海上保険契約にあたるかどうかは、対象とする被保険利益、担保する保険事故、給付額の算定方式等をもとに総合的に判断すべき事項といえるが、保険事故が海上危険であるかどうかがポイントとなる。なお、上記商法条文における「航海ニ関スル事故」は、「海上危険」と同義と解されている。

以上の点は、事業認可の判定においても重要である。わが国において、保険事業は認可事業として営まれ、認可に必要な基礎書類の1つに事業方法書がある。事業方法書は、保険の種目ごとに作成され、普通保険約款とともに認可を受ける。わが国の損害保険会社は、海上保険については、海上保険事業方法書を作成して認可を受けて営業している。新たな保険を海上保険として開発する場合には、それが海上保険といえるかが問題となるが、それを判断するうえでは、当該保険が「海上危険」に対する保険であるかどうかが問題となる。

海上危険という概念が有するこのような意義は、他の国においても認められる。海上保険契約については、特別の法を設けている場合が多く、たとえば、イギリスでは、海上保険契約については、1906 年海上保険法（Marine Insurance Act 1906；MIA）が適用される。MIA は、同法が対象とする海上保険契約について、海上損害すなわち航海事業に付随する損害を

---

32) 具体的には、保険法 7 条、12 条、26 条および 33 条の規定を指す。
33) たとえば、航空輸送される貨物の保険契約や輸出信用保険契約、船主の乗組員に対する賠償責任保険契約に、海上保険に関する商法の規定が適用されるかなど。
34) 実務では、「航海ニ関スル事故」を指して「海上危険」と称しているが、両者は同意義であると考えられている。大判大正 2 年 12 月 20 日民録 19 輯 1036 頁は、当時の積荷保険証券上の「海上危険」の用語は、積荷保険の場合には、船舶設備における瑕疵も含むとした。
35) 海上保険事業方法書は、船舶保険と貨物海上保険の両方をカバーしている。なお、運送保険は、運送保険事業方法書として、海上保険とは切り分けて、別途、認可を受けている。
36) MIA は、海上保険契約に対する法であり、それ以外の損害保険については、判例法が適用される。MIA はそれまでの判例を集大成したものであり、そのもととなる各判例のうち、保険一般に共通する判例は海上保険以外の保険契約にも適用される。

保険者が被保険者にてん補することを引き受ける契約と定義する（MIA 1条）。また、その航海事業とは、被保険利益が海上危険にさらされる場合と定義する（同3条）。このように「海上危険」は、イギリス法においても、契約が海上保険契約に該当するかどうかを決めるうえでの基本的要素となっている。

第2の意義として、「海上危険」は、海上保険契約における担保範囲（対象とする保険事故の範囲）を画する概念としても利用されていることを挙げることができる。保険契約では、対象とする保険事故や除外する事故を契約上特定する必要があるが、海上保険においては、対象事故の1つひとつを契約において網羅的に示すことは難しい。海上保険の対象物は、船舶保険、貨物海上保険それぞれ多岐にわたり、事故の態様や発生場所もさまざまとなる。そのため、海上保険では、発生しうるさまざまな事故を包含して引き受ける方式が古くから採用されている。こうした状況において、わが国では、保険保護の対象全体を包含する概念として「海上危険」が利用されている。保険者は、保険契約上、「当会社の負担する危険」とか「危険条項」（表現は会社により異なる）との見出しのもとで保険事故を表示するが、海上保険の場合は、個別事故を列記するだけでは担保範囲を十分に示すことが難しいことから、「……その他の海上危険」と包括的に記載したうえで、特定の危険を免責として担保範囲を定める方式を採用している。このように「海上危険」という概念は、契約において担保範囲を画するための概念としても利用されている。したがって、約款に記載された個別事故（危険）には合致しない事故が生じた場合にそれが保険保護の対象となるかは、当該事故が「その他の海上危険」と表記された概念に含まれるかどうかにかかってくる。なお、この海上危険という概念が有する第2の意義は、国によって同一とはいえない。イギリスでは、担保危険の範囲を示すうえで、現在の約款では、必ずしも「海上危険」（maritime per-

---

37) ただし、MIA 3条は、「特に次の場合に航海事業があるものとする」と規定し、必要条件としてではなく十分条件として示している。

38) このような危険負担の表現方法は、包括責任主義と呼ばれている。

39) 商法の海上保険契約に関する規定は、任意規定であり、個別の合意内容が優先される。個別に合意がない事項については、商法が適用されるので、てん補責任については「航海ニ関スル事故」であるかどうかが問題となりうる。

ils）という語は利用されていない。

V　海上危険とは何か

　それでは、「海上危険」は、いかなる内容を有する危険といえるであろうか。日本法とイギリス法の内容をみておく。

1　日本法における海上危険の概念
　わが国商法は、海上保険契約の目的について「航海ニ関スル事故ニ因リテ生スルコトアルヘキ損害ノ塡補ヲ以テ其目的トス」と規定し（商法815条）、保険契約で別段の定めをした場合を除き、保険者は、「航海ニ関スル事故ニ因リテ生シタル一切ノ損害ヲ塡補スル責ニ任ス」と規定する（同816条）。しかし、「航海ニ関スル事故」とは何を意味するかを示す規定はない。
　海上保険契約は、損害保険契約の1つであるから、商法に別段の規定がない部分は、保険法が適用される。保険法2条は、損害保険契約を「保険契約のうち、保険者が一定の偶然の事故によって生ずることのある損害をてん補することを約するものをいう」と規定しており、航海に関する事故は、偶然の事故を想定していると考えることが自然である[40)][41)]。保険法には、偶然の事故についての定義規定はないが、学説上は、①発生するかどうか自体が偶然の事故、②発生することは確定していてもその時期が不確定の事故、③発生することに加えてその時期も確定しているがそれによる損害の範囲や程度が不確定である事故、以上の3つが偶然の事故にあたると理解されている[42)]。また、このような偶然性の判定基準は、契約当事者における認識にあり、客観的には確定していても主観的には不確定であれば、偶

---

40)　商法における「航海ニ関スル事故」が、偶然の事故以外も含む概念であるのかは解釈上問題となりうるが、航海の事故は、保険制度の対象としてのものであるので、偶然の事故でなければならないことは明らかといえる。
41)　保険法理論においては、ある事故が保険事故として認められるためには、何らかの標準に基づいて範囲が限定される必要があり、一定性が必要とされている（山下・前掲注1）357頁）。海上保険については、航海に関する事故として範囲が画されており、この一定性の要件は満たされている。
42)　山下・前掲注1）356頁。

然の事故としての要件は満たされるとするのが通説である。また、その基準の時点は、保険契約成立時とされる。なお、保険事故と認められるためには、私法一般の原則に基づき、公序良俗に反しないものであることが前提となる。

さて、これらの偶然の事故のうち「航海に関する事故」（または海上危険）が海上保険の対象となるが、「航海に関する」の意味内容と範囲については学説上論争がある。「航海に関する事故」が航海事業に関連する各種危険を包含することについては異論がないものの、航海事業や個別の目的航海に付随する一定の陸上作業（船舶の修繕等）や陸上運送の位置づけについては論争がある。これらも広義の航海事業の一部として、そこで生じる危険も航海に関する事故と解する見解（以下、「広義説」という）と、航海の事故は、あくまで航海の過程または環境において発生する事故であり、航海に関する事故そのものと法律および約款に従って保険者が現実に引き受ける危険（陸上事故の拡張担保など）とを混同すべきでないとする見解（以下、「狭義説」という）が対立する。たとえば、貨物海上保険契約における倉庫間約款を例にとると、広義説は、倉庫間輸送の全体を航海と捉え、その過程で生じるすべての事故を「航海に関する事故」と認識するのに対して、狭義説は、保険者が陸上部分の危険も合わせて引き受けていても、陸上で生じる事故は航海の事故の性格をもつものではないとする。現在の海上保険の実情には、広義説が適合するといえる。

海上保険における海上危険の概念は、海上保険の本質を検討するうえでの中核的問題であるが、その議論においては、何のために「海上危険」の

---

43) 山下・前掲注1) 356頁。
44) 広義説に立つ主要な見解として、加藤・前掲注1) 122頁以下。
45) 狭義説に立つ主要な見解として、今村・前掲注1) 36頁以下。
46) コンテナ輸送が発達した現在の状況を考えると、広義説が合う。また、広義説は、航空貨物輸送を海上保険の対象として理解するうえでも整合する。なお、航空輸送機は、航空保険の対象として扱われている。
47) 海上危険の概念をめぐっては、かつては華々しい論争が展開されていたが、現在は論争の形では展開されていない。海上危険の概念に関する近時の研究としては、木村栄一「海上保険における危険負担の普遍性と特殊性」『損害保険事業研究所創立45周年記念損害保険論集』（損害保険事業総合研究所・1979) 73頁、同「海上保険者の負担する危険は perils of the sea か perils at sea か？」損害保険研究69巻2号（2007) 1頁がある。前者はドイツ法、後者はオランダ法の研究を題材に、イギリスの列挙責任主義と大陸法の包括責任主義の対立を背景に、海上危険の概念についてドイツとオランダの学説を緻密に研究したものである。

概念が必要か、その概念が有する機能と位置づけを明確にしておくことが重要といえよう[48]。

2　イギリス法における海上危険の概念

　先に述べたとおり、MIA は、海上保険契約について海上損害すなわち航海事業に付随する損害を保険者が被保険者にてん補することを引き受ける契約と定義し（MIA 1 条）、航海事業とは、被保険利益が海上危険にさらされる場合を指し（同 3 条[49]）、さらに、海上危険の定義規定を設けている（同 3 条 2 項[50]）。この定義規定では、海上危険を、航海に起因または付随する危険として、海固有の危険（perils of the seas）から始まる各種の危険事故（peril）を列記したうえで、最後に「上記の諸危険と同種のまたは保険証券に記載されるその他の危険」と定義している。個々に列挙されている危険事故については、それぞれその内容をめぐって多くの判例が存在する。イギリス法においては、海上危険とは何かを抽象的に定義する方法ではなく、種々の具体的事件における判例の集積によって「海上危険」の概念を明確化していく方法がとられている[51]。

---

48) この問題は、海上保険に関する立法のあり方にも関係する。海上保険契約法改正試案では、「海上危険」（航海に関する事故）との表現で、航海に付随する危険を包含できるとし、この点での現行商法の改定は提案されてない（損害保険法制研究会『海上保険契約法改正試案理由書　1995 年確定版』（損害保険事業総合研究所・1995）2 頁）。
49) ただし、MIA 3 条は、特に次の場合に航海事業があるとして規定し、必要条件としてではなく、十分条件として示している。
50) "Maritime perils" means the perils consequent on, or incidental to, the navigation of the sea, that is to say, perils of the seas, fire, war perils, pirates, rovers, thieves, captures, seizures, restraints, and detainments of princes and peoples, jettisons, barratry, and any other perils, either of the like kind or which may be designated by the policy.（「海上危険」とは、航海に起因または付随する危険、すなわち海固有の危険、火災、戦争危険、海賊、漂盗、強盗、捕獲、拿捕、王侯および人民の抑止および抑留、投荷、船員の悪行ならびに上記の諸危険と同種のまたは保険証券に記載されるその他の危険をいう。）
51) MIA は、その第 1 付則に保険証券の様式としてロイズ S.G. 保険証券様式を掲げているが、担保危険を示す同証券様式の危険条項は、海固有の危険その他の各種危険を列挙したうえで、「……その他一切の危険、滅失および不幸である。」と記している。この最後の文言は、文字通り一切の危険等を意味するものではなく、列挙しているものと同種のもの（*ejusdem generis*）に限ることが判例法上で確立している。それを受けて、MIA 第 1 付則の保険証券の解釈規則 12 条は、ロイズ S.G. 保険証券様式における危険条項について「『その他一切の危険』という文言は、保険証券に列挙された危険と同種類の危険のみを含む」と記している。この原則は「同種制限の原則」と称されている。

さらに、MIA は、海陸混合危険の扱いに関する規定を設け、海上航行に付随することがある内水または陸上の危険の損害に対しても、被保険者を保護することができることを示している（同 2 条 1 項）。

3　日本法とイギリス法の比較

わが国では、危険の担保範囲を包括的に規定する方式を「包括責任主義」、担保する危険を個々に示す方式を「列挙責任主義」と称し、日本商法の上記規定（商法816条）は包括責任主義、MIA 3 条[52]は列挙責任主義に基づくものとして、両者を対比して理解するのが一般的である。[53][54]

包括責任主義の場合、損害が包括的概念に含まれる事故によることが示されれば、そうでないことや免責危険によることを保険者が反証できない限りは保険者有責となる。列挙責任主義の場合は、請求者は、損害が列挙された危険事故またはそれと同種の危険事故によることの立証責任を負うので、両主義で挙証責任に違いがある。また、まったく新しい危険が生じた場合には、列挙責任主義のもとでは列挙外の危険事故としててん補の対象外となるが、包括責任主義では、その危険事故が包括的に示される概念に含まれれば保険者にてん補責任が発生する点でも両主義で相違があるとされる。[55]

このように、危険負担の表記方式には、包括責任主義と列挙責任主義という 2 つがあり、効果に違いがある。しかし、これは主として理論上の違いであって、包括責任主義を採用するとされるわが国と列挙責任主義をとるとされるイギリスで、その方式の違いから担保範囲に具体的な違いが生じていると理解することは適当でない。[56]

---

52) 列挙責任主義による方式の典型例としてしばしば説明されているものに、その他、ロイズ S. G. 保険証券様式の本文記載の危険約款（perils clause）がある。
53) 木村・前掲注 1) 97 頁。
54) このような対比は、ドイツの学者によるドイツ法とイギリス法の比較研究にもみられる（Erich Ahrens, *Die Gefahrdeckung in der deutschen und englischen Seeversicherung*, Dissertation, Hamburg, 1956）が、一方のイギリスでは、このような比較対比の議論は見受けられない。
55) 木村・前掲注 1) 109-110 頁。
56) 日本法上の「航海ニ関スル事故」の概念は明確でなく、学者によって見解に相違があり、そもそもイギリス法上の概念より広いか否かを議論すること自体が難しい。立証責任につい

さらに、日本とイギリスを比較する場合には、法文上の「海上危険」の概念の位置づけについても注意する必要がある。わが国では、商法上の文言を受けて、約款でも「……その他の海上危険」を担保すると記し、商法上の海上危険の概念と実際の契約上の担保危険範囲とに有機的なつながりがある。しかし、前述したとおり、イギリスでは、海上危険の定義規定があるものの、この定義は、当該契約が海上保険契約にあたるかどうか、法の適用の有無を判定するうえでの概念であり、具体的な担保範囲は、担保危険に関する約款の記載文言に基づいて決まり、その約款では、「海上危険」という概念自体が使用されているわけではない。両国の比較においては、概念のもつ機能が必ずしも同じではないことに注意する必要がある。

VI　海上危険の分類

担保危険として合意される海上危険の種類は多岐にわたり、それらを体系的に分類することは困難であるが、いくつかの分類があるので、それに触れておく。

第1は、海上危険を、原因形態の危険と発現形態の危険とに分ける分類で、因果関係の議論にみられる理論上の分類である[57]。前者は、保険の目的物の物的損害に結びつく原因事象を指し、たとえば、座礁、火災、海賊、戦争などがこれにあたる。後者は、保険の目的物に物的損害が生じている状態を指し、破損、濡れ損などがその例である。原因形態の危険によって他の原因形態の危険が生じたり、発現形態の危険が原因となって新たな危険（事故）を発生させる場合もあるので、この分類は、危険の性質から生

ても、日本法では、請求者側に、航海に関する事故であることの立証が求められるが、まったく新しい形態の事故などは、前例がないがゆえに立証は容易でない。イギリス法の場合、過去の膨大な判例により個々の危険事故の意味内容の明確化が進んでおり、請求者は、新たに発生した危険が担保する個々のいずれの危険にあたるか、またはそれと類似するかを示すことができる。実際に、いずれの法における立証が厳しいかを比較することはできない。

57)　葛城・前掲注1)『1981年版 英文積荷保険証券論』161頁。この分類は、イギリスの海上保険の文献でしばしばみられ、複雑な因果関係の問題を解明するうえで有用である。私見では、特に、免責危険の効果を判断する場合に意義があると考える。このような危険の分類に対し、純理的に分類を行うことが不可能なうえ、その必要もないとする説もある。加藤・前掲注1) 146頁。

じる絶対的なものではなく、原因と損害の因果を説明するうえでの便宜的なものと理解することが適当である。

第2は、海上危険をマリン・リスクとウォー・リスクに分ける分類である。[58)][59)] これは、実務で利用される分類で、海上保険で担保する危険のうち、戦争保険担保約款でカバーする危険をウォー・リスク、それ以外をマリン・リスクと称するものである。マリン・リスクとウォー・リスクとでは、料率の算定など、引受け上の専門性にも違いがあるとされている。[60)]

第3は、MIAの海上危険の定義規定や旧ロイズS. G. 保険証券様式本文で個別に列挙されている危険をマリン・リスク（狭義の海上危険）と呼び、個別の契約で追加担保される各種危険を付加危険・追加危険（extraneous risks）と呼ぶ分類である。オール・リスクス・ベースの担保条件が一般化した現在、この分類は次第に利用されなくなっている。

Ⅶ　海上保険における主要な担保危険

包括責任主義をとる場合であっても、約款では、主要な担保危険を列記している。標準約款における担保内容は第2部における解説に委ね、以下に主要な担保危険について概観する。

1　わが国の海上保険契約における主要な担保危険

わが国で使用される船舶保険約款では、担保危険の表現方法として、「沈没、転覆、座礁、座州、火災、衝突その他の海上危険」といった表記が採用されている。少なくともここに列記した事故は、海上危険を構成する主要危険として認識されている。火災は、海上に固有の事象ではないが、海上危険として認識されている。それぞれの意味内容については、判例法の蓄積は乏しいが、詳細な研究がある。[61)]

---

58) 両者の境界は時代とともに変わるが、これらの区分は100年以上続いているとされる。Arnould, at 969.
59) マリン・リスクという語は、海上危険という広義の意味と、戦争危険を除く狭義の意味がある。
60) 戦争危険（ウォー・リスク）の保険料率に関する情報は、ロンドンに集中していて、日本の保険会社が独自にその料率を算定することは難しい状況にある。

内航貨物の海上保険では、通常、これらに、「爆発、輸送用具の脱線・墜落・不時着」も加えられる[62]。輸送用具の脱線等は、陸上輸送や航空輸送をも想定した場合の事故である。また、危険自体ではなく危険の担保方式となるが、「オール・リスク担保条件[63]」の場合には、「すべての偶然な事故によって生じた損害」を対象に保険金を払う旨の表現が用いられている[64]。

　和文の海上保険契約における個々の担保危険の具体的内容・定義等については、裁判例も少なく、類似の危険が陸上の保険分野であればそれとの整合性も考慮すべきであるが、基本的には、国際標準であるイギリスの判例と慣行に照らして判断するのが、海上保険では実務となっている[65]。

2　イギリスにおける主要な担保危険の概念

　イギリスでは、多くの担保危険について、その意味をめぐって判例の蓄積があり、その一部については、MIA の付則に定義がある。以下に、約款等でしばしば明示される主要な危険について解説する[66]。

　(1)　perils of the seas（海固有の危険）　これは、旧ロイズ S. G. 保険証券様式の文言に含まれ、MIA の定義規定にも出てくる基本概念である。同法記載の解釈規則 7 条は、perils of the seas を、海の偶然の事故または災害のみをいい、風および波の通常の作用を含まないと規定する。発生し

---

61)　主な研究としては、前掲注 1) 記載の各研究書がある。それらの研究は、イギリスの判例法などをもとにした外国法の研究となっている。
62)　ただし、約款の具体的文言は、会社によって異なる。
63)　イギリスの約款では、all risks と表記するが、わが国の約款では、通常、オール・リスクと表記されている。しかし、英語では、all risks と表示されているように、オール・リスクスと表記することが正しいといえる。本書でも、原則としてオール・リスクスの表記を用いている。
64)　わが国のオール・リスク型の保険における保険事故とその立証責任については、山下友信「オール・リスク損害保険と保険金請求訴訟における立証責任の分配」川井健＝田尾桃二編集代表『転換期の取引法——取引法判例 10 年の軌跡』（商事法務・2004）515 頁参照。
65)　その理由として、貨物海上保険では外航の英文証券が圧倒的部分を占めており、その実務を踏まえ、内航の貨物海上保険の保険約款を作成し、運営している点が挙げられる。船舶保険でも、イギリスの判例・実務を参考にして、わが国の実務運営処理を行っている。多くの海上保険はイギリスのロイズ等に再保険を出していることから、再保険との関係などもある。
66)　個々の海上危険については、以下の文献に詳細な記載がある。本章の説明は、それらのうちのごく一部を抽出したものに過ぎない。Arnould, Chapter 23；Bennett, *supra* note 1, Chapter 10；Dunt, *supra* note 1, Chaper 9；Jervis, *supra* note 1, Chaper 8；Hodges, *supra* note 1, Chapter 9；Thomas, *supra* note 1, Chapter 4；O'May and Hill, *supra* note 1, Chapter 3, 4 & 5.

た損害が perils of the seas によるかどうかをめぐっては多くの判例があるが、海上において（on the sea）発生するすべての偶然の事故・災害を含むものではなく、海に固有の危険（perils of the sea）を指し、またそれは偶然性のある（may happen）事象でなければならないとされている。暴風雨中の沈没、座礁、荒天の結果の海水濡れ、衝突などがその典型例で、自然の消耗、通常の風および波の自然かつ不可避的な作用によるものは、海固有の危険にあたらないとされる。なお、現在の協会貨物約款では、perils of the seas rivers lakes or other navigable waters として、この概念に河川、湖沼等の航行水域の危険を加えて利用している。

perils of the seas の発現においては、船長や海員の過失が介在する場合も多い。この関連でも多くの判例があるが、船長や海員の違法行為や過失が介在した場合でも、偶然性のある事故は、perils of the seas による損害として、てん補の対象とされている。ただし、被保険者の故意の違法行為による場合は、それを原因と認定し、免責としている[67]。

(2) sinking（沈没）、stranding（座礁、座州）、grounding（乗揚げ）、fire（火災）、explosion（爆発）　これらは、約款において、特定の担保危険として明記される場合が多い危険である[68]。偶然性のある事故である限りにおいて、perils of the seas に包含される概念である。

　(a) sinking（沈没）　　sinking とは、船舶が浮力を失い、船体の大部分が水中に没した場合をいう。水中に一部没しながらも航行可能である場合は、沈没にあたらない。協会貨物約款では、船舶等の capsize（転覆）という語も利用される。船舶がバランスを失ったにもかかわらず、浮力があるために沈没には至らない事象を指す。

　(b) stranding（座礁、座州）、grounding（乗揚げ）　　船舶が岩礁その他堅固な物体の上に乗り揚げた場合を stranding といい、砂や泥などに

---

67) MIA 55条2項。この場合、近因ではなく、より緩い因果関係であっても免責が適用されるとしている。なお、故意の違法行為によって沈没が生じても、イギリスでは、免責事由による海固有の危険の発現とは理解しない。その場合は、そもそも海固有の危険にあたるとはいわないようである。
68) その例として、2009年協会貨物約款B条件、同C条件がある。これらの条件では、「以下の事由に原因を合理的に帰しうる（reasonably attributable to）保険の目的物の滅失または損傷」として、個々の事由が示されている。そこで、列記された個々の事由の意味内容が問題となる。

乗り揚げた場合を grounding という。イギリスでは、海上保険契約における stranding や grounding といえるためには、偶然あるいは異常な乗揚げである必要があり、干満差の激しい港において干潮時に岩礁に接触してもこれらにはあたらないとされる。また、船舶が物体に接触して進行が一時停止しても間もなく離礁した場合は、touch and go（触礁）であり、stranding にはあたらないとされる。

　(c)　fire（火災）、explosion（爆発）　これらも保険約款で明記される場合が多い危険である。貨物の発熱（heating）は fire には該当しない。また、貨物の自然発火（spontaneous combustion）は、固有の瑕疵として免責とされている（ただし、その立証責任は免責の主張者が負う）。自然発火によって当該貨物が燃えても、それは fire とはいわないが、貨物の自然発火によって船舶火災となれば fire となる。

　explosion にあたるかを争った事例として、回転翼の遠心力機能が低下して送風機が粉々に飛散した事例があるが、これは explosion にはあたらないとされた。

　(3)　collision（衝突）　日本語の「衝突」は、他の物体とぶつかり合うことを指すが、イギリスの海上保険契約における collision（または running down ともいう）は、他の船舶との衝突のことを指す。いかりなど他船の一部との接触は collision に含まれるが、防波堤等との接触、救助して修繕する見込みのない沈没船との接触は collision に含まれないことは判例で確立している。なお、協会約款では、"contact with any external object other than water"という表現により、判例で確立している collision より広い範囲の危険を担保対象にする用法がみられる。この表現では、船舶の岸壁等との接触や氷との接触も対象となる。

　(4)　earthquake（地震）、volcanic eruption（火山の噴火）、lightning（落雷）　これらは、協会期間約款（船舶）の危険条項で明示担保されている危険である。lightning は、火災と同種の危険とみなされてきたが、火災を伴わない損害が担保対象となるかは、必ずしも判例上確立していなかったため、現在は、そのような損害を担保対象とするために、協会期間約款（船舶）で lightning を担保危険として明示している。

　(5)　barratry（船員の悪行）　これは、旧ロイズ S. G. 保険証券様式の

危険条項にも含まれていて、現在も、各種協会約款で担保危険として示される危険である。そのままあてはまる語は、日本法や日本の約款にはない。barratry をめぐっては数多くの判例があり、MIA は、「船主または場合によっては用船者に損害を及ぼす船長または海員の故意に行った一切の不正行為を含む」とする（解釈規則 11 条）。barratry の概念は、MIA が「……を含む」と記すとおり、同法の定義より広い概念である。なお、barratry は故意による行為を指し、単なる過失を含まないことは判例で確立している。また、故意であっても船主の黙認のもとでなされた場合は該当しない。なお、barratry は、協会期間約款および協会航海約款では、被保険者、船舶所有者または船舶管理者が相当の注意を欠かなかったことを条件に、担保対象とされている。

⑹　thieves（強盗）、theft（窃盗）、clandestine theft（ひそかな窃盗）、pilferage（抜き荷）、non-delivery（不着）　これらは、いずれも人為的な危険で、その発生場所は海上に限らないが、海上冒険に伴う危険であるので海上危険として理解されている。thieves は、旧ロイズ S.G. 保険証券様式における文言で、暴力を伴う強盗による窃盗を指す。MIA では、thieves はひそかな窃盗や乗船者による窃盗を含まないとの規定がある（解釈規則 9 条）。協会期間約款（船舶および運送賃）では、thieves という語を使用せずに、violent theft by persons from outside the Vessel（船舶の乗組員でない者による暴力的窃盗）という語句が利用されている。

外航貨物海上保険では、thieves には該当しないひそかな窃盗等を追加担保するために、特別に theft、pilferage などを明示担保する場合が多い。なお、オール・リスクス・ベースの条件（協会貨物約款の(A)条件など）はこれらの危険を包含する。non-delivery は、損害形態の危険であり、その原因が免責危険であることを保険者が反証できない限り、保険者は責任を負う。なお、non-delivery は、確認できない原因による消失を意味するので、代金や関税等の不払い等によって貨物が引渡し困難となった状態を含まない。

⑺　pirates（海賊）　これについては、公法上、民事上で種々の定義があるが、商業上の意味としては、合法・非合法を問わず、略奪者が自分の利益のために略奪を行う行為を指す。MIA では、pirates は、暴動を起

こす旅客および海岸から船舶を襲う暴徒を含む（解釈規則8条）とのみ規定し、pirates とは何かを定義していない。なお、旅客が暴動を起こして船を占有した事件や、停泊中の船舶に陸上から行われた略奪的攻撃が pirates にあたることは、判例で確立している。

pirates は、歴史的には、マリン・リスクに含められたり、ウォー・リスクに含められたり、変遷している。pirates は、マリン・リスクである violent theft に類似し、ウォー・リスクである capture（捕獲）にも似た側面がある。その動機も一様でなく、政治的な紛争を背景になされる場合とそうでない場合がある。そのため、この危険の位置づけは難しく、扱いを約款上で明らかにする必要がある[69]。

(8) war risks（戦争危険） 戦争危険は、陸上分野では、代表的な免責危険であるが[70]、海上保険では、保険保護の対象として、担保危険の1つとなっている[71]。旧ロイズ S. G. 保険証券様式は、公海上で発生する可能性があるほとんどすべての戦争関係の危険を、担保危険として記載していた。その後、戦争危険は、いったんは免責として通常の担保範囲からは除外され、それに対する保険カバーが必要な場合に、追加保険料の支払いにより引き受けられる危険となっている[72]。

戦争危険（war risk）という表記は、戦争に関係する各種危険を包含する概念である[73]。戦争危険と称されるものには、①戦争、内乱、革命、謀反、反乱もしくはこれらの事変から生じる国内闘争、軍によるか軍に対する敵対的行為、②捕獲、拿捕、拘留（ただし、船員の悪行、海賊行為によるものを除く）、③遺棄された機雷、魚雷、爆弾またはその他の遺棄された兵器による事故等がある[74]。戦争危険を担保する場合には、約款で、具体的な戦

---

69) 多様な形態の事象を、すべて「海賊」として捉えること自体がそもそも適当かどうかも問題であろう。
70) わが国でも同じで、保険法では、戦争は法定免責事由として規定されている。ただし、それを復活担保することは認められる。
71) 海上保険では、その生成の初期から、戦争危険は、海賊などと同じく、主要な担保危険となっていた。冒険貸借においても同じである。詳しくは、本書第2章参照。
72) Arnould, pp. 1076-1080.
73) したがって、戦争危険とは何かという定義はなく、戦争関係の各種危険を包含する危険であり、この概念が使用される文脈によって内容が変わる。
74) 戦争は、一般的に、平時の状態から、紛争、危機、準戦時、戦時、終結、終了の過程を経

争危険が明示される[75]。ただし、その場合でも特定の戦争危険については、さらに免責されるなどの扱いとなる。

なお、貨物海上保険では、戦争危険を担保する場合は、海上のみ（ただし、積み替え中を含む）に限定し、貨物が陸上にあるときの戦争危険は担保しない[76]。

⑼　strike risks（ストライキ危険）　ストライキ危険とは、ストライキに参加する者、職場封鎖（ロック・アウト）を受けた労働者、労働紛争・騒じょうもしくは暴動に参加する者等による各種事故を総称する概念である。これらは、海上に固有の危険ではなく、陸上の危険でもあるが、従来から海上保険の対象として扱ってきた危険である。これらの危険は、航海事業が関係する地域によって危険率が大きく異なることから、戦争保険と同じく、通常の保険カバーではいったんは免責としたうえで、特約によって担保する方式が採用されている。協会約款では、免責とする事象、復活担保する場合には担保する事象を詳細に規定している。なお、テロリスト、悪意や政治的動機に基づく行動も、ストライキ危険と同様にいったんは免責としたうえで、復活担保が可能な危険としている[77]。

⑽　all risks（オール・リスクス）[78]　これは、担保危険そのものではなく、危険の引受方式を示す用語であるが、ここで触れておく。オール・リスクスの担保とは、免責条項に規定される場合を除き、保険の目的物の滅失または損傷の一切の危険を担保する方式である[79]。オール・リスクスの担保条件では、同種制限（*ejusdem generis*）の原則の適用を受けず、免責と

　　るが、戦争危険は、戦争の過程の危険に限定されない。遺棄魚雷のように、戦争終了後にも戦争危険は残る。
75)　約款における戦争危険の用語は、取引上の観念で解釈されるので、国際法上の定義より広く解釈される。
76)　この運営は、Waterborne Agreement（陸上戦争危険不担保協定）と称されている。ただし、これは、慣行を合意と称しているに過ぎず、法的拘束力を伴うような協定等が存在するものではない。
77)　船舶保険では、戦争危険とストライキ危険を１つの担保約款でカバーする方式がとられるが、貨物海上保険では、それらを別々にカバーする実務がとられている。貨物海上保険では、ストライキ危険を担保する場合には、通常、倉庫から倉庫までの期間を対象として、陸上における危険も含めているが、戦争危険については、前掲注76）記載のとおり、海上のみに担保を限定している。
78)　ここにおけるリスクとは、不確実性の意味ではなく、保険事故を指している。それゆえ、risks という語が用いられている。

して示されたことによらない限りは、あらゆる外来の原因（external cause）による滅失または損傷が担保される[80]。オール・リスクスの表現を含む場合の担保範囲をめぐっては、多くの判例があり、この表現は、一切の「損害」を担保するものではなく、滅失や損傷をもたらす一切の「危険」を担保する条件であることが判例上で確立していて、固有の瑕疵、自然の消耗などは、免責条項の有無にかかわらず、もともとオール・リスクスの対象範囲に含まれないとされている[81]。判例では、不適切・不完全な梱包が近因といえる事故も、不可避的なものとしてリスクにあたらないとされている。なお、オール・リスクス担保は、貨物海上保険において利用され、倉庫間輸送をカバーする保険では、陸上の各種危険も当然にオール・リスクスの担保範囲に含まれる。

　オール・リスクスを担保する条件においても、被保険者は、担保危険によって損失を被ったことを証明する責任は免れない。いわゆる災害（casualty）を証明しなければならないが、合理的な推定がなされるものとされる。たとえば、船積みされた時には損害のなかった貨物が陸揚げされた時に損害を被っていて、その損害が外来の原因によるとの推定がなされるような態様のものであれば、被保険危険によって損害が生じたとの一応の推定の証拠（*prima facie* evidence）があると考えられ、保険者は、免責される原因によると主張するのであれば、その挙証責任を負うとされる[82]。

Ⅷ　海上保険における主要な免責危険

1　日本法における法定免責危険

　保険約款においては、各種の免責危険（約定免責事由）が列挙されるが[83]、

---

79)　オール・リスクス約款には古い歴史があり、1950年の協会約款の制定前は、文言はさまざまで、その文言をめぐる訴訟が多く提起された。現在の協会貨物約款(A)条件は、「……の規定により除外された場合を除き、保険の目的物の滅失または損傷の一切の危険を担保する」と記している。
80)　Arnould, p. 1058.
81)　その理由には、リスクとしての偶然性がないことが挙げられている。
82)　Arnould, p. 1058.
83)　必ずしも免責危険として示されるものではなく、免責として、危険事故、危険事情、てん補しない損害等が同列に示される場合も多い。

一定の危険については、法律に免責として規定されている。ここでは、法律上の免責危険（法定免責事由）を確認しておく。

まず、損害保険契約に適用される保険法における免責危険[84]は、以下の2つである。[85]

　①保険契約者または被保険者の故意または重大な過失（17条1項）。
　　ただし、責任保険契約に関しては、重大な過失は免責から除かれる（同2項）
　②戦争その他の変乱[86]（17条1項）

一方、海上保険契約に適用される商法に掲げられている免責危険は、以下である。[87]

　③保険契約者または被保険者の悪意または重大な過失（829条1項1号）
　④保険の目的の性質、瑕疵または自然の消耗（同1号）
　⑤船舶の不堪航（船舶または運送賃を保険に付けた場合）（同2号）[88]
　⑥用船者、荷送人または荷受人の悪意または重大な過失（積荷または積荷の到着によって得られる利益に保険を付けた場合）（同3号）

海上保険契約については、商法の規定が優先して適応される。上記のうち①と③は「故意」と「悪意」とで表現に違いがあるが、意味は同じと解される。[89]②の「戦争その他の変乱」は、商法上は免責に掲げられておらず、海上保険契約における免責とはなっていない。[90]

---

84) 保険法は、免責「危険」という表記をせずに、「保険者の免責」の表題のもと、「……によって生じた損害をてん補する責任を負わない」と表記している。
85) 保険法制定前の商法641条では、保険の目的の性質もしくは瑕疵、自然の消耗も免責として規定されていたが、保険法においては、これらは免責としては掲げられていない。
86) その他の変乱とは、戦争に準ずる大きな争乱状態をいう。一過性のテロ行為、大きな人災的テロはこれに含まれないとされる（落合・前掲注1）54頁）。
87) 商法は、「……ニ因リテ生シタル損害」をてん補する責めを負わないと表記している。また、本章で免責危険として掲げた事項のほか、水先案内料、入港料、灯台料、検疫料その他船舶または積荷につき航海のために生じた通常の費用は、てん補しないことも記している（商法829条1項1号）。
88) 商法は、「発航ノ当時安全ニ航海ヲ為スニ必要ナル準備ヲ為サス又ハ必要ナル書類ヲ備ヘサルニ因リテ生シタル損害」として、「不堪航」という語は用いていない。
89) 山下・前掲注1）369頁。
90) この立場は、保険法の制定以前と同じで、損害保険一般では免責としつつ、海上保険では免責から外していた。海上保険では、戦争その他の変乱は海上保険の担保危険として考えられていたためである。大森忠夫『保険法〔補訂版〕』（有斐閣・1985）236頁。

これらの免責の規定は、任意規定であり、それに反する約定は、公序良俗に反するような場合を除き、有効である。約款では、免責危険が詳細に記載され、その内容は、船舶保険、貨物海上保険等、保険の種類によっても異なる。免責の具体的内容は、約款文言に基づいて判断する必要がある。なお、商法上の免責である「用船者、荷送人または荷受人の悪意または重大な過失」については、約款で免責事項としては表記されていない場合が多い。そのため、その位置づけについては、約款文言に照らして理解する必要がある。主要な法定免責危険の意味内容については、後述する（本章Ⅷ 3）。

2　イギリス法における法定免責危険

　MIA は、保険者は、被保険危険に近因して生じたものでない一切の損害については責めを負わないとしたうえで、特に以下については責任を負わないとして、免責危険を規定する方式をとる（55 条 2 項）。
　　①被保険者の故意の違法行為（wilful misconduct of the assured）
　　②遅延（delay）
　　③自然の消耗、通常の漏損および破損、固有の瑕疵もしくは性質、鼠もしくは虫、海上危険に近因したものでない機関の損傷
　このうち、①は、「起因する（attributable to）一切の損害について」責めを負わないことが規定されている。この表現は、因果関係において近因主義より緩やかな関係であっても免責とする判例法を示したものである。②③は、「近因して生じた」（proximately caused by）場合に免責となる。また、②③は、「保険証券に別段の定めがない限り」として、保険証券でそれとは異なる取扱いが可能であることが示されている。反対に、①につ

---

91)　萩本・前掲注 1）120-121 頁。
92)　たとえば、船舶保険約款では、故意・重過失免責について、問題とする行為の範囲について、法人の場合の扱いや船長・乗組員の行為の扱いなどを、詳細に規定している。
93)　この点は、約款との関係が問題となりうるが、保険契約者や被保険者が関与している場合には、③の免責事項、それが不堪航や荷造りの不完全に結びつく場合は④や⑤の免責事項となる。それ以外の場合、担保危険による損害が発生している場合には、約款で免責として示していない以上、商法規定をもって免責を主張することは難しいであろう。
94)　「故意の違法行為」が定訳である。ただし、wilful の意味は「意図的な」であり、日本法における故意の意味と同じとはいえない。

いては、契約で復活担保することは認められない。また、②は、それが被保険危険によって生じた場合であっても免責とすることが明記されている。

海上保険契約については MIA が適用されるので、契約上で別段の取決めがなければ、MIA 上の法定免責が適用される。約款では、免責事項が詳細に規定されるので、具体的な約款文言を踏まえた判断が必要となる。[95]

3 主要な免責危険

以下に、主要な免責危険について、日本法とイギリス法を比較しながら、ポイントになると考えられる点を説明する。[96]

(1) 被保険者等の故意・重過失　(a) 免責の内容　日本法では、故意と重過失が対象となる。故意免責の故意には、「未必の故意」も含まれるかについて議論があり、判例の多くと学説の多くは、刑法上の認容説の立場からそれを含むとするが、反対の見解も有力である[97]。また、故意免責における故意の対象たる事実が何を指すかについても見解の激しい対立がある[98]。「重過失」の解釈についても争いがあるが、判例は、ほとんど故意に近い著しい注意欠如状態とし、学説も、重過失の意義を厳格に捉える立場が多いが、それに反対の見解もある[99]。

イギリス法では、「故意の違法行為」(wilful misconduct) と規定されている。保険法における wilful misconduct とは、ある者の行為が損失の危険を高め、その者がそのことを実際に知っている場合を指し、wilful misconduct と negligence との間には、gross negligence や recklessness が存在し、多くの場合、wilful misconduct は、recklessness も包含しうるとされる[100]。損失を生じさせる意図（およびそれに対する重大な無関心を含む）とその目的が保険金の取得にあることが要件となる[101]。なお、wilful misconduct は、運送契約などにおいても使用される概念であるが、位置づけに

---

95) ただし、法定免責を復活する場合には、その意図が文言上で明確となっている必要がある。免責の範囲を拡大する約定免責は、作成者不利の原則に基づく厳格な解釈が伴う。
96) 厳密には、イギリス法と日本法で相違があるが、ここでは、概略のみを示す。
97) 甘利＝山本・前掲注1) 228頁。
98) 同上、228-230頁。
99) 同上、234-239頁。
100) Clarke, *supra* note 1, p. 472.
101) Dunt, *supra* note 1, p. 153.

違いがあり、保険の領域においては、保険法における意味として理解すべきであるとされる。[102]

(b) 対象者　免責対象者は、わが国では被保険者と保険契約者、イギリス法では assured となる。イギリス法では、保険契約者と被保険者とを概念上分けず、被保険利益を有する保険契約上の利益を有する者が assured であり、それ以外の者が assured のために保険を付ける場合には、他人のための保険契約となる。したがって、被保険利益を有しない契約者が意図的に事故を招致した場合には、被保険者との関係や関与が問題となり、契約を締結したという立場をもって自動的に免責となるものではないといえる。

海上保険は企業保険であるので、法人そのものに加え、その使用人や代理人等の行為の位置づけが特に問題となる。保険契約者や被保険者と法律上または事実上で何らかの関係がある者の故意の事故招致をめぐっては、わが国では、従来から論争が展開されている。法人の故意を免責とする場合、法人の代表機関の地位にある者の行為が法人の行為となり、会社の場合は、代表取締役または代表執行役の故意を指すものと解される。[103] 約款では、保険会社によって具体的な文言に違いはあるが、通常、保険契約者または被保険者の法定代理人も含め、法人の場合には、その理事、取締役またはその他の業務執行機関を構成する個人を含むことなどが記されている。[104] こうした規定は、故意免責の強行法規性を認める立場からも有効と解されており、また、このように取締役として明示した場合の取締役は、文字どおりの取締役として代表権のない取締役も含まれるとの判例があり、学説もそれを肯定している。[105] しかしながら、上記の表現において、監査役や委員会会社の取締役がこれに含まれるかについては、必ずしも明らかとはい

---

102) Clarke, *supra* note 1, p. 472. イギリスの wilful misconduct は、海上運送契約でも運送人の契約上の免責援用の阻却事由として利用される概念である。利用される局面と意義が異なることに注意する必要がある。
103) 竹濱修＝木下孝治＝新井修司編『保険法改正の論点』（法律文化社・2009）184頁。
104) 船舶保険の約款では、「保険契約者、被保険者またはこれらの者の代理人（前記の者が法人であるときは、その理事、取締役または法人の業務を執行するその他の機関）の故意または重大な過失」という表現例がある。
105) 甘利＝山本・前掲注1）231-234頁。

えない。[106]

　法人の取締役、責任者、分身（alter ego）をめぐっては、イギリスでも議論があり、具体的な約款文言に照らした解釈が必要となる。[107]なお、海上保険では、船長や乗組員の違法行為や過失が問題となることが多いが、MIA は、それらはこの免責には含まれないことを明確にしている（MIA 55 条 2 項(a)）。日本法にはこのような規定はないが、船長や乗組員が被保険者や保険契約者でないという前提に立てば、同じこととなろう。

　(c)　求められる因果関係　　日本法では、相当因果関係がある場合に免責となると考えられるが、その相当因果関係の内容については、必ずしも明確とはなっていない。[108]

　イギリスでは、故意の違法行為の場合は、求められる因果関係は、近因である必要はなく、起因（attributable to）していれば免責となる。この挙証責任は保険者に課せられる。なお、イギリスでは、船舶の不審沈没事件などを題材に、「故意の違法行為」の挙証責任について、刑事法とのバランスにおいて、いかなるレベルの証明が求められるかが議論となっていた。[109]かつては、刑事法で求められるレベルの立証を必要とする判例も出されていたが、現在は、民事上の基準である balance of probabilities に基づいて判断されている。

　(d)　免責の趣旨　　日本法では、故意免責の規定は、法文上は、任意規定であるが、公序良俗に反する変更は認められない。被保険者の故意を担保することは、原則として、公序良俗に反すると考えられる。[110]日本法では、重過失も対象とし、また、保険金受給者でない保険契約者も免責の対象となっている。それらも免責とする根拠については、契約当事者の立場に立つ者の契約上の信義則違反や一般の倫理観等が挙げられている。[111]重過

---

106)　約款の免責文言に、監査役や委員会会社の取締役を含むと記せば、それらの者の行為も免責とすることの意図は明確になろう。
107)　Arnould, p. 959.
108)　因果関係について詳しくは、本書第 7 章参照。
109)　Arnould, p. 959.
110)　逆にいえば、被保険者の故意といえても、公序に反しない場合があれば、免責を復活することを認めてよいといえる。
111)　保険事故招致免責の法的性質については、わが国の保険法学者により盛んに研究されており、多くの論文がある。全体の概要について、甘利 = 山本・前掲注 1）226 頁以下参照。

失や保険金受取人でない保険契約者の故意については、絶対的な強行法規性の有無をめぐり議論がある。[112]

イギリスでは、MIA 上、wilful misconduct については、反対の合意は許されないことが明確化されている（MIA 55 条(2)(a)）。免責の趣旨としては、公益（public policy）に反することが挙げられている。[113]

(2) 遅延　　遅延は、イギリスでは法定免責となっているが、日本法（保険法、商法）では免責としては掲げられていない。しかしながら、日本の約款では、貨物海上保険において「運送の遅延」が免責として記され、同様の取扱いがなされている。

(3) 自然の消耗、通常の漏損および破損、固有の瑕疵もしくは性質

　(a) 免責の趣旨　　これらの免責危険は、日本商法および MIA の両方において、法定免責として挙げられている。とりわけ、海上保険では、実務上も重要かつ複雑な問題を含むため、盛んに研究されてきた分野である。[114] これらの免責の趣旨は、偶然性に欠けるためと理解されている。たとえば、イギリスの判例法では、これらは、リスクではないとして、オール・リスクス担保の範囲には、もともと含まれないものとされている。[115] 協会貨物約款(A)条件（オール・リスクス担保に相当するもの）は、自然の消耗、通常の漏損、固有の瑕疵などを免責として挙げているが、それらは、当然のことを明示したものと理解されている。[116]

　(b) 種類　　これらの免責は、相互に関係するため、一群として議論される場合が多いが、大きく分けると、通常の漏損や自然の消耗と、固有の瑕疵や性質の 2 つのグループになる。[117] 前者は、外面的な損失部分が明確なもので、ほとんどの場合は小損害である。後者は、その物に存在する内在的な欠陥や性質を原因とするもので、性質危険（Beschaffenheitgefahr）

---

112) 甘利＝山本・前掲注 1) 234 頁、山下・前掲注 1) 371 頁。
113) Arnould, p. 957 ; Clarke, *supra* note 1, p. 472. ただし、それに加えて、不可避的事故は保険では担保しないという説明（判例）や、信義則違反（breach of duty of good faith）という説明（Dunt, *supra* note 1, p. 153) もある。
114) 固有の瑕疵等については、松島・前掲注 1) の詳しい研究がある。
115) 本章Ⅶ 2 (10)参照。
116) オール・リスクスに関する判例では、このことは、裁判官によって繰り返し確認されている。
117) 協会貨物約款では、この 2 つに分けて、免責を規定する。

とも呼ばれ、保険の目的物全体に損害を与える場合がある。

　以下に、これらの免責について説明するが、それぞれの危険の境界は明確とはいえない場合もあるので注意が必要である。

　　（ⅰ）　自然の消耗　　自然の消耗とは、通常の過程で不可避的に生じる損耗や経年変化をいう。船底塗料の経年剥離、船舶機関における機器の損耗などがこれにあたる。

　　（ⅱ）　通常の漏損および破損　　この範疇に入るものとしては、貨物の通常の漏損（ordinary leakage）、蒸発等がある。漏損や破損は、海上危険によって生じる場合もあるので、経験値をもとに予測されるレベルのものが免責の対象となる。

　　（ⅲ）　固有の瑕疵もしくは性質（inherent vice or nature）　　固有の瑕疵（inherent vice）とは、目的物に内在する欠陥や異常、換言すれば、本来あるべき状態に欠けていることをいい、保険の目的物の性質（nature）とは、目的物が有している本来の性質をいう。代表的な例としては、石炭、魚粉等の自然発火（spontaneous combustion）、衣類等のカビ、果物等の腐敗、鉄製品のさびなどがある。いずれも貨物の性質やその内部に存在する欠陥等がもとになり、輸送中に事故として発現する。

　　（c）　保険担保可能性　　これらの事象は、保険約款では、免責危険として扱われるものであるが、まったく偶然性がない事象であるとまでは言い切れない事象であり、輸送技術の向上や特殊な梱包その他によって損害がほとんど生じないレベル（したがって、偶然性が高いレベル）となっている場合がある。これらの免責危険は、契約で復活担保することが法律上は可能であり、実際に復活担保される場合も多い。

---

118)　木村・前掲注1）119頁。
119)　たとえば、塗料の剥離は、塗料や塗装上の瑕疵といえる場合もあるし、船舶の運航とともに一定程度減るので、自然の消耗でもあり、その物の性質でもある。
120)　木村・前掲注1）119-120頁。
121)　固有の瑕疵（inherent vice）と性質（nature）とが、同じものか別のものかは議論がある。イギリスにおける inherent vice or nature の or はすなわちという意味で、イギリス法では、両者は区別されていないとされる（葛城・前掲注1）『1981年版 英文積荷保険証券論』222頁）。
122)　商法の免責危険の条文は任意規定であると解される。MIAでは、これらは、保険契約で復活担保可能であることが条文上示されている。

自然の消耗や通常の漏損については、経験上、予測される一定の水準を設定し、それを超える場合に保険の対象とし、具体的には、一定の率の免責控除（excess）を行う方式が用いられる。また、こうした引受けでは、公的または信用ある機関による数量証明等の提出を、保険の条件またはワランティとする場合が多い。

　固有の瑕疵や性質損害についても、貨物等の性格に応じて、特に保険保護の対象としている場合がある。多くの場合、特定の事項の充足等を前提条件としたりワランティとしたうえで担保する方式がとられる。固有の瑕疵や性質による損害は、いくつかの原因が組み合わさって発現する場合が多い。貨物の場合であれば、①出荷時の貨物の状態が海上輸送に耐えうるだけの状態となっていないこと（乾燥不十分、塗装不十分など）、②貨物の梱包が海上輸送に耐えうるものとなっていないこと、③海上および陸上輸送中の異常な振動、温度変化など、による複合的作用の結果といえる。もっぱら①と②が原因である場合は、性質危険にあたる事象を特に担保している場合であっても、偶然性に欠ける事象として免責となるものと考えられる。[124] 一方、③に起因するといえる場合は、性質危険を明示担保している場合はもちろんとして、オール・リスクス条件においても、事故性がある事象として認められる可能性がある。

　(4)　船舶の不堪航　　商法は、これを船舶または運送賃の保険における免責危険として規定する。一方、MIA では、法律上の implied warranty（黙示担保）として位置づけており、[125] 両国で法律上の取扱いが異なる。

　船舶は、船舶保険においては保険の目的物そのものである。したがって、その不堪航は、保険の目的物における瑕疵にあたるといえる。しかし、船舶の堪航性は、船体や機器類の物理的な状態に加え、航海に必要な書類の備付け、法律上求められる検査の受検など、種々の要素を包含しており、

---

123)　たとえば、果物の腐敗危険担保、生花のしおれの担保、原因を問わず重量の減少担保、原因を問わず変色担保など。各種担保の例については、Jervis, *supra* note 1, p. 87 以下参照。
124)　①や②のみが原因である場合も、事故が必然的に生じるとまでいえない場合は、偶然性自体はあるということになる。イギリスの判例は、このような場合も、偶然性が欠けることを理由として保険者のてん補責任を否定する。
125)　39条。ただし、海上危険に近因したものではない機関の損傷を、免責として位置づけている。

これらの要素のすべてを同一次元に扱うことが適当といえるかについては疑問がある。実際に、日本の和文の船舶保険約款では、船舶の物理的な不堪航を原因免責とし、必要な検査不受験、船級の抹消などは、その事実が発生した以降の責任を免れる扱い（以後免責）にして、取扱いに差を設けている。

他方、貨物海上保険においては、船舶は、貨物の輸送手段であり、危険事情の１つとして位置づけられる。その不堪航は、荷主がそれを知っているような特殊な事情を除けば支配が及ばない外来的な事情である。そこで、日本の和文約款では、原因免責として位置づけたうえで、被保険者が関与していない場合にはてん補責任が発生する扱いにしている。

イギリスでは、MIAで、堪航性を航海保険における黙示担保（implied warranty）として規定しているが、貨物海上保険約款では、warrantyの適用を排除し、不堪航を原因免責の１つと位置づけ、荷主が知っている場合においてのみ、不堪航による損害を免責とする取扱いとしている。

(5) 貨物の荷造り・梱包の不良、貨物のコンテナ内の積付不良　荷造りや梱包は、輸送に耐えるために必要な特性を貨物に与えるものであり、その欠陥は、貨物の固有の瑕疵と同じ性格のものといえる。コンテナ内の積付けについては、荷主が関与している場合とそうでない場合があり、前者の場合、その性格は梱包に準じたものといえるが、後者の場合は、船舶の不堪航に類似した状況といえる。被保険者がコンテナの不適合や積付不良等に関与していないか不良に気づいていない場合は、被保険者に帰責性がなく、被保険者にとっては偶然性がある事故として、約款でそれを担保にしている場合が多い。[126]

---

126) その例として、協会貨物約款(A)、(B)、(C)の各５条の不堪航および不適合免責条項。

第7章

因果関係

I　総　説[1)][2)]

　因果関係（causation）とは、ある事実が、それに先行する他の事実に起

---

1)　本章では、注記で特に示している文献のほか、海上保険に関する重要な著作として、以下の文献を参考にしている。加藤由作『海上危険新論』（春秋社・1961）、葛城照三『海上保険研究――「英法に於ける海上保険」の研究〔中巻〕』（葛城教授海上保険研究刊行会・1950）、今村有『海上保険契約法論〔下巻〕』（損害保険事業研究所・1980）、小町谷操三『海上保険法各論二』（岩波書店・1961）、葛城照三『貨物海上保険普通約款論』（早稲田大学出版部・1971）、同『1981年版　英文積荷保険証券論』（早稲田大学出版部・1981）、亀井利明『英国海上保険約款論』（関西大学出版部・1986）、木村栄一『海上保険』（千倉書房・1978）、松島恵『海上保険における固有の瑕疵論』（成文堂・1979）、同『海上保険論〔改訂第8版〕』（損害保険事業総合研究所・2001）、今泉敬忠＝大谷孝一『海上保険法概論〔第3版〕』（損害保険事業総合研究所・2010）。また、保険法につき、特に、山下友信『保険法』（有斐閣・2005）、落合誠一＝山下典孝編集『新しい保険法の理論と実務』（経済法令研究会・2008）、萩本修編著『一問一答・保険法』（商事法務・2009）、落合誠一監修・編著『保険法コンメンタール（損害保険・傷害疾病保険）』（損害保険事業総合研究所・2009）、甘利公人＝山本哲生編『保険法の論点と展望』（商事法務・2009）、金澤理監修＝大塚英明・児玉康夫編『新保険法と保険契約法理の新たな展開』（ぎょうせい・2009）を参考としている。また、イギリスの文献については、特に以下を参考にしている。Howard Bennett, *The law of marine insurance*, 2nd ed., Oxford, New York, 2006；Malcolm Clarke, *The law of insurance contracts*, 5th ed., London, 2006；John Dunt, *Marine cargo insurance*, London, 2009；Susan Hodges, *Law of marine insurance*, London, 1996；B. G. Jervis, *Marine insurance*, London, 2005；Robert Merkin, *Marine insurance legislation*, 3rd ed., London, 2005；Robert Merkin (ed.), *Insurance law An Introduction*, London, 2007；Gilman and Merkin, etc., *Arnould's law of marine insurance and average*, 17th ed., London, 2008（以下、本章において Arnould と称す）；O'May and Julian Hill, *Marine insurance law and policy*, London, 1993；D. Rhidian Thomas (ed.), *The modern law of marine insurance*, London, 1996；Baris Soyer B., *Warranties in marine insurance*, 1st ed., London, 2001.

2)　因果関係論は、海上保険論を被保険危険論、海上危険論、海上損害論の3つに分けた場合、

因する関係をいう。保険では、特定の事故による特定の損害をてん補の対象とすることから、生じた損害が特定の事故に起因する結果といえるかどうか、両者の因果関係が問題となる。加えて、特定の危険事故（免責危険）や特定の危険事情によって生じた場合はてん補の対象外としているので、それらの排除されている事象（peril、hazard）と担保する危険（事故）または損害との因果関係も問題となる。上記のいずれの局面においても、事象の間の事実上の因果関係の問題とともに、保険者にてん補責任を負わせることが妥当であるかの法的価値判断の問題が存在する。

とりわけ海上保険においては、以下のような背景から因果関係は複雑な問題となる。

第1に、海難事故の複雑性が挙げられる。海難事故は、船舶の堪航性や貨物の荷造り、操船技術や荷扱いなどの人為的な原因と、天候等の自然環境などのさまざまな原因が複雑に絡み合って発生する。単一の原因によって事故が発生したといえる場合は、むしろ例外であり、事故原因自体が複雑である。

第2に、海上保険における保険の目的物は、海上で、保険契約者や被保険者の直接の管理外にあることが多く、どこで、どのように事故や損害が発生したか、その経過がはっきりしない場合がある。そのため、事故原因の解明が容易でなく、その立証に困難を伴う場合がある。

第3に、危険の担保方式の複雑性がある。海上保険では、海上危険を包括的に担保したうえで各種危険を免責する方式がとられ、免責した危険をさらに復活担保する場合があるなど、危険の引受形態が複雑である。同一の被保険利益の保険において、マリン・リスクとウォー・リスクで引受保

いずれに含めるかについては、諸説ある。海上危険論に含める説が有力であるが（加藤・前掲注1）、木村・前掲注1）、今泉＝大谷・前掲注1）、松島・前掲注1）『海上保険論〔改訂第8版〕』など）、海上損害論として位置づける立場もある（今村・前掲注1））。本書では、海上危険論の一部として因果関係論を位置づけているが、保険事故と危険事情を分けて論じていて、因果関係はその両者に関係する問題であることを踏まえて独立の章としている。

3） 金子宏＝新堂幸司＝平井宜雄『法律学小辞典〔第4版〕』（有斐閣・2004）による。因果関係という語は、日常的な一般用語であり、分野によってその意味するところに違いがある。保険分野において議論する場合も、具体的な対象が不明確になりやすい。

4） たとえば、船舶の沈没の場合、現物の調査もできない場合がある。コンテナ貨物の損害は、陸上、海上いずれの区間でどのように損害が生じたかがわからない場合が多い。

険者が異なる場合もある。

第4に、契約上、担保する事象や免責する事象は、危険事情（hazard）、危険事故（peril）、損害（loss, damage）など、次元を異にする事象が混在し、複雑となっている。また、因果関係を示す約款上の用語もいろいろある[5]。

このように海上保険では、海難事故という複雑な事象を対象とするために事実上の因果関係が複雑であるうえに、複雑な契約方式や多様な契約文言が存在し、いかなる法的価値判断を下すことが妥当かが問題となる。こうした背景から、因果関係論は、これまで多くの海上保険研究者によって盛んに研究されてきた。しかし、定説をみることなく[6]、引き続き研究が進められている[7]。

因果関係は、てん補責任に関する事項であるので、英文保険証券においては、イギリスの法と実務に沿った解決が必要となる。本章では、最初にわが国における法と学説を概観し、続いてイギリスの法と学説を概観する。

II　わが国における因果関係理論

1　概　説

商法や保険法においては、たとえば「……ニ因リテ生シタル一切ノ損害ヲ填補スル」[8]、「……によって生ずることのある損害をてん補する」[9]、「……

---

5) 例として、イギリスの協会貨物約款における因果関係を示す種々の語句について、本章III 4(1)〜(3)参照。
6) 山下・前掲注1) 382頁。
7) 海上保険分野の因果関係理論に関する最近の重要な研究として、松島恵「海上保険における因果関係についての省察」損害保険研究71巻4号（2010）1頁、大谷孝一「海上保険契約における因果関係の諸相」損害保険研究65巻1・2合併号（2003）185頁、同「海上保険契約における因果関係理論の適用について」早稲田商学415号（2008）1頁、同「相当因果関係説をめぐる相剋」損害保険研究69巻3号（2007）1頁、小路丸正夫「保険における因果関係の研究」損害保険研究71巻2号（2009）211頁。海上保険にも関係する海上保険以外の分野の重要な研究として、梅津昭彦「陸上保険契約法における因果関係論再考——火災保険契約における保険者免責条項を素材として」保険学雑誌598号（2007）93頁、同「アメリカ保険法における因果関係論の展開——判例法の展開・分析を中心にして」損害保険研究70巻2号（2008）31頁がある。
8) 商法816条。
9) 保険法2条1項6号。

によって生じた損害をてん補する責任を負わない[10]」という表現で、因果関係を要件とする規定が多く設けられているが、求められる因果関係の内容を規定する条文はない。

判例においては、てん補されるためには事故との相当因果関係のある損害であることが必要との火災保険に関する大審院判決があり[11]、その後の裁判においても、相当因果関係説に基づくとの考えが踏襲されているが、その相当因果関係の詳細内容が判例によって固まっているとはいえない状況にある[12]。

海上保険分野では、因果関係をめぐる裁判例も限られ、火災保険の判例と同じく、相当因果関係によるといえるかどうかも明確でない。仮に相当因果関係によると考えたところで、その内容が明確かは疑問があり[13]、海上保険に、相当因果関係説に基づく考え方をどのように適用するかも明らかでない面がある。また、前述のとおり、因果関係は、担保危険、免責危険、危険事情、損害の各事象相互間で問題となるものであり、いずれの事象と事象との間を問題とするかで考え方に相違が出てくる場合もありうるので、1つの裁判例をもとに一般化することには慎重さが必要である。

海上保険における因果関係は、実務上重要な問題ではあるものの、それをめぐる法理論は、主として、学説上での展開となっているのが現状である。因果関係は、保険金の支払いの前提となるので、実務においては、常にその認定を行っている。その過程では、まずは事実上の因果関係の認定が重要であり、そのうえで立証責任の問題となる。免責危険や免責とした危険事情による事故や損害であると保険者が主張する場合には、その立証責任を果たせるかが問われる。因果関係をめぐる理論が明確でないなか、因果関係の認定の問題は、実務上は、事実認定における心象形成と立証責任の問題のなかに隠れ、因果関係の理論問題が海上保険の実務において直接浮上してくることは少ない[14]。

---

10) 保険法17条1項。
11) 大判昭和2年5月31日民集6巻521頁。
12) 山下・前掲注1)388頁。
13) 大谷・前掲注7)「相当因果関係説をめぐる相剋」1頁。
14) このことは、因果関係に関する理論研究の重要性を否定するものではない。因果関係理論の構築は、実務処理上も重要であることはいうまでもない。

2 因果関係に関する学説

　以下に、わが国における主な学説を素描する。因果関係は、海上保険研究における最も難解なテーマとして、華々しい論争が繰り広げられるとともに多くの学説が提唱されてきた分野である。これらは、いずれも外国における学説を材料としているが、日本の研究者によって展開された学説であるので、日本における学説として紹介する。なお、各学説の要約は、木村栄一博士、松島恵博士、大谷孝一博士の整理をもとにしている[16]。これらの学説は、前提となる対象が必ずしも同じでない場合があるので、同一の前提に立った対立する理論として理解してよいかには疑問がある[17]。

　(1) 条件説　　この説は、木村栄一博士によれば、もしある事実が存在しなかったならば、そのような結果は生じなかったであろうとき、換言すれば、ある事実がある結果の発生について不可欠の条件 (*conditio sine qua non*) をなしたときは、それらの事実はすべてこれをある結果の原因として取り上げる見解であり、不可欠な条件をすべて原因として平等に取り扱うことから「条件平等説」ともいわれる[18]。

　木村栄一博士によれば、この説は、イタリアの Maresca や Giuliano により支持されていて、不可欠な条件はすべて取り上げるべきで、損害が普通の海上危険と戦争危険によって生じたときは、その損害は、それぞれの危険を負担する保険者が分担すべきで、それぞれの力の割合がわからない場合には、その割合は同等として処理すべきとされる。

　条件説に対しては、この方式では多数の原因が挙がってしまい、そのなかで、その原因の力に比例して各保険者の分担割合を決めることは不可能

---

15) 外国の学説を必ずしもそのまま日本で展開したものではない。木村栄一博士は、わが国における因果関係をめぐる論争において、外国の見解をもとに何々説と名づけるとき、その概念の内包が人によって異なっており、そのために無用の混乱を起こしている面があると述べている（木村栄一「海上保険における因果関係論の問題点」損害保険研究 30 巻 1 号（1968）113 頁）。

16) 学説の紹介は、主として、次の文献を基にしている。ただし、論者により、学説の分類に相違はある。木村・前掲注 15) 113 頁、木村・前掲注 1) 127 頁以降、今泉＝大谷・前掲注 1) 116 頁、松島・前掲注 7)。

17) この点を指摘し、因果関係を論じるにあたって、因果関係を問われる局面を明らかにすべしとする主張として、横尾登米夫「保険法における因果関係論の構想」保険学雑誌 407 号（1959）1 頁以下、今村・前掲注 1) 4 頁以下。

18) 木村・前掲注 1) 128 頁。

に近いとの批判がある。

　条件説に対する理解は、研究者により同じであるとはいえない面があり、今村有博士は、この説自体は、多数の原因が挙がってきた場合に、それらのなかで法的に評価すべき原因を絞るための学説ではなく、その前段階として、原因を抽出するうえでの学説として分類。確かに、上記説明における条件説は、種々の事象から原因を抽出する部分と、複数の原因が挙がった場合の処理の部分との2つからなり、この説の本質をどのように理解するかが難しい面がある。したがって、この説については、学説自体の明確化を経ずにコメントすることは難しい状況にある。なお、わが国では、条件説を採用すべきとの見解はない。

　(2) 相当因果関係説　　相当因果関係説とは、大谷孝一博士によれば、結果を発生させるのに欠くことのできない諸条件、すなわち、*conditio sine qua non* のうち、実際に起こった特定の場合のみならず、一般的な他の場合にも同様の結果を発生させる蓋然性を、少なくない程度（たとえば10％）増加させる条件を適当条件とし、この適当条件のみを結果（損害）の原因と認める説である。この適当条件（または「相当条件」）が担保危険であれば損害に対する支払いの対象となり、それが免責危険であれば支払いの対象とならないことになる。

　今村有博士によれば、相当因果関係の概念は、もともとは生理学者兼哲学者である Kries によって 1888 年に提唱されたもので、刑法の因果関係に適用したものとされる。木村栄一博士によれば、相当因果関係説は、ドイツ民法上の損害賠償責任に関する因果関係論における支配的見解を保険においても採用したものであるが、何をもって相当な条件とみるかについては、「それがそのような種類の結果発生の客観的可能性を、一般的に、

---

19) 木村・前掲注1) 131 頁。
20) その点から、今村有博士は、因果関係の学説を各種事象から原因を抽出する学説（条件説、相当因果関係説）と、挙がってきた原因のなかで法的原因を選択する学説に分けている（今村・前掲注1) 7 頁)。
21) 大谷博士は、主な因果関係の学説の説明のなかでは条件説を取り上げていない（今泉=大谷・前掲注1) 118 頁以下)。
22) 今泉=大谷・前掲注1) 125-127 頁。
23) 今村・前掲注1) 41 頁。

とるに足りない程度ではなく高めるとき」（Traeger）とか、「人間の経験上、そのような種類の結果発生の客観的可能性をとるに足りない程度ではなく増加せしめたとき」（ドイツ最高裁判所）と、ドイツにおいても、見解に違いがあるとされる[24]。

　この学説は、人間の経験に基づく一般的な観察方法を用いて、原因を客観的に抽出しようとする方法であり、多くのドイツの学者によって、とりわけ、陸上保険分野において支持されているものの、ドイツでも、海上保険においては、原因が複数挙がってしまうことから適当でないとの意見が有力とされる[25]。

　相当因果関係説は、前述のとおり、わが国の火災保険の裁判で採用された学説であり、実務においても、陸上・海上を問わず、準拠法が日本法であれば、因果関係は相当因果関係説に基づくものとの理解がしばしばみられる[26]。しかし、当該判決においては「相当の因果関係ある場合に」という表現が用いられているが、判決のなかで、必ずしも因果関係の理論が示されたものとは言い難く、かつまた、わが国の学説が、「相当因果関係説」という場合の中身についても明確ではないと指摘されている[27]。わが国において、「相当因果関係説」という場合のその中身の認識は研究者によって必ずしも同一ではなく、ドイツにおける学説と同じか、同じである場合にはドイツにおける誰の学説と同じか、あるいはドイツの判例・学説の動きの全体を指すのか（したがって、時代とともに変わりうる[28]）、はっきりしない面がある。

　相当因果関係説は、わが国の陸上保険分野での判例の立場であるとして

24）　木村・前掲注1）130-131頁。
25）　木村・前掲注1）130-131頁。
26）　たとえば、林忠昭『貨物海上保険』（有斐閣・1993）125頁。
27）　この点につき、大谷孝一博士は、わが国の「相当因果関係説」を詳細に検討したうえで、その内容が研究者によって大きく違うことを明らかにし、結局は、この学説は、「『ある結果の発生にとって不可欠条件をなしたもののなかで、適当条件のみをもって原因とみる見解である』という漠然たる定義以外にその姿は実におぼろげ」であることを指摘し、中身が不明確なまま、判決を下し、実務判断を下すことの危険性に警鐘を鳴らす。大谷・前掲注7）「相当因果関係説をめぐる相剋」54頁。
28）　Wandtは、ドイツ保険法の説明において、相当因果関係説（Adäquanztheorie）を基本としつつも、保険契約においては、この学説のみで判断可能とはいえないことを記している（Manfred Wandt, *Versicherungsrecht*, 4 Auflage, 2009, p. 299）。

も、海上保険の研究者から海上保険には適合しないと指摘されている。その理由は、相当因果関係説に基づく場合、相当する原因が複数挙がってしまうことにある。相当因果関係説は、そもそも種々の事情のなかから原因を抽出するうえでの理論であって、複数の原因のなかから1つを選択するための理論ではない、とする見解もある。海上保険においては、複数の原因が複雑に絡んで海難事故に至る場合が多く、海上保険取引では、原因を1つに絞ることが要請されると考える立場からは、この点が「相当因果関係説」の問題となる。また、仮に原因を1つに絞る必要はないと考えた場合でも、それぞれの損害に対する寄与割合をどのように認定するかをこの説から導くことができるかも明らかでない。

(3)　近因説　　この説は、日本の海上保険研究者による因果関係の学説検討において、常に登場する説であるが、これも、内容の正確な理解が難しい学説である。イギリスにおいて近因説という場合に、1906年海上保険法（Marine Insurance Act 1906；MIA）55条1項に、「保険者は被保険危険に近因して生じた（proximately caused by）一切の損害について責めを負うが、（中略）近因して生じたものでない一切の損害について責めを負わない」と規定する考え方を指していることは明らかである。しかし、わが国において近因説という場合に、その内容は必ずしも明らかでなく、それに対する認識が研究者間で同一であるかもはっきりしない面がある。なぜ不明確となるかといえば、イギリスでは「近因をみて遠因をみない」という考え方自体は確立していて、上記のとおりMIAに、近因して生じた一切の損害という表現があるものの、「近因して生じた」という語句の定義はなく、判例における考え方も時代とともに変化しているためである。本章Ⅲ1で詳しく述べるが、大まかな流れをみれば、イギリスでは、MIA制定前は、時間的に最も結果に近接する原因（cause nearest in time）をもって近因とみる考え方がとられていたが、その後、第一次世界大戦以後の判決では、損害を引き起こす効果において最も近接する原因（cause proximate in efficiency）を指すように変化した。しかし、第二次世界大戦

---

29)　木村・前掲注1) 131頁、今泉＝大谷・前掲注1) 126頁、松島・前掲注1)『海上保険論〔改訂 第8版〕』212頁。
30)　今村・前掲注1) 7頁。

中の戦争危険か通常の海難かの判定をめぐる各種判例においては、遠因あるいは根本原因といえるものを近因とみるようになり、その後の判例では、効果において最も有力な原因を近因とみるようになった。このような状況下で、わが国の研究者が「近因説」という場合に、それが何を指しているか吟味する必要がある。

後述するように、イギリスでは、近因の認定は常識的判断によるものとして、因果関係理論を抽象的に公式化しようとするアプローチ自体が、少なくとも判例においてはとられていない。そのような抽象的な定式化を否定する思考方法と、因果関係の論理的定式を構築しようとする思考方法とには、もともとアプローチに違いがあり、それらを同一次元で議論すること自体に疑問がある。それゆえ、イギリス法の一部分を取り出して、ドイツにおける学説などと同一次元で議論することは、もとより困難である。

この点からは、近因説という概念でもって一部を切り出してそれを学説として理解するのではなく、そのアプローチも含めて、イギリス法における利点、問題点を検討することが必要であろう。

なお、わが国においては、近因説を条件説や相当因果関係説とは異なり、原因を1つに絞り込む学説として理解するのが一般的である。しかしながら、この点の理解についても疑問がある。イギリスでは、かつて近因を時間的に損害に最も近接な原因としていた時代においては、近因を1つに絞りこむ考え方がとられていたが、最近の判例においては複数の原因が近因となることもありうるとされている。

(4) 最後条件説　これは、木村栄一博士の分類によるもので、上記の近因説が必ずしも一様の内容をもつものでなく、時代とともに変化したことから、近因説を論理的に分割し、かつての、時間的に損害に最も近い原

---

31) 今泉＝大谷・前掲注1) 118-120頁。
32) 木村栄一博士は、近因説を、その内容に応じて「最後条件説」と「最有力条件説」の2つに分けて整理している（木村・前掲注1) 132頁）。イギリスの考え方を日本の学説と同じように整理すれば、そのように分けられることになろう。イギリスの考え方を日本で議論しようとした場合には、このような、いわば変換が必要となる。
33) 最近のイギリスの判例においては、近因としては複数の原因を認定し、ただし、一方が免責危険である場合には、免責危険を優先させるという契約意図をもとに、原因を絞る考え方を示した判例も複数出ていて、近因自体を常に1つに絞るものとは必ずしもいえない（Dunt, *supra* note 1, pp. 116-118)。

因を近因とする考え方を「最後条件説」と称したものである。木村栄一博士によれば、フランスにおいても、第一次世界大戦以前は、時系列的に損害に最も近い事故をもって損害の原因とする立場にあったとされる[34]。

この説は、迅速かつ簡便で、予見性の高い結論を導くが、不合理な結論を生じる場合もあるため、イギリスでは、その後の判例で否定された。フランスでも現在は採用されていない。わが国でも、この学説によるべきと主張する研究者は存在せず、比較検討の対象としてのみ登場する学説である。

(5) 最有力条件説　これは、木村栄一博士によれば、ある結果を生ぜしめた条件のなかで、その結果を生ぜしめるについて、他の条件よりもより力があった条件をもってその結果の原因とみる見解であり、これは、イギリスの第二次世界大戦以降の判例の立場といえるもので、フランスやドイツでも提唱された学説とされる[35]。

現在のイギリスでは、効果において最も近接な原因（cause proximate in efficiency）、または最も有力な（most dominant）原因をもって、近因とするという理解が一般的である。この学説の場合、何をもって最も有力な条件とみるかがポイントとなるが、問題は、その抽出のための方法が示されているわけではなく、イギリスの判例でも、それは常識（common sense）で判断すべき事項であるといった説明がなされているにすぎないのが現状である[36]。

(6) 不可避説　木村栄一博士によると、本説は、ドイツのRitterにより提唱された学説で、危険事故によって直接生じた損害および危険事故の不可避的結果について保険者は責任を負うとする考え方とされる[37]。当時ドイツでは、相当因果関係説が有力学説であったが、相当因果関係説では複数の原因が相当原因となる場合があって保険者のてん補責任の合理的解決とならず、また近因説では、何をもって有力な原因とみるかの判断が曖昧であることから、近因説を基本としつつも、最有力条件の代わりに不可

---

34) 木村・前掲注1) 132頁。
35) 木村・前掲注1) 133-134頁。
36) 詳しくは、本章Ⅲ1を参照。
37) 木村・前掲注1) 134-135頁。

避的結果（unvermeidliche Folge）という概念を取り入れて、損害が不可避的結果として発生した場合に近因として認めるとの説が提唱されたものとされる。この説は、Lindenmaier による蓋然説が主張されるまでは、ドイツで圧倒的な支持を得ていたとされる。[38]

　不可避説に対しては、因果関係を厳格に求めすぎるという点や、複数危険がいずれも不可避的結果として損害を導いたとはいえない場合をどう考えるか、あるいは複数原因がいずれも不可避的結果として損害を導いたときに原因を1つに絞れるかといった批判がある。[39]

　(7)　自然成り行き説　　自然成り行き説は、Ritter の不可避説に加藤由作博士が修正を加えた学説で、不可避的結果としてあまりに厳格な因果を求めるのではなく、不可避的という考え方を自然の成り行きの意味に解して、同学説を再構成するものである。[40]この説は、大谷孝一博士によれば、一定の危険が一定の損害を発生させた場合、われわれの日常経験に照らして、それが自然の成り行き（caused in natural course）とみられるときには、その危険が損害に時間的に近接していたか否かを問わず、因果関係を認めるものである。[41]その結果、最初は、時間的に損害に最も近い原因をまず原因とみて、それがその前の原因の自然の成り行きといえる場合には、それを原因として、過去に遡っていき、自然の成り行きといえない段階で打ち切り、連鎖のなかで最初の原因を唯一の原因として絞り込む方式である。自然の成り行き関係があるかどうかは、個々の場合について、因果関係の判定の時に知ることができるすべての客観的事情を斟酌し、われわれの日常経験に基づいて決定することになる。[42]

　不可避説の場合には、不可避的結果というのが原因と結果の間に100％の結果発生の蓋然性を求めるのに対して、自然成り行き説では70％を超える場合を指すとされる。[43]

　この説については、何が自然の成り行きであるか曖昧な場合が生じると

---

38)　木村・前掲注1）134-135頁。
39)　木村・前掲注1）134-135頁。
40)　加藤・前掲注1）270-279頁。
41)　今泉＝大谷・前掲注1）121頁。
42)　今泉＝大谷・前掲注1）122頁。
43)　今泉＝大谷・前掲注1）124頁。

いった批判や、自然の成り行きでは、危険事故と損害との間に強いつながりが必要となることが難点とされている[44]。

(8) 蓋然説　蓋然説（Wahrscheinlichkeitstheorie）は、ドイツのLindenmaierにより提唱された学説で、ある条件が、それを生ぜしめたような結果を客観的または一般的にみて不可避的または蓋然的に生ぜしめたと判断されるときに、それを結果の近因とするものである[45]。

Ritterの不可避説が、危険と損害との間にあまりにも強いつながりを求めすぎるとして、不可避説に修正を加え、不可避的結果に加え、損害発生の可能性を蓋然性（Wahrscheinlichkeit）がある程度高めるような条件も対象に含め、その結果、損害の発生にあたっての相当条件が1つ挙がればそれを原因とし、複数挙がる場合には、近因説によって原因を1つに絞るものである。

この説において蓋然的とは、結果の発生率が50％を超える場合をいい、Ritterの不可避説や加藤由作博士の自然成り行き説に比べて、原因決定にあたっての厳格さを大幅に緩和し、その点で無理がないといわれている[46]。蓋然説は、ドイツにおける相当因果関係説に対する批判のなかから生まれた不可避説をさらに改良したものであるから、近因説の延長線上の学説といわれるが[47]、これを相当因果関係説の正統的・復古的解釈と捉える見解も存在する[48]。蓋然説は、ドイツの海上保険法研究者において最も支持されている学説として[49]、わが国では、木村栄一博士が提唱している[50]。

(9) 損害割当説　この学説は、葛城照三博士によって、原因を1つに絞ることが取引の通念であるとしてきた前提を否定すべき時期に来ているとして提唱された学説で、「損害割当説」と称されている[51]。この説では、

---

44) 今泉＝大谷・前掲注1) 124頁。
45) 今泉＝大谷・前掲注1) 125頁。
46) 今泉＝大谷・前掲注1) 125頁。
47) 木村栄一博士は、近因説の範疇の学説として、最後条件説、最有力条件説、不可避説、蓋然説を位置づけている。木村・前掲注1) 131-136頁。
48) 今村・前掲注1) 55頁。
49) 松島・前掲注7) 17頁。
50) 木村・前掲注1) 135-142頁。
51) 葛城照三「海上保険法における因果関係説として損害割当説を提唱する」損害保険研究42巻2号（1980）1頁。

A危険の不可避的結果としてB危険を誘発せしめ、A危険によってもB危険によっても損害が生じたか、またはB危険のみによって損害が生じた場合を諸原因の結合（combination of causes）と称し、その場合には、危険普遍の原則と例外、または免責危険優先の原則によって保険者のてん補責任の有無やてん補額を算定すべきであるが、2つ以上の危険が協力して損害を生ぜしめた場合、すなわち異種原因の協力作用（joint combination of several different causes）の場合には、損害への貢献度によって割り当てるべきとし、その割当ては海事の専門家によるものとすると主張されている。また、このような割当てを行う効果を導くためには、ノルウェー海上保険通則（Norwegian Marine Insurance Plan）のように、2つ以上の危険の協力または競合によって損害が生じた場合には、損害を各危険に割り当てるという趣旨の規定を新たに設けるべきであるとも主張されている[52]。

この主張の最大の特徴は、いずれの原因も決定的でない状況において、しいて100対0の結果を導くことは不合理であるとして、原因を1つに絞るという前提にメスをあてる点にある。いずれか1つに絞ることの不合理さに対する主張は、以下にみるとおり、その後も繰り返し主張されていて[53]、割合的解決は、海上保険以外の分野においても提起されている[54]。

3 近時の議論

以上のとおり、わが国では、主として海上保険法の研究者によって種々の因果関係学説が提唱され、激しい論争にもなっていた。近時の研究では、まったく新しい学説としての理論の提起はみられないものの、場合に分けて妥当な解決方式をとる議論が展開されている[55]。

因果関係を問題とする事象の場合分けについては、論者によって異なるが、保険者有責となる原因事実（担保危険）と免責となる原因事実（免責危険または非担保危険）との関係をもとに場合分けをして議論するのが通

---

52) 同・前掲注51) 32頁。
53) 本章3の松島恵博士、大谷孝一博士、山下友信教授の各主張を参照。
54) 潮海一雄「地震火災保険訴訟と割合的解決」『現代民事法学の理論〔上巻、西原道雄先生古稀記念〕』（信山社・2001）271頁。
55) 近時の学説として、前掲注7) に記載の各論文参照。

常である。

　たとえば、山下友信教授は、保険法一般としての説明において、わが国の判例では、相当因果関係説が採用されているとの立場に立ち、当事者の意思としても相当因果関係説によるという理解ができるが、相当因果関係説の詳細について判例は固まっていないことを指摘し、因果関係の理論的な整理としては、因果関係が問題となる事象を次の３つの類型に分け、類型ごとに検討していく方式をとる。

　①前後継起的因果関係（以下の４類型に分かれる）
　　a　非担保危険　→　担保危険　　→　保険事故ないし損害
　　b　担保危険　　→　非担保危険　→　保険事故ないし損害
　　c　免責危険　　→　担保危険　　→　保険事故ないし損害
　　d　担保危険　　→　免責危険　　→　保険事故ないし損害
　②補完的因果関係（複数危険の一方だけでは保険事故・損害は生じないが、それらが協働して保険事故・損害を生じさせたといえる場合）
　③重複的因果関係（複数危険のいずれも保険事故・損害を生じさせたといえる場合）

　山下友信教授は、これらのいずれの場合においても、免責危険が原因として作用している限り、約款の免責条項の趣旨に照らした解決をするかがポイントとなるが、それは、一律ではなく、個々の免責事項の趣旨によって解釈を変えることもありうるとし、また、少なくとも補完的因果関係の場合に関しては、部分的な損害てん補義務を認める解決の余地を残しておくことが、無理に原因危険を１つに絞り込むよりも利益調整のあり方としては合理的なものではないかとしている。

　一方、大谷孝一博士は、海上保険における因果関係について、実務では、相当因果関係説によるとの考えがあることを踏まえ、その前提で場合分け

---

56)　今泉＝大谷・前掲注1）129頁以下、山下・前掲注1）384頁以下、松島・前掲注7）18頁以下。これらの整理においては、必ずしも「〇〇説」と銘打ちいろいろな場合を統一的に説明しようとするアプローチはとられていないように見受けられる。

57)　山下・前掲注1）382頁以下。以下にみるとおり、この整理方法は、イギリスのクラーク博士の整理と共通する面がある。

58)　山下・前掲注1）384頁以下。

を行い、事象を4つに分けて整理している[59]。

　①損害発生の適当条件（相当因果関係説に基づく相当条件）が1つの場合
　②異時協力的因果関係（前後継起的因果関係）
　③不可分的協力的因果関係（補完的因果関係。複数危険の協力によって損害が生じたが、1つだけでは損害が生じない場合をいう）
　④重畳的因果関係（複数危険が同時協力的に損害を引き起こし、各危険が単独で損害を引き起こした場合）

　大谷孝一博士は、①の場合は、それを原因と認定することで問題ないが、②ないし④に関する決定方法は、担保危険を優先させる考え方、免責危険を優先させる考え方、担保危険によるといえる部分のみを支払う考え方、損害が担保危険によるという挙証責任が果たされていないとして請求を否定する考え方が提起されているものの、いずれも普遍妥当性という点では十分ではなく、解決の決め手がないため、1996年ノルウェー海上保険通則のような場合分けをした判断基準を約款のなかで設けるのも1つの方法ではないか、と提言している[61]。

　これまでの海上保険における議論では、原因を1つに絞る必要があることを前提とし、割合的な因果関係に基づく分担主義は、海上保険には適合しないというのが基本的な論調であった[62]。しかし、近時では、海上保険における議論においても、不可分的協力的因果関係（または補完的因果関係）や重畳的因果関係（または重複的因果関係）で、適用する局面についての見解が同じであるとはいえないとしても、分担主義に基づく解決が提案さ

---

59) 今泉＝大谷・前掲注1）129頁以下。
60) ①損害が異なる危険の競合によって生じ、保険で負担されていない危険が含まれる場合は、損害の発生・程度に影響を及ぼしたと推定される影響に従って比例配分する（2-13条1項）、②海上危険と戦争危険が競合した場合は、優勢と判別される危険によるものとみなし（2-14条）、③海上危険と戦争危険のいずれかが優勢と判別できない場合は同等の影響を与えたものとみなす（2-16条）、との判断基準を指す。
61) 今泉＝大谷・前掲注1）129-131頁。
62) ドイツにおいても、当時、一般保険契約法では相当因果関係説に立ちつつも、海上保険については蓋然説が唱えられた。その主な理由は、相当因果関係説では複数の原因が挙がってしまい、海上保険の実務取引に適合しないからとされる（木村・前掲注1）134頁以下）。

れている。さらに、その法的な根拠とするために、基準を約款に示し、契約上の合意として解決していく方式も示されている。担保範囲は、契約当事者の合意の問題であるから、求められる因果関係についても契約において明確化していくという方向性は、予測性を高め、当事者間での紛争を回避する優れた方式といえる。ただし、実際に妥当な分担割合の認定ができるかという問題は残る。

III　イギリス

1　海上保険法と判例法における因果関係

因果関係について、MIA は、「この法律の諸規定に従うこととして、かつ、保険証券に別段の定めがない限り、保険者は被保険危険に近因して生じた一切の損害について責めを負うが、上記2つの条件に従い、保険者は、被保険危険に近因して生じたものでない一切の損害について責めを負わない」と規定する（MIA 55条1項）。

この規定から明らかなとおり、MIA は、てん補責任をめぐる因果関係については、特別の規定や約款規定があればそれに従うという大前提を明確化したうえで、「近因して生じた」（proximately caused by）一切の損害をてん補するとして、因果関係の原則を示している。この原則は、「遠因をみずに、近因をみよ」（*causa proxima non remota spectatur*）という法諺に示される原則で、判例により形成され、その原則が同条に規定されたものである。しかし MIA は、近因（proximate cause）とは何かについて、定義していない。19世紀においては、近因とは、時間において損害に最も近接する原因、すなわち時間的にみて最後の原因として理解されていたが、その後、この考え方は否定され、損害を引き起こす効果において最も優勢な（predominant in efficiency）原因を指すことが判例法上、確立した。その後、第二次世界大戦中のウォー・リスクかマリン・リスクかをめぐる判

---

63)　松島・前掲注7) 31頁以降。
64)　今泉＝大谷・前掲注1) 130-131頁。
65)　この時代の考え方は、損害をもたらす原因を鎖上の連鎖として捉え、さまざまな原因を近因と遠因とに分けて、最後のものを近因と捉えていたとされる。Arnould, p. 901.

例において根本原因を近因とする考え方が現れているが[67]、その後は、効果において最も有力な原因を近因とする考え方が支配的である。

しかし、いかなる考え方に基づいて、効果において最も有力な原因と判断するかは、常識的な判断（a broad common sense view）によるというのが、判例における裁判官の一貫したスタンスであり、求められる因果関係について抽象的に公式化しようというアプローチは、判例法のなかではみられない。

もっとも、このような裁判官のアプローチに対しては、種々の批判も出されている。主な主張としては、常識は人によって異なりうること、予測性に欠けること、常識といえる実質は存在しないこと、判決の理由を不明確にしてしまうこと、裁判官の判決理由の回避になることなどが挙げられている[68]。

こうした状況のみをもってすると、イギリスにおいては、因果関係をめぐる法理論があまり進化していないと誤解される可能性があるが、イギリスでは、豊富な判例法の蓄積があり、それが将来の事案解決の基礎になり、また、こうした判例法を整理して、それらをもとに因果関係の理論を公式化する努力がなされている。因果関係という問題に対するアプローチの仕方自体が、日本とイギリスで必ずしも同じではなく、何がイギリス法における因果関係理論であるかを明示することは難しいが、判例の集積とともに、その研究もすすんでいることには注目する必要がある。

2　契約解釈論としての因果関係論

イギリスの因果関係の議論において注目されることは、因果関係は抽象的理論として議論すべきではなく、商業契約上において、当事者がてん補

---

66) Arnould, pp. 900-902；Dunt, *supra* note 1, p. 111. この点を明確化した上院判決として、*Leyland Shipping Company v. Norwich Union Fire Insurance Society* [1918] A. C. 350 があり、その後の判例は、この判決を踏襲している。同判決において、Lord Shaw は、原因は鎖状ではなく網の目になっていると説明した。

67) 軍事的行動（warlike operations）の結果といえるかどうかをめぐる一連の判決で、*Coxwold* 号判決がその代表的事例。

68) 過去に提起された主な批判について、Clarke, *supra* note 1, pp. 785-786 参照。また、Arnould, p. 902、Dunt, *supra* note 1, p. 116 参照。

範囲について意図して作成した契約文言をいかに解釈することが当事者の意図に沿うものであるかという視点が重視されていることである。MIAの条文（MIA 55 条）も、当事者による別段の合意があればそれが優先されることを明示しているが、この点は、多くの裁判において裁判官から繰り返し確認されている[69]。

こうしたことから、因果関係の問題は、常に、問題となる具体的事象の性格や具体的契約文言に基づいて判断すべき問題となる。特に、免責となるかが問題となる場合には、当該免責危険の性格、担保危険と免責危険の一般的関係、免責の趣旨とその具体的規定内容が重要となる。また、各種文言の意味内容を吟味するうえでは、該当部分の文言そのものに限らず、契約の全体から当事者の意図を解釈するアプローチがとられている。

3　因果関係理論の公式化

このような状況にあるなか、イギリスにおいては、多くの研究者により、過去の判例を整理し、そのなかから判決理由といえるものを抽出して明確化する試みがなされている。整理の仕方は、研究者によって同じではないが[70]、ここでは、イギリスにおける保険法の第一人者であるクラーク博士（Dr. Malcolm Clarke）の整理を紹介する[71]。以下は、これまでの海上保険を含めた判例を分析して、保険契約法一般の理論としてまとめられたものである[72]。それぞれのルールは、多くの判例をもととしたもので、過去の判例と整合性をもったものとなっている[73]。

(1) 原則(a)：近因とは　　近因とは、問題となる種の損害を不可避的に

---

69) それら裁判官のコメントについては、Bennett, *supra* note 1, pp. 302-303 参照。
70) ただし、ルールとして抽象的に公式化する方法は、以下のクラーク博士の提言を除き、あまりみられない。
71) Clarke, *supra* note 1, p. 789.
72) そのため、海上保険契約に焦点をあてた理論ではない。また、イギリス以外の判例も検討しており、かなり広いベースの理論の提言となっている。これは、保険法一般における理論として提示されているので、海上保険契約にそのまま適合するか否かは吟味が必要であるが、イギリスでは、保険の因果関係について、海上保険とそれ以外で区別されると明言する主張も見受けられない。
73) 抽象的に構築したルールではなく、多くの判例を分析して、そこから一般理論を抽出したものである。

導いた出来事（event led inevitably to the kind of loss in question）を指し、ここにおける不可避的とは、絶対的なことを指すのではなく、当該損害を生起するうえで合理的確実性をもって作用したものをいう。

（2）原則(b)：損害の範囲　　原則(a)のもとで損害が担保危険（peril）の不可避的結果である場合、その損害の全部が支払われる。たとえ、担保危険発生時においては、損害の発生が不可避的でなく、またその結果となると考えられなかったとしても、換言すれば、その時の状況における自然な結果でなくてもよい。

（3）原則(c)：被保険者の過失　　原則(a)と原則(b)は、担保危険に直面した際の、または担保危険の発動に結びつく出来事における被保険者またはその使用人の過失によって影響を受けない。ただし、過失が担保危険それ自体または免責である場合はこの限りでない。

（4）原則(d)：損害回避・軽減のための合理的努力　　原則(a)（またおそらく(b)も）は、被保険者またはその使用人の損害回避・軽減のための合理的努力によって影響を受けない[74]。ただし、損害回避・軽減の努力が担保危険それ自体または免責である場合はその限りでない。

（5）原則(e)：前後継起的原因（免責 → 担保危険 → 損害）　　原則(a)で近因となる担保危険は、原則(a)で同じく近因となる免責原因の後に発生した場合には近因とはならない。因果の同一の連鎖において、免責原因が不可避的に担保危険と損害を導いた場合、近因は免責原因となる。

（6）原則(f)：同時かつ独立の原因競合1　　原則(a)に基づき、同時かつ独立の2つの原因が導かれ、それらが担保危険と免責危険である場合、それらが相互依存関係にあって、いずれも単独では損害を導くものでなければ、免責が適用される。

（7）原則(ff)：同時かつ独立の原因競合2　　原則(a)に基づき、同時かつ独立の2つの原因が導かれ、それらが担保危険と免責危険である場合、それらが独立していて、いずれも単独で損害を導くものであれば、担保危険に帰すると考えられる損害の部分についてのみ支払われる。

---

74) その理由としては、因果関係においては、このような努力は担保危険の一部に包含されると考えられるためとされる。

(8) 原則(g)：前後継起的原因（担保危険 → 免責 → 損害）　担保危険が不可避的に免責事象を導き、その結果、損害を導いた場合、近因は担保危険となる。

(9) 原則の修正　以上の原則は、約款文言により、また裁判所により、以下の修正がなされうる。

- 競合原因が前後継起的に存在するか同時並行的に存在するかの認定は難しく、裁判所による認定には裁量の余地がある。
- 原因と損害の乖離は、原因の定義と範囲を拡大することによって埋めることが可能である。約款文言の書き方によって調整可能であり、裁判上で、担保危険の定義が下される場合もある。
- 因果関係の原則は、契約当事者の意図に基づくものであり、適当な文言によって、その内容を変更することが可能である。その具体例としては、次のものが挙げられる。

　　occasioned by：近因原則を変更し、より広い意味になる。
　　directly or indirectly：この場合、directly とは近因を意味するので、indirectly はそれより広い意味となる。
　　arising out of：近因を指すとは限らない用語で、裁判官によって解釈が異なりうる。
　　sole or independent cause of loss：原因競合の問題を避けることができる表現となる。

4　イギリスの海上保険における因果関係について

　以上の因果関係の公式化は、生命保険も含めた、イギリスの保険契約全体を対象として整理したものである。特に、イギリスの海上保険法を理解するうえで重要と考えられる点について、以下に付記する。

　(1)　海上保険契約における担保危険の表記　海上保険では、事故の態様、原因がさまざまであるため、契約上の担保危険の表記が重要となる。因果関係の議論は、契約文言における担保危険の表示内容をもとに議論すべき問題であるので、生じた事故が文言に記載された事故に含まれるかどうかが第1のポイントとなる[75]。たとえば、担保危険として「海水の浸入」となっていれば、海水の浸入といえるかが問題であり、それが荒天によっ

て生じたか、過失によって生じたかは、この時点では問題ではない。逆に、免責として示されたものであれば、第一義的には、それを免責とするのが約款の意図と考えられる。

(2) 故意の違法行為　免責が適用されるかは、免責条項の文言とその趣旨によるが、過去の判例において、wilful misconduct については、緩やかな因果関係であっても免責されることが確立しており、その点は、MIA でも proximately caused by という表現の代わりに、attributable to という表現を用いて示されている（MIA 55 条 2 項 a 号）。協会保険約款においても、同様の表記がとられている。

(3) 海上保険証券における因果関係に関する文言　海上保険の約款では、因果関係を示すさまざまな語句がある。たとえば、協会貨物約款では、attributable to、caused by、arising from、resulting from、reasonably attributable to、directly or indirectly caused by or arising from の文言が使用されており[76]、その解釈が問題となる。

これらについて、MIA における近因原則を変更する意図が明らかであるかどうかがポイントとなる。これまでの判例に基づけば、因果関係の文言だけで求められる因果が変更されるとみることは適当でなく、問題となる担保危険や免責の内容に照らして判断する必要がある[77]。たとえば、wilful misconduct の場合には、近因原則より弱い因果関係をもって免責が適用されることが確立していて、MIA は近因原則によるものではないことを表現するうえで、caused by ではなく attributable to との文言を用いているが、因果関係を広く捉えるとの意図は免責危険の性格や免責の趣旨から生まれる面もあるので、attributable to という言葉自体から導かれると断定的に考えることは適当でない。実際に、attributable to という語句が用いられていた別の事件において、これは中立的な表現であり、MIA の

---

75) Bennett, *supra* note 1, p. 306.
76) "attributable to" wilful misconduct (Clause 4.1 ICC(A)), "caused by" insufficiency of packing (Clause 4.3 ICC(A), "arising from" unseaworthiness (Clause 5.1 ICC(A)), "resulting from" strikes (Clause 7.2 ICC(A)), "reasonably attributable to" fire or explosion etc. (Clause 1.1 ICC(B) / (C)), "directly or indirectly caused by or arising from" (Clause 4.7 ICC(A)).
77) Dunt は、協会貨物約款等で用いられる各種因果関係の文言のひとつひとつについて詳細に分析する（Dunt, *supra* note 1, pp. 123-133）。

近因原則を変更するものではないとの判決も下されている[78]。

Ⅳ　小　　括

1　因果関係に対するアプローチ

　因果関係の法と理論は、日本とイギリスのいずれにおいても、複雑かつ難しい研究領域となっている。わが国では多くの学説が提唱されて、「因果関係論」と呼ばれる研究領域になっているが、いまだ定説が認められる状況にはない。また、裁判においては相当因果関係説が採用されているとしても、その内容が明確とはいえない状況にある。イギリスにおいても、近因原則という言葉は確立しているが、その考え方は時代とともに変遷し、その具体的な考え方は、裁判官の事実認定における判断のなかに隠れてしまい、判例理論としての明確化はなされていない状況にある。

　しかし、最近の研究では、いずれの国においても、因果関係が問題となる事象を類型化して、判断上のポイントを整理していく傾向が認められ、その内容についても日本とイギリスで、類似点も多いように思われる[79]。

　海上保険における因果関係を検討する場合には、海上保険では、多くの危険を包含して引き受けて一部を免責とする方式が多く、また、担保している事項や免責としている事項のレベルもさまざまであり[80]、その点を踏まえる必要がある。その点からは、いろいろな類型に細分化して因果関係を判定する際のポイントを整理していく方法が適合すると考えられる。

　因果関係の問題は、結局は、保険者が引き受ける危険や危険事情の範囲を、当事者間で紛争が生じないようにできるだけ明確化させる点に主眼が

---

78) *The Salem* [1982] 1 Lloyd's Rep. 369, [1983] 1 Lloyd's Rep. 342.
79) わが国では、イギリスの近因説を日本でも採用すべきであるとする見解は見受けられないことから、イギリスと日本で、まったく異なる因果関係の考え方が採用されているように見受けられる可能性があるが、具体的な内容面において両者間に大きな違いが存在するかについては疑問がある。
80) 原因から損害までの一連の流れのなかで、危険事情、原因形態の事象、発現形態かつ次の原因となる事象、結果として生じた損害などの種類の異なる事象が、担保危険（事故）として、あるいは、免責として記載されている。

ある。その点からすれば、担保範囲については、因果関係理論の構築という方法だけでなく、危険の引受方式に関する約款文言や免責条項の記述の工夫などによって、契約意図を明確化する努力が必要である。また、大谷孝一博士が提言されるように、ノルウェー海上保険通則のように判断基準を約款に織り込むことで明確化する方式[81]も、検討に値するものと考えられる。

2 割合的因果関係

因果関係論において、最も根本的な問題は、割合的な解決を認めるかどうかである。日本およびイギリスはともに割合的因果関係に否定的であるが、日本法準拠の場合は、相当因果関係説の立場から、割合的因果関係を認めて責任を分担する解決も視野に入ってくる[82]。すでに述べたとおり、最近のわが国の議論においては、原因が競合する一定の類型の解決方法として、割合的因果関係に基づく分担方式が提言されている。

割合的分担方式は、しいて100対0の結論を導くことの不合理を解決する大きな利点が認められる。この方式を採用するかどうかは、実際面で適切に機能するかどうかにあり、以下のような点の検討が必要と考えられる[83]。

第1に、わが国では、第三者的な認定機関が存在せず、誰がどのように割合を認定するかという問題がある。海上保険では、事故件数は少ないものの、その態様は千差万別であり、当事者が納得できる合意を形成できるかがポイントとなる。海事仲裁等の紛争処理制度を通じて解決する方法はあるが、解決のために一定の時間と費用がかかる。また、先例がないなかで、当事者が納得するような裁定が下せるかという問題もある。

第2に、海難は、船舶の堪航性、梱包の不適切性、遅延等の免責となる事象が競合して発生する場合が多い。免責条項を優先させるという約款解釈を採用する場合でも、実務上、免責危険によって生じたことの立証責任の問題を伴うので、免責事由が競合する場合には、免責危険によって生じ

---

81) 今泉＝大谷・前掲注1) 130-131頁。
82) 理論上も分担主義がありうることの検討として、松島・前掲注7) 32頁、山下・前掲注1) 387頁。
83) 以下の検討ポイントは、筆者の見解である。

たと立証できない限りは有責とするのが実状でないかと考えられる。もしそうであれば、割合的因果関係が認められた場合、これまで免責事由によるとまでは言い切れないために全額を支払っていた事象については、実務上減額して支払うこととなり、被保険者に不利にはたらく可能性がある。

　第3に、原因が競合するような場合には、割合的因果関係の認定という方法でなくとも、立証水準などを根拠としてオール・オア・ナッシングではない解決を導く方法もあり、海上保険の分野では、当事者間の合意によってこのような解決方法を採用する場合がないわけでない[84]。特に、海上保険の分野では、世界的な慣行として、compromised settlement と呼ばれる妥協的解決方法[85]が存在し、限界事例における便宜的手法として利用されている。

---

84) たとえば、免責危険（梱包不良）と担保危険の結合の場合に、減額して保険金を支払うことなど。この妥協的支払いは、割合的因果関係の認定を実質上行っているともいえる。割合的因果関係の理論は、こうした実務慣行を理論的に裏づけることになる面はある。
85) こうした妥協的解決は、これを先例とはしないという条件でなされる場合が多く、without prejudice settlement（実務では、WP払いなどとも称される）と呼ばれる。

第8章

危険事情の限定と危険の変動

I 総　説

1　保険制度における危険事情の限定の意義[1]

　保険は、偶然の事故（peril）が生じた場合に給付を行う制度である。事故は、さまざまな危険事情（hazard）の影響を受けて、またはそれが原因

---

[1]　本章では、第1章に掲げる各種文献を参考にしているが、脚注で特に示している文献のほか、比較的最近の海上保険の文献として、葛城照三『貨物海上保険普通約款論』（早稲田大学出版部・1971）、同『1981年版　英文積荷保険証券論』（早稲田大学出版部・1981）、今村有『海上保険契約法論〔上中下巻〕』（損害保険事業研究所・1978～1980）、木村栄一『海上保険』（千倉書房・1978）、亀井利明『英国海上保険約款論』（関西大学出版部・1986）、松島恵『貨物海上保険概説』（成文堂・1991）、同『船舶保険約款研究』（成文堂・1994）、同『海上保険論〔改訂第8版〕』（損害保険事業総合研究所・2001）、今泉敬忠＝大谷孝一『海上保険法概論〔第3版〕』（損害保険事業総合研究所・2010）、藤沢順＝小林卓視＝横山健一「海上リスクマネジメント〔改訂版〕」（成山堂・2010）を参考にしている。また、保険法につき、特に、山下友信『保険法』（有斐閣・2005）、落合誠一＝山下典孝編集『新しい保険法の理論と実務（損害保険・傷害疾病保険）』（経済法令研究会・2008）、萩本修編著『一問一答・保険法』（商事法務・2009）、落合誠一監修・編著『保険法コンメンタール』（損害保険事業総合研究所・2009）、甘利公人＝山本哲生編『保険法の論点と展望』（商事法務・2009）、金澤理監修＝大塚英明＝児玉康夫編『新保険法と保険契約法理の新たな展開』（ぎょうせい・2009）を参考にしている。イギリスの文献については、特に以下の文献を参考にしている。Howard Bennett, *The law of marine insurance*, 2nd ed., Oxford, New York, 2006 ; Malcolm Clarke, *The law of insurance contracts*, 5th ed., London, 2006 ; John Dunt, *Marine cargo insurance*, London, 2009 ; Susan Hodges, *Law of marine insurance*, London, 1996 ; B. G. Jervis, *Marine insurance*, London, 2005 ; Robert Merkin, *Marine insurance legislation*, 3rd ed., London, 2005 ; R. M. Merkin (ed.), *Insurance law An Introduction*, London, 2007 ; Gilman and Merkin, etc., *Arnould's law of marine insurance and average*, 17th ed., London, 2008（以下、本章において Arnould として参照する）; O'May and Julian Hill, *Marine insurance law and policy*, London, 1993 ; D. Rhidian Thomas (ed.), *The modern law of marine insurance*, London, 1996 ; Baris Soyer, *Warranties in marine insurance*, 1st ed., London, 2001.

となって発生するので、事故の発生可能性（risk）は危険事情によって異なってくる。[2] 危険事情は、多岐にわたるので、保険制度を適切に機能させるためには、いかなる危険事情に着目し、それをいかに取り扱うかが重要である。[3]

保険は、大数の法則に基づく制度であるので、引き受けるリスクを均質化する必要がある。[4] そのためには、特殊なリスクは対象外として排除しておく必要がある。保険制度では、保険給付の対象事象（保険事故）や対象としない事象（免責事故等）を明確化して給付対象事象を限定する必要があるが、それだけではリスクの限定は不十分で、事故の発生に影響を与える（あるいはその原因となる）危険事情（hazard）についても一定の範囲内に限定しておく必要がある。[5] こうした危険事情の限定は、保険契約の条件として具体化する必要があり、保険料はその条件を前提として算出される。[6]

危険事情の限定は、保険制度の運営上、必要不可欠であるが、外面的には保険者の責任を制限する形をとることから、保険者の利益保護のための制度として理解される可能性がある。しかし、そうした認識は妥当とはいえない。保険料は、事故発生の確率を見積もって算出されるものであるが、

---

2) 保険学における危険に関する用語（risk、peril、hazard）の意味については、本書第6章Ⅱを参照。
3) 保険法の体系書において、危険の限定について独立の章を設け、それと危険の変動とを組み合わせて叙述する方式は、必ずしも一般的とはいえないが、本書では、海上保険における危険事故（peril）と危険事情（hazard）の重要性を考慮し、それらを分けて説明し、後者についての説明のなかでワランティ（warranty）や危険の変動を扱っている。
4) 保険経営においては、質的に異なるリスクを組み合わせることによってリスクを削減する方法も併せて用いられる。
5) わが国保険法の体系上、危険の制限をいかに位置づけるかは、必ずしも確立しているとはいえない。契約上の合意による危険事情の限定については、陸上保険分野では、通常、免責または危険の変動のなかで説明されるが、海上保険では、特に重要な事項であるので、本章では、これらをまとめて説明している。葛城照三博士は、海上保険においては、航海に起因または付随する一切の危険を負担するが、海上保険者の負担する海上危険を種類的に制限するほか、危険負担責任に条件または制限を付し、これを「危険の制限」と称し、危険の制限には、場所的、時間的、種類的、原因的、原因力的および条件的制限があると説明し、危険の制限の手法の1つとして免責事故を扱っている（葛城・前掲注1）『1981年版　英文積荷保険証論』210頁）。各種の危険の制限のうち、事故（peril）の除外については、免責危険として本書第6章で扱い、本章では、危険事情（hazard）に関する除外を説明する。
6) 保険制度の大原則である収支相等の原則や給付反対給付均等の原則を確保するうえでは、保険給付の可能性と保険料との均衡を図る必要がある。保険給付の可能性は、保険条件によって決まってくるので、保険条件をいかに設定するかが重要となる。

設定する保険条件が前提となる。危険事情を限定しなければ、保険料は、その分、高くなる。種々の危険事情を想定する場合には、それによる事故発生の可能性または蓋然性を保険料に織り込む必要が生じ、危険事情を限定することにより、保険料を合理的な範囲内に設定することが可能となる。したがって、危険事情の限定は、保険制度の合理的運営において必要不可欠な事項で、契約者、保険者のいずれか一方の利益のための制度ではない。

　保険制度は、契約という法的形式を利用して実現する必要があることから、危険事情の限定は契約面に反映させる必要があり、保険契約では、危険事情の限定のためにさまざまな方式が利用されている。

2　海上保険における危険事情

　危険事情（hazard）の限定は、保険の種類を問わず必要となる事項であるが、とりわけ海上保険においては、危険事情自体が複雑であるために、危険事情への対処は特に重要となる。

　危険事情は、損害発生の可能性または蓋然性に影響を与える各種事情であるので、対象となる財物によって異なる。第1章でみたとおり、海上保険はさまざまな財物を対象とすることから、多様な危険事情が関係する[7]。また、海上保険では各種の危険事故（peril）を対象とし、危険事故は、多様な危険事情を背景に、またそれが原因となって発生する。保険保護の対象にする危険事故の種類が多ければ多いほど、関係する危険事情は増える[8]。

　海上保険における主要な危険事情としては、以下のものが挙げられる。

　①船舶保険における主な危険事情
- 船舶の国籍、構造、用途、船齢
- 関係法規の充足状況、船級
- 船舶の管理状態、乗組員の人数、水準
- 船主や管理者の所在、経済状態
- 用船の状況

---

7)　たとえば、青果物に対する貨物海上保険において、輸送の時期や期間は、他の貨物に対する保険に比べて、リスクに作用する重要な危険事情となる。

8)　このことを示す単純な例として、住宅に関する保険について考えてみたい。建物の所在地は、火災のみの担保であれば決定的な危険事情とならないが、地震危険が担保対象の場合は、重要な危険事情となる。

- ●航海範囲、航路、航海の時期
- ●港、港湾施設等の状態
- ●国際紛争等の状況

②貨物海上保険における主な危険事情
- ●貨物の性質、品質
- ●輸出者、輸入者
- ●貨物の輸送方法、積載場所、積載船舶の水準または状態
- ●貨物の梱包、コンテナの状態
- ●輸送経路、日数、時期、積替えの有無
- ●内陸運送の方法

　以上の危険事情は一般的なものであるが、船舶や貨物の種類によって問題となる危険事情に違いがある。危険事情は、保険者側でも入手可能な一般的な情報（国際情勢、港湾ストライキの状況など）と、保険契約者や被保険者でないとわからない個別具体的なもの、当事者いずれにもわからないものとさまざまである。

　また、海上保険における危険事情は、保険期間中に変動する場合も多い。国際情勢、港湾ストライキの状況、取引先や関係業者の経済状況、その他の環境の変化により、前提としていた危険事情が大きく変わることがある。

　海上保険では、多様な危険事情に対する手当が重要で、そのための手法が生み出され、利用されている。本章では、危険事情の限定に関係する各種制度について説明する。

Ⅱ　危険事情の限定に関係する各種制度

1　告知義務[9]

　危険事情は、保険者側で把握できる事情もあるが、個々の保険取引における個別性が強いものが多く、また、それに関する情報は、保険契約者・被保険者のみが保有していて、保険者にはわからない場合が多い。危険事情に関する情報は、多くの場合、契約者や被保険者の企業秘密やプライバ

9）　告知義務は、保険契約締結時の義務であるが、海上保険における危険事情の限定に関して重要な機能を有していることから、本章では告知義務についても取り上げている。

シーの領域の情報となるので、保険者側で直接情報を取得することは難しいし、みずから情報を収集しようとしても調査のために膨大なコストを要し、合理的でない。これらの情報の取得は、契約者等からの告知に頼らざるを得ないし、告知を前提とすることが合理的である。

　危険事情の告知が適切かつ合理的になされるためには、それを確保するための制度的な枠組みが必要となる。保険における告知義務の制度は、危険の引受可否、保険条件、保険料水準等に影響を与えるような情報（危険事情に関する情報）を、保険契約者や被保険者から保険者に提供させ、また、重要な事項について不実のことを告げてはならない旨を契約者側の義務として設定し、義務違反が生じた場合には、保険者に保険契約の解除権を与えることにより、適切な告知がなされることのインセンティブを与える仕組みといえる。[10] 各国の保険法は、告知義務を法律上の義務として一定の規律を設けており、[11] 個別の契約では、必要に応じて法律上の義務を前提とした内容の修正をし、契約上の義務として、保険契約者等に対する告知義務を設定している。[12][13]

　保険者は、保険契約者等から提供された情報をもとに、引受可否や保険条件を判断して、危険事情の限定を契約条件面に反映させ、その条件における保険料を算出する。海上保険では、対象とする保険の目的物、輸送形態、商売の形態等の危険事情が多様で個別性も高いことから、告知義務は、適切な保険条件の設定と保険料の算出において、きわめて重要な制度とな

---

10) 告知義務の立法趣旨については、保険者による危険測定の必要のために特に法律が課した義務であるとする技術説がわが国判例の立場であり、通説である（山下・前掲注1) 283頁）。
11) 告知義務に関する法律の内容や効果は、国によって異なる。わが国商法は、自発的申告義務として告知義務を規定していたが、保険法は、消費者保護の観点から、これを変更し、告知を求めたものについて事実の告知をする義務（質問に対する応答義務）として法定し（保険法4条）、保険法の内容より契約者側の不利な約束を認めない片面的強行規定として位置づけている（同7条）。告知義務違反については、保険法は、保険契約者または被保険者が故意または重大な過失により事実の告知をせず、または不実の告知をしたときに契約の解除を認める（同28条）。解除は、将来に向かってのみその効力を有するが、解除された時点までに発生した保険事故による損害については、告知義務の違反があった事実に基づかずに発生した保険事故による損害を除いて、保険者はてん補責任を負わない（同31条1項、2項1号）。
12) 保険法の告知義務は、片面的強行規定であるが、海上保険法においては、片面的強行法規とはならない（保険法36条）。
13) 英文保険証券において準拠法の部分的指定がある場合、告知義務に関する準拠法がいずれになるかは、必ずしも明らかでないという問題がある。

っている。

　告知義務の制度は、給付反対給付均等の原則を支える制度といえるが、この制度は保険料を合理化する機能を有していることにも注目すべきである。危険率を高める重要な危険事情が他にも存在するかもしれないとなれば、その不確実性（リスク）を想定して保険料も高くなる。しかし、告知義務に違反があれば、保険者に契約の解除権を与えるという方法を利用して、契約者側が危険事情に関する情報の不確実性のリスクを負担することにより、その不確実性に対するコストを保険料から削減できるのである。

　このように告知義務の制度は、危険事情の限定と保険料設定を行うための手段として重要な機能を有するとともに、この制度自体も、保険契約者等が知りうる限り、他には重要な危険事情は存在しないということを保険契約者等がいわば保証する形で、保険で引き受ける危険事情の範囲を限定する機能を有しているといえる。

2　契約における危険事情限定の方法

　危険事情の限定は、具体的には、保険契約の契約条件として明示する必要がある[14]。海上保険では、危険事情および保険条件の多様性を背景に、危険事情の限定に関してさまざまな方式が利用されている。

　危険事情の限定は、契約時点を基準として、保険期間の全体に対するものとして合意される。限定の方法は、いろいろあるが、前提としていた事情が実際とは異なっていた場合には、告知義務や表示上の違反、契約上の約束違反、停止条件の違反等の問題となる。契約締結後に、契約で前提としていた危険事情に変動が生じた場合は、危険の変動の問題として扱うことになる[15]。

　危険事情の限定の方法としては、以下がある[16]。

---

14)　こうした危険事情の限定は、保険商品の制度設計や個別取引における引受条件の問題であり、原則として、契約自由の領域の問題といえる。

15)　契約において特定の危険事情が保険者の責任から排除されていれば、そうした排除を前提として保険料が算出されているのであるから、そのような事情が仮に保険期間中に発現した場合であっても危険の変動の問題とはならない。危険の変動とは、厳密には、前提として当事者が合意していた事情がその後に変化した場合をいうものと解される。ただし、危険の変動という場合に、もともと契約で特定の事情を排除している場合も含めていることもある。

16)　実際の約款文言はさまざまである。以下の説明は概要にすぎない。

(1) 原因免責　これは、排除する危険事情を免責危険（または単に、免責）として契約上設定する方法である。この方法は、排除する危険事情と損害との間に因果関係がある場合に、免責の効果を生じさせるものである。たとえば、コンテナ内の貨物の積付状態は、貨物海上保険における危険事情の1つであるが、それが不良である状態が原因となって損害が発生した場合を免責とすることで、積付状態という危険事情についての一定の限定を行うものである[17]。また、航海の遅延も原因免責として扱われている[18][19]。貨物海上保険においては、航海期間は重要な危険事情であるが、それが予定より長引いた状態を遅延とし、原因免責として排除する方式が採用されている。保険者は、免責を主張するためには、免責事由によって損害が生じたことを立証しなければならない。原因免責として設定する方式は、問題とする事象と損害との間に因果関係がある場合にのみ免責とする方式であるので、被保険者等の納得が得られやすい方法といえる。

(2) 契約上の条件（condition）　これは、危険事情を限定するために、一定の事情が存在しないことまたは、一定の事情が充足されることを契約上の条件として設定する方法である。この方法には、普通保険約款や特別約款に条項として記載する方式や、たとえば、「マイナス18℃以下で輸送されることを条件とする」、「積地における水分の含有率が10％以下であることを条件とする」などと保険証券により詳細な条件を記載する方式がある。こうした各種条件の記載は、とりわけ多種多様の財産を扱う外航貨物海上保険においては、珍しいことではないが[20]、こうした条件の記載文言がいかなる法的効果を伴うのかは必ずしも明確でない面がある。

---

17) その例として、協会貨物約款(A)1/1/09 の 4.3 条。
18) MIA 55 条(2)(b)は、遅延を免責危険として位置づけている。協会貨物約款(A)1/1/09 でも同様である（同 4.5 条）。
19) ただし、航海保険において航海の開始における遅延は、前提条件の変動の問題として、危険の変動の領域の問題となる。MIA では、航海事業が相当な期間内に開始されなければならないことを黙示条件として、航海事業が相当な期間内に開始されないときは、保険者は契約の取消しができるものと規定する（MIA 42 条）。ただし、同法の原則は、実際の約款で修正され、航海事業の開始に限らず、被保険者の支配し得ない遅延の場合も保険は存続する扱いとなる（協会貨物約款(A)8.3 条）。協会貨物約款では、遅延による保険契約の取消権を排除する一方、遅延を原因免責として位置づけ、それによって生じる損害を免責としている。
20) こうした条件の設定は、貨物海上保険において、特殊な貨物の場合や性質危険などを特に担保する場合に利用される。

指定した条件との相違は、保険契約者側の責めに帰すべき事由によって生じる場合もあれば、保険契約者側では左右できない原因によって生じる場合もある。また、保険期間開始前に生じる場合もあれば、開始後に生じる場合もある。

条件に違反が生じた場合の効果は、適用される準拠法に基づいて、その条件が契約上有する法的性格を踏まえて、判断されるべき事項といえる。すなわち、具体的な文言、当事者の意図などに基づいて、個別に判断すべきであるが、日本法のもとで一般的に述べれば、契約で設定した各種条件の違反は、契約違反として損害賠償の問題となり、損害との因果関係の存在のほか、保険契約者等の帰責性が問題になると考えられる。

イギリスの契約法では、契約上の各種条項・条件を condition と warranty に分ける。前者は、契約の根本（roots）にまで至る事項で、その違反は相手に対して損害賠償請求権に加えて契約の解除権も与えるが、後者は、そこまでのものではなく、損害賠償請求権のみを与えるものとされている。一方、保険の分野では、これとは異なる用法が用いられ、warranty は、後に述べるとおり、約束違反があれば、因果関係を問わずに保険者の免責が成立する条件（condition precedent to liability）として理解され、condition は、そこまでの効果は有さず、違反に対して損害賠償請求権しか与えない各種条項を指すものと理解されている[21]。

以上は、イギリス法律用語の一般的意味であるが、イギリスの保険実務においては、condition という用語は、いろいろな意味に使われている。特に海上保険の場合は、condition という表題のもとで、保険の担保条件を示す場合が多く、そこには、warranty も含まれている場合がある[22]。さらに、condition や warranty ともいえない条項や条件も存在する。それらは、innominate terms とか ordinary bare conditions と称され、違反の性格や重大性に基づいて効果を考えるべきものとされている[23]。契約上の条

---

21) 保険における condition の意味については、Dunt, *supra* note 1, pp. 104-105 参照。
22) Dunt, *supra* note 1, p. 104.
23) Merkin, *Insurance law An Introduction, supra* note 1, p. 100. 参照。こうした条項の例としては、再保険契約における、記録を完全かつ適切に保存しておくことを求める条項がある（Dunt, *supra* note 1, pp. 105-107）。

件として指定した事項が、いかなる効果をもつかは、契約の解釈原則に照らして判断すべき事項となる。[24]

(3) **停止条件**（condition precedent）　これは、危険事情を限定するために、一定事情の充足または一定事情の存在や不存在を停止条件として設定する方法である。たとえば、保険証券上で「マイナス 18℃以下に冷凍されることを本引受け上の停止条件とする」と表記する方式である。[25] こうした停止条件の設定は、all risks 条件（または ICC(A)条件）を超える担保においてしばしば利用される。[26] 日本法のもとで、停止条件として保険契約上表記した場合に、いかなる効果が生じるかは、個別具体的な状況を踏まえて、契約解釈の原則に照らして判断すべき事項となるものと考えられる。[27] 保険者の意図としては、条件違反が生じれば、保険責任が停止するもの（契約自体を無効とする意図とは考えにくい）と考えられるが、違反の場合の効果について明示されていない場合は、違反の帰責性や損害との因果関係などを考慮して判断を下す事項になろう。

イギリスで停止条件に相当するのは condition precedent である。これは、さらに condition precedent to enforceability と condition precedent to recovery に分かれる。前者は、契約の拘束力が発生するうえでの前提となる条件であり、後者は、保険者の責任負担が発生するうえでの前提となるものである。保険で問題となるのは後者、保険金の請求権の停止条件としてのものである。[28] 裁判例として、協会貨物約款 18 条（遅延の回避）の違反の効果が争われた事件では、本項を condition precedent to recovery と

---

24) 保険契約の解釈原則に関するわかりやすい解説としては、Merkin, *Insurance law An Introduction, supra* note 1, pp. 79-85 参照。
25) condition precedent の文言は、損害発生後の通知義務を記載する場合にもしばしば利用される。
26) たとえば、液体貨物の引受けで原因のいかんを問わずに不足損害を担保する条件（shortage howsoever caused）の場合に、積地における weight certificate があることを前提条件とするなど。容量差を損害とする場合には、軽量基準や証明書の発行の有無などが、事故（損害）発生を左右する重要な事情になるので、適正な事情が確保されることを前提条件として設定したうえで、結果損害を担保する方式がとられる。
27) わが国では、標準約款が普及し、裁判例もその約款文言をもとに下され、個別文言における解釈が問題となる例は少ない。海上保険では、個別特約が多く存在するが、こうした特約文言をめぐる顧客との間の紛争を訴訟で争うことはほとんどない。そのため、保険契約上の各種文言をめぐる判例の蓄積は期待しにくい。
28) Merkin, *Insurance law An Introduction, supra* note 1, pp. 95-100.

認定して、違反により保険者は免責となる旨の判決が下されている[29]。condition precedent to recovery の法的効果は、warranty と同じと理解されていて[30]、海上保険の実務では、condition precedent to recovery を使用したい場合は warranty が利用されている[31]。

(4) 保険責任の一時停止　これは、特定の事情が生じている期間または特定の事情が消滅している期間については、保険カバー（保険者の危険負担責任）を停止させ、損害が生じても、危険事情との因果関係を問題にすることなく支払いの対象外とする方法である。この方法は、危険事情が保険期間中に変動した場合（危険の変動）の措置として利用されている[32]。その事情が消滅すれば、もとの保険カバーの状態に戻る[33]。

(5) 以後免責　これは、特定の事情が生じた場合または特定の事情が消滅した場合に、その後の保険者の責任を終了させる方法である[34]。その後に損害が生じれば、特定事情の存在や不存在と損害との因果関係を問題とすることなく、保険者はてん補責任を免れる[35]。この方式は、わが国では、「以後免責」または「事後免責」と称され、船舶保険などで、危険の変動の場合の対応として利用されている。以後免責は、保険者の責任負担義務を停止させるが、契約を解除するものではないので、保険料返戻の問題は生じない。以後免責に似た方式として、特定の事情が生じた場合に被保険者等に保険者に対する通知義務を課し、保険条件や保険料の調整のうえ、保険責任を継続する方法もある[36]。

---

29) Dunt, *supra* note 1, p. 104, pp. 238-241.
30) condition precedent の場合は設定した条件からの違反、warranty の場合には約束したことからの違反という違いはあるが、違反により保険者の責任は開始しないという点で同じになる。
31) Dunt, *supra* note 1, p. 104.
32) この方法は、危険の変動が生じた場合の対応方法として、わが国でしばしば利用されている。例としては、船舶保険における航路定限、貨物海上保険における甲板積みなどがある。地理的制限と時間的制限とを組み合わせて、「冬季の北緯50度以北を航行した場合」といった方法も用いられる。
33) 木村栄一博士は、こうした効果を有する条項を while clause と称している（木村・前掲注1）156頁）。
34) ただし、免責の適用にあたって被保険者側の帰責性が問題となるかどうかなど不明な点もある。
35) 木村栄一博士は、こうした効果を有する条項を if clause と称している（木村・前掲注1）156頁）。
36) わが国の船舶保険約款の以後免責規定として、「ただし、その事実が消滅した後において

(6) ワランティ（warranty）　これは、特定事項の充足をイギリス保険法上の warranty[37] として設定する方法である。warranty は、英米法上の法律概念であり[38]、イギリスの保険法においては、一定事項の充足を契約上明示してまたは法律に基づき黙示的に約束するもので、その約束に違反が生じれば違反当日から保険者の責任は免じられる。損害が生じても、それとの因果関係を問題とすることなく支払いの対象外となる効果は、上記の condition precedent や「以後免責」と同様である。イギリスの海上保険では、warranty が頻繁に利用されていて、MIA にも関連規定がある。warranty については、本章Ⅲで説明する。

3　危険事情の限定に関する約款文言の解釈

(1) 解釈上の注意点　危険事情を限定する各種条項や文言は、解釈において疑義が生じやすく、解釈上の難しい問題を伴う。その理由としては、以下の3点がある。

　(a) 準拠法　外航貨物海上保険契約や英文の船舶保険契約では、てん補責任や保険金支払いについては、イギリスの法と慣習に準拠する旨の準拠法約款が設けられている。危険事情の限定に関する条項の解釈は、最終的にはてん補責任や支払いに関係する。しかし、契約の前提条件として設定されている場合や、違反によって保険者に契約の解除権が生じる条項の場合は、契約の存在に関する問題ともなるので、現行の約款文言において契約締結に関する準拠法によるとの解釈がなされる可能性も否定できない[39]。また、当該準拠法約款を解釈する裁判管轄によって、異なる解釈がなされる可能性がある[40]。

　　当社が書面により承諾したときは、その承諾後に生じた損害については、その限りではありません」としている例がある。
37) わが国では、「担保」の訳が定着しているが、本章では、危険担保との違いに混同が生じることを避けるために、原文のまま warranty と記している。
38) イギリス法における warranty の意味は、法律の領域により同一ではない。なお、"Warranted free from……" と表示して免責を記載する場合は、その内容は warranty ではなく、単に「……を免責とする」という意味になる。
39) たとえば、外航貨物海上保険における貿易取引の適法性が問題となる場合、保険者の責任の問題となれば、MIA の適法性担保義務の問題となろう。一方、被保険利益の適法性の問題となれば、契約の有効性の問題として日本法準拠の問題となろう。
40) わが国で利用している外航貨物海上保険証券（旧フォーム）は、準拠法のみ示し、管轄裁

(b) **危険事情の不明確性**　危険事情は、危険事故（peril）と比較した場合、事象の定義が曖昧になりやすい。問題がある危険事情を免責として除外するため、たとえば、「積付不良」や運送の「遅延」と表現しても、それが具体的にいかなる状態を指すかは曖昧で、取引の領域や国によって、考え方や問題とするレベルに差が生じる。[41]

(c) **条項の法的効果の不明確性**　危険事情を限定するための法的方法はいろいろあり、約款や保険証券の文言もさまざまである。これらの文言の法的性格は、該当する文言だけから判断できるものではない。同一の文言でも異なる法的効果が生じる場合もあり、文言の字句のみで判断することはできない。特に、イギリスでは、condition や warranty は頻繁に利用される語句であるが、その意味は領域によって異なり、注意が必要である。

(2) **条項の策定や解釈にあたって**　危険事情の限定に用いられる方式はいくつかあるが、いずれが優れているかを単純に比較検討することはできない。原因免責として設定する方式では、因果関係がある場合にはじめて免責となることから、被保険者等の納得を得やすい。また、契約上の義務とする場合には、契約者・被保険者の主観的な帰責性が認められる場合にはじめて免責が適用されると考えられ、被保険者の利益保護の観点からみて優れているといえる。しかし、これらの方法は、因果関係の判定や帰責性の判定のためのコストがかかる点や、保険者からみた予測性においてデメリットがあり、それが結局は、契約者が負担する保険料の増加につながる面がある。前提条件、warranty、以後免責を用いて危険事情を限定する方法は、損害との因果関係の有無を問わずに危険事情を限定できる点に特徴があり、因果関係の判定をめぐる時間や処理コストを軽減できることが最大の利点である。しかし、因果関係や被保険者側の帰責性を問わずに効果が生じる点に対して被保険者の納得感を得にくい面があり[42]、発動した場合に紛争を生じやすい。また、裁判で争った場合に、帰責性を問わず

　　判所に関する規定を設けていない。英文の船舶保険証券では、通常、わが国の裁判所を管轄裁判所とする条項を設けている。
41)　輸出国の基準と輸入国の基準が異なる場合はしばしば生じる。
42)　こうした方式の設定により保険料が軽減されているのであれば、それが契約者側に不利ということはできない。問題は、この制度の効果に対する被保険者側の理解と納得感にある。

に免責の効果を生じることを裁判官が認めるかどうかといった点でも不確実性はあろう。この方式は、契約時の説明責任などをめぐる紛争コストが大きいといえる。

　以上の各種方式のうちいずれの方式を契約において採用するかは、基本的には、当事者の契約自由の領域に属する事項であり、問題とする危険事情の性格に基づいて判断すべき事項といえる[43]。ただし、いずれの方式をとる場合でも、その効果がわかるように、約款文言を明確にすることが重要である。特に、危険事情の限定のための各種条項は、先に述べたとおり、約款解釈上、種々の問題が生じやすい。条項の意味や効果が不明確な場合は、約款の作成者であり、かつ危険事情の限定によって直接の利益を受ける保険者の不利となるよう解釈すべきといえる[44]。

　なお、いずれの方式をとる場合も、前提条件に対する違反や事情の変更が生じた際、直ちに保険者の責任の停止や免責が発動する方式ではなく、保険者への通知を求め、危険増加に応じた保険料の調整や担保条件の変更による契約存続の道を残しておくことが望ましく、実際に、そのような方式が多く利用されている。

III　ワランティ

1　ワランティの定義と効果

　ワランティ（warranty）[45]とは、イギリスにおいて発達した法技術で、保険契約において、被保険者がある事実の存在やある条件の充足を約束することを意味する[46]。海上保険においては、複雑な危険事情を背景に、重要な

---

43)　危険事情によっては、複数の取扱いを行う場合もある。たとえば、船舶の不堪航は、それによる事故を免責としたり（前述2(1)の方法）、warranty違反（前述2(6)の方法）としたり、その事実以降の保険責任を停止したり（前述2(5)の方法）、あるいは、不堪航を構成する事項を分けて、各事項に応じて異なる方式を組み合わせる場合もある。

44)　危険事情の限定は、保険料とのバランスにおける問題であるので、当該条項を、保険者のみの利益を保護する条項として理解することは正しくない。しかし、まずは保険責任の免除として機能するので、ここでは「直接の利益」と記している。

45)　わが国では、warrantyに直接対応する概念を表す語はない。保険の分野では、通常、「担保」と訳されているが、「担保」は、危険や危険事故の引受けの意味として利用されていて紛らわしいため、本章では原語のままで記す。

46)　warrantyについては、Dunt, *supra* note 1, pp. 95-104. 専門研究書として、Soyer, *supra* note 1参照。

制度として利用されている。

　warranty という語には、いくつかの異なる用法があるので注意が必要である。一般的には、担保責任や瑕疵担保を指す場合が多いが、イギリス契約法では、本章Ⅱで記したとおり、契約条項を condition と warranty に分け、前者は、契約の重要事項に対する約束で、違反が損害賠償請求権に加えて契約解除権も与えるもの、後者は、損害賠償請求権のみの救済を与えるものを指す。保険契約法では、一般契約法とは異なる用法がとられ、warranty は違反の時から保険者の責任を免じる条項として理解されている[47]。MIA は、warranty の定義規定を置き、warranty とは、特定のことが行われることまたは行われないこと、もしくはある条件が充足されることを被保険者が約束すること、または特定の事実状態の存在を被保険者が肯定もしくは否定する約束を指すものと定義している[48]。

　warranty には、契約において明示されるもの（express warranty）と契約に示されなくても法律上黙示されるもの（implied warranty）とがあるが、いずれについても、危険にとって重要であるか否かを問わず、正確に充足されなければならない。もし充足されなければ、保険者は違反の日から責任を免れる[49]ことになる。ただし、事情の変化によって契約の事情に適合しない場合やその後の法律によって違法となる場合は、違反が許される[50]。また、保険者は、warranty 違反を主張する権利を放棄できる[51]。

2　MIA における warranty

　MIA には、以下の warranty に関する規定がある。これらの MIA の規定は、船舶・貨物を問わず、いずれの海上保険契約にも適用される。ただし、契約上の明示の文言によりその内容と効果を変更することが可能で、実際に各種保険約款で修正されている[52]。

---

47)　condition precedent to recovery（or liability）と同じ効果を有すると理解されている。
48)　MIA 33 条 1 項。
49)　ただし、その日よりも前に生じた保険者の責任に対しては影響を与えない。MIA 33 条 3 項。
50)　MIA 34 条 1 項。
51)　MIA 34 条 3 項。
52)　現在の約款におけるこれらの扱いについては、後述 11 章における約款解説に譲り、ここでは説明しない。

(1) 中立性（neutrality）　被保険財産の中立性が明文の warranty となっている場合は、危険開始時に中立であること、被保険者が支配できる限りは保険期間中も中立性を維持すること、また船舶の中立性が明文の warranty となっている場合は、中立性の立証に必要な書類を備え付けるとともに、書類の偽造や隠匿等をしないことを黙示の条件（condition）とし、この条件の違反により損害が生じたときは、保険者は契約を取り消すことができる[53]。なお、国籍に関しては、船舶の国籍についての黙示の warranty や、船舶の国籍を保険期間中に変更してはならないという黙示の warranty はないと規定されている[54]。

(2) 安全性（safety）　保険の目的物が特定の日に無事または安全であることを warranty とする場合は、その日の任意の時間に安全であれば足りる[55]。

(3) 船舶の堪航性　航海保険においては、航海開始時に、船舶が保険に付けられた特定の航海事業遂行のために堪航でなければならないことが、MIA 上、黙示の warranty となっている[56]。船舶は、保険に付けられた航海事業の通常の海固有の危険に対抗することすべての点で適合している場合に、堪航であるとみなされる[57]。期間保険においては、船舶が、航海事業のいかなる段階でも堪航でなければならないという黙示の warranty はないが、被保険者が船舶の不堪航状態を知りながら就航させた場合には、不堪航に起因する（attributable to）一切の損害について保険者は責任を免れる[58]。

(4) 貨物の堪航性　貨物やその他の動産の保険においては、それらが堪航であるという黙示の warranty はない。ただし、それらの航海保険に

---

53) MIA 36 条。この場合は、法律上、契約の条件（condition）とすることで、保険者に契約を取り消す権利を制定法上で与えている。なお、この条文は、warranty の条文のなかで示されているが、私見では、その法的性格は warranty 自体ではないように考えられる。
54) MIA 37 条。
55) MIA 38 条。この warranty の実務例としては、no reported loss warranty がある。
56) MIA 39 条 1 項。なお、2 項は、船舶が港にある場合に保険期間が開始する場合、3 項は、保険が異なる段階に分けて遂行される航海の場合の warranty について規定する。
57) MIA 39 条 4 項。
58) MIA 39 条 5 項。本項後段は、不堪航を原因免責として位置づけ、因果関係がある損害を免責とする。ここにおいて求められる因果関係は、近因（proximate cause）でなくてもよく、起因する（attributable to）場合であればよい。

おいては、航海の開始時に、船舶が船舶として堪航であるだけでなく、貨物等を仕向地まで運送するのに適合しているという黙示の warranty がある[59]。

(5) 適法性　保険に付けられた航海事業が適法であること、および被保険者が事態を支配できる限り、航海事業が適法な方法で遂行されなければならないという黙示の warranty がある[60]。

3　warranty の功罪[61]

warranty は、一定の事項を契約上の約束として設定することにより、保険者が引き受ける危険事情を一定の範囲に限定し、その結果、迅速かつ合理的な引受けを可能とする機能を有する制度である。危険事情は、原因免責などの方法で限定することは可能であるが、免責とした場合には、免責事項と損害との因果関係が必要で、その立証責任を保険者が負担することになる。また、被保険者の帰責性も問題となりうるので、免責が適用されるかどうかの予測性においては難点がある。海上保険は、事故が複雑であり、原因解明に時間がかかることや、免責の立証にコストがかかるという事情がある。そのため海上保険においては、種々の warranty（明示 warranty）が用いられているが、warranty は、取引の迅速性・合理性を高めるうえで優れた法制度といえる。

しかしながら warranty は、その合理性が、逆に問題点となる。すなわち、危険に対する重要度にかかわらず、事故との因果関係を問うことなく、また被保険者の帰責性を鑑みることなく、違反が生じれば、それだけで保険者は責任を免れるという効果は、被保険者の保護において問題があるとの指摘がある[62]。

warranty の制度は、とりわけ個人分野の保険においては、利用者保護

---

59)　MIA 40 条 1 項、2 項。
60)　MIA 41 条。
61)　イギリスにおける議論については、Soyer, *supra* note 1 を参照。ここでの検討は、筆者個人の見解である。
62)　warranty の問題については、イギリスで多くの研究論文がある。特に、保険契約法一般の立場からの問題指摘が多い。warranty の問題点については、Soyer, *supra* note 1, p. 289 以下参照。

の観点から問題が大きいと考えられる。しかし、商人間の保険である海上保険においては、契約当事者が最も合理的な契約を締結できるように、さまざまな法的制度を利用できることが肝要といえるので、このような批判があてはまるかは疑問がある。しかし、warrantyのように約束に形式的に違反すれば直ちに効果に結びつく制度は、当事者の十分な了解がある場合にのみ利用すべき制度であることには疑いない。その観点からは、当事者が明示していない状況において、このような強い効果を法が作り出す黙示warrantyには難点があると考えられる。したがって、実務上は、黙示warrantyの部分についても、契約上で明確に規定し、当事者がその効果を十分に理解しておくことが重要となる。

Ⅳ 危険の変動に関する一般理論[65]

1 危険の変動とは何か

保険者は、契約時の危険事情に基づいて契約条件と保険料を算出して、保険契約を締結するが、その後、前提としていた危険事情に変動が生じる場合がある。契約締結後の危険事情の変動を「危険の変動」といい、変動に応じて契約内容を変更させるかどうかの問題が生じる。

危険事情には、さまざまなものがあるが、天候状況や港湾事情などの保険契約者・被保険者の管理外の変動は、基本的には、保険者がリスク負担

---

63) 保険の担保条件と保険料は、合意した前提条件に基づくものであるから、warrantyが被保険者の利益保護からみて直ちに問題であるということは適当でない。問題は、そのようなストレートの効果を被保険者側が十分に理解できないことや、過失等の帰責性を問わずに免責の効果を生じることに対して十分に納得できないことにあり、そのことが紛争につながりやすく、紛争コストが高まるという制度としての問題点があるであろう。
64) Soyerは、比較法研究をもとに、イギリス法の問題を指摘し、warrantyの制度は存続させるものの、その修正が必要であるとして修正案を提言している。Soyer, *supra* note 1, Chapter 10.
65) 危険の変動に対しては、危険事情を限定する方法によって事前に対処することができる。そのため、危険の変動に対する説明は、危険事情の限定の説明と一部重複する。
66) この場合の危険とは、必ずしも明白ではないが、危険事情（hazard）を指すと考えられる。危険事情の変動の結果、損害発生の可能性（risk）も変動するので、結果的には、その意味における危険の変動となる。しかし、損害発生の可能性は、保険者がリターンを得て事業として負担しているものである。契約後に調整を認めることが正当化できるのは、当事者間で前提としていた事情が変わるためである。その点からすると、保険で許容する危険の変動における危険とは、危険事情の変動の場合を指すと考えることが妥当であろう。

している事情であるので、危険の変動の問題とはならない[67]。また、本章Ⅱで挙げた危険事情の限定のためのいずれかの方法を用いて、事情の変動が保険者の負担から除外されている場合も、危険の変動として扱う必要はない[68]。危険事情の変動リスクを除外した前提で、保険条件と保険料が設定されているからである[69]。

危険の変動が生じたときに契約内容の変更を認める理論的意義については、一般法理から説明する立場もあるが、これを給付反対給付均等の原則における均衡を崩す場合における調整の制度として、保険の技術的根拠に基づく保険に特異な制度として理解するのが有力である[70]。その考えに基づけば、危険事情の変動というリスクを織り込めば、保険料は必然的に高くなってしまうが、契約時の危険事情に基づき保険料を算出し、その後の変化は事後調整とすることで、大多数の契約者には保険料が有利になり、そこにこの制度の意義があるといえる[71]。

2 危険の変動の分類

危険の変動にはさまざまな態様があるが、それらを類型化すると、以下のとおりとなる。こうした類型化は、変動した場合の効果を考えるうえで有用である。

(1) **危険率（risk）が増大する変動と減少する変動**　事故発生の危険率を基準とすると、それが増大する場合と減少する場合とに分けられる[72]。これは、その変動が契約当事者いずれの不利となるかに違いを生じさせる。

(2) **主観的危険の変動と客観的危険の変動**　危険の変動の原因を基準

---

67) たとえば、貨物海上保険において、台風が接近してくれば事故発生の可能性は高まるが、危険の変動とは捉えない。
68) ただし、契約における具体的扱いに関係なく、一般に危険の変動が問題となる場合を指して、「危険の変動」と称する場合も多い。
69) したがって、同一の危険事情について、契約で除外していなければ危険の変動の問題となるが、契約で除外していれば、危険の変動として扱う必要がなくなる。
70) 山下・前掲注1) 569頁。
71) この理論をもとにすれば、契約上で危険事情の変動リスクを排除しているのであれば、危険の変動は問題とならないといえる。
72) 危険が増大するかどうかは、客観的に定まるものではなく、危険に対する認識の問題といえる。しかし、一般的に危険が増大すると認識されている事象もある。

として、その変動が、保険契約者・被保険者の責めに帰すべき事由による場合と、責めに帰すべきとはいえない場合とに分けることができる。前者は「主観的危険の変動」、後者は「客観的危険の変動」と呼ばれている[73]。この分類は、変動リスクの負担責任を考えるうえで意味がある[74]。

(3) **危険の変動と危険の変革** 危険の変動のレベルを基準として、それが量的な変動といえる状態と、質的といえるレベルにまで変化した場合とを分ける方法である。後者は、契約時の想定からまったく異なる状態になった場合として、「危険の変動」とは呼ばずに、「危険の変革」または「危険の変種」(alteration of risk) と呼ばれている。この分類は、陸上保険ではあまり見受けられないが、海上保険では、さまざまな危険事情が生じ、そのなかでも、仕向地の変更や輸送方法の変更などは航海事業の同一性を喪失する場合として、単なる危険の変動とは区別するのが通説である[75]。このように分けることは、事情変化による契約関係の法的効果に違いを認める根拠になるというところに実益が認められる[76]。

3 危険の変動または変革の例

海上保険において危険事情の変動が問題となる例としては、以下が挙げられる[77]。なお、すでに述べたとおり、事情に変化が生じても保険者のリスク負担外となるように契約上で危険事情の限定がなされている場合には、危険の変動の問題は生じない。

　①船舶に関するもの
　　● 船舶の構造または用途の著しい変更
　　● 船舶が徴用となった場合
　　● 航路外航行

---

73) 木村・前掲注1) 157 頁。
74) これは、危険の変動に関してわが国商法でとられている考え方である。
75) 木村・前掲注1) 156 頁、今泉＝大谷・前掲注1) 162 頁。
76) たとえば、危険の変動の場合は、保険料の調整で契約を存続できるが、変革の場合は、失効させるなど。逆にいえば、保険料の調整レベルの場合は危険の変動といい、そのレベルでない場合は危険の変革と考えてもよい。ただし、契約上の効果は、事情変更の程度だけで決められるものではなく、被保険者の帰責性なども勘案して、総合的に検討すべき事項であり、最終的には、契約上の合意の問題であるといえよう。
77) 今泉＝大谷・前掲注1) 164-165 頁。

- 当局や船級協会の検査漏れ
- 法令違反の使用
- 所有者・賃借人の変更　など

②貨物に関するもの
- 航海の変更
- 発航の怠慢
- 離路
- 遅延
- 強制荷卸し、再積込み、積替え
- 運送人の裁量権による貨物の処分
- 運送の打切り、航海の変更　など

4 危険の変動に対する対応方式

　変動が生じた場合の扱いはいろいろあるが、純理論上は、少なくとも以下の対応方式が考えられる[78]。

①危険の変動が生じても契約内容の変更は生じさせない方式
②危険の変動が生じた場合に、損害が生じて、変動後に生じた事情とその損害との間に因果関係が認められる場合に限り、それを免責とする方式
③危険の変動が生じた場合に、通知義務を課し、通知内容に応じて、保険料の追徴、条件の変更を行う方式。すでに事故が生じていた場合には、既払い保険料と増加後の保険料の割合で、プロラタで保険金を支払うことになる
④危険の変動が生じた場合に、危険が増大している期間についてのみ、保険者の責任を停止する方式
⑤危険の変動が生じた場合に、それ以降の保険者の責任を停止する方式
⑥危険の変動が生じた場合に、保険者に契約の解除権を与える方式

　危険の変動に対する法技術としては、一定の事項を warranty や停止条

---

78) これらの対応方式は、例示であり、網羅的なものではない。

件とすることで、変動が生じた場合にはその違反として保険者を免責させる方法もある[79]。なお、保険条件面で、危険の変動への対処を行えば、危険事情の限定としての効果をもつことになる。

　各国の保険契約法や保険約款では、危険の変動への対処としてさまざまな方式が利用されている。これらの方式の優劣を単純に議論することは適当でない。純理論的には、変動リスクを保険者が負う場合には、その分、保険料が高くなり、契約者側がリスクを負う場合には保険料が低下するということができる[80]。また、被保険者側からみて理解できるスキームでないと、事後に紛争となる可能性があり、保険者の契約内容に対する説明責任等にも関連して、取引コストを増大させる可能性がある。危険の変動が生じた場合の対応を事前に網羅的かつ確定的に定めることが難しい場合においては、危険の変動が生じた場合に被保険者側に通知義務を課し、その内容に応じて契約を調整する方式が最も柔軟性があって適切といえ、実際に多くの約款で利用されている[81]。

5　危険の変動に関する適用法

　準拠法の分割指定をしているわが国の英文保険契約の場合、危険の変動に関して、いずれの国の法が適用されるかが争いとなりうる。危険の変動の結果を保険者の免責を導く方式をとる場合は、保険者の責任に関する事項として、イギリスの法と慣習によるということができるであろう。一方、保険者に契約の解除権を与えるなど、契約の効力に関する問題とする場合は、契約締結地の法として、日本法準拠とする考え方もできる[82]。準拠法条項の文言を解釈する国の裁判所によっても、判断に違いが出る可能性がある[83]。

---

79)　warrantyや停止条件は、期中の危険の変動の場合だけでなく、契約時点ですでに生じている事象の真実性の担保や危険開始前までに生じる変動などにも対処する制度といえる。
80)　細かな変動をその都度契約内容の変動に結びつけることは事務コストからみて合理性がなく、多くの場合は、変動が生じない対応となっている。保険者が変動リスクを負担し、それを織り込んで保険料を設定している。
81)　ただし、通知方式にもバリエーションがあり、保険者に裁量権がある方式の場合もある。
82)　準拠法条項の問題については、山下・前掲注1）138-141頁参照。告知義務は、契約の成立における瑕疵として契約成立の準拠法を適用する分離解釈は十分ありうるとされる（山下・前掲注1）141頁）。
83)　外航貨物海上保険証券は、売主から買主に譲渡される。日本から海外への輸出の場合であ

V 日本法における危険の変動

1 適用される法

日本法が適用される場合、海上保険契約における危険の変動は、以下のとおりとなる。

まず、海上保険契約は損害保険契約の一種であるので、商法第3編第6章保険に規定がある場合はそれが適用され、別段の規定がない場合には保険法の規定が適用される（商法815条2項）。商法第3編には、危険の減少についての規定はないが、危険の増加の場合については、事象ごとに関係の規定がある。それらに該当する場合は、商法の規定が適用される。ただし、それらはいずれも任意規定であるので、約款による変更が可能である。商法に規定がない場合には、保険法における危険の変動に関わる規定が適用されるが、危険の変動に関する保険法の規定は片面的強行規定であり（ただし、請求権の除斥期間を規定する保険法29条は強行法規である）、海上保険契約については、片面的強行性は排除されているので（同36条1号）、約款による変更が認められる。

以上から、日本法が適用される場合は、海上保険契約については、①約款、②商法、③保険法の順の適用となる。[84] 以下では、この適用とは逆の順に、一般法から特別法の順序で説明する。

2 危険の変動に関する保険法の内容

保険法では、危険の減少の場合と増大の場合に分けて、それぞれ規定を設けている。なお、保険法では、危険の変動が生じた原因（発生原因の帰責性）で区別する方式はとられていない。また、危険の変革の概念も取り入れられていない。

れば、輸入国で訴訟が提起されることもある。日本の裁判所を専属管轄裁判所として規定していない場合（規定していても、外国の裁判所がその規定を有効と認めるかどうかの問題は残る）には、準拠法条項の解釈を外国の裁判所が行うこととなる。

84) 以下にみるとおり、危険の変動については、商法と保険法の規定内容が、論理構造や法的効果などにおいて必ずしも整合的な関係とはなっていないので、単純に一般法と特別法という関係で理解してよいかは疑問がある。

①危険の減少の場合

　損害保険契約の締結後に危険が著しく減少した場合には[85]、保険契約者に、将来に向かっての保険料の減額請求権が認められる（保険法11条）[86]。

②危険の増加の場合

　危険の増加の場合については、保険契約において通知義務が定められていて、かつ、保険契約者等が故意または重大な過失によって遅滞なく通知しなかった場合に、保険者に保険契約の解除権が認められる（保険法29条1項）。保険者は、解除により、危険増加後の保険事故については免責されるが、保険事故と危険増加をもたらした事由との間の因果関係がなければ免責はされない（同31条2項2号）。危険増加による解除権は、保険者が解除原因を知ったときから1か月間または危険増加が生じたときから5年間行使されなかったときは消滅する（同29条2項）。

　この場合の危険増加とは、告知事項についての危険が高くなり、損害保険契約で定められている保険料が当該危険を計算の基礎として算出される保険料に不足する状態になることをいい（保険法29条1項）、告知事項とは、損害保険契約によりてん補することとされる損害の発生の可能性に関する重要な事項のうち保険者になる者が告知を求めたものをいう（同4条）。

　以上から、保険法においては、保険者が告知を求めた危険に関する重要な事項について、契約で通知義務を課していて、故意または重大な過失による通知がなかった場合においてのみ、保険契約の解除が認められ、解除の時までに発生している事故については、危険増加事由との因果関係がなければ免責されないこととなる。引受範囲外として保険料の増額では対応できない場合は、約款で定めることにより、通知義務の有無にかかわらず、

---

85) 本条における効果は、保険料の減額請求権であるから、個々における危険の著しい減少とは、保険料が減額されるレベルのものを指す。

86) 本条は、保険法の制定により新たに導入された一般原則規定である。商法では、危険の減少の場合の原則を定める規定はなく、当事者が特別の危険を斟酌して保険料の額を定めた場合の危険の消滅についてのみ規定していた（商法646条）。旧646条は、危険の減少一般について適用する規定とは解されていない（山下・前掲1）588頁）。

保険契約を解除し、すでに発生した事故を免責とすることが認められる。これらの保険法の規定のうち、除斥期間に関する29条は強行規定、その他は片面的強行規定である。

3 危険の変動に関する商法の内容

海上保険については、商法第3編海商第6章保険において、危険の変動に関する規定がある。商法では、危険の変動の類型ごとに効果を規定しており、保険法とはアプローチ自体に違いがある。また、商法は、前述のとおり、危険が増大した場合を規定し、減少した場合は規定していない。

商法に列記される危険の変動に関わる法規整は[87]、次のとおりである。

①航海の変更：責任開始の前と後とに分け、責任開始前の変更は契約を失効とし、責任開始後は、航海の変更以降の事故に対して保険者を免責とするが、被保険者等に責めのない事由による変更の場合はその限りでない（商法824条）。航路を離れてなくても、到達港を変更し、その実行に着手した時点で、航海の変更が生じる（同824条）。

②著しい危険の変更・増加：発航や航海継続の怠り、航路の変更、その他著しい危険の変更または増加の場合は、その時以降、保険者を免責とする。ただし、危険の増加等と事故との因果関係がない場合や保険者が負担すべき危険による場合は、この限りでない（同825条）。

③船長の変更：契約の効力に影響を与えない（同826条）。

④貨物海上保険における船舶の変更：変更以後の事故について、保険者を免責とする。ただし、被保険者等に責めのない事由による変更の場合はその限りでない（同827条）。

上記のうちの①②③は、海上保険の種類を問わずに適用される原則である。

商法の法規整は、保険法とは根本的に異なり、保険法と必ずしも整合性を有するとはいえない。また、商法の規定は、約款では大幅に修正されて

---

87) 商法では、「危険の変動」という語句は使用していない。理論上は、①の航海の変更は、危険の変革の例として、②と④は、危険の変動の例として理解できる。

いるので、条文のまま適用されることはほとんどないといってよい。

その点からすると、商法は、まったく意味のない条文として認識される可能性があるが、商法の規定内容は、以下の点から意義を認めることができる。

第1に、商法では、危険の変動のほか、危険の変革の概念とその場合の法規整を示している点が挙げられる。上記①は、航海の変更の場合の規定として示されているが、その本質は、保険の変革の場合の法規整といえる。特に、契約締結後、危険開始前に、前提条件がまったく異なるものとなった場合に契約を失効とする考え方を示し、危険負担責任の発生後は、帰責性の問題に絡めて免責の方式を示している。この方式が適切かどうか自体は議論がありうるが、危険の変革といえる場合の法規整が法文上示されていることの意義は認められる。

第2に、以後免責の概念とその法規整のあり方を示している点が挙げられる。①②④では、それぞれ以後免責の概念を示し、それを帰責性の基準と組み合わせて適用させる方式を示している。また、①と④は危険の変動と事故との因果関係を問わずに免責を発動する方式、②は因果関係を要件とする方式を示している。

4　約款における危険の変動

海上保険契約において、商法や保険法の規定内容は、原則として、任意規定として作用するものであるので、当事者は、その内容を変更することが認められる。危険の変動には、いろいろな場合があるため、約款では、変動の事由に応じ、さまざまな方式が採用されている。特に、多くみられるのは、以後免責である。以後免責は、約款上で、特定の事象が生じた場合に、その後の保険者の危険負担義務を停止させるものである。それにより、あらかじめ契約上で危険事情の限定を行うものである[88]。

保険法や商法の規定は、海上保険契約については任意法規であるので、危険の変動に関する約款規定については、原則として、約款の文言に従った法律効果が生じる。しかし、帰責性や因果関係の有無を問わずに効果が

---

88)　その点では、危険事情の限定の方式であるといってもよい。

生じる旨の約款文言となっていても、保険契約者や被保険者に不利となることから、裁判所が字義どおりに効果を認めるか定かではない面がある。

　約款における具体的規定内容については、本書第2部における約款解説に委ねる。

Ⅵ　イギリス法における危険の変動

1　適用される法

　準拠法がイギリスの法となる場合は[89]、危険の変動については、当事者の個別合意と約款文言の解釈となり、契約文言が明確であればそれに従い、疑問があれば、MIA の規定、同法に規定がない部分は判例法に従うこととなる。

2　MIA における危険の変動に関する規定

　MIA は、危険の変動の場合の効果については、一般的・抽象的な規定は設けずに、具体的事象ごとに規定している[90]。

　MIA で、規定される危険の変動としては、以下がある（warranty に関する条項を除く）。

　　①航海開始に関する黙示条件（MIA 42 条）

　　　航海保険証券の場合には、航海事業が相当な期間内に開始されなければならないことが黙示の条件（condition）とされ、条件の違反があれば、保険者に契約の取消権が認められる。

　　②発航港の変更（同 43 条）

　　　保険証券に発航地が記載されている場合に船舶がその地から出帆せずに他の地から出帆するときは、危険は開始しない。

　　③異なる仕向地に向かっての出港（同 44 条）

　　　保険証券に仕向地が記載されている場合に、船舶がその地に向かっ

---

89) 部分的な管轄指定の条項において、危険の変動についていずれの国の法が適用されるかは必ずしも明らかでない場合がある。
90) MIA では、そもそも「危険の変動」という用語自体を用いていない。危険の変動に関係する条文は、「航海」の表題で 42〜49 条にある。また、「warranty その他」の表題のもとの 33〜41 条も関係する。

て出帆せずに他の仕向地に向かって出帆するときは、危険は開始しない。

④航海の変更、危険開始後の船舶の仕向地の変更（同45条）

危険開始後に、船舶の仕向地が保険証券に定められた仕向地から任意で変更となった場合には、変更の決意が表明された時から保険者は責任を免れる。

⑤離路（同46条、47条、49条）

船舶が、適法な理由なしに、またMIAで許容されている場合を除いて、保険証券に定めた航海から離路する場合は、保険者は、離路の時から責任を負わない。保険証券上に複数の荷揚港が記載されている場合、その順序で荷揚げしなければ離路にあたる。

⑥航海の遅延（同48条、49条）

航海保険の場合、適法な理由なしに、またMIAで許容されている場合を除いて、相当の迅速さをもって航海事業が遂行されなければ、保険者は、遅延が不当となった時から責任を免れる。

⑦積替え（同59条）

積替えが正当な事情にある場合で、航海が被保険危険によって中間の港または地において中断される場合には、保険者の責任は、陸揚げまたは積替えにかかわらず継続する。

MIAでは、特定の事由が生じた場合や、特定の事情が生じなかった場合に、保険者の危険負担責任が発生しないとしたり、それ以降の保険者の責任はないものと規定する。これらの場合、特定の事由が消滅しても、または特定の事情が生じても、保険者の責任は復活しない。

3　危険の変動に関する約款規定

危険の変動に関するMIAの規定は、任意規定であり、当事者による変更が可能である。MIAの規定は、100年以上前の判例法を成文法としたものであり、現在の輸送技術や実態に適合しない面がある。そのため船舶や貨物の協会約款は、MIAの規定内容を大幅に変更している。標準約款の規定内容については、第2部の解説に委ねるが、たとえば、航海の遅延は、原因免責規定として扱うなど、危険事情の性格によって、位置づけに

差を設けている。また、事情変更が生じた場合に直ちに保険者の責任が免れる方式ではなく、保険者への通知を求め、危険増加に応じた保険料の調整や担保条件の変更による契約存続の可能性を残す方式がとられている。

外航貨物海上保険においては、held covered clause を設けて、まず被保険者に通知義務を課し、変動した危険事情を踏まえて、保険条件や料率を再調整する方式が採用されている。ただし、この場合、変動した事情についても、市場で合理的な条件で合理的保険料による保険カバーを得られることが前提で、被保険者が通知義務を果たせば、必ず保険担保が継続するというものにはなっていない。[91]

---

91) Dunt, *supra* note 1, pp. 255-258.

第9章

損害てん補

I 総　説

1　本章の対象

　本章では、海上保険における損害てん補に関する法理論を概観する[1)2)]。わ

---

1)　本章では、注記で特に示している文献のほか、海上保険に関する重要な著作として、加藤由作『海上損害論』（巖松堂・1935）、今村有『海上保険契約法論〔下巻〕』（損害保険事業研究所・1980）、小町谷操三『海上保険法各論』3～4（岩波書店・1967～1968）、葛城照三『貨物海上保険普通約款論』（早稲田大学出版部・1971）、同『1981年版　英文積荷保険証券論』（早稲田大学出版部・1981）、亀井利明『英国海上保険約款論』（関西大学出版部・1986）、松島恵『貨物海上保険概説』（成文堂・1991）、同『船舶保険約款研究』（成文堂・1994）、木村栄一『海上保険』（千倉書房・1978）、松島恵『海上保険論〔改訂第8版〕』（損害保険事業総合研究所・2001）、今泉敬忠＝大谷孝一『海上保険法概論〔第3版〕』（損害保険事業総合研究所・2010）、藤沢順＝小林卓視＝横山健一『海上リスクマネジメント〔改訂版〕』（成山堂・2010）を参考にしている。また、保険法につき、特に、山下友信『保険法』（有斐閣・2005）、落合誠一＝山下典孝編集『新しい保険法の理論と実務』（経済法令研究会・2008）、萩本修編著『一問一答・保険法』（商事法務・2009）、落合誠一監修・編著『保険法コンメンタール（損害保険・傷害疾病保険）』（損害保険事業総合研究所・2009）、甘利公人＝山本哲生編『保険法の論点と展望』（商事法務・2009）、金澤理監修＝大塚英明＝児玉康夫編『新保険法と保険契約法理の新たな展開』（ぎょうせい・2009）を参考としている。また、イギリスの文献については、特に以下の文献を参考にしている。Howard Bennett, *The law of marine insurance*, 2nd ed., Oxford, New York, 2006 ; Malcolm Clarke, *The law of insurance contracts*, 5th ed., London, 2006 ; John Birds, *Birds' modern insurance Law*, 7th ed., London, 2007 ; John Dunt, *Marine cargo insurance*, London, 2009 ; Susan Hodges, *Law of marine insurance*, London, 1996 ; B. G. Jervis, *Marine insurance*, London, 2005 ; Robert Merkin, *Marine insurance legislation*, 3rd ed., London, 2005 ; Robert Merkin (ed.), *Insurance law An Introduction*, London, 2007 ; Gilman and Merkin etc., *Arnould's law of marine insurance and average*, 17th ed., London, 2008（以下、Arnould と略す）; O'May and Julian Hill, *Marine insurance law and policy*, London, 1993 ; D. Rhidian Thomas (ed.), *The modern law of marine insurance*, London, 1996.

2)　わが国では、海上保険に関する研究を、「海上被保険利益論」「海上危険論」「海上損害論」の3つに大別しており、本章はその海上保険損害論にあたる部分を扱う。

が国で利用されている英文の海上保険契約においては、てん補請求に対する責任およびその決済については、イギリスの法律および慣習に従うことを定める準拠法条項が設けられている[3]。本章は、てん補請求に対する責任およびその決済に関する問題を扱うことから、日本法に加えてイギリス法の内容を概観する。なお、本章では、基本理論に焦点をあて、約款規定に基づく損害てん補の基準や範囲等については、第2部の約款解説に委ねる。

2 損害てん補原則

海上保険契約は損害保険契約であり、その保険給付は損害てん補となる[4]。損害保険契約における損害てん補の位置づけをめぐっては、わが国では長い間争いがあったが[5]、損害をてん補する契約とみること自体には争いはない。

損害保険契約においては、損害てん補原則が適用される[6]。損害てん補原則とは、損害保険の給付は、損害に対するてん補としての給付であって、損害を超える給付は認められないというものである。損害を超える給付は、損害てん補という契約の趣旨に反するとともに、利得禁止の観点から禁じられる。しかし、損害てん補原則は、法律に抽象的・一般的な形で明文化されているものでなく、損害てん補に関わる各種法理の全体を指し、あるいはそれらの基礎にある原則を指す。損害保険契約の法理論においては、給付金が損害てん補としての性格を逸脱しないよう、これを確保するための各種制度が存在するが[7]、それらは、損害てん補原則から導かれる仕組みであるといえる。また逆に、それらの仕組みから帰納される原則が、損害てん補原則であるともいえる。

---

3) ただし、船舶保険のITC-amendedは、日本の船舶保険を英文にしたものであり、日本法準拠である。準拠法約款の文言例については、本書第1章注25）を参照。
4) 保険法は、損害保険契約を「保険契約のうち、保険者が一定の偶然の事故によって生ずることのある損害をてん補することを約するものをいう」と規定する（保険法2条1項6号）。商法は、「海上保険契約ハ航海ニ関スル事故ニ因リテ生スルコトアルヘキ損害ノ填補ヲ以テ其目的トス」と規定する（商法815条）。
5) 西島梅治『保険法〔第3版〕』（悠々社・1998）117頁以下。
6) 山下・前掲注1）396頁。
7) 損害保険契約法に固有の各種制度、すなわち被保険利益、保険価額、超過保険、実損てん補、重複保険、残存物代位、請求権代位など。

損害てん補原則は、一見したところ、自明の原則として認識されるかもしれない。しかし、そこにおける「損害」や「てん補」が何を意味するかは必ずしも明確ではない面がある[8]。しかし、そのことは、この原則からスタートして抽象的に考える問題ではなく、むしろ各論といえる損害保険契約に適用される各種法理の考察を通じ、また利得禁止原則との関係も踏まえて考察されるべきものといえる[9]。

　イギリスでは、1906年海上保険法（Marine Insurance Act 1906；MIA）は、海上保険契約を、損害てん補を引き受ける契約と定義している[10]。海上保険は、損害てん補の契約（contract of indemnity）であり[11]、そのことから、保険の目的物とは何の利害関係も有しない人の保険契約は無効とされ（被保険利益の問題）、給付は損害のてん補（indemnification of the loss sustained）に制限され、他からの回収金によって損害てん補を超える状態は不当な利得（unjust enrichment）として禁止される。イギリスにおいても、損害てん補の原則（principle of indemnity）といわれる法理が存在するが、それは、制定法に示されているものではなく、判例法のなかで形成されてきた法理を指す。

3　保険制度における損害てん補

　損害保険における損害てん補がいかなるものであるかは、法律や判例法理のなかで、一般的・直接的な形で示されているわけではないが、損害保険における各種制度やその法理論を踏まえれば、損害保険における損害てん補は、保険制度としての特徴を有していることがわかる。たとえば、不

---

8)　こうした問題が特に現れるのは、損害保険における給付とその他の制度上の給付が重複する場合であろう。
9)　近時、わが国では、損害保険の本質に対して、利得禁止の視点から研究がなされている。広義の利得禁止と狭義の利得禁止とに分けて考察するのが有力になっているが、損害保険は、その両方が適用されると理解されている。
10)　MIA 1条は、海上保険契約は、その契約によって合意した方法と範囲で、海上損害すなわち航海事業に付随する損害を保険者が被保険者にてん補することを引き受ける契約であると定義する。
11)　なお、イギリスでは、わが国のように保険契約を給付方式により体系的に分類するようなアプローチはとられていないので、わが国と同じ意味での損害保険とか損害保険契約という概念はない。

法行為責任等における損害賠償制度と比較すると、その違いが明らかになる。損害賠償制度においては、帰責事由によって引き起こされた各種損失のうち、因果関係等の法的評価を通じて外縁が認められる範囲の全体を損害として認識する手法がとられる。そこにおいては、賠償の対象とするかは加害行為等との関係において決まり、損害の種類によって決まるものではない。したがって、損害の種類は、認容する損害の範囲を決めるうえでの一義的な重要性は有しない。一方、保険では、事故によって生じる各種損害について、因果関係などを通じて画される一定の範囲をそのまま損害として認識することはせずに、保険給付の対象とする損害の種類をあらかじめ契約上特定しておき、その種類の損害が当該事故によって生じたか否かを判定する方式をとる[12]。そして、その損害の種類の特定を行うために、被保険利益という概念を利用する。被保険利益を種類ごとに分けることにより、そのいずれに対して保険を付けるかについて合意し、損害は、保険事故によって、保険に付けた被保険利益上に生じたマイナスとして認識される[13]。その結果、損害の評価は、被保険利益をいかに評価するかという問題となり、その評価額である保険価額の概念を用いて損害額を算定する。また、保険者の危険負担の対価は、保険価額を基準に設定した保険金額（責任保険などの保険価額があてはまらない場合を除く）に、発動する事故の発生可能性（危険率）を掛け合わせることで算出される[14]。このように、被保険利益の概念や保険価額の概念を利用することによって、事前に給付対象を明確にして、その対価を合理的に算出することが可能となるのである。このような方式は、事前に対象を明確化する必要がある保険制度の仕組みに沿ったものであり、大数の法則などに基づく保険制度を機能させるための保険技術上の要請に立脚している。また、事故が発生した場合には、個別具体的に損害を評価するコストと時間を軽減させることにもなる。損害

---

12) MIAは、海上保険契約の定義において「その契約によって合意した方法と範囲で」損害をてん補する契約とする（MIA 1条）。

13) たとえば、船舶の衝突を例にすれば、それによって、財産の毀損、追加費用の発生、収益の損失、残骸物・油濁等に対する撤去責任、相手船・人命等に対する賠償責任等の各種損害が生じる。保険では、いずれを損害てん補の対象とするかをあらかじめ決めておく。

14) 具体的には、担保危険から免責危険を除き、それに損害の平均的割合を掛けたものといえる。

保険は、経済的な制度としての機能を発揮するうえで、迅速性、合理性、予見性などを高めた制度であるということができる。

このような保険制度における給付の仕組みを理解すれば、損害保険における損害てん補を被保険利益や保険価額の概念から切り離して理解することは、適当でないことがわかる。

II　海上保険における損害てん補の特徴

1　一般原則

海上保険契約は、損害保険契約の1つであり、損害てん補を保険給付とする保険契約である。損害てん補としての保険給付は、保険期間中に保険事故が発生し、それによって契約で対象とした被保険利益に特定の損害が生じた場合に、契約で合意した範囲と基準に従って、保険金を支払うものである。

てん補の対象となる損害は、保険事故によるものでなければならない。保険期間内に保険事故が発生していれば、損害が保険期間終了後に生じた場合であっても支払いの対象となる。ただし、免責危険や除外されている危険事情によるものであれば、対象から除かれる。

こうした海上保険給付の基本的な仕組みは、他の損害保険契約と同じである。海上保険契約では、多くの場合、海上の財物の所有者利益を中心に、一定の費用利益、責任利益、収益利益等を対象とし、財物の価値下落に加え、期待利益の損失、費用の負担、賠償責任の負担などをカバーする複合的な保険契約となっている。[15]ただし、保険事故との因果関係が認められる被保険利益上の損害すべてを支払いの対象とするのではなく、保険契約で対象とした種類の損害のみに限定される。すなわち、海上保険では、契約で対象とする被保険利益上の損害を直接損害と称して、それのみを支払いの対象とし、事故から生じるその他の種類の損害は間接損害と称して、原則として、支払いの対象としない。[16]この原則は「直接損害てん補の原則」と呼ばれる。たとえば、貨物が腐敗して使用不可となった場合、価値の下

---

15)　P&I保険は、責任利益に対する保険で例外となる。
16)　木村・前掲注1) 164頁。

落に加え、廃棄費用や腐敗によって汚染した保管場所の清掃費用、他の貨物への臭いの付着など、種々の損害が生じる。これらは、事故と因果関係があり、因果関係のうえでは直接結びついている損害といえるものの、保険では、廃棄費用やその他の費用は、特にそれを対象として契約している場合を除き、支払いの対象とはしない。[17] 保険で支払う損害は、あくまでも、契約で対象とした種類の損害に限定されるのである。[18]

2 海上保険における損害てん補の特徴

このような損害てん補の方式は、他の損害保険制度と特段異なるものではない。しかし、第1章で示したとおり、海上保険は、陸上分野の保険と比べて種々の特徴を有しており、その特徴は、海上保険の損害てん補の法理論や方式にも反映され、その結果、海上保険では、他の損害保険種目とは異なる法制度や海事特有の保険給付の制度が存在する。[19] 以下に、海上保険の損害てん補に特徴的な点を概観する。

(1) 商業取引としての合理性　海上保険は商人間の保険であり、貿易取引、船舶運航という商業制度に立脚する制度である。海上保険では、特に、合理的で迅速な処理に加え、高い予測性が求められる。貿易貨物や船舶が事故に遭遇する頻度は高く、保険金の算定や支払いに、その都度、多くの時間とコストがかかっては円滑な商業取引に支障が生じる。また、事故が生じた場合に、いかなる損害がてん補の対象となるかが予測できないと、計画的な事業活動に支障が生じる。そこで、海上保険では、損害額の算定や保険金支払いが迅速かつ円滑に進むような制度が工夫され、法理論のなかにも織り込まれている。また、こうした商業制度の要請は、損害の

---

17) これらの廃棄費用は保険の対象外となるが、当然ながら、それに対する対価も保険料には含まれていない。廃棄費用は、対象の財物の種類やそれが必要となる国によって大きく異なるため、廃棄費用を保険で支払いの対象とする場合には、保険料は財物の保険価額とはまったく異なる基準で算出する必要があり（たとえば、体積の大きい物ほど費用がかかるなど）、保険金額に危険率を乗じて算出する物の価額に比例して算出する方式の、保険料率の算定方法に適合しにくい。てん補する場合には、まったく別の保険制度として設計する必要がある。
18) 商法は、保険契約に別段の定めがある場合を除き、事故によって生じる一切の損害をてん補する責任を負うと規定する（商法816条）。実際の保険では、事故と因果関係があるあらゆる種類の損害をてん補するものはなく、必ず約款で対象とする損害の種類を限定している。
19) それらを挙げれば、始期価額不変更の擬制、協定保険価額に基づく損害てん補、全損と委付、航海完遂の担保、分損計算、救助料や共同海損分担額の支払いなどがある。

評価基準においても現れる。貨物や船舶が物理的に存在し、物としての財産価値が残っていても、商業上は意味をなさない場合もある。海上保険では、商業上の観点から、損害を評価し、保険給付とするための制度が発達している。また、商業の対象たる貨物や船舶は、市況の変動によっても、短期間にその価値に変動が生じる。こうしたなかで、損害を適切かつ迅速に算定して、保険金の給付に結びつけることが要請される。また、損害額の算定や保険金支払いをめぐる争いをできるだけ回避し、予測性を高めることが求められることから、海上保険は、こうした要請に従った制度になっている。

(2) 国際性　海上保険の対象物は、国をまたがって移動し、また、当事者も複数の国にわたって存在する場合が少なくない。このため、海上保険ではその支払い基準や処理方法においても、国際的な慣行が発達し、その標準化が進んでいる。各国間で法律は異なっていても、約款における国際的標準化が進み、その結果、損害てん補の方式においても共通化が進んでいる。

(3) 各種海事制度への対応　海上保険は、海上の各種制度を踏まえたものとなっている。海難救助、共同海損、船舶衝突、油濁賠償責任、船舶責任制限などに関する海事制度や海事法に対応している。

3　海上保険における損害てん補の方法

損害保険における損害てん補の方法には、金銭給付と現物給付とがあるが、海上保険では、金銭給付方式が採用されている[20]。

海上保険における重要な給付の1つとして、保証状（Letter of Guarantee；L/G）の発行がある。これは、保険金支払い債務が確定する前に、将来の保険金の支払いを前提として、被保険者が第三者に対して負う責任について、保険者が支払いの保証をするものである。これにより、被保険者は、債権者に対する現金の供託や銀行保証状の提供などが不要となり、第三者によって財産が差し押さえられることを回避できる。船舶や貨物は、

---

[20] ただし、海上保険（P＆I保険を含めて）の実務では、海難の場合の救助契約の締結や衝突事件における事情聴取、相手船との交渉など、保険会社が主導的に対応しており、これらは一種の現物給付の性格を有しているものと認められる。

国をまたがって移動するため、衝突、救助等の海難事故、あるいは共同海損事故などの処理において、債権者には、債権確保の観点から、財産に対する先取特権や留置権が認められている。そのため、財産が差し押さえられたり、国外移動禁止が命じられる場合がある。保険者の保証状は、こうした財産の差押え等を回避し、船舶の移動や貨物の引渡しを可能とする。保証状の発行は、海上保険に特徴的な制度で、被保険者の商業取引上、重要な機能を有しているといえる。[21]

4　海上保険における損害の種類と評価

(1)　**損害の種類**　海上保険は、さまざまな被保険利益を対象とする保険であることから、被保険利益によって損害の態様もさまざまである。

最も一般的な物の所有者利益についての保険では、物の滅失・損傷による被保険利益上のマイナスが損害となる。その場合、損害は被保険利益の全部に生じているか否かを基準として、全損と分損に分けられる。全損の場合には、保険金額の全部が支払われる。分損は、価値の下落分を算定して保険金を支払う方式と、復旧のための費用（修理費など）を支払う方式がある。また、物の価値を保全・回復するための各種費用についても、併せて支払いの対象とする場合が多い。

そのほか、収益利益に保険を付けている場合にはその収益の減少が、賠償責任に保険に付けている場合にはその損害賠償責任が、損害として保険給付の対象となる。

(2)　**損害の評価基準**　海上財産の保険価額は、市況により変動し、また時と場所によって、評価に違いが生じる。海上保険には、時価という概念がうまく適合しない。そのため、海上保険では、保険の始期価額が保険期間中変動しないという前提をとる（これを「始期価額不変更の擬制」また

---

21)　保証状は、将来の保険債務が確定する前の時点で、保険者が発行する。そのため、最終的には、保険責任がないことが判明する場合や保険金が保証金額を下回る場合がある。しかしながら、保険責任上の留保を記した文言を挿入した場合には、通常、債権者は保証状を受け入れない。そのため、保険者は、被保険者から裏保証状（counter guarantee）または念書を取り付けたうえで、無限定・無制限の保証状を発行する。保証状では、債務をいずれの国の裁判所で確定するかについても合意する。保証状は、債権者との紛争に関する裁判管轄と準拠法の合意としても、重要な機能を有している。

は「保険価額不変の擬制」と呼ぶ）。そして、保険価額は、当事者であらかじめ協定し（価額協定）、その保険証券は評価済保険証券となる[22]。こうした方式により、当事者間での損害の評価をめぐる争いが回避され、迅速かつ円滑で、予測性の高い支払処理が可能となる。外航貨物海上保険では、通常、CIF価格の110％をもって保険価額・保険金額として協定する。10％は、希望利益や荷揚港における諸費用分に相当する[23]。保険金は、これらの評価額を基準として算定される[24]。

Ⅲ 財物の損害——全損

1 意　義

全損とは、物の所有者利益に保険を付けた場合など、積極財産に保険を付けた場合における被保険利益の全部の滅失をいう。したがって、物の所有者利益に保険を付けた場合のほか、収益や債権に保険を付けた場合も、その被保険利益が全部滅失すれば、全損となる[25]。全損の場合には、保険金額の全額が支払われる。

全損とは、物が物理的に壊滅した状態のみを指す概念ではない。保険の

---

22) したがって、海上保険においては、保険法における損害てん補の基準である時価という概念が厳密には適合しない。
23) 10％分についての被保険利益は、厳密にみた場合、貨物価格の上昇分（増値）の利益、輸入通関手続き等の諸費用等の回収に関する利益（代謝利益）や輸入による収益取得の可能性に対する利益（希望利益）、輸入税等、種々の利益全体を包含しうる。輸入地の手続費用や税金が高い場合などは、20〜30％として設定する場合もある。税金については、別途、輸入税に対する保険を付け、物の価額と切り離して、2本立てとする場合もある。
24) 本船積載前のリスクを保険で対象とする場合で、船積み前に事故が生じて、運賃の支出を免れるような場合には、保険価額を構成する費目の一部が発生していないことは明白である。この場合には、こうした未必費用を控除しないと、実際の損害を超える保険金を支払うことになる。しかし、一方で、そのような控除は、保険価額の協定に反することになるので、約款には、このような場合には未必費用を控除して損害額を算定する旨の規定を設ける必要がある。輸出FOB保険では、船積前の売主のリスクを保険に付けるものであるので、この控除条項を約款に挿入している。
25) 保険法では、残存物代位の規定において「保険の目的物の全部が滅失した場合」との表現をとる（保険法24条）。この規定は全損を指すが、目的物の全部が滅失してはいない場合であっても、被保険利益としては全部の滅失であると認定できる場合には保険金の全部の支払いが妥当である。したがって、この規定が、全損の定義としては適当であるかについては疑問がある。

目的物には、何らかの価値があっても、保険に付けた被保険利益からみた場合には、意味がない状態になっている場合も該当する。全損は、被保険利益に照らしてその全部の滅失を認定できる場合をいう[26]。船舶であれば、沈没し引揚げ不能な場合、爆発炎上による修繕不能、貨物では、ガラス製品の破損、食品の腐敗などが、全損の典型例といえる。

　海上保険は、貿易取引や海運という商業経済を支える制度であり、迅速かつ適切な保険給付が要請される。海上保険では、陸上保険と比べて、全損の概念が拡大されており[27]、全損制度が重要な意義を有している[28]。

　全損を認める一方、保険の目的物には何らかの価値が残存することがあることから[29]、利得防止の観点から、それらに対する処理が必要となる。委付や残存物代位の制度は、全損制度と一体の制度として理解する必要がある[30]。

2　日本法

　商法および保険法には、全損の定義規定はないが、全損とは学説上、被保険利益の全部の滅失として理解されている[31]。何が全損にあたるかは解釈によるが、海上保険は商業上の制度であるため、商業上の通念に従って全損を認定すべきものといえる。

　商法は、一定の場合に、保険の目的物を保険者に委付して保険金額全部の請求を認める委付制度を規定している。それらの一定の場合（委付事由）とは、船舶の沈没、船舶の行方不明[32]、船舶の修繕不能[33]、船舶または積

---

[26]　被保険利益という保険の概念上に損害を認識することにより、商業制度としての柔軟な給付がなされる制度となっているといえる。
[27]　ここでは、全損概念自体が拡大していると説明したが、海上冒険を対象とする被保険利益概念が損害概念に現れているという理解もできる。
[28]　海上保険では、全損のみを支払いの対象とする担保条件（ただし、救助料や共同海損分担額は支払う）も存在する。この条件は、中古船などの船舶保険において、保険料を抑えつつ商業上の要請を満たすために利用される。この場合、損害の全損認定の可否は、保険金が支払われるかどうかという問題となる。
[29]　保険制度上は、すべての損失とみることが適当であっても、その他の価値基準によっては、何らかの価値が認められる場合をいう。
[30]　残存物代位は、全損制度と密接に関係していることから、全損の箇所で説明する方法もあるが、ここでは、商法やMIAの規定に沿って、代位の箇所で説明する。
[31]　木村・前掲注1）161頁。
[32]　船舶の行方不明の要件については、商法834条に規定がある。

荷の捕獲、船舶または積荷が官の処分によって押収されて6か月間解放されない場合である（商法833条）。この制度は、一定の事由の発生を要件として[34]、全損と同じく保険金額全部の請求を認めるものである。

委付は、被保険者の単独行為として実施できる制度である。委付を行うためには、被保険者は、3か月以内に保険者に対して委付の通知を出す必要がある（同836条）。保険者は、委付を承認すれば後日異議を述べることはできない（同838条）。また、保険者が委付を承認しない場合は、被保険者は、委付原因を証明しなければ保険金額の支払いを受けることはできない（同841条）。委付により、被保険者は保険金額の全額を取得する権利を取得し（同833条）、保険者は被保険者が保険の目的物につき有する一切の権利を取得する（同839条）。

このように委付は、一定の事由が発生した段階で、保険金額全部の請求を可能とする制度であるが、被保険者の単独行為として、保険の目的物を保険者に移転できるところに特徴がある。今日、保険の目的物は、撤去義務などの公法上、私法上の義務を伴っている場合が少なくない。このような義務を被保険者の単独行為の結果として保険者が負担することは、物の財産価値を被保険利益としててん補の対象とする物保険の制度にはうまく適合しない[35]。このため、現行の約款では、商法の委付事由を包含する形で保険金額の全部を支払う全損の定義を設けるとともに、保険の目的物の委付はできないことを明記している[36]。全損金を支払った保険者は、保険の目的物に残存する物を代位により所得することが認められる（保険法24条）。

---

33) 船舶の修繕不能の場合に、積荷を代船輸送した場合は、積荷の委付は認められない（商法835条）。
34) 事由にあたれば認められ、たとえば、沈没後に引き揚げられた船舶が修繕可能であっても、沈没という状況が生じた時点で委付が認められるところに、この制度の特徴がある。
35) 残骸撤去に対するコストは、保険料には含まれていない。撤去や廃棄費用を保険でカバーする場合には、それに対する対価（保険料）が必要となる。それらの費用は、物の種類や場所によって大きく異なり、価額に比例するものではないので、保険金額に危険率を乗じて算出する物保険の保険料の算出スキームに適合しない。そのため、別の保険として設計する必要がある。船舶の撤去費用などは、Ｐ＆Ｉ保険でカバーしている。
36) 委付に関する商法の規定は任意規定であり、委付を認めない約款規定は有効と解されている。

3 イギリス法

　MIAは、損害を全損と分損に分け、全損はさらに現実全損（actual total loss）と推定全損（constructive total loss）[37]とに分けられ、全損以外の一切の損害を分損と定義する（MIA 56条）。MIAでは、現実全損と推定全損の定義やその効果について、以下のとおり、詳細な規定を設けている。

　現実全損は、保険の目的物が破壊され、もしくは保険に付けられた種類（specie）の物としては存在することができなくなるほどの損傷を被った場合、または被保険者が保険の目的物を奪われてその回復が不可能である場合と定義される（MIA 57条1項）。この場合、被保険者は、委付の通知を行うことを要しない（同2項）。なお、船舶が行方不明となり、相当期間経過後もその消息が得られない場合は、現実全損と推定することができる（MIA 58条[38]）。

　推定全損については、MIAは、保険の目的物の現実全損が避け難い場合、保険の目的物の価額を上回る費用の支出がないと現実全損を免れえないために保険の目的物が正当に遺棄される場合に認められるとの総則を規定したうえで（MIA 60条1項）、委付が認められる事由を規定している（同60条2項[39]）。推定全損の場合、被保険者は分損として処理するか、委付を行って現実全損に準じた処理を行うかのいずれかを選択できるが（同61条）、委付する場合には、保険者に対して委付の通知（notice of abandonment）を発しなければならない（同62条1項）。保険者が委付を承諾した場合、保険者はそれを撤回できない（同62条6号）。有効な委付がある場合、保険者は、保険の目的物の残存部分についての被保険者の利益、および保険の目的物に付随するすべての財産権を承継する権利がある（同63

---

37) 法律の解釈または擬制によって全損とみなす損害を意味するものであり、全損の「推定」ではない。英語もpresumedではなくconstructiveという用語を用いている。「解釈全損」と訳される場合もあるが、本章では、より一般的な訳語である「推定全損」の訳語を用いる。
38) MIAは、'an actual total loss may be presumed' と規定している。推定であるので、その後に船舶が出てくれば、推定が覆ることになる。なお、日本法では、船舶の行方不明は、委付事由の1つとして規定されている。
39) 推定全損が認められる場合とは、以下となる。①占有を奪われて回収する見込みがない場合、②占有を奪われ、回収費用が回収後の価額を超える見込みの場合、③船舶が損傷し、修繕費が修繕後の船舶価額を超える見込みの場合、④貨物が損傷し、補修費用と仕向地までの継搬費用の合計が到着時の貨物の価額を超える見込みの場合。

条 1 項)。保険者が委付を承諾して目的物を取得すれば、目的物から生じる利益はすべて保険者に帰属するとともに、それに付帯する義務も保険者の負担となる。保険者が委付を拒絶した場合、推定全損としての要件が満たされていれば、全損金の支払いがなされるが、保険の目的物は引き続き被保険者に帰属し、それから生じる利益は被保険者が取得するとともに、義務があれば被保険者の負担となる。[40]

協会約款は、推定全損を認める事由に関する規定を設け[41]、MIA の規定内容を一部修正しているが、わが国のように委付そのものは排除していない。

Ⅳ 財物の損害——分損

1 海上保険における損害の評価

分損とは、被保険利益の一部の損害である。財物が棄損した場合に、その損害をいかに認識し、評価するかは容易でない。とりわけ海上保険では、種々の財産が保険の対象となり、その財産の前提にある商業取引も多様であるため、損害の評価は、理論的にも難しい問題を伴う。加えて、海上保険では、事故の発生場所が公海上や外国の領海内、陸上など、さまざまとなり、保険法の基本原則である時価、すなわち事故発生の時および場所における評価という考え方がうまく適合しない面がある。海上被保険利益や海上財産の特性を考えた損害てん補方式が必要となる。

海上保険契約は、物自体でなくその被保険利益に保険を付ける契約であることから、保険に付けた被保険利益にいかなるマイナスの影響が生じているかに照らして損害を評価する必要がある。しかし、大数の法則に基づき、損害の予測をして保険料を算定する制度であるので、あらかじめその利益の性格や特徴を保険者側で理解できることが前提となる。したがって、評価はあくまでも該当する被保険利益の一般的・客観的評価であり、被保険者の個性的な状況を斟酌して損害の評価を行うことは保険制度上、認め

---

40) かつて、保険者が委付を拒絶した場合に保険の目的物は無主物 (*res nullius*) になるとの見解があったが、現在、その考え方は否定されている。Arnould, p. 1477.
41) その例として、2009 年ロンドン協会貨物約款(A)条件の 13 条、1995 年ロンドン協会期間約款(船舶) 19 条。

られない。

　船舶の場合、船舶は船会社の基本的な財産であるとともに海運事業の手段であり、その被保険利益に保険を付けているのであるから、船舶に損害が生じた場合には、原則として、事故船舶が再度稼働できる状態に原状復帰する費用を損害として評価することが適当といえる。したがって、修繕のために要する合理的な費用を損害とすることが妥当である。もっとも、売船せざるを得ない特殊な場合には、変動する市況のなかで、損害を適正に評価することが必要となる。

　貨物の場合は、保険の目的物が原材料や完成品、市場の有無、用途などさまざまとなる。輸入者が貨物をそのまま引き取って利用できる場合、転売せざるを得ない場合もある。また、貨物の国内での使用が難しく、売却する市場が国内に存在しない場合もある[42]。損害の認定は、それぞれの貨物の特性や用途に従って行う必要があり、貨物を引き取って利用することが合理的であれば、それを利用できる状態にするための費用を損害として評価することが妥当である。転売する場合は、変動する市況のなかで、その損害の評価方法が問題となる。また貨物は、仕向地まで輸送されることを前提としているので、貨物が到着した時点で損害を評価する必要があり、事故によって仕向地までの輸送が合理的でなくなった場合には、その変則として、損害をいかに評価するかが問題となる。

　各国の海上保険に関する法律では、このような海上保険の特性をもとに、損害てん補における基本的な事項を定め、その他は、約款や実務慣習に委ねる方式がとられている。

2　分損に関する日本とイギリスの法

　わが国の保険法は、てん補すべき損害の額は、その損害が生じた地および時における価額によって算定することを規定するが（保険法18条1項）、これは任意規定であり、約款による変更が認められる。また、保険法は、

42）　ブランド品など特殊な貨物は、ブランドを守る観点から、メーカーが転売を認めない場合が多い。こうした保険の目的物自体ではなく、企業のブランド価値等の保全のために特殊な保険給付を行うためには、こうした処理を認める契約上の合意とそれに対する対価が必要である。

約定保険価額があるときは、てん補損害額は、当該約定保険価額によって算定すること、ただし、当該約定保険価額が保険価額を著しく超えるときは、てん補損害額は当該保険価額によって算定することを規定する（同2項）。本規定も任意規定であるが、同項後段は、利得禁止という公序良俗に関する規定であるので、強行規定の性質を有するものと理解されている[43]。

商法は、海上保険の分損については、小損害の不てん補（商法830条）、積荷が毀損して到着した場合のてん補額の算定（同831条）、航海の途中における不可抗力による積荷の売却（同832条）を規定する。このうち、小損害不てん補に関する規定は、船舶・貨物に共通し、共同海損ではない損害や費用について、それらが保険価額の100分の2を超えない場合には、保険者はてん補しないが（同1項）、それを超えた場合には全額をてん補すること（同2項）、また、保険者がこれとは異なる割合を決めた場合はこの方式を準用すること（同3項）と定めている。なお、この小損害不てん補方式は、実務では、フランチャイズ（franchise）と呼ばれている[44]。貨物に特有の商法規定については、後述する。

一方、イギリス法では、MIAは、分損（partial loss）に関して、単独海損損害（MIA 64条1項）、特別費用（同64条2項）、救助料（同65条）について、その定義規定を設けたうえで、船舶、運賃、貨物・商品等の分損についての規定を設けている。同法は、貨物と船舶に共通するものとして、連続損害の場合、損害の合計額が保険に付けた額を超えても保険者は責任を負うこと（同77条1項）、分損が生じて未修繕のうちに全損が生じた場合には被保険者は全損に関してのみ回収が認められること（同条2項）を規定している。なお、船舶、貨物それぞれの分損に関する規定内容は、後述する（3、4）。

3 貨物海上保険における分損処理

貨物海上保険の分損処理に特徴的な事項についての、具体的な約款規定

---

43) 萩本・前掲注1) 123頁。したがって、「著しく超える」とは公序良俗に反する程度に極端に保険価額を超過している場合となる。
44) これに対し、特定の割合の損害を常に控除する方式を excess または deductible という。控除額を定額で示したものを定額控除、一定の率で示したものを定率控除というが、海上保険では、通常、定率控除方式がとられる。

や実務処理については他章に譲り、ここでは日本法とイギリス法に記載される原則などを説明する。

(1) 可分な部分の全損　　貨物の可分な部分の一部が全損となった場合には、MIA は、全損となった部分の価額が全体の価額に占める割合を保険金額に乗じて算出することを規定する[45]。この方式が理論的にも妥当であり、商法にはその旨の規定はないが、日本法でも同じ考え方になるといえる。

(2) 貨物が損害を被って到着した場合（分損計算）　　貨物の価額は、市況によって大きく変動するため、損害の評価において、市況の変動を極力排除する必要がある。そのために採用されているのが分損計算による損害額の算定であり、この方式は、保険価額（保険価額が協定されていれば協定保険価額）と損品価額との差額を損害額とするのではなく、陸揚港における正品市価と損品市価を比較して得られる損率を、保険価額（協定保険価額）に乗じててん補額を計算する方式である[46]。この方式は、商法 831 条[47]、MIA 71 条に記されており約款は通常、分損計算に関する詳細の規定を設けている[48]。

(3) 航海途上における貨物の売却　　貨物海上保険は、貿易貨物にかかる被保険利益に対する保険である。貨物の輸送が途絶えれば被保険利益に損害が生じることから、担保危険によってこのような事故が生じた場合には、保険給付の対象として、その損害をてん補する必要がある[49]。貨物を仕向地まで継送できる場合には、そのための合理的費用、手直しや再梱包等が必要であれば、それらの合理的な費用を損害に含める必要がある。しかし、事故が生じた場合に、航海の途中で売却処分したほうが合理的な場合もある。この場合には、その地の市場価格をもとに分損計算をすることは合理的でない[50]。航海の完遂を担保する前提から考えれば、被保険利益の全

---

45)　MIA 71 条 1 項、2 項。
46)　次の算定式になる。損害額 = 保険金額 × $\dfrac{正品市価 - 損品市価}{正品市価}$
47)　もっとも商法 831 条は、損率を保険価額に乗じるのではなく、保存率（損品市価／正品市価）を保険価額に乗じると規定しているが、これは誤りである。
48)　約款では、通常、輸入税の扱いなど計算上の細則を規定している。
49)　Bennett, *supra* note 1, p. 667.
50)　貨物海上保険では、事故時の発生地で損害を評価するのではなく、航海の完遂後の時点を基準として損害を認識すべきである。たとえば、船舶が運航不能になって、食料品貨物には

体に損害が生じ、一部の売得金が得られた状態として理解することが適当である[51]。そのため、保険金額（全損金）から売得金を差し引いた額を保険金とする方式が妥当である。この方式を救助物差引てん補方式（salvage loss settlement）と呼び、商法832条に規定されている[52]。MIAには、その旨の規定はないが、イギリスでもこの方式が妥当とされている[53]。

なお、イギリスの協会貨物約款は、運送が事故によって打ち切られても、貨物の継搬が可能な場合は、継搬のための適切かつ合理的な追加費用を支払うことを規定している[54]。

(4) 同一性の識別損害、センチメンタル・ロス（sentimental loss）　貨物が保険に付けられた種類の物として仕向地に到着したものの、荷印の消滅やその他の理由によって同一性を識別できない場合は、損害があっても分損であり、全損とはならない[55]。商品等のラベルに損害が生じている場合、そのまま売却すれば、物自体には損害がなくても大きな評価損が生じる。こうした損害の扱いをめぐる紛争を回避するために、商品等の場合には、レッテル約款（Label Clause）を加え、損害がラベルだけである場合には、支払い額は、ラベルの張替え費用を限度とする実務慣行が採用されている[56]。

商品等は、それ自体には損害がなくても、損害品の隣にあったという事実だけで、マイナスの評価を受ける場合がある。こうした損害をセンチメンタル・ロスと呼び、貨物自体に損害がない場合のこうした損害は保険保

　損害が生じていないが、日本までの継送が不可能である場合は、事故時点では、物的に損害はないが、その売却額との差額を損害として評価することになる。
51)　全損ではないが、それに準じた状況と認められる。
52)　商法832条は、航海の途中で不可抗力によって、積荷を売却した場合は、売却代金から、運賃その他の費用を控除し、それと保険価額との差額をてん補すること、また売却した買主が代金を支払わない場合は、保険者がそれを支払い、被保険者が買主に対して有する権利を保険者が取得することを規定する。
53)　Arnould, p. 1291.
54)　2009年1月1日付協会貨物約款(A)条件12条など。この費用は、貨物海上保険が航海の完遂を担保していると考えれば、それが中絶による損害を回避するための損害防止費用に該当するといえよう。
55)　MIA 56条5項は、このことを明記している。このような場合に、種の喪失として全損を認めることはない。
56)　ブランド品などにおける特殊な損害については、特別な担保により、こうした損害を保険保護の対象とする場合もある。

護の対象外となる。[57]

4 船舶保険における分損

(1) 修繕費　　船舶の損傷の場合、船舶を再度運行するためには修繕を行うことになり、修繕費を保険でてん補する。[58] 修繕費の算定方法については、約款で詳細に規定され、その規定に基づき損害額が算定される。[59] 修繕のためには、修繕ドックでの修繕工事費（直接工事費、付帯工事費、検査工事費、ジェネラル・サービス）のほかに、修繕地へ回航するための各種費用等を要し、それら必要かつ合理的な費用がてん補の対象となる。[60]

わが国の法律と慣習に準拠する場合は、わが国の約款と実務処理慣行に沿って損害額を算定する。

イギリスでは、海損精算人協会により、実務上の取扱方法が実務規則として定められている。イギリスの法律と慣習に準拠してクレーム処理を行う準拠法約款がある場合は、実務規則に基づいて損害額を算定する必要がある。なお、MIA は、修繕費から慣習上の控除（通常、新旧交換控除（deduction "new for old"）と呼ばれる）を行うことを規定しているが、[61] イギリスの現在の船舶約款では、新旧交換控除は適用しないことを規定している。[62]

(2) 未修繕損害　　原則として、保険で修繕費を支払うのは、修繕完了後となる。保険期間中に複数の事故が生じ、その都度修繕を行った場合は、合計額が保険金額を超える場合においても、保険者は支払い義務を負う。[63]

分損が修繕されないうちに全損が生じた場合には、被保険者は全損に対してのみ保険金の請求が認められる。[64] また、全損にはならないものの、損傷が大きく、修繕を行わずに売却する場合もある。国内売船の場合で保険

---

57) Carol Bennett, *Dictionary of Insurance*, 2nd ed., London, 2004, p. 279.
58) MIA 69 条。
59) 修繕費の内容については、藤沢＝小林＝横山・前掲注 1) 247 頁以下を参照。
60) 具体的には、仮修繕費、曳航費、護衛費、人員・用具・燃料・食糧等の追加費用、港費、代理店費用、水先案内料、検査費用、追加保険料など。なお、仮修繕費等の費用は、共同海損に認容される場合もある。
61) MIA 69 条 1 項。
62) 1983 年 10 月 1 日付協会期間約款（船舶）14 条など。
63) MIA 77 条 1 項はこのことを法律上も明確に規定しているが、日本法においては規定がない。ただし、約款においては明確化している。
64) MIA 77 条 2 項。日本法には、該当する規定はなく、約款に拠ることとなる。

が日本の保険会社に引き続き付けられることが想定される場合には、繰り延べ工事として、修繕の実施後に修理費を支払う方式がとられているが、海外売船の場合は、未修繕部分の減価額を算定し、その範囲内で保険金を支払う方式がとられている。[65]

V 各種費用損害

1 総説

　海上保険は、P＆I保険を別として、物の所有者利益に基づく物損害を中心として、加えて、特定の費用支出や責任の負担を保険てん補の対象としている。てん補の対象とする損害は、約款の規定内容に基づくが、一定のものについては、制定法にてん補の対象とすることの規定がある。

　わが国の保険法は、①てん補損害額の算定に必要な費用、②損害の発生または拡大の防止のために必要または有益であった費用は、保険者の負担とすることを規定する（保険法23条）。この規定は、任意規定である。

　イギリスでは、MIAに、特別費用（MIA 64条）、救助料（同65条）、共同海損分担額（同66条）、第三者に対する責任（同74条）、損害防止費用（同78条）に関する規定がある。

2 損害防止費用

　日本、イギリスいずれも、法律上、損害防止義務を被保険者等に課し、義務の遂行のための費用をてん補対象と規定する。

　わが国保険法は、保険契約者および被保険者は、保険事故が発生したことを知ったときは、これによる損害の発生および拡大の防止に努めなければならないと規定し（保険法13条）[66][67]、損害の発生または拡大の防止のため

---

65) 藤沢＝小林＝横山・前掲注1) 252頁以下参照。
66) この義務は、保険事故が発生後にそれを知ったときに発生する（保険法13条）。また、被保険者に加え、保険契約者にも義務が課されている（同条）。
67) 保険法には、義務に違反した場合の規定はない。学説では、この義務を真正の義務とみて義務違反は債務不履行責任であるとして、義務者は義務違反による損害の額について損害賠償責任を負い、保険者は保険金からそれを相殺により控除できるとする考え方と、この義務は真正の義務ではなく保険金請求権を確保するための前提要件であるとして、違反の場合に約款に記される免責の効果を生じるとする考え方がある（山下・前掲注1) 414頁）。なお、

に必要または有益な費用を保険者の負担とする（同23条）。約款では、文言に差はあるが、損害防止義務に関する規定を設け、その義務を怠った場合には、義務を怠ったことによると考えられる損害部分を控除することや、義務を履行するために必要または有益な費用については、他の保険金と合算して保険金額を超える場合であっても支払うことなどを規定している[68]。和文の貨物海上保険約款で対象となる損害防止費用としては、救助者に対する報酬、手直しや再梱包費用、第三者に対する請求権の行使や保全にかかる費用、賠償請求の場合の応訴費用などがある。救助報酬など共同海損の対象となる場合は、共同海損分担額として支払いの対象となる。

イギリスでは、MIAは、損害を防止または軽減するために合理的な措置をとることを被保険者またはその代理人の義務と規定し（MIA 78条[69]）、そのために生じた費用は、約款の規定に従って支払いの対象となる[70]。たとえば、協会貨物約款では、被保険者、その使用人、代理人を義務者とし、損害を回避・軽減する義務や第三者に対する請求権を適切に保全することやその行使を確保することを義務とし、義務を履行するために適切かつ合理的に支出された費用を、他の保険金に加えて支払うことを規定する[71]。損害防止費用は、日本と同様、他の保険金と合算して、保険金額を超える場合であっても支払いの対象となる。イギリスでは、各種費用のうち、共同海損や救助料として精算されるものは、損害防止約款に基づく支払いの対象外となる[72]。損害防止は、MIA上の義務であるとともに、契約上の義務

13条は任意規定である。
68) 約款の規定内容は、保険種目や保険会社により同一とはいえないが、通常、義務の対象者として、保険契約者、被保険者のほかに、その代理人や使用人が加えられている。また、貨物海上保険では、第三者に対して賠償、補償その他の給付を請求できる場合には、その請求権の行使・保存に努めなければならないこと、その義務を怠った場合には、請求権の行使によって第三者から給付を得られたと考えられる額を損害額から控除して保険金を算出することも規定されている。なお、「怠った場合」という文言は過失による場合を含む。「正当な理由なくして義務を怠った場合」と限定を付けている場合もある。
69) 防止とは、事故時の損害発生の防止および事故後の損害拡大の防止を意味し、安全な航海の遂行のために要する事前の各種準備費用はてん補の対象としては意図されていない。
70) ロイズS.G.保険証券様式では、sue and labour clauseが含まれている。また、各種協会約款には、いずれも損害防止条項が含まれている。
71) たとえば、2009年1月1日付協会貨物約款A条件16条。ただし、本約款では、義務に違反した場合の効果については記されていない。
72) MIAはこのことを明示している（MIA 78条2項）。

として、違反は契約違反となる。この違反は、契約法上の warranty 違反にあたるので、保険者は、契約の解除等は認められないが、被保険者に対して違反によって被った損害について賠償請求することができ、その請求額を保険金と相殺すること（set-off）や被保険者に反対請求すること（counter claim）が認められる。ただし、保険法上の warranty 違反の場合のような保険金支払いの免脱効果は生じない。[73]

　海上保険では、海賊等によって保険の目的物が略奪され、それを回復するために金銭の支払いが必要となる場合がある。こうした金銭の支払いは、その行為を行った国の法律上、違法となる場合がある。目的物を回収するうえでは有益であったこうした費用が、海上保険の支払いの対象となるかは議論がある。[74]イギリスでは、保険のてん補の対象として認める裁判例がみられるが、他国の違法行為を是認することはできないとの考えも強い。[75]

3　共同海損分担額

　商法 817 条は、保険者は、被保険者が支払うべき共同海損の分担額をてん補する責めに任ずること、また、一部保険の場合は保険金額の保険価額に対する割合で支払うことを規定する。

　MIA は、共同海損の扱いについて詳細な規定を設け、共同海損犠牲損害と共同海損分担額について、明示の特約がない限り、それが被保険危険を避けるため、またはこれを避けることに関連して招致された場合に支払いの対象となることを規定する（MIA 66 条）。なお、救助者に対する救助報酬は、契約に基づくものと契約に基づかないものがあるが、[76]共同海損を構成する場合には、精算のうえ、共同海損分担額として処理することとなる。

　いずれの国においても、約款では、共同海損の扱いについて規定を設けており、免責危険を避けるために生じたのでなければ、支払いの対象とす

---

73)　Dunt, *supra* note 1, p. 309.
74)　船舶貨物の共同の安全に関わる場合は、共同海損の対象として認容されるか否かという問題となる。
75)　Arnould, pp. 1172-1174.
76)　MIA では、救助料とは、契約に基づかないで海法上救助者が回収することができる費用をいう（MIA 65 条 2 項）。救助契約に基づく報酬と区別する観点から、こうした費用（厳密には、報酬にあたる）は、任意救助料と呼ばれる場合が多い。

ることが規定されている。共同海損制度についての詳細は、第14章の説明に委ねる。

4 証明費用

保険者は、保険金を支払うにあたって損害の有無とその額を確定する必要があるが、そのためには、被保険者等からの書類の提出や説明、さらには現物の状態確認等が必要となる。

保険法は、損害の説明義務に関する規定は設けていないが、てん補損害額の算定に必要な費用は、保険者の負担とすることを規定している（保険法23条1項）。

わが国の和文約款では、通常、保険事故による損害の発生や損害額の証明、関係書類の提出を被保険者や保険契約者の義務とし、その過程における書類の不実記載や、故意の隠ぺいなどがあれば、保険金を支払わないことを規定している[77]。証明のために要する費用は、約款上、通常支払いの対象としている。

イギリスでは、MIA上には証明費用の負担に関する規定はないが、検査費用、鑑定費用は、保険者によって支払われることが定着している。検査費用は、修繕費の一部として支払われる場合もある。海損精算人の単独海損精算費用についても保険者から支払われているが、その根拠は、慣習上のものといわれている[78]。

VI 賠償責任保険における損害てん補

1 総 説

海上では、船舶の衝突、油の流出、残骸物の発生、乗組員の死傷、積載貨物の損害など、さまざまな形態の事故が発生し、船舶の所有者、運行管理者、貨物の所有者は、さまざまな賠償責任を負う可能性がある。こうした事故の発生場所も、国内、外国領海内、公海上とさまざまである。海上

---

77) かかる約款の有効性をめぐっては、海上保険の分野ではないが、多くの裁判例がある。山下・前掲注1）417頁参照。
78) Arnould, p. 1305.

における事故の特徴として、事故に多くの国の利害関係者が存在する場合がほとんどであり、しばしば複雑な国際的事件となることが挙げられる。当事者が、それぞれに有利な裁判管轄における紛争処理が可能となるように各種法的手段をとるため、複数の裁判所で訴訟が提起される場合も珍しくない。また、保証状などの担保の取得も、手続きの初期に必要な基本動作となる。これらの実務の詳細は、第15章の説明に委ねる。

　海上で発生しうる多様な賠償責任のうち、船舶間の衝突によって相手船とその船上の積荷その他の財物に与えた法律上の衝突損害賠償責任については、船舶保険（以下、狭義の船舶保険と称する）によって一定限度までのカバーが提供されている[79]。船舶間の衝突損害賠償責任における限度額を超える部分や契約によって加重された責任、その他の各種賠償責任（岸壁や橋梁等との衝突損害賠償責任、油濁事故に関する損害賠償責任、受託貨物に対する損害賠償責任、乗組員に対する損害賠償責任など）については、損害保険会社による保険カバーも一部に存在するが、基本的には、船主責任保険組合（Ｐ＆Ｉクラブ）によるＰ＆Ｉ保険の対象領域となる。

　いずれの場合も、保険契約で対象として定められた種類の損害が支払いの対象となる。具体的なてん補の範囲については、本書第2部における約款解説およびＰ＆Ｉ保険の解説の章に委ね、ここでは、いくつかの重要事項について概説する。

2　船舶間の衝突と責任原則

　船舶間の衝突の場合で、双方に過失がある場合に、それぞれの責任を相殺しないで計算する方式を「交差責任主義」、相殺してその差額について賠償する方式を「単一責任主義」と呼ぶ。単一責任主義をとる場合には、支払い額が超過する一方にのみ賠償責任が発生することとして、支払い額を決定することになる。こうした損害額の算定は、衝突賠償事件の紛争を解決する裁判管轄における適用法に基づくことになるが、わが国およびイ

---

[79]　わが国では、船舶保険の保険価額と同額を限度額としてその100％を船舶保険で引き受けている。それを超える賠償責任は、Ｐ＆Ｉクラブでカバーしている。イギリスでは、船舶の保険価額を限度として、船舶保険がその4分の3、残りの4分の1の部分はＰ＆Ｉクラブが引き受ける共同保険方式をとっている。船舶の保険価額を超える部分は、Ｐ＆Ｉクラブによってカバーされている。

ギリスの保険約款は、いずれも交差責任主義に基づく責任をてん補することを規定していて、その方式によって保険で支払う賠償責任額を算定することになる。

3 責任保険契約における被害者から保険会社等に対する直接請求権

(1) 日本　わが国の保険法では、被害者から保険会社やＰ＆Ｉクラブに対する直接請求権は規定されていないが、①それを認める特別法がある場合は特別法に基づく権利として、また、②保険契約や組合規約において被害者に対する直接請求権が認められている場合には、契約上の合意に基づく権利として、被害者等から保険会社等に対する直接請求権が発生する。

①の例としては、海上分野では、船舶油濁損害賠償保障法がある[80]。同法に基づけば、タンカー所有者の損害賠償責任が発生した場合、被害者は、タンカー所有者が保障契約を締結している保険者等[81]に対して損害賠償額の支払いを直接請求することができ、この場合、保険者等は、タンカー所有者が被害者に対して主張することができる抗弁でしか被害者に対抗できない（船舶油濁損害賠償保障法15条）。

②の例として、海上分野では、Ｐ＆Ｉ保険における船員の労災賠償金給付があり、組合規約において、遺族に対してＰ＆Ｉクラブへの直接請求権を認めている[82]。

また、わが国では、保険法に基づき、損害賠償請求権を有する者には、保険給付請求権に対する先取特権が認められており、被保険者は、被害者に弁済を行った場合や被害者の承諾を得た場合でなければ保険給付を請求することはできず、またその請求権を譲渡したり、担保設定をしたり、差し押さえることが禁止されている（保険法22条）。この規定は、絶対的強行規定であり、約款による修正は認められない[83]。船舶間の賠償責任を担保

---

80) 同法に基づく直接請求権については、時岡泰＝谷川久＝相良朋紀『逐条　船主責任制限法・油濁損害賠償保障法』（商事法務・1979）387頁以下参照。

81) 保険契約またはその賠償の履行を担保する保障契約において、船舶所有者の損害をてん補し、または油濁損害についての義務の履行を担保している者を指す。

82) これは、イギリスにおける直接請求権の判例等を踏まえた国際Ｐ＆Ｉクラブの動きにならったものといわれる。

83) 船舶保険では、保険金請求権に質権を設定する場合が多いが、賠償責任保険金を質権の対象とすることは認められないので、その部分については、除外しておく必要がある。

する船舶保険契約や各種賠償責任を担保するＰ＆Ｉ保険契約についても適用され、この規定に反する修正は認められない。

(2) イギリス[84]　イギリスでは、1930年第三者（保険者に対する権利）法（Third Parties (Rights against Insurers) Act 1930）が制定されている。同法によれば、賠償責任に対する保険を付けている場合において[85]、被保険者が破産（bankrupt）するか、債権者との間で和議もしくは債務整理の取り決めを行う（making a composition or arrangement）とき、被保険者が会社であれば、清算命令（winding-up order）が下されるか任意清算（voluntary winding-up）の決議がなされたなど一定の場合において、これらの出来事の前後に被保険者が第三者に対する賠償責任を負担するに至った場合に、責任保険契約上で被保険者が保険者に対して有する権利はその第三者に移転（transfer）し、第三者の帰属となる[86]。

しかし、第三者が有する権利は、保険契約上で被保険者が有する権利であり、それを超えるものではない。したがって、被保険者による重要事実の不告知または不実表示があって保険者が保険契約を取り消した場合には、第三者はそれに関与していなくとも、保険者から支払いを受けることはできない。被保険者がwarrantyに違反したり、保険証券上の前提条件等の充足を怠った場合も、被保険者には保険者に対する請求権が存在しないので、第三者は支払いを受けることはできない[87]。

Ⅶ　保険金の請求

1　損害発生の通知義務、損害の説明義務

保険法は、保険契約者または被保険者は、保険事故による損害が生じたことを知ったときは、遅滞なく、保険者に対し、その旨を通知しなければ

---

84) 以下は、イギリス法における第三者の直接請求権を説明するものである。わが国の保険会社の責任保険契約がイギリス法準拠となっている場合に、イギリス法に基づいて第三者に日本の保険会社に対する直接請求権が発生するかどうかは明らかでない。
85) 再保険は、対象外である。
86) 1930年第三者法1条。
87) Bennett, *supra* note 1, p. 619.

ならないことを規定する（保険法14条[88]）。義務を怠った場合の効果については、保険法には規定がないが、この義務は真正の債務として、義務違反は債務不履行として、被保険者は、通知義務の違反によって保険者が被った損害を賠償する責めを負い、保険者は、その損害賠償金と保険金とを相殺することが可能と考えるのが通説である[89]。この14条は任意規定である。約款では、通常、この旨の規定を設けているが、加えて、発生した損害の状況を説明し、保険者が要求する書類を提出する義務も規定している。なお、てん補損害額の算定に必要な費用は、保険者の負担となる（同23条）。

イギリスでは、MIAには特段の規定はないが、保険証券には、被保険者の通知等に関する規定が設けられている場合がある[90]。この証券文言の違反の法的効果については、必ずしも明確とはなっていない[91]。

2 保険給付の履行期

保険給付の履行期については、和文の約款においては、日本法が適用されるが、英文約款の場合、準拠法約款のもとでいずれの国の法律が適用されるかを判断する必要がある[92]。

日本法に基づく場合、商法には、海上保険の場合の保険給付の履行に関する規定はないので、保険法の損害保険給付に関する履行期の規定（保険法21条）が適用される[93]。保険法は、約款において保険給付の履行期限（保険金の支払期限）を定めている場合と定めていない場合に分けて規律を設けている。

まず、約款で保険給付の期限を定めている場合については、このような

---

88) この通知義務は、通知を発すれば満たされる（発信主義）。
89) 山下・前掲注1) 416頁。
90) MAR 91など。ただし、貨物海上保険の場合のみとして記載している。
91) こうした保険証券の文言が、契約上のいかなる条項にあたるか、すなわちcondition precedentか、conditionか、契約法上のwarrantyかを具体的文言に基づいて判断する必要がある。判例では、保険者のてん補責任の前提条件を構成するとの保険者の主張については、否定された先例がある。損害防止義務と同様に考えれば、損害賠償請求権の発生が認められることとなる。Dunt, *supra* note 1, pp. 269-270.
92) 外航貨物海上保険の場合には、荷主は第三国に所在する場合があり、その国において請求が提起される場合がある。
93) 民法では、保険金支払債務は、期限の定めのない債務と考えられ、請求を受けた時から遅滞の責任が発生するのが原則である（民法412条3項）。保険法の規定はこの特則にあたる。

定めがあっても、その期限が、保険事故、てん補損害額、保険者が免責される事由その他の保険給付を行うために確認することが損害保険契約上必要とされる事項を確認するための相当の期間を経過する日後の日であるときは、当該期間を経過する日をもって保険給付を行う期限となる（保険法21条1項）。ここで、「確認するための相当の期間」とは、当該保険契約の内容に照らして確認のために一般的にどの程度の期間がかかるかという観点からみて、合理的な期間を意味する[94]。

期限を定めなかった場合は、保険者は、保険給付の請求があった後、当該請求にかかる保険事故およびてん補損害額の確認をするために必要な期間を経過するまでは、遅滞の責任を負わない（保険法21条2項）。ここでいう「確認をするために必要な期間」とは、当該請求にかかる個別の事実関係に照らして、保険事故や給付事由、損害額の確認のために客観的に必要であると認められる期間を意味する[95]。

なお、保険者が、上記の確認に必要な調査を行うにあたり、保険契約者または被保険者が正当な理由なく当該調査を妨げ、またはこれに応じなかった場合には、保険者は、これにより保険給付を遅延した期間について、遅滞の責任を負わない（保険法21条3項）。

保険給付の履行期に関する保険法の規定は、片面的強行規定であるが、海上保険契約に対しては任意規定となる。

イギリスでは、保険金支払いを特定期間内に行わなければならないという法律上の義務はなく、保険金支払いに対する遅延に対する請求は訴訟原因とはならず、また支払いの遅延によって生じた損害に対する賠償請求も認められない[96]。ただし、契約において保険金支払いに関する期限などを合意した場合は、その違反は契約違反となるので、違反によって生じた損害について、被保険者は保険者に対して請求することが認められる[97]。

---

94) 萩本・前掲注1) 71頁。
95) 同上72頁。
96) Bennett, *supra* note 1, p. 726. *The Italia Express* (*No. 2*) [1992] 2 Lloyd's Rep. 281 において、支払いの遅延に対する損害賠償は発生しないことが確認された。
97) Bennett, *supra* note 1, p. 726.

3 消滅時効、出訴期限

　保険金請求権の時効についても、まず、適用される準拠法の問題がある。わが国で利用されている英文約款における準拠法約款では、この点は必ずしも明確でない。

　日本法に基づく場合は、保険法に基づき、保険金請求権の消滅時効は3年となる（保険法95条）。本条は、絶対的強行規定である。

　イギリス法では、保険者に対する保険金請求権は、単純契約（simple contract）[98]の違反に対する損害賠償に関する訴えとして分類され、保険者に対する出訴期限は、1980年出訴期限法（Limitation Act 1980）5条に基づき、訴訟原因（cause of action）の発生時から6年である[99]。契約において、出訴期限を変更して、短くすることもできるが、そのような合意はイギリスでは稀である[100]。契約上の訴訟原因は、当事者の知不知を問わず、主たる債務（primary obligation）に対する違反があった時に生じる。保険契約の場合は、保険金請求権が発生する時点が訴訟原因の発生時点となる。この時点は、保険契約上、事故発生後のどの段階において保険金請求権が発生するかによるので、当該保険契約の文言に基づいて判断する事項となる。この点は、特に賠償責任保険において重要である。イギリス法では、約款に特段の規定がなければ、コモン・ロー上は、被保険者が賠償義務に対する支払いを行った時点、エクイティ上は、訴訟や仲裁等によって損害賠償義務が確定した時点で、請求権の発生を認めるので、その時点でそれぞれ訴権が生じるとされる[101]。

Ⅷ　残存物代位

1　総　説

　残存物代位は、全損処理を行った場合の制度である。わが国では、この制度の趣旨について、残存物の保有による利得を防止するための制度とす

---

98) 捺印証書（deed）によらない通常の契約で、拘束力が生じるためには、約因（consideration）が必要である。
99) Bennett, *supra* note 1, p. 704.
100) Dunt, *supra* note 1, p. 270.
101) Bennett, *supra* note 1, p. 706.

る考え方（利得防止説）と、厳密な損害てん補を行うには残存物の評価が必要で、迅速な給付を行うための技術的な仕組みであるとする考え方（技術説）との対立があったが、現在は、その両方を存在理由として理解するのが一般的である。[102]

　残存物代位の制度は、外国の法律においてもみられるが、その内容は、国によりまったく同一とはいえない。わが国の外航貨物海上保険証券などでは、保険金請求の責任と支払い関係についてはイギリス法、それ以外は日本法準拠とする分割指定条項があり、その条項のもとで、残存物代位について、日本法とイギリス法のいずれが適用されるか必ずしも明確とはいえない面がある。この制度の本質を全損という処理を行ううえでの制度と捉えれば、分割指定条項のもとではイギリス法が適用されるとして理解することが適当だろう。

　海上保険では、陸上保険と比較して、全損として処理を行う事由が拡大されている。その場合の処理として、イギリスでは委付の制度が使われるが、日本では、商法規定の委付制度は約款で否定され、委付処理を経ずに全損金の支払いを行う方式がとられている。したがって、こうしたいわば拡大全損処理における残存物に関する事後処理は、残存物代位制度によることとなる。

2　日本法

　保険法24条は、「保険者は、保険の目的物の全部が滅失した場合において、保険給付を行ったときは、当該保険給付の額の保険価額（約定保険価額があるときは、当該約定保険価額）に対する割合に応じて、当該保険の目的物に関して被保険者が有する所有権その他の物権について当然に被保険者に代位する」と規定する。

　「保険の目的物の全部の滅失」とは、全損を指す。保険法は、「保険の目的物の全部の滅失」とし、被保険利益の全部の滅失とはしていない。この「保険の目的物の全部の滅失」は、商法上の委付事由や契約上の合意によ

---

102)　山下・前掲注1) 419頁。学説の詳細については、中出哲「残存物代位制度について」損害保険研究58巻4号（1997）141頁参照。

って全損と同じ処理を行う場合をも含むか否かが、必ずしも明確ではない。[103]
しかし、保険法のこの条文は、海上保険については任意規定であるので全損とはいえないが、同様の給付を行う場合にも残存物代位を適用することを約款で記せば、それは有効であると考えられる。

残存物代位は、法律に基づき当然に生じるもので、権利移転の意思や第三者に対する対抗要件（民法178条、467条など）も必要でない。

残存物代位は、全部保険か一部保険であるかを問わずに、保険者が行った保険給付の保険価額（約定保険価額がある場合は、当該約定保険価額）に対する割合に応じて生じる。

保険者が代位する対象は、当該保険の目的物に関して被保険者が有する所有権およびその他の物権である。保険事故発生後に、当該保険の目的物から果実が生まれた場合には、その果実がその所有権や物権から生じるものである以上、それらに対しても代位すると解される。また、保険者による代位が生じた後に、目的物が支払い保険金以上の価値を有することになった場合もその価値は保険者に帰属するものと解される。

保険法24条は、片面的強行規定であるが、海上保険契約においては任意規定となる。代位を認めない規定、代位の範囲を広げる規定、代位の範囲を狭める規定は、いずれも有効である。約款では、保険者が残存物代位の意思表示をした場合にのみ所有権が保険者に移転する旨を規定している場合が多いが、こうした規定も有効である。ただし、これらの規定は、利得禁止原則の観点から公序良俗に触れるような場合は、その限りでないと解される。[104]

海上保険では、可分な部分についての全損を認める場合があり、その場合、残存物代位が生じるかが問題となりうる。[105]保険法の条文では、「保険の目的物の全部」としているが、その類推適用を認めることが妥当である

---

103) 保険法は、目的物の全部の滅失と規定し、保険金額の全部を支払った場合とは規定していない。「全部の滅失」を経済的常識に基づいて柔軟に解釈する方法もあるが、海上保険における委付事由は、全部が滅失した事由ではない場合の制度として位置づけられていることから、「全部の滅失」の場合といえるかは明確でない。
104) 山下・前掲注1) 421頁、注126。
105) この点につき、イギリス法では、可分な部分の全損も対象となることが明確となっている（MIA 79条）。

と考えられる。いずれにせよ、その旨の約款規定があれば、それは有効と解される。

3　イギリス法

イギリス法においても、日本法の残存物代位に類似する制度はあるが、その制度は日本法と同じではない。名称も種々があるが、salvage と呼ばれる場合が多い。[106]

MIA では、79条において、代位権（rights of subrogation）との表題のもとで、この制度を説明する。すなわち、保険者は、保険の目的物の全部、または貨物の場合には保険の目的物の可分な部分の全損に対して保険金を支払ったときは、これによって、保険金が支払われた保険の目的物の残存する部分について被保険者が有する利益を承継する権利を有すること、また保険者が分損に対して保険金を支払った場合には、保険者は、保険の目的物またはその残存する部分に対していかなる権原も取得しないと定めている。[107]

残存物代位が生じる要件は、全損に対して保険金を支払った場合である。なお、全損が何を意味するかについては、別に規定がある（MIA 56条、57条、58条、60条）。

MIA は、「利益を承継する権利を有する」と規定し、保険者は権利を取得するか否かの選択権があり、財産に関する権利の承継を強制されることはない。[108] 保険者は、残存物の取得によって、残存物から生じる権利を取得することが認められ、[109] 支払った全損金以上の金銭を取得することも認められるが、[110] その財産の所有権に付随するあらゆる債務・義務も負担する。[111]

---

106)　イギリスの残存物制度について、詳しくは、中出・前掲注102）146頁以下参照。
107)　MIA は、全損と分損に分けて、それぞれ残存物代位と請求権代位の両者を規定する。
108)　Arnould, p. 1476.
109)　所有者個人に帰属する権利（personal rights）か、残存物から生まれる権利であるかは、残存物から生じる運賃の扱いなどで問題となる場合がある。
110)　この点は判例で認められている。*Houstman v. Thornton* (1816) Holt N. P. 242.
111)　Arnould, pp. 1475-1476.

IX　請求権代位

1　総　説

　請求権代位の制度は、各国法で認められている制度であるが、その意義、適用範囲、代位権の法的性格などをめぐって多くの論点が存在し、盛んに研究されている領域である[112]。海上保険では、貨物事故に関する運送人に対する賠償請求、船舶間の衝突の場合の相手船への損害賠償請求など、請求権代位に基づく求償業務は、保険会社の重要な業務となっている。

　海上保険は、国際的な保険であるために、他の陸上保険とは異なる問題も生じる。

　特に重要なのは、準拠法約款の問題である。請求権代位に関する法の内容は、国によって同一ではない。日本法とイギリス法でも大きな相違があり、いずれの国の法が適用されるかによって効果に違いが生じる。たとえば外航貨物海上保険証券など、保険金請求の責任と支払い関係についての分割指定条項を設けている場合に、請求権代位についていずれの法が適用されるかは必ずしも明確ではない。

　また、日本法に準拠して請求権代位が生じても、その請求権を他の国で行使しようとした場合に、国によっては、保険者による請求権を認めない場合が生じうる[113]。

　こうした問題を回避するために、実務では、保険金支払いにあたりSubrogation Receipt を被保険者から提出させて、契約上の合意として代位権の範囲などを定め、紛争を回避する方法を選択したり、そもそも保険代位が生じていない法的状態を作り出して、被害者の名で賠償義務者に対する請求を行う場合もある[114]。

---

112)　代位については多くの研究がある。最近の重要な研究書として、岡田豊基『請求権代位の法理——保険代位論序説』(日本評論社・2007) および同書参照の各論文を参照。

113)　イギリス法では、代位は請求権自体を移転させるものではないので、保険者は自分の名で訴訟提起することはできない。保険者が自分の名で訴訟するためには、保険者に対する債権譲渡が必要となる。

114)　保険者名による代位請求に問題がある場合、ローン・フォーム (loan form) 払いとして、貸付金として支払い、請求権代位が生じていない形をとる方法が利用される。

2 日本法

(1) 原則　保険者は、保険給付を行った場合に、保険給付の額あるいは被保険者が有する債権の額（ただし、保険給付額がてん補損害額に不足する場合は、その不足額を控除した残額）の、いずれか少ない額を限度として、保険事故の損害が生じたことにより被保険者が取得する債権について、当然に被保険者が代位する（保険法25条1項）。また、保険給付額がてん補損害額に不足する場合は、被保険者は、保険者の債権に先立って弁済を受ける権利を有する（同条2項）。

請求権代位については、商法に特別の規定はないので、海上保険契約にも保険法25条が適用される。当該条項は、片面的強行規定であるが、海上保険契約においては変更が認められる。

海上事故によって生じる損害はさまざまな種類がある。たとえば、船舶が他船によって衝突された場合、船舶には、船体の物損害、不稼働損失、乗組員の人身傷害、残骸物の撤去費用、油濁損害等など、さまざまな種類の損害が生じる。請求権代位の対象となる権利は、保険給付によりてん補した種類の損害についての賠償請求権となる[116]。これらの各種損害のうち、船舶保険やＰ＆Ｉ保険で損害てん補がなされた部分については、代位により、船舶保険者やＰ＆Ｉクラブに、相手船に対する請求権が生じる。船主責任制限によって相手方の賠償責任額が制限される場合、または相手方の資力により賠償ファンドが制限される場合は、船舶保険者、Ｐ＆Ｉクラブ、船主などの間で、回収金の分配を行うことになる。この場合、それぞれの債権は、独立した請求権として、請求権の額に比例して回収金を按分することが妥当と考えられる[117]。

(2) 一部保険の場合　一部保険の場合は、保険給付後の損害が残っており、被保険者は、保険者の債権に先立って弁済を受ける権利を有する

---

115) 旧商法662条では、第三者に対して保険契約者が有する権利も代位の対象となっていたが、保険法では、被保険者の権利のみが代位の対象となっている。
116) この法理は、ドイツにおいては「対応の原則」と呼ばれるものとされる。
117) 保険法25条2項は、保険給付額がてん補損害額に不足する場合は、被保険者が優先して弁済を受ける権利があることを規定するが、これは、同じ種類の損害におけるてん補を意味するものと解される（対応の原則）。福田弥夫＝古笛恵子『逐条解説　改正保険法』（ぎょうせい・2008）81頁参照。その前提に立てば、保険制度でカバーされていない損害については、優先的に弁済を受けられるということにはならない。

(保険法25条2項)[118]。海上保険は、評価済保険証券が通常であるので、保険金額が保険価額の一部となる一部保険の状態はあまり生じない。一方、一定金額を自己負担とする各種小損害免責の制度(フランチャイズ(franchise)、エクセス(excess)、ディダクティブル(deductible)など)が、しばしば用いられている。特に、船舶保険では、保険料を低く抑えるために高額のディダクティブルを設定する場合もある。この場合の回収金の分配は、これらの免責規定の文言によることとなる[119]。特に代位に関する取扱いについて規定がなければ、保険法25条2項の文言から、船主は、保険てん補されない部分に対して優先的に弁済を受けられるものと解される。

(3) 代位権の不行使　貨物海上保険などにおいて、保険者が代位権を行使しない旨を約束する合意(通常、「求償権放棄特約」と称される)がなされる場合がある[120]。この合意は、運送人が荷主と同じ企業グループに属する場合など、保険者からの求償を防ぐ場合などに利用される。代位権の行使を放棄する合意は有効と考えられるが、保険者が代位権を行使しない場合に、被保険者が第三者に対していかなる請求権を有するかは必ずしも明確でない面がある。被保険者は、保険からてん補を受けた部分については損害が回復しているので、第三者に対する損害賠償は認められない[121]が、損害てん補が不十分である部分については、被保険者に請求権があると考えられる。

3　イギリス法

(1) 原則　MIAは、全損と分損の場合に分けて、請求権代位について規定する(MIA 79条)。保険者は、損害に対する支払いによって、被保険者が損害てん補を受けた限度において、損害を引き起こした災害の時から、保険の目的物自体についておよび保険の目的物に関して被保険者の有

---

118) 旧商法では、一部保険における保険者の代位権の範囲について解釈上争いがあったが、最高裁は、比例説を採用した(最判昭和62年5月29日民集41巻4号723頁)。保険法は、被保険者の権利を優先させる差額説を採用し、立法的解決を図った。
119) こうした特約は、当事者間の合意として有効である。
120) この場合、通常、割増保険料が徴収される。
121) 保険によっててん補されている損害部分については、損害賠償請求において損害として請求することは難しいと考えられるため。

する一切の権利および救済手段に代位する[122]。また、一部保険の場合は、被保険者は、保険に付けていない残額については、自家保険者とみなされる（同81条）。MIA のこれらの規定は、判例により確認されてきたものであるが、その他、代位権の法的性格や権利の範囲などについても、多くの判例があり、それらによって法が形成された。

まず、請求権代位（subrogation）は、海上保険に限らず、損害てん補の契約（contract of indemnity）といえる損害保険種目に共通して適用される原則として位置づけられている。その法源については争いがあったが、上院の判決等を通じ[123]、その源はエクイティ上の救済（remedies）にあるものの、損害てん補契約を実現するためのコモン・ロー上の権利（right）としても生成してきたものと認められている[124]。また、エクイティによって補足を受けたコモン・ロー上の原則とみるべきとの見解もある[125]。

代位には、次の2つの側面があるとされる[126]。第1は、被保険者は、保険者から損害てん補を受けた部分について、他から給付を受ければそれを保険者のものとしなければならないという点である。第2は、損害てん補した保険者は、被保険者の立場に立って、被保険者の名で、てん補した損害を軽減するための請求権を行使できるという点である。

(2) 代位の第1の側面　第1の側面は、被保険者は、損害保険によって利得してはならないという損害てん補原則の必然的結果として理解されている。したがって、代位は、被保険者の損害がてん補された場合に発生し、第三者からの給付が義務であるか任意であるかを問わず、その給付が保険でてん補された損害を軽減させるものであれば、代位の対象となり、保険で対象とした損害以外に対する給付であれば、代位の対象外となる。また、保険者の代位権は、保険者が支払った保険金の範囲内となる[127]。これ

---

122) 権利とは、コモン・ロー上のright を指し、救済手段とはエクイティ上の各種remedies を指す。
123) *Napier v. Hunter* [1993] 2 W. L. R. 42.
124) イギリス法上の保険代位の概念と法律根拠について詳しくは、中出哲「イギリス法における保険代位の概念と法律根拠」損害保険研究 57 巻 3 号（1995）125 頁参照。
125) Birds, *supra* note 1, p. 308.
126) Birds, *supra* note 1, p. 308.
127) 為替レートの変動により、支払額以上の回収が得られた事件でも、保険者の代位権（請求権代位権）は、支払い額までと判決された。*Yorkshire Insurance Co. v. Nisbet Shipping Co.*

らの点は、それぞれ判例により確認されている[128]。

(3) 一部保険の場合　一部保険の場合は、被保険者は保険に付けていない残額について自家保険者とみなされる（MIA 81条）。これは、比例てん補の原則（principle of average）を回収金に対しても同様に適用させないと論理的に矛盾するという考え方によるもので、判例において確立している[129]。

このように、一部保険の場合は、比例配分を行うこと（旧商法下においてわが国の最高裁が示した比例説と同じ）が確認されていたが、負担額が層（layer）ごとに定められている責任保険契約における回収金の分配については、一番高額な層の負担者から回収金を配分し、最後に、最も低額な層の負担者（被保険者の自己負担部分）にあてることが、1993年に上院で決定された[130]。この判決において、こうした配分を妥当とした理由としては、保険金支払い前に回収金を得た場合と、支払い後に回収金が入った場合とで、分配内容が変わることは不合理であるという点が挙げられている。本決定は、責任保険契約に関するものであるため、この決定の射程範囲は必ずしも明らかとはいえない面もあるが、Arnouldの著者は、MIAの規定とこの上院決定の結果に基づけば、比例てん補の原則が適用される一部保険の場合には回収金の比例按分方式が適用され、一定の自己負担額を超えたときに初めて保険金が給付される条件の保険においては保険者から先に回収金を取得する方式が法律上の立場になる、と整理している[131]。この考え方をあてはめると、エクセス、ディダクティブルなどの自己負担部分がある場合、それから生じる無保険部分は、先に第三者からの回収がなされれば、その分、保険者はてん補責任を負わなかったのであるから、後から回収がなされても同じ効果をもつべきとして、回収金は保険者優先に配分することになる[132]。なお、ディダクティブルを規定する協会期間約款などにお

[1962] 2 Q. B. 330.
128) Birds, *supra* note 1, p. 310.
129) Arnould, p. 1527. このことを確認した判例は、*The Commonwealth* [1907] p. 216.
130) *Napier* v. *Hunter* [1993] 2 W. L. R. 42. この配分方式は "top down" principle と称されている。
131) Arnould, p. 1531.
132) Birdsは、この方式は論理的には正しいとしても、被保険者はエクセス等について選択の余地がない場合があり、酷ではないかとの疑問を提起している（Birds, *supra* note 1, p. 313.

いては、保険者優先の回収金の配分方式が規定されている。その内容は上院決定の考え方に沿ったものといえるが、いずれにせよ当事者の合意であれば有効と理解されている。

(4) **代位権の第 2 の側面**　代位権の第 2 の側面は、保険者は、被保険者の立場に立って、第三者に対する請求ができ、被保険者の名で訴訟も提起できる点である。被保険者が訴訟提起を拒んでも、それを強要することが認められる。イギリス法においては、保険金の支払いによって被保険者が加害者に対して有する損害賠償請求権が保険者に移転することはない。加害者に対する請求は、あくまでも被害者が行い、裁判で争う場合は、被保険者が加害者に対して訴えを提起する必要がある。権利を移転させる場合には、譲渡（assignment）が必要であるが、それが認められるための法的な要件も必要となる。保険代位では、第三者に対する請求権はあくまでも被保険者に残り、保険者はその果実を享受するとともに、その請求をコントロールする権利が認められる。それゆえ、イギリスでは、代位は"step into the shoes of the assured" として説明される。これは、権利自体を被保険者から保険者に移転させる制度と異なる点である。しかし、保険者は、被保険者が賠償金を受ければそれを取得するとともに、被保険者が倒産した場合でも、保険者の権利は被保険者の一般債権としてではなく、特別の権利が認められている。保険者のこうした権利は、被保険者に対する回収金についての請求権ではなく、回収金に対して直接財産的利益（proprietary interests）を有し、それをもとに、エクイティ上のリーエン（lien）やチャージ（charge）も有するとされている。[133]

(5) **契約による代位権の変更**　実務では、保険約款に代位に関する詳細な規定を設けるとともに、支払時に subrogation agreement などの合意書を取り付けて、代位権について詳細に合意する方式がとられている。ディダクティブルがある場合の回収金の配分方法や回収金に対する利息の扱い（支払い保険金を超えて保険者は利息部分を受け取れるかなど）など、法律

ただし、このコメントは、保険法一般についてのものである）。
133) *Napier v. Hunter* [1993] 2 W. L. R. 42. 同訴訟では、回収金について擬制信託（constructive trust）が認められるかどうかも争われたが、それは被保険者に対して管理義務を課すことになり適当ではないとして否定されている。

上の立場が必ずしも明確でない部分については、約款に規定を設けることで、当事者の意図が明確にされている。[134] こうした契約による代位権の変更は、有効と理解されている。[135]

---

134) その例として、協会期間保険約款（船舶）の控除（Deductible）に関する条項。
135) Birds, *supra* note 1, pp. 322-323.

第 2 部
各種海上保険の実際

▶▶▶▶▶▶▶▶

第 10 章　海上保険の種類と市場
第 11 章　貨物海上保険の契約実務と約款
第 12 章　船舶保険の契約実務と約款
第 13 章　P＆I 保険
第 14 章　共同海損
第 15 章　海上保険の損害対応実務

第10章

海上保険の種類と市場

I 概　説

　本章では、最初に、わが国ならびに海外保険市場における海上保険の種類とその各種の保険において使用されている約款につき、解説を行う[1]。次に、わが国ならびに海外の海上保険市場の最近の状況と主要な市場参加者につき、解説を加えたうえで、最後に、わが国の海上保険市場の特色について触れることとする。

II　海上保険の種類と約款

1　日本における海上保険の種類と約款

　損害保険の一般種目は、マリン種目とノンマリン種目に大別される。わが国の損害保険事業はマリン種目（海上保険種目）の取扱いから始まり、1879（明治12）年に貨物保険が、1884（明治17）年に船舶保険が東京海上保険会社により販売開始された[2]。その後、1888（明治21）年に火災保険、1914（大正3）年に自動車保険と、時代を追うごとに新たな保険種目が発売されて今日に至っているが、これら海上保険以外の保険商品は、ノンマリン種目と総称されている。保険料規模でみると現在では、ノンマリン種

---

1) 本章では、以下の文献を参考とした。松浦茂＝佐野誠『損害保険市場論〔4訂版〕』（損害保険事業総合研究所・2007）、出口正義＝岡田豊基『保険業法』（損害保険事業総合研究所・2008）、東京海上火災保険編『損害保険実務講座4〔貨物保険〕』（有斐閣・1987）、東京海上火災保険編『貨物海上保険の理論と実務〔第2版〕』（海文堂・1983）。
2) 運送保険は1893（明治26）年に発売されている。

図1　海上保険の分類

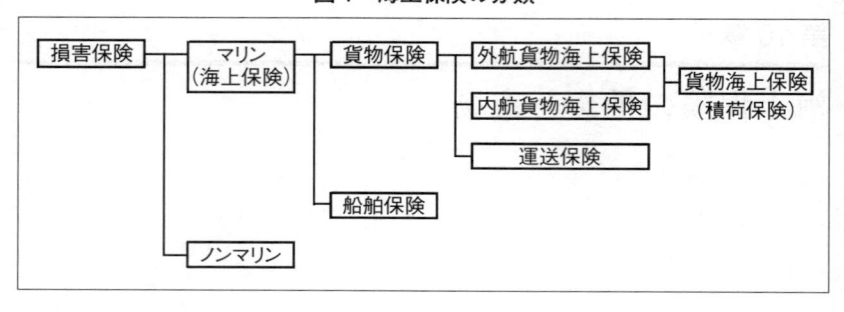

```
損害保険 ─┬─ マリン ─┬─ 貨物保険 ─┬─ 外航貨物海上保険 ─┬─ 貨物海上保険
         │  (海上保険) │            ├─ 内航貨物海上保険 ─┘   (積荷保険)
         │            │            └─ 運送保険
         │            └─ 船舶保険
         └─ ノンマリン
```

目の構成比が圧倒的に大きく、2009（平成21）年度のマリン種目の保険料構成比は損害保険全体の3.2%程度である。

マリン種目は、図1のとおり、貨物保険と船舶保険に分類される。

(1) 貨物保険　貨物保険は貨物ないしは積荷の輸送に関わる保険であるが、その輸送方法、輸送区間などの違いから、外航貨物海上保険、内航貨物海上保険、運送保険に分けられる。外航貨物海上保険と内航貨物海上保険を、貨物海上保険または積荷保険と総称することもある。

外航貨物海上保険は国際間を輸送される貨物を対象とする保険であり、主として貿易取引に伴い輸送される商品が対象となる。日本から海外へ輸出されるもの、海外から日本に輸入されるもの、海外相互間を輸送されるものが外航貨物海上保険の対象となる。輸送用具は、船舶、航空機等を問わない。内航貨物海上保険は、日本国内沿岸を船舶で海上輸送される貨物を対象とする。ただし、国内の船舶輸送でも、湖や河川の場合は運送保険

---

3)　日本損害保険協会発行のファクトブック2010による。
4)　損害保険事業免許申請時に必要とされる基礎書類には、定款、事業方法書、普通保険約款、保険料および責任準備金の算出方法書等がある。このうち事業方法書以下の書類は保険種目ごとに作成されるものであるが、マリン種目については海上保険事業方法書と運送保険事業方法書がある。海上保険事業方法書は船舶保険と貨物海上保険（外航貨物海上保険と内航貨物海上保険）を対象とし、運送保険事業方法書は運送保険、小口貨物運送保険を対象としている。
5)　船積み前、荷卸後のトラックや鉄道による接続陸上輸送中も、船舶による輸送中と合わせて海上保険の対象となっている。
6)　貨物の航空輸送も海上保険の対象である。航空貨物輸送の発達により現在わが国の輸出入貨物の約30%は航空輸送により行われているが、これらも外航貨物海上保険の対象となっている。また、外国相互間輸送は欧州域内輸送のように海上輸送を含まず、トラックや鉄道に

の扱いとされている。また、トラック等に貨物を積載したままフェリーボートで輸送する場合も、運送保険として扱われている。1つの輸送のなかに国内の船舶輸送と陸上輸送の両方が含まれる場合には、内航貨物海上保険で引き受けられるのが一般的である。なお運送保険は、日本国内を陸上輸送、航空輸送またはフェリーボート輸送される貨物を対象とするものである。

　内航貨物海上保険については、和文の保険証券と保険約款が使用されており、具体的には、貨物海上保険証券に貨物海上保険普通保険約款および各種特別約款を付帯して保険契約内容を定めている。運送保険も同様である[7]。他方、外航貨物海上保険は、保険証券が貿易取引の相手方に譲渡され海外において損害処理が行われるという性格を有することから、国際的に通用する形式と内容が求められる。このため、国際標準として世界的に用いられているイギリス様式の英文保険証券フォームに、イギリスで制定された協会貨物約款を中心とする各種約款を付帯した英文保険証券が発行されている。

　内航貨物海上保険および運送保険は日本法準拠であるが、外航貨物海上保険については国際的通用性の要請を反映して、保険金請求に関する保険会社の責任と決済に関する部分につき、イギリス法に準拠する旨が規定されている。

　保険商品認可に関しては、普通保険約款が基礎書類の1つとなっており、保険会社は内航貨物海上保険については内航貨物海上保険普通保険約款、運送保険については運送保険普通保険約款、小口貨物運送保険普通保険約款により認可を得ている。外航貨物海上保険についてはロイズ S. G. フォームの場合は保険証券本文、MAR フォームの場合は協会貨物約款（Institute Cargo Clauses）を普通保険約款として認可を得ている。なお、マリン種目については、いずれも事業方法書において特約自由が認められており、実務上は必要に応じて特約により、普通保険約款に定める責任範囲の拡大や縮小が行われている。

　(2)　船舶保険　　船舶保険については、洋上を航行する船舶、もしくは

　　　　よる陸上輸送のみの場合があるが、このようなケースも外航貨物海上保険の対象となっている。
7）　運送保険の場合は、運送保険証券と運送保険普通保険約款が用いられる。

もっぱら洋上に存在する構造物の物保険や費用保険、賠償責任保険を総称する場合が多い。具体的には、日本沿岸や近海・外洋を航行する自航船舶、海洋土木工事に従事する起重機船・作業台船、洋上において石油天然ガス開発に従事する掘削リグや洋上プラットフォーム等が主な対象となる。また、造船所において建造中の船舶についても、船舶保険の範疇となる。

代表的な船舶保険としては、自航船舶や起重機船等の船体保険が挙げられる。これらの引受けにおいては、和文の保険証券と保険約款が使用されており、具体的には、船舶保険証券に、船舶保険普通保険約款および各種特別約款を付帯して保険契約内容を定めている。他方、外航船舶については国際標準として世界的に用いられている、イギリスで制定された協会約款を中心とする各種約款を付帯した英文保険証券が発行される場合もある。和文約款による引受けは日本法準拠であるが、英文約款での引受けについては、国際的通用性の要請を反映して保険金請求に関する保険会社の責任と決済に関する部分につき、イギリス法に準拠する旨が規定されている。

なお、石油天然ガス開発に関する引受けにはロンドンの協会英文約款が、建造中の船舶の引受けについては和文建造保険約款がもっぱら使用されている。

2 海外市場における海上保険の種類と約款

海外保険市場においても海上保険は、Cargo Insurance（貨物保険）、Hull Insurance（船舶保険）に大別される。国際海上保険連合（International Union of Marine Insurance；IUMI。後述Ⅳ2(5)参照）が毎年公表する海上保険料統計においては、海上保険を貨物保険（Transport/Cargo）、船舶保険（Global Hull）、オフショア・エナジー（Offshore/Energy）、マリン・ライアビリティ（Marine Liability）に分類している。[8] わが国ならびに海外の海上保険市場においてオフショア・エナジー、マリン・ライアビリティは、船舶保険とともに、船舶保険分野の保険種目として扱われている。

---

8) 国際海上保険連合の統計上、各海上保険種目の内訳は次のとおり。すなわち、貨物保険（外航・国内輸送、運送業者貨物賠償責任保険）、船舶保険（外航船舶、内航船舶）、オフショア・エナジー（洋上石油開発・生産に関する保険）、マリン・ライアビリティ（内航船賠償責任保険、用船者・船舶修繕者・港湾業者・ターミナル・オペレーター等の賠償責任保険）。

海外、特に欧米保険市場においては海上保険と航空保険をまとめてMarine Aviation Transport（MAT）と呼ぶこともある。Marine が船舶、Aviation が航空、Transport が貨物を表している。

海上保険については国際条約や世界共通の模範法のようなものは存在しないが、ロンドン保険市場が海上保険の中心的存在となり、多くの元受、再保険契約が取り扱われていることから、1906年英国海上保険法（MIA）の規律に従う契約の割合は圧倒的に高い。また、ロンドン保険市場で作成されている各種協会約款（the Institute Clauses）は世界的に広く用いられており、まさに海上保険約款の世界標準となっている[9]。アメリカ、ドイツ、フランスなど、イギリスに次ぐ欧米の主要海上保険市場においては、それぞれの保険協会ないしは海上保険協会が独自の海上保険約款を制定しているが、一部に独自性を出しながらも、基本的に上記ロンドン保険市場の協会約款の内容を色濃く反映している[10]。

Ⅲ　日本の海上保険市場

1　市場規模

現在[11]、日本国内では保険会社51社が損害保険業を営んでおり、このうち国内損害保険会社が29社、外国損害保険会社が22社の構成となっている。国内保険会社とは国内で損害保険の事業免許を受けた日本法人を指し、外国損害保険会社は保険業法に定める外国保険会社として免許を受けて支

---

9) 一説によれば、世界の海上保険契約の約70％がロンドン市場で作成された協会貨物約款を用いているといわれている。
10) アメリカにおいては、アメリカ海上保険協会（American Institute of Marine Underwriters：AIMU）が American Institute Cargo Clauses 2004 All Risks をはじめとする4種類の標準貨物約款を制定している。ドイツにおいては、ドイツ運送業者協会（Deutscher Transport-Versicherungs-Verband e.V.；DTV（現在はドイツ保険協会の一部門））が制定したドイツ海上保険普通保険約款1973年（1984年改定）、ならびに同約款を現代化する趣旨で作成された2000年貨物保険約款（2008年改定版）が現在用いられている。また、フランスにおいてはフランス運送保険会社協会（l'Association Française des Sociétés d'Assurances Transport；AFSAT）が、1983年フランス貨物海上保険証券（2002年改定）によって All Risks と FPA の2種類の標準約款を制定している。
11) 2010年10月1日現在。

店または代理店形態で営業する会社と、保険業法に定められた特定損害保険業の免許を受けた法人（ロイズ Lloyd's）とを指す。国内損害保険会社29社のうち、27社は元受および再保険業を営み、2社は再保険専業である。また、外国損害保険会社22社のうち、14社は元受および再保険業を営み、5社が再保険専業、3社が船主責任保険専業となっている。

　国内損害保険会社の2009年度海上保険料は2,484億円であり、内訳は船舶保険が734億円（構成比29.5%）、外航と内航を合わせた貨物海上保険が1,124億円（同45.3%）、運送保険が626億円（同25.2%）となっている。後述するとおり、日本はイギリスに次いで世界第2位の海上保険市場であり、貨物保険に限れば世界最大の市場である。

　表1のとおり2001（平成13）年以降、日本の海上保険市場は国内企業のグローバル化の進展や海運・造船業界の活況とともに順調な成長を続けたが、2008（平成20）年秋のリーマンショック後の、世界的な景気後退の影響を受け、同年度の海上保険料は前年度比で5.9%の減収となった。2009年度はさらに保険料の縮小が続いたが、2010（平成22）年以降は緩やかな回復傾向を示している。

　2000年代初頭の損害保険業界の統合・再編を経て、大手損害保険会社のマーケットシェアが高まっており、2009年度海上保険のマーケットシ

表1　国内損害保険会社の海上・運送元受正味保険料推移

(単位：億円、%)

年度	船舶		貨物海上		運送		海上・運送合計	
	金額	増減率	金額	増減率	金額	増減率	金額	増減率
2000	570	△4.5%	1,285	0.5%	649	1.7%	2,505	△0.4%
2001	631	10.6%	1,241	△3.4%	635	△2.2%	2,507	0.1%
2002	580	△8.1%	1,304	5.1%	628	△1.1%	2,512	0.2%
2003	591	2.0%	1,350	3.5%	648	3.1%	2,589	3.1%
2004	587	△0.8%	1,438	6.5%	667	3.0%	2,692	4.0%
2005	627	6.9%	1,540	7.1%	680	1.9%	2,848	5.8%
2006	684	9.0%	1,670	8.4%	684	0.6%	3,037	6.7%
2007	726	6.2%	1,752	4.9%	697	1.9%	3,175	4.5%
2008	731	0.7%	1,563	△10.7%	692	△0.8%	2,986	△5.9%
2009	734	0.4%	1,124	△28.1%	626	△9.5%	2,484	△16.8%

(出典：日本損害保険協会統計資料)

ェアは上位5社合計で約93%を占めるに至っている。

外国損害保険会社の2009年度海上・運送保険料は約69億円で、国内損害保険会社分と合わせた国内海上保険料全体の約2.7%の規模にとどまっている。

一方、日本企業のグローバル化の進展や国内損害保険会社の海外事業の拡大に伴い、国内損害保険会社の海外元受保険料も拡大基調にあり、**表2**のとおり、2000年代半ばには100億円弱の規模に達している。

表2 国内損害保険会社の海外元受正味保険料推移

(単位：億円、%)

年度	船舶		貨物海上		海上合計	
	金額	増減率	金額	増減率	金額	増減率
2000	1.0	△11.4%	81	12.6%	82	12.2%
2001	1.3	32.7%	57	△30.4%	58	△29.6%
2002	0.3	△75.4%	59	4.1%	59	2.2%
2003	0.2	△48.5%	74	25.5%	74	25.1%
2004	0.2	△11.8%	89	20.1%	89	20.0%
2005	0.1	△19.3%	100	12.8%	100	12.7%
2006	0.3	166.7%	120	19.4%	120	19.6%
2007	1.4	325.0%	128	6.6%	129	7.5%
2008	0.2	△84.6%	93	△26.8%	94	△27.4%
2009	0.2	△19.0%	55	△41.6%	55	△41.5%

(出典：日本損害保険協会統計資料)

貨物海上保険の保険料は、わが国の貿易取引の動向と強い連関性を有しており、輸出入数量、製品価格、商品市況、為替等の変動による影響を受ける。次頁の**図2**は、過去10年間の日本の輸出入金額と貨物海上保険料の動向を示すもので、両者の高い相関性が示されている。グローバル化の進展、円高の進行等により日本企業の海外生産、海外販売の割合が増加する傾向にあるが、今後は、海外相互間輸送に関わる保険料の割合や、日本の損害保険会社の海外拠点での保険引受けの割合が高まっていくものと予想される。

船舶保険の保険料については、主たる保険の目的が船舶そのものであることから、海運市況ならびに建造受注の動向と強い相関がみられる（図

280 第10章 海上保険の種類と市場

図2 わが国の輸出入と貨物海上保険料

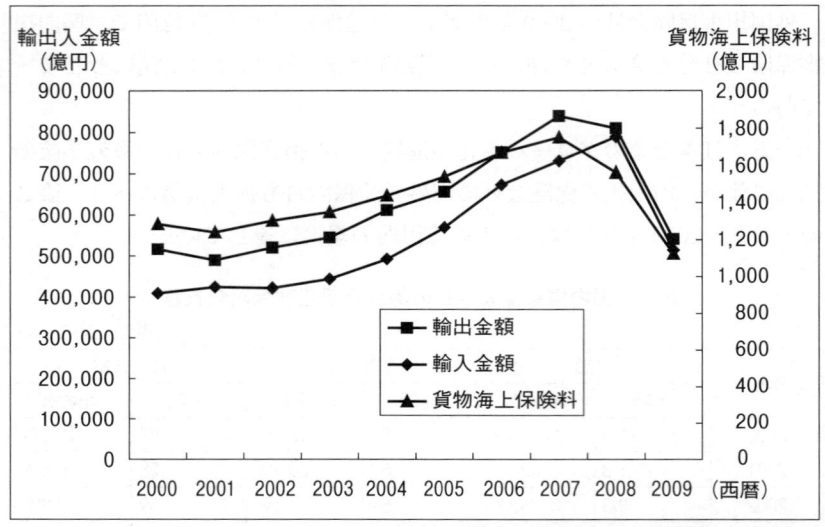

（資料：財務省通関統計、日本損害保険協会統計資料）

図3 わが国の船舶保険料と世界の船腹量

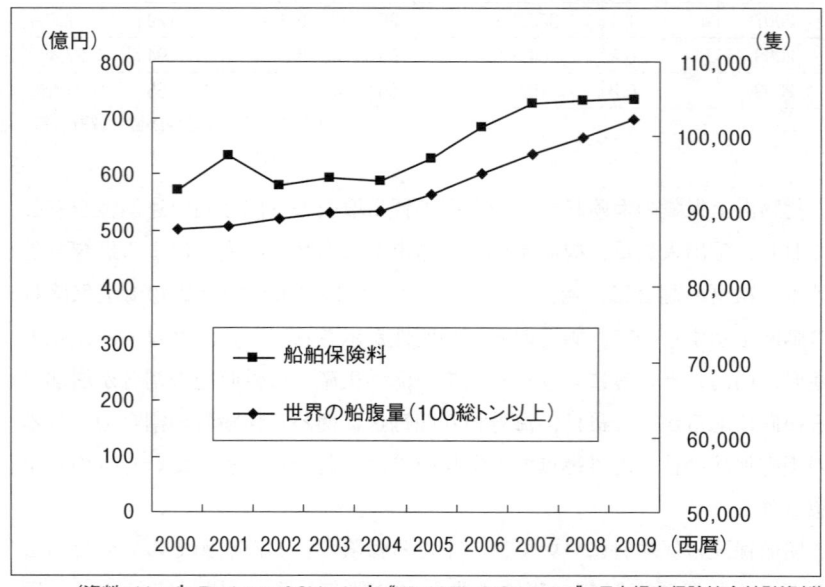

（資料：Lloyd's Register of Shipping's "World Fleet Statistics"、日本損害保険協会統計資料）

3)。特に、リーマンショック以前に空前の新造船大量発注がなされたこと、発注から引渡しまでに一定の時間を要することから、その後の世界経済停滞時期にあっても、世界の船腹量は増加を続けた。リーマンショック直後に係船や解撤の増加、付保金額の見直しなどがあったにもかかわらず、上記の理由ならびに船舶保険が基本的には年建契約であること等から、船舶保険料は2009年度まで増加傾向を保っている。今後の推移については、景気ならびに為替の動向を注視していく必要がある。

2 募　集

海上保険の募集は代理店扱い、保険会社の社員による直扱い、または保険仲立人の媒介により行われている。貨物保険の募集は主として代理店扱いまたは社員の直扱いにより行われているが、特に外航および内航貨物海上保険に関しては、企業の機関代理店による取扱いの割合が高い。一方、船舶保険は直扱いが大宗を占めており、代理店扱いは小型の内航船舶等一部の契約に限られている。保険仲立人制度は、保険業法改正により1996（平成8）年4月に初めてわが国に導入されたが、現在のところは登録数も取扱い保険料も少ない。

IV　世界の海上保険市場

1　世界の海上保険市場の規模

国際海上保険連合（IUMI）の統計によれば、次頁の**表3**のとおり、2009年度の世界の海上保険料は約229億ドル（約2.1兆円）であり、このうち、貨物保険が約118億ドル（約1.2兆円）、船舶保険（オフショア・エナジー、マリン・ライアビリティ関係を含む）が約111億ドル（約9,000億円）となっている。海上保険市場は、国際的な貿易物流や海運市況、石油開発の動きに連関して変動するといわれている。2000年代に入り、世界経済の成長、貿易物流の進展と歩調を合わせて順調に拡大し、世界の海上保険料は2000年の110億ドル弱から2007年度には230億ドルと2倍強に達した。2008年秋のリーマンショック後の世界的な景気後退により、世

表3 世界の海上保険料

(単位：百万ドル)

年度	貨物	船舶	オフショア・エナジー	マリン・ライアビリティ	合計
2000	6,622	2,860	789	699	10,980
2001	6,565	2,972	1,050	769	11,367
2002	7,149	3,358	1,341	875	12,738
2003	9,129	4,026	1,753	1,152	16,076
2004	9,923	4,540	1,551	1,145	17,178
2005	9,279	4,772	1,696	1,231	17,260
2006	10,724	5,282	2,736	1,381	20,123
2007	12,647	6,047	2,927	1,490	23,112
2008	12,792	6,345	2,758	1,487	23,383
2009	11,804	6,638	2,946	1,522	22,910

(出典：国際海上保険連合資料)

界貿易量は2009年度に第二次世界大戦後最大の12％の縮小となり[12]、海上保険市場も大きな縮小を余儀なくされたものの、2010年以降は緩やかな回復傾向を示している。

図4は、過去10年の世界貿易と貨物海上保険の推移を示しているが、2002年以降、世界貿易の拡大と並走する形で貨物海上保険が増加しており、両者の連関性がよく示されている。

貨物保険と船舶保険を合わせた世界の海上保険料を地域別にみると、**表4**のとおり、欧州の約140億ドル(61％)、アジア・大洋州の約49億ドル(21％)、北米の約21.8億ドル(10％) という順位となっている。国別にみると、イギリス47.5億ドル(20.7％)、日本23.6億ドル(10.3％)、アメリカ19.7億ドル(8.6％)、ドイツ16億ドル(7.0％)、フランス13.7億ドル(6.0％)、イタリア11億ドル(4.8％)、ブラジル9.9億ドル(4.3％)、ノルウェー9.6億ドル(4.2％)、オランダ9.6億ドル(4.2％)、スペイン6.4億ドル(2.8％) と、上位10か国で世界のマーケットシェアの7割強を占めている。

貨物保険についてみると、2009年度保険料118億ドル[13]のうち、日本が

---

12) WTOの統計による。
13) 表3参照。

Ⅳ 世界の海上保険市場

図4 世界貿易と貨物海上保険

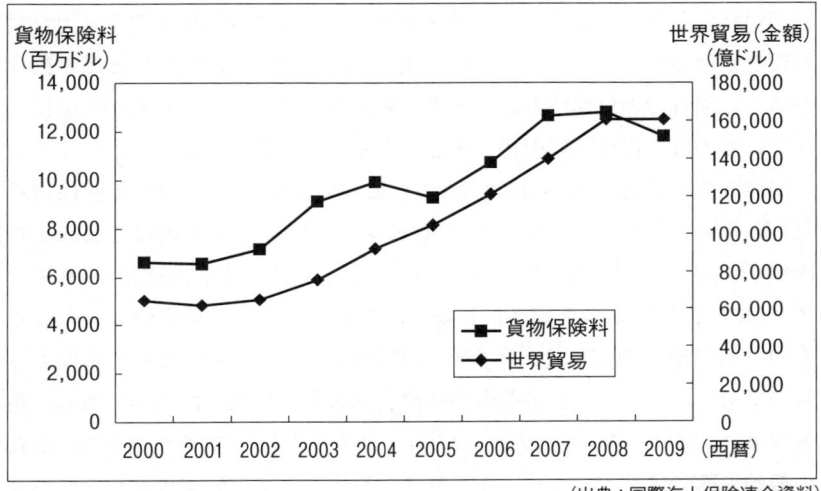

(出典：国際海上保険連合資料)

表4 世界の海上保険料（地域別）

(単位：百万ドル、%)

年度	欧州		アジア・大洋州		北米		その他	
	保険料	構成比	保険料	構成比	保険料	構成比	保険料	構成比
2000	6,109	56%	3,026	28%	1,405	13%	441	4%
2001	6,654	59%	2,685	24%	1,619	14%	409	4%
2002	8,506	62%	3,106	23%	1,806	13%	258	2%
2003	10,174	63%	3,876	24%	1,720	11%	307	2%
2004	10,929	63%	4,262	25%	1,848	11%	343	2%
2005	10,551	62%	3,963	23%	2,137	13%	356	2%
2006	12,431	62%	4,448	22%	2,303	11%	941	5%
2007	14,190	61%	4,941	21%	2,490	11%	1,491	6%
2008	14,194	61%	5,268	23%	2,399	10%	1,522	7%
2009	14,037	61%	4,900	21%	2,183	10%	1,791	8%

(出典：国際海上保険連合資料)

16億ドル（13.9%）と世界一の市場となっており、ドイツ（12%）、イギリス（8%）、フランス（8%）、アメリカ（6%）、が続いている。貨物保険の市場規模は、基本的に、国ごとの貿易取引金額と国内での付保率とに左右される。上記の国のうち、日本、ドイツ、フランス、イギリスは貨物保険

の世界シェアが貿易額の世界シェアを超えており、それぞれの国内での付保率が高いと考えられる一方、アメリカについては貨物保険のシェアが貿易額を下回っていることから、CIF 輸入、FOB ないし CFR 輸出の割合が高く、国外での付保率も高いと考えられる。また、イギリスが上位に入っているのは、再保険取引額の多さによるものと思われる。

　船舶保険（石油開発、賠償責任含む）について見ると、2009 年度保険料 111 億ドル[14]のうち、イギリスが 38 億ドル（34.1％）と圧倒的に首位に立ち、次いで、アメリカ（11.1％）、ノルウェー（8.1％）、日本（6.8％）、イタリア（4.8％）、フランス（4.1％）と続き、これら 6 か国で世界の 3 分の 2 以上のシェアを占めている。イギリスの保険料のうち 88％はロイズによるものであるが、これは石油開発の保険料に大きく依拠したものである。船舶保険（オフショア・エナジー、マリン・ライアビリティ含む）のうち、狭義の船舶保険ではノルウェー、イギリス、日本が 3 大保険市場となっており、石油開発についてはイギリス、特にロイズが突出して世界最大の市場となっている。

2　海上保険市場の当事者

　ここでは、海上保険の引受けに従事する者、その募集に従事する者、これらと関係の深い諸団体について説明する。海上保険の引受けを行う者は、いわゆる保険会社に限られず、その歴史や成り立ちによって、さまざまな形態がある。

　（1）ロイズ（Lloyd's）　ロイズは、基本的には保険引受市場であり保険会社ではなく、保険を引き受けるロイズ・メンバーの集合体からなる。ネーム（Name）と呼ばれる個人のロイズ・アンダーライティング・メンバー（Lloyd's Underwriting Member）は、すでにメンバーから推薦されて、厳しい資力の審査を受けたうえで国籍および男女を問わずメンバーとなれるが、引き受けた契約については無限責任を負っている。なお、現在では個人メンバーの新たな入会は認められていない。一方、1994 年から有限責任の法人メンバー（Corporate Member）が認められるようになったため、

14）　表 3 参照。

その後、法人資本の割合が急速に増加し、現在では86％となっている[15]。

ロイズ・アンダーライティング・メンバーはそれぞれシンジケート（Syndicate）というグループに属しており、専門的な経験、知識を有するシンジケートのアクティブ・アンダーライターが引受けの実務を行っている。シンジケート数については2001年までは100を超えていたが、2003年頃から70～80程度で推移している。キャパシティについてはこの数年、おおむね150億ポンドを維持している。なお、ロイズは、市場全体としての格付けを有し、ロイズ・ブランドを形成している。

また、シンジケートの運営・管理には、マネージング・エージェント（managing agent）があたっている。

ロイズ・アンダーライター（Lloyd's Underwriter）は、ロイズ・ブローカー（Lloyd's Broker）を通じてしか引受けはできないが、ロイズ・ブローカーは、ロイズ・アンダーライター以外の他の保険会社とも取引ができる。ロイズ・ブローカーの大手としては、Aon、Marsh、Willis[16]等がある。また、ロイズ・エージェント（Lloyd's Agent）と呼ばれるロイズの代理店がある。これはいわゆる保険代理店ではなく、海難事故など海事情報の提供のほかに、事故が発生した場合に荷主の依頼に応じて損害の検査の手配などを行い、場合によっては、みずから検査を実施し、検査報告書（Survey Report）を作成するものもある。ロイズ・エージェントは、世界の主要都市にある[17]。

(2) カンパニー　ロイズが保険市場そのものであるのと対照的に、イギリスにおいて個別の引受組織として保険引受けを行う保険会社を、カンパニーと総称することが多い。この呼称は、特に海上保険のように専門的な保険カバーの提供によって発展してきたロイズを擁するイギリス市場において、ロイズとは別個に保険会社によって構成される市場を指すときに使用される。これらカンパニーは、わが国における損害保険会社と同様の法人的性格を有すると考えてよい。

---

15) Lloyd's Annual Report 2009 による。
16) 文中は通称を表記している。グループ代表会社名はそれぞれ、Aon Corporation、Marsh & McLennan Companies, Inc.、Willis Group Holdings Limited となっている。
17) ロイズについては第2章VI 2 および 3 も参照のこと。

イギリスにおける海上保険の市場別保険料収入は、ロイズ約3,300億円、カンパニー約500億円である。

(3) ブローカー（Broker）　わが国においては、保険募集の主たる従事者は保険代理店であるが、海外においては、海上保険のように個別専門性の高い種目については、ブローカーが募集仲介を行う場合が多い。代理店は、保険会社の委託を受けて募集を行うが、ブローカーは顧客の指名を受けて保険募集を行う点が大きく違う。わが国においては、1996年4月1日に国際整合性・販売チャネルの多様化・競争の促進を目的として、保険仲立人制度がスタートした。

前述のロイズとの取引においては、特別に認可を得たロイズ・ブローカーのみがこれを行うことができる。

(4) P&Iクラブ[18]　海上保険は、通常、物保険を主体としているが、船舶の運航に伴ってさまざまな賠償責任が生じうることから、多様な賠償責任保険も存在する。ここでは、船主責任保険である protection & indemnity insurance（以下、P&I保険と略称する）について述べる。

P&I保険は、船主の相互扶助を目的として約150年前にイギリスで誕生した第三者賠償責任保険組合である。P&I保険を専門に引き受ける保険者をP&Iクラブと称しているが、これは保険引受事業者が事業会社ではなく、船主の相互扶助を目的とした非営利的な相互保険組合であることによる。P&Iクラブは、通常加入船主の代表者が理事会を構成し、クラブの運営にあたっており、いわゆる株式会社とは性質を異にする。現在、各国のP&Iクラブは相互独立して営業し、互いに競い合っているが、再保険や法制面では国際グループを形成し、人の生命や油濁に関する賠償責任を担保する高額のカバーの提供を可能としている。

日本においては、1950年の船主相互保険組合法の公布を受けて、日本船主責任相互保険組合（Japan P & I Club）が設立されて現在に至る。Japan P & I Clubの現在の加入者数は約4,040名、加入船舶は約5,930隻、年間正味収入保険料は約175億円とされている[19]（2010年3月末現在）。

---

18) 1855年に設立された Ship Owners' Mutual Protection Society が最初とされており、同クラブはブリタニアP&Iクラブの前身である。詳しくは、本書第13章を参照。

19) 日本船主責任相互保険組合ホームページによる。なお、Japan P & I Newsletter April 2011

(5) IUMI　国際的な海上保険者の組織として、国際海上保険連合（International Union of Marine Insurance；IUMI）がある。IUMI は、世界の海上保険の健全な発展を目的として、1874 年にドイツで結成された。

19 世紀当時、海運をはじめとする国際的な海上商取引の急速な発展に伴い、保険実務においても国際的な統一性が求められていたが、実際の引受けは各国の保険者によって個別になされていた。また、世界各国において多くの海上保険会社が結成され、新たな保険市場が勃興するに至り、過当競争が助長された結果、引受条件が多岐にわたる等の実務上の問題が認識され、保険者のみならず海運業界や金融機関等からも、海上保険における一定の一貫性が求められることとなり、ドイツの保険者のイニシアチブによって IUMI は誕生した、とされている。

IUMI のホームページ Historical Outline によれば、第一次世界大戦時までに、22 か国の保険会社が会員となっていたが、第二次世界大戦後の 1946 年には会員の要件は各国の保険協会に置き換えられ、真に国際的な組織として機能するに至った。

IUMI の目的、組織および活動について概説すると、以下のとおりである。

(a) IUMI は、海上保険の性質に鑑み、国際的レベルにおいて会員相互間で情報・意見の交換を行うことにより、海上保険事業および関連産業の発展に寄与することを目的としており、その決議等により会員を拘束する機関ではない。その時々の海上保険に関わる諸問題を議論する場として、会員である海上保険者および関連する国際機関が参画している。

(b) IUMI の会員は、2010 年 9 月現在、世界の 55 の保険協会（協会が存在しない場合は、国営保険会社等の主要保険者が会員となることが可能である）となっており、世界の主要な海上保険市場が参画しているといえる。

(c) IUMI の主な活動として、IMO（International Maritime Organization：国際海事機関）、CMI（Comité Maritime International：万国海法会）など主たる国際機関との連携や協議が挙げられる。また、毎年 9 月に年次総会が開催されており、IUMI の決算や人事についての決裁がなされるほ

によれば、2011 年度更改実績は 5,362 隻。

か、海上保険統計の開示や、各委員会による講演・パネルディスカッションが行われ、その時々の諸問題や情報を共有することができる。

　(d)　IUMIでは、下記の各委員会が設置されており、組織としての方向性や、総会において発表・協議すべき諸問題を検討している。

① Executive Committee：執行委員会

　会長（President）を委員長とし、IUMI活動の執行を担当する。

② Nominating Committee：指名委員会

　IUMIの役員、各Committee委員長の指名・選挙を担当する。

③ Facts & Figures Committee：統計委員会

　各国保険協会等から情報を収集し、海上保険の世界統計作成を担当する。

④ Cargo Committee：貨物委員会

　貨物海上保険に関する諸問題の論議、課題共有を担当する。

⑤ Ocean Hull Committee：航洋船舶委員会

　船舶保険に関する諸問題の論議、課題共有を担当する。

⑥ Energy & Offshore Committee：エネルギー・オフショア委員会

　石油天然ガス開発保険に関する諸問題の論議、課題共有を担当する。

⑦ Inland, Fishing & Yacht Committee：内航・漁船・ヨット委員会

　内航の船舶保険、漁船保険、ヨット・モーターボート保険に関する諸問題の論議、課題共有を担当する。

⑧ Legal & Liability Committee：法律責任委員会

　国際条約や各国法制に伴い海上保険に影響を及ぼす諸問題の論議、課題共有を担当する。

⑨ Loss Prevention Committee：損害防止委員会

　海上保険における損害防止に関する諸問題の論議、課題共有を担当する。

Ⅴ　貨物海上保険市場の特色

1　クロスボーダー取引の自由と国際競争

　(1)　クロスボーダー取引の自由（海外直接付保の自由）　　国内居住者や国内所在リスクに関する保険契約については、契約者を保護し支払能力のない保険会社を排除する目的で、国内で事業免許を得た保険会社にのみ営

業が許可されている。したがって、火災保険、自動車保険をはじめとするほとんどすべてのノンマリン種目の取扱いは日本で免許を得た保険会社にのみ認められており、契約者、リスクとも国内所在の内航貨物海上保険、運送保険も同様である。一方、国際間を輸送される貨物および国際間を往来する船舶、航空機については、グローバルな観点からクロスボーダー取引の自由が先進各国の間で認められており、それぞれの国内で免許を有しない海外の保険者へ直接保険を付けることが可能となっている。

わが国においては保険の自由化の一環として、1996年の保険業法改正により、外航船舶、外航貨物等についてクロスボーダー取引が認められることとなり[20]、国内の契約者が日本国内で保険事業免許を有しない海外保険者へ直接付保することが可能となった。ただし、内航船を対象とする船舶保険、内航貨物海上保険、運送保険は対象外である。外航貨物海上保険については、もともと売買当事者が貿易タームを変更することにより海外において付保する途が確保されていたが[21]、保険業法の改正に伴い、国内居住の契約者が海外保険者に直接付保することが可能となったものである。わが国の貨物保険業界は、従来より、国際競争力のある保険条件・料率を契約者に提供してきたことから、この法律改正による業界への影響はほとんど生じていない。

(2) 自国保険主義（付保規制）　他方、一部の開発途上国においては自国の保険会社の保護育成、外貨管理を目的として自国保険主義が採用されており[22]、法令や為替管理等の手段により、自国の貿易企業に対して輸出入貨物を自国の保険会社に付保することを強制している。付保規制の態様はいくつかの類型に分かれるが、海外直接付保の禁止はもとより、輸入に

---

20) 保険業法施行令19条、同施行規則116条により、再保険契約、外航船舶保険契約、外航貨物保険契約、人工衛星保険契約、商業用航空機の保険契約、海外旅行傷害保険はクロスボーダー取引（海外直接付保）が認められることとなった。
21) たとえば、日本からの輸出の場合、CIF条件では売主は日本国内の保険会社に付保するが、CFR条件に貿易タームが変更されると、買主が自国の保険会社へ付保することになる。外航貨物海上保険については、このように日本の保険会社と海外の保険会社はもともと間接的に競争状態にある。
22) 自国保険主義国、付保規制の内容については、国際海上保険連合が作成している資料、Axco社のような民間調査会社の作成している資料があり、各国の保険会社により利用されている。

つき自国以外の保険会社への付保を禁止する規制、自国への CIF 輸入を認めない規制が典型的な例である。[23] 付保規制には、これに違反した外国保険会社または契約者に対して通常罰金、罰則の定めがある。保険会社は自国保険主義国の付保規制内容についての情報を整備して、契約者に対して適切なアドバイスを行うように努めている。自国保険主義の国々では、貨物保険市場が未成熟な国も多い。たとえば、契約者ニーズに即した保険カバーの手配ができない、クレーム処理が円滑に進まないといったことに起因し、売主にシッパーズ・クレームの形で危険負担が戻ってくるような例もある。また、持込み渡し条件の場合には売主側が海上輸送中の危険を負担するにもかかわらず、自国の保険会社に付保することができないために十分な保険手配を行えないという難点がある。円滑な世界貿易の推進のために、保険の自由化が望まれる。

2 多様なリスクとオーダーメイド型の商品設計

　貨物保険の対象となる貿易取引、物流においてはさまざまな種類の貨物、輸送ルート、輸送時期、輸送用具、商取引形態があり、契約者ごとまたはそれぞれの貿易取引ごとに異なる保険ニーズが存在している。また、海難事故、輸送中の荷崩れや盗難等の海上輸送中に想定される事故に加えて、地震、台風等の自然災害や戦争、テロ、ストライキ等の非常危険といった貨物の輸送を取り巻くリスクは多様であり、これに備えるための保険ニーズも多様である。さらには、前項で述べたとおり外航貨物海上保険についてみれば、わが国の保険会社は国際間の競争に常にさらされている。これらのことから、わが国においても貨物海上保険については特約自由・料率自由が認可上認められており、普通約款の協会貨物約款をベースとしながらも、契約者の商取引形態、物流実態、輸送中のリスク実態、海外のリスク事情などに対応する特約を作成して、契約者のニーズにきめ細かに応えながら引受けが行われている。また、今日の保険会社は事故発生後の損害のてん補にとどまらず、損害発生を未然に防止するための損害防止サービス（loss prevention service）に力を入れており、損害の削減を通じて物流に

23）　東京海上火災保険編『損害保険実務講座 4〔貨物保険〕』（有斐閣・1987）27-28 頁。

おける安全レベルの向上を通じた荷主の事業の円滑な遂行、商機の保全、さらには損害率の低下を通じた保険料コスト削減に貢献している。このようにオーダーメイド型の最適商品設計や損害防止サービスの提供により契約者ニーズに的確に応えるビジネス・モデルもわが国の貨物海上保険市場の大きな特色である。

3　再保険と集積リスク

（1）　集積リスク（洋上集積、陸上集積）と再保険の活用　　近年国際輸送される貨物の高額化、巨額化が著しい。一輸送単位でみても、船舶の大型化、特にコンテナ船や自動車専用船の大型化、原燃料価格や商品相場の高騰などにより洋上集積が高額化している。また、貨物海上保険が、海上輸送に前後する通関手続き中や陸上輸送中も対象としていることから、京浜・京葉工業地帯に代表される主要港における港頭倉庫での一時保管に伴う集積が巨額に達している。この結果、陸上保管中の集積も増大しており、火災、地震、台風等の風水災、雹災などが大規模な保険損害につながる可能性がある。これらに備えるため、保険会社は主として海外の再保険者への出再により、正味損害額のコントロールを行っている。

（2）　再保険プール　　海上保険は戦後の立法により保険業法において独禁法の全面的適用除外が認められ、この法制のもとで主要輸入貨物に関わる料率協定ならびに当該貨物に関わる再保険プールが運営されてきた。この制度はわが国の戦後の原材料・食料の安定的な海外調達を支え、戦後の復興、高度成長と続く国内経済の健全な成長に貢献してきた。保険の自由化のなか、1996年に保険業法改正が行われ、海上保険で認められる共同行為は、再保険プールに関わる一定の共同行為のみに限定された。この法改正に基づき、従来の再保険プールが廃止となり、1998年4月にFPA（分損不担保）リスクの分散・平準化を目的に、原則として、すべての海上輸送貨物を対象とする外航貨物保険プールが設立された。この再保険プールは、わが国の保険会社が長期安定的で国際競争力のある貨物海上保険の引受けを行うことに、大いに貢献している。

Ⅵ　船舶保険市場の特色

1　限られたリスク総数と高額な保険金額

　船舶保険を統計上の見地から考察した場合、最大の特徴はリスク総数が限られているという点にある。主たる保険の目的である船舶の隻数をみると、わが国の外航商船隊（総トン数2,000 G/T以上）の隻数は2,535隻であり[24]、内航船についても5,609隻となっており（2010年3月末現在）、大数の法則が働きにくいことが容易に想像されよう。加えて、1隻の保険価（金）額をみると、大型原油タンカー（VLCC）が100億円前後、最新の液化天然ガス運搬船（LNGタンカー）は200億円を超えるものも珍しくない。このため、統計分析の重要性がきわめて高く、商品・船種・船齢・総トン数・契約者別・損害種類別など、カテゴリーごとの詳細なロス・コスト検証が不可欠である。

　また、再保険を手配することで大数の法則を補完し、事業収益を安定化するとともに、永続的な引受能力を確保することが重要となっている。

　1996年の保険業法改正により、海上保険においては再保険プールに関わる一定の共同行為のみが認められるようになったことから、元受面での協定は一切行わず、長期安定的な保険引受能力の提供を目的として1998（平成10）年4月1日に日本船舶保険再保険プールが設立され、現在に至っている。この再保険プールは、船舶保険、船舶建造保険、船舶戦争保険において、わが国の保険会社が長期安定的に引受能力と国際競争力を提供することに貢献している。

2　クロスボーダー取引の自由と国際競争

　前述のとおり、1996（平成8）年の保険業法改正により、船舶保険においても外航船舶（日本籍船を含む）に関して、国内の契約者が日本国内での保険事業免許を有しない海外保険者へ直接付保することが認められた。これ以前から便宜置籍船については海外への直接付保は可能であったが、

---

24)　出典：国土交通省海事局資料。

国内保険者は海外の保険者と伍していくうえで、国際性・専門性を発揮して顧客のニーズに対応することが、従来以上に強く求められるようになっている。

3　多様なリスクとオーダーメイド型の商品設計

　船舶保険においても、対象となる船舶にさまざまな種類、輸送ルートがあるほか、船舶所有者・用船者・船舶管理会社など、運航に伴う関係者も多様であるため、これらの海運関係者ごとに異なる保険ニーズが存在している。また、海難事故など海上輸送中に通常想定される事故に加えて、局地紛争、テロ、海賊等の異常危険など航海を取り巻くリスクは多様であり、これに備えるための保険ニーズも多様である。わが国においては貨物海上保険同様船舶保険についても特約自由・料率自由が認可上認められており、契約者の運航形態、用船契約内容、輸送中のリスク実態などに対応する特約を作成して、契約者のニーズにきめ細かに応えながら引受けが行われている。

　また、世界の海難事故発生原因の 62％は人為的なミスによるもの[25]との分析もあり、このような観点に着目し、損害発生を未然に防止するための損害防止サービスを、契約者と一体となって実施していくことが重要となっている。

　以上のように、直扱い主体の募集形態に基づき、顧客との直接対話ならびに専門性と国際性を駆使したきめ細かいニーズへの対応、安定的な引受能力の提供が、わが国の船舶保険市場の大きな特徴となっている。

---

25)　2007 年 IUMI コペンハーゲン総会 Ocean Hull Committee Chairman's Report "Current Status of the Hull Market"による。

第 11 章

貨物海上保険の契約実務と約款

I　概　説

　2009 年から 2010 年にかけての 2 年間は、国内外で貨物海上保険に関わる基本約款の改定が相次ぎ、貨物海上保険の実務にとっては大きな節目の時期となった。国内においては 2010（平成 22）年 4 月 1 日施行の保険法改正に伴い、保険会社各社が貨物海上保険普通保険約款の改定を実施し、他方、イギリスのロンドン海上保険市場では貨物海上保険の普通保険約款に相当する協会貨物約款（Institute Cargo Clauses）が 28 年ぶりとなる改定を経て、2009 年協会貨物約款として発表された。同約款はわが国においても導入されることとなった。

　本章では、まず和文貨物海上保険約款につき、保険法改正に伴う改定点を含めて概観し、次に外航貨物海上保険の分野で、わが国を含めて世界中で普及が見込まれる 2009 年協会貨物約款ならびに関連する協会戦争約款、協会ストライキ約款について解説する。また参考として、過去半世紀にわたりわが国の外航貨物海上保険実務で使用されてきた 1963 年協会貨物約款を概説し、次に貿易取引と外航貨物海上保険との実務上の関係を理解するうえで重要なインコタームズ（Incoterms）、信用状統一規則について説明し、最後に貨物海上保険の契約手続きについてもあわせて述べることとする。

II　和文貨物海上保険約款

1　概　　説

　貨物海上保険（内航貨物海上保険）は国内の沿岸を輸送される貨物を対象とし、保険契約、運送契約とも国内で完結することから、和文証券ならびに和文の貨物海上保険普通保険約款が使用される。実務上は普通保険約款のみで契約されることはなく、特別約款が付帯されるのが一般的である。

　普通保険約款の規定は、原則として商法に準拠しつつ補足、修正が加えられて作成されており、普通保険約款に規定のない事項については、日本国の法令による旨の日本法準拠規定がある。

　貨物海上保険普通保険約款は、1943（昭和18）年に業界統一約款として制定された。1965（昭和40）年に文語体から口語体への改定が行われたものの、約款内容には実質的な変更がなく、1943年約款の内容を継承する普通保険約款が40年以上にわたって使用された。その間、多様な契約条件へは各種特別約款の作成により対応してきたため、特別約款が多種多様となり約款構成が複雑になっていった。こうした背景により普通保険約款の内容を契約実態に合わせるとともに、平易、明確な約款内容とすることを主目的として、1989（平成元）年に全面的な改定が行われた。1989年普通保険約款は、基本条件を「オール・リスク担保」と「特定危険担保」の2本立てとし、それまで使用頻度の高かった特別約款や実務上関連の深い商法の規定を盛り込み、契約者にとってよりわかりやすいものとして作成された。

　商法の損害保険に関する規律は、同法第2編（商行為）10章（保険）第1節（損害保険）、第4編（海商）6章（保険）に規定されていたが、第2編10章のいわゆる保険契約法が約100年ぶりに改正されることになり、商

1）　国内の陸上輸送を対象とする運送保険についても、同様に、和文証券ならびに運送保険普通保険約款が用いられる。内容はほぼ同じである。
2）　2010年4月保険法施行以降は、保険法ならびに商法第4編（海商）6章（保険）に準拠。
3）　和文の証券フォームと普通保険約款の原型は、1898（明治31）年に遡ることができる。
4）　1943年業界統一約款の制定から1989年普通約款の作成までの流れは、『貨物海上保険・運送保険普通保険約款改正理由書』（日本損害保険協会貨物保険部・1989）に従って記述した。

法から独立した単行法として保険法が2010年4月に施行された。一方、第4編6章は改正の対象とならず、海上保険契約に関する規律についてはそのまま存続している。この保険法改正に対応すべく国内保険会社各社はそれぞれ独自に普通保険約款の改定を実施したが[5]、改定内容は、契約の成立、効力、履行および終了など、もっぱら保険契約全般に共通する規定に関するものであり、貨物海上保険契約固有の規定については、基本的に1989年普通保険約款が継承されている。

2　1989年貨物海上保険普通保険約款

上述のとおり、現在の普通保険約款は、保険会社ごとに異なる内容となっているが、担保危険、免責危険、保険価額、保険期間など貨物海上保険契約固有の規定については各社とも基本的に1989年約款を継承している。ここではまず1989年普通保険約款をベースに、海上保険契約に固有の規定について概観することとする。

(1)　担保危険　1989年以前の約款においては、「沈没、座礁、座州、火災、爆発、衝突その他の危険によって生じた損害を……てん補する」と包括責任主義により担保危険を定め、てん補の範囲として「分損担保」、「分損不担保」、「全損のみ担保」の3条件を規定していたが[6]、1989年普通保険約款においては担保条件が「オール・リスクス担保条件」と「特定危険担保条件」の2種類となり、いずれも全損、分損を問わず保険金が支払われる内容となった。オール・リスクス担保条件は、3条から5条までの免責事由に該当する場合を除き、すべての偶然な事故によって生じた損害をてん補する。特定危険担保条件は、火災・爆発、もしくは輸送用具の衝突・転覆・脱線・墜落・不時着・沈没・座礁・座州によって生じた損害または共同海損犠牲損害がてん補されるという、以前の約款の分損不担保条件ないしは協会貨物約款の(C)条件と近い内容となっている。

2条ではてん補の対象となる費用損害として、損害防止費用、救助料、継搬費用、共同海損分担額を列挙している。なお、4条2項においてこれ

---

[5]　新保険法に対応する統一普通保険約款は存在せず、保険会社は会社ごとに異なる普通保険約款を使用している。
[6]　オール・リスクス担保条件の場合には、オール・リスクス担保特別約款が適用されていた。

らの費用損害を除き、間接損害が支払い対象とならないことが明記されている。

(2) **免責危険**　3条から5条までには、保険金を支払わない事由として以下の免責危険が定められている。
- 保険契約者・被保険者等の故意または重過失（3条)[7]
- 貨物の自然の消耗、固有の性質もしくは欠陥（4条1項1号）
- 荷造りの不完全（4条1項2号）
- 輸送用具の載貨不適性、輸送方法の不良[8]、輸送従事者の不適格[9]（ただし、保険契約者・被保険者等がいずれも関知せず、関知しなかったことに重過失がなかった場合は、免責は適用されない）（4条1項3号）
- 運送の遅延（4条1項4号）
- 間接損害（2条所定の費用損害を除く）（4条2項）
- 戦争・内乱その他の変乱、魚雷・機雷、捕獲・だ捕・抑留・押収、公権力による処分、ストライキ、騒じょう（5条1項1号〜6号）
- 原子力危険（5条1項7号）
- 貨物が陸上にある間の地震・噴火・津波（5条2項）

(3) **保険価額**　6条1項は、保険価額は当事者が契約時に協定した額であるとして、協定保険価額を原則としている。実務上も、ほぼ例外なく仕切状面価額を基準として価額協定が行われており、貨物海上保険証券は評価済保険証券（valued policy）となっている。同条2項においては価額協定を行わなかった場合は原則として保険価額は保険金額と同額であるとし、過大な保険金額設定の場合には仕切状面価額×110％超となるときに超過部分を無効とし、著しく過少となる場合には仕切状面価額と同額とみなす旨の規定を置いている。

(4) **保険期間**　7条1項では、保険期間は保管場所から搬出された時または保管場所において輸送用具への積込みが開始された時のいずれか早い時期に開始し、通常の輸送過程を経て、仕向地の保管場所に搬入された

---

[7] 貨物の輸送従事者が保険契約者・被保険者等である場合には、故意の場合のみが免責となり重過失は免責とはならない（3条(2)）。
[8] 過積み、積付け方法の不良など。
[9] 無免許運転、飲酒運転など。

時または保管場所において荷卸しされた時のいずれか遅い時に終了する。上記保険期間開始から積地での本船船積みまでと荷卸港における本船荷卸しから保険期間終了までとの間には、原則として15日間という日数の制限が設定されており、発送地が積込港以外にあるとき、または仕向地が荷卸港以外にあるときには、その制限は30日間までに延長されている。

　8条1項、2項には、航海の変更、離路、輸送用具の変更、航海の遅延、輸送用具の違法な使用等危険の変更・増加があった場合には、契約者等は遅滞なく保険会社へ通知し承諾を得ること、これらの事実を知りながら故意または重過失により通知をしなかった場合または保険会社が承諾をしなかった場合には、当該事実があった時以降は免責となることが規定されている。

3　保険法改正[10]と普通保険約款の改定

　(1)　保険法改正　　2010年4月施行の保険法は、商法において定められていた保険契約に関する規定を約100年ぶりに全面的に見直し、単行法として成立したものである。保険法においては現代的な観点から契約者（特に消費者）の利益を確保するための規定の新設・改定が行われるとともに、片面的強行規定の導入が行われた。片面的強行規定とは当該規定に反する契約者または被保険者に不利な特約は無効とするもので、告知義務、超過保険、保険給付の履行期などの規定がこれに該当する。片面的強行規定は、主として消費者が契約者となる場合を意図したものである。事業内容やリスク実態が一様でなく、契約者がより豊富なリスク情報を有する企業保険分野においては、消費者を対象とする場合とは異なり、保険会社と契約者との間の自由な合意が優先される。この観点から保険法は、事業性リスクに関する損害保険契約を片面的強行規定の対象外とし、特に海上保険については航空保険、原子力保険とともに事業者リスクの典型として、種目単位で片面的強行規定の適用除外としている。

　(2)　普通保険約款の主な改定点　　上述のとおり海上保険は片面的強行規定の適用除外となっているが、保険法の契約者保護の精神を踏まえて、

---

10)　上松公孝＝北沢利文『改正保険法早わかり』（財団法人大蔵財務協会・2008）参照。

告知義務、保険給付の履行期などについては片面的強行規定の趣旨を盛り込んだ形で普通保険約款の改定が実施されている。以下において、東京海上日動火災保険株式会社の普通保険約款をベースに主な改定点について触れたい。

　　(a)　告知義務　　告知義務の規定は保険法改正により、従来の自発的申告義務から質問応答義務に変更された。契約者または被保険者は保険会社が告知を求めた事項に対してのみ告知義務を負うこととなったこと、告知義務違反と事故との間に因果関係がない場合には保険金支払責任があるとする因果関係不存在原則が片面的強行規定となったことに対応して、普通保険約款の告知義務違反による解除の規定は次のような趣旨に変更された。

　　　①保険契約者・被保険者は保険会社が申込書等の記載事項とすることで告知を求めた事項[11]に対して告知義務を負い、故意または重過失により義務に違反した場合には保険会社は契約を解除することができる。
　　　②告知義務違反による解除の場合、告知義務違反のあった事実と発生した事故との間に因果関係のない場合には保険金が支払われる[12]。

　　(b)　重複保険　　商法においては、同一の保険の目的物に同時に数個の保険契約が締結される同時重複保険の場合には、各保険者の負担額は各自の保険金額の割合によるとする保険金額按分方式、数個の保険契約が相次いで締結される異時重複保険の場合には、まず前の保険者が損害を負担し、不足がある場合には後の保険者が不足分を負担する先締結保険契約優先負担方式が規定されていた。一方、実務においては同時重複保険と異時重複保険を区別せず、1989年の普通保険約款では独立責任額按分方式が採用されていた。現在の普通保険約款の改定では、保険法の独立責任額連帯方式を採用し、保険会社は独立責任額（他の保険契約等がなかったものとして支払うべき保険金の額）まで連帯して保険金を支払うこととした。

---

11)　主な告知事項として、被保険者、輸送用具、輸送区間、保管の有無、保管日数、保管場所などがある。
12)　危険の増加に関する通知義務違反による解除の場合にも、因果関係がない事故の場合には、保険会社の保険金支払責任につき、同様の取扱いとしている。

(c)　保険給付の履行期　　商法には規定がなかった保険給付の履行期、すなわち保険金の支払い時期につき保険法において規定が設けられた。これに伴い、保険金請求完了日から30日以内に保険金を支払うことを原則としつつ、公的機関や検査機関等に確認、照会が必要となる場合など具体的な延伸事由とそれぞれの日数を約款に明記し、さらに被保険者との合意により所定日数の延伸が可能である旨を規定した。

　(d)　時効　　商法における保険請求等の消滅時効は2年であったが、保険法では3年に変更された。当該規定は強行規定であるため、普通保険約款に消滅時効は3年とする規定を新設した。

　なお、普通保険約款改定の範疇からは外れるが、保険法に賠償責任保険に関する先取特権の規定[13]が新設されたことに対応して、賠償責任を担保する特別約款が付帯された契約では、特別約款のなかに先取特権条項を新たに挿入した。

Ⅲ　英文貨物海上保険約款

　わが国で用いられている英文保険証券は、イギリス市場において伝統的に使用されてきたロイズ S. G. フォームないし1982年にこれを刷新する形で制定されたMARフォームに準じて作成された英文証券フォームに、ロンドン保険業者協会（現在のロンドン国際保険業協会）の協会貨物約款[14] (Institute Cargo Clauses；ICC) を一体化して契約内容を構成するものである。この英文保険証券のなかには、保険金請求における保険会社の責任と

---

13) 保険法22条は強行規定として、被害者が賠償責任保険の保険金から優先的に賠償を受けられるよう先取特権を認め、被害者に賠償額を支払った後や被害者の承諾のある場合に限り被保険者に保険金の請求を認めるとともに、保険金請求権の譲渡、質入、差押えを禁じている。内航貨物海上保険に特別約款を付帯して引き受ける、運送人の荷主に対する賠償責任や第三者に対する賠償責任を対象とする保険契約においては、保険法22条の趣旨を踏まえた特別条項を盛り込むことにした。

14) ロンドン保険業者協会（Institute of London Underwriters；ILU) が制定した約款であることから、協会（Institute) の名を冠して協会貨物約款（Institute Cargo Clauses）と名づけられた。1998年末のロンドン保険市場組織の改編によりロンドン国際保険業協会（International Underwriting Association of London；IUA) となりすでに協会（Institute) の名称を有する組織は存在しないが、その歴史的経緯から現在においても協会貨物約款をはじめ、協会（Institute) の名を冠した各種協会約款が広く用いられている。

決済に関してはイギリスの法律と慣習によるとの趣旨のイギリス法準拠条項が含まれている。これは近代的な海上保険の生成発展過程において多くの判例が蓄積され、法律慣習が形成されてきたイギリスの海上保険制度が世界的な基準として広く認知されているためである。このように国際的な通用性を備えた海上保険証券は世界中のどの国の買主に譲渡されても円滑な保険金請求に資するものであり、わが国の貿易取引の安定的な発展に寄与している。

以下のⅣからⅥの各節において、わが国で使用されている外航貨物海上保険証券の約款内容を概観することとする。

Ⅳ 英文証券フォーム

1 概　説

英文貨物海上保険証券には、証券フォームと呼ばれる保険証券の形式があり、この証券フォームにイギリスで制定された協会貨物約款をはじめとする協会約款、その他の約款が付帯されて保険契約の内容を形成している。わが国では、イギリスのロイズが古くから使用している Lloyd's S. G. Policy に準じた旧フォーム（以下、ロイズ S. G. フォームという）と、1982年1月1日にロンドンで制定された MAR フォームに準じた新フォーム（以下 MAR フォームという）の2種類が使用されている。

イギリス保険市場ではロイズ S. G. フォームを刷新する形で、1982年1月1日に MAR フォームとこれに適用される1982年協会貨物約款等の新しい協会約款が制定された。現在、世界的に主流となっているのはこの MAR フォームをベースとした保険契約である。

2009年1月1日には、1982年協会約款の改定版として2009年協会約款が制定された。これは、1982年協会約款の制定から四半世紀以上が経過したため、その間のテロ危険を始めとするリスクの変貌への対処、物流実態や荷扱実務の変化への対応、用語の平易化を主眼として行われたものであり、おおむね被保険者にとって有利な改定となっている。

わが国において、MAR フォーム導入後もロイズ S. G. フォームならびにこれに適用される1963年協会約款が主として使用されてきたが、2009

年協会約款の導入を契機に、ロイズ S. G. フォームから MAR フォームとこれに適用される 2009 年協会約款への切替えが急速に進められている。近い将来には、信用状（Letter of Credit）で指定のある場合を除き、わが国で使用される英文証券はほとんどが MAR フォームになるものと予想されている。

したがって以下では、MAR フォームならびにこれに適用される 2009 年協会約款について解説することとし、後述Ⅵにおいてロイズ S. G. フォーム証券と 1963 年協会約款について簡単に触れることとする。

2　MAR フォーム

前述のとおり、MAR フォームは、イギリス保険市場においてロイズ S. G. フォーム証券を刷新するものとして 1982 年 1 月 1 日に制定された。MAR フォームの特徴は、証券フォーム自体には下記の準拠法条項等、どの種類の契約にも必ず使用される共通の規定を置く一方で、保険条件に関する規定は定めず、保険条件については裏面の協会約款のなかで自己完結的に規定している点である。このため、ロイズ S. G. フォームと比較してわかりやすい構成となっている。

保険証券本文[15]には、準拠法条項、他保険条項、保険責任条項、宣誓条項の 4 つの条項が記載されており、それぞれにおいて保険金請求に関する保険者の責任と決済についてはイギリス法準拠であること、火災保険等の他保険が付けられている場合には原則としててん補責任がないこと、保険料支払いを対価として保険責任を負う双務契約であること等が規定されている。保険証券本文各条項の文言およびその和訳は、以下のとおりである。

　　　Notwithstanding anything contained herein or attached hereto to the contrary, this insurance is understood and agreed to be subject to English law and practice only as to liability for and settlement of any and all claims.

　　　This insurance does not cover any loss or damage to the property which at the time of the happening of such loss or damage is insured

---

15) 東京海上日動火災保険株式会社の証券フォームに基づく解説である。

by or would but for the existence of this Policy be insured by any fire or other insurance policy or policies except in respect of any excess beyond the amount which would have been payable under the fire or other insurance policy or policies had this insurance not been effected.

　We, Tokio Marine & Nichido Fire Insurance Co., Ltd. hereby agree, in consideration of the payment to us by or on behalf of the Assured of the premium as arranged, to insure against loss damage liability or expense to the extent and in the manner herein provided.

　In witness whereof, I the Undersigned of Tokio Marine & Nichido Fire Insurance Co., Ltd. on behalf of the said Company have subscribed My Name in the place specified as above to the policies, the issued numbers thereof being specified as above, of the same tenor and date, one of which being accomplished, the others to be void, as of the date specified as above.

［訳文］
（準拠法条項）
　この保険証券に規定または添付された反対の規定にかかわらず、この保険は保険金請求に対する責任およびその決済に関してのみ、イギリスの法律および慣習に準拠することが了解され、かつ、同意された。
（他保険条項）
　財物に滅失または損傷が生じた時に、その財物が火災保険証券またはその他の保険証券によって保険に付されているとき、またはこの保険証券が存在しなかったならば保険に付されているはずであるときは、この保険はいかなる滅失または損傷もてん補しない。ただし、この保険が付けられていなかったならば火災保険証券またはその他の保険証券によっててん補されたはずの金額を超過する金額に関してはこの限りではない。
（保険責任条項）
　東京海上日動火災保険株式会社は、被保険者によって、または被保険者に代って、約束どおりの保険料が当社に支払われることを対価として、この保険証券に定められた限度と方法に従って、滅失、損傷、

責任または費用についての保険を引き受けることに同意する。
（宣誓条項）
　上記についての証拠として、私すなわち東京海上日動火災保険株式会社の下名者は、同会社のために、上記の場所において、同一文言、同一日付で上記の発行数の保険証券に、上記の年月日に署名した。これらの保険証券のうち1通について損害てん補義務が履行されたときは、残余の保険証券は、その効力を失うものとする。

　MARフォーム証券の表面には、被保険者、証券番号、保険金額、保険金請求通知連絡先、保険条件、輸送内容（輸送区間、船名、出帆日等）、保険の目的物等、個々の契約内容を記載する欄が大きくとられているとともに、上記の証券本文の条項に加えて、損害発生時の手続きを規定する重要約款、損害通知と損害検査に関する規定、保険金請求用必要書類に関する規定等の特別約款や手続規定が置かれている。

V　2009年協会貨物約款

　協会貨物約款は、外航貨物海上保険の中核をなす約款であり、これに特別約款として他の協会約款、あるいは各保険会社の独自約款が追加されて保険契約の内容を構成している。以下においては、協会貨物約款の各条項につき、実務的な観点から説明を行うこととする。[16]

1　協会貨物約款(A)

　(1)　担保危険　　貨物海上保険は、担保危険によって保険の目的物たる貨物が滅失または損傷した場合にその直接損害をてん補する保険であり、関連して生じるさまざまな間接損害は原則としててん補の対象外である。一方、被保険者たる荷主が海上運送契約ないしは法律・慣習によって負担を余儀なくされる特定の間接損害については、例外的に、法律または約款の規定に基づきその損害をてん補することとしている。協会貨物約款(A)の「担保危険」（Risks Covered）の見出しには、3つの条項が次のような構成

---

[16]　以下の説明においては大谷孝一「2009年新協会貨物約款(A)(B)(C)」早稲田商学422号（2009）201-286頁を参考とさせていただいた。

で含まれている。1条の危険（Risks）はその見出しの趣旨どおり担保危険を規定する一方、2条の共同海損（general average）、3条の「双方過失衝突」条項（"Both to Blame Collision" Clause）は保険者のてん補する特定の間接損害を規定するという構成である。[17]

2009年協会貨物約款(A) 1条は1982年約款と同様に、1963年協会貨物約款（オール・リスクス）を引き継ぎ、オール・リスクス担保条件を規定するもので、4条から7条の免責事由に該当しない限り、一切の危険を担保するものである。ただし、一切の危険（オール・リスクス）とはいっても担保されるのは外来的、偶発的な危険に限られており、免責事由の多くはその趣旨を明らかにするものとして規定されている。

2条（共同海損条項）は共同海損についての条項である。共同海損は海上保険とは別個の制度であり、船舶の座礁、衝突、火災等の事故により船舶と貨物が共同の危険にさらされたとき、この共同の危険を免れるために、船長の判断で任意に船舶あるいは貨物の一部を犠牲に供した場合や、救助費等の費用を支出した場合に共同海損行為が成立する。この結果、貨物が被った犠牲（共同海損犠牲損害）および貨物が分担することとなった費用（共同海損費用）は、同条により支払われる。なお、犠牲については、共同海損の精算を待たずにてん補される。[18]

3条（「双方過失衝突」条項）は、運送契約上の双方過失衝突条項により荷主が負担することとなった間接損害をてん補する規定である。[19] 2009年約款においては平易化の観点から文言の改定が行われているが、1982年約款と内容的には変更がない。

(2) 免責事由　協会貨物約款(A)条件は一切の危険を担保するとはいう

---

17) 今泉敬忠＝大谷孝一『海上保険法概論』（損害保険事業総合研究所・2010）185-203頁。
18) 東京海上火災保険編『損害保険実務講座4〔貨物保険〕』（有斐閣・1987）78頁。
19) 東京海上火災保険・前掲注18) 78-79頁によればこの条項の背景は次のとおりである。すなわち、アメリカ法の下では、両船に過失のある衝突の場合、貨物積載船の荷主は相手船から損害の全額を回収することができ、相手船は当該賠償支払額を自船の損害に加えて貨物積載船舶に求償する。両船間にて決済が行われると、貨物積載船の船主は相手船を通じて、自船貨物損害の半額を支払うこととなる。この結果、貨物積載船は単独過失で衝突した場合には自船貨物の損害につき運送契約上の航海過失免責により免責されるにもかかわらず、双方過失の場合にはその半額を負担することになる。この不合理を解消するため、運送契約に双方過失衝突条項を挿入し、貨物積載船の船主は負担した貨物損害の半額を荷主に返還させることにしたのである。

ものの、外来性ないしは偶発性のない場合には保険事故とはいえず、損害が発生してもてん補の対象外となる。4条に規定されているいわゆる一般免責事項の大半はこの趣旨から免責となる事由を改めて具体的に規定したものである。準拠法である1906年英国海上保険法（Marine Insurance Act 1906；MIA）に同じ趣旨が規定されている事項も多いが、これはイギリス法上の規定やイギリス判例上確定している内容を約款に取り入れて被保険者に免責事項をわかりやすくしているためである。なお、MIAの免責事由については約款に盛り込まれていないものもあるが、MIAが適用される以上、たとえ約款に規定がなくとも免責とされるという点には留意すべきである。

4条1項（被保険者の故意の違法行為）は、損害保険契約に共通する免責事由であり、被保険者が保険金詐取を目的として保険の目的物を故意に損傷させた場合など、被保険者による故意の違法行為を免責とするものである。MIAとの関係では、同55条2項a号の法定免責を約款上に取り入れたものである。

4条2項（通常の漏損、重量もしくは容量の通常の減少または自然の消耗）および4条4項（固有の瑕疵または性質）は、MIA 55条2項c号の免責事由を取り入れたものである。これらは特段の外来的な要因がなくても自然の成り行きで発生する現象であり、保険上基本的な免責事由の1つである。具体的には、通常の輸送過程で生じる腐敗、変質、変色、目減り、さび、かび、自然発火、汗むれ等が挙げられる。

4条3項（梱包の不十分、不適切）は、梱包が不十分、不適切であることが原因で発生する事故を免責とする規定である。国際間輸送を対象とする外航貨物海上保険においては、数週間に及ぶ海上輸送、積込港・荷卸港における荷役作業、接続する陸上輸送に堪えうる強度を有する梱包が施されていることが保険引受けの前提として求められており、これを満たさない場合には事故発生に偶発性が乏しいとされるためである。本免責条項の適用は、不完全な梱包や準備が被保険者またはその使用人により行われた場合、または不完全な梱包や準備が保険の危険開始前に行われた場合に限定されており、危険開始後に被保険者やその使用人以外の者が行った不完全な梱包または準備は免責の適用外となる。したがって、危険開始後の他者

によるコンテナへの積込み作業の不十分、不完全は免責とはならない。

　4条5項（運送の遅延）はMIA 55条2項b号の免責事由を取り入れたものである。たとえば、保険の目的物を積載した船舶の到着が荒天により遅延したことによる商機の逸失損害、市価の下落損害等はもちろん、腐敗等貨物自体の物理的損傷も免責となる。1982年約款においては、「遅延に近因して生じる」（proximately caused by）とされていたものが、2009年約款ではproximatelyが削除され「遅延によって生じる」（caused by）に変更されたが、実務的な意味の違いはないと理解されている。

　4条6項（船主等の支払不能または金銭債務不履行）は、いわゆる船社倒産免責規定である。船社倒産免責は1982年協会貨物約款で導入され、船主等の支払不能等から生じる損害、費用を一切免責とした規定であったが、2009年協会貨物約款において内容が緩和され、被保険者が船主等の支払不能または金銭債務不履行が当該航海の通常の遂行を妨げることになりうると知っていたか、または通常業務上当然知っているべきである場合に限り、免責が適用されることになった。また、保険証券の裏書譲渡を受けた者は運送人を選択する立場にないため、証券譲受人に対しては本免責が適用されない旨が明示される[20]。

　4条7項（原子力兵器）は、原子力兵器の使用による損害を免責とする趣旨である。戦争目的の原子力兵器の使用は海上危険を担保する約款では戦争危険免責に該当し、この条項がなくとも免責となるが、本条項はそれ以外の原因ないし目的、たとえば犯罪目的、実験目的の原子力兵器使用や、管理ミスによる偶発的な爆発も免責とする趣旨である。ただし、原子力危険については世界的に標準付帯されている特別約款（「協会放射能汚染、化学兵器、生物兵器、生物化学兵器および電磁気兵器免責約款」）の適用により原子力兵器のみならずその他一般（たとえば原子力発電所）の事故についても免責となっている。

　5条は不堪航および不適合免責条項であり、同条1項1号においては船[21]

---

20) この免責条項は1983年協会コモディティ・トレード約款（Institute Commodity Trade Clauses (A)）にならって作成された条項である。

21) この免責条項も船社倒産免責同様に、1983年協会コモディティ・トレード約款にならって作成された条項である。

舶または艀の不堪航および不適合から生じる損害につき、同条1項2号においてはコンテナまたは輸送用具の不適合から生じる損害につき、被保険者が関知している場合にはこれを免責とする旨を規定している。輸送用具が貨物を輸送するために不適切であれば事故発生は当然であり、被保険者がこのことを関知している場合には免責とするのが妥当というのが規定の趣旨である。また、2009年約款においては、同条2項により保険証券の譲受人に対しては船舶または艀の不堪航・不適合免責は適用しない旨が新たに追加された。同条3項はいわゆる堪航承認条項であるが、1982年約款においては必要とされていた被保険者または使用人の不関知要件が撤廃された結果、被保険者または使用人が関知していた場合にも、MIAに規定された堪航黙示担保の違反は問われなくなった。ただし、不堪航および不適合から損害が生じた場合には5条1項のもとで免責となる点には注意が必要である。

6条（戦争免責）、7条（ストライキ免責）は、主として偶発性の欠如する事項を免責として規定した4条、5条とは性格を異にし、不可測で巨額の損害に至る可能性のある戦争危険、ストライキ危険は、通常の海上危険とは性質が異なるとの認識のもとで、別個の約款すなわち協会戦争約款、協会ストライキ約款で引き受けることとするために、いったんこれらを免責とするものである。

6条は1982年協会貨物約款の規定をそのまま引き継いでおり、戦争等の敵対行為、捕獲・だ捕等、遺棄兵器を免責としている。なお、同条2項において海賊危険は免責から除外され、戦争危険ではなく海上危険として扱われている点も1982年協会貨物約款と同様である。

7条はストライキや暴動に加わった者による損害とともに、テロによる損害を免責とする規定である。1982年協会貨物約款においては7条3項において、テロリストまたは政治的動機から行動する者による損害としてテロ危険が規定されていたが、2009年協会貨物約款においては現代的な視点から改定が行われた。すなわち、イギリス法の規定に基づく同国のノンマリン約款（イギリス・テロリズム免責約款：NMA2751）の定義を準用して7条3項にテロの定義を置くとともに、7条4項においては政治的動機から行動する者に加えて思想的、宗教的動機から行動する者による損害も

免責として新たに追加した。

（3）保険期間　　8条輸送条項（Transit Clause）はいわゆる倉庫間条項を含み、貨物が証券記載の仕出地にある倉庫その他の保管場所にて「(保険の対象となる輸送の開始のために輸送用具に直ちに積み込む目的で、保険の目的物が）最初に動かされた時」(first moved）から、通常の輸送過程を経て、証券記載の仕向地にある最終倉庫その他保管場所にて輸送用具からの「荷卸しが完了する」(completion of unloading）時までの全輸送区間を保険期間と定めている。ロイズ S. G. フォームに適用される 1963 年協会貨物約款、MAR フォームに適用される 1982 年協会貨物約款ではいずれも、その始期を「仕出地倉庫搬出時から」、終期を「仕向地倉庫搬入時」と規定していたが、2009 年協会貨物約款においては現代の物流実態に合わせて輸送前後の倉庫内での荷役作業を含めることが明記された。

　保険期間の継続は、通常の輸送過程（ordinary course of transit）を前提とし、次の①から③に該当する場合、その時点で保険期間は終了する。

① 保険証券記載の仕向地に至る途中の地にあると仕向地にあるとを問わず、被保険者もしくはその使用人が、通常の輸送過程上の一時保管場所以外の保管（いわゆる保管のための保管）を行うためか、または貨物の仕分け（allocation）もしくは配送（distribution）のために使用する、任意の倉庫または保管場所で荷卸しが完了したときは、その荷卸し完了時に保険は終了する。

② 被保険者もしくはその使用人が、いわゆる保管のための保管のため、輸送車両もしくはその他の輸送用具またはコンテナを使用することを選んだ時に保険は終了する。

③ 仕向港で本船荷卸し完了から起算して 60 日を経過すれば、たとえ貨物が通常の輸送過程の途中にあり、まだ仕向地の最終倉庫その他の保管場所で荷卸しが完了していない場合でも、その時に保険は終了する（ただし、航空機積み貨物の場合には荷卸後 30 日）。

　なお、遅延の回避として 18 条で特に規定しているように、被保険者には貨物を自由に処置することができる事情にある限り、迅速に行動して貨物を処置する義務がある。この迅速措置義務に違反する場合には、上記 60 日以内であっても保険は終了する。

倉庫間条項の保険期間は上述のとおりであるが、契約実務においては特約（Special Transit Clause）により保険期間が延長される場合がしばしば見受けられる。具体的には、本船荷卸後60日間の日数制限を延長して90日間とするケース、仕向地倉庫搬入後の仕分け配送のための保管を一定日数（たとえば30日間）を限度に担保継続するケースなど、個々の物流実態と荷主のニーズに合わせて特約による保険期間の延長が行われている。

8条2項は、最終荷卸港で荷卸後に仕向地が変更された場合には、荷卸し後60日以内であっても変更後の仕向地への輸送が開始した時に保険が終了することを規定している。

国際間の海上輸送においては、当初予定されていたとおりの輸送が行われない場合が生じうる。このような場合に危険事情が変動したとして直ちに保険期間を終了させては、被保険者にとって著しく不利になることがある。この点を考慮して8条3項では、「被保険者の左右し得ない遅延、一切の離路、やむを得ない荷卸し、再積込みまたは積替えの期間中および海上運送契約によって船主または用船者に与えられた自由裁量権の行使から生じる一切の危険の変更の期間中」は、追加保険料なしで保険が継続することを規定している。

9条運送契約打切条項（termination of contract of carriage）は、被保険者の左右しえない事情により運送契約が打ち切られた場合に、一定の要件のもとで被保険者を保護することを定めた条項である。すなわち、被保険者の左右しえない事情によって、運送がその契約上の仕向地以外の港または地において打ち切られたとき、または保険の目的物が荷卸しされる前に運送が打ち切られたときは、運送契約打切りの時点で保険が終了することを原則としつつも、運送契約打切りの事実が遅滞なく保険者に通知され、保険担保の継続が要請される場合には、請求があれば割増保険料が支払われることを条件として、条項に定める一定の期間につき担保が継続することを規定している。なお、戦争危険に関する協会戦争約款にも運送契約打切条項が含まれているが、戦争危険に関する保険継続期間はより制限的な内容となっているので注意が必要である（協会戦争約款5条3項参照）。

10条航海の変更（change of voyage）の1項は、危険開始後に被保険者が仕向地を変更する場合、すなわち、航海の変更の場合の取扱いを規定し

ている。MIA 45 条では、航海の変更につき、保険者は航海を変更する決意が表明された時から、その責任を免れるとしているが、10 条 1 項では、航海の変更の旨を遅滞なく保険者に通知し保険条件・料率を再協定することにより担保が継続するとし、その再協定の前に損害が発生したときには、営利保険市場において妥当と考えられる保険条件・料率により担保が得られる場合には担保が継続するとしている。一方、10 条 2 項は、被保険者およびその使用人が知らずして船舶が保険証券記載の仕向地とは別の仕向地に向けて出帆する場合の取扱いを規定している。MIA 44 条では、異なる仕向地への出帆の場合には危険は開始しないとされているが、10 条 2 項では被保険者およびその使用人がその事実を知らない場合には危険が開始するものとし、善意の被保険者を保護する規定となっている。

(4) 保険金の請求　11 条被保険利益（Insurable Interest）は MIA 6 条 1 項前段に基づき、損害発生時に被保険者が被保険利益を有しなければならないことを規定するとともに、この要件を満たせば保険契約締結前に損害が発生していたとしても被保険者が関知していない場合には、損害がてん補されることを規定している。しかし、実務上は予定保険契約の活用により損害発生後に保険契約を締結するようなことは回避されており、実際に 11 条 2 項が適用されることはほとんどない。なお、MIA 6 条 1 項後段の規定では、損害発生後に被保険利益を取得した場合でも被保険者が関知していなければ損害てん補を受けることができるとされているが、本条項ではこの適用がない点は注意を要する。[22]

12 条継搬費用（forwarding charge）は中間港で運送契約が打ち切られた場合に、中間港での追加費用と本来の仕向地までの継搬費用をてん補することを規定している。ただし、担保危険の作用の結果として運送が打ち切られた場合の追加費用をてん補する規定となっているため、担保危険の異なる協会貨物約款(B)および(C)では本条項の適用範囲が異なることに注意が必要である。

13 条推定全損（constructive total loss）は、推定全損についての MIA 60 条の規定を取り入れたもので、保険の目的物を保険者に委付することによ

---

[22] 横尾登米雄＝松田和也改訂『貨物海上保険〔改訂第 7 版〕』（損害保険事業総合研究所・1994）57-59 頁。

り、その損害を全損として処理できることを規定するものである。なお、わが国の実務においては委付は行われていないのが実情である。

　14条増値（increased value）は、増値保険が付保される場合に当該貨物の協定保険価額が原保険と増値保険の保険金額の合計と等しくなること、すなわち原保険と増値保険とを合わせて全部保険になることを規定する。1963年協会貨物約款では増値保険は増値部分を対象とする単独の保険として扱われており、共同海損等費用損害の支払いや第三者に対する代位求償権の取得は適用対象外となっていたが、1982年約款を引き継いだ2009年協会貨物約款においては、原保険との合計保険金額に対する増値保険の保険金額の割合でこれらが適用されることとなった。なお、14条1項は原保険の場合、同条2項は増値保険の場合に適用される条項であり、趣旨は同じである。

　(5)　保険の利益　　15条保険の利益（benefit of insurance）の1項は、被保険者の定義規定として2009年協会貨物約款で新設されたものであり、保険証券の譲受人も被保険者に含まれるとの趣旨を明確化している。2010年4月施行のわが国の保険法においては商法650条1項の規定が削除され、保険の目的物が譲渡される場合には原則として保険契約が失効することとなったが、本条項により外航貨物海上保険の譲渡性が維持される。

　15条2項は保険利益不供与条項といわれるもので、荷主がみずからを保護するために手配する保険の利益を運送人が享受することを認めないための規定である。2009年協会貨物約款では文言の平易化が図られている。

　(6)　損害の軽減　　16条被保険者の義務（duty of assured）は被保険者の損害防止義務ならびに運送人その他第三者に対する求償権保全義務を定めたもので、そのための費用はその他の損害額と合わせて保険金額を超えても支払われることを明示している。

　(7)　遅延の回避　　18条遅延の回避（avoidance of delay）は、迅速措置条項といわれる規定である。8条1項に規定されているとおり、貨物保険は貨物が通常の輸送過程にある間継続することが原則であり、被保険者は貨物を自由に処置することができる限り迅速に行動して貨物を処置する義務を負う。たとえば、輸入貨物を埠頭倉庫からいつでも引き取ることができる状態にあるにもかかわらず、資金繰りその他の自己の都合で引取りを

故意に遅らせるようなことがあればその時点で保険期間が終了することとなる。

(8) 法律および慣習　19条法律および慣習（Law and Practice）はイギリス法準拠を定める規定であるが、MARフォームに準じたわが国の新フォームでは、保険証券本文において「……この保険は保険金請求に対する責任およびその決済に関してのみイギリスの法律および慣習に準拠する……」旨を規定している。保険証券本文の規定が19条に優先するため、てん補責任以外の点（たとえば契約の成立や保険料支払い）についてはイギリス法ではなく、保険契約の締結地である日本法に準拠することとなる。

(9) 注意（NOTE）　9条の運送契約打切り、10条の航海の変更の場合の担保継続の要件として、保険者への迅速通知義務が注意規定として記されている。

2　協会貨物約款(B)および協会貨物約款(C)

(1) 担保危険　協会貨物約款(A)は包括責任主義をとり、一切の危険（オール・リスクス）という包括的な文言により担保危険を規定しているが、協会貨物約款(B)および(C)においては列挙責任主義に立ち担保危険を個別具体的に列挙する方式がとられている。(B)条件、(C)条件の担保危険は火災・爆発と輸送用具の事故を主とするもので(A)条件よりも狭く、(C)条件は(B)条件よりもさらに担保危険が絞り込まれており、最も狭い条件となっている。共同海損および双方過失衝突条項はいずれの条件にも含まれている。2009年協会貨物約款の(B)条件、(C)条件は、1982年協会貨物約款のそれぞれの担保危険をそのまま継承している。(B)条件はS.G.フォームに適用される1963年協会貨物約款のWA（分損担保）条件に、(C)条件は同FPA（分損不担保）条件にほぼ相当するものではあるが、証券本文の危険条項と1963年協会貨物約款を組み合わせて担保内容を規定するという方式との違い、一部の担保危険の追加、削除により細かな点では内容が異なっているため、(B)条件、(C)条件の担保危険文言に即した理解が必要である。(A)、(B)、(C)各条件の担保危険と免責危険の比較表（**表1**）を参考のため本節の末尾に掲載する。

(2) 免責事由　(B)条件、(C)条件の4条一般免責事由は(A)条件とほぼ同

じであるが、同条7項に悪意ある行為による損害が新たな免責として追加されている点が異なる。この危険は、下掲のマリシャス・ダメッジ約款（Institute Malicious Damage Clause）を付帯することにより復活担保される。

また、(A)条件の免責事由の1つである6条2項では「捕獲、だ捕、……抑留（海賊行為を除く）……」と海賊行為が免責危険から除外される結果、海賊危険が同1条のオール・リスクスのなかに含まれて担保されることとなっているが、(B)条件、(C)条件の6条2項では海賊行為を除くとの括弧書の文言が削除されている。これは担保危険を列挙する方式をとる(B)条件、(C)条件において海賊行為がそもそも1条の担保危険に含まれていないため、免責条項においても除外の必要がないことによる違いである。[23]

1/8/82

INSTITUTE MALICIOUS DAMAGE CLAUSE

In consideration of an additional premium, it is hereby agreed that the exclusion "deliberate damage to or deliberate destruction of the subject-matter insured or any part thereof by the wrongful act of any person or persons" is deemed to be deleted and further that this insurance covers loss of or damage to the subject-matter insured caused by malicious acts vandalism or sabotage, subject always to the other exclusions contained in this insurance.

マリシャス・ダメッジ約款（1982年8月1日）

割増保険料を条件として、「一切の人または人々の悪意ある行為による保険の目的物の全部または一部の意図的な損傷または破壊」という免責条項は削除されたものとみなされ、かつ、この保険は、悪意ある行為、破壊行為またはサボタージュに因る保険の目的物の滅失または損傷を担保することが、ここに協定された。ただし、いかなる場合にも、この保険に規定された他の免責事項に従うものとする。

---

23) 横尾＝松田・前掲注22) 154頁。

表1　2009年協会貨物約款の担保危険、免責事由一覧表

担保危険	(A)	(B)	(C)
◎下記に原因を合理的に帰しうる滅失、損傷			
●火災・爆発	○	○	○
●船舶・艀の座礁・乗揚げ・沈没・転覆	○	○	○
●陸上輸送用具の転覆・脱線	○	○	○
●船舶・艀・輸送用具の他物との衝突・接触	○	○	○
●遭難港における貨物の荷卸し	○	○	○
●地震・噴火・雷	○	○	―
◎下記に因る滅失、損傷			
●共同海損犠牲	○	○	○
●投荷	○	○	○
●波さらい	○	○	―
●海水・湖の水・河川の水の船舶・艀・船倉・輸送用具・コンテナ・保管場所への侵入	○	○	―
◎船舶・艀への積込み、それらからの荷卸中の海没、落下による梱包1個ごとの全損	○	○	―
◎上記以外の滅失・損傷の一切の危険	○	―	―
◎共同海損・救助料（免責事由に関連するものを除く）・継搬費用・損害防止費用など	○	○	○
◎「双方過失衝突」	○	○	○

○　担保危険

免責事項（戦争・ストライキ以外）	(A)	(B)	(C)
●被保険者の故意の違法行為	●	●	●
●通常の漏損、重量・容積の通常の減少・自然の消耗	●	●	●
●梱包・準備の不十分（被保険者もしくは使用人による場合、または危険開始前。コンテナへの積付も含む）	●	●	●
●保険の目的の固有の瑕疵・性質	●	●	●
●遅延（被保険危険に因る場合も含む）	●	●	●
●船主等の支払不能、金銭債務不履行	●	●	●
●一切の人または人々の悪意ある行為による全体または一部の意図的損傷、破壊	―	●	●
●原子力兵器の使用による損害	●	●	●
●船舶・艀の不堪航、船舶・艀・輸送用具・コンテナの不適合（被保険者が関知している場合）	●	●	●

●　免責事由

（出典：東京海上火災保険編『損害保険実務講座4〔貨物保険〕』（有斐閣・1987）92-93頁）[24]

24）　出典元の一覧表は1982年協会貨物約款用として作成されており、2009年協会貨物約款に合わせるために一部修正を加えている。

3 2009年協会戦争約款

(1) 担保危険　　戦争危険は、2009年協会貨物約款の6条でいったん免責とされ、2009年協会戦争約款により復活担保される構成となっている。協会貨物約款における戦争免責条項と本約款における担保危険とを比較すると、免責された危険の全部が復活担保されるわけではなく、免責された滅失、損傷および費用のうち、滅失と損傷が復活される一方、戦争危険による費用、たとえば戦争を避けるための費用はてん補されないことがわかる。

また、捕獲・拿捕等については、戦争等から生じるもののみが担保され、平時の捕獲・拿捕等は担保されないので注意が必要である。さらに、海賊行為は(A)条件のなかで担保され海上危険の一部となっており、協会戦争約款の担保危険には含まれていない。

(2) 免責事由　　免責事由はほとんどが協会貨物約款と共通するものであるが、戦争危険約款に独特のものとして3条7項に航海中絶不担保条項が規定されている。貨物海上保険は貨物の物理的な滅失および損傷を担保するとともに、貨物が目的地まで安全に到着することも担保しており、航海の完遂も担保範囲に入るものと解されている。担保危険により航海の完遂が中絶してしまう場合には、貨物自体に損傷がなく荷主の占有下にある場合でも推定全損が成立することがありうるため、これを排除する趣旨で航海中絶不担保条項が挿入されている。したがって、本条項は、戦争危険によって航海が中絶した場合には一切を免責とすることを規定したものである。ただし、貨物自体が物理的な滅失・損傷を被った場合や実際に占有を奪われた場合には免責とはならない。

(3) 保険期間　　戦争危険の保険期間は、海上危険およびストライキ危険の保険期間と大きく異なる。海上危険およびストライキ危険については、倉庫間条項により海陸を通じた一連の物流過程が保険期間とされるのに対して、戦争危険の保険期間は貨物が航洋本船に積み込まれてから最終荷卸港において荷卸しされるまでという海上にある間に限定され、荷卸しが遅れる場合には最終仕向港到着後15日間で終了する。5条は上記戦争危険の保険期間の原則を規定するとともに、本船が仕向地で荷卸しすることなく再出港する場合、中間港や避難港で本船からの荷卸し後他船または航空

機で継搬する場合、原仕向港以外の港で運送が打ち切られた場合、運送人の自由裁量権の行使から生じる一切の離路または危険の変更の場合につきそれぞれの取扱いに関する詳細な規定を定めている。また、触雷危険については積込み、荷卸しに使用される艀にある間は荷卸し後60日間を限度に担保されることを規定している。航空機についても同様に、保険期間は原則として航空機積載中のみに限定されている。

6条の航海の変更に関する規定は協会貨物約款の規定と同じ内容である[25]。すなわち、6条1項は、危険開始後に被保険者が仕向地を変更する場合、つまり、航海の変更の場合は航海の変更の旨を遅滞なく保険者に通知し保険条件・料率を再協定することにより担保が継続すること、その再協定の前に損害が発生した場合は、営利保険市場において妥当と考えられる保険条件・料率により担保が得られるのであれば担保が継続するとしている。また、6条2項は、被保険者およびその使用人が知らずして船舶が保険証券記載の仕向地とは別の仕向地に向けて出帆する場合でも、危険は開始するものとし善意の被保険者を保護する規定としている。

7条は、戦争危険の保険期間および航海中絶と原子力兵器の各免責を至上約款と位置づけ、特約によっても変更し得ないことを規定しているものである。協会貨物約款に規定されている海上危険の保険期間については、実務上特約により期間延長が可能であることは既述のとおりであるが、戦争保険の保険期間は特約をもってしても延長できないため注意が必要である。

4 協会ストライキ約款

(1) 担保危険　ストライキ危険 (strike risks) に関する1条1項は1982年協会ストライキ約款の規定をそのまま引き継ぎ、ストライキ参加者、職場閉鎖を受けた労働者、または労働争議、騒じょうもしくは暴動の参加者により保険の目的物に生じた損害をてん補する。他方、1条2項および3項はテロリスクの変貌を背景として現代的な視点から書き換えられた規定である。2項ではイギリスのノンマリン用のテロリズム約款の定義を準

---

[25] 本章Ⅴ1(3)参照。

用してテロの定義を置くとともに、3項では政治的動機に加えて思想的、宗教的動機から行動する者による損害もてん補されることとしている。

ストライキ危険についても戦争危険同様、協会貨物約款7条で免責とされた滅失、損傷、費用のうち復活担保されるのは滅失、損傷の損害であり費用は対象外となることに注意が必要である。また、本条項はストライキ参加者、職場閉鎖を受けている労働者およびテロリスト等約款上に列挙された者によって与えられた貨物に対する直接損害をてん補する趣旨であり、ストライキ等から生じる間接損害やストライキを避けるための費用は担保されない。

(2) 免責事由　ストライキ危険に固有の免責事項として、3条7項においてストライキ等から生じる労働力の不足または就労拒否から発生する滅失、損傷、費用が免責とされている。

(3) 保険期間　ストライキ危険に関する保険期間は、2009年協会貨物約款に規定されている海上危険に関する保険期間と同じである。ストライキ危険については海上危険同様に特約により保険期間の延長が可能であるが、テロ危険については被保険輸送終了条項（テロリズム）2009（Termination of Transit Clause (Terrorism) 2009）の適用により保険期間の延長が認められず、倉庫間条項に定める通常の輸送過程の終了と同時に保険期間が終了するものとされている。被保険輸送終了条項（テロリズム）は2001年のアメリカ同時多発テロを契機として、保管中のテロ危険を担保しない趣旨で導入され世界各国の保険市場で標準的に付帯されている特約であり、2009年協会約款に平仄を合わせて約款文言の修正がなされている。

5　輸送方法と適用約款

基本的な協会約款は、貨物海上保険において3つに分類される危険に対応する形で、協会貨物約款、協会戦争約款、協会ストライキ約款に分類されるが、輸送方法により契約内容がわずかに相違するため、それぞれの輸送方法に合わせた協会約款が用意されている。これまで述べてきた約款は海上輸送に適用されるものであったが、海上輸送、航空輸送、郵便に適用される協会約款を整理してまとめると**表2**のとおりとなる。

表 2　貨物の輸送方法と適用約款

輸送方法	適用約款
海上輸送	2009年協会貨物約款(A)、(B)または(C) 2009年協会戦争約款（貨物） 2009年協会ストライキ約款（貨物）
航空輸送	2009年協会貨物約款（航空）〈郵便物を除く〉 2009年協会戦争約款（航空）〈郵便物を除く〉 2009年協会ストライキ約款（航空）
郵便（海上・航空共通）	2009年協会貨物約款(A) 2009年協会戦争約款（郵便物） 2009年協会ストライキ約款（貨物）

　航空輸送の海上危険とストライキ危険に関しては、荷卸し後の最長担保期間が30日であり、海上輸送の場合の60日と比較して短縮されている。また、海上危険の担保危険はオール・リスクス担保である。

　郵便の場合は、海上危険とストライキ危険に関しては常に海上輸送用の協会約款が使用され、戦争危険については郵便用の協会戦争約款により例外的に陸上輸送中も担保されることとなっている。

Ⅵ　ロイズ S. G. フォームと1963年協会貨物約款

1　ロイズ S. G. フォーム

　ロイズ S. G. フォームはロイズ数百年の歴史のなかでそれぞれの時代状況に合わせて補足、改定が加えられ生成されたという歴史的経緯を反映して複雑な構成となっている。その証券本文はロイズ S. G. フォームのなかで最も古く証券の中核をなす部分であり、危険条項、損害防止条項、免責歩合条項（メモランダム）、準拠法条項をはじめとして海上保険契約に関わる伝統的な条項が含まれている。証券本文は難解古風な文言で書かれている一方、これらの文言が3000以上の判例により一語一語解釈が確立しているという特色を有している。しかし貿易取引の発展や国際間物流を取り巻くリスクの変化、海上運送契約や海上保険契約の時々の実情に対応して種々の約款を順次追加することにより、ロイズ S. G. フォームは補足や改定が行われ、1963年協会貨物約款の制定をもって今日見られる最終形ができあがっている。

①証券表面に印刷された証券本文、②証券本文の左側に印刷されたイタリック書体約款を含む欄外約款、③証券裏面に印刷された協会貨物約款、協会戦争約款、協会ストライキ・騒じょう・暴動約款、④証券表面の右側上欄ないしは裏面に印刷された標準的な各種特別約款、さらに必要な場合には、⑤タイプまたは添付された個別性の高い特別約款が一体となって保険契約の内容を構成している。これらの約款内容が矛盾する場合には⑤の約款が④の約款に優先し、④の約款が③の約款に優先するというように、後者が前者に優先するというのがイギリス法における保険証券の解釈原則である。したがって、担保危険を含めて保険条件を把握するためには、保険証券全体の内容と各約款の優先順位を正しく理解する必要がある。

S. G. フォームの証券本文に含まれる危険条項においては、「海固有の危険、軍艦、火災、外敵、海賊、漂盗、強盗、投荷、捕獲免許状、報復捕獲免許状、襲撃、海上における占有奪取、すべての国王・王侯および人民の拘束・抑止および抑留、船長および海員の悪行ならびにその他一切の危険」という表現で担保危険が列挙されている。証券本文における担保危険は、①海固有の危険、②火災、③強盗、④投荷、⑤船員の悪行、⑥海賊、⑦戦争危険、⑧戦争と関係のない政府または官憲の拘束・抑止・抑留、以上の8種類に要約することができる。海固有の危険の具体例としては、沈没、座礁、触礁、座州、衝突、荒天による浸水・荷崩れ・貨物の波ざらい等が挙げられる。上記①から⑧の担保危険のうち、海賊以下の3種類の担保危険は証券左側にイタリック書体で印刷されている捕獲・拿捕不担保条項により免責とされており、他の危険、たとえば火災・強盗等もストライキ・暴動・騒乱等の加担者によるものであれば、同じく証券左側にイタリック書体で印刷されているストライキ・騒じょう・暴動不担保条項によりいったん免責とされている（後述のとおり、特約により復活担保される）。なお、危険条項の最後に掲げられている「その他一切の危険」という文言は、オール・リスクス条件を規定しているわけではなく、この文言の前に具体的に列挙されている各種の危険と同種の危険のみを指すのであり、その趣旨は MIA 付則においても同種制限の原則として明確化されている。

ロイズ S. G. フォームに適用される協会貨物約款は、上記証券表面の証券本文、イタリック書体約款を含む欄外約款を補足・修正して保険契約の

内容を規定している。ロイズ S. G. フォームに適用される 1963 年協会貨物約款も MAR フォームに適用される協会貨物約款と同様に、包括責任主義によるものと、列挙責任主義によるものがあり、担保範囲に応じて協会貨物約款（オール・リスクス担保。Institute Cargo Clauses（All Risks））、協会貨物約款（分損担保。Institute Cargo Clauses（WA））、協会貨物約款（分損不担保。Institute Cargo Clauses（FPA））の 3 種類に分類される。これらいずれかにロイズ S. G. フォーム用の協会戦争約款および協会ストライキ騒じょう暴動約款（現在の協会ストライキ約款に相当）が付帯されて、ロイズ S. G. フォーム保険契約の基本条件が構成されている。

2　1963 年協会貨物約款（オール・リスクス担保）

協会貨物約款(A)同様に、この前身にあたる 1963 年協会貨物約款（オール・リスクス担保）は包括責任主義に基づく約款であり、貨物固有の性質・欠陥や運送の遅延による損害等を除き、保険の目的物の滅失または損傷の一切の危険を担保する。ただし、ロイズ S. G. フォーム用の 1963 年協会貨物約款と MAR フォーム用の 2009 年協会貨物約款とでは、免責規定が若干異なるため注意が必要である。主な相違点としては、以下が挙げられる。

① 1963 年協会貨物約款では、保険期間が倉庫搬出時から倉庫搬入時までとなっている。
② 2009 年協会貨物約款は自己完結性が高く、特に免責危険について、MIA に規定のある事項を含めて明記しているが、1963 年協会貨物約款では、MIA に規定のある事項は法律上当然に適用があるとの趣旨で、原則として約款のなかには規定されていない。
③ 梱包の不十分または不適切の免責規定について、2009 年協会貨物約款では既述のとおり、保険期間開始後の第三者による梱包については免責の適用がないが、1963 年協会貨物約款ではいかなる場合においても免責規定が適用される。

---

26) 列挙責任主義は担保危険を個々に示す方式であり、包括責任主義は危険の担保範囲を包括的に規定する方式である。詳細については本書の第 6 章Ⅳ・Ⅴ 3 参照。

3　1963年協会貨物約款（分損担保）・（分損不担保）

列挙責任主義に基づく約款として、1963年協会貨物約款（分損担保 = WA）と同（分損不担保 = FPA）の2種類がある。それぞれ"With Average"と"Free from Particular Average"の略称であるが、前者のほうが担保範囲が広い。

担保範囲が最も狭い分損不担保条件はロイズ S. G. フォームの証券本文で担保されている危険によって全損・共同海損が生じた場合は保険金を支払うが、単独海損（共同海損でない分損）については船舶の座礁・沈没・大火災・衝突（いわゆるSSBC事故[27]）による場合のみ保険金を支払うことを原則としつつ、追加的に特定の分損を支払うこと、費用損害については分損担保条件と同様になることを規定している。したがって、ロイズ S. G. フォームの証券本文に記載された担保危険による損害であっても、必ずしもその全部について保険者に保険金支払い責任が生じるわけではない点に注意が必要である。

これに対して分損担保条件では、SSBC等特定の事故によらない場合でも、ロイズ S. G. フォームの証券本文に記載された担保危険による損害がてん補される。しかしながら、免責歩合（フランチャイズ）の規定があり、免責歩合に達しない損害はてん補の対象外となる。なお、実務上は、免責歩合を適用しない約定をすることや、分損担保条件では担保されない雨淡水濡れ、盗難などの付加危険を特約で追加することが行われている。

免責事由については、分損不担保条件、分損担保条件ともにオール・リスクス条件と同じである。

4　戦争危険およびストライキ等危険

S. G. フォームでは戦争危険（war risks）およびストライキ等による火災、略奪等の危険を保険証券本文の危険条項で担保しているが、戦争危険やストライキ等の危険は通常の海上危険とは性格が著しく異なり、世界情勢の刻々の変化にも左右されることや、その発生が不安定である点に鑑み、保険証券左側のイタリック書体の捕獲拿捕不担保条項ならびにストライキ騒

---

[27]　SSBCは、Stranded（座礁）、Sunk（沈没）、Burnt（大火災）、Collision（衝突）の略称である。

じょう暴動不担保条項によりこれをいったん免責としている。それを復活担保するものとして、協会戦争約款ならびに協会ストライキ騒じょう暴動約款が制定されている。

(1) 1980年協会戦争約款　戦争危険の概念は、MARフォームに適用される2009年協会戦争約款と大きな違いはないが、主な相違点として海賊危険が挙げられる。

海賊危険は17世紀以降の帆船時代にあっては主要な海上危険のひとつであったが、1936年に勃発したスペイン内戦当時、地中海において頻繁に行われた国籍不明の飛行機、潜水艦による商船撃沈が発端となって、1937年以降海上危険から戦争危険に移された。貨物海上保険の通念からすれば、もともとそのような危険は戦争危険というべきものであったが、社会通念上これらを海賊行為とみなしたので、海上保険における取扱いを明確にするため、一切の海賊危険は戦争危険の範囲に入れることとなった。[28]

その後、MARフォーム保険証券では取扱いが変更となり、海賊危険は1982年約款で改めて海上危険に含まれることになったという経緯がある。

(2) 1963年協会ストライキ騒じょう暴動約款　ストライキ参加者等によって行われる放火・強奪等による損害、すなわち、保険証券本文に列挙されている危険に該当する損害のほか、ストライキ参加者や悪意をもって行動する者等の行為によって貨物に加えられた損害が対象となる。もっとも、その損害は貨物の実体的損害に限られる。たとえば、ストライキによって航海が遅延したり、予定の仕向港以外の港で荷卸しされた結果生じた間接的な損害はてん補されないので注意が必要である。

Ⅶ　貿易取引と外航貨物海上保険

1　概　説

外航貨物海上保険は、主として貿易取引すなわち国際間の売買契約に伴い輸送される貨物を対象とする保険である。つまり、国際間の輸送中に貨物が滅失または損傷した場合に、売主、買主、または銀行その他の利害関

---

[28] 葛城照三『英文積荷保険証券論』(早稲田大学出版部・1981) 140頁、東京海上火災保険編『貨物海上保険の理論と実務〔第2版〕』(海文堂・1983) 22頁。

係者の利益を保護する役割を果たす保険であり、貿易取引のなかに不可分の仕組みとして組み込まれている。典型的な取引条件の1つである CIF 条件において、保険証券は売主から海外の買主へ裏書譲渡されることが予定されており、また荷為替手形の取組みに必須の船積書類の1つとして提出を求められていることから、海外の買主や銀行から受け入れられるように国際的に通用する形式、内容を備えていることが必要とされる。このため、わが国をはじめとする世界各国の多くの保険会社は、外航貨物海上保険の国際標準となっているイギリス様式の英文保険証券を用いている。

本節においては、貿易上の2つの国際統一基準、すなわちインコタームズ（Incoterms）と信用状ならびに信用状統一規則に触れることにより、貿易実務における貨物海上保険の果たす役割と、その保険契約内容に対して求められる要件について簡単に説明することとしたい。

2 インコタームズ

インコタームズとは、国際商業会議所が定める貿易取引における取引条件の国際的な統一基準であり、世界的に広く用いられている。最新版のインコタームズ 2010 は、10 年ぶりの改訂版として 2010 年 9 月に発表され、2011 年 1 月 1 日に発効している。改訂前のインコタームズ 2000 は、取引条件を貨物の引渡時期により大きく 4 類型に分類し、13 の取引条件を定めていたが、改訂後は取引条件を輸送手段により大きく 2 つに分類する 11 条件に減少させた。インコタームズでは、それぞれの取引条件ごとに売主から買主への貨物の引渡時期および危険負担の移転時期、運送・保険に関わる売主・買主の義務および諸費用の分担等を規定している。貨物が輸送中に滅失または損傷した場合にその危険を負担する当事者が被保険利益を有することとなるため、外航貨物海上保険との関係では、それぞれの取引条件につき、どの時点で売主から買主へ危険負担が移転するかという点と、売主・買主のどちらが保険の手配を行うかという点が重要視される。海上輸送中の危険を負担する当事者が自己のために保険の手配を行うのが原則であるが、以下で説明するとおり、CIF、CIP 条件の場合には原則と異なり、海上輸送中の危険負担者たる買主のために売主が保険を手配することとなっている。各取引条件と、それぞれの危険負担の移転時期、売買

表3 インコタームズ2010と危険負担の移転時期・海上保険の手配

類型	標準コード	取引条件	売主から買主への危険負担の移転時期	海上保険の手配
いかなる単数または複数の輸送手段にも適した規則	EXW	工場渡	仕出地工場／倉庫	買主
	FCA	運送人渡	仕出地指定場所での運送人引渡し	買主
	CPT	輸送費込	仕出地での運送人引渡し	買主
	CIP	輸送費保険料込	仕出地での運送人引渡し	売主
	DAT	ターミナル持込渡	指定仕向地の指定ターミナル	売主
	DAP	仕向地持込渡	指定仕向地	売主
	DDP	関税込持込渡	指定仕向地	売主
海上および内陸水路のための規則	FAS	船側渡	仕出港本船船側	買主
	FOB	本船渡	仕出港本船の船上に置かれた時	買主
	CFR	運賃込	仕出港本船の船上に置かれた時	買主
	CIF	運賃保険料込	仕出港本船の船上に置かれた時	売主

（出典：国際商業会議所日本委員会発行インコタームズ2010を基に作成）

当事者のどちらが保険の手配を行うかについては、**表3**にまとめたので参考としていただきたい。

貿易当事者たる売主・買主は、それぞれの取引条件に応じて適切に保険手配を行うことが必要である。ここでは実務上広く使用されている代表的な3条件（FOB、CFR、CIF）について、概要ならびに貨物保険手配の際の留意点を説明する。

(1) FOB　FOB条件では、売主は指定港の本船上で貨物を引き渡す義務を負い、本船の船上に置かれる時まで貨物の滅失損傷に関する一切の危険を負担する。[29] 本船の船上に置かれた時以降の危険や貨物に関する一切の費用は、買主の負担となる。FOB条件においては、船積み以降の買主の負担すべき危険については買主が保険を手配することとなるが、買主の

---

29) 改訂前のインコタームズ2000においては、売主から買主への危険負担の移転時期が仕出港において本船舷側手摺りを通過した時とされていたが、本船の船上に置かれた時と改訂されたものである。CFR、CIF条件についても同様の改訂が行われている。

手配する保険はあくまで本船積込み以降の危険を対象とするものであり、遡って売主が負担する船積みまでの危険を担保するものではない。このため売主はみずからが危険を負担する本船積込みまでの区間に関して、みずから保険を手配する必要がある。この保険はわが国では一般的に輸出FOB保険と呼ばれており、内航貨物海上保険の一種である。

(2) CFR　CFR条件は、売主が指定の仕向港までの運送契約を結び海上運賃を負担する条件であるが、危険負担の移転時期はFOB条件と同じである。したがって、保険の手配はFOB条件の場合と同じである。

(3) CIF　CIF条件では、CFR条件における売主の義務に加えて、売主は買主のために自己の費用で貨物が仕向地まで輸送される間の危険につき貨物保険を手配し、保険証券を買主に提供する義務を負う。危険負担の移転時期はFOB、CFR条件と同じであるが、売主は自己の危険負担部分と買主の危険負担部分とを別々に保険手配する必要はなく、実務上は積地の倉庫搬出から仕向地の倉庫搬入までの全行程を保険期間とした貨物保険を手配し、本船船積み後に買主へ保険証券を裏書譲渡している。

CIF条件の場合に売主が買主のために手配する貨物保険の内容についてはインコタームズに規定があり、信用力十分な保険会社を選定すること、別段の合意がない場合には協会貨物約款または同様の約款の最小限の保険条件とすること[30]、保険金額は売買契約と同じ通貨建てとし最低限CIF×110％で設定すること、戦争・ストライキ危険等については買主の要請に基づいて手配可能ならば買主の費用で手配すること等が定められている。

上述のFOB、CFR、CIF条件はいずれも在来船を想定した取引条件であり、コンテナ輸送や航空輸送にはインコタームズが定めているFCA、CPT、CIP条件を使用するのが適切である。現在の貿易実務ではコンテナ輸送が主であるにもかかわらず、依然としてFOB、CFR、CIF条件が使用されることが多いが、輸送実態に即した危険負担の移転時期を売買契約上に正しく反映するためにもFCA、CPT、CIP条件の使用が強く期待

---

[30] 協会貨物約款の最小限の条件は(C)条件またはFPA（分損不担保）条件であるが、実務上は信用状等において保険条件が指定されるのが一般的であり、多くの貨物については、(A)条件またはオール・リスクス条件が指定されている。

されるところである。

3 信用状および信用状統一規則

貿易取引に用いられる荷為替手形（信用状付）決済は、輸入者の取引銀行が発行した信用状（Letter of Credit；L/C）に基づき、輸出者が船積書類と為替手形とを組み合わせて荷為替手形を取り組み、輸出地の銀行に買い取ってもらい手形金額の支払いを受ける決済方法であるが、貨物海上保険証券はCIF条件の場合、この荷為替手形の取組みに必要不可欠な船積書類の１つとなっている。為替銀行は輸出貨物を担保として手形の買取りにより輸出業者への金融を行っていることから、担保となっている貨物が海難事故等により損害を被った場合に補償が得られるよう、適切な保険が手配されていることを要求するためである。

銀行が輸入者の依頼により荷為替手形の引受け、支払いを確約するものが信用状であるが、信用状には必要提示書類の記載欄が設けられており、この記載欄のなかにインボイス（商業送り状）、船荷証券と並んで海上保険証券に関する具体的な指示内容が記載されている。保険証券正本の必要部数、白地裏書されること、保険金額をCIF×110％とすること、買主の指定する保険条件（協会貨物約款(A)、戦争・ストライキ約款など）、保険金支払地などが通常記載されており、この指示内容に合致した保険証券が求められる。

信用状の解釈をめぐるトラブルを防ぐために国際商業会議所が定めた国際統一基準が「荷為替信用状に関する統一規則及び慣例」（Uniform Customs and Practice for Documentary Credits；UCP）、いわゆる信用状統一規則である。最新版は2007年改訂版のUCP600であり、わが国の銀行をはじめ、世界中の銀行がこの国際統一基準に従って業務を行っている。信用状統一規則は28条に保険書類に関する規定を置いている。

銀行は信用状ならびに信用状統一規則に合致した荷為替手形のみを買い取り、合致しない場合には買取りを拒否（これを一般的にディスクレ（Discrepancy）という）することができる。したがって、信用状付荷為替手形決済において貨物保険証券が求められる場合には、信用状ならびに信用状統一規則の条件に合致した貨物保険証券の提出が必要となる。

Ⅷ　貨物海上保険の契約手続き

1　概　　説

　貨物海上保険契約は他の損害保険契約と同様、保険契約者が申込みの意思を表示し、保険会社が引受けを承諾したときに成立する諾成契約であり、不要式契約である。他方、実務上は保険会社所定の各種書式が広く用いられており、申込書は契約者の付保意思や告知事項の確認書類として、また保険証券は保険契約内容の証拠書類として、さらには前記Ⅰで述べたとおり、貿易に必須の船積書類の一部として契約上不可欠な要素となっている。

　契約手続きの流れとしては、まず保険会社ないしは代理店が物流実態やリスク情報、希望の保険内容を確認したうえで保険条件・料率を記載した見積書（marine quotation）[31]を作成・提示し、保険契約内容につき契約者と合意する。そして、保険契約者が所定の保険申込書（Application for Marine Cargo Insurance）に必要記載事項を記入のうえで保険期間開始前に保険会社に申し込み、保険料を支払い、これに対して保険会社が引受けの証として保険証券（insurance policy）または保険承認状（Insurance Certificate）[32]および保険料請求書（Debit Note）[33]を発行するというのが契約手続きの原則である。継続的な保険申込みがある信用度の高い契約者の場合には、特約により保険料の後払いが認められている。保険証券発行後に保険証券記載事項に変更や訂正が生じた場合には、保険証券全通を回収のうえで訂正するか新規に保険証券を発行するのが原則である。他方、発行済み保険証券が第三者に譲渡されて回収が困難な場合には、追約書（EndorsementまたはRider）を発行して契約内容の訂正を行う。

　以上のとおり、保険期間開始前すなわち保険の目的物の輸送開始前の申込みが原則である。輸入の場合には船積み通知が本船船積み前に到着せず

---

31)　以下のカッコ内は、外航貨物海上保険の場合の英語名称である。
32)　原則として、予定保険契約（個別ないしは包括）がある場合に保険証券に代わって発行される簡略書式。
33)　FOB、CFR輸入での通関の際に保険料額を証明する書類として税関に提出される。輸入で予定保険契約がある場合には、保険証券、保険承認状の発行が省略され、保険料請求書のみが発行される場合も多い。

貨物の数量、保険金額、積載船舶名等が未詳の場合があり、このような場合に無保険状態を回避するために予定保険契約が用いられている。予定保険契約は個々の輸送ごとに締結することも、１つの売買契約につき複数の輸送となる場合にはその複数分につき締結することも可能であり、これを個別予定保険契約という。予定保険契約締結後に未詳の事項が確定した場合には、契約者は保険申込書を使用して確定通知を行い、保険会社が確定保険として保険証券または保険承認状を発行することとなる。予定保険契約も正式な保険契約であるため、保険会社のてん補責任は開始し契約者の保険料支払い債務も発生するが、実務上は確定通知受領後に確定保険料をベースとした保険料の支払いが行われている。

2　包括予定保険契約

　貨物海上保険契約は主として企業を契約者とする契約であるが、企業契約者からの反復継続的な申込み手続きを漏れなく効率的に処理するために包括予定保険契約が用いられている。この契約は、保険契約者が所定の貨物につきすべての輸送を漏れなく確定通知することを約し、保険会社は当該通知が事故発生後になされた場合にも所定の保険条件に従って保険金を支払うことを約することにより成立する。包括予定保険契約では、貨物の種類、保険金額、保険価額、てん補限度額、輸送区間、輸送用具、保険条件、保険料率等につき、あらかじめ包括的な取決めを行っている。包括予定保険契約は特約書を用いて行われるが、特約書の形式には包括予定保険証券（Open Policy）と包括保険特約書（Open Contract）の２種類がある。前者は保険会社が発行する保険証券の形式をとり、証券上の署名も保険会社側のみである[34]。後者は契約書形式をとり、保険会社、契約者双方が署名することとなっている。現行実務上はもっぱら包括予定保険証券が用いられている。

　包括予定保険証券はMARフォームと同様に、どの種類の契約にも共通の規定を定めるものであり、通知条項、保険料支払い条項、保険金支払い条項、責任制限額条項、集積損害てん補限度額条項、契約内容変更条項、

---

34)　契約者の付保意思確認のため実務上は包括予定保険証券の申込書に契約者の署名ないしは記名捺印を取るのが一般的である。

有効期間条項が含まれている[35]

---

[35] 通知条項は、包括予定保険契約の対象となる貨物の船積み明細に関わる確定通知の時期や確定通知すべき内容、故意・重過失によらない確定通知の脱漏・誤びゅう・遅延の場合の契約の効力、保険会社による記録書類閲覧権などを規定している。保険料支払条項は、被保険者は1か月分の保険料を取りまとめて保険料計算書受領後遅滞なく支払うことと、外貨建保険料の円貨換算率を規定している。保険金支払条項は、保険価額に運送賃その他の費用が含まれている場合に、損害発生のために被保険者がこれらの費用の一部または全部につき支払いを免れたときは、当該支払いを免れた費用を控除して支払保険金を決定する趣旨の未必費用控除を規定するとともに、保険金が海外で支払われる場合には保険証券の表示された外貨で支払われること、保険金が国内で支払われる場合には円貨で支払われることを規定している。責任制限条項は、1航洋本船または1航空機積みの支払限度額を定めるとともに、その支払限度額が集積損害てん補限度額条項の定める限度額に優先して適用されることを規定している。集積損害てん補限度額条項は、日本国内の陸上に一時保管されている貨物に巨額損害が発生した場合、包括予定保険契約で支払われる保険金の総額を所定の限度額に制限することを規定している。契約内容変更条項は、保険会社が被保険者に対して30日前の書面予告をもって包括予定保険契約の料率・条件・その他の事項を変更できることを規定している。ただし、戦争危険およびストライキ・騒じょう・暴動危険については包括予定保険契約に含まれるそれぞれの解約条項に従うものとしている。有効期間条項は、包括予定保険契約は、当事者いずれか一方が30日前の書面予告によって解約することができることを規定している。

第12章

船舶保険の契約実務と約款

I 概　　説

　本章では、わが国における船舶保険の契約実務の全体像を概観するとともに、実際の船舶保険契約に用いられている普通保険約款や各種特別約款だけでなく、イギリスの協会約款を中心とした英文約款に関する今日的な問題もまじえて解説を加えつつ、実際に引き受けられている主要な船舶保険の内容を紹介する。[1]

II　船舶保険の契約実務

　ここでは、船舶保険契約の主体（関係者）、募集等の契約事務、および保険料や保険金の支払いに関する事務について概観し、わが国における船舶保険の契約実務の全体像につき解説する。

1　保険契約の主体と関係者

　船舶保険は事業者向けの保険商品であり、保険契約者および被保険者は海運・造船業等に従事している船主や用船者、造船所といった企業が中心

1）　本章では、以下を参考としている。東京海上火災保険株式会社海損部編『船舶保険普通保険約款の解説』（財団法人損害保険事業総合研究所・1998）、谷川久監修＝東京海上火災保険株式会社海損部編『イギリス船舶保険約款の解説』（財団法人損害保険事業総合研究所・1994）、中西正和『Institute Time Clauses-Hulls（1/11/1995）の問題点』（東京マリンクレームサービス株式会社・2000）。

となる。たとえば、運航中の船舶に付保される普通期間保険においては、一般的に船主（船舶所有者）あるいは裸用船者が契約者（被保険者）となっている。しかし、ISM Code（International Management Code for the Safe Operation of Ships and for Pollution Prevention：船舶の安全航行及び汚染防止のための国際管理コード）の施行に伴う船舶管理業務の重要性の増大を始めとする海運業の構造変化もあり、近年では船舶管理会社が契約者（共同被保険者）となるケースが増えるなど、保険契約の主体にも変化が生じている。

(1) 保険契約者　保険契約者は契約の一方の当事者であり、保険料支払い義務を負う（返戻保険料の請求権をもつ）とともに、契約締結時の告知義務、保険期間中の危険変動等の通知義務、損害の通知義務等、契約当事者としての権利義務を有する。船舶保険においては、火災保険等と異なり、契約者は告知義務に加えて通知義務を遺漏なく果たしうる適格者であることが求められる。したがって、船舶を現実に運航・管理する者を保険契約者として認めることが実務上の一般的な慣行である。そのため、従来は船舶所有者あるいは裸用船者が契約者となることが一般的であったが、近年では上で述べたとおり船舶管理会社が保険契約者となるケースも増えつつある。[2]

(2) 被保険者　船舶保険は、船舶に生じた滅失または損傷によって生じた所有者利益の減少以外にも、賠償責任（衝突損害賠償責任、船主責任等）や、保険事故に遭遇したことにより支出した費用（共同海損費用や損害防止費用等）、あるいは失った収益を保険てん補の対象としている。したがって、船舶所有者だけでなく用船者や船舶管理会社等も被保険者（あるいは共同被保険者）となることがある。[3]

(3) 被保険船舶に関する債権者　船舶の建造または購入にあたっては、自己資金の不足分につき市中金融機関から借り入れることが一般的である。

---

[2]　裸用船契約と異なり、船舶管理契約においては、船舶管理者が船舶保険の契約者となるか否かは、船舶所有者の意向に基づき船舶管理契約のなかで個別に定められることになる。

[3]　従来、裸用船の場合は裸用船特別条項を貼付し、保険契約者を被保険者と読み替えることにしていたが、現在は船舶管理会社の場合には被保険者欄に"as manager"と注記したうえで共同被保険者として追加する等の対応をするのが一般的である。

金融機関は債権の保全のため本船に抵当権を設定しているが、さらに海難事故による担保の目的物の経済的価値の減少に備えて債務者に保険の付保を義務づけ、あわせて保険金請求権の質入あるいは債権譲渡（Insurance Assignment）を行っている。

　実務においては、日本籍船については質権を設定するのが一般的であるが、外国籍船（便宜置籍船）のように建造資金の貸借契約書が英文で作成されている場合は、通常保険金請求権についての債権譲渡が貸借契約のなかで定められているため、質権設定に代えて債権譲渡が行われている。

　質権の設定あるいは債権譲渡を行う際には、不要な事務の手間を省く目的で、あらかじめ全損金および一定金額以上の分損保険金以外の保険金について質権の実行（債権譲渡）を行わない旨を約定することがある。その場合は、保険者が質権者（債権の譲受人）の同意を得ることなく、被保険者に直接保険金を支払うことが可能となる。

　質権の場合、一定金額未満の分損保険金については質権者の承認なしに保険者から被保険者に直接支払われる旨を、質権設定承認請求書のなかで約定することが広く行われている。一方、債権譲渡においては、一定の金額未満の分損保険金については被保険者に直接支払うことを「てん補金支払い条項」（Loss Payable Clause）として、あらかじめ債権者（金融機関）と債務者（船舶所有者＝被保険者）の間で約定し、証券に添付（裏貼り）することが一般的である。なお、事故発生時に迅速な対応を必要とする衝突損害賠償金については、質権設定の対象としないようあらかじめ約定するか、保険会社がその旨を質権設定承認請求書に追記したうえで質権設定

---

4) 債権者自身が債権保全保険を手配する場合がある。これは、保険契約者が「Warranty 違反」等により保険金の支払いを受けることができない場合に、質権設定や債権譲渡の対象としていた保険金相当額を債権者が受け取ることを意図した保険である。なお、1990年にアメリカで OPA（Oil Pollution Act 1990）が成立した結果、アメリカ領海内で油濁を発生させた場合に、Ｐ＆Ｉ保険でてん補される金額が同法が要求する金額に満たないときは、本船が差し押さえられた場合にも債権者に保険金を支払えるようにする保険（Mortgagee's Interest Additional Perils）も商品化されている。

5) 債権譲渡が行われていない場合でも「てん補金支払条項」が証券に貼付されていることがある。これは共同被保険者となっている場合等に、保険金の支払先を明らかにしておくことを目的とするものである。なお、質権が設定されている場合には、てん補金支払条項の内容にかかわらず、質権が常に優先することに注意が必要である。

を承認している。また、債権譲渡の場合は、譲渡の対象から除外するよう金融機関と調整を行うことが通常である。

　2010（平成22）年4月より施行された保険法では、被害者保護の観点から賠償事故における被害者に保険金請求権に対する先取特権が認められたことに加え（保険法22条1項および2項）、責任保険金について譲渡、質入、差押えが禁止された（同22条3項）。22条は絶対的強行規定であることから、本条に反する規定は無効となるため、保険会社は質権設定の承認や債権譲渡の通知の受領（acknowledgement）をする際には、質権者や債権の譲受人（assignee）等とのトラブルを避けるため、あらかじめ責任保険金をその対象から除くことも実務では行われている。

2　保険契約に関わる事務

　(1)　保険募集の主体　　わが国の船舶保険においては、保険会社の社員が直接保険募集を行うこと（いわゆる直扱い）が一般的である。その例外として、小型の自航船舶および艀船、作業船等の非自航船舶等については、一部代理店による保険募集が行われている。また、外航船を中心に保険ブローカーによる保険募集も行われているが、船舶保険全体としては保険会社社員による募集がその中心であることに変わりはない。

　(2)　共同保険　　共同保険とは、複数の保険者が危険を分担して共同で引き受ける形態をいう。再保険が元受保険者と再保険者間の危険の「縦の分散」であるのに対し、共同保険は元受保険者間での「横の分散」を図るものといえる。通常は共同保険会社のなかから契約者の指名に基づき幹事会社を定め、保険証券の発行等の契約手続、保険料の徴収・返還、保険金の支払い等一切の事務を幹事会社が行う。なお、各共同保険者が負う責任は各々の引受け割合に限定され、また各保険者は単独別個に責任を負うのであって、連帯責任を負うものではない。

3　保険料に関する事務

　(1)　保険料の支払い　　船舶保険では保険料が高額となることが多いた

---

6)　代理店の業務は、一般的には申込書の受付や保険料の集金等に限定されるのが通常である。

め、わが国においては保険期間1年の期間建契約は4回払いとするのが通常である。その場合の初回（第1回目）保険料および危険の変動（増加）に際して発生する割増保険料は、原則として危険開始前あるいは異動事由の発生前に支払われる必要がある[7]。

第2回目以降の回払保険料の取扱いは、「保険料に関する特別条項」に規定している。同特別条項では、支払期日の翌々月の応当日までに第2回以降の回払保険料が支払われなかった場合は、支払期日に遡って保険契約を解除することを保険会社に認めている[8]。なお、保険料が支払われる前に生じた保険事故については、普通保険約款20条2項により保険会社は保険金を支払う責めを負わないが、「保険料に関する特別条項」が貼付されている場合は、定められた期限（翌々月の応当日）までに保険料が支払われたときに限り、当該回払保険料の払込み以前に発生した保険事故についても保険金が支払われる。

(2) 保険料の返還　保険料の返還については、普通保険約款の21条から23条に規定しており、「保険契約の無効または取消」の場合（普通保険約款21条）、「保険契約の終了」の場合（同22条）、「解除」の場合（同23条）に保険料を返還する。返還保険料の計算方式は以下のとおりである。

①無効・取消の場合：既収保険料は返還しない。
②被保険船舶の全損時および保険会社が保険契約を解除した場合：未経過保険料を日割りで返還する。
③保険契約者が解除した場合：未経過期間に対する短期率により計算した返戻保険料を返還する。

[7) 戦争保険において除外水域航行の割増保険料が発生する場合には、当該船舶が除外水域から出るまで割増保険料の確定ができない。その場合は保険会社が請求を行った日から一定の日数（例：5営業日）を経過した日を保険料支払日とすることが実務上通例である（航路定限外航行に関する特別条項（戦争保険用））。
8) 保険料の不払いによる解除にあたっては、当該保険料の支払日に遡って解除する方式と、支払期限日に解除する方式がある。実務では、保険料が未入金の場合は保険金を支払わないことや、遡及して解除しない場合は保険料債権が残り未収保険料の回収の問題が生じることを踏まえ、遡及解除することが一般的である。なお、解除にあたっては、契約者とのトラブルを避けるため事前通知を行うことが原則であり、通知は解除該当日の通常2週間から1か月間前に書面ないしは口頭で行われる。また、Notice of Cancellation Clause 付きのAssignment を保険会社が承諾している場合は、Assignee（金融機関）への通知もあわせて行う必要がある。

一定の基準を満たす船舶については、「休航戻特別条項」を貼付のうえ、30日以上連続して休航した場合には保険料の一部返戻（休航戻し：Lay-Up Return）が認められている。具体的には、休航に先立って保険会社に事前通知を行うことを条件に、休航期間30日を1期として返戻保険料を計算し、当該船舶が全損とならなかった場合に保険期間満了後に返戻保険料を返還する。なお、休航戻しについては、わが国における取扱いとITC（イギリスの協会保険約款であるInstitute Time Clauses-Hulls）等の英文約款における取扱いでは一部異なる点があるので注意が必要である。

4　保険金の請求と支払い（保険給付の履行期）

保険金の請求と支払いについては、普通保険約款28条に詳細な規定を置き、保険金請求に際して保険会社が被保険者に提出を求める書類・証拠のほか、証拠の提出や保険会社の調査に対する被保険者の協力義務、時効（保険事故が発生してから3年）について定めている（普通保険約款28条1〜5項）。

また、保険法21条で「保険給付の履行期」が定められたことに伴い、普通保険約款でもその取扱いについて規定されている。具体的には、保険会社が保険金を支払うために確認すべき事項が提示されているほか、保険金の請求が適正に完了した時点から30日以内に保険金を支払うことが規定されている（普通保険約款28条6項）。また保険金の支払いが遅延した場合において保険会社が遅延の責任を負わないときとして、公的機関の調査や医療機関の診断等の事由を定め、それぞれにつき60日から180日の期限を別途設けている（同28条7項）。

Ⅲ　船舶保険約款（和文約款）

ここでは、わが国における船舶保険の引受けの大宗を占める和文約款について、その概要を解説する。船舶保険普通保険約款の制定や改定の経緯

9）　ITC（1/10/83）においては、休航状態につき修繕中（Under Repair）とそうでない場合（Not Under Repair）で返戻率が異なるが、わが国普通保険約款および特別約款においては返戻率に特段の差は設けていない。

に触れるとともに、実務的な観点で主な条項の内容を説明し、あわせて実際に引き受けられているさまざまな船舶保険の説明を兼ねて主な特別約款について紹介する。

1 わが国の船舶保険約款の歴史

(1) 船舶保険普通保険約款の制定と 1990 年の大改定　わが国における損害保険の引受けは、保険契約の一般的な内容を規定する普通保険約款に、個々の保険契約において保険会社と保険契約者との間で協定する特別約款を合わせて行われる。船舶保険普通保険約款は、商法における海上保険法規を援用・補完・変更するものであり、また保険契約の当事者が特にこれによらないことを表明しない限りは、契約当事者双方を拘束するものである。そのため、国内で使用する普通保険約款は統一性を有する標準的なものであることが望ましいとして、1898（明治31）年に、それまで各社で異なっていた普通保険約款の統一が図られた。

その後、経済の急速な発展と海運業の拡大により、船舶保険約款をさらに見直す必要性が生じたため、日本海上保険協会は、「わが国の事情に則する公平妥当」なもので「且つ及ぶ限り英国における取扱いに接近せしめん」ことを改定の基本方針として、普通保険約款の抜本的な改定作業に着手した。長年の検討を経た後、1933（昭和8）年6月1日付けでわが国としてはじめての船舶保険普通保険約款が制定される運びとなった。

その後、1965（昭和40）年に片仮名書き文語体から平仮名書き口語体に改められたものの、内容についてはほとんど変更が加えられなかった。しかし、わが国の海運業界が目覚しい発展を遂げたことに加えて、海外の主要な船舶保険マーケットの動向、特にイギリスの協会約款（Institute Time Clauses-Hulls；ITC）が 1983 年 10 月に全面改正されたことを直接の契機として、わが国の船舶保険マーケットにおいても同約款に十分比肩しうる船舶保険約款の制定が喫緊の課題として強く認識されるようになった。そこで船舶保険連盟において検討作業を進めた結果、「船舶保険第5種特別約款」をベースとして、機関事故や荒天遭遇等によって被った損傷の修繕費等、保険てん補の対象となる損害を大幅に拡大した「船舶保険第6種特別約款」が 1987（昭和62）年に制定された。しかしながら、その作業の

過程において、普通保険約款を全面改定し、現代的な内容とすることの必要性がいっそう明確になったことから、船舶保険連盟加盟の損保各社は1987年より検討作業に着手し、2年有余の改定作業を経て、1990（平成2）年4月1日付けで新普通保険約款を制定した。

(2) 損害保険自由化と船舶保険普通約款　1996（平成8）年、金融自由化（日本版金融ビッグバン）の流れを受けて保険業法が改正され、それに伴って船舶保険に関する独占禁止法の適用除外が廃止されることになった。その際2年間の移行期間が認められたが、船舶保険連盟に加盟する各社は1996年度末をもって共同行為を停止することを決定した。その結果、自由化以前は共同行為として、各社は船舶保険連盟で制定した普通保険約款を各社共通で使用していたが、独占禁止法の適用除外が認められなくなったことにより、各社独自の普通保険約款を作成し使用することが可能となった。

しかし、船舶保険は引受けの対象となるリスクの数が比較的少ないため大数の法則が働きにくく、また引受け1件あたりの保険金額が巨額なものも多い。そのため、元受保険会社にとっては、共同保険や再保険を通じたリスクの分散が不可欠となることから、各社が使用する普通保険約款はいうまでもなく、実際にてん補の範囲を定めている船舶保険第2種から第6種までの特別約款等の主要約款についても、てん補の対象とする損害や免責事由等は基本的に共通の内容とならざるを得ないのが実情である。[10]

(3) 保険法改正に伴う船舶保険普通保険約款の改定　1899（明治32）年、商法典に保険契約に関する規定が定められてから100余年ぶりに抜本的に改定された保険法が、2008（平成20）年6月に交付され、2010（平成22）年4月に施行された。保険法は、保険契約に関する民事基本法として位置づけられるものであり、同法により現代的な保険取引の規律が整備されたことを受けて、損害保険各社は2010年4月1日付けで普通保険約款および特別約款、特別条項の改定を行った。主な改定点は、告知義務や通知義務、重複保険、保険給付の履行期、責任保険にかかる先取特権、無効・取消・解除、および保険料の返還に関する規定であり、これらは改正

---

[10] 日本船舶再保険プールの再保険約款が事実上の標準約款であり、各社の普通保険約款および主要な特別約款の雛形となっている。

保険法の規定に沿った形で行われた。なお、船舶保険が保険金の支払いの対象とする損害の範囲（担保危険や免責事由）等についての変更はない。

　ちなみに、保険法では片面的強行規定が置かれており、保険契約者または被保険者に不利な特約は無効となるが、同法 36 条 1 項において海上保険契約はその適用除外とされている。

2　船舶保険普通保険約款の特徴

　(1)　海上危険とは何か　　普通保険約款においては、「海上危険」について特段の定義を設けず、「保険事故」と呼ぶにとどめている (1 条 1 項)。このため、その内容については社会通念により判断することになるが、わが国の商法では海上保険において保険者が負担する危険を指すものとして「航海ニ関スル事故」（商法 816 条）という用語が用いられている。「海上危険」とは、商法にいう「航海ニ関スル事故」と同一の包括的意義を有するものとして、航海事業に関連して発生する一切の事故を指すと考えられる。そのため、「海上危険」は、沈没、座礁、転覆、荒天遭遇等海固有の危険に限らないものと解され、航海に関連して生じたものであれば、爆発、落雷、盗難、船員の不法行為、共同海損の処分等も含まれる。また、戦争危険は、航海に関する事故として海上危険に包含されるほか、係船中・入渠中の危険についても海上危険とされている[12]。

　(2)　船舶保険における被保険利益　　船舶保険における被保険利益（＝保険契約の目的）としては、船舶についての所有者利益が代表的なもので

---

11) 「海上危険」の語を「保険事故」と置き換えている点について、「保険事故」という用語の一般的な意味である「法定免責や約定免責に該当せず、かつ特別約款でてん補の対象となる危険の範囲」とは異なるのではないかとの指摘がある。また、「海上危険」＝「保険事故」と定義したことにより、建造保険等陸上危険を主にカバーする保険については特別約款において陸上保険を含む形で「保険事故」を再定義する必要が出ている（谷川久「船舶保険における『保険事故』について」財団法人損害保険事業総合研究所『創立 60 周年記念保険論集』(1994)）。貨物海上保険約款においては、「保険事故」を「当会社が保険金を支払うべき事故」、「海難事故」を「海上危険に遭遇したこと」と定義していることからも、用語の定義については今後の検討が必要と考えられる。

12) 保険期間中に海難事故や定期検査・中間検査等のために入渠する場合、入渠中の危険を陸上危険と解するかという問題があるが、このような場合については広義の海上危険に含まれていると解するのが実務上の取扱いであり通説である。

あるが、費用や賠償責任、「得べかりし利益」のような経済上の関係も、それが被保険者に属している限りにおいて被保険利益となりうる（普通保険約款1条2項）。なお、保険証券上は保険の目的物と被保険利益が正確に区別されて記載されているわけではなく、船体保険であれば「船舶」「船舶・船費」、不稼働損失保険であれば「不稼働損失」、P＆I保険であれば「船主責任」といったように表示されることが一般的である。

　(3)　保険の目的物と被保険利益　　船舶保険における保険の目的物は通常「船舶」であるが、ここでいう船舶とは船舶法上登録を必要とされている船舶、あるいは海商法が適用される船舶に限らず、社会通念上船舶と考えられるものすべてを含むものと考えて差し支えない。

　「船舶」を保険の目的物とした場合に、船体とそれに備え付けられている機関が保険の目的となることは明らかであるが、普通保険約款2条では、それ以外のいかなる範囲のものが保険の目的物に含まれるかについて明確化が図られている。具体的には被保険者が所有するものに加え、賃借するものも含むこと、また、属具および備品、燃料、食料その他の消耗品等で船舶の使用目的に供するために船舶内に存在するすべての物件が保険の目的物に含まれる。なお、「舶用金」については、約款上明記されていないが、実務上は船舶の使用目的に供すると解されており、たとえば海賊行為により「舶用金」を強奪された場合には保険金の支払い対象とされている。

　端艇については、「本来の使用目的に供され」ていれば保険の目的物に含まれる。したがって、端艇自体については、単独航行しているときでも、たとえば乗組員を投錨地から陸地に運搬する場合や、被保険船舶の避難訓練に使用されている場合は保険の目的物に含まれる。

　(4)　全損　　全損については、普通保険約款3条で現実全損（actual total loss、絶対全損ともいう）の定義を規定するとともに、推定全損についての成立要件も定めている。なお、保険委付について普通保険約款は特に規定を置いていない。これは、商法で委付事由として掲げられている事実が発生しても、実務において保険者はほとんどの場合保険の目的物に付随する権利を取得することなく全損金を支払っていたため、保険委付の制度は有名無実化していたこと、さらに船舶に残存価値がある場合には、全損金支払いによる被保険船舶の所有権移転は残存物代位の制度に基づいて行う

と整理したことがその理由とされている。

　行方不明による全損については、近年の通信機器や捜索救難体制の整備等を考慮し、消息を絶ってから一律60日間その存否が不明であれば全損金の支払いを請求することができる推定全損と認定する旨が規定されている。なお、わが国の法律および約款とは異なり、1906年イギリス海上保険法（MIA）においては、行方不明は現実全損と推定する取扱いとなっている（MIA 58条）。

　(5)　修繕費　　普通保険約款4条では、修繕費について「被保険船舶が被った損傷をその損傷発生直前の状態に復旧するために要する妥当な費用」と定義したうえで、保険者がてん補すべき修繕費の内容と範囲を定めている。なお、「新旧交換差益控除」（new for old）について特に規定は設けていないが、ITC をはじめとする海外の主要約款（米国協会約款 American Institute Hull Clauses；AIHC、あるいは Norwegian Marine Insurance Plan；Plan）と同様、実務上差益控除は行わないこととしている。

　仮修繕費については、海外の主要約款と同様一定の条件のもとで修繕費としててん補する。仮修繕費を認容する条件は、本修繕に必要な材料または部品の調達に長期間を要するため本修繕が著しく遅延する場合や、仮修繕を行うことにより本修繕に要する修繕費が節約される場合となっている。なお、後者については、仮修繕により節約される修繕費が保険てん補の限度となる。

　保険工事と船主工事が併行して行われるときに共通費用を案分する場合は、利益均分主義の考え方に基づいてその割合が決められる。たとえば、上下架・入出渠費用は2分の1、滞架・滞渠費用は併行期間中に限りその2分の1を修繕費として保険でてん補する。ドック費用以外のもの（引火性液体類等を積載していたタンカーのカーゴタンクの掃除やガスフリー費用、プロペラ軸抜出し費用、機関の分解検査費用等）については特段の規定を設けていないが、実務慣行としてはドック費用の案分方法に準じて折半処理されている。

---

13)　なお、ITC では、明文の規定は置かれていないものの、海難工事主目的で将来実施を予定していた船主工事を繰上げて行う場合には、全額保険者負担とされており、わが国と取扱いが異なる。

保険事故によって生じた損傷の修繕工事のために被保険船舶が上架または入渠し、船底の防汚塗装が行われた場合には、別途特別条項で定められた金額を限度として、実際に要した船底防汚塗料（A/Fペイント）の塗装費用を修繕費の一部として認めている。この費用についても、保険工事と船主工事が並行して行われる場合は、ドック費用と同様にその2分の1が保険てん補される。なお、外航船舶の引受けに際しては通常「船底の清掃費および塗装費不担保特別条項」を貼付（適用）し、ITCと同様の取扱いとしている。船底の下地処理および塗装に関する費用については、保険事故による損傷の修繕が行われた部分以外はてん補しないことを原則としている。

　船底検査費用に関しては、ITCおよびAIHCが座礁後に限り船底検査費用をてん補することにしているのに対し、普通保険約款では他物との衝突事故後の船底検査費用もてん補の対象としている。なお、船底検査は堪航性の確認を目的とするため事故後直ちに行う必要があるが、費用が高額となることから、普通保険約款では保険会社が船底検査の必要性と妥当な実施方法を判断できるよう、保険会社の同意を得て行うことを求めている。

　(6)　共同海損分担額　　共同海損は、海上保険よりもはるかに古い起源を持っている。海上運送に関わる制度として、船舶保険および貨物保険はそのはじまりから共同海損制度と関連を保ちつつ発展してきたものであり、両者の間には密接な関係がある。

　普通保険約款5条は「共同海損分担額」、「共同海損行為によって被保険船舶に生じた損傷の修繕費」、「準拠法・準拠規則」等に関する規定である。運送契約においては、共同海損は1994年ヨーク・アントワープ規則（York-Antwerp Rules；YAR）に従って精算すると定めていることが多い。その場合は、その定めに沿って共同海損の精算を行うが、定めがない場合は普通保険約款5条1項に従い日本国の法令もしくは1994年ヨーク・アントワープ規則に従って作成された共同海損精算書によって被保険船舶が分担すべき額を保険でてん補する。

　5条2項は、空船航行の船舶について規定している。これは被保険船舶が定期用船されている場合は、積荷がなくとも定期用船者所有の燃料油を分担利益として共同海損が成立するので、この規定が適用されるのは定期

用船者がいない場合に限られる。

　なお、旧第5種特別約款では、被保険船舶の共同海損負担価額が保険価額を超過する場合、一部保険の原則を適用する規定を置いていたが、旧第6種特別約款はかかる規定を削除して全額てん補することにした。この考え方は、普通保険約款改定に合わせて改定された第5種および第6種特別約款にも引き継がれている。共同海損における一部保険の適用の有無については、ITCおよびAIHCには一部保険として減額てん補を行う旨の規定があるが、Planには減額を行わないことが明記されており、各約款でその取扱いが異なっている。

　(7)　衝突損害賠償金　　衝突損害賠償金とは、被保険船舶が他の船舶と物理的に衝突して、他船またはその積荷およびその他の財物に損害を与えたことにより被保険者が負った法律上の賠償責任のことをいう（普通保険約款6条1項）。なお、被保険船舶が曳航されているか、または他船を曳航している際に、被保険船舶以外の曳船または被曳船が他船と衝突した場合は衝突とはみなされない（同15条7号）。[14]

　他船の定義は、商法上または船舶法上の船舶に限らず、社会通念上通常船舶と考えられるものすべてを含むと考えられる。また、曳船と被曳船をつなぐ曳航索に衝突したような場合においても、実務上は曳船列を一体の船舶と考えて処理されている。

　わが国においては、衝突損害賠償金を保険でてん補するにあたって、被保険者による先履行は求めていない。この点、ITCでは文言上は「paid by the Assured」と規定されており先履行が要件となっている。[15]　なお、AIHCも同様に先履行を求めているが、Planでは先履行を求めていない。

---

[14]　被曳船が他船（他物）と衝突した場合には、不法行為責任の観点から過失の有無により賠償責任を負う者が決まるため、被曳船側に「上乗り」がおらず事実上の指揮命令が機能していない場合には、曳船側の不法行為責任を問われる可能性がある。
　　　曳航契約においては、通常被曳船側に責任を集中することが一般的であるが、国内で行われている港湾内や沿海での艀船・台船等の曳航については、契約の内容が口頭で行われることもあり、結果として曳船側が不法行為責任として賠償義務を負うことも想定される。そのため、わが国では曳船側が「曳航業者賠償責任保険」を付保することにより、かかる賠償責任の負担に対応している。
[15]　被保険者が他人に対して賠償金を支払ったこと（paid by the Assured to any other person or persons）をてん補の条件とするもの。

船主責任が制限される場合は、保険てん補の対象とする損害に対して、被保険船舶の責任限度額を上限として保険金を支払う（普通保険約款6条2項3号）。

(8) 損害防止費用　旧普通保険約款には損害防止費用に関する定義規定は置かれていなかったが、現行約款においては、7条1項で「24条1項に規定する損害防止義務を履行するために必要または有益な費用」と定義している。旧約款では救助費とされていた以下のa〜cの費用は損害防止費用としててん補し、第三者に対する請求権の行使・保全に必要な費用または有益な費用については7条1項2号に独立した規定を設けている。

 a. 損害の防止軽減に必要または有益な費用
 b. 船舶を救助し安全な場所まで回航または曳航するために必要な費用
 c. 救助者に対する報酬

なお、被保険船舶とその他の財物の損害がともに軽減される場合については、被保険船舶が分担すべき額を損害防止費用として保険金を支払うが、共同海損となるものは除かれる（普通保険約款7条2項）。また、損害の防止軽減に際して、被保険船舶が被った損傷の修繕費は、損害防止費用とは認められない[16]（同7条3項）。

(9) てん補すべき金額の限度　てん補限度額については、普通保険約款9条1項において、1回の保険事故ごとに保険金額がてん補限度額となることを定めており、同一保険期間中に複数の保険事故が発生した場合、それらに対するてん補金の合計額が保険金額を超過しても保険金が支払われる。また、9条2項では衝突損害賠償金、損害防止費用のように他の保険金とは別枠でてん補することを、9条3項では一部保険の場合は比例てん補の原則を適用することを規定している。

(10) 保険期間　船舶保険における保険期間の定め方は、大きく期間保険と航海保険に分類される。保険の始期および終期については、前者では特定の期日が、後者では発航港と到達港が保険証券上に表示される（普通保険約款10条1項および3項）。なお、期間保険について保険証券に特定の

---

[16] 実際にはこれらの費用は共同海損犠牲損害として保険てん補されることが多い。

時刻の記載がない限りは、開始日の正午に始まり終了日の正午に終わるものとされている。

(11) **免責事由** 免責事由は、普通保険約款 11 条から 15 条に定められている。まず 11 条は、戦争危険等の異常危険についての免責規定である。このなかで注意すべきは、海賊行為が戦争危険として列挙されている点で、これは ITC と大きく異なる部分である。しかし、この点については近年状況が大きく変化している。ロンドン・マーケットにおいては、2009 年後半から ITC には海賊を免責とする特別条項が貼付されるようになっており、海賊危険は戦争危険として取り扱われるようになっている。ITC における海賊の取扱いが変化したのは、当時から頻発したソマリア近海での海賊行為が最も大きな要因である。ソマリア近海の海賊は、従来のように船用金や船員の所持品の強奪を目的とせず、船員を人質にとって本船を抑留し多額の身代金を要求してくるため、船舶保険者の保険金支払いが急増し、海上保険証券では対象とすることのできない「異常な危険」と認識されたものと考えられる。

12 条は、保険契約者、被保険者の故意または重大な過失によって生じた損害を免責とする規定である。保険金受取人の故意または重大な過失について他の保険金受取人まで免責が及ぶのは酷であるとの考えから、免責が適用されるのは当該保険金受取人が受領すべき保険金の額に限っている。

13 条は船舶の瑕疵に関する免責事由を定めたもので、摩滅、腐食、さび、劣化その他の自然の消耗、被保険船舶に存在する欠陥（それが保険契約者または被保険者が相当の注意を払っても発見できなかった場合に限る）、および被保険船舶の不堪航によって生じた損害を免責としている。なお、不堪航については旧約款では「以後免責」としていたが、本約款では「原因免責」に改められている。たとえば、船舶職員の定員不足のような人的不堪航が認められても事故との間に因果関係がないと認められる場合には、当該人的不堪航を理由として免責（あるいは保険金の一部減額）とされることはない。

---

17) 身代金が支払われた場合には、本船および積荷の損害を軽減する目的として支出されたものとして共同海損費用として認容される場合がありうる。その場合、船舶保険および貨物保険によりてん補されることとなる。

⑿　危険の変動と通知義務　　普通保険約款14条は、契約締結時に前提としていた事情が変化し、保険期間中に危険の変動が生じた場合に対応するため、以後免責につき規定し、保険者は事由のいかんを問わず、危険の変動が生じた時以降に発生した損害についてはてん補責任を負わないことを規定している。ただし、14条1項から7項に規定する事実については、その事実が消滅した後に保険者が書面により承諾した場合は、その承諾以後に生じた損害についてはその限りでないという規定を置いて緩和している。以後免責は一見すると保険契約の失効と類似しているが、以後免責においては依然として契約は存続しており、保険者に保険料返還の義務は生じない。

　なお、保険法29条では、通知義務の対象（危険増加にかかる告知事項についてその内容に変更が生じたときは、保険契約者または被保険者が遅滞なく保険者に通知すること）について保険契約に規定することを求めている（片面的強行規定。ただし海上保険に対しては強行法規性は適用されない）。しかし、船舶保険においては保険契約者も保険に関して十分な知識を有する事業者であること、危険の変動要素をあらかじめ規定しておくことは実務上困難であること、また国際的にもかかる取扱いは例をみないため再保険取引に支障をきたすおそれがある等の理由から、危険の増加については自発的通知とする考え方に変更はない。

3　主な特別約款

　わが国の船舶保険の大半を占める普通期間保険（および係船、航海保険等）の引受けに際して使用されている船舶保険第2種、第5種、第6種特別約款と、戦争保険、不稼働損失保険、および建造保険の引受けに際して使用される特別約款について、以下簡単に触れておく。

　⑴　第2種特別約款（＋衝突損害賠償金担保）　　全損および損害防止費用のみをてん補の対象とする場合に用いる約款である。修繕費を担保しないため、検査（定期検査および中間検査）の対象とならない、艀船や作業船等非自航式の船舶の引受けに際して使用されることが多い。なお、自航船の引受けに用いられる場合には、衝突損害賠償金担保特別条項を追加して引き受けるのが普通である。

(2) 第5種特別約款　1990（平成2）年に第6種特別約款が制定されるまでは、自航式船舶については本特別約款による引受けが最も一般的であった。本約款は「全損」、「損害防止費用」、「修繕費」、「共同海損」および「衝突損害賠償金」をてん補の対象としているが、「修繕費」についてはSSBC事故、すなわち沈没、座礁、座州、爆発、衝突等の重大海難事故による損傷をてん補の対象としている。主機・補機の事故や潜在瑕疵による事故については、必要に応じて追加担保形式で損害をてん補する方式をとっていたが、第6種特別約款の制定に伴いてん補範囲が重複するため、第5種特別約款に修繕費追加担保特別条項を貼付して引き受けることの意義は事実上なくなっている。

(3) 第6種特別約款　普通保険約款の制定に先立ち、1984（昭和59）年のITC大改定に触発された形で1987（昭和62）年に制定されたのが第6種特別約款である。第5種特別約款との最大の相違は、修繕費について保険でカバーする事故の種類を大きく拡大していることで、従来の第5種特別約款に付帯して使用されていた修繕費の追加担保に関する特別条項を取り込んだ内容となっている。なお、修繕費以外についても、第6種特別約款で取り入れられた考え方の多くが、1990年の普通保険約款の改定に際して採用されている。

第6種特別約款は、主に機関故障についてカバーする必要性の高い外航船および総トン数100トン以上の内航船を主な対象としているが、船舶の管理状況が保険成績に大きく影響することから、定期（中間）検査の対象となっていない作業船等については、通常引受けの対象としてない。

なお、外航船の引受けにあたって英文証券を発行する必要性がある場合には、普通保険約款＋第6種特別約款とほぼ同様のてん補範囲となるようITCを修正した「ITC-Amended 6種」（ITC-Hulls（Amended for Japanese Clauses Class No.6））を使用するのが普通であるが、保険契約者の求めにより、ITCの裁判管轄や準拠法等一部のみを修正したものを用いることもある。

(4) 戦争保険特別約款　通常の海上危険と異なり、危険の予測が著しく困難な戦争危険を担保危険とするのが戦争保険特別約款である。戦争危険は「大数の法則」になじまず、また人為的かつ突発的に発生するもので

あるため危険の判定が著しく困難であることから、海上保険証券では免責としたうえで、別途戦争保険証券で引き受けることとしている。この点は、一証券で海上危険と戦争危険を引き受ける貨物海上保険とは大きく異なる。

戦争保険の特徴として、まず航路定限が平時の状態である「一般世界水域」と緊迫した状態にある「除外水域」に分かれており、後者に航行する場合は、別途定められる航海建ての割増保険料を支払うことが挙げられる。また、戦争保険では保険者に事前の書面通知による保険契約解除権[18]を与えているほか、大国間の戦争や核兵器の使用に際しては自動終了すると規定されている。

なお、普通期間保険をITCで引き受ける場合は、戦争保険はInstitute War and Strike Clauses Hulls-Time（IWSC）で引受けを行うのが普通である。[19]

（5）不稼働損失保険特別約款　不稼働損失保険は、一定の海難事故により船舶が稼動不能状態になった場合に、船舶所有者や裸用船者が被る経済的損失をてん補する保険である。ここでいう損失については、定期用船料や運賃のように収入ベースで捉える考え方と、本船の不稼動にもかかわらず支出を余儀なくされる費用（船舶経常費）のように支出ベースで捉える考え方がある。実務的には、定期用船の場合は定期用船料を、それ以外の場合は船舶経常費を保険価額として保険を引き受けるのが普通である。

不稼働損失保険では、稼働不能の状態をどういう基準で捉えるかという点が常に問題となる。本特別約款は、客観的な要素だけで決まるわけではない「Off-hire（オフ・ハイアー）」のような経済的な基準ではなく、収入の途絶を招来するような本船の損害が発生したために、その後の航海を放棄して修繕地に向かうような状態を不稼働と捉えることに大きな特徴がある。言い換えると、同約款は海難事故発生後の離路および修繕[20]によって

---

18)　通常は、除外水域の追加の際に行使されることが多い。その場合、実務的には、保険契約者の異議がない場合は、そのまま除外水域を追加した状態で保険契約を継続するという対応をとっていることが多い。

19)　普通期間保険をITC Amendedで引き受けている場合には、戦争保険はIWSC-Hulls Amendedを用いる。

20)　原則として海難事故発生後直ちに修繕地に向かうことが原則であるが、仕向地が最寄りの安全港である場合は、仕向地を経由して修繕地に向かうことが認められている。また、修繕を後日の検査や船主工事と併行して行うために繰り延べる場合も、てん補を受けるためには、

生じる「Loss of Time」をてん補しようというものであり、用船料収入の喪失すなわち「Loss of Charter Hire」をてん補の対象とする不稼働損失保険[21]とは、その点で大きく異なる。

なお、近年、船体の物理的損傷を原因としないオフ・ハイアーが増加していることを背景として、わが国ではその場合に生じた損失をてん補の対象とする保険も開発されている。具体的には、密航者の存在が疑われ船舶が抑留された場合、乗組員が死傷したことにより定員不足が生じて航行を継続できない場合、本船の乗組員が伝染病に感染し、本船消毒のため当局から出向を差し止められた場合など、オフ・ハイアーとなる事例を列挙して、定期用船料の途絶による損害をてん補する内容となっている。

(6) 船舶建造保険特別約款　建造保険は、保険の目的物である建造中の船舶（その資材を含む）の物的損害および造船所が建造に伴って負う賠償責任（他船との衝突による損害賠償責任およびその他の第三者賠償責任（P＆Ｉリスク[22]））をてん補の対象とする保険である。

船舶建造保険特別約款は、基本的にオール・リスクス担保の約款であり、沈没、転覆、座礁、座州、火災、衝突などの海上危険、または火災、洪水、その他の陸上危険により生じた損害をてん補する。また、保険の目的に所在する材質上の欠陥や、設計上、使用上の欠陥により生じた損害もてん補の対象とする（欠陥の存在する部分の損害は除く）。なお、建造保険に特徴的なものとして、進水の失敗により船台が損傷した場合の再進水に必要な工事費用もてん補する。

普通保険約款により免責事由となっている戦争危険、ストライキ危険、原子力危険等を原因として生じた損害はてん補の対象から除かれる。ただし、戦争危険、ストライキ危険は、割増保険料を支払うことにより特約担保が可能である。なお、戦争保険の対象は、海上に浮かんでいるもののみ

　　割増保険料を支払い、特約担保することが必要となる。
21)　代表的な不稼働損失保険の英文約款である Loss of Charter Hire Insurance（ABS 1/10/83 Wording）は、その名のとおり「Loss of Charter Hire」をてん補するものである。
22)　船舶建造保険特別約款（2010（平成22）年4月1日改正）では、衝突損害賠償金については担保しているが、船主責任（P＆Ｉリスク）は担保していない。船主責任のカバーを望む場合は、IBC（Institute Clauses for Builders' Risks（1/6/88））条件を選択するか、船舶建造者責任保険特別約款によって特約担保することになる。

とする世界的な共通ルールに基づき、進水時以降かつ被保険船舶および建造中の被保険船舶上にある造船材料等に限って保険の目的物となる。

そのほかに免責とされるのは、保険の目的物に存在する材質上の欠陥部分や設計上または仕様上の不良によって生じた保険の目的物の欠陥部分そのものの損害のほか、設計または仕様の変更もしくは改善に要した費用、溶接不良のみが発見された場合の再溶接費用、地震または火山の噴火によって生じた損害となっている[24]（地震・噴火危険については割増保険料を支払うことにより特約担保が可能）。

(7) **船主責任保険特別約款** 本特別約款は、小型船や非自航式作業船等、P&Iクラブが通常引受けを行わない船舶の船主責任を船体保険の追加担保として引き受ける場合に使用する。基本的には日本船主責任相互保険組合（Japan P & I Club；JPI）が内航船用に提供しているP&I保険のてん補範囲に準じた内容となっている[25]。主な相違点として、JPIでは乗組員（被保険者の使用人および下請負人）の死傷または疾病に対する賠償責任のうち労働協約に基づく補償金（法定外補償）については、割増保険料を支払えば特約担保できるが、本特別約款には法定外補償を担保する条項は設けておらず、特約担保も通常行っていない。他方、P&Iクラブと異なり作業船の引受けを前提としているため、本特別約款では作業中に生じた事故に対する賠償責任を不担保としていない[26]。

なお、保険会社によってはJPIとほぼ同等の内容の専用約款を使用して、内航タンカーや貨物船等のP&I保険を引き受けている場合もある。

---

23) Waterborne Agreement：陸上の戦争危険は不担保とするという海上保険業界の伝統的な申し合わせであり、建造保険もその例外ではない。
24) 船舶建造保険特別約款3条。
25) 作業船等には船員に加えて作業員が搭乗していることが多いが、法定外補償をてん補するために必要な保険料は船舶乗組員の定員数をもとに算出することになるため、技術的に引受けが困難であり、ノンマリン種目である労働災害総合保険（EL保険）で引き受けるのが一般的である。
26) 本特別約款では、被保険船舶の運航、使用または管理により、被保険者が負う法律上の賠償責任をてん補するが、特に作業中あるいは作業区域内で生じた事故について免責とする規定は置いていない点がJPIとの相違点である。ただし、被保険船舶が管理もしくは作業の対象としている財物に与えた損害や救助契約に基づく救助作業については、保険会社、JPIいずれも免責としている（割増保険料を支払うことにより担保する）。

Ⅳ　英文船舶保険約款

　イギリスの船舶保険約款であるITCは　世界で最も広く利用されている約款である。主要な船舶保険マーケットで使用されている英文約款としては、ほかにノルウェーを中心に利用されているPlanやアメリカで使用されているAIHCがあるが、本節では、主にITCについてわが国の約款との主な相違点を中心に論ずることとする。

　本邦では、外航船舶の普通期間保険については、船舶普通保険約款に第6種特別約款を添付して引き受けることが一般的であるが、金融機関や船舶管理会社、定期用船者等との関係から英文約款での引受けを求められることがある。その場合には、準拠法や裁判管轄等につき必要な修正[27]を行ったうえでITCによる引受けを行うこともあるが、一般的にはてん補範囲を極力和文約款に近づけた修正約款（ITC Amended）による引受けが行われている。

1　イギリスの船舶保険約款の歴史

　(1)　ロイズ S. G. フォームと ITC-Hulls　　イギリスの協会約款は、今日海上保険取引において最も広く利用されている約款である。海上保険約款の歴史は、イタリアから移住してきたロンバード人により海上保険が始められた13世紀頃に遡るといわれている。その後海上保険の取引は王立取引所（Royal Exchange）で行われるようになり、18世紀前半にはロイズ・コーヒーハウスがその中心となったことは、すでに本書の第2章でも詳しく触れられているとおりである。

　当初、海上保険約款は船舶と貨物とで別々の内容のものが使用されていたが、18世紀前半頃から共通の様式が使用されるようになり、1779年にロイズがこれを統一様式として用いることとした。これがいわゆる「ロイズ S. G. フォーム」であり、S. G. とは「Ship and Goods」の頭文字である

---

[27]　裁判管轄については和文約款と同様保険会社の本店所在地の裁判所とするのが通常である。また、準拠法については保険契約に関する事柄については日本法、保険金の請求に関してはイギリス法および慣習に従う旨に修正している。

ともいわれている。[28] S. G. フォームは古めかしくかつ難解な用語を用いていたため、次第にこれのみでは時代の要請に応えられないこととなり、これを補うために1881年にロンドン保険業者協会（Institute of London Underwriters）により制定されたのが、「Institute Time Clauses-Hulls」略してITC-Hullsである。

(2) UNCTADによる国際標準約款制定とITC-Hulls（1/10/83）

　　1968年に開催された国連貿易開発会議（UNCTAD）において、開発途上国により現行の国際海運立法の大部分は開発途上国の利益が考慮されていなかった時代の産物であり、国際海運法の立法権限をUNCTADの所管にすべしとの決議がなされた。そのため、UNCTADの海運委員会は決議を踏まえ、国際海運立法作業部会を設置し、検討を開始した。

　　同作業部会は、1978年11月20日付けで「海上保険契約に関する法律上および書類上の問題点」と題するレポートを発表し、このなかで海上保険に関する法律および保険証券、約款の統一を確立するための方法につき提案した。さらに、作業部会は保険者、利用者双方の代表を含む専門家レベルの審議の結果、標準保険約款については法的拘束力のない標準保険約款を作成することを決議し、その作業に取りかかった。

　　その論議の過程においては、危険負担の方式をめぐりイギリスの列挙責任主義と、ノルウェーや日本の包括責任主義のいずれを採用するかが基本的な問題となり、UNCTAD事務局は包括責任主義の採用を示唆した。しかし、結局は世界中で広く用いられているイギリス約款の影響力は無視できず、両主義に基づいて作成された2種類の担保危険約款を並存させることとなり、最終的に1984年に成案をみた。

　　一方、イギリスは上記の保険約款に関する世界的な動向に呼応し、かつそれを先取する形で、1982年1月1日に「ロンドン保険業者協会貨物保険約款」（ICC）を、続いて1983年10月1日付けで新たな「協会期間建船舶保険約款」（ITC-Hulls 1/10/83）を発表した。その最大の変更点は、ロイズS. G. フォームの廃止と「MARフォーム」の導入であった。[29]

---

28) S. G. の意味については、他にもいろいろな説がある。本書第2章注104）参照。
29) さらに本書第2章Ⅶ参照。

2 New ITC（ITC Hulls 1/11/95）導入の動きとその結末

(1) 検討の経緯と背景　1995年、ロンドンのJoint Hull Committee（JHC）は「ITC-Hulls 1/11/95」（以下、1995年ITC）を採択した。本約款は1992年に設置された作業部会によって作成されたものであるが、その背景には、当時のロンドン・マーケットにおいて船舶保険の収益性が急激に悪化したため、約款面からもそれに対応できないかを検討しようということがあったといわれている。

収益悪化は主に1988年に端を発し、1991年にピークを迎えた大型のバルクキャリア（bulk carrier）、特にケープサイズバルカー（cape size-bulker）の全損事故（沈没事故）の増加と、1990年から1993年にかけて多発した機関損傷事故によるものといわれている。その原因は、船舶管理の外注化に代表される一部船主の安全性を無視したコスト削減や常習的な管理不良にあるというのが、当時の一般的な認識であった。

(2) 1995年ITCの特徴　(a) 法令・条約の発展への対応　1995年ITCは、国際海事法の発展に対応するため、1989年海難救助条約（1996年発効）とYAR1994[30]（ヨーク・アントワープ規則）の基本的な思想を取り込んでいる。1989年海難救助条約への対応として、「環境損害を防止軽減するための技能および努力」を船貨の救助に成功した場合には「救助報酬（salvage remuneration）」として認め、救助に成功しなかった場合でも、伝統的な「no cure-no pay」の原則を修正し、救助者の実費を「特別補償」としててん補することにした。一方、YAR1994への対応としては、1989年海難救助条約で環境損害に関する規定が取り入れられたことに合わせて、一定の環境損害防止軽減費用を共同海損として認容しているが、ITC（1/11/95）はそれを受け容れることはせず、割増保険料の徴収をもって追加担保することにしている。

なお1995年ITCでは、当時大きな話題となっていたISM Code（国際安全管理コード、1998年7月発効）に違反した場合の保険者のてん補責任の有無については、MIA 41条の「Legality」（適法性）の問題と位置づけ、その取扱いについて明確な見解は提示されていない。ISM Codeが条約と

---

[30] YAR 1994については、後述第14章参照。

して強制力をもったのは1998年であり、またその遵守が海上保険における堪航性の問題に与える影響については、いまだ証明されておらず、1995年ITCがその思想を積極的に取り込むことができなかったことは、ある意味仕方のないことであろう。なお、ISM Codeの遵守を明示担保（expressed warranty）とする規定を設けて、保険者としての意思を明らかにすべきであるという指摘もあり、改定を検討する際に留意すべき点である。

　(b) 船舶運航・管理に関連した改定　1995年ITCでは、「Classification Clause」（船級条項）を部分的に修正して取り込み、4条1項および2項において、危険開始のときに保険者が同意した船級を有し保険期間中にこれを維持すること、また船級協会が行った堪航能力に関する勧告、要求、制限を指定の日までに充足することを要求している。船舶の堪航能力の内容を決定するさまざまな基準のなかで、船級の維持を最も重要なものと考えて「warranty」として位置づけたものである。原則としてwarrantyに違反した時以降は、被保険者の故意・過失は要件とされず、また違反と損害との因果関係を問うことなく保険者はてん補責任を免れることになるため、保険契約者（被保険者）にとっては厳しい条件である。

　ちなみに、MIA 39条は「航海保険については、航海開始の時に船舶が保険に付けられた特定の航海事業遂行のために堪航でなければならない」として、堪航性の保持を「黙示担保」（implied warranty）とする一方で、期間保険についてはその5項で黙示の堪航能力保持義務はないという寛大な規定を置いていることから、4条1項および2項はこれを修正するものであるととらえられている。

　(c) 機関故障の増加に関連した改定　1980年代後半からの船舶保険における急激な損害率悪化の原因は、主に1988年に端を発し1991年にピークを迎えたバルクキャリア、特にケープサイズバルカーの全損事故の増加と、1990年から1993年にかけて多発した機関損傷事故であることはすでに述べたとおりである。

　1995年ITC 6条では、潜在瑕疵や乗組員の過失等による損害について、「相当の注意義務」（due diligence）の人的範囲を修正し、従来の「被保険者、船舶所有者、船舶管理者」に加えて「または監督もしくはそれらの陸上において管理にあたる者」を追加している。この修正は、劣悪な船舶の保守

管理から生じている「機関故障」(Machinery Damage) を大幅に減少させることを企図したものといわれている。しかしながら、本条項については次のような問題点を指摘する関係者も多かった。すなわち、保険の効用に照らして保険者がその適用を制限的に解釈してきた「due diligence」の運用の歴史、すなわち、「被保険者、船舶所有者、船舶管理者自身の注意義務の懈怠とは、それらが法人の場合においては、使用人の注意義務違反ではなくその者の行為が法人の行為と同一視される者（通常取締役以上）の注意義務違反であるという考え方」に反しているといったものや、「監督もしくはそれらの陸上において管理にあたる者という包括的な規定は保険者がそれを濫用した場合、てん補範囲が著しく狭くなるおそれがある」といったものがその代表である。

上記のとおり、種々の問題点が指摘された1995年ITCであったが、結果的には実際の保険引受けに使用されることはほとんどなかった。その理由は種々考えられるが、制定された当時はすでに世界の船舶保険は収益性が回復し、船舶保険マーケットでは再び保険料率の水準が低下してきていたことから、保険契約者（被保険者）にとって不利となるような約款を契約者あるいは保険ブローカーが受け容れなかったこと、また、使い慣れたITC（1/10/83）を1995年ITCに切替える動機が乏しかったこと等がその背景にあったものと思われる。

3　船舶保険普通保険約款とITC（1/10/83）の主要な相違

(1) 準拠法と裁判管轄　　普通保険約款34条においては、裁判管轄を保険会社の本店所在地を管轄する裁判所と規定し、35条で準拠法を日本法と定めている。一方、英文約款（ITC）においては、裁判管轄についてはMARフォームのなかで、また準拠法についてはITCの本文冒頭で以下のとおり規定している。

- MARフォーム

    This Insurance is subject to English jurisdiction.
- ITCの本文冒頭

    This Insurance is subject to English law and practice.

イギリス以外の国の裁判管轄で契約が締結される場合には、契約締結地

での裁判管轄を規定する海上保険証券フォームに添付して使用されることを想定したため、裁判管轄と準拠法を MAR フォームと ITC 本文に分けて規定する形式となっている。わが国で ITC および ITC Amended を使用するにあたっては、ITC の本文冒頭の準拠法の規定を削除（delete）したうえで、管轄権条項（Law and Jurisdiction Clause）を貼付し、裁判管轄は普通保険約款と同様の扱いとしている。また、準拠法については、契約に関する事柄は日本法、保険金の支払いに関する事柄はイギリスの法律およびその慣習とすることを明確にしている。

(2) 担保危険と免責危険　普通保険約款と第 6 種特別約款の組合せと ITC では、担保危険が包括責任主義に基づくか列挙危険責任主義に基づくかといった違いはあるものの、実質的にはほぼ同様の保険カバーとなっている。ただし、ITC 6 条（6.1.5）では「piracy」（海賊）危険を担保することを明記しているが、和文約款においては「海賊」は戦争危険として免責とされていることは明らかな相違点である。しかし、ITC では、「Paramount Clause」（至上約款）である 23 条 War Exclusion の 2 項で「capture、seizure、arrest、restraint or detainment」（捕獲、だ捕、拘束、抑止または抑留）を、また 24 条 Strikes Exclusion の 1 項で「riot」（騒じょう）を免責しているため、海賊によってもたらされた物理的な損害の大半は、海上保険証券ではてん補されないと判断される可能性が大きく、結果的には ITC と和文約款における実質的な差はないとする考え方もある。

「piracy」の実態はさまざまであり、船員の所持品や船用金等を対象とする単なる物盗りと大差ないものから、本船の占有を事実上奪ったうえ、場合によっては奪取を図るといった従来の「piracy」の概念から逸脱するものまで含まれる。「piracy」を海上保険証券と戦争保険証券のいずれかで担保すべきかという問題については、1983 年の ITC 改定に際しても論議された点であるが、保険引受けの実務としては「いずれが適正なアンダーライティングを可能にするか」といった観点からも検討すべき問題である。2009 年以降問題となったソマリア近海（アデン湾）のように、特定の海域で「piracy」が発生する可能性がきわめて高く、かつ本船の全損（推定全損）も含めて巨額の損害が発生するおそれがある場合には、当該水域を航海する都度、戦争保険と同様に妥当な水準の割増保険料を徴すること

は合理的である。実際、ロンドン・マーケットでは、2010年以降特別条項を貼布して「piracy」をITC-Hullsの担保危険から除外し、一方協会戦争保険約款（Institute War and Strikes Clauses Hulls-Time；IWSC）では、「piracy」を追加して引き受けることが一般的となっている。[31]

（3） 3/4衝突条項と4/4衝突条項　和文約款およびITC以外の主要約款（PlanおよびAIHC）では、衝突損害賠償金を100％てん補することになっている。したがって、衝突事件に関しては船舶保険者が中心となって処理しているが、ITCにおいては衝突損害賠償金の4分の3をてん補するとしており、また事故処理についても4分の1を負担するP＆Ｉクラブが行うことが一般的である。そのため、3/4衝突条項の場合は、P＆Ｉクラブが保証状（Letter of Guarantee）を出す際に船体保険者が裏保証状（Counter Guarantee）をP＆Ｉクラブに差し入れている。

（4） 未修繕損害　ITCでは、保険期間満了時に未修繕であれば未修繕損害の請求が認められている。したがって、未修繕のまま売却（海外売船）または解撤された場合のみ請求を認めている和文約款とは取扱いが異なっている。なお、損傷修繕前に被保険船舶が全損となった場合、未修繕損害をてん補しない点は、和文約款、ITC、AIHC、Planのいずれも同様の規定となっている。

4　普通期間保険以外の船舶保険の英文約款

（1） 建造保険に使用される主な英文約款　船舶建造保険はわが国の船舶建造保険特別約款（以下、和文建造約款）による引受けが一般的であるが、発注者が外国船社の場合や船主責任をカバーしたいような場合を中心に、イギリス協会建造約款（Institute Clauses for Builders' Risks；IBC）あるいはアメリカ海上保険業者協会（American Institute Builders' Risks Clauses；AIBC）による保険引受けが行われることがある。和文建造約款とIBCとの代表的な相違点は以下のとおりである。

---

31) ITCの担保危険から海賊を除外する場合には、「Violent Theft, Piracy and Barratry Exclusion-for use with The Institute Time Clauses Hulls 1/10/83」を貼付し、その場合IWSCには「Violent Theft, Piracy and Barratry Exclusion-for use with The Institute War 6 Strikes Clauses Hulls 1/10/83」を貼付している。

(a) 保険価額　　保険価額は和文、IBC いずれも造船契約代金（発注者支給品がある場合はそれを含む）となるが、後者（AIBC も同様）においては、造船契約代金に一定の割合（通常は125％）を乗じたものを暫定保険価額とし、造船契約代価が変動した場合には、後日確定した金額をもって保険価額とすることになっている。この規定は「Full Value Clause」と呼ばれ、被保険船舶の建造費用、特に材料費の変動を考慮し、必要に応じて十分なてん補が得られるよう考慮されたものである。

(b) てん補の範囲　　船舶建造保険はいわゆるオール・リスクス担保約款であり、保険の目的物に存在する瑕疵（潜在瑕疵）によって生じた損害は、偶然の事故によるものとしててん補される。IBC においては、欠陥の存在する部分自体の修繕費もてん補し、さらに損害が発生しておらず単に発見されただけの瑕疵についても、それ自体の修繕費についててん補する。和文建造約款では瑕疵の存在する部分それ自体は偶然の事故によるものではないと考えるため、その部分の修繕費はてん補しない（AIBC も同様）。

また、和文約款においては賠償責任（いわゆる P ＆ I リスク）をてん補の対象としていないが、IBC および AIBC はそれをてん補の対象としている。

(c) 推定全損の取扱い　　建造工事がある程度進捗した際に大きな事故が発生すると、本船の建造をそのまま続行するか、あるいは建造契約を取り消して建造を中止するかといった問題が生じる。IBC では修復費用が保険価額を上回る場合のみに推定全損となるので、通常は引渡し直前にしか全損は起きないため、修繕して建造を続けるほかないが、和文および AIBC では、修復費用が事故発生までに支出した造船材料費、工事費用、発注者支給品等の総額を上回る場合は推定全損として処理できるため、建造を中止しても保険てん補を受けることができる。

(2) 戦争保険に使用される主な英文約款　　戦争保険は、沿革的にみると海上危険の１つとして、通常の海上保険証券によって担保されており、ナポレオン戦争以前は標準保険証券から戦争保険を除外することはきわめて稀であった。しかし、近代兵器の登場により戦争の規模が格段に拡大し、また広範囲に及ぶものとなったこと、また戦争危険度の予測を通常の海上

保険の契約締結時に予測することがきわめて困難となったことから、1889年にロンドン保険業者協会が捕獲拿捕不担保条項（Free of Capture and Seizure Clause；FC & S Clause）を作成し、海上保険証券に挿入するようになった。その結果、同条項で免責とされた戦争その他類似の危険を別証券で担保することが必要となり、船舶戦争保険が生まれた。さらに、1890年代に入ると世界各地で発生した労働争議を契機として、労働争議に起因する損害についても海上保険証券で免責とされた結果、ストライキ危険（strike risks）についても戦争保険で担保されることになった。

　現在広く使用されているのは、イギリスの協会約款である IWSC 保険である。IWSC の 1.1 から 1.5 に列挙している危険（perils）は、ITC の至上条項（Paramount Clause）である 23 条および 24 条により免責事由として除外されているものである。なお、2010 年以降は ITC の担保危険から海賊（piracy）を除き IWSC で担保するようになったことはすでに述べたとおりである。

　(3)　不稼働損失保険に用いられる主な英文約款　　不稼働損失保険については、期間保険における ITC のような標準約款と呼べるものはない。したがって、Loss of Charter Hire Insurance（ABS 1/10/83 Wording；ABS）等ブローカーにより作成された約款が用いられている。

　ABS は、ITC によりてん補される損害が原因で生じた用船契約上のオフ・ハイアー期間を基準として、失われた収入を保険でてん補する[32]。一方、本邦の不稼働損失保険特別約款の特徴は、用船契約上のオフ・ハイアーの

---

32)　本邦の不稼働損失保険が「Loss of Time」をてん補の対象とするのに対し、海外では「Loss of Charter Hire」をてん補の対象としており、ABS Wording（Including War）では以下のとおりの規定となっている。
1. If in consequence of any of the following events：
(a) loss, damage or occurrence covered by Institute Time Clauses-Hulls (1/10/83) and also loss damage or occurrence covered by Institute War and Strikes Clauses-Hulls (1/10/83)
(b) breakdown of machinery, including electrical machinery or boilers, provided that such breakdown has not resulted from wear and tear or want of due diligence by the Assured, occurring during the period of this insurance the Vessel is prevented from earning hire for a period in excess of (as in Schedule days) in respect of any accident, then this insurance shall pay as in Schedule of the sum hereby insured for 24 hours after the extension of the said days during which the Vessel is so prevented from earning hire for not exceeding a further as in Schedule days in respect of any one accident or occurrence……．なお、船体保険の約款が AIHC、Norwegian Plan の場合は、ITC に代えて、それらの約款名が記載される。

期間や運賃収入途絶の有無という事実関係には依存せずに、事故発生後の不稼動状態を判定する客観的基準に沿ってん補する損害額を算出する。ABSでは、本来の航路からの離路や修繕工事がなくとも保険金が支払われる場合があるため、てん補の対象となる不稼動期間は時として本邦の不稼働損失特別約款と時として異なることがある[33]。

---

33) 用船契約上のオフ・ハイアー期間を基準にして保険金を支払う場合、海運市況によりオフ・ハイアー期間が異なるという問題が生じることがある。すなわち、海運市況が好況時にはオフ・ハイアー期間が短くなる傾向があり、逆に不況時には長くなる傾向がある。一方、わが国のように客観的な基準により算出された「稼働不能期間」(Loss of Time)を補償する場合はそういった問題は生じないが、実際のオフ・ハイアー期間と保険てん補される期間が異なることが生じる。

第13章

P & I 保険

I 総説——意義

　衝突条項付きの船舶保険証券によっててん補されない責任損害および費用損害をてん補する保険を protection & indemnity insurance（通常は頭文字をとってP＆I保険という）と呼ぶ。

　船舶の運航に伴って生じる損害のうち、船舶保険によりてん補されない主な損害は責任損害と費用損害である。船舶保険は直接損害てん補の原則に基づき、主として所有者利益に関する損害をてん補し、例外として損害防止費用、損害調査費用、共同海損分担額および衝突損害賠償金をてん補する。これに対し、P＆I保険はこの例外部分をてん補することを主目的とする保険で、わが国においては船主責任保険と呼ばれることもある。

II P＆I保険の沿革

1 イギリスの場合

　P＆I保険はイギリスで生成された。他の海上保険に比べて大変遅く、1855年のことである。Robert Fultonが1807年に汽船の実用化に成功し、帆船時代から汽船時代へと移行する19世紀中頃はイギリスおよびヨーロッパから新大陸へ移住する人たちが喧噪を極めた時期であった。[1] この時期

---

1) Advanced Study Group No.109 of the Insurance Institute of London, *The History and Development of Protecting and Indemnity Clubs*, London 1957, p. 2.

は、イギリスにおける産業革命の末期にあたる。

イギリスでは、1720年から1824年にかけて泡沫法（Bubble Act 1720）の影響で The Royal Exchange Assurance Corporation および The London Assurance Corporation の2つの特許会社と Lloyd's 保険者（以下、ロイズ保険者という）のような個人保険者しか海上保険の引受けができなかった。これらの保険者がロンドンに集中していたため、ロンドン港以外の港を根拠地とする船主たちは海上保険を付すことが困難であったのと、これらの保険者が高額の保険料を課したため、船主たちは違法であり罰則があることを知りながら、非営利で相互組織の相互船体保険組合（Shipowners' Mutual Hull Underwriting Association. 以下、Hull クラブとする）を設立したといわれる。これらの Hull クラブは非営利主義であったため、特許会社やロイズ保険者に較べて保険料も安く、かつ、船主たちが自分たちの便宜のために設立したのであるから、船主たちにとって必要な危険の保護に熱心なのは当然のことであった。その証拠として海上における衝突事故が問題になり始めた19世紀初頭には、特許会社やロイズ保険者がまだ使用していなかった衝突条項（Running Down Clause）を作成し、これを使用していたことを挙げることができる。当時20以上の Hull クラブがイングランド各地に存在したという。

1824年海上保険法（Marine Insurance Act 1824）が施行されて特許会社およびロイズ保険者のような個人保険者の海上保険引受けに関する独占が廃止されると、海上保険業の有望さに目覚めた多くの海上保険者が市場に参入し、競争が激化したが、そのなかに衝突条項を使用する者もあった。

その結果、優良なリスクの船主は Hull クラブよりも一般市場のほうがよい条件で保険を付すことができることを知って抜けていき、クラブには古くリスクの多い船舶のみが残ることとなり、徐々に数を減らしていった。

2） Advanced Study Group No. 109, *supra* note 1, pp. 2-3；葛城照三監訳『英国海上保険約款の変遷』（損害保険事業研究所・1968）4-5頁。

3） Lay, H. G., *Marine Insurance*, London 1925, p. 20. なお、1824年から1836年の間に6社が設立されている。

4） 従来いわれていたように、衝突条項は *De Vaux v. Salvador*（1836）事件の判決の結果、作成されたとする見解は誤りであり、1810年頃には、多くの Hull クラブで使用されていた（Advanced Study Group No. 109, *supra* note 1, pp. 1-3；葛城・前掲注2）4-5頁）。

1836年の *De Vaux v. Salvador* 事件において、船舶保険証券に衝突条項が挿入されていなければ、衝突損害賠償金はてん補されないと判決されてからも、ロイズ保険者をはじめとする旧来の保険者は、その使用に消極的であった。この時期は産業革命の末期にあたり、鉄道の開通によって事故が多発したため、1846年に死亡事故法（Lord Campbell's Act or Fatal Accidents Act 1846）が制定され、船主に重い負担を課した。当時は1841年から1854年までだけでアイルランドに限ってみても約200万人が新大陸へ移住していることからもわかるように、イギリスおよびヨーロッパ諸国から新大陸への移民が最高潮に達し、どの船舶も船客を満載して大西洋を航行していた。

　イギリスの古い法諺に、「対人訴権は人とともに死ぬ」（*Actio personalis moritur cum persona*）というものがある。普通法では、損害賠償を請求する訴権は対人訴権であり、不法行為者が死亡した場合も被害者が死亡した場合も、いずれも消滅した。こうした普通法の原則に対して、この死亡事故法により、不法行為で死亡した場合、もし死亡が生じなければ被害者から損害賠償訴訟を提起されたであろう者は、同様の責任を被害者の死亡後も負うべき旨を規定した（1条）。イギリスでは、すでに1839年に使用者責任の法理が確立していたうえに、当時死亡および傷害に対する責任は普通法によって規制され、無限責任とされていたから、船主は非常に大きい潜在的責任を負うこととなった。

　しかし、その後間もない1850年には、共同雇用の原則（common employment rule）が確立され、同僚である船員の過失によって他の船員が死亡したまたは傷害を被った場合、死亡または傷害を被った船員の遺族が船主に対して損害賠償の請求をすることはほとんど不可能となった。

---

5) Singh, N. and Colinvaux, R., *Shipowners*, London 1967, pp. 213-214. なお、この移民の増加には、Malthus, T. M.の『人口論』（1798年刊）の影響もあったように思う。
6) 立石芳枝「イギリス法における死後の不法行為訴権」『損害賠償責任の研究〔我妻先生還暦記念・上巻〕』（有斐閣・1965）351-355頁。
7) 有泉亨「労働災害における使用者責任法理の変遷」『損害賠償責任の研究〔我妻先生還暦記念・中巻〕』（有斐閣・1965）911頁、917頁。
8) 有泉・前掲注7）920頁。なお、共同雇用の原則は、1948年法律改正（身体傷害）法（Law Reform (Personal Injuries) Act 1948）1条によって廃止された。

続いて1847年に港湾法（Harbours, Docks and Piers Clauses Act 1847）が制定され、船骸が航路の障害となる場合、港長は、その船骸を撤去し、難破の原因のいかんを問わず、撤去に要した費用を船主に償還請求できるものとし（56条）、さらに船舶が港湾施設に損害を与えた場合、船主は被用者の過失の有無を問わず、その損害を港湾管理者に賠償する責任を負うこととなった（74条）。

船舶の大型化や帆船から汽船への移行に伴って生じたこの種の混乱は、船主に大きな負担を課したのは明らかである。

こうした動きに対して、船主から熱心な反対運動が起き、その成果として1854年商船法（Merchant Shipping Act 1854）が制定された。しかし、この法律は、イギリスで旧来採用されていた船価主義に基づき、船舶および運送賃の価額と同額に船主の責任を制限することができるが、船価は1トンにつき15ポンド未満に定めてはならないと規定していた（503条）。当時多くの船舶は登簿トン数1トンあたり15ポンドよりかなり低い価額で評価されていたため、この制限が設けられた後ですら、船主は経済的に弱い立場に置かれていた。死亡および傷害に関する責任はさておき、船主は、Hullクラブでは衝突責任を十分に担保してもらえなかった。Hullクラブは衝突責任を担保してはいたが、船舶の受けた損害と与えた損害を合算して保険金額を限度としていたからである。[9][10]

一方、ロイズをはじめとする既存の保険者たちは、この条項は船長の過失を助長し衝突を増加させるという理由で、その使用の禁止を求めて1850年と1854年の2回にわたり、ロイズ保険者たちが商務省（the Board of Trade）に働きかけ、衝突条項の使用にある種の制定法上の制限を加えさせようとした。この運動は失敗に終わったが、この種の保険に対する保[11]

---

9) Advanced Study Group No. 109, *supra* note 1, p. 2.
10) 衝突条項が挿入されていた場合、その衝突条項により船舶保険証券とは別に保険金額を限度としててん補する、すなわち二重責任という解釈が行われるようになったのは、標準的衝突条項が作成された1861年頃のようである（Reynardson, W. R. A. B., *The History and Development of P & I Insurance : British Scene*, Tulane Law Review, Vol. 43, No. 3（April 1969）, p. 467）。
11) Advanced Study Group No. 109, *supra* note 1, p. 3 ; Singh and Colinvaux, *supra*, note 5, p. 215.

険者の一般的反感が根強く、衝突条項の適法性に関する疑問に鑑み、衝突損害賠償金の4分の3に担保が限られたという(12)。なお、残りの4分の1はP＆I保険の対象となった。

　要するに、衝突条項付きの船舶保険証券で担保されない危険、換言すれば、衝突責任の4分の1および超過衝突責任と船客の死亡および傷害に対する責任を担保するために、当時の Hull クラブを組織し直して Protection クラブは設立されたのである(13)。いくつかの Hull クラブのマネージャーであった Peter Tindall, Riley & Co.が設立した世界最初の Protection クラブである The Ship Owners Mutual Protection Society（現在の The Britannia Steam Ship Insurance Association の前身。以下通常書かれていたように Shipowners' Mutual Protection Society とする）の業務開始が 1854 年商船法の施行期日と同一の 1855 年 5 月 1 日であり、また Hull クラブの保険年度と合わせて、バルト海の氷が融け、船舶の航行が可能となる 2 月 20 日正午から始まる 1 年とされていることからも推測できる(14)。のちに The West of England Protection Association となった The Shipowners Protection Association が 1856 年 1 月 1 日にデヴォン（Devon）で、The North of England Protecting Association が 1860 年にニューカッスル（Newcastle）で、また The London Steam-Ship Owners' Mutual Insurance Association が 1866 年にロンドンで、さらに当初 2 年間は Hull クラブであったが、1871 年から Protection クラブを開設した The United Kingdom Mutual Steam Ship Assurance Association が 1869 年にロンドンで創業している(15)。

　つまり、産業革命の進行に伴う社会および経済状勢の変化とそれに伴う法律の制定により課される船主の種々の責任を担保するために、Protection クラブは設立されたのである。

　なお、1854 年商船法のとる船価主義が運用されていくうちに、船価の

---

12) 葛城・前掲注 2) 3-4 頁。3/4 衝突条項の原型は、The Indemnity Mutual Marine Insurance Co.が、1824 年の創業時に作成した条項であろう。
13) Advanced Study Group No. 109, *supra* note 1, p. 5.
14) Reynardson, *supra* note 10, p. 467 ; Advanced Study Group No. 109, *supra* note 1, p. 15.
15) Advanced Study Group No. 109, *supra* note 1, p. 5.

算定が困難であるうえに、低く評価された船舶が高く評価された船舶よりも有利になり公平を欠くという欠点のあることが次第に明らかになった。その結果、同法制定後10年も経たない1862年に商船法改正法（Merchant Shipping Amendment Act 1862）が制定され、船価主義から金額主義に移行することとなった。[16]

　ここで、Indemnityクラブの設立について検討しなければなるまい。

　19世紀後半になっても、貨物に関する損害賠償請求は船主にとってさほど大きな負担とはならなかったし、貨物保険者も代位権の行使には踏み切らなかった。さらに船荷証券もその後のような複雑な免責条項を含んでいなかった。しかし、貨物保険者の代位請求が増え始めていたことは事実で、Shipowners' Mutual Protection Societyが1866年に配布したサーキュラーに記載されている規則には、「組合加入船上の貨物、商品またはその他の物に、損傷または滅失が生じた場合」（Where any damage or loss is caused to any goods, merchandize, or other things whatsoever, on board any such Ship）に、その損害賠償金をてん補すると明記されている。したがって、一般的には1870年 *Westenhope* 号事件を起点とし、さらに[17] Indemnityリスクを担保することの重要さを強調する事件として1876年の *Emily* 号事件を挙げるが[18]、それ以前にIndemnityリスクを担保するProtectionクラブがあったのであるから、これはIndemnityクラブを分離独立させるのに役立った事件とみるべきである。このようにして、最初のIndemnityクラブである The Steamship Owners Mutual Protection & Indemnity Association が、1874年にNewcastleに設立されたのである。このP＆Iクラブはその後、The North of England Protecting Association に統合されている。それでは、なぜ Shipowners' Mutual Protection

---

16)　Hurd, H. B., *The Law and Practice of Marine Insurance Relating to Collision Damages and Other Liabilities to Third Parties*, 2nd ed., by Bennett, P. R., London, 1952, p. 42.

17)　1870年に、汽船 *Westenhope* 号事件が発生した。同船の船主は、同船が契約上の航海から離路した後に沈没したことによる同船上の貨物の滅失に対しての責任がある、と裁判所は認定したという（Advanced Study Group No. 109, *supra* note 1, p. 7）。しかし、この事件の訴訟記録は見あたらない。

18)　*Emily* 号の船主は、過失は海固有の危険ではないという認定に基づき、過失による座礁の際に滅失した貨物の損害を賠償しなければならなかった（Advanced Study Group No. 109, *supra* note 1, p. 7）。なお、この事件についても訴訟記録が見あたらない。

Societyがすでに担保していたリスクを分離しなければならなかったのであろうか。

　汽船の導入後、船員の操船の不慣れから事故が増え始める傾向にあったし、貨物保険者も代位請求を活発に行うようになった。船舶は大型化して高額化し、同時に積載される貨物も大量化し、高額化した。そのために、船主の責任はさらに増大した。その結果、従来どおりProtectionリスクのなかにIndemnityリスクを含めるとすれば、相当な額の保険料が必要となったはずである。要するに、高額化する保険料を抑えるために、Indemnityリスクのみを担保するIndemnityクラブを独立させたのである。

2　北欧の場合

　北欧においては、その発展はイギリスと大体並行していたが、ある面では異なっていた。

　イギリスの場合と同様に、ノルウェーとスウェーデンにおいては、P＆IクラブはHullクラブから生まれた。ノルウェーにおける最初のHullクラブは、1830年頃に設立された。最も古いクラブの1つは、Skibsassuranceforeningen i Arendal（アーレンダル・クラブ）で、1837年に設立された。当時のアーレンダルは、北欧における重要な海運の拠点であった。もう1つの古いクラブであるSkibsassuranceforeningen i Christiania（クリスチャニア・クラブ）は、1867年に現在のオスロに設立された。その頃から、ノルウェーでもP＆I保険の必要性が認められ、ごく自然にイギリスの様式を模倣したのである。北欧最初のP＆Iクラブは、クリスチャニア・クラブの専務理事Anton Poulssonによって、1897年に始められたAssuranceforeningen Skuldであるが、クリスチャニア・クラブとの関係はあまりよいものではなかった。その後1907年に、アーレンダル・クラブの専務理事Gjerulf Fløystadが Assuranceforeningen Gardの設立に指導的役割を果たしたが、当初、このクラブは帆船のみを対象としていた。[19] 初期の頃、アーレンダル・クラブはGardクラブを先導してい

---

19)　Braekhus, Sjur and Rein, Alex., *Handbook of P & I Insurance*, 2nd ed., Arendal, 1979, pp. 78-80.

たが、その後立場は逆転した。しかし、Gard クラブとアーレンダル・クラブは連係し続けた。1966 年にアーレンダル・クラブとクリスチャニア・クラブは、Skibsassuranceforeningen i Arendal og Christiania の名称で合併し、本部をアーレンダルに置いた。[20]

なお、Skuld の最初の規則は、イギリスの規則に基づいて作成され、Gard が設立された際には、Skuld の規則が模倣された。

スウェーデンにおいては、Hull クラブ Sveriges Ångfartygs Assurans Förening（通称 Swedish Club）が Göteborg（イェーテボリ）で 1872 年に設立され、1910 年には P & I 保険のための別のクラスが設けられた。このクラブは長年にわたり、スウェーデン籍船を中心に P & I 保険を引き受けてきたが、現在は外国籍船からの保険も引き受けている。[21]

3 アメリカの場合

アメリカにおける P & I 保険は船主の責任法制の発展と一致し、20 世紀に入って第一次世界大戦の勃発によりその必要性が認められ、同時にイギリス政府がアメリカを含む中立国の船舶にイギリスの保険を付すように強く要求したため、その反動で 1917 年に American Steamship Owners Mutual Protection & Indemnity Association が設立された。[22]

4 日本の場合

わが国には、1950（昭和 25）年制定の船主相互保険組合法に基づき設立された日本船主責任相互保険組合（The Japan Ship Owners' Mutual Protection & Indemnity Association. 略称 Japan P & I Club）があるが、この他に「外国保険事業者に関する法律」に基づき免許を受けたイギリスの Britannia クラブ、UK クラブ、North of England クラブおよびノルウェーの Gard クラブが引受活動をしている。

わが国固有の制度のなかには、P & I 保険は存在しなかった。しかし、

---

20) Braekhus and Rein, *supra* note 19, p. 20.
21) Braekhus and Rein, *supra* note 19, p. 79.
22) 下山田聰明『船主責任相互保険——P & I 保険の歴史とその概要』（海運集会所・1992）20 頁。

場合によっては、和文船舶保険証券に英文の死亡および傷害条項を貼付して使用したこともあったという[23]。

本格的なP＆I保険の導入は、第二次世界大戦後の海運復興期に、この種の保険の必要性が認識され、1949（昭和24）年に設立された日本船主相互補償組合を経て1950年に創業したのが日本船主責任相互保険組合である。なお、わが国のP＆I保険の生成については、元神戸大学長・田崎慎治教授の尽力に負うところが大きい[24]。

Ⅲ　P＆I保険の組織

1　P＆Iクラブ

P＆I保険は、一般にP＆Iクラブ（船主責任相互保険組合）によって引き受けられる。主要な海運国には、P＆Iクラブが存在し、世界の船腹量の90％以上の引受けを行う13のクラブで国際グループ（International Group of P＆I Clubs）[25]を結成している。このグループは、加盟クラブのために共同保険および再保険を手配し、海運業界にとって重要な事項につき加盟クラブに所属する船主および用船者の意見を代表し、さらに情報交換の場を提供するために存在する。また国際グループ加盟クラブのなかで、共同保険および再保険につき再保険協定（Pooling Agreement）を結び、共同保険および再保険計画を策定する。共同保険は、国際グループ加盟クラ

---

23)　日本船主責任相互保険組合『20年史』（日本船主責任相互保険組合・1970）17頁。
24)　日本船主責任相互保険組合『50年史』（日本船主責任相互保険組合・2000）12頁。
25)　すなわち、下記のクラブである。ただし、2011保険年度のものである。
American Steamship Owners Mutual Protection and Indemnity Association, Inc.
Assuranceforeningen Gard
Assuranceforeningen Skuld
The Britannia Steam Ship Insurance Association Limited
The Japan Ship Owners' Mutual Protection & Indemnity Association
The London Steam-Ship Owners' Mutual Insurance Association Limited
The North of England Protecting & Indemnity Association Limited
The Shipowners' Mutual Protection & Indemnity Association (Luxembourg)
The Standard Steamship Owners' Protection & Indemnity Association (Bermuda) Limited
The Steamship Mutual Underwriting Association (Bermuda) Limited
Sveriges Ångfartygs Assurans Förening
The United Kingdom Mutual Steam Ship Assurance (Bermuda) Limited
The West of England Ship Owners Mutual Insurance Association (Luxembourg)

ブが互いに保険者であり、被保険者でもあるというプール機構を構成する。また、再保険については、国際グループ加盟クラブがHydra（国際グループが設立した再保険会社）およびロンドンマーケットを中心に出再する。国際グループを構成するこの13のクラブは、いずれも独立した非営利の相互保険の団体であり、互いに競争しながら協力してもいる。

各クラブは、組合員のなかから選任された理事により構成される理事会によって運営されるが、日常の業務については、クラブが事務局を設けている場合（たとえば、Japanクラブ、ノルウェーのSkuldクラブおよびGardクラブ）と、イギリス系のクラブのように管理運営会社（management company）に一任している場合とがある[26]。

2 再保険協定

現状（2011年保険年度）においては、次のとおりである。

なお、各クラブの保有（retention）8百万USドルに始まり、プールと

図 国際グループ超過損害再保険機構（2011保険年度）

百万USドル	P&I			
3060 / 1000	オーバースピル共同再保険※ 復元1回			
2060 / 1000	第3層超過損害再保険 復元無制限		油濁	
1060 / 500	第2層超過損害再保険 復元無制限		第2層超過損害再保険 復元無制限	
560 / 500	第1層超過損害再保険75% 復元無制限	25% Hydraに出再	第1層超過損害再保険75% 復元無制限	25% Hydraに出再
60 / 30	プール協定によりHydraに出再			
30 / 22	プール（共同保険）			
8 / 8	各クラブ保有			

※なお、上記オーバースピル（overspill）はグループ再保険の手配額を超えることを意味する。さらに第1層から第3層の超過損害再保険は一般市場に出再される。

---

26) たとえば、BritanniaクラブはTindall Riley (Britannia) Ltd.、UKクラブはThomas Miller P & I (Europe) Ltd.、AmericanクラブはShipowners Claims Bureau等。

再保険の段階を経て、第3層超過損害再保険（前頁の図参照）の段階で終了し、その額を超える保険金請求（クレーム）があった場合（プール協定加盟クラブのなかで）、限度額（1000百万USドル）が後述するオーバースピル保険料を原資としててん補される。しかし、現状では、再保険の引受け手が見つからず、てん補限度額は3060百万USドル、さらに油濁については1060百万USドルとなっている。

3　保険料（call or premium）

　P＆Iクラブは利益をあげることを目的としない非営利の団体であるから、収支相等は、保険料に投資利益を加えた収入が保険金の支払い額とそれに必要な経費に再保険料を加えた支出に等しくなければならないことを原則とする。

　保険料は、Hullクラブの時代からごく最近に至るまで、事前に支払われる前払い保険料（Advance Call）と、事後に支払われる追加（後払い）保険料（Supplementary Call）の2種類しかなかった。しかし、近年事故の多発に伴い、多くの保険料が存在するようになった。そこで、ここでは、ごく通俗的な分け方および名称を用いることとする。まず前払い保険料とは、保険年度または保険期間開始前に支払われる保険料のことで、延払い（遅延）保険料（deferred call）とは、当該保険年度終了後1年またはそれ以上にわたり延払いされる保険料のことをいう。現状では、保険料が高騰しているためにやむをえないものである。それに対して追加保険料とは、当該保険年度の保険金請求の実績または投資収益を考慮して、後日徴収される保険料のことである。通常、この保険料は、前払い保険料に対して何％という形で決められる。また、オーバースピル保険料とは、プール協定加盟クラブが付した再保険の上限を請求額が超えたために、加入トン数に応じて各クラブが負担する金額にあてるための保険料のことである。最後に精算保険料（Release Call）とは、当該保険年度にクラブに加入していた船舶のP＆I保険契約を解約する場合に、あらかじめ追加保険料を見込んで課される保険料である。[27]

---

27) Britanniaクラブは、規則11条に保険料について規定し、その3項に特別保険料（Exceptional Calls）を加え、理事会は、各保険年度の途中または終了後、その保険年度の加

4　保険年度（Policy Year）および保険期間[28]

保険年度は、毎年グリニッジ標準時2月20日正午（日本標準時では21時）に始まる1年間である。どのクラブもこの点は変わりない。保険期間は、原則として保険年度と一致するが、その途中で締結された保険契約については、直後のグリニッジ標準時2月20日正午までを原則とする。

5　保険金額[29]

別段の定めがない限り、保険金額の定めはない。わが国のJapan P&Iクラブでは、外航船については、この方式が用いられ、内航船については、保険金額を定める方式がとられている。

6　担保危険

担保危険については、国際グループの中心は、いわゆるプール協定であり、この協定に基づいて加盟クラブは互いに再保険をし合っている。したがって、その実行のため、加盟各クラブの担保危険の範囲および免責危険の範囲を統一する必要がある。そのために、各加盟クラブの規則は、表現方法や体裁は違っても、ほぼ同一であるといってよい。しかし、近年、細かな修正が毎年のように行われている。そこで、ここでは一般的なものを取り上げる。

（1）　船員に関する責任および費用[30]　このなかには、船員の人命救助費（遺骸捜索費を含む）、船員の死亡、傷害または疾病等に関する責任、船員

入船に関して妥当と考える特別保険料の支払いを組合員に指示することができるものとしている。また、UKクラブは、規則20条に予定保険料（Mutual Premium）として、本来前払い保険料にあたる項目を挙げている。要するに、クラブによって名称は異なっている。
28)　Japanクラブ規定3条および4条、UKクラブ規則16条。
29)　Japanクラブ規定5条。
30)　Britanniaクラブ規則19条1項および8項、Gardクラブ規則27条および33条、Japanクラブ規定19条、UKクラブ規則2条2項ないし7項および9項。なお、この項目により担保される責任は、主として雇用契約に基づく債務不履行責任であるが、不法行為責任も必要に応じて担保される。船主等は、船員を雇用する場合には、通常雇用契約を締結する。しかし、わが国では、船員としての資格がある者を海運会社が雇用する場合に締結する雇用契約とその者が定年を迎えるまでの間に実際に乗船する際に締結する雇入契約がある。ここでいう契約は後者を指す。そして、雇用契約には大体船員の災害補償に関する規定が織り込まれている。なお、雇用契約には準拠法が定められている。

の遺骨等の遺族への引渡費用、船員の葬祭費、加入船の海難事故に遭遇したことによる失業手当、船員の所持品の損害補償、船員の死亡、傷害または疾病等による代人派遣費、離路費用、船員の送還費、および船員の脱船またはストライキの結果生じる責任または費用等が含まれる。

(2) 船客に関する責任および費用[31]　船客は、主として船主と運送契約を締結する。この場合、船主は運送人としての責任を負う。船客に対する運送人の責任は、運送契約に基づく債務不履行責任であるが、不法行為責任を追及されることもある。船客の運送契約には、通常、準拠法が定められている。

クラブは、下記の責任および費用を担保する。

船客の死亡、傷害または疾病に関する責任および費用、すなわち治療費、入院費、葬祭費、離路費用および送還費等である。なお、加入船の海難事故遭遇により、同船上の船客に関して生じた責任および費用、すなわち船客の移送費および陸上における滞在費等、船客の手荷物の損害および費用ならびに船客の人命救助費等が担保されるが、項目については船員の場合と類似している。

(3) 船員および船客以外の人に関する責任および費用[32]　加入船上には、船員および船客以外に、船員の近親者、貨物上乗り人 (supercargo)、検査人 (造船所の技師)、水先人または船客にサービスを提供する者 (医師、理容師等) などが乗船することがある。クラブは、これらの者に関する責任も担保する。このなかには、衝突の場合の相手船の船員や港湾労働者も含まれる。なお、組合員が乗船を認めた技師等に事故が発生し、上陸して治療させるための離路に要する余分な費用、また船員および船客以外の人命救助に関する離路等の余分な費用も担保される。

(4) 密航者または難民等に関する費用[33]　密航者の場合は、当然に密航者自身から本国への送還費を徴収しなければならないが、手持ち資金がな

---

31) Britanniaクラブ規則19条2項および8項、Gardクラブ規則28条および33条、Japanクラブ規定20条、UKクラブ規則2条1項C号および9項。
32) Britanniaクラブ規則19条3項および6項、Gardクラブ規則30条および31条、Japanクラブ規定21条、UKクラブ規則2条1項および7項。
33) Britanniaクラブ規則19条5項、Gardクラブ規則32条、Japanクラブ規定22条、UKクラブ規則2条8項。

ければ徴収することができない。そのために、その費用は船主の負担となる。そこでこの費用をＰ＆Ｉクラブが担保する。難民については、一部の費用を国連難民高等弁務官が補償する（難民の生計費、難民の上陸に関する費用等）。それ以外の費用は船主の負担となるので、クラブが担保する。

(5) 他船との衝突による責任および費用[34]　わが国で使用される衝突条項は、4/4衝突条項であるから適用がないが、どのクラブも担保危険の最初に挙げているのが、3/4衝突条項を使用した場合の残る衝突損害賠償金の４分の１である。次に超過衝突責任を挙げる。これは船舶の協定保険価額よりも衝突損害賠償金のほうが高い場合にその超過部分を担保するものである。さらに、加入船上の積荷に対する衝突損害賠償責任がある。これは、たとえばアメリカのように、双方過失衝突により自船の積荷に損害が発生した場合、船主が運送契約上直接には責任のない損害賠償金について、衝突の相手船の船主を通じて荷主に補償しなければならなくなったときに船主の責任を担保する。なお、衝突の結果、相手船側に生じた人的損害、船骸撤去等の費用、汚濁に関する責任、救助契約等による責任、および積荷に関する責任も担保する。

(6) 財物等に関する責任[35]　これは、担保危険のなかで発生件数が比較的多い事故で、桟橋、岸壁等の港湾設備との接触または定置網との接触などが挙げられる。要するに、港湾設備等に関して第三者に与えた損害がこの項目で担保される。なお、このなかには、現実には接触がなくても、不当航法によって生じた損害に関する責任や、加入船の船骸撤去責任も含まれる。

(7) 汚濁に関する責任[36]　加入船の積荷としての油および燃料油を主体とし、汚濁物質を海上またはその他の場所へ流出もしくは排出し、またそのおそれがある場合に、それを防除するために組合員が負担する責任が担保される。本来、Ｐ＆Ｉクラブは法律で定められた責任しか担保しなかっ

---

34) Britanniaクラブ規則19条9項、Gardクラブ規則36条、Japanクラブ規定23条、UKクラブ規則2条10項。
35) Britanniaクラブ規則19条10項、Gardクラブ規則37条、Japanクラブ規定24条、UKクラブ規則2条11項および15項。
36) Britanniaクラブ規則19条12項、Gardクラブ規則38条、Japanクラブ規定25条、UKクラブ規則2条12項および21項。

たが、1967年に起きた*Torrey Canyon*号事件に始まる油濁事故を契機として、1969年に油による汚染損害についての民事責任に関する国際条約 (International Convention on Civil Liability for Oil Pollution Damage：CLC条約) が、そして1971年に油による汚染損害の補償のための国際基金の設立に関する国際条約 (International Convention on the Establishment of an International Fund for Compensation for Oil Pollution Damage：FC条約) が成立したが、なかなか発効に至らなかったため、これに代わる民間協定として TOVALOP (The Tanker Owners' Voluntary Agreement concerning Liability for Oil Pollution) と CRISTAL (The Contract Regarding a Supplement to Tanker Liability for Oil Pollution) という2つの民間協定が成立した。CRISTAL協定はさておき、TOVALOP協定は民間協定ではあるが、内容が妥当で世界的に統一された契約責任を具現しているという理由で、各クラブがこれによって課される船主の責任を担保していたという経緯がある。

　この項目に入るものは、主として積荷油、燃料油、そのほか危険物質が流出し第三者に損害を与えた場合の責任、官公署から命じられた損害の防止および軽減のための費用ならびに清掃のための費用等である。

　TOVALOPおよびCRISTALという民間協定は、1997年2月に廃止され、1992年油濁民事責任条約改正議定書 (1992 CLC) および国際基金条約改正議定書 (1992 FC) という国際法が発効しており、さらに1992 FCに対する追加基金制度 (3rd Tier) を創設する2003年追加議定書が制定され、現在、追加基金による最大補償限度額は7億5000万SDRとなっている。わが国の油濁損害賠償保障法も1992 CLCおよびFCへの加入に伴い、これらに添う形で1996年に改正されたが、その後さらに、2003年追加議定書の加入、タンカー以外の船舶による油濁損害賠償責任の新設等に伴い、その名称も合わせて改正され、船舶油濁損害賠償保障法として2005年3月1日に施行された。

　なお、油濁問題については、1989年3月に起きた*Exxon Valdes*号事件を契機として、アメリカは1990年8月に連邦法としてアメリカ油濁法 (Oil Pollution Act 1990. 一般にOPA 90という) を制定した。すなわち、アメリカは、CLC条約・FC条約の国際的枠組みに入ることなく、自国独自の

法制をとることになったのである。これは、*Exxon Valdes* 号事件の油濁損害が当時の FC の補償限度額（1984 年改正議定書の水準も含めて）をはるかに超えるものであったため、国際的枠組みに入ることは、政治的にも不可能だったからである。しかし、基本的には、船主責任の部分とそれを超える損害は基金が補償するとのやり方は、国際的枠組みの場合と同様である。まず、船主責任は、CLC 条約と同様に、船主および船長に汚染者負担の原則（polluters pay principle）に基づき厳格責任を課し、同条約に比べて相当高額な責任限度額を設けている。そして船主に責任がない場合、あるいはその責任限度額を超える損害が生じた場合には、油濁責任基金から 10 億ドルまでの補償がなされることになる。OPA の 10 億ドルという補償限度額は、2003 年追加議定書が成立するまでの国際的枠組みによる補償限度額をはるかに凌駕するものであり、その意味でアメリカは、油濁損害の賠償・補償が世界で最も手厚い法制をもつ国となっていたのである。しかし、連邦法である OPA と油濁責任に関する州法との法的適用関係は複雑なものとなっている。現に OPA と異なる州法を設けることが可能であり、実際に責任制限を認めない州法もある。以下、国際的枠組みと OPA の船主責任に関する主要な部分を列挙する[37]（次頁の**表**参照）。

責任主体は、1992 CLC では登録船主または所有者であり、OPA 90 では船主、オペレータまたは裸用船者であり、両者ともに船舶には空船が含まれている。

(8) 曳航に関する責任[38]　他船による曳航および加入船による曳航に関して生じることのある責任を担保する。曳航とは一般に、ある船舶が他船を曳航することを意味するが、曳航される物は船舶に限らないし、押航も含まれる。最初は曳航として始められた作業が、事故のために、救助作業として終わる場合もある。この場合は、救助契約によって規制されることとなろう。

一般に、曳船と被曳船との間の法律関係は、曳航契約の条件によって規制される。しかしながら、曳船または被曳船が過失によって第三者に損害

---

[37] 藤原昭男『PI 保険および関連する諸問題』（日本海技協会・1992）60 頁。
[38] Britannia クラブ規則 19 条 14 項、Gard クラブ規則 43 条、Japan クラブ規定 26 条、UK クラブ規則 2 条 13 項。

表　1992 CLC-OPA 90

	1992 CLC	OPA 90
責任主体	登録船主または所有者	船主、オペレータまたは裸用船者
免責事由	1) 戦争、敵対行為、内乱、暴動または例外的不可避的または不可抗力的な性質を有する自然現象 2) もっぱら損害をもたらすことを意図した第三者の作為または不作為 3) もっぱら灯台その他の航行援助施設の維持について責任を有する政府その他の当局のその維持についての過失 4) 被害者の作為・不作為（損害をもたらすことを意図したものに限る）または過失（全部または一部の免除）	1. 1) 天災 2) 戦争行為 3) 第三者の作為または不作為、この第三者には責任主体の使用人や代理人は含まれない。またその作為・不作為が責任主体と契約関係にある場合も第三者とみなされない。 4) 1)、2) および 3) いずれかの組合せ 2. 被害者の重過失または悪意
責任制限阻却事由	船舶所有者について損害を引き起こす意図をもってもしくは無謀かつ損害が多分生ずるであろうとの認識でもって行った自己の個人的作為または不作為により汚染損害が生じたことが証明された場合	1. 責任当事者の行為 1) 故意または重過失 2) 適用される連邦の安全、建造または運航規則の違反 2. 責任当事者の懈怠又は拒否 1) 事故報告 2) 協力動作 3) 命令遵守
責任限度	Min 4.51mSDR （5,000 国際総トン以下） Mam 89.77mSDR （14 万国際総トン超）	1. タンカー 1) 3,000G/T 超 シングルハル 1/G/T あたり $3,000 または $22m のいずれか高い額 ダブルハル 1/G/T あたり $1,900 または $16m のいずれか高い額 2) 3,000G/T 以下 シングルハル 1/G/T あたり $3,000 または $6 m のいずれか高い額 ダブルハル 1/G/T あたり $1,900 または $4 m のいずれか高い額 2. Non タンカー 1/G/T あたり $950 または $0.8m のいずれか高い額

を与えた場合には、曳船または被曳船の船主は、不法行為責任を負うことがある。この場合、被害者は、曳船もしくは被曳船の船主またはその双方を訴えることができる。

　曳航には、船舶をある港から他の港へ曳航する場合と、出入港または港内における船舶の移動の場合とがある。いずれにせよ、被曳船側に責任が集中されている条件がほとんどであり、そうした場合の責任をこの項目で担保する。

　⑼　第三者との契約に関する責任[39]　　この項目は、加入船の荷役作業の際に、同船のデリック（derrick：揚貨機）を使用せずに岸壁備付けのクレーンまたはフローティング・クレーンを使用した場合の使用契約に基づき、組合員が負うことのある責任を担保する。この種の契約では、加入船側の過失の有無を問わず、組合員に責めを負わせている。

　⑽　防疫に関する費用[40]　　この項目は、船内に伝染病が発生したことによる加入船、積荷または船員等の消毒および検疫のために組合員が支出した余分の費用を担保する。

　⑾　積荷に関する責任および費用[41]　　この項目では、組合員が加入船の積荷につき海上運送契約上負担することのある責任を担保する。一般に、海上運送契約（contract of affreightment）においては、積荷の荷送人とその運送契約を締結した者が運送人となる。したがって運送人は、船主、運航業者または用船者であることもあれば、運送取扱人（freight forwarder）であることもある。積荷の運送人の主な義務は、海上運送契約に定められた義務であるが、それ以外にも積荷の管理に関する注意義務違反により不法行為責任を負担することがある。海上運送契約書には、種々の様式があるが、中心となるのは船荷証券（Bill of Lading）であろう。船荷証券とは、運送人に代わって船長または代理人が荷送人に対して発行する①積荷の受取証であり、②運送契約条件の証拠であり、③船積み時の積荷の外見上の

---

[39]　Britanniaクラブ規則19条15項、Gardクラブ規則35条、Japanクラブ規定27条、UKクラブ規則2条14項。
[40]　Britanniaクラブ規則19条16項、Gardクラブ規則48条、Japanクラブ規定28条、UKクラブ規則2条16項。
[41]　Britanniaクラブ規則19条17項、Gardクラブ規則34条、Japanクラブ規定29条、UKクラブ規則2条17項。

状態および数量または重量の証拠であり、さらに④積荷に対する権原を示す証書である。

　積荷の損害に関する責任は、通常、船荷証券に基づき判断される。船荷証券に記載される運送契約の条件は、1924年の船荷証券統一条約、一般にいうヘーグ・ルール（Hague Rules）、または1967年のヘーグ・ヴィスビー・ルール（Hague Visby Rules：ヘーグ・ルールを改正する議定書）であるというのが、国際グループに加盟するクラブの大前提となる考え方である。もっともハンブルグ・ルールが1992年11月に発効してはいるが、これを採用する例は少ない。わが国では、ヘーグ・ヴィスビー・ルールを国内法化した国際海上物品運送法が施行されている。したがって、たとえば、ヘーグ・ルールや1968年2月23日にブリュッセルで署名されたヘーグ・ルールを改正する議定書に規定されている運送条件よりも運送人に不利な条件で積荷の運送を行うことによって加重される責任および費用は担保されないし、運送契約からの逸脱（離路は最も重要な逸脱の一種である）による責任および費用や、従価運賃による運送の場合に積荷の1包または1単位あたり 2,500US ドルを超える責任などは担保されない。ただし、クラブがこれを認めた場合は、この限りではない。

　⑿　共同海損[42]　　担保の対象のなかに、回収不能の共同海損分担額がある。これは過失による海難事故で共同海損とすることはできるが、共同海損分担額を負担する人が船主に対して不堪航を理由に分担額を支払わないことがある。この場合、組合員が負担することとなり、この項目で担保される。分担額が船舶の協定保険価額よりも高く、一部しか負担してもらえなかった場合の超過額についても、この項目で担保される。

　⒀　過怠金[43]　　罰金という表現では刑事罰も含まれると誤解されるので、過怠金（Fines）という表現が使用され、担保の対象となっている。具体的には、加入船の安全作業基準の維持に関する規則の違反、積荷の過少または過剰な引渡し等が挙げられる。

---

42)　Britannia クラブ規則 19 条 18 項、Gard クラブ規則 41 条、Japan クラブ規定 30 条、UK クラブ規則 2 条 20 項。

43)　Britannia クラブ規則 19 条 19 項、Gard クラブ規則 47 条、Japan クラブ規定 31 条、UK クラブ規則 2 条 22 項。

(14) **責任防衛のための費用**[44] この項目では、担保する損害または費用のほかに、責任防衛等のための費用をも担保する。具体的には、弁護士および鑑定人等の費用などが対象となる。

(15) **組合の容認する特例**[45] 海外のクラブでは、このような特例を一般にオムニバス・クローズ（Omnibus Clause）と呼んでいる。規則のなかに明確に規定されてはいないが、クラブの事業目的からすれば担保することが妥当とするものである。この条項があったためか、アメリカではP&I保険のことを「なんでもとれる保険」（Catch All）ということがある。

7 条件、免責および制限

(1) 先支払いまたは先履行の原則（payment first by member）[46]がある。クラブが損害をてん補するのに先立ち、組合員が損害賠償金および費用を支払うことが必要である。P&I保険の生成と深い関わりをもつ衝突条項も、その初期の段階、たとえば1824年にThe Indemnity Mutual Marine Insurance Co.が創業にあたって作成した補償条項（Indemnity Clause）の時代からこの原則をとっていたようである。おそらく、実際に支払ってみなければ、損害賠償額がいくらになるかが確定できなかったためであろうが、損害が巨額化し、損害額算定の方法も確立したと考えられる現在においても、これを原則とするのは問題であろう。もっとも、裁判所の判決等に基づき、組合が必要と認めた場合には、例外として被害者に対して直接に支払いが行われるようである。

(2) **免責金額**[47] 次に、免責金額がある。保険金額の定めのない保険契約については、保険金の支払いに際し、契約締結時に組合員と合意した金額が控除される。

---

44) Britanniaクラブ規則19条20項、Gardクラブ規則44条および45条、Japanクラブ規定32条、UKクラブ規則2条23項。
45) Britanniaクラブ規則19条21項、Gardクラブ定款9条3項6号、Japanクラブ規定33条、UKクラブ規則2条24項。
46) Britanniaクラブ規則30条5項、Gardクラブ規則87条、Japanクラブ規定18条、UKクラブ規則5条A項。
47) Britanniaクラブ規則27条2項、Gardクラブ規則53条3項、Japanクラブ規定34条、UKクラブ規則2条付則B。

(3) 免責事由　(a) 組合員の故意[48]　これは換言すれば事故招致の場合で、いわゆる道徳危険にあたり、保険の理論からして当然のことであろう。実際には、権限委譲の範囲やその内容から判断してみなければならない。必ずしも組合員自身、またはその代理人に限定するわけではない。

　故意の問題は、禁制品の輸送や不穏当な航海のように、航海の方法が不穏当であったという条項にも関連するので、組合員自身またはその代理人の範囲の問題と行われている航海の実態が不穏当であったかどうかという問題で、故意か否かが判断される。

　(b) 戦争危険等の免責がある[49]。海賊行為と船員の悪行の問題については、再保険市場およびプール協定では担保を復活しているので、各Ｐ＆Ｉクラブも担保している。

　(c) 原子力危険の免責[50]　放射性、爆発性その他類似の特性によって生じた損害に対する責任を免責している。これらは、巨大損害発生の可能性を示唆する。

　(d) 封鎖侵破、不法貿易等の免責がある[51]。これは、やはり故意に近いものであろう。

　(e) 不穏当な航海または慎重を欠く航海の免責がある[52]。これは、危険の拡大に寄与することになるゆえであろう。

　(f) 掘削等の特殊作業の免責がある[53]。救助作業やその他の特殊作業に加入船を使用する場合であって、特殊作業というのは、掘削、地質調査、海洋開発、浚渫、パイプやケーブルの敷設等の作業を指す。

---

48) Britanniaクラブ規則には見当たらない。Gardクラブ規則87条1項、Japanクラブ規定35条1項1号、UKクラブ規則5条A項。
49) Britanniaクラブ規則25条、Gardクラブ規則58条、Japanクラブ規定35条1項、UKクラブ規則5条E項。
50) Britanniaクラブ規則23条、Gardクラブ規則73条、Japanクラブ規定35条1項2号、UKクラブ規則5条E項。
51) Britanniaクラブ規則22条、Gardクラブ規則74条、Japanクラブ規定35条1項4号、UKクラブ規則5条J項。
52) Britanniaクラブ規則22条、Gardクラブ規則72条、Japanクラブ規定35条1項5号、UKクラブ規則5条J項。
53) Britanniaクラブ規則21条3項、Gardクラブ規則5条H項、Japanクラブ規定35条1項6号、UKクラブ規則5条H項。

(g) 重複保険も免責される[54]。これも当然のことであろう。

(4) その他の免責事由としては、船舶保険および運送賃保険により処理すべき問題を挙げている。たとえば、加入船自体の損害、加入船の修繕費、運送賃または用船料の喪失、加入船の救助費、加入船の滞船料等がある。P＆I保険によって担保されないものとしては、加入船の運送賃または用船料の喪失、加入船の滞船料、遅延等がある。

(5) 堪航性担保[55]　積荷に関する損害が多発し、その結果、加入船に対する責任を問われる事態を考慮し、その船舶の堪航性および載貨適性を確保することを目的とする。この担保は、検査人を立てて検査をし、その結果によってクラブは勧告を出す。そしてその勧告に船主が応じなかった場合には、契約を解除するか、てん補額を減額するかまたはてん補しないことがある。

(6) 責任の制限　P＆Iクラブは、原則として法律で定められた責任を担保するから、責任を制限することができる場合には、その責任制限法制のもとでの限度額が決定される。しかし各国によって責任制限に関する法制がばらばらであるから、わが国や船主責任条約を国内法化した国では責任制限できるが、違う国ではできない場合もある。そうした場合、条約からみれば責任を制限できるが、国の法律制度によって責任を制限できなければその分はてん補できるのであり、国際的には必ずしも統一されていない。

(7) 海賊行為について　最後に、近年、P＆I保険業界でも問題となっている、アフリカのソマリア沖で多発する海賊の問題を取り上げる。

海賊は海上保険生成の一因になったともいわれるが、海上保険において「海賊」または「海賊行為」というときは、国際公法上のこれらの危険の定義よりも広く、海上で私的目的のために無差別に襲撃、略奪等の暴力行為を行う者またはその行為のことをいう。したがって、場所は公海上に限らないし、私的目的のために行われた暴力行為が海賊行為である[56]。しかし、

---

54) Britannia クラブ規則26条、Gard クラブ規則71条、Japan クラブ規定35条3項、UK クラブ規則5条1項。
55) たとえば、Japan クラブ規定17条。
56) MIA（第1付則）保険証券の解釈規則8条参照。

ソマリア沖のいわゆる海賊事件の場合は、領海内または領海外の問題はさておき、その目的が純粋に私的目的のものであったか否か不明確である（もっとも、海賊達自身は政治的目的ではなく、金銭の略奪が目的であると公言しているようである）。もし、政治的目的をもっていたならば、テロリストということができ、これは免責される。

　次に通常の海上保険の立場からみれば、国際的には、イギリス海上保険が海賊行為は海難（marine risk）であるとしているのに対し、ノルウェー海上保険通則（Norwegian Marine Insurance Plan）およびわが国の船舶保険では戦争危険に含めている。それでは、P&I保険ではどうなるであろうか。どのクラブも、戦争危険を免責しているし、戦争兵器または類似の兵器の使用、さらに捕獲、拿捕、強留、抑止または抑留（海賊行為および船員の悪行は除く）をも免責している。そこで問題になるのは、ソマリア沖で襲撃を行う者の行動がはたして海賊行為といえるのか否かである。

　まず、上述のとおり、その襲撃の動機が私的な目的であるのかまたは政治的な目的をもつ、いわゆるテロリストによるものであるか否かという問題である。現在までの資料によれば、ソマリアの海賊は、ナイジェリアの場合と異なり、私的な目的（金銭略取）のために活動しているようである。したがって、目的の面では海賊であって、テロリストではない。

　次に、手段として使用する兵器は、AK-47やロケット推進式の手榴弾である。これらは、戦争や戦争状態のときに使用するために開発されたものであろう。しかし、現代的戦争の兵器としては少し威力が弱い気がする。各クラブの規則では、一様に、「機雷、水雷、爆弾、ロケット、砲弾その他類似の戦争兵器の使用」を免責している。したがって、海賊の所持するAK-47やロケット推進式の手榴弾がこのうちのどれかに該当すれば、免責される。おそらく「その他類似の兵器」であろうが、その前に列挙された兵器からみて、使用された兵器が「銃、ライフル、在来型銃弾」を上回る威力をもつものであるかどうかが基準となっていると考えられる。この点からみても、海賊行為であるといえる。

　さて、そうなると、海賊事件から生じた通常の責任および費用はP&I保険によっててん補される。ここでいう責任および費用とは、死亡、傷害、疾病、船員の代人派遣費および本国送還費ならびに船員または船客の所持

品の損害補償金であり、船主の過失が寄与した場合はさらに拡大する。船舶および貨物については、海賊の襲撃を受けた時点で共同海損を宣言すれば、精算のうえ、船主は分担額を回収できよう。分担義務者またはその保険者が分担額を支払わないときは、P＆Iクラブがてん補する。ただし、解放のための身代金（ransom）については、他の保険からてん補されず、また他の関係者からも回収できない場合は、損害防止費用としてまたはオムニバス・クローズに基づき、各クラブの裁量によりてん補される可能性がある。[57][58]

---

57) イギリスでは、ごく最近、*Masefield v. Amlin*〔2010〕EWHC 280（Comm）事件において、身代金の支払いはイギリス法のもとでは違法でもないし、公序良俗に反するものでもないと判決されている。

58) 各クラブが出している海賊行為に関するニュースを参照されたい。

第 14 章

共同海損

I　総　説

　共同海損制度は、海上保険よりはるかに古い歴史を有し、海上運送の発展と軌を一にして発達し今日に至っている。

　海上航行中の船舶と積荷が共同の危険に遭遇した場合、船長は、共同の安全を確保するために、あらゆる合理的な損害防止軽減措置（すなわち共同海損行為）を講じなければならないが、海上保険が未発達な時代には、それによって生じた犠牲損害と費用（すなわち共同海損たる損害）を、船舶と積荷によって構成された共同危険団体の関係人が平等に分担する何らかのシステムが必要不可欠であった。たとえば、共同の安全を確保するために行われた投荷によって犠牲損害を被った荷主が、保険による救済が得られないまま、損害を自己負担しなければならないとすると、公平の観念に反することは誰の目にも明らかである。古代のロード海法の投荷に関する規定から推測されるように、航海終了時に、航海終了地で、共同危険団体を構成する船長と上乗りの荷主が協議して、共同の安全のために投荷された積荷の犠牲損害を公平に分担したことが、共同海損制度の原形であると考えられる。共同海損制度は、共同海損たる損害を航海に関する共同危険団体の間で分担する、いわば相互保険組合的な損害分担システムとして発達した。

　他方、海上保険は、より一般的で広範囲な危険集団の間における損害分担システムである。したがってロイズ（Lloyd's）は、近代的な海上保険のもとでは、共同海損制度は不必要であるという意見を早くから表明してい

たが、実際には、海上保険は、共同海損を解消させることなく、むしろ共同海損たる損害を海上保険によっててん補すべき損害の1つとして位置づけてきたのである。

たとえば、共同海損について詳細な規定を設けている1906年英国海上保険法（MIA）は、共同海損に対する保険者のてん補責任を、共同海損費用、共同海損犠牲損害および共同海損分担額に分けて、次のように規定している。

「被保険者が共同海損費用を支出した場合には、被保険者は、この費用損害のうち自己の負担に属する部分について保険者から回収することができる。共同海損犠牲の場合には、被保険者は、分担義務を有する他の当事者に対して分担請求権を行使せずに、この犠牲損害の全額について保険者から回収することができる」（MIA 66条4項）。

さらに、「被保険者が保険の目的物について共同海損分担額を支払ったか、または支払う責めを負う場合には、被保険者はこれについて保険者から回収することができる」（同条5項）。

海上保険が未発達な時代には、共同海損たる損害を航海団体関係人の間に公平に分配することこそが関係人の決定的な関心事であったが、近代的な海上保険が発達した今日では、共同海損たる損害を航海団体の内部で分配することよりも、共同海損たる損害が何らかの形で海上保険によっててん補されることに関心の比重が移っているということができる。わが国の船舶保険における「小額共同海損担保特約条項」や、イギリスのInternational Hull Clauses 2003, Cl.40, General Average Absorption などは、その端的な表れである。

共同海損に関する法律の規定としては、日本法による場合には、商法第

---

1) ロイズは、国際法の改革および法典化のための協会（以下、今日の名称である国際法協会を用いる）の1877年アントワープ会議において、ヨーク・アントワープ規則による共同海損の範囲のいかなる拡大にも反対するとともに、共同海損法の統一問題は、共同海損制度を廃止することによって達成すべきであるとして、当時進められていた統一共同海損法制定運動に反対した。イギリスがこの運動に冷淡であったのは、ロイズの共同海損廃止論にその一因があったと考えられる。Lowndes & Rudolf, *The Law of General Average and York-Antwerp Rules*, 13th ed., 2008（以下、Lowndes という）, p. 48f 参照。
2) 訳文は、葛城照三＝木村栄一＝小池貞治共訳『1906年英国海上保険法』（損害保険事業研究所・1977）による。

3編海商第4章海損にやや詳しい規定がある他、わが国の英文保険証券にイギリス法準拠条項が挿入されている場合には、MIA（66条1～3項）および共同海損に関する19世紀初頭から今日に至るまでの豊富な判例がある。しかし、実際には、船荷証券、用船契約書および海上保険証券に、共同海損はヨーク・アントワープ規則（YAR）によって精算するという趣旨の条項（イギリスでは沿革的な理由から「外国共同海損条項」という）が挿入されているので、YARが、国際的に統一された普通契約条款として、共同海損に関する準則となっている。

　そこで本章では、YARの現行規則の内容を、現代の共同海損の理論と実際において特に重要と考えられる問題に絞って説明することとする。ただ後述するように、実務界では、YAR1974（1990年改正）、YAR1994およびYAR2004が、いずれも「現行規則」（current version）として並立しているのが実情であることを勘案して、ここでは、現在最も多く用いられていると思われるYAR1994を中心に説明し、YAR2004については、重要な改正点だけを取り上げることにする。[3]

II　YARの歴史と基本構造

1　YARの歴史と現行規則

　YARの歴史は、それぞれ特色のある3つの時代に区分することができる。

　第1は、イギリスの社会科学振興協会による1860年グラスゴー決議と1864年ヨーク規則から、国際法協会によるYAR1877とYAR1890に至る時代である。第2は、国際法協会によるYAR1924と万国海法会（CMI）

---

[3]　YAR1994とYAR2004について、Lowndesが最も権威ある体系書である。他に、F. D. Rose, *General Average : Law and Practice*, 2nd ed., 2005 ; Gillman and Merkin etc., *Arnould's Law of Marine Insurance and Average*, 17 ed., 2008 c. 26, General Average などを参照。YAR1994について、N. G. Hudson, *The York Antwerp Rules*, 2nd ed., 1996 を、YAR1974について、L. Buglass, *Marine Insurance and General Average in the United States*, 3rd ed., 1991, c. 6 General Average 参照。YAR2004については、井口敏明「2004年ヨーク・アントワープ規則の採択」海法会誌復刊48号（2004）26頁、現行規則全般について、中西正和「1974年（1990年改正）、1994年および2004年ヨーク・アントワープ規則の基本的問題(1)(2)」損害保険研究71巻2号（2009）141頁、同3号（2009）99頁を参照。

によるYAR1950の時代である。第3は、CMIによるYAR1974から、1990年の一部改正とYAR1994を経て、最近のYAR2004に至る時代である。

(1) 第1の時代には、1860年グラスゴー決議に従って、統一共同海損法の制定という目標が曲がりなりにも追求され、国際法協会は、1914年春、各国の立法のためのモデル法となるべき「統一共同海損法草案」を発表するところまでこぎ着けた。しかし、この草案に対して実務界は概して冷淡で、第一次世界大戦による一切の審議の中断の後、目標そのものが放棄されることになった。ところが、1864年ヨーク会議でR. Lowndesの動議に基づいて採択されたもう1つの目標、すなわち統一共同海損法制定までの暫定措置として、船荷証券または用船契約書に、共同海損はYAR（ヨーク会議では「国際共同海損規則」と呼ばれた）に従って精算するという条項を挿入することによって、自主的に共同海損法の国際的統一を図るという目標は、年を追うごとに主要な海運国のなかに支持を広げることができた。それに呼応してイギリス海損精算人協会（1869年設立）が原案を作成したYAR1890は、質量ともに今日の数字規定に匹敵する水準に達した（この頃イギリスでは、汽船航海時代に対応する近代的な共同海損の判例が相次いで生まれた）。

(2) 第2の時代に入ると、国際法協会は、実務界の意向に沿って、統一共同海損法の制定を断念し、YARによる統一を唯一の目標にすると宣言して、YAR1924を採択した。YAR1924は、YARを共同海損に関するほぼ自足完了した規則とするために、新たに共同海損の一般的成立要件を始めとする共同海損の総則的規定を定め、これを文字規定（A条～G条）とし、YAR1890を一部改正した数字規定（I条～XXIII条）と合体した。ここに、文字規定と数字規定をもって共同海損法のほぼすべての領域をカバーする今日のYARの体系が確立された。

実務界は、おおむねYAR1924を歓迎したが、唯一アメリカは、これまで数字規定によって認められてきた、後述の「共同の利益」のための共同海損（それこそがアメリカ法である）が文字規定によって阻害されるという危惧の念を抱いた（それは*Makis*号事件判決［1928］31Ll. L. Rep. 313によって現実のものとなった）。そのため、YAR1924をアメリカの代表的な船荷証

券書式に採用するにあたって、F条以外のすべての文字規定（および数字規定XVI条）が除外されることになった。

　第二次世界大戦が終わってアメリカの商船隊の地位が向上し、ニューヨークが、ロンドンと並んで、船荷証券または用船契約書によって共同海損精算地に指定されることが多くなると、当然のことながら、実務界はアメリカが全面的に採用しうるYARを望むようになった。これに応えて、国際法協会からYARの改正事業を受け継いだCMIは、YAR1950を制定して、新たに「解釈規定」を設け、数字規定は文字規定に優先することを明らかにした。これによってアメリカの不安は解消され、YAR1950はアメリカの全面的支持を勝ち取ることに成功し、YARによる共同海損法の国際的統一というヨーク会議以来の目標はおおむね達成された。

　(3)　第3の時代の特色は、共同海損の精算の合理化、海難救助および環境損害と共同海損との関係、共同海損の規模など、いろいろな面から共同海損制度の在り方が問われたことにある。そこで、CMIは、次のような3つの新しい課題に取り組んだ。

　第1は、共同海損の簡素化である。

　1960年代後半に入ると、共同海損の精算は、産業界全体の事務の機械化・合理化から取り残された旧態依然たる手続きのなかで、時間と費用を浪費しているという批判がにわかに高まり、YARを改正することによって共同海損の精算を簡素化するための提言が、国際海上保険連合（IUMI）、イギリス、アメリカおよびヨーロッパ大陸の海損精算人協会など各方面から寄せられるようになった。

　CMIは、これらの提言を全部引き継いだ形で、YAR1974の制定に取り組み、共同海損の簡素化を第3の時代を通底する目標とした。その成果は、E条2項、3項、G条3項、4項、およびYAR2004のXXIII条の新設、III条、V条、XIII条、XVI条およびXVII条の改正に表われている。

　第2は、共同海損における救助報酬の位置づけである。

　これには問題が2つあって、1つは、ロイズ救助契約標準書式（LOF）または、それと類似の救助契約書式に基づく救助報酬は、共同海損たる性質を備えていると考え、共同海損として再精算すべきかという問題であり、いま1つは、救助作業に伴って発生する環境損害に対する賠償責任と損害

防止軽減措置費用をどの範囲まで共同海損に認容すべきかという問題である。いずれも第3の時代を通じて、LOFの数次にわたる改訂と1989年海難救助に関する国際条約（以下、条約という）の制定過程に深く係わりつつ、不断に論議の的であり続けた。その結果、後者の問題については、YAR1994によって最終的な妥協的解決を見出すことができたが（とくにC条2項、Ⅵ条a項後段およびⅪ条d項）、前者の問題については、のちに共同海損精算の簡素化という政策論が加わり、結果的にまったく取扱いを異にする2つの現行規則（YAR1994 Ⅵ条a項とYAR2004 Ⅵ条a項）が並立するという不安定な状態に陥ったままである。

第3は、共同利益主義に基づく規定の合理化である。

後述するYARの「共同の利益」のための共同海損に関する規定は、第2の時代までは、航海の迅速な完遂に貢献するというコンセンサスに基づいて拡張されてきたが、第3の時代に入ると、IUMI、ことに積荷保険者から、荷主の利益を阻害しているとして、これを廃止あるいは縮小すべきであるという批判を浴びるようになった。

このような批判は、理論面では、YARを共同安全主義と共同利益主義の対立という枠組みで研究することを促し、実際面では、CMIの内外に、共同利益主義に基づく規定の効用についての論議を喚起した。CMIは、このような研究と論議を踏まえながら、なお共同利益主義を擁護する立場を堅持して、第3の時代を通じて避難港費用に関する規定の合理化に努めた。その成果は、G条3項、4項の新設、Ⅹ条b項、Ⅺ条b項、およびYAR2004 Ⅺ条c項の改正に表われている。

最後に第3の時代の新しい現象として、複数の規則が現行規則として並存することによって共同海損費用の取扱いに不統一が生じていることを指摘しておかなくてはならない。実務界がほぼ一斉に新しく採択された規則に移行したのは、YAR1974までであって、現在では、YAR1974（1990年改正）、YAR1994およびYAR2004がいずれも現行規則として用いられているのが実情である。とくにYAR2004は、船主の関係団体が不賛成の意向を表明している状況のなかで採択された唯一のYARであって、実務界がこれを広く採用するようになるかは予断を許さない。

2　YARの基本構造——共同安全主義と共同利益主義の結合

　Lowndesは、YARの歴史を叙述するにあたって、YARの目的は、当時主要な海運国で行われていた共同海損の2つの類型を結合することにあったとして、次のように述べている。[4]

　「第1は、『共同の安全』のための共同海損（"Common safety" allowances）である。すなわち船舶と積荷が危険に遭遇している最中に行われた、または支出された、財産の犠牲（たとえば消火のための船艙への注水）または費用である。イギリス法とその精算実務は、19世紀初頭から、おおむねこの範疇に属する共同海損だけを共同海損に認めてきた。

　第2は、『共同の利益』のための共同海損（"Common benefit" allowances）である。すなわち一般にヨーロッパ大陸各国法とアメリカ法では、船舶が避難港に停泊した後も、航海の継続を可能にするために必要な費用（ただし事故による船舶の損傷の修繕費は除く）は、これを共同海損として取扱ってきた。たとえば、船舶の修繕を施工するために必要な、積荷の荷揚げ費用、保管料、再積込み費用、余分の停泊中の港費、給食料など、および出港のための港費である。」

　「ヨーロッパ大陸各国法とアメリカ法の考え方によれば、共同航海団体の本来の目的は、単に中間地点で安全を確保することではなく、目的地に到着することであるから、安全な位置を確保することは、本来の目的を遂行するための第1段階に過ぎない。……したがって当面の安全が確保された後も、船舶と積荷を目的地に到着させるために避難港で費用が支出されている間は、共同海損は継続すべきであると考えられた。」

　一般に共同海損の範囲を、「共同の安全」のための共同海損に限定する考え方を共同安全主義といい、それを包含しつつ、「共同の利益」のための共同海損に拡大する考え方を、漠然とした用語法であるが（「共同の利益」という言葉は、条文には使われていない）、共同利益主義（または航海完遂主義）という。YARは、1864年ヨーク規則以来今日まで、共同利益主

4）　Lowndes, p. 43f. 共同海損を "Common safety" allowances と "Common benefit" allowances の2つの類型に分類するのは、同書の編著者 R. R. Cornah, *The Road to Vancouver-The Development of the YAR*, JIML10（2004）2, p. 155 に発表された考え方で、Lowndesはこれをほぼそのまま取り入れている。

義の立場に立っているということができる。

　「共同の安全」のための共同海損に該当する規定は、船舶と積荷を「危険から守る意図をもって、共同の安全のため」（A条）という要件を、明示的または黙示的に、共同海損の成立要件に組み込んでいる規定（A条、B条、I条～IX条、X条a項、XI条d項1号、2号およびXIV条1項）である。

　これに対して、「共同の利益」のための共同海損に該当する規定には、第1群として、広義の避難港費用に関する規定（X条～XII条）のなかに、「共同の安全のために」という要件を必要としない規定があり、第2群として、代換費用に関する規定（F条、G条3項、4項およびXIV条2項）がある。第1群の規定は、共同の安全が確保された後、あるいはそもそも共同の危険が発生していない状況であるにもかかわらず、避難港から目的港へ安全に航海を完遂するために修繕を要する場合、そのために必要な一定の費用を共同海損に認容するものである。また第2群の規定は、「共同の利益」のための共同海損を拡大する規定である。とくに、代換費用に関する総則的規定であるF条は、第1群の規定には明示されていないさまざまな措置を、代替行為として、共同海損に組み入れる枠組みを提供している。

　CMI2004年バンクーバー国際会議の準備段階でIUMIは、共同利益主義に基づく規定を全面的に廃止して、YARを厳格な共同安全主義に基づいて再構築すべきであるという改正意見を提唱して、活発な論議を呼んだ。IUMIの理由とするところは、1つはYARの「共同の利益」のための共同海損は、規定の面でも、規定の運用の面でも、拡大される傾向にあり、その結果運送人が本来負担すべき通常の航海費用がしばしば共同海損に認容され、荷主の利益が阻害されている。いま1つは、共同海損制度は、本来は廃止すべきであるが、その実現がすぐには困難であるから、漸進的に廃止するために、共同海損の範囲を共同安全主義に基づいて縮小すべきであるとする。

　これに対して、CMI1974年ハンブルク国際会議以来一貫して主張されている共同利益主義を擁護する立場は、共同利益主義に基づく規定、特に避難港費用に関する規定と代船輸送および曳航に適用される代換費用に関する規定は、避難港における運送契約関係人の利害を短時間のなかに調整して迅速に航海を完遂するのに役立つ実際に有用な規定であると考え、規

定の合理化に努め、その範囲の拡大は避けて、これを存続させるべきであるとする。IUMI も国際会議の開催前に上述の全面廃止論を取り下げ、避難港費用の一部の規定（YAR1994 XI 条 b 項）を廃止するという妥協案に転じたので、バンクーバー国際会議においても共同利益主義擁護論は、国際的な支持を得たということができる。

　近代的な海上保険のもとでは、航海団体関係人にとって、共同海損の存在意義は、むしろ「共同の利益」のための共同海損にあり、そこに規定された航海完遂のための費用が、共同海損であるがゆえに海上保険のてん補の対象となっていることに存するといっても過言ではないと考えられる。

III　共同海損の成立要件

1　共同海損行為の一般的成立要件

　YAR は「共同の安全」のための共同海損について、文字規定に共同海損行為の一般的成立要件を定めている。これに対して、「共同の利益」のための共同海損については、それに対応する一般的規定はなく、その共同海損行為は、後述する避難港費用の要件のなかに具体的に規定されている。

　A 条は、厳格な共同安全主義に基づく MIA 66 条 2 項とほぼ同じ表現を用いて次のように規定する。「共同の航海団体を構成する財産を危険から守る意図をもって、共同の安全のために、故意にかつ合理的に、異常の犠牲を払い、または費用を支出した場合に限り、共同海損行為が成立する」。

　Lowndes は、A 条の要件を次のようにまとめている[5]。① intentional（故意の処分）、② peril（common safety）（危険（共同の安全））、③ common maritime adventure（共同の航海団体）、④ extraordinary（損害および費用の異常性）、⑤ reasonable（合理性）。

　要点に少し触れると、①故意の処分は、船長の行為である必要はない。②危険は、差し迫った危険でなくても良いが、現実の危険でなくてはならない。船長が危険が存在すると誤認した場合や、将来の危険に備えるという場合は、これにあたらない。Lowndes は、「危険から守る意図をもって、

5）　Lowndes, p. 82, 125.

共同の安全のために」という規定は、「財産の物理的安全を意味し、航海の安全な完遂を意味するものではない」ことを強調している。③石油の備蓄船など航海を目的としない船舶については、共同の航海団体を認めることはできない。曳船列がいかなる場合に共同の航海団体を形成するかについては特則がある（B条）。④損害および費用の異常性について、帆船航海時代には、共同の危険を避けるために船体・機関の各部を強用することによって生じた損害の異常性を問われることが多かったが、今日では後述するように避難港における諸費用の異常性を問われることが多い。その場合、異常性は、必ずしも質的異常性に限られるわけではなく、量的異常性でも構わないが、運送人が、すでに運送賃という形で対価を得て、本来負担すべき通常の航海費用と共同海損たる異常な費用とをいかに区別すべきかという困難な問題がある。⑤合理性について、かつてイギリスでは、文字規定の合理性の要件は、「合理的に」という文言が用いられていない数字規定にも適用されるかという問題があり、*Alfa* 号事件判決（[1991] 2 Lloyd's Rep. 515）は、これを消極的に解していたが、YAR1994 に至上規定が導入されて以来、それは YAR 全体を支配する原則であることに疑いの余地がない。

2　共同海損たる損害の範囲

　共同海損行為と共同海損たる損害との因果関係および損害の範囲について、C条1項は、「共同海損行為の直接の結果である滅失、損傷または費用に限り共同海損として認容する」と規定し（MIA 66条1項同旨）、3項は、滞船料、商機の逸失および間接損害は共同海損に認容しないと規定している。

　Lowndes は、YAR1950C条に関する *Australian Coastal Shipping Commission v. Green* 事件判決（[1971]1 Lloyd's Rep. 16）に基づいて、「直接の結果」は、船長が損害を現実に予測した場合だけでなく、損害を予測することが可能であり、予測すべきであったと考えるのが合理的である場合を含むと説明している[6]。

6）　Lowndes, p. 144.

C条2項は環境損害に関する規定であるが、これについては、他の環境損害に関する規定（Ⅵ条 a 項およびⅪ条 d 項）とともに後述する。

3　運送人の過失と共同海損

犠牲または費用を生ぜしめた事故が航海団体の当事者の過失に起因した場合にも共同海損は成立する（D 条本文）。海損精算人は、過失の問題には触れずに、共同海損精算書を完成させる。一般に共同海損の分担を請求された利害関係人は、分担請求権者がまず過失ある当事者に損害賠償の請求をすべきであると主張することはできない。利害関係人はまず分担額を支払った後に過失者に求償をなしうるだけである。

しかし、過失ある当事者が、自己の財産に生じた犠牲損害または自己の支出した費用について分担を請求する場合には、その過失が訴訟原因たる過失であれば、利害関係人は分担を拒むことができる。たとえば運送人に訴訟原因たる過失がある場合には（実際上しばしば問題になるのは船舶の不堪航によって事故が発生した場合である）、2 つに分けて考える必要がある。まず積荷の犠牲損害に対する分担を請求された荷主は、これを支払った上で運送人に対して求償しなければならない。しかし過失ある運送人から、運送人自身が支出した共同海損費用（たとえば避難港費用）に対する共同海損分担額を請求された荷主は、支払いを拒むことができる（運送人は自己の過失の結果を甘受すべきである）。それが D 条ただし書の「過失に関し求償または抗弁することを妨げない」の意味である。

共同海損事件は、運送人の航海過失に起因するものがすこぶる多い。ロッテルダム・ルール（全部または一部が海上運送による国際物品運送契約に関する国際連合条約）のもとでは、運送人の堪航能力担保義務が加重され（14 条）、航海上の過失および船舶の取扱いに関する過失が免責事由のリストから除外されるため（17 条 3 項参照）、運送人が自ら支出した共同海損費用を荷主（すなわち積荷保険者）から回収することが不可能なケースが頻繁に発生することが予想される。その場合、海上保険者（特に船舶保険者）と P＆I クラブは、荷主から回収することができない共同海損たる損害に対して、現在の保険処理の方式をそのまま踏襲するのか、あるいは新しい保険カバーを提供するのかは、今後の検討課題である。

IV　主要な共同海損行為

1　海難救助と環境損害

（1）　救助報酬（salvage remuneration）　19世紀末から20世紀初頭にかけて、強力な馬力をもった曳船を備えた職業的救助業者が出現すると、YARに規定されている、いわば古典的な共同海損行為は、職業的救助業者による救助として行われることが多くなり、今日では、船長による海難救助契約の締結は、最も重要な共同海損行為の1つである。そこで、現代の主要な共同海損行為として、まず海難救助をやや詳しく取り上げる。

海難救助の古典的形態は、遭難現場の近くに偶然位置した船舶が、救助契約を締結することなく行ういわゆる任意救助であったが、現代的形態は、職業的救助者による、契約に基づく救助である。そして契約救助は、国際的に、LOFに基づいて行われることが最も多い。[7]

任意救助の場合は、「船長の処分」という共同海損行為の要件を欠いているので原則として共同海損ではない（MIA 65条2項参照）。

これに対して契約に基づく救助の場合には、海難に遭遇した船舶と積荷の共同の安全のために、船長が合理的な救助契約を締結することは、A条の共同海損行為の要件をすべて充たしていると考えるのが自然である。ところが、YAR1974 VI条に「救助報酬」（salvage remuneration）と題する新しい数字規定が導入されるまでの70年余りの間、LOFに基づく救助報酬については、これを共同海損として取り扱うアメリカ法およびヨーロッパ大陸法と、共同海損とは別個の性質を備えたものと考え、共同海損とは別に取り扱うイギリス法との間に、理論的にも実務的にも顕著な相異があり、世界の海損精算人（average adjuster）を悩ませてきた。

LOFに基づいて支払われる救助報酬は、実質的には、全体として航海団体を構成する全財産を救助するために必要とした費用である。この事実

7）　LOFの現行フォームは、LOF2000である。これについて手頃な解説書として豊村誠二訳『プライス海難救助法抄訳——LOF2000とSCOPICの解説』（成山堂・2004）を参照。ロイズが1908年に最初の標準書式を発表して以来、最も重要な改正は、伝統的なNo Cure-No Payの原則を一部修正した1980年の改正である。

Ⅳ　主要な共同海損行為　　*397*

を平易に受け止めて、アメリカ法およびヨーロッパ大陸法は、これを共同海損に認容する。ところがイギリス法はそのようには考えない。すなわち、LOF またはそれと類似の救助契約書式（以下 LOF 型救助契約という）に基づく救助報酬は、法形式的には、LOF に内在する分配システムによって被救助財産の所有者ごとに個別に決定され、支払われる分割債務である（条約 13 号 2 項参照）。それは、法的には、自己の財産をもって自己の財産に対する救助報酬を支払うことを意味しているので、自己の財産を他人のために犠牲にするという共同海損の本質を備えていないと考える。この考え方が、イギリス海損精算人の実務を根強く支配してきたのである。イギリス海損精算人協会は、2 度にわたって、救助報酬を共同海損と同様に取扱う趣旨の実務規定を制定して実務の国際的統一に努めたが（1927 年実務規定 44 条 A「救助費」（salvage expense）および 1942 年実務規定 C1 条「契約に基づいて行われた救助作業」）、依然としてイギリス海損精算人の実務の取扱いの統一に成功したとはいえない状態にあった。

　YAR1974 Ⅵ条 a 項は次のように規定する。「航海団体の当事者が負担する救助の性質を有する費用は、契約に基づくと否とを問わず、救助作業が航海団体を構成する財産を危険から守る意図でなされた場合には、これを共同海損に認容する」（ただし 1990 年に一部修正された字句による）。ここに「救助の性質を有する費用」は、あらゆる形態の救助契約に基づく救助報酬のみならず、船長の処分という A 条の要件を備えていない、任意救助者による任意救助料を含むと解されている。この規定は、YAR1994 Ⅵ条 a 項前段に受け継がれた。

　ところが、その 30 年後、YAR2004 Ⅵ条 a 項は、もっぱら共同海損の精算の簡素化の見地から、これに重要な修正を加え、次のように規定する。「救助に対する支払いは、その支払いにかかわる利息および法的費用とともに、発生したところに帰属し、共同海損に認容しない」。

　この規定は、YAR1974 の規定を完全に否定しているようにみえるが、制定者の意思によれば、本条によって共同海損から除外される救助報酬は、救助契約または海法に内在しているシステムによって、それぞれの被救助財産が負担すべき救助報酬分担額が単独別個の分割債務として決定され、支払われている場合だけである（イギリス海損精算人協会は、2005 年定時総

会で暫定実務規定を採択して、この趣旨を確認している)。LOF 型救助契約に基づく救助報酬、および任意救助者に対する海法に基づく救助報酬はこれにあたる。このような場合に、それぞれの被救助価額に応じてすでに決定された分割債務としての救助報酬を集計し、共同海損負担価額に基づいて再精算することは、費用対効果の観点から無駄であると考えられたのである。

　したがって共同海損という分配システムによらなければ他に分配の方法がない場合、たとえば船長または船舶所有者が、ボルティック国際海運協議会制定「国際航洋曳船契約書式」の「包括料金制」または「時間料金制」の曳船契約書式による救助契約を選択し、救助報酬の全額を支払う場合には、Ⅵ条の適用がなく、船舶所有者が支払った救助報酬は、A 条に基づいて共同海損に認容され、分配される。

　LOF 型救助契約のもとでも、船舶所有者が積荷の救助報酬分担額を支払い、荷主に対して求償権を有する場合には、共同海損精算書に貸方記帳して(共同海損に認容するわけではない)、共同海損精算尻の決済のなかで、荷主から回収する救済措置が認められている (YAR2004 Ⅵ条 a 項ただし書)。

　YAR1994 と YAR2004 は、いずれも現行規則であるから、救助報酬の取扱いは統一されていないといわなければならない。

　もし YAR2004 が実務界に広く採用されるようになり、「共同の安全」のための共同海損の領域で質量ともに重要な LOF 型救助報酬が共同海損から除外されるようになれば、共同海損の在り方にも一石を投じるものと思われる。

　(2) 環境損害　　船舶と積荷の共同の安全を確保するための措置は、今日では環境損害(条約 1 条 d 号の定義による)を無視して行うことはできない。特に救助作業の場合には、救助者は、救助作業の遂行中、「環境損害を防止軽減するために相当の注意を尽くす」義務を負うと規定されているとおりである (条約 8 条 1 項 b 号)。

　1970 年代にはいると実務界では、救助作業に伴って発生する環境損害に対する賠償責任と防止軽減措置費用をどこまで共同海損に認容すべきかという問題がクローズアップされるようになった。それは、理論的には C 条の問題であって、環境損害に対する賠償責任が共同海損行為の直接の結

果であれば、共同海損に認容すべきであると考えられてきたが、実際には、ロンドン海上保険市場が最も恐れていたように、共同海損によって保存される価値に比して環境損害の損害額があまりにも巨額であるという問題があり、さらに責任保険者（P&Iクラブ）と財物保険者（アンダーライター）の伝統的な棲み分けの問題があった。しかし、両者は1981年の「モントリオール・コンプロマイズ」によって、条約の特別補償（14条）と下記の増額報酬について妥協し、1994年の「シドニー・コンプロマイズ」によって、下記のC条2項とⅪ条d項について妥協点に達することができた。

　YAR1994は、これらの妥協点を明文化する形で環境損害に関する規定を次のように整備している。

　「いかなる場合にも、共同航海団体を構成する財産から生じた環境損害に関する、または汚染物質の流出もしくは排出の結果としての」賠償責任および防止軽減措置費用は原則として共同海損に認容しない（C条2項）。

　ただし次の場合には防止軽減措置費用を例外的に共同海損に認容する。

　　①救助報酬が、「環境損害を防止し、または軽減するための救助者の技能および努力」（条約13条1項b項）を考慮して増額された場合の、いわゆる増額報酬（enhancement）（Ⅵ条b項）。
　　②航海団体関係人が自力で救助作業を行った場合の上記①に相当する費用（Ⅺ条d項1号）。
　　③避難港への入出港、停泊および荷役の条件とされた場合の防止軽減措置費用（Ⅺ条d項2～4号）。

　なお、特別補償はあくまでも船舶所有者の負担すべきもので、共同海損たりえないが、念のため、船舶所有者が条約14条または実質的に同様の規定（たとえばSCOPIC条項）に基づいて救助者に支払うべき特別補償は、共同海損に認容してはならない（Ⅵ条b項。YAR2004ではⅥ条c項）と規定している。

2　避　　難

　(1)　避難港費用　　海難に遭遇した船舶が共同の安全のために避難港に入港し、安全を確保した後、航海の安全な完遂に必要な修繕を施工するために、さまざまな措置を講じ、堪航性を回復して、原航路に復帰するまで

の、一連の措置によって生じる費用を一般に避難港費用と呼んでいる（船舶の単独海損たる修繕費は含まない）。避難港への入港は、救助と並んで現代の最も重要な共同海損行為である。また、避難港費用が共同海損に認容されることによって、海上保険のてん補の対象となることは、共同海損の重要な作用である。

YAR X条～XII条は、避難港費用に関して、まず「共同の安全」のための共同海損について規定し、次に「共同の利益」のための共同海損について詳細な規定を設けている。

まず第1のグループとして、船舶と積荷に現実の危険が存在するという状況のもとで、共同の安全のために避難港に入港すること（A条の共同海損行為に該当する）を前提条件として、次の費用を共同海損に認容する。①入出港費、②第2の避難港への修繕回航費（以上X条）、③避難港への転針から原航路復帰までの航海延長期間中（停泊中は別に取り扱う）の乗組員の給食料、燃料および貯蔵品（XI条）。

次に第2のグループとして、現実の危険が克服されて安全が確保された後、またはそもそも現実の危険が存在しないという状況のもとで、将来の危険に備えて、「犠牲もしくは事故により生じた船舶の損傷の修繕が航海の安全な遂行のために必要な場合に、その修繕を可能にするため」に行った行為を前提条件として、次の費用を共同海損に認容する。①積荷、燃料および貯蔵品の荷繰り、荷揚げ、保管、再積込み、再積付けの費用（X条）、②その結果生じた積荷などの損害（XII条）、③余分の停泊期間中の乗組員の給食料、貯蔵品および港費（XI条）。ただしYAR2004 XI条は、余分の停泊期間中の給食料は、共同海損から除外した。

第2のグループは、「共同の利益」のための共同海損である。

すでに述べたように、「共同の利益」のための共同海損の領域では、海損精算人は、ややもすれば、数字規定は厳格に解釈・運用すべきであるという原則をおろそかにして、運送人が本来負担すべき通常の航海費用を共同海損として取り扱うことがある。これを是正するために次の2つの規定が導入されている。

1つは、いわゆる「寄航港」共同海損（"port of call" type general average）である（YAR1994 X条b項ただし書、XI条b項ただし書）。

「共同の利益」のための共同海損が成立するためには、「事故」により生じた船舶の損傷がなければならない。ところが、YAR1924が、YAR1890の「当該航海中の事故」という規定から「当該航海中の」という限定を削除して以来、海損精算人は、船積港または中間港で単に何らかの異常が発見されたに過ぎず、「事故」が発生していない場合にまで共同海損を拡大する傾向があった。これを是正するために、船舶の損傷が、「航海中に発生した」「事故またはその他の異常な事情」によって生じたものでない場合を共同海損から除外した。

いま1つは、単なる荷崩れの再積付け費用を排除する規定である（YAR1994 X条b項後段）。

荷崩れの再積付けが共同海損に認容されるためには、「共同の安全のため」に必要であるか、あるいは「修繕を可能にするため」に必要（YAR1994 X条b項前段）でなければならない。このことは規定上も自明のことであるが、カナダ西海岸の海損精算人は、単に航海の安全な遂行のために行われた木材の再積付け費用を共同海損として取り扱うことが多かった。

(2) 代換費用の総則的規定[8]　YAR1924は、「共同の利益」のための共同海損に関する規定に弾力性をもたせ、さまざまな状況に適用できるように、代換費用に関する総則的規定（F条）を設けた。F条はその後若干の修正があり、YAR1994 F条は、次のように規定する。「共同海損として認容されるべき費用の代わりに支出した追加の費用（additional expense）は共同海損とみなし、共同海損以外の利益につき節約がなされたとしてもこれを考慮することなく、支出を免れた共同海損費用の金額の範囲内で共同海損に認容する」。

F条の運用について重要なことが2つある。

1つは、代換費用が成立するためには、一方に、数字規定によって共同

---

8) "substituted expenses"の訳語として、かつては「代替費用」が用いられたが（たとえば、YAR1924を解説した小町谷操三『共同海損法論』（岩波書店・1943）312頁以下、特に313頁）、実務界では、当時、海上保険業界で広く愛用されたビクター・ドーバー（東京海上火災保険査定部訳）『共同海損の解説――1950年ヨーク・アントワープ規則』（成山堂・1953）（特に45頁）に用いられた「代換費用」という訳語が定着している。本書もそれに従った。

海損に認容される費用を発生させる仮想の措置があり、他方に、その費用を節約するためになされた現実の代替行為がなければならない。仮想の措置は、船長が商業上実際に選択しうる合理的な措置でなければならない（ここにも至上規定が適用されると考えるべきである）。もし仮想の措置としていかなるシナリオを空想してもよいのであれば、共同海損費用の節約額を限度とするという代換費用の要件はないに等しくなるからである。

　いま1つは、代替行為によって生じた費用は、航海開始前に想定された通常の航海費用を超える、質的または量的に異常な費用、つまり「追加の費用」でなければならない。

　以上2つの要件を充足し、古くから代換費用としての取扱いが定着しているのは、避難港から目的港への代船輸送または曳航に要する費用である。

　代船輸送または曳航に要する費用は、現行規則ではF条に委ねられているが、かつてはYAR1890-1950 X条d項に特別の規定があった（この規定はイギリス海損精算人協会が1879年に採用した実務規定F14条およびF15条を、そのままの内容で1つの条文にまとめたものである）。旧X条d項は、YAR1924に代換費用の総則的規定が設けられた後も存続し、しかもF条とは異なり、共同海損以外の利益につき節約が生じた場合には、「節約された異常の費用の割合に応じて」按分するという立場を貫いていた。代船輸送または曳航に要する費用を代換費用として取り扱うことが実際にいかに有用であるかは、代船輸送の場合に100年以上にわたって慣習的に用いられてきた標準不分離条項が、旧X条d項が廃止された後、YAR1994 G条3項に導入されていることからも明らかである。このため旧X条d項の復活を望む声が少なくない。

　各国の海損精算人がF条によって代換費用として取り扱ってきた費用には次のようなものがある。①単独海損たる修繕費の超過勤務手当、②積荷を積載したまま入渠するための増盤木などの費用、③乗組員の超過勤務手当（YAR1950〜1974 XI条d項に規定があったが、濫用のおそれがあり、廃止された）、④新替部品の航空運送賃（今日では多くの場合に航空運送は普通の輸送手段であり、費用の異常性を認めることは困難であろう）。

　これらの費用を共同海損として取り扱うことは、やや技巧的であって、単独海損の合理的な修繕費として認められる範囲で保険てん補の対象とす

れば足りると考えられる。そのように考えれば、実際上有用な旧X条d項を復活させ、濫用のおそれのあるF条は廃止してよいと考える。

（3）**単独海損の仮修繕費**　船舶が事故により損傷を被った場合、避難港で仮修繕を施工するだけで航海を完遂できることがある。これによって避難港費用が節約されるので、仮修繕費は、F条によって代換費用に認容することができる。しかし船舶所有者は、避難港での本修繕を施工せず、より有利な修繕地を選択することによって多額の本修繕費の節約を享受できる場合が多い。仮修繕を選択する動機は、一般には、むしろ本修繕費の節約である。

このような状況のもとで、共同海損という形で航海団体に仮修繕費の分担を求め、船舶所有者は本修繕費節約の利益を1人で享受するのは、いかにも不公平であるという根強い批判があった。そこでYAR2004 XIV条b項は、仮修繕費からまず本修繕費の節約額を控除し、その残額について代換費用の規定を適用することにした。これによって、単独海損の仮修繕費が共同海損に認容されることはほとんどなくなり、仮修繕費は本修繕費の性質に従うという最も自然な考え方に近づくことになると考えられる。

3　その他の共同海損行為

YARには上記の他に、具体的な共同海損行為に関する次のような表題の規定がある（括弧内にYAR1974以降の主要な改正点を指摘しておく）。

①「投荷」（I条）および「共同の安全のための犠牲による滅失または損傷」（II条）

②「船火事の消火」（III条）（「船舶および積荷の引火した部分または引火した個別包装の積荷に生じた損害」を共同海損から除外する趣旨のただし書を廃止した。また、消火のために生じた煙または熱による損害を共同海損から除外した）

③「難破物の切除」（IV条）（「円材」を「船体各部」に改めた）

④「任意の乗り揚げ」（V条）（「乗り揚げが不可避であったか否かを問わず」共同海損に認容することにした）

⑤「機械およびボイラーの損傷」（VII条）（「機関」を「推進機関」とした）

⑥「乗り揚げた船舶の船脚を軽くする費用およびその結果生じた損害」(Ⅷ条)

⑦「燃料として使用した積荷、船用品および貯蔵品」(Ⅸ条)(燃料として用いられる代替物に「積荷」を加え、「船舶が充分な燃料を用意した場合に限り」という要件を削除した。また代替燃料を用いたことによって節約された燃料の費用を共同海損認容額から控除するという法則は、船用品および貯蔵品が用いられた場合に限って明定した)

上記①から④までの規定は帆船航海時代の1864年ヨーク規則に、⑤から⑦までの規定は職業的救助業者の出現以前のYAR1890にはじめて採択された規定である。船舶が大型化し、環境損害が重視されるようになった今日では、これらの状況に対応する損害防止措置は、職業的救助業者による契約救助として行われることがますます多くなっている（たとえば、⑦の燃料不足事故に対する措置は、今日では救助業者による曳航である）。

Ⅴ　共同海損の精算

1　分担利益と共同海損精算書

共同海損は、共同海損たる損害とその分配に関する制度であるから、YARも共同海損たる損害に関する原則を規定するとともに（A条1項およびC条）、分配に関する原則を、「共同海損となる犠牲および費用は、以下に規定するところに基づいて各種の分担利益が負担する」と規定している（A条2項）。

YARは、「各種の分担利益」と規定するにとどまり、分担利益の要件と範囲を明白にしていないが、共同海損制度の目的に照らせば、それは次のように考えられる。

第1に、分担利益は、共同海損行為の時に共同危険団体に属する財産であって、共同海損行為によってその安全を確保しようとした財産である。

第2に、分担利益は、航海終了の時および地において残存する財産である。共同海損行為と財産の残存との間に、厳密な因果関係は必要としない。したがって、共同海損行為によって安全が確保された後、目的地に到達するまでの間に新しい事故などによって滅失した財産は、共同海損を分担し

ない。またその間に減価した財産は、実際の残存価値に基づいて共同海損を分担するまでである。

　第2の要件に関して、さらに2つのことを補足しておこう。まず、このようにして分担利益が減失または減価して期待された共同海損分担額に損失が生じる危険に対して、船舶所有者は、共同海損費用保険（general average disbursement insurance）を付保するのが一般的である。その保険料は共同海損に認容される（XX条3項）。次に、共同海損負担価額と海難救助における被救助価額との間には、原理的な相違がある。後者は、救助完了後、安全な場所に、引き入れた時および地における被救助財産の価額である。また No Cure, No Pay 条件に基づく救助報酬裁定額は、被救助価額を超えることがないのに対して、共同海損たる損害と費用は、負担価額の総額を超えることがある。その場合、YAR には、共同海損分担義務の有限責任についての規定はないが（商法791条参照）、YAR に基づく共同海損の精算の実際では、分担義務者の責任は、負担価額を限度とするという取扱いが確立されている[9]。

　以上の要件を備えた分担利益の航海終了の時および地における価額が負担価額であるが（G条1項）、「これらの価額に犠牲に供された財産の共同海損てん補が含まれていないときは、これを加算する」（XVII条2項）。

　YAR は、上に述べた分担利益に関する要件を当然の前提として、数字規定に、積荷、船舶および運送賃について、犠牲損害額の算定基準（XVI条、XVIII条、XIII条およびXV条）と負担価額の算定基準（XVII条）について詳細な規定を設け、さらに分担利益の範囲について特則を設けている（XVII条5項）。

　海損精算人（average adjuster）は、YAR に従って（かつ各国の海損精算人協会の会員である海損精算人はその実務規定を尊重しながら）[10]、共同海損行為を叙述し、共同海損に認容すべき損害と費用を確定し、一定の共同海損

---

9) 共同海損費用保険については、Lowndes, p. 551 以下に詳しい。またいわゆる "Loss exceeding benefit" の問題については、Rose, *supra* note 3, p. 30 ; Gillman and Merkin etc., *supra* note 3, p. 1189 footnote 21 などを参照。
10) イギリス海損精算人協会実務規定（Lowndes, App. 3 に全文収録）が最も充実した内容を誇り、各国の海損精算人によって常に参照されている。同協会のメンバーである海損精算人がこれに従わない場合は、海損精算書にその理由を注記している。

支出に対する立替手数料（XX条）を加算して、共同海損認容額の総額を算出する（YAR2004 は、立替手数料を廃止し、利率の決定方法を改めた）。次に海損精算人は、分担利益の範囲を定めて、その負担価額を確定し、共同海損認容額の総額の負担価額の総額に対する割合から負担率を求め、最後に各分担利益の共同海損分担額を決定する。この一連の作業を共同海損の精算といい、その結果を表した文書を共同海損精算書（general average adjustment）と呼んでいる（YAR2004 XXⅢ条 a 項 1 号参照）。

共同海損の精算は、一般に船舶所有者が選任した職業的海損精算人（average adjuster）によって行われるが、積荷保険者が一定のグループの積荷（たとえばアメリカの海上保険者に付保されている積荷）の利益を守るために別の海損精算人を起用することがある。

共同海損分担額は、共同海損精算書に基づいて、各分担利益のために共同海損分担保証状を提供した海上保険者によって支払われるのが普通であるが、共同海損精算書には一般的に法的拘束力はない。しかし、以下に述べるように、E条3項は一定の法的拘束力を与えている。

共同海損精算書は、共同海損の分担を予定しない場合にも作成される。たとえば、前述の小額共同海損担保特約条項の場合、空船航海の共同海損の場合（船舶保険普通保険約款 5 条 2 項など参照）、あるいは運送人に訴訟原因たる過失があるため、荷主に共同海損分担額を請求することができない場合などである。前 2 者の場合には、YAR は、海上保険契約に取り込まれて、保険てん補の対象としての共同海損たる損害の定義と算定基準を示す規定の役割を果たしているということができる。

2　負担価額および損害額の算定基準

(1)　積荷　　負担価額は、「航海終了時の財産の実際の正味価額に基づいて」算定するのが原則であるが（XⅦ条 1 項）、YAR は、主要な分担利益について、共同海損精算の簡素化の見地から若干の特則を設けている。そのなかで積荷に関する規定が実際上最も重要である。

「積荷の価額は荷揚げの時における価額とし、その価額は荷受人に与えられた商業送り状により確定する。かかる送り状がない場合は、船積価額により確定する」（XⅦ条 1 項ただし書）。同様の法則は、積荷の犠牲損害額

の算定にも適用される（XVI条1項。送り状価額に利潤を加算してはならない）。

　積荷の負担価額を現実の市場価額に代えて商業送り状価額としたことは、第3の時代の、YARの改正による共同海損精算の簡素化の最大の成果である。しかし規定そのものには不備があり、各国海損精算人の実際の取扱いと乖離している。

　積荷の価額は「荷揚げの時における価額」と規定されているが、CMI1994年シドニー国際会議において、国際共同海損小委員会は、海損精算人の実際の取扱いを明文化するために、これを「運送契約のもとでの引渡しの時における価額」に改めるように提案した。この提案の意図するところは、たとえば積荷が複合運送に対応したコンテナB/Lのもとで、船舶から荷揚げされた後、複数の運送手段を用いて最終目的地に運送されたような場合には、共同海損が発生した船舶からの荷揚げの時の価額ではなく、最終目的地において荷受人に引き渡される時の価額でなければならない。したがって、積荷の負担価額は、最終目的地における商業送り状価額とすべきである。積荷の犠牲損害額の算定の面から観察しても、もし最初の船舶に積載中に投荷による犠牲損害を被った荷主は、最終目的地における引渡しの時における価額によらなければ実損害のてん補を受けることはできない。ヨーロッパ海損精算人協会は、すでに1981年総会で、YAR1974 XVI条およびXVII条の「荷揚げの時における価額」は「最終仕向地での引渡しの時における価額」と解釈すべきであるという趣旨の決議を採択している。

　この改正意見は、シドニー国際会議では採択されなかった。その理由は、いかなる共同海損の拡大にも反対するというIUMIの姿勢に影響されて、多くの参加者がこの提案によって荷主の共同海損の負担が増加すると感じ、あるいは共同海損を陸上運送に引きずり込む結果になると感じたからである。いずれも根拠のない理由である。各国海損精算人の実際の取扱いは、シドニー国際会議以後も改正意見のとおりである。

　(2) 船舶　　船舶の負担価額は、航海終了の時における現実の正味価額（船価）に基づいて算定される。一般に海損精算人は、船価を算定するために、経験を積んだ船価鑑定人の船価鑑定書を用い、それを共同海損精算

書に引用している（イギリス海損精算人協会実務規定B24条参照）。

YAR は船舶の負担価額について、2つの規定を設けている。

1つは、船価は「その船舶が締結している裸用船契約または定期用船契約の有利な効果または不利益な効果を考慮せずに評価する」（XVII条1項）。いわゆる free market value を用いるという趣旨の特則である。

いま1つは、船舶および積荷の負担価額からは、共同海損行為ののちに、それに関して支出された救助報酬、単独海損の修繕費など余分の費用を控除するが、船舶については、条約14条またはそれと実質的に同様の規定（たとえばLOFの追加条項であるSCOPIC条項）に基づく特別補償を控除してはならない（XVII条2項）という特則である。特別補償は、あくまでも船舶所有者の負担に属するからである（条約14条1項）。

(3) **運送費**　YAR は、「積荷の価額は、……運送賃を含むものとする。ただし運送賃が積荷の所有者以外の者の危険負担に属するときはこの限りでない」と規定する（XVII条1項）。目的地における積荷の引渡しを条件とする運送賃（積荷が滅失すれば運送賃請求権も消滅する）は、共同海損分担利益である。運送賃の負担価額からは、「船舶および積荷が共同海損行為の日に全損となったならば支出を免れ、かつ共同海損として認容されなかったであろう運送賃取得のために要する費用および船員の給料を控除する」（XVII条2項）。同様の法則は、運送賃の犠牲損害にも適用される（XV条）。

(4) **犠牲損害認容額と "hypothetical salvage"**　上述したように、犠牲損害認容額は、負担価額に加算され（XVII条2項）、共同海損を分担する。ところが、YAR2004 VI条によって、LOF型救助報酬が共同海損から除外される場合には、この原則の適用に支障が生じる。いまLOFに基づいて、船舶と積荷の救助が行われ、一部の積荷は投荷されて滅失したが、船舶と残りの積荷は救助され、それぞれの被救助財産から救助報酬が支払われたと仮定する。投荷された積荷の所有者は、商業送り状価額によって確定される、航海終了時の正味正品価額を犠牲損害として享受するが、被救助価額はゼロであるから、LOFのもとでは救助報酬支払義務を負わない。そして犠牲損害認容額が負担価額に加算されても、救助報酬が共同海損から除外されているので、救助報酬に対する共同海損分担義務も発生しない。

つまり、投荷された積荷の所有者は、救助報酬の負担を完全に免れることによって他の分担義務者より有利な立場に置かれることになる。このような不公平を是正するために、救助報酬を共同海損として取り扱わなかったイギリス法のもとで海損精算人は"hypothetical salvage"と称する計算方法を編み出してきた。それによると、投荷された積荷の所有者も他の分担利益と同率の救助報酬を負担すると仮定して「見なし救助料」を算出し、その金額を犠牲損害認容額から控除してすべての分担利益に還元する。

YAR2004 VI条によって救助報酬が共同海損から排除される共同海損の精算には、"hypothetical salvage"の計算方法を適用すべきである[11]。

3 損害通知義務、書類提出期限およびタイム・バー

YARの第3の時代の課題である共同海損精算の簡素化の1つの目標は、共同海損事件の発生から、共同海損精算書が発行され、共同海損精算書に基づく決済が終了するまでの手続きに要する時間を短縮することである。そのためにYAR1994およびYAR2004は、次のような規定を加えている。

(1) 共同海損への認容を請求する者は、航海終了後12か月以内に、海損精算人に、分担を請求する損害または費用を書面で通知しなければならない（E条2項）。

(2) 海損精算人から損害を証明する書類（主にサーベイ・レポート）または、主に積荷の負担価額の明細書（valuation paper）の提出を求められた場合は、提出を求められてから12か月以内に提出しなければならない。これら損害通知義務または書類提出義務を怠った場合、海損精算人はその時点で利用可能な情報に基づいて損害額と負担価額を見積って共同海損精算書を完成させることができる（E条3項）。この場合、共同海損精算書に記載された共同海損認容額と負担価額は、「明白に誤りであるという理由がある場合」でなければ争うことができない（E条3項）。

E条2項および3項は、職業的海損精算人の機能を前提にした規定である。

Lowndesは、イギリスの職業的海損精算人の役割をこう述べている[12]。

---

11) 計算例は、Lowndes, pp. 462-463 参照。
12) Lowndes, p. 180.

「(共同海損分担請求権者の証明責任を規定した) E条1項を読むと、ある当事者が損害または費用を共同海損として請求したいと考えるならば、請求に必要な証拠を添えて海損精算人に請求すべきであり、請求者がこれを怠った場合、海損精算人は、その損害または費用を無視すべきである、といっているようにみえるかもしれない。実務は違うのである。船舶所有者が一応共同海損と思われる事件の精算のために海損精算人を任命すると、海損精算人は、航海団体関係人の代理人として行動する責任を引き受け、事故の性質およびそれによって生じた損害と費用に関する、関連性のあるあらゆる証拠を自ら探索し、収集する。そして、すべての請求の実体的当否を議論する攻撃側と防御側の双方のバリスタの役割を演じ、最後に仲裁人の役割を果すのである。」

E条3項は、このような職業的海損精算人の中立性に基づく規定である。船舶所有者は、職業的海損精算人を選任する義務はないが、E条3項によって法的拘束力を与えられるのは、職業的海損精算人の作成した海損精算書に限られると解すべきである。[13]

(3) YAR2004 XXⅢ条は、「共同海損分担金に関するタイム・バー」と題する新しい規定を設け、「適用される準拠法に期間的制限に関する強行規定がある場合は、常にそれに従う」という条件のもとで、「共同海損分担金の請求権は、共同海損盟約書または保証状に基づく請求権も含めて、共同海損精算書が発行された日から1年以内に分担金の請求者により訴えが提起されないときは消滅する。ただし、いかなる場合にも、航海終了後、6年を経過したときは、訴えを提起することはできない」と規定した (a項1号)。

IUMIは、CMI2004年バンクーバー国際会議において、YARに新たに共同海損分担請求権の期間的制限に関する規定を導入して、この問題の国際的統一を図ることを強く主張した。IUMI (特にイギリスの海上保険者) の本当の意図は、海上保険者が共同海損に対する支払備金を長年にわたって決済期ごとに計上しなければならない煩雑さから解放されたいという点にあった。

---

13) Lowndes, p. 604 と同旨。

この規定には問題が多い。たとえば、IUMI は、タイム・バーに関する各国法の把握が困難であるという問題をこの規定によって解消したいというが、そもそも YAR のような普通契約条項に請求権の期間的制限に関する規定を設けることが適当か否か、あるいは各国の期間的制限に関する強行規定との関係いかんについて、バンクーバー国際会議で充分な審議が尽くされないまま、今後の共同海損の精算実務に困難な問題を投げかけることになった（バンクーバー国際会議における本条の採決ではわが国は保留とした）。この規定が共同海損精算の簡素化・迅速化に実効性があるかは、はなはだ疑問である。

第15章
海上保険の損害対応実務

I　概　説

　被保険船舶・貨物に損害が発生した場合、保険者は、損害発生の原因を調査し、担保危険による損害かどうか確認したうえで、関係する法律を参照しながら、該当の約款に基づいて適正な損害額を算出し、これを被保険者に支払う。本章では、関連法規および約款に言及しながら、保険者の損害対応実務を概説する。

II　海損精算関係の組織

1　海損精算人

　単独海損や共同海損の精算を業とする専門家を海損精算人（average adjuster）という。海損精算人が集まって事務所を設立し業務を行う場合が多く、これを海損精算事務所（Average Adjusting Office）という。

　海損精算人の資格制度や業務の範囲は各国の事情によって異なるが、一般に、保険者、ブローカーあるいは被保険者の委嘱により、損害発生時に事実関係や原因、損害額について必要な情報と資料を収集し、公正な第三者として、単独海損および共同海損の精算書を作成する。精算書には準拠法および保険約款に基づいて、保険者がてん補すべき損害額と、船主、荷主等の関係者の負担額が記載される。この精算書を検討することで、保険者は保険金の支払額を決定する。

2 鑑定人（マリン・サーベイヤー）

　海上保険分野において、第三者の立場から損害の原因および損害額を鑑定する専門家がマリン・サーベイヤー（marine surveyor）である。日本国内では、国土交通省が所轄する社団法人日本海事検定協会および財団法人新日本検定協会が全国の主要港にマリン・サーベイヤーを常駐させる拠点を有しており、日本を代表するサーベイ機関である。

　ほかにも地域的なマリン・サーベイヤー、サーベイ機関がある。

　マリン・サーベイヤーが発行するサーベイ・レポートは、損害発生時期、原因、妥当な損害額などの面で保険会社が有無責および支払額を判断する根拠となるばかりでなく、保険会社が船会社等の運送人に対し代位求償を行ううえでも重要である。

3 クレーム代理店

　外航貨物海上保険証券は、CIF条件等で輸出される貨物に付される場合には海外の買主（consignee）に譲渡され、その買主が保険金請求者となるのが一般的である。輸出先の国で円滑・迅速に保険金請求者に保険金を支払うため、一般に保険会社は多くの国にクレーム代理店を設置している。クレーム代理店の役割は、事故の受付、必要書類の取付けから保険金の支払い、さらには代位求償にまで及ぶが、保険会社との契約内容により委託範囲は異なる。

　イギリスのロイズは世界各国に300以上のクレーム代理店を有しており、国内の各損害保険会社のクレーム代理店と重複することも多い。関連会社等として独自のクレーム代理店を有する保険会社もある。

III　単独海損（貨物）

1 概　説

　貨物海上保険の損害対応の根幹は、第1に損害原因は何か、担保危険によるものか、第2に保険事故の発生時期は保険期間内か、第3に妥当な損害額はいくらか、の3点を確認し、迅速に適正な保険金を支払うことである。

また、損害に対し賠償責任を負う者がいるかを確認し、代位求償を行うことも損害対応の重要な一部である。

次節以降で、具体的な手順や必要書類などの実務につき、発生件数の多い外航貨物海上保険の輸入貨物の場合を中心に説明する。

2 貨物損害対応の流れ

(1) 輸入貨物の場合 (a) 事故報告・受付 被保険者は、損害の発生を知った際に保険会社またはそのクレーム代理店に対して迅速に事故報告を行い、とるべき対応を確認する。保険会社は、必要に応じて貨物の損害拡大防止措置、運送人等への事故通知など権利の保全、サーベイを行う場合には貨物の現状保全等につき、可能な限り被保険者に申し入れる。これらの措置が適切に行われなかった場合には、損害額が拡大したり、後日原因・てん補責任の判断に支障が生じたり、運送人等への代位求償が困難になるなどの可能性があるので、特に高額の損害が見込まれる場合は注意が必要である。

一般に事故報告を受けた際に、保険会社が確認しておくべきポイントは、以下のとおりである。

①貨物の名称、種類、性質、数量、荷姿
②損害の及んでいる数量、形態、状態、程度
③輸送用具、コンテナ貨物の場合、FCL（Full Container Load）貨物か[1] LCL（Less than Container Load）貨物か[2]
④損害発見時の状況、その他原因に関わる情報
⑤貨物の所在場所、サーベイを行う場合の連絡先

また、以下の書類をできるだけ早く取り付けることが望ましい。

①仕切状（Commercial Invoice：インボイス）、梱包明細書（Packing List：パッキングリスト）
②船荷証券（Bill of Lading）または航空運送状（Air Waybill）
③貨物引取時の異常や過不足が記載された書類（輸送形態により発行される書類が一様でないので、後述3(1)参照）

---

1) 1荷主だけでコンテナ1個を満たす貨物。
2) 他の荷主の貨物と同じコンテナに混載された貨物。

④運送人への事故通知（claim notice to carrier）

(b) サーベイの手配　一般に保険会社は、損害見込み額、代位求償の可能性、原因調査の必要性などを勘案し、サーベイ実施の要否を判断する。日本国内では、Ⅱで述べた社団法人日本海事検定協会、財団法人新日本検定協会などの検査機関で、当該貨物に専門性を有するサーベイヤーを起用するのが通例である。一般に日本国内ではサーベイの手配は保険会社が行うことが多いが、これらの検査機関が通常の輸入通関にあたり必要な成分や数量等の検査をも受託していることがあり、その過程で損害が判明した場合等においては、被保険者が直接サーベイを手配することもある。

ばら積貨物で本船からの荷卸し中に損害が発見された場合などは、本船の欠陥がなかったかなどを確認しておくことが代位求償の成否にも影響するので、特に迅速にサーベイを手配し、乗船サーベイができるようアレンジする必要がある。

(c) 運送人への事故通知（claim notice to carrier）　荷主である被保険者は、損害の発生を知った際には、速やかに運送人に対して書面で事故通知を行い、運送人への求償権を保全することが義務として協会貨物約款に定められている。[3] 海上輸送の場合には、船荷証券について定めた国際条約であるヘーグ・ヴィスビー・ルールや、わが国がこの条約を批准して国内法に反映させた国際海上物品運送法（1993年施行）において、荷主は貨物の引渡しを受ける際に損害が確認された場合には運送人に対し書面で通知を行うこと、損害が直ちに発見できないものであった場合には受取りの日から3日以内に通知を行うことが求められ、通知がなかった場合には損害がない状態で引き渡されたものとみなす旨が規定されている。[4] また、航空

3）　2009年協会貨物約款（ICC）16条2項参照。
4）　国際海上物品運送法12条（荷受人等の通知義務）　荷受人または船荷証券所持人は、運送品の一部滅失または損傷があったときは、受取りの際運送人に対しその滅失または損傷の概況につき書面による通知を発しなければならない。ただし、その滅失または損傷が直ちに発見することができないものであるときは、受取りの日から3日以内にその通知を発すれば足りる。
　2　前項の通知がなかったときは、運送品は、滅失および損傷がなく引き渡されたものと推定する。
　3　前2項の規定は、運送品の状態が引渡しの際当事者の立会いによって確認された場合には、適用しない。

貨物の場合には、航空貨物輸送に適用されるモントリオール条約（2003年発効）やそれ以前のワルソー条約や、これらの条約を反映したIATA（International Air Transport Association：国際航空運送協会）の航空運送約款において、荷主による運送人宛の損害の通知期限は受取りから14日以内とされ、この期限内に通知が行われなかった場合には運送人は責任を負わないことが定められている。航空貨物の損害の代位求償においては、この通知期限が厳格に適用され、期限内の通知がなかった場合には、航空会社は、一切損害賠償請求を受け付けないのが通例であり、保険会社としては事故報告を受けた際には被保険者に航空会社への事故通知を実施済みであるかを確認し、未実施であれば速やかに実施するよう申し入れることが重要である。前述のとおり発生した損害につき責任を負う運送人などに対する賠償請求権を保全することは、被保険者の義務（Duty of assured）として協会貨物約款でも規定されており、被保険者は保険契約上も遅滞なく事故通知を行うことが求められる。

　　(d)　損害額・てん補責任の決定、保険金の支払い　　以下のとおり検討を行い、保険金支払い可能額を決定後、被保険者より保険金請求書を取付け、保険金を支払う。

　　　(i)　サーベイを実施した場合　　一般にサーベイヤーは最初の立会い後、荷主他関係者から損害原因、損害発生時期、妥当な修理費、損害額、損品の処分方法につき情報や書類を入手し、調査を完了したうえで、これらの点についてのサーベイヤーとしての所見を記載したサーベイ・レポートを依頼者に対し発行する。保険会社は、サーベイ・レポートの内容を精査し、以下の観点から保険金支払いの可否および保険金の額を決定する。

　　　　　①　保険金支払いの可否　　損害原因が保険証券に記載された担保危険によるものであるかどうか、その危険は保険期間内に発生したのかどうか、および損害発生時点において被保険者が被保険利益を有していたかどうかの確認を行う。

　　　　　②　損害額　　全損の場合には、全損が確認された数量に相当す

4　運送品につき滅失または損傷が生じている疑いがあるときは、運送人と荷受人または船荷証券所持人とは、相互に、運送品の点検のため必要な便宜を与えなければならない。

る保険金額を支払うこととなる。損害の発生により全損となった結果として、保険金額に含まれる運賃の一部等の支払いを免れた場合においては、当該額を控除して支払う（未必費用控除）。関税が付保されている場合には、輸入通関で輸入関税を支払った後に全損が発生した場合にのみ、該当関税保険金額を限度として実際に生じた該当貨物分の関税実額を追加して支払う。

分損の場合には、MIA 71 条に従い、以下の算式により「分損計算」を行い、保険金の額を算出するのが原則である。

$$\text{損害が発生した数量分の保険金額} \times \frac{\text{到達地正品市価} - \text{到達地損品市価}}{\text{到達地正品市価}}$$

原材料や食糧などの損害の場合には、サーベイ・レポートには通常全損換算数量（Equivalent to Total Loss、または略して ETL）が記載されるが、これは損害を被った数量に上記式の分数の部分を乗じたものであり、実務としては以下の算式により保険金の額を算出する。

$$\text{保険証券記載の保険金額} \times \frac{\text{全損換算数量（ETL）}}{\text{保険証券記載の貨物の数量}}$$

関税が付保されている場合には、該当関税保険金額を限度として実際に生じた該当貨物分の関税実額を貨物海上保険金額に上乗せした金額をもとに分損計算を行う。

ただし、損害が航海途中に発生し中間港での処分を余儀なくされ適当な正品市価と損品市価を適用するのが困難な場合や、損害の結果として鋼材がスクラップ処理されたり、食糧が肥料として処理される等、貨物が元々の性質を喪失した場合においては、損害が発生した数量分の保険金額から残存物を転売して得た残存価額を控除した金額を支払うこともある。これを salvage loss settlement（救助物差引てん補）という。

また、機械等の工業製品で修理が可能な場合には、通常引受条件に自動的に付帯される協会修繕約款（Institute Replacement Clause）[5]に従い、損害

---

[5] 2009 年協会修繕約款（Institute Replacement Clause）の文言は、以下のとおりである。
　In the event of loss of or damage to any part(s) of an insured machine or other manufactured

を被った貨物の価額を限度として、修理のために要した部品の代金、部品を取り寄せるための費用等を含めた修理費を支払うこととなる。元々の被保険輸送が船舶で行われ保険金額に海上運賃相当額しか含まれていない場合には、修理のために要した部品の輸送費は海上運賃相当額が限度となり、それを超過する航空運賃を支出した場合には超過分は対象とならないので、注意が必要である。また、元々の貨物が免税で関税が付保されていなかったが、修理に要した部品の輸入の際に関税が課された場合にも、該当する関税の額は対象外となるので、この点も注意が必要である。その他、提示された修理費のなかに、保険の目的物の修理のために直接的に必要な費目以外の間接的な損害などが含まれていないか、また、妥当な修理費が損傷を被った可分の単位の該当貨物の保険金額を超過していないかを確認する。

　上記のような貨物自体の価値の減少・喪失・修理費用のほか、協会貨物約款では、被保険者が前述の損害防止義務を履行するために支出した損害防止費用（ICC 16条）や、担保危険によって途中港で航海が打ち切られ目的地までの輸送継続のために必要になった継搬費用などの費用損害も支払うことを定めている。いずれも、事故の状況や支出した費用の合理性、合目的性を確認したうえで支払額を決定する。

　　(ii)　サーベイを実施しなかった場合　　保険会社は、被保険者から

---

item consisting of more than one part caused by a peril covered by this insurance, the sum recoverable shall not exceed the cost of replacement or repair of such part(s) plus labour for (re)fitting and carriage costs. Duty incurred in the provision of replacement or repaired part(s) shall also be recoverable provided that the full duty payable on the insured machine or manufactured item is included in the amount insured.

　The total liability of Insurers shall in no event exceed the amount insured of the machine or manufactured item.

［試訳］本保険が付された機械もしくは2以上の部分により構成される製造物の一部に、本保険証券が担保する危険によって滅失または損傷が生じた場合、保険金の額は、当該損害を受けた部分の取替え部品代金または修繕費用に、もし支出していれば輸送費用および再取付費用を加えた額を超えないものとする。ただし、関税については、保険金額に関税が全額含まれている場合に限り、追加関税を支払うことによって生じた損失についてもてん補する。

　ただし、いかなる場合においても、保険者の責任は、当該機械もしくは製造物の保険価額を超えないものとする。

6) このような場合に、修理のための部品の輸入に要した航空運賃や関税を支払う Special Replacement Clause（Air Freight）や Special Replacement Clause（Duty）が付帯されている契約もある。

入手した情報や書類をもとに上記(i)と同様の検討を行い、支払可否、支払可能額を決定する。このために一般に必要とされる損害立証書類については、後述する。

(2) 輸出貨物の場合　(a) 海外でクレーム代理店が支払う場合　一般的な CIF 等の貿易条件での輸出等で、輸送中のリスクを買主（consignee）が負担する場合、買主は保険証券に記載された仕向国のクレーム代理店に事故報告を行い、クレーム代理店が前述の輸入貨物と同様の手順を現地で行い、必要に応じて保険会社の承認を得たうえで、現地で保険金を買主に支払う。取決めにより方法や時期は異なるが、クレーム代理店は当該クレームに関わる書類を保険会社に送り、保険会社との間で保険金を決済する。

(b) 国内で保険会社が支払う場合　DAP[7]等の貿易条件で国内の売主が輸送中のリスクを負担する場合、または輸送中のリスクは買主に移転しているが売主と買主との合意により国内で保険金の支払いが求められる場合には、国内で保険金を支払うことが必要となる。後者の場合には、保険金請求権を有する買主が、売主に対して保険金の請求と受領を委任するために、買主が署名した委任状（Power of Attorney）を取り付ける。

この場合の手順は、前述の輸入の場合と同様であるが、高額の事案では、現地のクレーム代理店やサーベイ機関を起用してサーベイを行う必要がある。また、受渡しの際の異常を記載したリマークなど、取り付ける書類も国によって名称が異なるので、場合により現地の荷扱事情を確認する必要がある。

(3) 内航貨物の場合　前述の輸入貨物の場合とおおむね同様の損害対応を行うが、外航輸送と異なり船荷証券が発行されないこともある。必要に応じ、運送契約を示す書類や、本船積込みの事実とその際の数量および状態を記録する積荷役協定書、本船荷卸しの事実とその際の数量および状態を記録する揚荷役協定書などを取り付ける。

運送人への事故通知については、国土交通省が告示する標準内航利用運

---

7) Delivered at Place（仕向地持込み渡し）の略。Incoterms 2000 までの DDU（Delivered Duty Unpaid, 関税抜き持込み渡し）などの条件に代わり、Incoterms 2010 で新たに導入された条件。

送約款において、貨物受取りの日から2週間以内の通知が求められている。

保険金の額の算出においては、外航貨物海上保険と同様に、「分損計算」を基本とし、貨物の損害が航海途中に発生し、中間港での処分を余儀なくされた場合などには前述のSalvage Loss Settlementの算出方法を用いる。

3　必要書類

原因・てん補責任の確認、てん補される損害額の算出、あるいは代位求償のために取り付けるべき書類は、輸送形態、貨物の種類、損害形態によって異なる。以下に、それぞれの形態により一般的に必要な書類を示す。

(1)　外航貨物海上保険の場合

○：必要　▲：場合により必要

必要書類＼輸送形態	コンテナ	在来船	航空貨物
保険金請求書（Claim Note）	○	○	○
保険証券（Insurance Policy）または保険引受証（Certificate of Insurance）	○	○	○
貿易取引において一般的に作成される書類			
インボイス（Commercial Invoice）	○	○	○
梱包明細書（Packing List）	○	○	○
船荷証券（Bill of Lading）または海上貨物運送状（Sea Waybill）	○	○	
航空運送状（フォワーダー／混載業者が発行する"House Air Waybill"と、航空会社が発行する"Master Air Waybill"がある）			○

---

8) 標準内航利用運送約款（平成18年国土交通省告示第316号）。
　23条　当社の貨物の減失、毀損等に対する責任は、当社が貨物を受け取ったときに始まる。
　2　当社の責任は、荷受人が留保をせずに貨物を受け取ったときに消滅する。ただし、貨物に直ちに発見することができない毀損又は一部減失がある場合において荷主が受け取った日から2週間以内に当社に対してその通知を発したときは、この限りでない。
9) 内航貨物海上保険においては、商法831条の規定による。また、各社の内航貨物海上保険普通保険約款にも、同じ趣旨の条項が含まれているのが通例である。
　商法831条　保険ノ目的タル積荷カ毀損シテ陸揚港ニ到達シタルトキハ保険者ハ其積荷カ毀損シタル状況ニ於ケル価額ノ毀損セサル状況ニ於テ有スヘカリシ価額ニ対スル割合ヲ以テ保険価額ノ一部ヲ填補スル責ニ任ス。
10) 商法832条1項　航海ノ途中ニ於テ不可抗力ニ因リ保険ノ目的タル積荷ヲ売却シタルトキ

書類			
受渡しの際の異常や数量が記録される書類			
コンテナ機器受渡証（Equipment Interchange Receipt（FCL貨物の場合））	▲（水濡等、コンテナの異常が疑われる場合）		
デバンニング・レポート／入庫報告書（Devanning Report（FCL貨物の場合））	○		
荷渡指図書（Delivery Order）等、契約混載業者が船会社・航空会社などの実運送人から貨物の引渡しを受ける際に異常を記録した書類（航空貨物、LCL貨物の場合）	○		○
Landing Report（陸揚報告書、入庫報告書）	○	○	
Cargo Boat Note		○	
Re-Checking Report		▲	
内容点検実施明細書（航空貨物ターミナルで航空会社立会の下損害内容を確認・記録した書類）			▲
Weight Certificate（重量証明書。ばら積貨物の不足損害の場合、積出港および荷卸港双方のものが必要）		▲	
その他			
Stowage Plan/Bay Plan（コンテナ積付表）	▲	▲	
Sea Protest（海難報告書）	▲	▲	
Import Declaration（輸入（納税）申告書。関税が付保され関税分の損害も発生している場合に必要）	▲	▲	▲
サーベイ・レポート、サーベイ費用請求書（被保険者がサーベイを手配した場合）	▲	▲	▲
修理費明細書・請求書	▲	▲	▲
運送人宛事故通知（Claim Notice to Carrier）	○	○	○
運送人宛事故通知に対する運送人の回答、受付通知	▲	▲	▲
写真	▲	▲	▲

ハ其売却ニ依リテ得タル代価ノ中ヨリ運送賃其他ノ費用ヲ控除シタルモノト保険価額トノ差ヲ以テ保険者ノ負担トス但保険価額ノ一部ヲ保険ニ付シタル場合ニ於テ保険法第十九条ノ適用ヲ妨ケス。

(2) 内航貨物海上保険の場合

○：必要　▲：場合により必要

保険金請求書	○
仕切状、送り状、出荷案内書等	○
船荷証券、貨物引換証（発行されている場合）	○
積荷役協定書または積込証	○
揚荷役協定書または貨物受取証	○
サーベイ・レポート、サーベイ費用請求書（被保険者がサーベイを手配した場合）	▲
修理費明細書・請求書	▲
写真	▲
海難報告書または運送人の事故証明書	▲

4　代位求償

(1) 代位求償の意義　貨物海上保険においても、保険会社は保険金を支払うことにより、被保険者が有する運送人やその他の損害に責任のある者に対する損害賠償請求権を代位取得する[11]。

代位とは、一定の理由により、債権などの権利を有する他人の地位に立つことを意味する法律用語であり、代位求償とは、保険金支払いを理由として被保険者が有する運送人その他の責任主体に対する損害賠償請求権を保険会社が取得（代位取得）し、これを行使することである。代位取得した損害賠償請求権は保険会社に帰属する。

代位求償を適正・迅速に行うことは、債権の保全・回収を通じた保険会社の健全な経営の観点から重要であるばかりでなく、損害率を引き下げることで安定的な条件で契約者に保険カバーを提供していくうえでも、また運送人に対する賠償請求による今後の損害の抑止効果の観点からも重要である。

(2) 代位求償の可否　求償相手先が法律上の賠償責任を有すること、損害額が適正であることが裏づけられていることが代位求償を行う前提である。

運送人宛の代位求償の場合には、出訴期限（時効）や、責任制限など運

---

11) MIA 79 条 Right of subrogation、保険法 25 条（請求権代位）参照。海上保険契約にも適用される。

送契約上の責任に関する規定に留意する必要がある。海上輸送、航空輸送それぞれにつき国際条約があり、これらを反映した運送契約が結ばれているのが一般的であるが、通常、運送人は契約上貨物を受け取った時と同じ良好な状態で引き渡す義務を負っている。したがって、到着地で運送人から貨物を受け取った時に異常や数量の不足がある場合には、輸送中に損害が発生したことが客観的に立証されることが求められる。一般に、不着損害の場合を除いては、サーベイ・レポートが必要である。

運送契約の当事者である運送人以外の第三者に対する代位求償の場合には、事故発生地における不法行為責任法に従い判断することとなるが、一般に当該第三者の故意または過失の存在、およびその故意または過失と損害との因果関係の存在をも立証する必要がある。また、出訴期限も当該国の法律によることとなる。

(3) 海上輸送（外航）　現在主な国際条約としては、ヘーグ・ヴィスビー・ルール、ハンブルグ・ルール、ロッテルダム・ルールがあるが、1979年に成立し主要貿易国が批准しているヘーグ・ヴィスビー・ルールと、2010年現在未発効であるが今後発効すると思われるロッテルダム・ルールを中心に説明する。

日本を含む世界の主要貿易国が採用しているヘーグ・ヴィスビー・ルールにおいて代位求償の観点から重要な点は、以下のとおりである。
① 出訴期限　貨物の引渡しから1年
② 責任限度額　梱包単位あたり666.67 SDRまたはキログラム当たり2 SDRのいずれか高いほう
③ 主な免責事由　不可抗力、航海過失[12]、火災（運送人自身の故意または過失、航海開始時における不堪航による場合は除く）

これに対し、2009年に署名式が行われたロッテルダム・ルールにおいては、次のとおり出訴期限の延長、責任限度額の引上げ、航海過失免責の削除等、荷主にとって有利な改定が行われている。
① 出訴期限　貨物の引渡しから2年
② 責任限度額　梱包単位あたり875 SDRまたはキログラムあた

---

12) 船舶の航行における過失または船舶の取扱いに関する過失を、航海過失という。

り 3 SDR のいずれか高いほう

③　主な免責事由　　不可抗力、火災（運送人、船長、船員等の故意または過失、航海開始時における不堪航による場合は除く）

(4)　航空輸送　　(a)　前述のとおり、航空貨物に損害があった場合には、世界の主要な航空会社が加盟する国際航空運送協会（IATA）の標準運送約款に従い、到着地での貨物の引渡し後 14 日以内に書面で事故通知を運送人に行うことが求められる。引渡し後 14 日以内の書面の事故通知が行われていない場合、航空会社は一切の賠償請求を受け付けないのが通例であるため、保険会社の事故受付時に航空会社への事故通知が行われていることを確認することが重要である。

(b)　2003 年に発効したモントリオール条約においては、運送人の責任に関し以下のとおり規定されている。

①　出訴期限　　貨物の引渡しから 2 年
②　責任限度額　　キログラムあたり 19 SDR[13]

モントリオール条約以前からのワルソー条約[14]においては、出訴期限は同じく 2 年であったが、責任限度額はキログラムあたり 17SDR であった。

IATA がモントリオール条約の改正（2009 年 12 月発効）への対応および責任限度額の標準化のため標準約款の改定を行った結果[15]、2010 年 7 月 1 日以降の航空輸送については、適用される条約にかかわらず、責任限度額は一律キログラムあたり 19 SDR となった。

(5)　内航　　商法および標準内航利用運送約款により、荷受人が貨物を受け取った日から 1 年後に消滅時効が成立する。また、責任限度額の規定がなく貨物の引渡し場所における価額が賠償の基準額となる点、運送人の

---

13)　モントリオール条約に係る責任限度額の改正（2009 年 12 月 30 日発効）により、責任限度額が 17SDR から 19SDR に引き上げられた。

14)　1998 年に発効。わが国でも 2000 年 9 月に批准されたモントリオール第 4 議定書によりワルソー条約が改正され、従来のキログラムあたり 250 ポアンカレフランから 17SDR に変更された。従来は実務上は IATA の標準約款に基づきキログラムあたり 20US ドルが適用されていた。

15)　2009 年 12 月 30 日発効のモントリオール条約改正に合わせ、IATA は同日より標準約款上モントリオール条約が適用される輸送については責任限度額をキログラムあたり 19SDR に引き上げたが、ワルソー条約等が適用される輸送についてはキログラムあたり 17SDR としていた。責任限度額の統一のため、IATA は 2010 年 7 月 1 日より再度標準約款を改定し、いずれの条約が適用される場合でも、責任限度額はキログラムあたり 19SDR とした。

航海過失、船員等の重過失による航海過失、火災などが免責とされず過失責任を負う点など、外航の場合よりも運送人に重い責任が規定されている。

(6) 代位求償の実務　保険会社は保険金を支払った後、前述のとおり運送人等に対する求償権を被保険者より代位取得するが、代位求償を行う場合には求償権を代位取得したことを明らかにするため、被保険者よりSubrogation Receipt（権利移転証）を取得するのが一般的である。

　代位求償にあたっては、求償先に対する求償状、権利移転証に、船積書類、受渡しの際の異常を記録した書類、運送人宛の事故通知、サーベイ・レポートなど、求償先の責任および損害額の立証書類を添付して求償先に送達する。

　求償相手の所在国によっては、また、訴訟を含め交渉の難航が予想されるような事案においては、海事弁護士などを起用することもある。

　また、出訴期限が切迫しているような事案においては、出訴期限の延長につき、あらかじめ運送人の書面による合意を取り付けておくこともあるが、保険金を未払いの場合には被保険者に対して運送人による合意の取付けを依頼する必要があり、また延長の合意があっても訴訟になると延長が無効とされる国もあるので、注意が必要である。

IV　船舶の精算

1　海難発生時の対応

　船舶が海難に遭遇した場合、船長と乗組員には損害の拡大を防止するために、現場での迅速かつ適切な対処が求められる。損害の拡大や不要な費用の支出を防止するために、船長から報告を受けた船主、用船者も保険会社に直ちに海難を通知し、互いに連絡をとりながら必要な対応を進めることが重要である。船舶が海難事故に遭遇したことを保険会社に迅速に通知することは、被保険者にとって保険契約上の義務である。

　海難が早く正確に通知されれば、救助の手配、修繕地の選定、検査機関や弁護士の委嘱を迅速、的確に実施することができる。

　たとえば、衝突事故の場合、本船の損害を相手船に賠償請求するために、現認書の取付け、相手船の仮差押え、保証状の入手が必要となる場合があ

る。これらの措置は、必要に応じて弁護士、サーベイヤーを起用のうえで、速やかに実施されなければならない。また、相手船から保証状を要求された場合、通常は保険会社が保証状を発行するが、速やかに対応されなければ、差押えが長期化し、船主、運航者が多大な損失を被ることにもなりかねない。

2 修　　繕

船舶の分損は修繕費として被保険者の現実の支出となる。わが国の船舶保険約款では修繕費を保険てん補の対象と規定しており、また、MIA 69条1号も、船舶が修繕された場合の損害てん補の基準として修繕費を採用している。

修繕費の定義として、わが国の船舶保険普通保険約款は「被保険船舶が被った損傷をその損傷発生直前の状態に復旧するための妥当な費用」と規定しているが（4条1項）、「妥当な費用」の内容は社会通念に従って決すべきものである。以下、船舶修繕における事故発生から保険金支払いまでの実務を説明する。

(1)　事故通知　　船舶が海難に遭遇し修繕の必要があるとの通知があった場合には、保険会社は、事故状況、損傷状況や即修繕施工の要否、修繕日程等について、被保険者から情報を収集する。

(2)　造船所の選定　　修繕費が高額になると予想される場合、特に、衝突、救助、共同海損の精算を必要とする場合は、修繕費や休航損害の妥当性について、後日、衝突相手船主、救助業者、積荷主等より問題を指摘されないよう、造船所の決定に際して競争入札を行うことが望ましい。

競争入札では、海難現場からの距離等の地理的条件や、施工能力を考慮して、数箇所の造船所を指名するのが一般的である。入札に先立ち、修繕仕様書を造船所に提示し、必要に応じて損傷船舶の下見を手配して、修繕費および工事日数の見込みについて造船所に回答を求める。入札用の修繕仕様書を作成する時間的な余裕のない場合は、新替鋼材の単価など修繕費に占める割合の多い主要項目に絞り、入札を行うこともある。入札の段階で、修繕費支払い条件、担保（保証状）提供の要否、工期遅れ（延長）に伴う造船所側のペナルティなどについても交渉を行うべきである。

(3) 修繕仕様の決定と修繕費協定　修繕施工に際して、保険会社が起用したサーベイヤーが造船所で損傷を確認し、修繕仕様を被保険者、造船所と打ち合わせて決定する。修繕完工後に、保険会社、サーベイヤーは、造船所から提出された修繕費見積を点検のうえで、妥当な修繕費を算定し、造船所、被保険者と協定する。なお、船舶は経年により大なり小なり損耗していくものであるが、材料の新替を含む修繕が行われて、原状よりも価値が増加したとしても、その増加分を修繕費より控除（新旧交換控除）するという取扱いは行わない。一方、船舶が造船所で修繕している期間中も乗組員は本船の保守管理にあたるのが通常であるが、清水供給やガーベージ処理費用等、乗組員居住のための費用は、修繕に関連して必要になるものであったとしても、損傷の物理的復旧には直接関係のない費用であり、修繕費としてはてん補しない。

　海難損傷の修繕（保険工事）が、検査や海難損傷修繕以外の保守整備工事（船主工事）と同時に施工されるときには、保険工事と船主工事の共通費用である入出渠・滞渠料とガスフリー費用の取扱いが問題となる。イギリスでは精算人実務規定D5条、D6条により、船主工事主目的で入渠したのであれば、たまたま保険工事が発見工事として行われる場合であっても、保険工事に必要な入出渠・滞渠料とガスフリー費用は全額が保険でてん補されるが、検査その他の船主工事を主目的に入渠する際に保険工事を施工する場合は、その費用を折半して2分の1を保険でてん補する。一方、わが国の船舶保険では、普通保険約款4条に基づき、保険工事と船主工事が同時に施工される場合は、いずれが主目的であるかにかかわらず、その費用を折半して2分の1を保険でてん補する。

　また、座礁・座州あるいは水中他物接触の後に、保険会社の同意を得て、船底損傷検査のみを目的として実施したダイバーサーベイ費用、入渠費用、上架費用は免責金額を適用せず、てん補の対象となる。

(4) 修繕回航費の取扱い　損傷を被った後に、直ちに最寄りの修繕地に回航する場合および修繕完了後、直ちに原航路に復帰する場合、その航海のために要する妥当な費用は修繕回航費としててん補される。ただし、通常要すべき費用が節約された場合は、節約費用を控除する。修繕回航費として扱われる費用として具体的には仮修繕費、曳航費、船員の給食料・

消費燃料、代理店料等が挙げられる。

なお、積荷を積載した船舶が航海の完遂のために修繕を行う場合には、この費用は共同海損として取り扱われる。イギリスの精算人実務規定D1条と、わが国の船舶保険普通保険約款4条はともに、共同海損に認容される費用以外の修繕回航費を修繕費としててん補する旨を規定している。

(5) 仮修繕費の取扱い　　仮修繕費は、本修繕に必要な材料または部品の調達に長期間を要し本修繕が著しく遅延するとき、または、仮修繕を行うことにより本修繕費が節約されるときに、修繕費の一部としててん補される。ただし、後者の場合、仮修繕により節約される金額が限度となる。上記以外にも、修繕回航のために必要なとき、本修繕費について保険金を請求しないとき、本修繕施工前に船舶が全損となったときには仮修繕費をてん補する。

3　衝　　突

(1) 船舶保険での衝突（collision）の意義　　船舶保険では、あらゆる衝突事件がてん補の対象となるわけではない。次の条件を満たした場合に衝突賠償金がてん補の対象となる。

(a) 被保険船舶と他船が「物理的に接触する」こと　　たとえば、船舶が狭い運河を航行中に引き起こした航走波により、付近を航行していた他の船舶が転覆したような場合には、てん補の対象とならない。

(b) 被保険船舶と「他船」が衝突すること　　他船とは、商法上または船舶法上の船舶に限らないが、航行または移動が可能であること、航行に使用されることを目的としており、水上を航行すること、という条件を満たす必要がある。

すなわち、放棄された遭難船、移動しないクレーン、浮船渠、浮標、筏、海中の漁網等は船舶とは認められない。一方で、錨鎖は船体の一部であり、海中に投入された錨鎖との接触は船舶間の衝突と扱われている。漁網は錨鎖と同様に船体から海中に投入されるものではあるが、錨鎖と異なり船舶の一部をなす航海用具と解することはできない。イギリスの判例[16]では、

---

16) *Bennett Steamship Co., Ltd. v. Hull Mutual Steamship Protecting Society* [1914] 3 K. B. 57；

船体から1マイル離れた漁網は他船の一部とはみなされない、とされた。

　(c)　被保険者が「法律上の賠償責任を負う」こと　　わが国では不法行為による賠償責任（過失責任：民法709条）を負うことが前提であり、単なる契約上の賠償責任はてん補しない。ただし、衝突した両船が同一の所有者に属する場合（いわゆる「姉妹船」）、他船に対する法律上の賠償責任は発生しないが、被害船の保険者は加害船から何ら回収できず、別々の所有者に属する船舶間の衝突に比較して不公平であるため、Institute Time Clauses-Hulls（ITC1983）9条やわが国の普通保険約款6条は姉妹船間の衝突も、第三者が所有する船舶と衝突した場合に準じて、相手船への賠償金を保険でてん補する。

　(2)　衝突事案対応の流れ　　船舶衝突における事故発生から保険金支払いまでの実務を説明する。

　(a)　事故通知　　衝突が発生したときは、保険会社は、事故発生日時、場所、本船および積荷の損傷状況、救助の要否、相手船の船名、船主名、保険会社名、加入P＆I、相手船損傷状況等について被保険者から情報を収集する。また、衝突に至る経緯や現認書取付けまたは提出の有無等を調査する。

　(b)　現認書の取付け・交換　　後日、相手船側から衝突の事実を否認されることもありうるため、相手船に少しでも過失があると考えられる場合、本船船長は「衝突の事実があったこと」、「相手船の過失による事故であること」、「本船の損傷範囲」を文書にして相手船船長の署名を現場で取り付けておくことが望ましい。一方で、相手船から現認書への署名を求められ、これに応じざるを得ない場合には、記載内容が事実に反しないか慎重に確認したうえで、署名に際して「Only Received」、「This is not admission of our liability」等、責任を留保する文言を付記すべきである。

　(c)　衝突事情の聴取　　後日の責任割合に関する交渉や訴訟に備えて、衝突した両船の損害見込額の大きさを考慮のうえで、必要に応じて、弁護士・海事補佐人、サーベイヤー、その他の専門家による乗組員の事情聴取を実施する。事情聴取の内容に基づき、両船の過失の有無、責任の軽重を、

---

12 Asp. M. L. C. 522.

衝突地点の適用法規に従って検討する。わが国では船舶衝突の場合、主に海上衝突予防法、港則法、海上交通安全法が適用される。また、「船舶衝突についての規定の統一に関する条約」(International Convention for the Unification of Certain Rules of Law in regard to Collision) により、船舶衝突に関する賠償規定の国際統一を図っており、わが国を含む多くの国がこの条約を批准している。

　(d) 弁護士・海事補佐人の起用　事故の内容によっては、後日の賠償と回収を有利に取り運ぶため、弁護士・海事補佐人を起用する。弁護士・補佐人は、乗組員からの事情聴取、証拠となる書類・記録の収集保全、責任割合の検討、保証状（Letter of Guarantee）の交換に関する相手船側との交渉、相手船側との示談交渉、海難審判・訴訟における本船乗組員の弁護といった業務を、保険者、船主と打合せながら実施する。なお、弁護士の起用に際しては、訴訟となる場合の裁判管轄を検討のうえで、その管轄裁判所に適した弁護士を選択する必要がある。

　(e) 両船の損傷の確認　サーベイヤーを起用して、両船損害状況を調査する。事故直後や本船修繕の際に本船の損傷確認のために立証サーベイを手配するときには、相手船側にカウンターサーベイを呼びかけて、本船の損傷を確認させる必要がある。事案によっては、衝突時の両船の速度と角度の鑑定を目的とする Angle of Blow and Speed Survey を実施する。

　(f) 保証状の交換　衝突による損害の賠償請求権を保全する手段として、相手船の仮差押えが考えられるが、本船側も同様に差押えを受ける危険がある。仮差押えによる滞船損害とコストを避けるため、両船間で話し合いのうえ、信用力のある船体保険者あるいはＰ＆Ｉクラブの支払保証状を交換することが世界的な慣行となっている。

　(g) 修繕の手配　衝突相手船側に本船の修繕費および不稼働損失を妥当な損害額として認容させるために、比較的高額な修繕を施工する場合には、複数の造船所で入札を行い、修繕費および工期の両面で最も好条件の造船所に発注したことを示す必要がある。

　(h) 求償状の出状　本船の修繕工事が完了し、修繕費が確定した段階で、不稼働損失など修繕費以外の損害、費用と併せて、証拠書類を取りまとめ、相手側に求償状を出状する。その際に、請求をどの通貨で行うか

は重要な問題である。たとえば、日本の船会社が日本円で請求するか、USドルで請求するか、という違いによって、適用利息の利率が大きく異なってくる。イギリスでは、被害者は賠償請求を行う場合、通常はみずからの経営通貨によって請求できるとされている。[17]

　（i）時効の管理　　船舶の衝突による債権には出訴期限がある。出訴期限は、日本は事故日より1年、イギリス、シンガポール、香港、韓国、中国は2年と国によって異なる。また、アメリカは州によって異なる。

　出訴期限までに解決しない場合は、協定書を互いに交換し、出訴期限を延長する方法が一般的である。ただし、中国のように当事者の合意による延長が認められない国もあるので注意を要する。

　（j）示談交渉と決済　　両船の間で求償状の交換を行った後、示談交渉を開始する。相手船との間で示談が成立したり、裁判で争って判決が確定した場合には、両船の間で示談協定書を交換し、衝突損害賠償金の決済を行う。

　(3)　保証状と裁判管轄　　通常、保証状には、賠償金の支払いは特定の国の裁判管轄に従う旨を記入する。裁判管轄の決定は、衝突の場所（領海内か公海上か）、両船の旗国、船主責任制限の適用の可能性等を調査したうえで、慎重に検討する必要がある。特に責任制限の問題が重要である。1957年責任制限条約、1976年責任制限条約、1976年条約1996年議定書、各国独自の国内法のいずれが適用されるのか、責任制限の金額と阻却事由の両面で、本船側にとって最も有利な責任制限制度が適用される裁判管轄への合意に向けて相手船側と交渉する。[18]イギリス、日本のほか、世界の主要海運国では、1976年条約1996年議定書に従い、国際総トン数に応じて算出される金額で責任が制限されるが、アメリカは、当該船舶の航海終了地の価額を限度とする船価主義をとっている。

　なお、紛争の当事者が、みずからに有利な裁判管轄を求めることを「法

---

17) *Despina R* 号事件の貴族院判決（1979）および *Lash Atlantico* 号事件の控訴院判決（1987）、2 Lloyd's Rep. 114 参照。
18) 裁判管轄については統一的な国際ルールが存在しないため、各国裁判所が国内法を適用して自国での裁判管轄の有無を判断しているが、欧州連合（EU）諸国はブラッセル条約により裁判管轄の規則を統一している。

廷地あさり」(forum shopping) と呼んでいる。

(4) 保証状の限度額　　保証状には保証の上限額が規定される。修繕費、休航損害など総損害額を積算して、その額に利息、コスト（訴訟費用）を上乗せした金額（通常は損害額の約1.3～1.5倍程度）を保証状の限度額として相手船側に要求することが一般的である。

また、保証の限度額は本船の保険金額（衝突賠償金のてん補限度額）を下回る金額でなければならない。相手船が要求してきた保証額が保険金額を上回る場合には、本船の加入するＰ＆Ｉクラブなどに保証状の発行を依頼し、Ｐ＆Ｉクラブなどが発行に応じるならば、保険会社はこれらの保証人に対して裏保証状を差し入れることで対応する。

4　全　損

全損とは、担保危険により被保険利益の全部が失われたことをいう。

(1) 現実全損（actual total loss, absolute total loss）　　わが国の商法には全損について特段の規定はないが、普通保険約款3条1項には「被保険船舶が滅失したとき、または著しい損傷を被り修繕不能となったときは全損とする」として現実全損を規定している。

滅失とは、たとえば船舶が深海に沈没し、現在の技術水準では救助が不可能と認められるような場合であり、修繕不能とは、たとえば船舶が暗礁に乗り揚げ、波浪により破壊粉砕され物理的に修繕ができなくなった場合をいう。これらの場合は船舶が全損となったことが明らかであり、現実全損あるいは絶対全損という。

イギリスでは、MIA 57条に、「保険の目的物が破壊される場合、もしくは保険に付けられた種類の物として存在することができなくなる程の大きい損傷を被る場合、または、被保険者が保険の目的物を奪われてその回復が不可能である場合」には現実全損になると規定されている。

(2) 推定全損（constructive total loss）　　船舶が物理的には救助、修繕が可能であっても、経済的に修繕不能となった場合、すなわち、救助費と修繕費の見込額の合計が保険価額を上回った場合は、推定全損が成立する。上記に加えて、わが国の普通保険約款では船舶の行方が60日間不明の場合や、船舶の占有が180日間喪失した場合も推定全損として扱われること

が規定されている[19]。

(3) 委付　委付とは、全損ではないが全損に準ずるような一定の事態が発生したときに、被保険者が保険の目的物である船舶を保険者に委譲することによって保険金額の全額を請求できるという制度である。船舶が全損となる可能性がきわめて高いが、その証明が困難である場合に、未だ十分な立証がないものとして保険金額の全額の請求を認めないとすれば、被保険者の経済的地位はいつまでも安定しない。そこで、被保険者が船舶について有する権利をすべて保険者に移転することによって、保険金額の全額の請求を認めることにした。

わが国において、商法833条は船舶の保険委付の原因として、船舶が沈没したとき、船舶の行方が知れないとき、船舶が修繕不能になったとき、船舶が捕獲されたとき、船舶が官の処分によって押収され6か月間解放さないとき、の5つの事由を規定している。

これに対し旧約款においては商法の規定とは異なり、船舶の存否が不明のとき、船舶の修繕が不能になったとき、の2つの事由に限り委付を認めていた。

しかし、近年の実務においては、旧約款に委付事由として掲げられている事実が発生した場合でも、船骸に付随して撤去義務や損害賠償責任が生じ、その義務や責任の履行のために多大な支出を強いられる可能性が大きいため、保険者は保険の目的物に付随する権利を取得せずに全損金を支払うことがほとんどである。

こうした理由により保険委付制度は維持する必要性に乏しく、また、船骸に残存価値がある場合には保険代位により所有権を取得することも可能

---

19)　東京海上日動火災保険株式会社の船舶保険普通保険約款では、以下のとおり規定されている。
　　第3条　被保険船舶が滅失したとき、または著しい損傷を被り修繕不能となった時は全損とする。
　　2　被保険者は、次に掲げる事実が生じたときは、全損として保険金の支払を請求することができる。
　　(1)　被保険船舶の修繕費、共同海損分担額もしくは損害防止費用（中略）の各見積額またはこれらの合算額が保険価額を超過したこと。
　　(2)　被保険船舶の存否が最後の消息のあった日から起算して60日間不明であったこと。
　　(3)　被保険船舶を占有して使用することが不可能な状態が180日間継続したこと。
　　（以下略）

であるので、普通保険約款では、被保険船舶を当会社に委付して保険金の支払いを請求することはできないと規定された。

(4) 100％分損　船舶が担保危険によって甚大な損傷を被り、救助費と修繕費の見積額の合計が保険価額を超過する場合、被保険者が推定全損を請求すればそれが認められるにもかかわらず、船舶を救助したうえで修繕して保険金額いっぱいの救助費および修繕費を請求する方法を被保険者が選択することが認められている。これを、100％分損処理という。

この場合は全損ではなく、分損処理であるから、たとえ支払保険金が保険金額いっぱいとなっても保険契約は終了しないので、保険者としては当該保険期間中は海難事故発生の都度、保険金の支払いに応ずる義務がある。

保険価額が船舶の正体市場価額より相当低く協定されている場合、新造船価が高騰しているため代船の建造費が非常に高くなる場合、および新造船の船台事情により代船建造には相当長期間を要する場合など、損傷船舶を全損とするよりも、それを修理して利用するほうが被保険者にとって有利であると判断される場合に、被保険者がこのような処理方法を選択する。

(5) 協定全損　船舶が座礁、沈没などの海難事故により、非常に大きな損傷を被ってはいるが、技術的には救助可能な状態にある場合、救助費および修繕費の合計がはたして保険価額を超過し推定全損となるのか、あるいは保険価額以内に収まるのかを判断することが、きわめて困難なことがある。

被保険者は全損金請求のためには推定全損構成の証明をしなければならないが、本船を救助して損傷状態を調査するためのインスペクション・ドックを行うまで、長期にわたり保険金の請求ができないことになる。

このようなときに、被保険者は、保険金額全額のてん補を求めるよりもある程度の譲歩をしても早期に保険金の支払いを受けるほうが賢明であると考える場合がある。一方、保険者としても推定全損の成立を否定する根拠を有しないときには、何らかの妥協点を求めるほうが現実的である。このように推定全損構成の見込みが判然とせず、保険会社および被保険者双方に不確定要素がある場合に、推定全損に準じて保険金額の70〜80％程度をてん補して全損処理する実務上の方法が、いわゆる協定全損処理と呼ばれるものである。

V 救　　助

1　救助に関する法律および条約

　わが国の商法800条は、船舶または積荷を救助した場合の救助料の請求権を規定している。これは、「義務なくして」救助した場合、いわゆる「任意救助」に適用されるものであるが、救助業者が遭難船舶の船長、船主と救助契約を締結して救助を行った場合も、一般に海難救助の範ちゅうとして扱われている。商法では、救助料は被救助価額を限度とすること、救助料請求権について被救助財産の上に先取特権が認められることが規定されている。

　海難救助に関する国際条約である「1989年海難救助条約」は、1996年に発効したが、その特徴は「不成功無報酬」（No Cure-No Pay）という海難救助の伝統的な基本原則を修正して、救助者に対して、財産救助のみならず、環境損害の防止軽減のために相当な注意をつくすことを義務づけるとともに、「特別補償」として一定の費用の支払いを認めるというものである（環境損害の防止軽減のための費用の取扱いについては後述する）。

2　救助の実務

　(1)　救助の手配　　船舶が遭難したとき、適切な内容の救助を迅速に手配することは保険者にとって重要な業務である。座礁、機関故障による自力航行不能、浸水、火災など救助を要する海難が発生した場合は、速やかに以下の情報を収集し、救助業者の選定、救助契約の締結、弁護士、サーベイヤーの起用を進める必要がある。

- 事故発生日時、事故場所
- 本船航路、本船積荷明細、現場の気象・海象
- 本船の現在とっている措置、漏油の有無

〈座礁の場合〉

- 現場の底質
- 本船の喫水（事故前・事故後）、次回満潮時刻・干満差
- 自力離礁の可能性および救助船手配の要否についての船長見解

〈機関故障の場合〉
- 本船での修理可否、救助船・修繕業者の手配要否に関する船長見解
- 浸水箇所・浸水量・浸水状況
- 避難港入港の要否に関する船長見解

〈火災の場合〉
- 火災の発生場所・火勢および延焼の可能性
- 消火の見込み、救助船の要否に関する船長見解

(2) 積荷主および定期用船者への連絡　救助報酬は船舶、積荷および定期用船者所有燃料などの被救助財物の価額で按分して負担することになる。救助報酬を負担する積荷主や定期用船者へ早期に海難の発生と救助手配について連絡する必要がある。

(3) 救助業者の選定　救助が必要と判断される場合は、出動可能な救助船の有無、配置、技術能力等を勘案して、適切な救助業者を速やかに選択する。作業が困難と見込まれる場合や、本船の損傷が甚大で（推定）全損が成立している可能性がある場合には、一層確実な判断材料を得るために、救助業者にまず技師による十分な現場調査を依頼する場合がある。

(4) 救助契約の種類　(a)「No Cure-No Pay」（不成功無報酬）　被救助財産の所有者は、その助けられた価額を限度として救助報酬を救助者に対して支払うが、海難救助は陸上の救助とは異なり危険を伴うことが多く、要する費用の予測が困難で、あらかじめ報酬の金額を定めることが難しい場合が多い。そこで、支払額の決定は「救助が不成功に終わった場合には救助者に救助報酬は一切支払われない。しかしながら、救助が成功した場合には救助者に寛大な報酬が支払われる」という原則が古来より広く採用されてきた。

世界中で利用されているLloyd's Open Form (LOF) や、主に関係者すべてが日本法人の場合に用いられる日本海運集会所書式（JSEフォーム）が代表的な「No Cure-No Pay」の契約書式である。

(b) 定額保証契約　救助の成否にかかわらず、事前に協定した費用を支払う契約である。1日あたりの費用を協定したり（Daily Hire）、費用総額を協定する（Lump Sum）。たとえば、機関故障によって自力航行不能となっている船舶の曳航等、比較的難易度の低い救助作業において採用さ

れる。

(5) 救助契約の締結　救助業者は、船長や船主に救助契約書への署名を求めるが、救助業者の提示した救助契約が、被保険者に不利な内容を含む場合もありうるため、契約締結に先立ち保険者に相談して承認を得る必要がある。

(6) 弁護士の起用　LOF のもとで実施された救助では、救助報酬額の当事者間での示談交渉が不調に終わった場合には、ロイズ評議会による仲裁で、その報酬額を決定する。そこで、LOF による救助の場合、将来の仲裁に備えてロンドンの海事弁護士を起用するのが一般的である。弁護士は、救助契約を締結する段階から契約内容や証拠の収集保全について助言を行い、救助完了後は本船乗組員から遭難の状況、本船がとった措置、救助作業の危険度、難易度等を聴取し報告書および本船乗組員のステートメントを作成する。そのうえで、妥当な救助報酬を検討し、救助業者と救助報酬の示談交渉を行ったり、それが不調に終わった場合には、ロイズ委員会における仲裁（あるいは JSE における斡旋）に出席する。

なお、本船側では、弁護士の調査に備えて、遭難の状況、本船がとった措置、救助作業の危険度等について、書類を保全し、記録を作成するよう船長に指示する必要がある。

(7) 救助業者宛担保の提供　日本法では、救助料請求権について救助した船舶・積荷の上に先取特権が認められており、救助者がそれらを占有していれば、留置権を行使できる。したがって、救助業者はこれらの権利を行使することで救助報酬を確保することが可能であるが、そのための時間と費用を考慮すると、船舶・積荷所有者等から確実な担保を入手するほうが有利である。そこで、救助業者は、通常は、船舶と積荷の保険者が発行する保証状と引き換えに、被救助財産の引渡しを行うことになる。JSE フォームでの救助においては、信用力のある保険会社が発行した保証状が提出され、救助者から受け入れられている。

イギリス法のもとでも同様に、海事先取特権（maritime lien）が認められている。

LOF での救助の場合、救助者は被救助財産の所有者に対して、作業の終了前あるいは終了後直ちに担保要求額を、ロイズ委員会あるいは実務上

可能であれば船主および荷主に通知する。船主および荷主は、救助完了の翌日から起算して 14 日以内に担保を提供する必要があり、この期間に担保が提供されなかった場合には、救助者は、海事先取特権を行使して、被救助財産を売却することができる。担保の様式は、イギリス国内の個人、法人による履行保証保険付きの保証状が求められているが、救助者が了承すれば、他の様式でも構わないとされており、一般に、信用力のある保険会社の保証状であれば、その保険会社がイギリス法人ではなくても、救助者はこれを受け入れている。

3 救助報酬の決定

救助完了後、救助業者へ支払う救助報酬の決定方法は、以下のとおりである。

(1) LOF の場合　　救助報酬は、ロイズ委員会による仲裁によって決定することが定められている。したがって、当事者はロンドンの海事弁護士を起用して、主張すべき内容と提出すべき証拠書類を事前に準備する必要がある。実際には、ロイズ委員会による仲裁に先立って、当事者間で示談交渉が行われることが一般的である。当事者間の協議で合意が成立すれば仲裁手続きは不要となる。救助報酬決定基準は、1989 年海難救助条約[20]13 条により、下記のとおり規定されている。

　(a) 船舶その他財産の被救助価額
　(b) 環境損害を防止軽減するための救助者の技能、努力
　(c) 成功の度合い
　(d) 危険の性質、程度
　(e) 救助者の技能、努力
　(f) 救助者の費やした時間、出費、損害
　(g) 救助者、救助設備が冒した責任負担とその危険
　(h) 作業の迅速性
　(i) 救助船や救助設備の利用可能性

---

20) ロイズ評議会は、1989 年海難救助条約を盛り込んだ LOF の改正を行い、LOF1990 を制定した。また、イギリスは同条約を取り込んだ Merchant Shipping (Salvage & Pollution) Act 1994 を発効させた。

(j) 救助設備の有効性とその価額

　被救助価額が報酬決定の重要な要素の1つになっているが、船舶の被救助価額は、救助作業完了時点における正体価額（市場価額）から修繕費を控除して算出するのが一般的であり、市場価額（Sound Market Value）はロンドン等の船価鑑定人から鑑定書を取り付けて把握する。

　(2)　JSEフォームの場合　　当事者間での協議を原則とするが、救助作業終了後90日以内に協議が整わない場合には当事者は日本海運集会所に斡旋を求めることができる。斡旋が不調に終わった場合は、日本海運集会所の仲裁によって救助報酬を決定する。救助報酬は、「救助に要した費用」を基準として、下記の諸点を総合勘案して決定される。

　(a) 被救助財産の価額
　(b) 被救助財産の直面している危険の内容・度合い
　(c) 救助作業の難易度・危険度
　(d) 成功の度合い
　(e) 救助作業の迅速性
　(f) 救助業者の救助設備の準備態勢・有効性とその価額
　(g) 環境損害を防止軽減するための救助者の技能、努力

　LOFおよびJSEフォームでの救助報酬は、被救助財産の価額に応じて船舶、積荷、定期用船者所有の燃料等で分担することになるが、このうち船舶分担分が船舶保険でてん補される。

4　環境損害防止費用

　(1)　特別補償　　現代では「救助」とは、単に「財産の救助」という被救助財産の所有者、その保険者と救助者との間での問題をはるかに超えて、「油濁損害の防止」として第三者の財産、海岸などの公共財産に対する賠償責任の防止という課題を併せ持つものとなっている。1989年海難救助条約と、それを編入したLOF、JSEフォームにおいて、救助業者の作業によって環境損害の防止軽減に成功した場合には、財産救助自体が不成功に終わった場合であっても、救助実費に最大30％の割増を付加した金額、あるいは裁判所が妥当と認めた場合には、救助実費に最大100％の割増を付加した金額で、救助報酬を超える金額を請求する権利を救助業者に認め

ている。この報酬は特別補償と呼ばれ、Ｐ＆Ｉクラブによっててん補される。

(2) SCOPIC条項　1999年にはLOFの追加条項としてSCOPIC条項[21]が制定された。SCOPIC条項によって、救助業者は環境損害のおそれの有無に関係なく、同条項の発動を宣言することで救助の成否にかかわらず、タリフ（いわゆるSCOPICタリフ）による実費およびボーナス（25％）を請求する権利を与えられた。

SCOPIC条項は救助業者の任意で発動が宣言されるが、SCOPIC報酬が海難救助条約13条による救助報酬を下回った場合は、その差額の25％がペナルティとして救助報酬から差し引かれる。SCOPIC報酬と13条救助報酬の差額はＰ＆Ｉクラブによっててん補される。救助業者がSCOPIC条項の発動を宣言した場合、救助作業を監督するため、Ｐ＆Ｉクラブは、船主事故代理人（Shipowner's Casualty Representative；SCR）を現場に派遣し、また、船体保険者、貨物海上保険者は特別代理人（Special Representative）を派遣することができる。

なお、同旨の条項が2005年からJSEフォームにも付帯されている。

SCOPIC条項により、救助成功の可能性の高くない海難船舶について全損認定の可否を検討する前に作業に着手できるようになったため、船体保険者にとっては全損を回避する事案が増加し、Ｐ＆Ｉクラブにとっては環境損害を防止軽減するという効果が期待できる。

5　アレジド・サルベージへの対処

アレジド・サルベージ（alleged salvage：救助申立て）とは、曳船業者などから船舶に対して救助を実施したと申し立てられるが、船舶側としては、救助という認識はなく「単に曳航を依頼したにすぎない」と主張する事件のことをいう。突然に曳船業者から船長や現地の代理店などに対して「救助報酬の支払いについて保証状を提出しないと船舶を差し押さえる」という通告がなされる、あるいは実際に本船を差し押さえたうえで保証状の提供を要求してくることがある。

---

[21]　SCOPICとはSpecial Compensation of P & I Clubの頭文字をとったものである。

このような事件では、曳船の作業は、曳索をとって本船を移動させるなど単純で短時間で完了するものが多く、本船の船長も、船舶が切迫した危険に遭遇したとは考えていない。ただし、曳船に出動を依頼する際に、通常のタリフによるといったような条件の確認は行われていない。

保証状をとりあえず提出せざるを得ない場合には、本船側から曳船業者に対して、救助成立の当否も含めて報酬についてはロンドン仲裁に委ねることを提案している。一般に、救助業者は保証状と引換えに差押えを解除し、ロンドン仲裁への付託にも同意する。仲裁に備えて、ロンドンの海事弁護士を速やかに起用し、本船からの事情聴取、曳船業者側の弁護士との保証状に関する交渉などを依頼することが望ましい。

Ⅵ　共同海損

共同海損については第14章で詳述されているので、本節ではクレームの実務を概説する。

1　共同海損

船舶が航海に従事する場合、船舶、積荷あるいは燃料や後払運賃は、海上危険に対してその運命をともにする関係にある。座礁・火災・機関故障等の海難に遭遇した場合、共同の安全を図るために支出された費用（共同海損費用）や、船体・積荷の一部を故意に犠牲にしたための損害（共同海損犠牲）は、それらの利害関係者間で按分して負担することが公平であると考えられる。

共同海損費用や共同海損犠牲を船舶、積荷等の価額に応じて公平に負担する制度が共同海損であり、共同海損はヨーク・アントワープ規則（YAR）という世界的な取決めに従って精算される。YARは、改定が繰り返されており、YAR2004が最新のものであるが、現在ではYAR1974（1990年改正）やYAR1994が多く採用されている。船荷証券や用船契約には、共同海損はYAR ○○○○によって精算する旨の条項があり、契約上の合意として、該当のYARに沿って共同海損の精算が行われる。

現在、一般的に用いられているYAR1974およびYAR1994では、座礁

した船舶の浮揚作業のための救助費、座礁中の強行使用による機関損傷、離礁作業による船底損傷、あるいは船火事の消火に用いられた水、炭酸ガス、化学消火剤による船舶、貨物の損傷、投荷された貨物の損傷、避難港入出港費用等が、共同海損に認容されうる共同海損費用、犠牲損害として挙げられる。また、共同海損に認められる費用の代わりに余分に支出した費用は、そのために支出を免れた共同海損費用の節約額を上限として、代換費用として共同海損に認容される。代船輸送費用や避難港での仮修繕費が、代表的な代換費用である。

2 共同海損精算の実務

(1) 共同海損の宣言　　共同海損宣言状（GA Declaration Letter）により船主は受荷主宛に共同海損事故の発生を通知するとともに必要書類の提出を依頼する。共同海損宣言状は、精算人と打合せのうえで作成し、直接あるいは荷揚港の代理店を通じて速やかに受荷主に送付し、必要書類と引換えに、荷揚げ港において遅滞なく荷渡しができるよう手配する必要がある。共同海損宣言状には次の事項が記入される。

　　①船名および航海次数
　　②事故発生の日時・場所および事故概要
　　③事故後の本船の動静
　　④共同海損として処理し精算することの通知
　　⑤共同海損の精算に必要な下記(3)に列挙する書類の提出依頼

(2) GAサーベイ　　避難港や中間港で海難状況や船舶、積荷の損傷状況、原因、荷役作業の状況や荷役の際に生じた積荷の損害等の調査、確認のためにGAサーベイを手配する。その検査料は、共同海損に認容される。

(3) 共同海損分担の支払保証状の取付け　　下記の書類を積荷の引渡し前に受荷主から取り付ける。

　　①海損盟約書（Average Bond）
　　　　荷主から船主宛に提出される共同海損分担の誓約書で、ロイズ・フォーム（Lloyd's Form）が広く使用されている。
　　②貨物荷保険者発行の共同海損分担保証状（Letter of Guarantee）
　　　　貨物海上保険者が荷主に代わって共同海損分担金を直接支払うこ

とを約束する、貨物海上保険者発行の保証状である。

③価額申告書（Valuation Form）

積荷の負担価額を決定するために、荷主が積荷価額を申告する書類である。申告する価額は通常は仕切状価額であり、仕切状（Invoice）の写しを添えて提出される。

(4) 共同海損費用保険　救助された船舶が避難港に入港し、仮修繕のうえ、仕向港に向けて航行を再開した場合を想定すると、救助費・避難港諸費用、仮修繕費などの費用は、仕向港において、船主が支出するか債務を負担することになる。それらの費用は、共同海損費用として認容され、仕向港到達時の価額に応じて船舶・積荷・運賃で分担されるが、仮に船舶が仕向地到達までに沈没し船貨ともに全損となった場合、共同海損としての回収は不可能になる。共同海損費用保険はこのような事態が発生した場合の財貨の減価額に対する共同海損分担金をてん補する保険である。この保険の保険料も共同海損に認容される。

(5) 共同海損の精算　現在、広く利用されているYAR1994による前提で、以下の共同海損の精算を説明する。

(a) 共同海損精算の基準時点・共同海損負担価額　共同海損の精算は冒険（航海）終了の時および場所における価額に基づいて行われる。この共同海損の精算の基準となる船舶、積荷等の価額を共同海損負担価額という。

船舶については、最終仕向地到達時の正体価額（無損傷の状態の価額）から共同海損に認容されない修繕費を控除した金額を負担価額とする。正体価額はロンドンの船価鑑定人や国内の鑑定機関（日本海運集会所、日本海事検定協会、新日本検定協会）の船価鑑定に基づいて決定する。積荷の負担価額は、仕切状価額（仕切状価額に運賃および保険料が含まれていない場合はこれを加算する。ただし、運送人の危険負担に属する運賃は除く）から単独海損の損害額を控除して決定される。

(b) 船舶修繕費　共同海損負担額の決定要素である船の修繕費は妥当なものでなければならない。したがって、小規模な修繕に止まる場合を除き、入札等を実施して修繕ドックを選定し、修繕ドック選定の過程は、可能な限り、記録を残しておく必要がある。

(c) 共同海損犠牲損害　　船舶・積荷の共同の安全を図るために船体・積荷の一部を故意に犠牲にしたための損害を、共同海損犠牲損害という。船舶の犠牲損害は、修繕または新替に要した合理的な費用により算定する。積荷の犠牲損害は荷受人が受け取った仕切状の価額に基づき算出する。

(d) 共同海損費用　　船舶・積荷の共同の安全を図るため、あるいは航海の完遂のために支出されて YAR で認められた費用を共同海損費用という。共同海損費用は、現実に支出された合理的な費用によって計算される。この費用支出によって通常経費の支出を免れた場合には、これを控除する。

(e) 立替手数料、利息　　共同海損費用を立替払いした船主またはその他の利害関係者は、立替払いに伴う危険に見合う手数料として、支払時期および立替期間を問わず一律2分の立替手数料を認められている。

　また、共同海損費用および犠牲損害については、共同海損精算書の日付けまで年率7分の利息が認容される。

(f) 共同海損精算書の作成と決済　　精算人は共同海損事故に関する膨大な証拠資料、書類を分類し、支出諸費用、損害額を検討のうえで、各分担利益の収支勘定を精算し、共同海損精算書を作成する。精算人は精算書に従って、共同海損分担金を回収し、関係者への支払いを行う。

(6) 小額共同海損担保特約条項　　船舶保険では共同海損の船舶分担額がてん補の対象となる。しかし、共同海損の手続きと精算には多くの時間と費用を要するため、簡素化のために、小額共同海損特約が付帯されている場合がある。共同海損となるべき費用や損害が小額共同海損特約金額を超えない場合には、荷主その他の利害関係者に共同海損の分担請求をすることなく、共同海損損害の全額を船舶保険金としててん補する。

付　録

(1)　商法（抜粋）
(2)　保険法（抜粋）
(3)　貨物海上保険証券（記載例）
(4)　貨物海上保険普通保険約款
(5)　船舶海上保険証券（記載例）
(6)　船舶保険普通保険約款
(7)　船舶保険第6種特別約款
(8)　英文貨物海上保険証券旧フォーム
(9)　英文貨物海上保険証券新フォーム
(10)　2009年協会貨物約款(A)(B)(C)（訳）
(11)　協会期間約款（船舶）
(12)　1906年英国海上保険法（訳）

［注1］保険証券（記載例）および普通保険約款等は、東京海上日動火災保険株式会社のものを使用させていただいた。
［注2］2009年協会貨物約款(A)(B)(C)は、大谷孝一監訳／日本損害保険協会海上部会訳『外航貨物海上保険—2009年ロンドン協会貨物約款対訳』（損害保険事業総合研究所・2009）を使用させていただいた。
［注3］1906年英国海上保険法は、葛城照三＝木村栄一＝小池貞治共訳『1906年英国海上保険法』（損害保険事業総合研究所・1977）を使用させていただいた。

付録(1)

商法（抜粋）

（明治32年3月9日法律第48号
平成20年6月6日法律第57号改正）

第三編　海　商

第六章　保　険

(定義)
第815条　海上保険契約ハ航海ニ関スル事故ニ因リテ生スルコトアルヘキ損害ノ塡補ヲ以テ其目的トス

2　海上保険契約ニハ本章ニ別段ノ定アル場合ヲ除ク外保険法（平成二十年法律第五十六号）第二章第一節乃至第四節及ビ第六節並ニ第五章ノ規定ヲ適用ス

(保険者の損害てん補責任)
第816条　保険者ハ本章又ハ保険契約ニ別段ノ定アル場合ヲ除ク外保険期間中保険ノ目的ニ付キ航海ニ関スル事故ニ因リテ生シタル一切ノ損害ヲ塡補スル責ニ任ス

(保険者の共同海損分担額てん補責任)
第817条　保険者ハ被保険者カ支払フヘキ共同海損ノ分担額ヲ塡補スル責ニ任ス但保険価額ノ一部ヲ保険ニ付シタル場合ニ於テハ保険者ノ負担ハ保険金額ノ保険価額ニ対スル割合ニ依リテ之ヲ定ム

(船舶保険の保険価額)
第818条　船舶ノ保険ニ付テハ保険者ノ責任カ始マル時ニ於ケル其価額ヲ以テ保険価額トス

(積荷保険の保険価額)
第819条　積荷ノ保険ニ付テハ其船積ノ地及ヒ時ニ於ケル其価額及ヒ船積並ニ保険ニ関スル費用ヲ以テ保険価額トス

(希望利益保険の保険価額)
第820条　積荷ノ到達ニ因リテ得ヘキ利益又ハ報酬ノ保険ニ付テハ契約ヲ以テ保険価額ヲ定メサリシトキハ保険金額ヲ以テ保険価額トシタルモノト推定ス

(航海保険の法定保険期間)
第821条　一航海ニ付キ船舶ヲ保険ニ付シタル場合ニ於テハ保険者ノ責任ハ荷物又ハ底荷ノ船積ニ著手シタル時ヲ以テ始マル

2　荷物又ハ底荷ノ船積ヲ為シタル後船舶ヲ保険ニ付シタルトキハ保険者ノ責任ハ契約成立ノ時ヲ以テ始マル

3　前二項ノ場合ニ於テ保険者ノ責任ハ到達港ニ於テ荷物又ハ底荷ノ陸揚カ終了シタル時ヲ以テ終ハル但其陸揚カ不可抗力ニ因ラスシテ遅延シタルトキハ其終了スヘカリシ時ヲ以テ終ハル

(積荷保険及び希望利益保険の法定保険期間)
第822条　積荷ヲ保険ニ付シ又ハ積荷ノ到達ニ因リテ得ヘキ利益若クハ報酬ヲ保険ニ

付シタル場合ニ於テハ保険者ノ責任ハ其積荷カ陸地ヲ離レタル時ヲ以テ始マリ陸揚港ニ於テ其陸揚カ終了シタル時ヲ以テ終ハル

2　前条第三項但書ノ規定ハ前項ノ場合ニ之ヲ準用ス

（海上保険証券の記載事項）

第 823 条　海上保険証券ニハ保険法第六条第一項ニ掲ケタル事項ノ外左ノ事項ヲ記載スルコトヲ要ス

一　船舶ヲ保険ニ付シタル場合ニ於テハ其船舶ノ名称、国籍並ニ種類、船長ノ氏名及ヒ発航港、到達港又ハ寄航港ノ定アルトキハ其港名

二　積荷ヲ保険ニ付シ又ハ積荷ノ到達ニ因リテ得ヘキ利益若クハ報酬ヲ保険ニ付シタル場合ニ於テハ船舶ノ名称、国籍並ニ種類、船積港及ヒ陸揚港

（航海の変更）

第 824 条　保険者ノ責任カ始マル前ニ於テ航海ヲ変更シタルトキハ保険契約ハ其効力ヲ失フ

2　保険者ノ責任カ始マリタル後航海ヲ変更シタルトキハ保険者ハ其変更後ノ事故ニ付キ責任ヲ負フコトナシ但其変更カ保険契約者又ハ被保険者ノ責ニ帰スヘカラサル事由ニ因リタルトキハ此限ニ在ラス

3　到達港ヲ変更シ其実行ニ著手シタルトキハ保険シタル航路ヲ離レサルトキト雖モ航海ヲ変更シタルモノト看做ス

（離路その他の危険の変更・増加）

第 825 条　被保険者カ発航ヲ為シ若クハ航海ヲ継続スルコトヲ怠リ又ハ航路ヲ変更シ其他著シク危険ヲ変更若クハ増加シタルトキハ保険者ハ其変更又ハ増加以後ノ事故ニ付キ責任ヲ負フコトナシ但其変更又ハ増加カ事故ノ発生ニ影響ヲ及ホササリシトキ又ハ保険者ノ負担ニ帰スヘキ不可抗力若クハ正当ノ理由ニ因リテ生シタルトキハ此限ニ在ラス

（船長の変更）

第 826 条　保険契約中ニ船長ヲ指定シタルトキト雖モ船長ノ変更ハ契約ノ効力ニ影響ヲ及ホサス

（船舶の変更）

第 827 条　積荷ヲ保険ニ付シ又ハ積荷ノ到達ニ因リテ得ヘキ利益若クハ報酬ヲ保険ニ付シタル場合ニ於テ船舶ヲ変更シタルトキハ保険者ハ其変更以後ノ事故ニ付キ責任ヲ負フコトナシ但其変更カ保険契約者又ハ被保険者ノ責ニ帰スヘカラサル事由ニ因リタルトキハ此限ニ在ラス

（船舶未確定の予定保険）

第 828 条　保険契約ヲ為スニ当タリ荷物ヲ積込ムヘキ船舶ヲ定メサリシ場合ニ於テ保険契約者又ハ被保険者カ其荷物ヲ船積シタルコトヲ知リタルトキハ遅滞ナク保険者ニ対シテ船舶ノ名称及ヒ国籍ノ通知ヲ発スルコトヲ要ス

2　保険契約者又ハ被保険者カ前項ノ通知ヲ怠リタルトキハ保険契約ハ其効力ヲ失フ

（保険者の法定免責事由）

第 829 条　保険者ハ左ニ掲ケタル損害又ハ費用ヲ塡補スル責ニ任セス

一　保険ノ目的ノ性質若クハ瑕疵、其自然ノ消耗又ハ保険契約者若クハ被保険者ノ悪意若クハ重大ナル過失ニ因リテ生シタル損害

二　船舶又ハ運送賃ヲ保険ニ付シタル場合ニ於テ発航ノ当時安全ニ航海ヲ為スニ必要ナル準備ヲ為サス又ハ必要ナル書類ヲ備ヘサルニ因リテ生シタル損害
三　積荷ヲ保険ニ付シ又ハ積荷ノ到達ニ因リテ得ヘキ利益若クハ報酬ヲ保険ニ付シタル場合ニ於テ備船者、荷送人又ハ荷受人ノ悪意若クハ重大ナル過失ニ因リテ生シタル損害
四　水先案内料、入港料、燈台料、検疫料其他船舶又ハ積荷ニ付キ航海ノ為メニ出タシタル通常ノ費用

(少額損害又は費用の不てん補)
第830条　共同海損ニ非サル損害又ハ費用カ其計算ニ関スル費用ヲ算入セスシテ保険価額ノ百分ノ二ヲ超エサルトキハ保険者ハ之ヲ塡補スル責ニ任セス
2　右ノ損害又ハ費用カ保険価額ノ百分ノ二ヲ超エタルトキハ保険者ハ其全額ヲ支払フコトヲ要ス
3　前二項ノ規定ハ当事者カ契約ヲ以テ保険者ノ負担セサル損害又ハ費用ノ割合ヲ定メタル場合ニ之ヲ準用ス
4　前三項ニ定メタル割合ハ各航海ニ付キ之ヲ計算ス

(一部損害のてん補責任)
第831条　保険ノ目的タル積荷カ毀損シテ陸揚港ニ到達シタルトキハ保険者ハ其積荷カ毀損シタル状況ニ於ケル価額ノ毀損セサル状況ニテ有スヘカリシ価額ニ対スル割合ヲ以テ保険価額ノ一部ヲ塡補スル責ニ任ス

(不可抗力による積荷売却の場合のてん補責任)
第832条　航海ノ途中ニ於テ不可抗力ニ因リ保険ノ目的タル積荷ヲ売却シタルトキハ其売却ニ依リテ得タル代価ノ中ヨリ運送賃其他ノ費用ヲ控除シタルモノト保険価額トノ差ヲ以テ保険者ノ負担トス但保険価額ノ一部ヲ保険ニ付シタル場合ニ於テハ保険法第十九条ノ適用ヲ妨ケス
2　前項ノ場合ニ於テ買主カ代価ヲ支払ハサルトキハ保険者ハ其支払ヲ為スコトヲ要ス但其支払ヲ為シタルトキハ被保険者ノ買主ニ対シテ有セル権利ヲ取得ス

(保険委付の原因)
第833条　左ノ場合ニ於テハ被保険者ハ保険ノ目的ヲ保険者ニ委付シテ保険金額ノ全部ヲ請求スルコトヲ得
一　船舶カ沈没シタルトキ
二　船舶ノ行方カ知レサルトキ
三　船舶カ修繕スルコト能ハサルニ至リタルトキ
四　船舶又ハ積荷カ捕獲セラレタルトキ
五　船舶又ハ積荷カ官ノ処分ニ依リテ押収セラレ六个月間解放セラレサルトキ

(同前―船舶の行方不明)
第834条　船舶ノ存否カ六个月間分明ナラサルトキハ其船舶ハ行方ノ知レサルモノトス
2　保険期間ノ定アル場合ニ於テ其期間カ前項ノ期間内ニ経過シタルトキト雖モ被保険者ハ委付ヲ為スコトヲ得但船舶カ保険期間内ニ滅失セサリシコトノ証明アリタルトキハ其委付ハ無効トス

(同前―代船による運送の継続)
第835条　第八百三十三条第三号ノ場合ニ於テ船長カ遅滞ナク他ノ船舶ヲ以テ積荷ノ

運送ヲ継続シタルトキハ被保険者ハ其積荷ヲ委付スルコトヲ得ス

(委付の通知)

第 836 条 被保険者カ委付ヲ為サント欲スルトキハ三个月内ニ保険者ニ対シテ其通知ヲ発スルコトヲ要ス

2　前項ノ期間ハ第八百三十三条第一号、第三号及ヒ第四号ノ場合ニ於テハ被保険者カ其事由ヲ知リタル時ヨリ之ヲ起算ス

3　再保険ノ場合ニ於テハ第一項ノ期間ハ其被保険者カ自己ノ被保険者ヨリ委付ノ通知ヲ受ケタル時ヨリ之ヲ起算ス

(委付の要件)

第 837 条 委付ハ単純ナルコトヲ要ス

2　委付ハ保険ノ目的ノ全部ニ付テ之ヲ為スコトヲ要ス但委付ノ原因カ其一部ニ付テ生シタルトキハ其部分ニ付テノミ之ヲ為スコトヲ得

3　保険価額ノ一部ヲ保険ニ付シタル場合ニ於テハ委付ハ保険金額ノ保険価額ニ対スル割合ニ応シテ之ヲ為スコトヲ得

(保険者の委付承認)

第 838 条 保険者カ委付ヲ承認シタルトキハ後日其委付ニ対シテ異議ヲ述フルコトヲ得ス

(委付の効力)

第 839 条 保険者ハ委付ニ因リ被保険者カ保険ノ目的ニ付キ有セル一切ノ権利ヲ取得ス

2　被保険者カ委付ヲ為シタルトキハ保険ノ目的ニ関スル証書ヲ保険者ニ交付スルコトヲ要ス

(委付の際の他の保険契約等の通知)

第 840 条 被保険者ハ委付ヲ為スニ当タリ保険者ニ対シ保険ノ目的ニ関スル他ノ保険契約並ニ其負担ニ属スル債務ノ有無及ヒ其種類ヲ通知スルコトヲ要ス

2　保険者ハ前項ノ通知ヲ受クルマテハ保険金額ノ支払ヲ為スコトヲ要セス

3　保険金額ノ支払ニ付キ期間ノ定アルトキハ其期間ハ保険者カ第一項ノ通知ヲ受ケタル時ヨリ之ヲ起算ス

(保険者の委付不承認)

第 841 条 保険者カ委付ヲ承認セサルトキハ被保険者ハ委付ノ原因ヲ証明シタル後ニ非サレハ保険金額ノ支払ヲ請求スルコトヲ得ス

(相互保険に対する準用)

第 841 条ノ 2 本章ノ規定ハ相互保険ニ之ヲ準用ス但其性質カ之ヲ許サザルトキハ此限ニ在ラズ

附　　則（明治四四年五月三日法律第七三号）抄

第 1 条 本法施行ノ期日ハ勅令ヲ以テ之ヲ定ム

附　　則（平成二〇年六月六日法律第五七号）

この法律は、保険法の施行の日から施行する。

付録(2)

保険法（抜粋）

(平成 20 年 6 月 6 日法律第 56 号)

第1章　総　則

(趣旨)
第1条　保険に係る契約の成立、効力、履行及び終了については、他の法令に定めるもののほか、この法律の定めるところによる。

(定義)
第2条　この法律において、次の各号に掲げる用語の意義は、当該各号に定めるところによる。
一　保険契約　保険契約、共済契約その他いかなる名称であるかを問わず、当事者の一方が一定の事由が生じたことを条件として財産上の給付（生命保険契約及び傷害疾病定額保険契約にあっては、金銭の支払に限る。以下「保険給付」という。）を行うことを約し、相手方がこれに対して当該一定の事由の発生の可能性に応じたものとして保険料（共済掛金を含む。以下同じ。）を支払うことを約する契約をいう。
二　保険者　保険契約の当事者のうち、保険給付を行う義務を負う者をいう。
三　保険契約者　保険契約の当事者のうち、保険料を支払う義務を負う者をいう。
四　被保険者　次のイからハまでに掲げる保険契約の区分に応じ、当該イからハまでに定める者をいう。
　イ　損害保険契約　損害保険契約によりてん補することとされる損害を受ける者
　ロ　生命保険契約　その者の生存又は死亡に関し保険者が保険給付を行うこととなる者
　ハ　傷害疾病定額保険契約　その者の傷害又は疾病（以下「傷害疾病」という。）に基づき保険者が保険給付を行うこととなる者
五　保険金受取人　保険給付を受ける者として生命保険契約又は傷害疾病定額保険契約で定めるものをいう。
六　損害保険契約　保険契約のうち、保険者が一定の偶然の事故によって生ずることのある損害をてん補することを約するものをいう。
七　傷害疾病損害保険契約　損害保険契約のうち、保険者が人の傷害疾病によって生ずることのある損害（当該傷害疾病が生じた者が受けるものに限る。）をてん補することを約するものをいう。
八　生命保険契約　保険契約のうち、保険者が人の生存又は死亡に関し一定の保険給付を行うことを約するもの（傷害疾病定額保険契約に該当するものを除く。）をいう。
九　傷害疾病定額保険契約　保険契約のうち、保険者が人の傷害疾病に基づき一定の保険給付を行うことを約するものをいう。

第2章　損害保険

第1節　成　立

(損害保険契約の目的)
第3条　損害保険契約は、金銭に見積もることができる利益に限り、その目的とすることができる。

(告知義務)
第4条　保険契約者又は被保険者になる者は、損害保険契約の締結に際し、損害保険契約によりてん補することとされる損害の発生の可能性（以下この章において「危険」という。）に関する重要な事項のうち保険者になる者が告知を求めたもの（第28条第1項及び第29条第1項において「告知事項」という。）について、事実の告知をしなければならない。

(遡及保険)
第5条　損害保険契約を締結する前に発生した保険事故（損害保険契約によりてん補することとされる損害を生ずることのある偶然の事故として当該損害保険契約で定めるものをいう。以下この章において同じ。）による損害をてん補する旨の定めは、保険契約者が当該損害保険契約の申込み又はその承諾をした時において、当該保険契約者又は被保険者が既に保険事故が発生していることを知っていたときは、無効とする。
2　損害保険契約の申込みの時より前に発生した保険事故による損害をてん補する旨の定めは、保険者又は保険契約者が当該損害保険契約の申込みをした時において、当該保険者が保険事故が発生していないことを知っていたときは、無効とする。

(損害保険契約の締結時の書面交付)
第6条　保険者は、損害保険契約を締結したときは、遅滞なく、保険契約者に対し、次に掲げる事項を記載した書面を交付しなければならない。
一　保険者の氏名又は名称
二　保険契約者の氏名又は名称
三　被保険者の氏名又は名称その他の被保険者を特定するために必要な事項
四　保険事故
五　その期間内に発生した保険事故による損害をてん補するものとして損害保険契約で定める期間
六　保険金額（保険給付の限度額として損害保険契約で定めるものをいう。以下この章において同じ。）又は保険金額の定めがないときはその旨
七　保険の目的物（保険事故によって損害が生ずることのある物として損害保険契約で定めるものをいう。以下この章において同じ。）があるときは、これを特定するために必要な事項
八　第9条ただし書に規定する約定保険価額があるときは、その約定保険価額
九　保険料及びその支払の方法
十　第29条第1項第1号の通知をすべき旨が定められているときは、その旨
十一　損害保険契約を締結した年月日
十二　書面を作成した年月日

2　前項の書面には、保険者（法人その他の団体にあっては、その代表者）が署名し、又は記名押印しなければならない。
（強行規定）
第7条　第4条の規定に反する特約で保険契約者又は被保険者に不利なもの及び第5条第2項の規定に反する特約で保険契約者に不利なものは、無効とする。

第2節　効　力

（第三者のためにする損害保険契約）
第8条　被保険者が損害保険契約の当事者以外の者であるときは、当該被保険者は、当然に当該損害保険契約の利益を享受する。
（超過保険）
第9条　損害保険契約の締結の時において保険金額が保険の目的物の価額（以下この章において「保険価額」という。）を超えていたことにつき保険契約者及び被保険者が善意でかつ重大な過失がなかったときは、保険契約者は、その超過部分について、当該損害保険契約を取り消すことができる。ただし、保険価額について約定した一定の価額（以下この章において「約定保険価額」という。）があるときは、この限りでない。
（保険価額の減少）
第10条　損害保険契約の締結後に保険価額が著しく減少したときは、保険契約者は、保険者に対し、将来に向かって、保険金額又は約定保険価額については減少後の保険価額に至るまでの減額を、保険料についてはその減額後の保険金額に対応する保険料に至るまでの減額をそれぞれ請求することができる。
（危険の減少）
第11条　損害保険契約の締結後に危険が著しく減少したときは、保険契約者は、保険者に対し、将来に向かって、保険料について、減少後の当該危険に対応する保険料に至るまでの減額を請求することができる。
（強行規定）
第12条　第8条の規定に反する特約で被保険者に不利なもの及び第9条本文又は前二条の規定に反する特約で保険契約者に不利なものは、無効とする。

第3節　保険給付

（損害の発生及び拡大の防止）
第13条　保険契約者及び被保険者は、保険事故が発生したことを知ったときは、これによる損害の発生及び拡大の防止に努めなければならない。
（損害発生の通知）
第14条　保険契約者又は被保険者は、保険事故による損害が生じたことを知ったときは、遅滞なく、保険者に対し、その旨の通知を発しなければならない。
（損害発生後の保険の目的物の滅失）
第15条　保険者は、保険事故による損害が生じた場合には、当該損害に係る保険の目的物が当該損害の発生後に保険事故によらずに滅失したときであっても、当該損害をてん補しなければならない。

(火災保険契約による損害てん補の特則)
第16条 火災を保険事故とする損害保険契約の保険者は、保険事故が発生していないときであっても、消火、避難その他の消防の活動のために必要な処置によって保険の目的物に生じた損害をてん補しなければならない。

(保険者の免責)
第17条 保険者は、保険契約者又は被保険者の故意又は重大な過失によって生じた損害をてん補する責任を負わない。戦争その他の変乱によって生じた損害についても、同様とする。
2　責任保険契約(損害保険契約のうち、被保険者が損害賠償の責任を負うことによって生ずることのある損害をてん補するものをいう。以下同じ。)に関する前項の規定の適用については、同項中「故意又は重大な過失」とあるのは、「故意」とする。

(損害額の算定)
第18条 損害保険契約によりてん補すべき損害の額(以下この章において「てん補損害額」という。)は、その損害が生じた地及び時における価額によって算定する。
2　約定保険価額があるときは、てん補損害額は、当該約定保険価額によって算定する。ただし、当該約定保険価額が保険価額を著しく超えるときは、てん補損害額は、当該保険価額によって算定する。

(一部保険)
第19条 保険金額が保険価額(約定保険価額があるときは、当該約定保険価額)に満たないときは、保険者が行うべき保険給付の額は、当該保険金額の当該保険価額に対する割合をてん補損害額に乗じて得た額とする。

(重複保険)
第20条 損害保険契約によりてん補すべき損害について他の損害保険契約がこれをてん補することとなっている場合においても、保険者は、てん補損害額の全額(前条に規定する場合にあっては、同条の規定により行うべき保険給付の額の全額)について、保険給付を行う義務を負う。
2　二以上の損害保険契約の各保険者が行うべき保険給付の額の合計額がてん補損害額(各損害保険契約に基づいて算定したてん補損害額が異なるときは、そのうち最も高い額。以下この項において同じ。)を超える場合において、保険者の一人が自己の負担部分(他の損害保険契約がないとする場合における各保険者が行うべき保険給付の額のその合計額に対する割合をてん補損害額に乗じて得た額をいう。以下この項において同じ。)を超えて保険給付を行い、これにより共同の免責を得たときは、当該保険者は、自己の負担部分を超える部分に限り、他の保険者に対し、各自の負担部分について求償権を有する。

(保険給付の履行期)
第21条 保険給付を行う期限を定めた場合であっても、当該期限が、保険事故、てん補損害額、保険者が免責される事由その他の保険給付を行うために確認をすることが損害保険契約上必要とされる事項の確認をするための相当の期間を経過する日後の日であるときは、当該期間を経過する日をもって保険給付を行う期限とする。
2　保険給付を行う期限を定めなかったときは、保険者は、保険給付の請求があった後、当該請求に係る保険事故及びてん補損害額の確認をするために必要な期間を経過する

までは、遅滞の責任を負わない。
3 保険者が前二項に規定する確認をするために必要な調査を行うに当たり、保険契約者又は被保険者が正当な理由なく当該調査を妨げ、又はこれに応じなかった場合には、保険者は、これにより保険給付を遅延した期間について、遅滞の責任を負わない。

(責任保険契約についての先取特権)
第22条 責任保険契約の被保険者に対して当該責任保険契約の保険事故に係る損害賠償請求権を有する者は、保険給付を請求する権利について先取特権を有する。
2 被保険者は、前項の損害賠償請求権に係る債務について弁済をした金額又は当該損害賠償請求権を有する者の承諾があった金額の限度においてのみ、保険者に対して保険給付を請求する権利を行使することができる。
3 責任保険契約に基づき保険給付を請求する権利は、譲り渡し、質権の目的とし、又は差し押さえることができない。ただし、次に掲げる場合は、この限りでない。
 一 第1項の損害賠償請求権を有する者に譲り渡し、又は当該損害賠償請求権に関して差し押さえる場合
 二 前項の規定により被保険者が保険給付を請求する権利を行使することができる場合

(費用の負担)
第23条 次に掲げる費用は、保険者の負担とする。
 一 てん補損害額の算定に必要な費用
 二 第13条の場合において、損害の発生又は拡大の防止のために必要又は有益であった費用
2 第19条の規定は、前項第2号に掲げる費用の額について準用する。この場合において、同条中「てん補損害額」とあるのは、「第23条第1項第2号に掲げる費用の額」と読み替えるものとする。

(残存物代位)
第24条 保険者は、保険の目的物の全部が滅失した場合において、保険給付を行ったときは、当該保険給付の額の保険価額(約定保険価額があるときは、当該約定保険価額)に対する割合に応じて、当該保険の目的物に関して被保険者が有する所有権その他の物権について当然に被保険者に代位する。

(請求権代位)
第25条 保険者は、保険給付を行ったときは、次に掲げる額のうちいずれか少ない額を限度として、保険事故による損害が生じたことにより被保険者が取得する債権(債務の不履行その他の理由により債権について生ずることのある損害をてん補する損害保険契約においては、当該債権を含む。以下この条において「被保険者債権」という。)について当然に被保険者に代位する。
 一 当該保険者が行った保険給付の額
 二 被保険者債権の額(前号に掲げる額がてん補損害額に不足するときは、被保険者債権の額から当該不足額を控除した残額)
2 前項の場合において、同項第1号に掲げる額がてん補損害額に不足するときは、被保険者は、被保険者債権のうち保険者が同項の規定により代位した部分を除いた部分について、当該代位に係る保険者の債権に先立って弁済を受ける権利を有する。

(強行規定)
第26条 第15条、第21条第1項若しくは第3項又は前二条の規定に反する特約で被保険者に不利なものは、無効とする。

第4節　終　　了

(保険契約者による解除)
第27条 保険契約者は、いつでも損害保険契約を解除することができる。

(告知義務違反による解除)
第28条 保険者は、保険契約者又は被保険者が、告知事項について、故意又は重大な過失により事実の告知をせず、又は不実の告知をしたときは、損害保険契約を解除することができる。
2　保険者は、前項の規定にかかわらず、次に掲げる場合には、損害保険契約を解除することができない。
　一　損害保険契約の締結の時において、保険者が前項の事実を知り、又は過失によって知らなかったとき。
　二　保険者のために保険契約の締結の媒介を行うことができる者（保険者のために保険契約の締結の代理を行うことができる者を除く。以下「保険媒介者」という。）が、保険契約者又は被保険者が前項の事実の告知をすることを妨げたとき。
　三　保険媒介者が、保険契約者又は被保険者に対し、前項の事実の告知をせず、又は不実の告知をすることを勧めたとき。
3　前項第2号及び第3号の規定は、当該各号に規定する保険媒介者の行為がなかったとしても保険契約者又は被保険者が第1項の事実の告知をせず、又は不実の告知をしたと認められる場合には、適用しない。
4　第1項の規定による解除権は、保険者が同項の規定による解除の原因があることを知った時から1箇月間行使しないときは、消滅する。損害保険契約の締結の時から5年を経過したときも、同様とする。

(危険増加による解除)
第29条 損害保険契約の締結後に危険増加（告知事項についての危険が高くなり、損害保険契約で定められている保険料が当該危険を計算の基礎として算出される保険料に不足する状態になることをいう。以下この条及び第31条第2項第2号において同じ。）が生じた場合において、保険料を当該危険増加に対応した額に変更するとしたならば当該損害保険契約を継続することができるときであっても、保険者は、次に掲げる要件のいずれにも該当する場合には、当該損害保険契約を解除することができる。
　一　当該危険増加に係る告知事項について、その内容に変更が生じたときは保険契約者又は被保険者が保険者に遅滞なくその旨の通知をすべき旨が当該損害保険契約で定められていること。
　二　保険契約者又は被保険者が故意又は重大な過失により遅滞なく前号の通知をしなかったこと。
2　前条第4項の規定は、前項の規定による解除権について準用する。この場合において、同条第4項中「損害保険契約の締結の時」とあるのは、「次条第1項に規定する危険増加が生じた時」と読み替えるものとする。

（重大事由による解除）
第30条 保険者は、次に掲げる事由がある場合には、損害保険契約を解除することができる。
　一　保険契約者又は被保険者が、保険者に当該損害保険契約に基づく保険給付を行わせることを目的として損害を生じさせ、又は生じさせようとしたこと。
　二　被保険者が、当該損害保険契約に基づく保険給付の請求について詐欺を行い、又は行おうとしたこと。
　三　前二号に掲げるもののほか、保険者の保険契約者又は被保険者に対する信頼を損ない、当該損害保険契約の存続を困難とする重大な事由

（解除の効力）
第31条 損害保険契約の解除は、将来に向かってのみその効力を生ずる。
２　保険者は、次の各号に掲げる規定により損害保険契約の解除をした場合には、当該各号に定める損害をてん補する責任を負わない。
　一　第28条第１項　解除がされた時までに発生した保険事故による損害。ただし、同項の事実に基づかずに発生した保険事故による損害については、この限りでない。
　二　第29条第１項　解除に係る危険増加が生じた時から解除がされた時までに発生した保険事故による損害。ただし、当該危険増加をもたらした事由に基づかずに発生した保険事故による損害については、この限りでない。
　三　前条　同条各号に掲げる事由が生じた時から解除がされた時までに発生した保険事故による損害

（保険料の返還の制限）
第32条 保険者は、次に掲げる場合には、保険料を返還する義務を負わない。
　一　保険契約者又は被保険者の詐欺又は強迫を理由として損害保険契約に係る意思表示を取り消した場合
　二　損害保険契約が第５条第１項の規定により無効とされる場合。ただし、保険者が保険事故の発生を知って当該損害保険契約の申込み又はその承諾をしたときは、この限りでない。

（強行規定）
第33条 第28条第１項から第３項まで、第29条第１項、第30条又は第31条の規定に反する特約で保険契約者又は被保険者に不利なものは、無効とする。
２　前条の規定に反する特約で保険契約者に不利なものは、無効とする。

　　　第５節　傷害疾病損害保険の特則

（被保険者による解除請求）
第34条 被保険者が傷害疾病損害保険契約の当事者以外の者であるときは、当該被保険者は、保険契約者に対し、当該保険契約者との間に別段の合意がある場合を除き、当該傷害疾病損害保険契約を解除することを請求することができる。
２　保険契約者は、前項の規定により傷害疾病損害保険契約を解除することの請求を受けたときは、当該傷害疾病損害保険契約を解除することができる。

（傷害疾病損害保険契約に関する読替え）
第35条 傷害疾病損害保険契約における第１節から前節までの規定の適用については、

第5条第1項、第14条、第21条第3項及び第26条中「被保険者」とあるのは「被保険者（被保険者の死亡によって生ずる損害をてん補する傷害疾病損害保険契約にあっては、その相続人）」と、第5条第1項中「保険事故が発生している」とあるのは「保険事故による損害が生じている」と、同条第2項中「保険事故が発生していない」とあるのは「保険事故による損害が生じていない」と、第17条第1項、第30条及び第32条第1号中「被保険者」とあるのは「被保険者（被保険者の死亡によって生ずる損害をてん補する傷害疾病損害保険契約にあっては、被保険者又はその相続人）」と、第25条第1項中「被保険者が」とあるのは「被保険者（被保険者の死亡によって生ずる損害をてん補する傷害疾病損害保険契約にあっては、その相続人。以下この条において同じ。）が」と、第32条第2号中「保険事故の発生」とあるのは「保険事故による損害が生じていること」と、第33条第1項中「、第30条又は第31条」とあるのは「又は第31条」と、「不利なものは」とあるのは「不利なもの及び第30条の規定に反する特約で保険契約者又は被保険者（被保険者の死亡によって生ずる損害をてん補する傷害疾病損害保険契約にあっては、被保険者又はその相続人）に不利なものは」とする。

第6節　適用除外

第36条　第7条、第12条、第26条及び第33条の規定は、次に掲げる損害保険契約については、適用しない。
一　商法（明治32年法律第48号）第815条第1項に規定する海上保険契約
二　航空機若しくは航空機により運送される貨物を保険の目的物とする損害保険契約又は航空機の事故により生じた損害を賠償する責任に係る責任保険契約
三　原子力施設を保険の目的物とする損害保険契約又は原子力施設の事故により生じた損害を賠償する責任に係る責任保険契約
四　前三号に掲げるもののほか、法人その他の団体又は事業を行う個人の事業活動に伴って生ずることのある損害をてん補する損害保険契約（傷害疾病損害保険契約に該当するものを除く。）

第5章　雑　　則

(消滅時効)
第95条　保険給付を請求する権利、保険料の返還を請求する権利及び第63条又は第92条に規定する保険料積立金の払戻しを請求する権利は、3年間行わないときは、時効によって消滅する。
2　保険料を請求する権利は、1年間行わないときは、時効によって消滅する。
(保険者の破産)
第96条　保険者が破産手続開始の決定を受けたときは、保険契約者は、保険契約を解除することができる。
2　保険契約者が前項の規定による保険契約の解除をしなかったときは、当該保険契約は、破産手続開始の決定の日から3箇月を経過した日にその効力を失う。

附　則

(施行期日)
第1条　この法律は、公布の日から起算して2年を超えない範囲内において政令で定める日から施行する。

(経過措置の原則)
第2条　この法律の規定は、この法律の施行の日（以下「施行日」という。）以後に締結された保険契約について適用する。ただし、次条から附則第6条までに規定する規定の適用については、次条から附則第6条までに定めるところによる。

(旧損害保険契約に関する経過措置)
第3条　第10条、第11条、第12条（第10条及び第11条の規定に反する特約に係る部分に限る。以下この項において同じ。）、第30条（第35条の規定により読み替えて適用する場合を含む。以下この項において同じ。）、第31条第1項（第30条又は第96条第1項の規定による解除に係る部分に限る。以下この項において同じ。）及び第2項第3号、第33条第1項（第30条並びに第31条第1項及び第2項第3号の規定に反する特約に係る部分に限り、第35条の規定により読み替えて適用する場合を含む。）並びに第36条（第12条及び第33条第1項（第30条並びに第31条第1項及び第2項第3号の規定に反する特約に係る部分に限る。）に係る部分に限る。）の規定は、施行日前に締結された損害保険契約（以下この条において「旧損害保険契約」という。）についても、適用する。

2　旧損害保険契約の保険事故（第5条第1項に規定する保険事故をいう。以下この条において同じ。）が施行日以後に発生した場合には、第15条、第21条（第35条の規定により読み替えて適用する場合を含む。）、第26条（第15条並びに第21条第1項及び第3項（第35条の規定により読み替えて適用する場合を含む。）の規定に反する特約に係る部分に限り、第35条の規定により読み替えて適用する場合を含む。）及び第36条（第26条（第15条並びに第21条第1項及び第3項の規定に反する特約に係る部分に限る。）に係る部分に限る。）の規定を適用する。

3　旧損害保険契約の保険事故が施行日以後に発生した場合には、第22条第1項及び第2項の規定を適用する。

4　旧損害保険契約に基づき保険給付を請求する権利（施行日前に発生した保険事故に係るものを除く。）の譲渡又は当該権利を目的とする質権の設定若しくは差押えが施行日以後にされた場合には、第22条第3項の規定を適用する。

(旧生命保険契約に関する経過措置)
第4条　第47条（施行日以後にされた質権の設定に係る部分に限る。）、第48条、第49条（第48条の規定に反する特約に係る部分に限る。）、第57条、第59条第1項（第57条又は第96条第1項の規定による解除に係る部分に限る。以下この項において同じ。）及び第2項第3号並びに第65条第2号（第57条並びに第59条第1項及び第2項第3号の規定に反する特約に係る部分に限る。）の規定は、施行日前に締結された生命保険契約（次項において「旧生命保険契約」という。）についても、適用する。

2　旧生命保険契約の保険事故（第37条に規定する保険事故をいう。）が施行日以後に

発生した場合には、第52条及び第53条の規定を適用する。
3　施行日前に締結された第38条に規定する死亡保険契約の解除権者（第60条第1項に規定する解除権者をいう。）が施行日以後に当該死亡保険契約を解除した場合には、第60条から第62までの規定を適用する。

(旧傷害疾病定額保険契約に関する経過措置)
第5条　第76条（施行日以後にされた質権の設定に係る部分に限る。）、第77条、第78条（第77条の規定に反する特約に係る部分に限る。）、第86条、第88条第1項（第86条又は第96条第1項の規定による解除に係る部分に限る。以下この項において同じ。）及び第2項第3号並びに第94条第2号（第86条並びに第88条第1項及び第2項第3号の規定に反する特約に係る部分に限る。）の規定は、施行日前に締結された傷害疾病定額保険契約（以下この条において「旧傷害疾病定額保険契約」という。）についても、適用する。
2　旧傷害疾病定額保険契約の給付事由（第66条に規定する給付事由をいう。）が施行日以後に発生した場合には、第81条及び第82条の規定を適用する。
3　旧傷害疾病定額保険契約の解除権者（第89条第1項に規定する解除権者をいう。）が施行日以後に当該旧傷害疾病定額保険契約を解除した場合には、同条から第91条までの規定を適用する。

(保険者の破産に関する経過措置)
第6条　第96条の規定は、施行日前に締結された保険契約についても、適用する。

付録(4)

貨物海上保険普通保険約款
（2010年4月1日以降始期契約用）

第1条（保険金を支払う場合―貨物に生じた損害）
　当会社は、保険の対象となる貨物（以下「貨物」といいます。）について生じた次の損害に対して、この約款に従い、保険金を支払います。
①「オール・リスク担保」条件の場合には、すべての偶然な事故によって生じた損害
②「特定危険担保」条件の場合には、火災、爆発、もしくは輸送用具の衝突・転覆・脱線・墜落・不時着・沈没・座礁・座州によって生じた損害または共同海損犠牲損害

第2条（保険金を支払う場合―費用の損害）
　当会社は、第1条（保険金を支払う場合―貨物に生じた損害）に定める損害のほか、次の費用の損害に対して、この約款に従い、保険金を支払います。
①損害防止費用
　　第31条（損害防止義務）に定める損害の発生および拡大の防止義務を履行するために必要または有益な費用をいいます。
②救助料
　　当会社が保険金を支払うべき事故（以下「保険事故」といいます。）が発生した場合において、救助契約に基づかないで貨物を救助した者に支払うべき報酬をいいます。
③継搬費用
　　貨物または輸送用具に保険事故が発生した場合において、貨物を保険証券記載の仕向地へ輸送するために要した費用（中間地における荷卸し、陸揚げ、保管または再積込みの費用を含みます。）をいいます。ただし、原運送契約によって運送人が負担すべき費用、貨物について通常要すべき費用または被保険者が任意に支出した費用を除きます。
④共同海損分担額
　　運送契約に定めた法令またはヨーク・アントワープ規則もしくはその他の規則に基づき正当に作成された共同海損精算書によって、被保険者が支払うべき額をいいます。

第3条（保険金を支払わない場合―その1）
　当会社は、次のいずれかに該当する事由によって生じた損害に対しては、保険金を支払いません。
①保険契約者、被保険者、保険金を受け取るべき者（これらの者が法人である場合は、その理事、取締役または法人の業務を執行するその他の機関。以下同様とします。）またはこれらの者の法定代理人もしくは使用人の故意または重大な過失。ただし、上記の使用人については本条②に掲げる者を除きます。
②貨物の輸送に従事する者が、保険契約者、被保険者または保険金を受け取るべき者の使用人である場合には、これらの者の故意

第4条（保険金を支払わない場合―その2）

(1) 当会社は、次のいずれかに該当する事由によって生じた損害に対しては、保険金を支払いません。

①貨物の自然の消耗またはその性質もしくは欠陥によって生じた自然発火・自然爆発・むれ・かび・腐敗・変質・変色・さび・蒸発・昇華その他類似の事由

②荷造りの不完全

③輸送用具、輸送方法または輸送に従事する者が出発（中間地からの出発および積込港・寄航港からの発航を含みます。）の当時、貨物を安全に輸送するのに適していなかったこと。ただし、保険契約者、被保険者またはこれらの者の使用人がいずれもその事実を知らず、かつ、知らなかったことについて重大な過失がなかったときは、この規定を適用しません。

④運送の遅延

(2) 当会社は、(1)に定める損害のほか、間接損害（第2条（保険金を支払う場合―費用の損害）の費用の損害を除きます。）に対しては、保険金を支払いません。

第5条（保険金を支払わない場合―その3）

(1) 当会社は、次のいずれかに該当する事由によって生じた損害に対しては、保険金を支払いません。

①戦争、内乱その他の変乱

②水上または水中にある魚雷または機雷の爆発

③公権力によると否とを問わず、捕獲、だ捕、抑留または押収

④検疫または③以外の公権力による処分

⑤ストライキ、ロックアウトその他の労働争議行為または労働争議参加者の行為

⑥10人以上の群衆・集団の全部または一部によりなされた暴力的かつ騒動的な行動およびこの行動に際してその群衆・集団の一部によりなされた暴行（放火および盗取を含みます。）ならびにこれらに関連して生じた事件

⑦原子核反応または原子核の崩壊。ただし、医学用、科学用または産業用ラジオ・アイソトープ（ウラン、トリウム、プルトニウムおよびこれらの化合物ならびにこれらの含有物は含みません。）の原子核反応または原子核の崩壊を除きます。

(2) 当会社は、陸上（湖川を含みます。）にある貨物について、地震、噴火もしくはこれらによる津波またはこれらに関連のある火災その他類似の事故によって生じた損害に対しては、保険金を支払いません。地震、噴火もしくはこれらによる津波により異常な状態が存続する間に生じた損害は、前段に掲げる事故によって生じたものと推定します。

第6条（野積み等の貨物の取扱い）

(1) 当会社は、次の損害に対しては「特定危険担保」条件のみで保険に付けられたものとみなして保険金を支払います。

①貨物が野積みされている間に生じた損害

②貨物が船舶またははしけの甲板上に積まれている間に生じた損害

③貨物が被覆の完全でない輸送用具（船舶およびはしけを除きます。）に積まれている間に生じた損害。ただし、その輸送用具の被覆が完全であったとしても生じたであろう損害を除きます。

(2) (1)の規定は、次の場合には適用しません。
　①貨物が密閉式の金属製または強化プラスチック製コンテナに収容されている場合
　②保険契約者、被保険者またはこれらの者の使用人がいずれも(1)①から③までの事実を知らず、かつ、知らなかったことについて重大な過失がなかった場合
　③保険契約者、被保険者またはこれらの者の使用人のうち、(1)①から③までの事実を知った者が遅滞なくこれを当会社に通知して、当会社の承認を得て、相当の追加保険料を支払った場合

第7条（保険価額）
(1) 保険価額は、貨物の仕切状面価額または発送の地および時における価額を基準として、保険契約を締結した時に、当会社と保険契約者または被保険者との間で協定した額とします。
(2) あらかじめ保険価額を協定しなかった場合は、保険価額は保険金額と同額とします。ただし、
　①保険金額が仕切状面価額（仕切状面価額が運送賃、保険料その他の諸掛りを含んでいない場合は、これらを加算した額をいいます。以下同様とします。）に、その10％に相当する金額を加算した額を超えるときは、保険価額は仕切状面価額にその10％に相当する金額を加算した額とします。
　②保険金額が仕切状面価額より著しく低い場合は、保険価額は仕切状面価額と同額とします。
(3) 仕切状がない場合は、貨物の発送の地および時における価額に仕向地までの運送賃、保険料その他の諸掛りを加算した額を(2)の仕切状面価額とみなします。

第8条（全損）
(1) 貨物の全部が保険事故によって次の状態になった場合は、貨物に全損があったものとします。
　①貨物が滅失したかまたはこれに類する大損害を受けた場合
　②被保険者が貨物を喪失して回収の見込みがない場合
　③貨物を保険証券記載の仕向地へ輸送する方法がなくなった場合
　④第2条（保険金を支払う場合―費用の損害）に定める各費用の見積額の合計額が、貨物が仕向地に到着したならば有するであろう価額を超える場合
(2) 貨物を積載している船舶または航空機の行方が最後の消息のあった日から起算して30日間不明である場合は、保険事故によって貨物に全損があったものとします。ただし、その行方不明が保険事故以外の事故によるものと推定される場合を除きます。
(3) 貨物が複数の鉄道車両、自動車、船舶、はしけまたは航空機に分載されている期間中は、その貨物は1両、1台、1隻または1機ごとに各別に保険に付けられたものとみなして、(1)および(2)の規定を適用します。
(4) この保険契約においては、被保険者は貨物を当会社に委付することができません。

第9条（分損の計算方法）
(1) 貨物の全部または一部が、保険事故によって損傷を被って仕向地に到着したときは、損傷を被らないで到着したならば有したであろう価額（以下「正品市価」といいます。）と損傷した状態で有する価額（以下「損品市価」といいます。）をもとに次の算式によって算出した額を損害額とします。

$$\text{損害額} = \frac{\text{保険価額または}}{\text{その割当額}} \times \frac{\text{正品市価} - \text{損品市価}}{\text{正品市価}}$$

(2) 輸入税、消費税、その他の税金が課せられる貨物については、これらの税金を含めた価額を正品市価または損品市価とします。

(3) 当会社と被保険者との間で、損品市価について協定がととのわない場合には、被保険者の勘定で損傷を被った貨物を売却し、その売却代金（税金を買主の負担としたときはその額を加算し、また、売却に要した費用はこれを控除しません。）を損品市価とみなします。

(4) (1)の規定にかかわらず、貨物のラベルに損害が生じた場合は、そのラベルの代替費（再貼付費を含みます。）を、また貨物が機械類である場合には、その損害部分の代替品購入代金、修繕費および運送賃を合算した額（貨物の関税の全額が保険価額に含まれていた場合に限り、代替品購入のため支払われた関税があればこれを加算します。）を当会社が支払うべき保険金の限度とします。この場合においても第11条（保険金の支払額の限度）の規定を適用します。

第10条（支払いを免れた運送賃その他の費用の控除）

保険価額に運送賃その他の費用が含まれている場合において、損害発生のために被保険者がこれらの費用の全部または一部について支払いを免れたときは、当会社は、その費用を控除した残額を基礎として、保険金の額を決定します。

第11条（保険金の支払額の限度）

(1) 当会社が保険金として支払う額は、1回の保険事故について保険金額を限度とします。

(2) (1)の規定にかかわらず、貨物が損害を被り、これを修繕または手直ししない状態において、さらに他の保険事故によって損害を被った場合には、当会社が保険金として支払う額は、担保期間中を通算して保険金額を限度とします。

(3) (1)および(2)の規定にかかわらず、第2条（保険金を支払う場合―費用の損害）①に定める損害防止費用については、その費用とその他の保険金とを合算した額が保険金額を超えた場合でも、当会社は、これを支払います。

第12条（一部保険の場合の保険金の支払額）

保険金額が保険価額より低い場合は、当会社は、保険金額の保険価額に対する割合によって算出した額を保険金として支払います。

第13条（他の保険契約等がある場合の保険金の支払額）

他の保険契約等（この保険契約における貨物について締結された第1条（保険金を支払う場合―貨物に生じた損害）および第2条（保険金を支払う場合―費用の損害）の損害または費用を補償する他の保険契約または共済契約をいいます。）がある場合において、それぞれの保険契約または共済契約につき他の保険契約等がないものとして算出した保険金または共済金の額（以下「支払責任額」といいます。）の合計額が損害額を超えるときは、次に定める額を保険金として支払います。

①他の保険契約等から保険金または共済金が支払われていない場合

　　この保険契約の支払責任額

②他の保険契約等から保険金または共済金が支払われた場合

損害額から、他の保険契約等から支払われた保険金または共済金の合計額を差し引いた残額。ただし、この保険契約の支払責任額を限度とします。

第14条（保険責任の始期と終期）

(1) 当会社の保険責任は、輸送開始のために、貨物が保険証券記載の発送地における保管場所から搬出された時またはその保管場所において輸送用具へ直ちに積込む目的で最初に動かされた時のいずれか早い時に始まり、通常の輸送過程を経て、貨物が保険証券記載の仕向地における荷受人の指定した保管場所に搬入された時またはその保管場所において貨物の輸送用具からの荷卸しが完了した時のいずれか遅い時に終わります。ただし、輸送用具が仕向地における荷受人の指定した保管場所に到着した後の担保期間は、輸送用具が到着した日の翌日の正午をもって限度とします。

(2) (1)の本文の規定にかかわらず、積込港において貨物が海上輸送用具に積込まれる前の担保期間は、貨物の保険証券記載の発送地における保管場所からの搬出が開始された日またはその保管場所における輸送用具への積込みが開始された日のいずれか早い日の翌日の午前0時から起算して15日間（発送地が積込港以外の地である場合は30日間）をもって、また、荷卸港において貨物が海上輸送用具から荷卸しされた後の担保期間は、貨物の荷卸しが完了した日の翌日の午前0時から起算して15日間（仕向地が荷卸港以外の地である場合は30日間）をもって、限度とします。

(3) (1)の本文の規定は、搬出された、もしくは積込みが開始された貨物の部分ごと、または搬入された、もしくは荷卸しされた貨物の部分ごとにこれを適用します。

(4) (1)および(2)の時刻は、日本国の標準時によるものとします。

第15条（保険料の支払い）

保険契約者は、保険契約締結の際、保険料の全額を支払わなければなりません。ただし、別途取決めた場合は、この規定を適用しません。

第16条（告知義務）

(1) 保険契約者または被保険者になる者は、保険契約締結の際、危険（損害の発生の可能性をいいます。以下同様とします。）に関する重要な事項のうち、保険契約申込書その他の書類の記載事項とすることによって当会社が告知を求めたもの（他の保険契約等に関する事項を含みます。以下「告知事項」といいます。）について、当会社に事実を正確に告げなければなりません。

(2) 当会社は、保険契約締結の際、保険契約者または被保険者が、告知事項について、故意または重大な過失によって事実を告げなかった場合または事実と異なることを告げた場合は、保険契約者に対する書面による通知をもって、この保険契約を解除することができます。

(3) (2)の規定は、次のいずれかに該当する場合には適用しません。

①(2)に規定する事実がなくなった場合

②当会社が保険契約締結の際、(2)に規定する事実を知っていた場合または過失によってこれを知らなかった場合（当会社のために保険契約の締結の代理を行う者が、事実を告げることを妨げた場合または事実を告げないこともしくは事実と異なることを告げることを勧めた場合を含みます。）

③保険契約者または被保険者が、保険事故による損害の発生前に、告知事項につき、書面をもって訂正を当会社に申し出て、当会社がこれを承認した場合。なお、当会

社が、訂正の申出を受けた場合において、その訂正を申し出た事実が、保険契約締結の際に当会社に告げられていたとしても、当会社が保険契約を締結していたと認めるときに限り、これを承認するものとします。
④当会社が、(2)の規定による解除の原因があることを知った時から1か月を経過した場合または保険契約締結時から5年を経過した場合
(4) (2)の規定による解除が保険事故による損害の発生した後になされた場合であっても、第25条（保険契約解除の効力）の規定にかかわらず、当会社は、保険金を支払いません。この場合において、既に保険金を支払っていたときは、当会社は、その返還を請求することができます。
(5) (4)の規定は、(2)に規定する事実に基づかずに発生した保険事故による損害については適用しません。

第17条（通知義務）

(1) 保険契約締結の後、次のいずれかに該当する事実が発生した場合には、保険契約者、被保険者またはこれらの者の使用人は、事実の発生がその責めに帰すべき事由によるときはあらかじめ、責めに帰すことのできない事由によるときはその発生を知った後、遅滞なく、その旨を当会社に申し出て、承認を請求しなければなりません。ただし、その事実がなくなった場合、および、切迫した危険を避けるため、または人命救助もしくは輸送用具上にある者の緊急の医療のために必要となった場合には、当会社に申し出る必要はありません。
　①保険証券記載の発送地、積込港、荷卸港もしくは仕向地を変更し、もしくは変更しようとしてその実行に着手すること、または輸送用具が順路外へ出ること。
　②貨物が保険証券記載の輸送用具以外のものに積込まれ、または積替えられること。
　③輸送の開始または遂行が著しく遅延すること。
　④①から③までの事実のほか、保険契約申込書その他の書類の記載事項の内容に変更を生じさせる事実（保険契約申込書その他の書類の記載事項のうち、保険契約締結の際に当会社が交付する書面等においてこの条の適用がある事項として定めたものに関する事実に限ります。）が発生すること。
(2) (1)の事実がある場合（(4)ただし書の規定に該当する場合を除きます。）には、当会社は、その事実について承認を請求する書面を受領したと否とを問わず、保険契約者に対する書面による通知をもって、この保険契約を解除することができます。
(3) (2)の規定は、当会社が、(2)の規定による解除の原因があることを知った時から1か月を経過した場合または(1)の事実が生じた時から5年を経過した場合には適用しません。
(4) (1)に規定する手続を怠った場合には、当会社は、(1)の事実が発生した時から当会社が承認を請求する書面を受領するまでの間に生じた保険事故による損害に対しては、保険金を支払いません。ただし、(1)に規定する事実が発生した場合において、変更後の保険料が変更前の保険料より高くならなかったときは除きます。
(5) (4)の規定は、(1)の事実に基づかずに発生した保険事故による損害については適用しません。

第18条（保険契約者の住所変更）

保険契約者が保険証券記載の住所または通知先を変更した場合は、保険契約者は、

遅滞なく、その旨を当会社に通知しなければなりません。

第19条（保険契約の無効）

保険契約者が、保険金を不法に取得する目的または第三者に保険金を不法に取得させる目的をもって締結した保険契約は無効とします。

第20条（保険契約の失効）

(1) 保険契約締結の後、次のいずれかに該当する場合には、その事実が発生した時に保険契約は効力を失います。

①貨物の全部が滅失した場合。ただし、第38条（保険金支払後の保険契約）(1)の規定により保険契約が終了した場合を除きます。

②貨物が譲渡された場合

(2) おのおの別に保険金額を定めた貨物が2以上ある場合には、それぞれについて、(1)の規定を適用します。

第21条（保険契約の取消し）

保険契約者または被保険者の詐欺または強迫によって当会社が保険契約を締結した場合には、当会社は、保険契約者に対する書面による通知をもって、この保険契約を取り消すことができます。

第22条（保険金額の調整）

(1) 保険契約締結の際、保険金額が貨物の価額が超えていた場合であっても、保険契約者は、その超過部分について、この保険契約を取り消すことはできません。

(2) 保険契約締結の後、貨物の価額が著しく減少した場合であっても、保険契約者は、保険金額の減額を請求することはできません。

第23条（保険契約者による保険契約の解除）

保険契約者は、当会社に対する書面による通知をもって、この保険契約を解除することができます。ただし、保険金請求権の上に質権または譲渡担保権が設定されている場合は、この解除権は、質権者または譲渡担保権者の書面による同意を得た後でなければ行使できません。

第24条（重大事由による解除）

(1) 当会社は、次のいずれかに該当する事由がある場合には、保険契約者に対する書面による通知をもって、この保険契約を解除することができます。

①保険契約者または被保険者が、当会社にこの保険契約に基づく保険金を支払わせることを目的として損害を生じさせ、または生じさせようとしたこと。

②被保険者が、この保険契約に基づく保険金の請求について、詐欺を行い、または行おうとしたこと。

③①および②に掲げるもののほか、保険契約者または被保険者が、①および②の事由がある場合と同程度に当会社のこれらの者に対する信頼を損ない、この保険契約の存続を困難とする重大な事由を生じさせたこと。

(2) (1)の規定による解除が保険事故による損害の発生した後になされた場合であっても、次条の規定にかかわらず、(1)①から③までの事由が生じた時から解除がなされた時までに発生した保険事故による損害に対しては、当会社は、保険金を支払いません。この場合において、既に保険金を支払っていたときは、当会社は、その返還を請求することができます。

第 25 条（保険契約解除の効力）

保険契約の解除は、将来に向かってのみその効力を生じます。

第 26 条（保険料の返還または請求―告知義務・通知義務等の場合）

(1) 第 16 条（告知義務）(1)により告げられた内容が事実と異なる場合において、保険料を変更する必要があるときは、当会社は、変更前の保険料と変更後の保険料との差額を返還または請求します。

(2) 第 17 条（通知義務）(1)の事実が生じた場合において、保険料を変更する必要がある場合であっても、当会社は変更前の保険料の全額を取得することができるものとします。また、追加保険料が必要となる場合は、当会社は、変更前の保険料と変更後の保険料との差額を請求します。

(3) 当会社は、保険契約者が(1)または(2)の規定による追加保険料の支払を怠った場合（当会社が、保険契約者に対し追加保険料の請求をしたにもかかわらず相当の期間内にその支払がなかった場合に限ります。）は、保険契約者に対する書面による通知をもって、この保険契約を解除することができます。

(4) (1)または(2)の規定による追加保険料を請求する場合において、(3)の規定によりこの保険契約を解除できるときは、当会社は、保険金を支払いません。この場合において、既に保険金を支払っていたときは、当会社は、その返還を請求することができます。

(5) (4)の規定は、第 17 条（通知義務）(1)の事実が生じた場合における、その危険増加が生じた時より前に発生した保険事故による損害については適用しません。

(6) (1)および(2)のほか、保険契約締結の後、保険契約者が書面をもって保険契約の条件の変更を当会社に通知し、承認の請求を行い、当会社がこれを承認する場合において、保険料を変更する必要があるときは、当会社は、変更前の保険料と変更後の保険料との差額を返還または請求します。

(7) (6)の規定による追加保険料を請求する場合において、当会社の請求に対して、保険契約者がその支払を怠ったときは、当会社は、保険契約条件の変更の承認の請求がなかったものとして、この保険契約に適用される普通保険約款および特約に従い、保険金を支払います。

第 27 条（保険料の返還―保険契約の無効または失効の場合）

(1) 第 19 条（保険契約の無効）の規定により保険契約が無効となった場合には、当会社は、保険料を返還しません。

(2) 保険契約が失効となる場合であっても、当会社は、保険料の全額を取得することができるものとします。

第 28 条（保険料の返還―保険契約の取消しの場合）

第 21 条（保険契約の取消し）の規定により、当会社が保険契約を取り消した場合には、当会社は、保険料を返還しません。

第 29 条（保険料の返還―解除の場合）

(1) 第 16 条（告知義務）(2)、第 17 条（通知義務）(2)、第 24 条（重大事由による解除）(1)または第 26 条（保険料の返還または請求―告知義務・通知義務等の場合）(3)の規定により、当会社が保険契約を解除した場合には、当会社は、保険料を返還しません。

(2) 第 23 条（保険契約者による保険契約の解除）の規定により、保険契約者が保険契約を解除した場合であっても、当会社は、保険料の全額を取得することができるもの

とします。

第30条（事故の通知）

(1) 保険契約者または被保険者は、貨物について損害が生じたことを知った場合は、損害の発生ならびに他の保険契約等の有無および内容（既に他の保険契約等から保険金または共済金の支払を受けた場合には、その事実を含みます。）を当会社に遅滞なく通知しなければなりません。

(2) 貨物について損害が生じた場合は、当会社は、事故が生じた貨物または事故状況を調査することができます。

(3) 保険契約者または被保険者が、正当な理由がなく(1)の規定に違反した場合は、当会社は、それによって当会社が被った損害の額を差し引いて保険金を支払います。

第31条（損害防止義務）

(1) 保険契約者、被保険者またはこれらの者の使用人は、保険事故が発生したことを知った場合は、これによる損害の発生および拡大の防止に努めなければなりません。保険契約者、被保険者またはこれらの者の使用人が損害の防止の義務を履行しなかった場合は、当会社は、損害の額から損害の発生および拡大を防止することが出来たと認められる額を差し引いた残額を基礎として、保険金の額を決定します。

(2) 保険契約者、被保険者またはこれらの者の使用人は、第三者（他人のためにする保険契約の場合の保険契約者を含みます。以下同じ。）に対して、損害について賠償、補償その他の給付を請求することができる場合には、その請求権の保全または行使に努めなければなりません。保険契約者、被保険者またはこれらの者の使用人が第三者に対する請求権の保全または行使に必要な手続の義務を履行しなかった場合は、当会社は、その請求権の行使によって、損害の額から第三者から給付を受けることができたと認められる額を差し引いた残額を基礎として、保険金の額を決定します。

第32条（残存物）

当会社が保険事故による損害に対して保険金を支払った場合でも、貨物の残存物について被保険者が有する所有権その他の物権は、当会社がこれを取得する旨の意思を表示しないかぎり、当会社に移転しません。

第33条（全損となった貨物上の権利と義務）

(1) 第32条（残存物）で当会社が所有権その他の物権を取得する場合において、貨物に対して留置権、先取特権、質権、抵当権、賃借権、その他の権利が存在するとき、または損害をうけた貨物を取り除く義務その他その貨物に関する義務が存在するときには、被保険者は、遅滞なくその明細を当会社に通知しなければなりません。

(2) 被保険者は、(1)に定める権利を消滅させなければなりません。これに要する金額および費用または(1)に定める義務を履行するために要する金額および費用は、被保険者の負担とします。

(3) 当会社が(2)の金額および費用を支払ったとき、または将来支払う必要があると認めたときは、当会社は、支払うべき保険金の額からこれらを控除することができます。

第34条（保険金の請求）

(1) 当会社に対する保険金請求権は、保険事故による損害が発生した時から発生し、これを行使することができるものとします。

(2) 被保険者が保険金の支払を請求する場合は、次の書類または証拠のうち、当会社が

求めるものを当会社に提出しなければなりません。
① 保険金の請求書
② 損害見積書
③ その他当会社が第35条（保険金の支払時期）(1)に定める必要な事項の確認を行うために欠くことのできない書類または証拠として保険契約締結の際に当会社が交付する書面等において定めたもの
(3) 当会社は、事故の内容または損害の額等に応じ、保険契約者または被保険者に対して、(2)に掲げるもの以外の書類もしくは証拠の提出または当会社が行う調査への協力を求めることがあります。この場合には、当会社が求めた書類または証拠を速やかに提出し、必要な協力をしなければなりません。
(4) 保険契約者または被保険者が、正当な理由がなく(3)の規定に違反した場合または(2)もしくは(3)の書類に事実と異なる記載をし、もしくはその書類もしくは証拠を偽造しもしくは変造した場合は、当会社は、それによって当会社が被った損害の額を差し引いて保険金を支払います。

第35条（保険金の支払時期）
(1) 当会社は、被保険者が第34条（保険金の請求）(2)の手続を完了した日（以下この条において「請求完了日」といいます。）からその日を含めて30日以内に、当会社が保険金を支払うために必要な次の事項の確認を終え、保険金を支払います。
① 保険金の支払事由発生の有無の確認に必要な事項として、事故の原因、事故発生の状況、損害発生の有無および被保険者に該当する事実
② 保険金が支払われない事由の有無の確認に必要な事項として、保険金が支払われない事由としてこの保険契約において定める事由に該当する事実の有無
③ 保険金を算出するための確認に必要な事項として、損害の額（保険価額を含みます。）および事故と損害との関係
④ 保険契約の効力の有無の確認に必要な事項として、この保険契約において定める解除、無効、失効または取消しの事由に該当する事実の有無
⑤ ①から④までのほか、他の保険契約等の有無および内容、損害について被保険者が有する損害賠償請求権その他の債権および既に取得したものの有無および内容等、当会社が支払うべき保険金の額を確定するために確認が必要な事項
(2) (1)の確認をするため、次に掲げる特別な照会または調査が不可欠な場合には、(1)の規定にかかわらず、当会社は、請求完了日からその日を含めて次に掲げる日数（複数に該当する場合は、そのうち最長の日数）を経過する日までに、保険金を支払います。この場合において、当会社は、確認が必要な事項およびその確認を終えるべき時期を被保険者に対して通知するものとします。
① (1)①から④までの事項を確認するための、警察、検察、消防その他の公の機関による捜査・調査結果の照会（弁護士法（昭和24年法律第205号）に基づく照会その他法令に基づく照会を含みます。）　180日
② (1)①から④までの事項を確認するための、専門機関による鑑定等の結果の照会　90日
③ 災害救助法（昭和22年法律第118号）が適用された災害の被災地域における(1)①から⑤までの事項の確認のための調査　60日

④(1)①から⑤までの事項の確認を日本国内において行うための代替的な手段がない場合の日本国外における調査　180日
⑤損害を受けた貨物、損害発生事由もしくは損害発生形態が特殊である場合、または多数の貨物が同一事故により損害を受けた場合、または共同海損が宣言されたことにより、(1)①から④までの事項を確認するための、専門機関による鑑定等の結果の照会　180日
(3)　(2)①から⑤に掲げる特別な照会または調査を開始した後、(2)①から⑤に掲げる期間中に保険金を支払う見込みがないことが明らかになった場合には、当会社は、(2)①から⑤に掲げる期間内に被保険者との協議による合意に基づきその期間を延長することができます。
(4)　(1)から(3)までに掲げる必要な事項の確認に際し、保険契約者または被保険者が正当な理由なくその確認を妨げ、またはこれに応じなかった場合（必要な協力を行わなかった場合を含みます。）には、これにより確認が遅延した期間については、(1)から(3)までの期間に算入しないものとします。

第36条（時効）
保険金請求権は、第34条（保険金の請求）(1)に定める時の翌日から起算して3年を経過した場合は、時効によって消滅します。

第37条（求償権代位）
(1)　損害が生じたことにより被保険者が損害賠償請求権その他の債権を取得した場合において、当会社がその損害に対して保険金を支払ったときは、その債権は当会社に移転します。ただし、移転するのは、次の額を限度とします。
①当会社が損害の額の全額を保険金として支払った場合
　　被保険者が取得した債権の全額
②①以外の場合
　　被保険者が取得した債権の額から、保険金が支払われていない損害の額を差し引いた額
(2)　(1)②の場合において、当会社に移転せずに被保険者が引き続き有する債権は、当会社に移転した債権よりも優先して弁済されるものとします。
(3)　保険契約者および被保険者は、当会社が取得する(1)または(2)の債権の保全および行使ならびにそのために当会社が必要とする証拠および書類の入手に協力しなければなりません。この場合において、当会社に協力するために必要な費用は、当会社の負担とします。

第38条（保険金支払後の保険契約）
(1)　貨物に第8条（全損）(1)から(3)までに定める全損があった場合は、保険契約は、その保険金支払の原因となった損害の発生した時に終了します。
(2)　(1)の場合を除き、当会社が保険金を支払った場合においても、この保険契約の保険金額は減額することはありません。
(3)　(1)の規定により、保険契約が終了した場合には、当会社は保険料を返還しません。
(4)　おのおの別に保険金額を定めた貨物が2以上ある場合には、それぞれについて、(1)から(3)までの規定を適用します。

第39条（訴訟の提起）
　この保険契約に関する訴訟については、日本国内における裁判所に提起するものとします。
第40条（準拠法）
　この約款に規定のない事項については、日本国の法令に準拠します。

付録(6)

船舶保険普通保険約款

(平成22年4月1日改正)

第1章　当会社の責任

(当会社の負担する危険)
第1条　当会社は、この保険証券記載の船舶(以下「被保険船舶」という。)が沈没、転覆、座礁、座州、火災、衝突その他の海上危険(以下「保険事故」という。)に遭遇したことによって被保険利益について生じた損害を、この約款およびこの保険証券記載の特別約款の規定に従い、てん補する責めに任ずる。陸上危険について特約がある場合も同様とする。
2　前項の被保険利益について生じた損害とは、全損、修繕費、共同海損分担額、衝突損害賠償金、損害防止費用その他の損失、費用および賠償金をいう。

(保険の目的物の範囲)
第2条　船舶を保険の目的物としたときは、船体および機関のほか、特約がある場合を除き、被保険者が所有または賃借し、かつ、船舶内に存在する次に掲げる物は保険の目的物に含まれるものとする。保険契約者が所有または賃借する物も同様とする。
(1)　属具および備品
(2)　燃料、食料その他の消耗品等で、船舶の使用目的に供するすべての物
2　前項の規定にかかわらず、属具のうち、端艇については、船舶外に取り出された場合であっても、本来の使用目的に供されているときに限り、保険の目的物に含まれるものとする。

(全損)
第3条　被保険船舶が滅失したとき、または著しい損傷を被り修繕不能となったときは全損とする。
2　被保険者は、次に掲げる事実が生じたときは、全損として保険金の支払を請求することができる。
(1)　被保険船舶の修繕費、共同海損分担額もしくは損害防止費用(第7条第1項第1号に掲げる費用に限る。)の各見積額またはこれらの合算額が保険価額を超過したこと。
(2)　被保険船舶の存否が最後の消息のあった日から起算して60日間不明であったこと。
(3)　被保険船舶を占有して使用することが不可能な状態が180日間継続したこと。
3　前項第2号または第3号に掲げる事実が生じた場合には、これら各号に掲げる期間経過前に保険期間が満了したときでも、被保険者は、全損として保険金の支払を請求することができる。
4　この保険契約において、被保険者は、被保険船舶を当会社に委付して保険金の支払を請求することはできない。

(修繕費)

第4条 修繕費とは、被保険船舶が被った損傷をその損傷発生直前の状態に復旧するために要する妥当な費用をいう。

2　前項の費用には、被保険船舶が被った損傷の修繕のために要する次に掲げる費用を含むものとする。ただし、共同海損分担額となるもの、損害防止費用となるものおよび事故の有無にかかわらず要する費用を除く。
  (1) 損傷を被った後、直ちに最寄りの修繕地に回航する場合は、その航海のために要する妥当な費用。ただし、修繕費を節約するために当会社の同意を得て最寄りの修繕地以外の修繕地に回航する場合には、その航海のために要する妥当な費用は、それにより節約される修繕費を限度とする。
  (2) 修繕完了後、直ちに原航路に復帰する場合は、その航海のために要する妥当な費用
  (3) 損傷の修繕を行った後、試運転をする場合は、その航海のために要する妥当な費用

3　次に掲げる場合の仮修繕費を第1項の費用に含める。ただし、共同海損分担額となるものを除く。
  (1) 本修繕に必要な材料または部品の調達に長期間を要し、本修繕が著しく遅延するとき。
  (2) 仮修繕を行うことにより本修繕に要する修繕費が節約されるとき。ただし、その仮修繕により節約される修繕費を限度とする。

4　次に掲げる場合に、被保険船舶が被った損傷の仮修繕を行っていたときは、その仮修繕費を第1項の費用に含める。ただし、共同海損分担額となるものおよび損害防止費用となるものを除く。
  (1) 被保険者が本修繕の費用または第27条第3項の修繕費を当会社に請求しないとき。
  (2) 本修繕を行う時までに、被保険船舶が全損となったとき。

5　保険事故によって生じた損傷の修繕工事（以下「保険工事」という。）のために被保険船舶の上架または入きょを必要とする場合、船底防汚塗料の代金および塗装費（船底清掃費を含む。）は、特別条項の規定に従い第1項の費用に含める。水線塗料および船底防腐塗料の代金ならびに塗装費は、損傷のあった部分に対するものに限り、第1項の費用に含める。

6　保険工事とそれ以外の工事または検査（以下「船主工事等」という。）とが同時に行われる場合に、そのいずれもが次に掲げる費用を必要とするときは、それぞれについて定める割合により算出された費用を第1項の費用に含める。
  (1) 上下架または入出きょの費用はその2分の1
  (2) 滞架または滞きょの費用は、保険工事と船主工事等が併行して行われた日数に対してはその2分の1

7　被保険船舶が座礁もしくは座州し、または他物（水を除く。）と衝突した後、保険契約者または被保険者が直ちに、当会社の同意を得て船底損傷検査のみを目的として潜水夫を使用しまたは被保険船舶を上架もしくは入きょさせた場合に要する妥当な潜水夫使用料または上下架もしくは入出きょ費用は、損傷が発見されなかったときであ

っても、第1項に定める修繕費とみなす。

(共同海損分担額)
第5条 共同海損分担額とは、保険契約者または被保険者が選任した精算人により、運送契約に定められた法令もしくは規則に従って、または運送契約に別段の定めがないときは、日本国の法令もしくは1994年ヨーク・アントワープ規則に従って作成された共同海損精算書によって被保険船舶が分担すべき額をいう。ただし、当会社が支払った第4条に規定する修繕費のうち、共同海損として認容される金額がある場合には、その金額を共同海損分担額から控除する。保険契約者または被保険者が遅滞なく精算人を選任しない場合は、当会社は、自ら精算人を選任することができる。

2 被保険船舶が空船で航行する場合に、船舶以外に共同海損を分担する利益があれば共同海損行為となる行為によって保険契約者または被保険者が費用を支出したときは、1994年ヨーク・アントワープ規則（同規則第20条および第21条を除く。）を準用する。この場合の航海は、発航港から次の港（避難港または燃料の補給のためにのみ寄航する港を除く。）に到着するまでとする。ただし、避難港または寄航港において航海が打ち切られたときは、その航海はその時に終了したものとする。

(衝突損害賠償金)
第6条 衝突損害賠償金とは、被保険船舶が他の船舶と衝突（被保険船舶が他の船舶と衝突した直接の結果としてその他船がさらに他の船舶と衝突した場合を含む。）したことによって生じた次に掲げる損害に対して被保険者が法律上の損害賠償責任を負った場合に、確定判決によりまたは当会社の書面による同意を得て確定した金額をいう。
(1) 他船に与えた損害（その他船の損傷による使用利益の喪失を含む。）
(2) 他船上の積荷または他船上のその他の財物（以下「他船上の積荷または財物」という。）に与えた損害

2 次に掲げる金額をもって、前項に規定する衝突損害賠償金とする。
(1) 衝突が被保険船舶のみの過失によって生じた場合は、被保険者が前項に掲げる損害に対して賠償すべき金額
(2) 衝突が被保険船舶および他船の過失によって生じた場合は、各船舶の過失の割合（各船舶の過失の軽重を判定することができないときは、各船舶の過失の割合は同等とみなす。以下同じ。）に応じ、かつ、相殺をしないで被保険者が前項に掲げる損害に対して賠償すべき金額
(3) 前二号の規定にかかわらず、日本国もしくは外国の法令または条約に基づいて被保険者の責任が制限される場合は、その法令または条約に基づいて被保険者が提供した基金の確定額または提供した財産の提供時の価額のうち、前項に掲げる損害に対する賠償として割り当てられる金額

3 被保険船舶が被保険者の所有または賃借する他の船舶（被保険船舶の端艇を除く。）と衝突した場合も、第三者の所有または賃借する他の船舶と衝突した場合に準じて前二項が適用されるものとする。この場合、各船舶の過失の有無およびその割合ならびに各船舶の損害額については被保険者と当会社との間で協定する。

4 前項の協定が成立しないときは、被保険者と当会社は、協議して1人の仲裁人を選任しその判断に任せる。この選任ができないときは、被保険者と当会社は、協議して

各自1人の仲裁人を選任し、その2人が選任する第三の仲裁人1人を加えた3人の仲裁人の多数決による判断に従う。

(損害防止費用)
第7条 損害防止費用とは、次に掲げる費用をいう。
(1) 保険契約者または被保険者が第24条第1項に規定する損害防止義務を履行するために必要または有益な費用(被保険船舶に保険事故が発生した場合に、救助契約に基づかずに被保険船舶を救助した者に対して保険契約者または被保険者が支払うべき報酬を含む。)
(2) 保険契約者または被保険者が第24条第3項に規定する第三者に対する請求権の行使または保全の義務を履行するために必要または有益な費用。ただし、この保険契約に関する損害と、その他の損害とを合わせて第三者に対する請求権を行使または保全した場合の費用は、各損害額の割合によって案分される金額に限る。
(3) この保険契約に関する損害について、賠償請求の訴えが被保険者に対して提起され、被保険者が当会社の書面による同意を得て応訴するため、または被保険者が当会社と協議のうえ争いを仲裁に付すために必要または有益な訴訟費用または仲裁費用。ただし、この保険契約に関する損害に対する賠償と、その他の損害に対する賠償とを合わせて請求された場合の訴訟費用または仲裁費用は、各被請求金額の割合によって案分される金額に限る。

2 保険契約者または被保険者が被保険船舶と被保険船舶上の積荷その他の財物の損害を共に防止軽減する場合は、前項の費用のうち、被保険船舶が分担すべき額をもって損害防止費用とする。ただし、共同海損分担額となるものを除く。

3 損害の防止軽減に際して、被保険船舶が被った損傷の修繕費は、いかなる場合も損害防止費用とは認めない。積荷、運送賃および乗客、船長、乗組員その他の人員に生じた損害についても、同様とする。

(火災・汚染防止損害)
第8条 当会社は、被保険船舶に保険事故が発生し、その結果日本国または外国の公権力により講じられた次に掲げる緊急措置によって被保険利益について生じた損害を、その緊急措置の原因となった保険事故によって生じたものとみなし、この約款およびこの保険証券記載の特別約款の規定に従い、てん補する責めに任ずる。ただし、当会社は、その緊急措置に要した費用についてはてん補する責めに任じない。
(1) 被保険船舶に火災が発生しまたはまさに発生しようとしている場合に、その火災の消火、延焼の防止もしくは火災の発生の防止または人命を救助するために講じられた緊急措置
(2) 被保険船舶から流出または排出された油その他の物により、海洋、河川等が汚染され、またはそのおそれがある場合に、その汚染を防止軽減するために講じられた緊急措置

(てん補額の限度)
第9条 当会社のてん補すべき金額は、1回の保険事故ごとに保険金額を限度とする。

2 前項の規定にかかわらず、次に掲げる賠償金または費用について当会社のてん補すべき金額は、1回の保険事故ごとに、かつ、他のてん補金とは別個に、それぞれ保険金額を限度とする。

(1) 第6条に規定する衝突損害賠償金
(2) 保険契約者または被保険者が支出した第7条第1項第1号および第2号に規定する損害防止費用。ただし、第7条第1項第1号の費用については、被保険船舶が全損になるおそれがある場合に、保険契約者または被保険者があらかじめ当会社の書面による同意を得て支出した費用に限る。
(3) 第7条第1項第3号に規定する費用のうち、第6条第1項各号の損害について賠償請求の訴えが被保険者に対して提起されたときの必要または有益な訴訟費用または仲裁費用
3 当会社は、保険金額の保険価額に対する割合をもって、損害をてん補する責めに任ずる。

(保険期間)
第10条 一定の期間についての保険(以下「期間保険」という。)における当会社の責任は、この保険証券に異なる時刻の記載がないかぎり、この保険証券記載の開始日の正午に始まり、この保険証券記載の終了日の正午に終わる。
2 前項の時刻は、この保険証券に異なる記載がないかぎり、日本国の標準時によるものとする。
3 一定の航海についての保険(以下「航海保険」という。)における当会社の責任は、特約がある場合を除き、被保険船舶がこの保険証券記載の発航港において発航のため係留索を解き始めた時、またはいかりを揚げ始めた時のいずれか早い時に始まり、この保険証券記載の到達港においていかりを降ろし終わった時、または係留索をつなぎ終わった時のいずれか早い時から24時間を経過した時に終わる。ただし、24時間以内であっても、他の航海のため積荷の積込みその他発航の準備に着手したとき、または他の航海のため係留索を解き始めたときもしくはいかりを揚げ始めたときは、当会社の責任は、そのいずれか早い時に終わる。
4 被保険船舶が航海している間または被保険船舶に保険事故が発生して当会社の責任の有無が確定しない間に第1項に規定する保険期間が満了する場合、保険契約者または被保険者は、保険期間の満了前に書面をもって保険期間の延長を当会社に請求し、かつ、30日間に相当する保険料を支払うことによって、保険期間を30日間延長することができる。さらにその保険期間を延長しようとするときも同様とし、30日を1期として保険期間を延長することができる。ただし、保険期間が延長された場合であっても、次に掲げる時をもってこの保険契約は終了する。
(1) 航海中であった被保険船舶が安全に停泊できる水域においていかりを降ろし終わった時または係留索をつなぎ終わった時のいずれか早い時
(2) 被保険船舶に発生した保険事故について当会社の責任の有無が確定した時または被保険船舶の損傷の修繕が完了した時のいずれか早い時
5 保険期間中に被保険船舶が全損となったときは、その時をもってこの保険契約は終了する。

第2章 免　責

(てん補しない損害―1)
第11条 当会社は、次に掲げる事由によって生じた損害をてん補する責めに任じない。

(1) 戦争、内乱その他の変乱
(2) 水雷、爆弾その他爆発物として使用される兵器の爆発またはこれらの物との接触
(3) 公権力によると否とを問わず、だ捕、捕獲、抑留、押収または没収
(4) 海賊行為
(5) ストライキ、ロックアウトその他の争議行為または争議行為参加者のそれに付随する行為
(6) テロリストその他政治的動機または害意をもって行動する者の行為
(7) 暴動、政治的または社会的騒じょうその他類似の事態
(8) 原子核の分裂、融合またはこれらと同種の反応によって生じた放射性、爆発性その他の有害な特性
(9) 差押え、仮差押え、担保権の実行その他訴訟手続に基づく処分

(てん補しない損害—2)

第12条 当会社は、次に掲げる事由によって生じた損害をてん補する責めに任じない。ただし、第1号または第2号に掲げる者が船長または乗組員である場合には、これらの者の船長または乗組員としての職務上の重大な過失によって生じた損害については、このかぎりでない。
(1) 保険契約者、被保険者またはこれらの者の代理人（前記の者が法人であるときは、その理事、取締役または法人の業務を執行するその他の機関）の故意または重大な過失
(2) 前号に掲げる者以外の者で保険金を受け取るべき者またはその代理人の故意または重大な過失。ただし、この場合には、これらの者の受け取るべき金額に限り、てん補する責めに任じない。
(3) 船長または乗組員が前二号に掲げる者に保険金を取得させることを目的としていた場合のこれらの者の故意

2　前項第1号または第2号に掲げる事由のうち、重大な過失により損害が生じた場合において、被保険者が損害賠償責任を負ったことによって被る損害については、前項の規定を適用しない。

(てん補しない損害—3)

第13条 当会社は、次に掲げる事由によって生じた損害（第1号または第2号に掲げる事由によって損害が生じた場合は、その事由が存在する部分の損害を含む。）をてん補する責めに任じない。ただし、保険契約者または被保険者が相当の注意を払ったにもかかわらず、第2号に掲げる事由を発見することができなかったとき、または第3号に掲げる事由が生じたときは、このかぎりでない。
(1) 被保険船舶に生じた摩滅、腐食、さび、劣化その他の自然の消耗
(2) 被保険船舶に存在する欠陥
(3) 被保険船舶が発航（寄航港からの発航を含む。）の当時、安全に航海を行うのに適した状態になかったこと、または被保険船舶が係留されもしくは停泊する場合、安全に係留されもしくは停泊するのに適した状態になかったこと。

(てん補しない損害—4)

第14条 当会社は、次に掲げる事実が発生した場合は、その時以後に生じた損害をてん補する責めに任じない。ただし、その事実が消滅した後において当会社が書面によ

り承諾したときは、その承諾後に生じた損害については、このかぎりでない。
(1) 被保険船舶が安全に航海を行うために必要な官庁もしくは船級協会の検査または当会社の指定する検査を受けなかったこと。
(2) 被保険船舶の船級が変更され、または船級協会の船級登録が抹消されたこと。ただし、当会社の書面による承諾を得たときは、このかぎりでない。
(3) 期間保険の場合に、被保険船舶がこの保険証券記載の航路定限の外に出たこともしくは通常の航路でない場所を航行したこと、または航海保険の場合に、被保険船舶がこの保険証券記載の期間内に発航しなかったこと、通常の航路でない場所を航行したこと、この保険証券記載の順序を逸脱したことまたは到達港を変更したこと。ただし、切迫した危険の回避、人命救助もしくは船上にある者の医療のためであったとき、または当会社の書面による承諾を得たときは、このかぎりでない。
(4) 被保険船舶が日本国もしくは外国の法令または条約に違反する目的で使用されたこと。
(5) 被保険船舶が戦地その他の変乱地に入ったことまたは戦争その他の変乱に関連する目的で使用されたこと。ただし、当会社の書面による承諾を得たときは、このかぎりでない。
(6) 被保険船舶の所有者または賃借人に変更があったこと。ただし、当会社の書面による承諾を得たときは、このかぎりでない。
(7) 被保険船舶の構造または用途に著しい変更があったこと。ただし、当会社の書面による承諾を得たときは、このかぎりでない。
(8) 前各号に掲げる事実を除き、当会社の負担する危険が保険契約者または被保険者の責めに帰すべき事由によって著しく変更または増加したこと。ただし、当会社の書面による承諾を得たときは、このかぎりでない。
2 前項各号に掲げる事実が発生した場合に、当会社は、保険契約者に対する書面による通知をもって、この保険契約を解除することができる。保険契約者または被保険者が書面をもって当会社に引き続き損害てん補の責めに任ずべきことの承諾を請求したときでも、当会社は、これを承諾しないで、保険契約者に対する書面による通知をもって、この保険契約を解除することができる。本項の解除は、将来に向かってその効力を生ずる。
3 第1項第1号から第7号までに掲げる事実を除き、当会社の負担する危険が保険契約者または被保険者の責めに帰すことのできない事由によって著しく変更または増加した場合は、保険契約者または被保険者は、その事実を知った後遅滞なくこれを当会社に通知しなければならない。保険契約者または被保険者が、故意または重大な過失によって遅滞なくこの通知をすることを怠ったときは、当会社は、通知すべき事実が発生した時以後に生じた損害をてん補する責めに任じない。
4 前項の場合に、保険契約者または被保険者からの通知の有無にかかわらず当会社がその事実を知ったときは、当会社は、保険契約者に対する書面による10日前の予告をもって、この保険契約を解除することができる。その解除は、将来に向かってその効力を生ずる。
5 第2項の解除権は、当会社が解除の原因があることを知った時から1ヶ月以内または第1項各号に掲げる事実が発生した時から5年以内にこれを行使しないときは消滅

する。
6　第4項の解除権は、当会社が解除の原因があることを知った時から1ヶ月以内または当会社の負担する危険が保険契約者または被保険者の責めに帰すことのできない事由によって著しく変更または増加した時から5年以内にこれを行使しないときは消滅する。

(てん補しない損害―5)
第15条　当会社は、第6条に規定する衝突損害賠償金については、第11条から第13条までに規定する事由によって生じた賠償責任にかかわる衝突損害賠償金のほか、次に掲げる賠償責任にかかわる衝突損害賠償金についてもてん補する責めに任じない。
 (1)　賠償責任に関して特約がある場合に、その特約によって加重された賠償責任
 (2)　他船および他船上の積荷または財物以外の物に与えた損害に対する賠償責任
 (3)　他船の使用利益以外の利益に与えた損害に対する賠償責任
 (4)　人の死傷または疾病について生じた賠償責任
 (5)　他船、他船上の積荷または財物およびその他の物の引き揚げまたは除去を命ぜられた場合に要した費用に対する賠償責任
 (6)　海洋、河川等の汚染を防止軽減するための措置に要した費用に対する賠償責任
 (7)　被保険船舶が他船に曳航もしくは押航されまたは他船を曳航もしくは押航している場合に、その船列内の他船と船列外の船舶との衝突（被保険船舶が船列内の他船と衝突した直接の結果としてその他船がさらに船列外の船舶と衝突した場合を除く。）によって生じた損害に対する賠償責任

第3章　保険契約の無効等

(保険契約の無効、取消および解除)
第16条　保険契約者が、保険金を不法に取得する目的または第三者に保険金を不法に取得させる目的をもって保険契約を締結した場合には、この保険契約は無効とする。
2　保険契約者または被保険者の詐欺または強迫によって当会社が保険契約を締結した場合には、当会社は、保険契約者に対する書面による通知をもって、この保険契約を取り消すことができる。
3　当会社は、次のいずれかに該当する事由がある場合には、保険契約者に対する書面による通知をもって、この保険契約を解除することができる。
 (1)　保険契約者または被保険者が、当会社にこの保険契約に基づく保険金を支払わせることを目的として損害を生じさせ、または生じさせようとしたこと。
 (2)　被保険者が、この保険契約に基づく保険金の請求について、詐欺を行い、または行おうとしたこと。
 (3)　前二号に掲げるもののほか、保険契約者または被保険者が前二号の事由がある場合と同程度に当会社のこれらの者に対する信頼を損ない、この保険契約の存続を困難とする重大な事由を生じさせたこと。
4　前項の解除は、将来に向かってその効力を生ずる。ただし、その解除が損害の生じた後になされた場合であっても、当会社は、前項各号の事由が生じた時以後に生じた損害をてん補する責めに任じない。この場合において、すでに保険金を支払っていたときは、当会社は、その返還を請求することができる。

5　保険契約者は、当会社に対する書面による通知をもって、この保険契約を解除することができる。ただし、この保険契約の保険金請求権の上に質権が設定されている場合またはこの保険契約の保険金請求権の債権譲渡が行われている場合、この解除権は質権者または当該請求権の譲受人の書面による同意を得た後でなければ行使することができない。

6　前項の解除は、将来に向かってその効力を生ずる。

(告知義務およびその違反による保険契約の解除)

第17条　保険契約者または被保険者になる者は、この保険契約締結に際し、次に掲げる事項について、当会社に事実を正確に告げなければならない。

(1)　被保険利益、負担危険および保険期間の全部または一部がこの保険契約と重複する他の保険契約が締結されていること。

(2)　保険申込書の記載事項

(3)　前各号に掲げる事項のほか、当会社の保険引受の諾否または保険契約内容の決定に影響を及ぼすべき重要な事項

2　保険契約者または被保険者が故意または重大な過失によって、前項各号に掲げる事項のうち当会社の負担する危険に関する重要な事項について、事実を知りながらこれを当会社に告げなかったとき、または不実のことを告げたときは、当会社は、保険契約者に対する書面による通知をもって、この保険契約を解除することができる。

3　前項の規定は、次のいずれかに該当するときは適用しない。

(1)　この保険契約締結の当時、当会社が保険契約者または被保険者の告げなかった事実を知っていたときもしくは告げたことが不実であることを知っていたとき、または過失によってこれを知らなかったとき。

(2)　当会社のために保険契約の締結の代理を行う者が、事実を告げることを妨げたときまたは事実を告げないこともしくは事実と異なることを告げることを勧めたとき。

4　第2項の解除は、将来に向かってその効力を生ずる。ただし、その解除が損害の生じた後になされた場合であっても、当会社は、その損害をてん補する責めに任じない。この場合において、すでに保険金を支払っていたときは、当会社は、その返還を請求することができる。ただし、保険契約者または被保険者が事実を当会社に告げなかった事項または告げたことが不実である事項に基づかずに発生した損害については、このかぎりでない。

5　第2項の解除権は、当会社が解除の原因があることを知った時から1ヶ月以内または保険契約締結時から5年以内にこれを行使しないときは消滅する。

(保険価額の協定およびその著しい増減)

第18条　当会社と保険契約者は、保険契約締結の時に保険価額を協定する。

2　保険期間中に被保険利益の価額が著しく増加または減少したときは、当会社または保険契約者は、書面をもってこの保険証券記載の保険価額または保険金額の変更を申入れることができる。

3　前項の変更について合意が成立したときは、当会社は、保険価額または保険金額が増額されまたは減額された部分に対し日割をもって計算した保険料を請求または返還する。

(被保険船舶の調査)
第19条 当会社は、必要と認めたときは、保険期間中いつでも被保険船舶またはその積荷および底荷の積付状態について調査を行い、かつ、保険契約者、被保険者または船長に対して必要な報告を求めることができる。
2　保険契約者、被保険者または船長が正当な理由がないにもかかわらず前項の調査または報告を拒んだときは、当会社は、保険契約者に対する書面による通知をもって、この保険契約を解除することができる。その解除は、将来に向かってその効力を生ずる。
3　前項の解除権は、同項に規定する拒否の事実があった時から1ヶ月以内にこれを行使しないときは消滅する。

第4章　保険料の支払および返還・請求

(保険料の支払)
第20条 保険契約者は、この保険証券記載の保険料をこの保険証券記載の支払期日（以下「支払期日」という。）に当会社に支払わなければならない。
2　保険契約者が支払期日に保険料の支払を怠ったときは、当会社は、その支払期日以後保険料の支払がある時までに生じた損害をてん補する責めに任じない。

(保険料の返還―無効または取消の場合)
第21条 第16条第1項の規定により、保険契約が無効となる場合には、当会社は、既収保険料を返還しない。
2　第16条第2項の規定により、当会社がこの保険契約を取り消した場合には、当会社は、既収保険料を返還しない。

(保険料の返還・請求―保険契約の終了の場合)
第22条 第10条第5項の規定により、この保険契約が終了した場合には、当会社は、保険契約が終了した日の翌日から日割をもって計算した未経過期間に対応する保険料を返還する。
2　前項の規定にかかわらず、保険事故によって被保険船舶が全損となり第10条第5項の規定によりこの保険契約が終了した場合には、当会社は、保険料の全額を請求することができる。また、既収保険料は返還しない。

(保険料の返還・請求―解除の場合)
第23条 第14条第2項、同条第4項、第16条第3項、第17条第2項または第19条第2項の規定により、当会社が保険契約を解除した場合には、当会社は、解除した日の翌日から日割をもって計算した未経過期間に対応する保険料を返還する。
2　第16条第5項の規定により、保険契約者が保険契約を解除した場合には、当会社は、既収保険料と、既経過期間に対し別表に掲げる短期料率によって計算した保険料との差額を返還または追加請求する。

第5章　保険事故の発生

(損害防止義務)
第24条 保険契約者または被保険者は、保険事故発生にあたり、損害の防止軽減に努め、または船長をしてこれに努めさせなければならない。

2　保険契約者または被保険者が、故意または重大な過失によって損害の防止軽減を怠ったときは、当会社は、防止軽減することができたと認められる額をその保険事故による損害額から控除した残額を基礎として、てん補額を決定する。
3　保険契約者または被保険者が、第三者（他人のためにする保険契約の場合の保険契約者ならびにその代理人および使用人を含む。以下同じ。）に対し損害の賠償を請求することができる場合には、その請求権の行使または保全に努めなければならない。
4　保険契約者または被保険者が、故意または重大な過失によって第三者に対する請求権の行使または保全を怠ったときは、当会社は、その請求権を行使すれば、第三者から賠償を受けることができたと認められる額をその保険事故による損害額から控除した残額を基礎として、てん補額を決定する。

（保険事故発生の通知義務）
第25条　保険契約者または被保険者は、被保険船舶に保険事故が発生したことまたは発生した疑いがあることを知ったときは、遅滞なくその旨を当会社に通知し、かつ、管海官庁が認証した海難報告書その他当会社が要求する書類を提出しなければならない。
2　保険契約者または被保険者が前項に規定する義務を正当な理由がないにもかかわらず履行しなかったときは、当会社は、それによって当会社が被った損害の額をその保険事故による損害額から控除した残額を基礎として、てん補額を決定する。
3　保険契約者、被保険者または船長が第１項の通知または提出書類において故意に不実のことを述べ、または事実を隠したときは、当会社は、それによって当会社が被った損害の額をその保険事故による損害額から控除した残額を基礎として、てん補額を決定する。

（保険事故発生の場合の損害調査）
第26条　当会社は、前条第１項に規定する保険事故の通知を受けたときは、被保険船舶について必要な調査を行い、かつ、保険契約者、被保険者または船長に対して必要な報告を求めることができる。
2　保険契約者、被保険者または船長が正当な理由がないにもかかわらず前項の調査または報告を拒んだときは、当会社は、それによって当会社が被った損害の額をその保険事故による損害額から控除した残額を基礎として、てん補額を決定する。この場合において、保険契約者、被保険者または船長が前項の調査または報告に応じるまでの期間については、第28条第６項から同条第８項までに掲げる期間に算入しないものとする。

（修繕）
第27条　保険契約者または被保険者は、被保険船舶が保険事故によって損傷を被った場合は、遅滞なく修繕を行うものとし、当会社は、その修繕が完了した後に修繕費を支払う。保険契約者または被保険者が修繕を遅滞なく行わずに後日行った場合には、当会社の支払う修繕費は、遅滞なく修繕を行えば要したと認められる修繕費の見積額を限度とする。
2　保険契約者または被保険者は、前項の修繕を行うにあたり、修繕費の見積を徴しようとする場合は、あらかじめ当会社と協議することを要し、かつ、当会社が要求したときには、修繕費の見積について当会社の指定する者を参加させなければならない。

3 第1項の規定にかかわらず、保険事故によって生じた損傷を未修繕のまま被保険船舶が売却または解撤された場合は、当会社は、その損傷（修繕費として支払うべきものに限る。）によって減価した額を限度として修繕を行えば要すると認められる修繕費の見積額を修繕費として支払う。
4 保険事故によって生じた損傷の修繕完了前に被保険船舶が全損（保険事故によると否とを問わない。）となった場合は、当会社は、未修繕の損傷の修繕費を支払わない。

第6章　保険金の請求と支払

(保険金の請求および支払)
第28条　当会社に対する保険金請求権は、第1条に規定する損害が生じた時から発生し、これを行使することができるものとする。
2 被保険者が保険金の支払を請求する場合は、次の書類または証拠のうち、当会社が求めるものを当会社に提出しなければならない。
(1) 保険金の請求書
(2) 損害見積書
(3) その他当会社が第6項に定める必要な事項の確認を行うために欠くことのできない書類または証拠として保険契約締結の際に当会社が交付する書面等において定めたもの
3 当会社は、事故の内容または損害の額等に応じ、保険契約者または被保険者に対して、前項に掲げるもの以外の書類もしくは証拠の提出または当会社が行う調査への協力を求めることがある。この場合には、当会社が求めた書類または証拠を速やかに提出し、必要な協力をしなければならない。
4 保険契約者または被保険者が、正当な理由がなく前項の規定に違反した場合または第2項もしくは前項の書類に不実の記載をし、もしくはその書類もしくは証拠を偽造しもしくは変造した場合は、当会社は、それによって当会社が被った損害の額をその保険事故による損害額から控除した残額を基礎として、てん補額を決定する。
5 保険金請求権は、第1項に定める時の翌日から起算して3年を経過した場合は、時効によって消滅する。
6 当会社は、被保険者が第2項の手続を完了した日（以下「請求完了日」という。）から起算して30日以内に、当会社が保険金を支払うために必要な次の事項の確認を終え、保険金を支払う。
(1) 保険金の支払事由発生の有無の確認に必要な事項として、事故の原因、事故発生の状況、損害発生の有無および被保険者に該当する事実
(2) 保険金が支払われない事由の有無の確認に必要な事項として、保険金が支払われない事由としてこの保険契約において定める事由に該当する事実の有無
(3) 保険金を算出するための確認に必要な事項として、損害の額および事故と損害との関係
(4) 保険契約の効力の有無の確認に必要な事項として、この保険契約において定める解除、無効または取消の事由に該当する事実の有無
(5) 前各号のほか、他の保険契約の有無および内容、損害について被保険者が有する損害賠償請求権その他の債権および既に取得したものの有無および内容等、当会社

が支払うべき保険金の額を確定するために確認が必要な事項
7 前項の確認をするため、次に掲げる特別な照会または調査が不可欠な場合には、同項の規定にかかわらず、当会社は、請求完了日から起算して次の各号に掲げる日数（複数に該当するときは、そのうち最長の日数）を経過する日までに、保険金を支払う。この場合において、当会社は、確認が必要な事項およびその確認を終えるべき時期を被保険者に対して通知するものとする。
(1) 前項第1号から第4号までの事項を確認するための、警察、検察、消防その他の公の機関による捜査・調査結果の照会（弁護士法（昭和24年法律第205号）に基づく照会その他法令に基づく照会を含む。） 180日
(2) 前項第1号から第4号までの事項を確認するための、医療機関、検査機関その他の専門機関による鑑定等の結果の照会 90日
(3) 前項第3号の事項のうち、後遺障害の内容およびその程度を確認するための、医療機関による診断、後遺障害の認定に係る専門機関による診断、鑑定等の結果の照会 120日
(4) 災害救助法（昭和22年法律第118号）が適用された災害の被災地域における前項各号の事項の確認のための調査 60日
(5) 前項各号の事項の確認を日本国内において行うための代替的な手段がない場合の日本国外における調査 180日
(6) 損害を受けた保険の目的もしくは損害発生事由・損害発生形態もしくは修繕方法が特殊である場合または同一事故により多数の保険の目的（賠償の対象を含む。）が損害を受けた場合において、前項第1号から第4号までの事項を確認するための、専門機関による鑑定等の結果の照会 180日
8 前項各号に掲げる特別な照会または調査を開始した後、これら各号に掲げる期間中に保険金を支払う見込みがないことが明らかになった場合には、当会社は、これら各号に掲げる期間内に被保険者との協議による合意に基づきその期間を延長することができる。
9 前三項に掲げる必要な事項の確認に際し、保険契約者または被保険者が正当な理由なく当該確認を妨げ、またはこれに応じなかった場合（必要な協力を行わなかった場合を含む。）には、これにより確認が遅延した期間については、前三項の期間に算入しないものとする。

（未払込保険料の保険金からの控除）
第29条 当会社が保険金を支払う時に、この保険証券記載の保険料のうちに未払込の保険料がある場合は、当会社は、保険金から次に掲げる未払込の保険料を控除する。
(1) 全損金を支払うときは、保険料支払期日が到来していると否とを問わず未払込の保険料の全額
(2) 全損金以外の保険金を支払うときは、保険料支払期日が既に到来している未払込の保険料

（他の保険契約がある場合のてん補額）
第30条 被保険利益、負担危険および保険期間の全部または一部がこの保険契約と重複する他の保険契約が締結されている場合に、各保険契約について他の保険契約がないものとして算出したてん補責任額（以下「独立責任額」という。）の合計が損害額

を超過するときは、各保険契約の独立責任額の合計に対するこの保険契約の独立責任額の割合を損害額に乗じて得た額をもって、当会社のてん補とする。
2　各保険契約の保険価額が異なるときは、それらのうち最も高い保険価額の保険契約のもとで算出された損害額を前項の損害額とする。

(全損となった被保険船舶の所有権の帰属)
第31条　被保険船舶が全損となった場合に、当会社が全損金を支払うときは、当会社は、被保険船舶の所有権を取得するか否かを選択することができる。
2　前項の規定により当会社が被保険船舶の所有権を取得しない場合には、当会社は、その旨を全損金を支払う時までに被保険者に通知する。
3　第1項の規定により当会社が被保険船舶の所有権を取得する場合には、当会社は、全損金を支払うことにより保険金額の保険価額に対する割合でその所有権を取得する。

(全損となった被保険船舶に存在する負担の帰属)
第32条　被保険船舶が全損となった場合には、被保険者または保険金を受け取るべき者は、全損金の支払を請求する時までに次に掲げる事実を当会社に通知しなければならない。
　(1)　先取特権、質権、抵当権、賃借権、留置権その他被保険船舶の所有権を制限する権利の存否およびこれらの権利が存在する場合にはその内容
　(2)　被保険船舶に付随する公法上の義務もしくは私法上の債務の存否またはこれらの存在の可能性のある事実
2　被保険者または保険金を受け取るべき者から前項の通知を受ける時までの期間については、第28条第6項から同条第8項までに掲げる期間に算入しないものとする。
3　前条の規定に基づいて当会社が被保険船舶の所有権を取得した場合であっても、第1項第1号に規定する権利を消滅させるために要する金額または同項第2号に規定する義務もしくは債務を履行するために要する金額は、被保険者または保険金を受け取るべき者の負担とする。

(第三者に対する権利の取得)
第33条　保険事故によって損害が生じたことにより、被保険者が第三者に対して権利を取得した場合に、当会社が被保険者に損害をてん補したときは、当会社は、てん補額の範囲内で、かつ、被保険者の権利を害さない範囲内で第三者に対して有する被保険者の権利を取得する。

第7章　その他

(裁判管轄)
第34条　この保険契約に関する訴訟は、当会社の本店所在地を管轄する裁判所に提起するものとする。

(準拠法)
第35条　この約款およびこの保険証券記載の特別約款に規定のない事項については、日本国の法令に準拠する。

別表　短期料率表

短期料率は、年料率に下記割合を乗じたものとする。

既経過期間	割合(%)
1ヶ月以下	20
2ヶ月以下	30
3ヶ月以下	40
4ヶ月以下	50
5ヶ月以下	60
6ヶ月以下	70
7ヶ月以下	80
8ヶ月以下	90
8ヶ月超	100

付録(7)

船舶保険第6種特別約款

(平成2年4月1日改正)

(てん補責任)
第1条 当会社は、船舶保険普通保険約款（以下「普通約款」という。）第1条に掲げる損害のうち、次の損害に限り、てん補する責めに任ずる。
　(1)　全損（普通約款第3条の規定による。）
　(2)　修繕費（普通約款第4条の規定による。）
　(3)　共同海損分担額（普通約款第5条の規定による。）
　(4)　衝突損害賠償金（普通約款第6条の規定による。）
　(5)　損害防止費用（普通約款第7条の規定による。）。ただし、前各号に掲げる損害を防止軽減するために支出されたものに限る。

(修繕費)
第2条 当会社が前条第2号の規定によってん補する修繕費は、次に掲げる事由によって被保険船舶が被った損傷の修繕費に限る。
　(1)　沈没、転覆、座礁、座州、火災、他物（水を除く。）との衝突または共同海損行為
　(2)　爆発（被保険船舶内であると否とを問わない。）。ただし、水雷、爆弾その他爆発物として使用される兵器の爆発を除く。
　(3)　地震、津波、火山の噴火または落雷
　(4)　荒天
　(5)　主機、補機その他の機器の事故
　(6)　船体（属具を含む。）に存在する欠陥（保険契約者または被保険者が相当の注意を払ったにもかかわらず発見することができなかった欠陥に限る。）による事故。ただし、塗装のみに生じた事故（第9号に掲げる事由によって生じた場合を含む。）を除く。
　(7)　積荷、属具または燃料、食料その他の消耗品の積み込み、荷卸しまたは積み替え中にこれらの作業によって生じた事故
　(8)　船長、乗組員または水先人の故意または過失。ただし、船長または乗組員が保険契約者、被保険者、保険金を受け取るべき者またはこれらの者の代理人である場合、またはこれらの者に保険金を取得させることを目的としていた場合の船長または乗組員の故意を除く。
　(9)　修繕者または用船者の過失。ただし、修繕者または用船者が保険契約者、被保険者、保険金を受け取るべき者またはこれらの者の代理人である場合を除く。
　(10)　原子核の分裂、融合またはこれらと同種の反応によって生じた放射性、爆発性その他の有害な特性
2　被保険船舶が空船で航行する場合に、船舶以外に共同海損を分担する利益があれば共同海損行為となる行為によって被保険船舶が被った損傷の修繕費は、共同海損行為によって生じた損傷の修繕費とみなす。

（修繕費からの控除）
第３条 当会社は、前条第１項第４号から第10号までに掲げる事由によって生じた修繕費については、１回の保険事故ごとにこの保険証券記載の免責金額を控除する。
２　前条第１項第４号の規定については、発航港から次の到達港までの航海中に荒天によって被保険船舶が被った損傷（以下「荒天による損傷」という。）を、１回の保険事故によるものとみなす。
　　航海中に保険期間が開始または満了した場合において、この保険証券の保険期間中に生じた荒天による損傷とこの保険証券の保険期間開始前または満了後に生じた荒天による損傷との判別ができない場合の当会社のてん補は、前項の免責金額を修繕費から控除した残額にその航海中の全荒天日数に対するこの保険証券の保険期間に属する荒天日数の割合を乗じて得た額とする。

（てん補しない損害）
第４条 当会社は、核兵器（原子力を推進力とする艦艇を含む。）の原子核の分裂、融合またはこれらと同種の反応により生じた放射性、爆発性その他の有害な特性によって生じた損害をてん補する責めに任じない。
２　普通約款第11条各号の規定のうち第８号の規定は適用しない。

（休航した場合の保険料の返還）
第５条 保険期間を１年とする保険契約で保険期間中に被保険船舶が継続して30日以上休航（上架または入きょを含む。以下同じ。）した場合は、当会社は、この保険証券のもとで当会社のてん補すべき損害が保険期間中に生じなかったときに限り、次項による保険料を保険期間満了後に返還する。
２　返還する保険料は、１回の休航ごとにその休航した期間について毎30日を１期（30日未満は１期とみなさない。）として、その期数に相当する日数に対する日割計算による保険料割当額から、次の各号のうちいずれか多い方を控除した残額とする。
　(1)　その割当額の３分の１
　(2)　保険金額100円につき１期**（別途決定）**円の割合によって期数に対し算出した金額
３　前二項によって保険料の返還を請求しようとするときは、保険契約者または被保険者は、休航に先立ち書面によりその事実を当会社に通知し、休航の場所およびその方法について当会社の承諾を得なければならない。

（普通約款との関係）
第６条 普通約款の各条項の全部または一部がこの特別約款に抵触するときは、この特別約款が普通約款に優先して適用される。

付録⑽

協会貨物約款(A)（2009年1月1日）

担保危険

（危険）
第1条 この保険は、下記第4条、第5条、第6条および第7条の規定により除外された場合を除き、保険の目的物の滅失または損傷の一切の危険を担保する。

（共同海損）
第2条 この保険は、下記第4条、第5条、第6条および第7条において除外された事由を除く一切の事由による損害を避けるためまたはこれを避けることに関連して生じ、運送契約および／または準拠法および慣習に従って精算されまたは決定された共同海損および救助料をてん補する。

（「双方過失衝突」条項）
第3条 この保険は、この保険の一切の担保危険に関して、運送契約の双方過失衝突条項により被保険者が負担する責任額をてん補する。上記条項によって運送人から請求があった場合には、被保険者はその旨を保険者に通知することを約束する。保険者は自己の費用で、運送人の請求に対して被保険者を防護する権利を有する。

免責事由

第4条 この保険は、いかなる場合においても以下のものをてん補しない。
　4.1　被保険者の故意の違法行為に原因を帰し得る滅失、損傷または費用
　4.2　保険の目的物の通常の漏損、重量もしくは容積の通常の減少または自然の消耗
　4.3　この保険の対象となる輸送に通常生じる出来事に堪えることができるはずの保険の目的物の梱包または準備が、不十分または不適切であることによって生じる滅失、損傷または費用。ただし、その梱包または準備が、被保険者もしくはその使用人によって行われる場合またはこの保険の危険開始前に行われる場合に限る（本約款においては、「梱包」にはコンテナへの積付けを含むものとし、「使用人」には独立した請負業者を含まない）。
　4.4　保険の目的物の固有の瑕疵（かし）または性質によって生じる滅失、損傷または費用
　4.5　遅延が担保危険によって生じた場合でも、遅延によって生じる滅失、損傷または費用（上記第2条によって支払われる費用を除く）
　4.6　船舶の所有者、管理者、用船者または運航者の支払不能または金銭債務不履行によって生じる滅失、損傷または費用。ただし、保険の目的物を船舶に積込む時に、被保険者がそのような支払不能または金銭債務不履行が、その航海の通常の遂行を妨げることになり得ると知っているか、または通常の業務上当然知っているべきである場合に限る。
　　　本免責規定はある拘束力のある契約に従って、善意で保険の目的物を購入した

者もしくは購入することに同意した者に保険契約が譲渡され、その者が本保険により保険金を請求する場合には適用されない。

4.7 直接であると間接であるとを問わず、原子核の分裂および／もしくは融合もしくはその他類似の反応または放射能もしくは放射性物質を利用した兵器または装置の使用によって生じる、またはそれらの使用から生じる滅失、損傷または費用

第5条

5.1 この保険は、いかなる場合においても以下の事由から生じる滅失、損傷または費用をてん補しない。

    5.1.1 船舶もしくは艀の不堪航、または船舶もしくは艀が保険の目的物の安全な運送に適さないこと。ただし、被保険者が、保険の目的物がこれらの輸送用具に積込まれる時に、その不堪航または安全な運送に適さないことを知っている場合に限る。

    5.1.2 コンテナまたは輸送用具が保険の目的物の安全な運送に適さないこと。ただし、これらの輸送用具への積込みが、この保険の危険開始前に行われる場合、または被保険者もしくはその使用人によって行われ、かつ、これらの者が積込みの時に運送に適さないことを知っている場合に限る。

5.2 上記第5条1項1号の免責規定は、ある拘束力のある契約に従って、善意で保険の目的物を購入した者または購入することに同意した者にこの保険契約が譲渡され、その者が本保険により保険金を請求する場合には適用されない。

5.3 保険者は、船舶の堪航性および船舶が保険の目的物の仕向地までの運送に適することについての黙示担保の違反があっても、これを問わない。

第6条 この保険は、いかなる場合においても、以下の事由によって生じる滅失、損傷または費用をてん補しない。

6.1 戦争、内乱、革命、謀反、反乱もしくはこれらから生じる国内闘争、または敵対勢力によってもしくは敵対勢力に対して行なわれる一切の敵対的行為

6.2 捕獲、拿捕（だほ）、拘束、抑止または抑留（海賊行為を除く）およびこれらの結果またはこれらの一切の企図

6.3 遺棄された機雷、魚雷、爆弾またはその他の遺棄された兵器

第7条 この保険は、いかなる場合においても、以下の滅失、損傷または費用をてん補しない。

7.1 ストライキに参加する者、職場閉鎖を受けた労働者、または労働争議、騒じょうもしくは暴動に参加している者によって生じるもの

7.2 ストライキ、職場閉鎖、労働争議、騒じょうまたは暴動から生じるもの

7.3 一切のテロ行為、すなわち、合法的にあるいは非合法に設立された一切の政体を、武力または暴力によって転覆させあるいは支配するために仕向けられた活動を実行する組織のために活動し、あるいはその組織と連携して活動する者の行為によって生じるもの

7.4 政治的、思想的、または宗教的動機から活動する一切の者によって生じるもの

保険期間

(輸送条項)

第8条
- 8.1 下記第11条に従うこととして、この保険は（この保険契約で指定された地の）倉庫または保管場所において、この保険の対象となる輸送の開始のために輸送車両またはその他の輸送用具に保険の目的物を直ちに積込む目的で、保険の目的物が最初に動かされた時に開始し、通常の輸送過程にある間継続し、
    - 8.1.1 この保険契約で指定された仕向地の最終の倉庫または保管場所において、輸送車両またはその他の輸送用具からの荷卸しが完了した時、
    - 8.1.2 この保険契約で指定された仕向地到着前にあると仕向地にあるとを問わず、被保険者もしくはその使用人が、通常の輸送過程以外の保管のため、または割当もしくは分配のためのいずれかに使用することを選ぶその他の倉庫もしくは保管場所において、輸送車両またはその他の輸送用具からの荷卸しが完了した時、または
    - 8.1.3 被保険者もしくはその使用人が、通常の輸送過程以外の保管のため、輸送車両もしくはその他の輸送用具またはコンテナを使用することを選んだ時、または
    - 8.1.4 最終荷卸港における保険の目的物の航洋船舶からの荷卸完了後60日を経過した時、

    のうち、いずれか最初に起きた時に終了する。
- 8.2 最終荷卸港における航洋船舶からの荷卸後でこの保険の終了前に、保険の目的物が保険に付けられた仕向地以外の地に継搬される場合は、この保険は第8条1項1号から第8条1項4号の保険終了の規定に従って存続するが、変更された仕向地への輸送の開始のために保険の目的物が最初に動かされる時以降は延長されない。
- 8.3 この保険は、（上記第8条1項1号から第8条1項4号に規定された保険終了の規定、および下記第9条の規定に従うこととして）被保険者の支配しえない遅延、一切の離路、やむを得ない荷卸し、再積込または積替の期間中および運送契約によって運送人に与えられた自由裁量権の行使から生じる一切の危険の変更の期間中有効に存続する。

(運送契約の打切り)

第9条 被保険者の支配しえない事情により、運送契約がその契約で指定された仕向地以外の港または地において打切られたか、または上記第8条に規定するとおり、保険の目的物が荷卸しされる前に輸送が打切られた場合には、この保険もその時点で終了する。ただし、被保険者が、遅滞なくその旨を保険者に通知し、担保の継続を要請する場合は、保険者が割増保険料を請求するときはその支払いを条件として、この保険は、
- 9.1 輸送が打切られた港もしくは地において保険の目的物が売却の上引渡される時、または特に別段の協定が行われない限り、これらの港または地への保険の目的物の到着後60日を経過した時、のうち、いずれか最初に起きた時、

または

9.2　保険の目的物が、上記60日の期間（もしくは協定によりこれを延長した期間）内に、この保険契約で指定された仕向地もしくはいずれか他の仕向地へ継搬される場合は、上記第8条の規定によって保険が終了する時まで、有効に存続する。

（航海の変更）
第10条
10.1　この保険の危険開始後に被保険者が仕向地を変更する場合は、遅滞なくその旨を保険者に通知し、保険料率および保険条件の協定をしなければならない。その協定前に損害が発生した場合は、営利保険市場において妥当と考えられる保険条件および保険料率による担保が得られるときに限り、担保が提供される。

10.2　保険の目的物が、（第8条1項に従い）この保険によって企図された輸送を開始したが、被保険者およびその使用人が知らずして、船舶が別の仕向地に向けて出帆した場合であっても、この保険はその輸送開始の時に危険が開始したものとする。

保険金の請求

（被保険利益）
第11条
11.1　この保険によって損害のてん補を受けるためには、被保険者は、損害発生の時に保険の目的物について被保険利益を有していなければならない。

11.2　上記第11条1項の規定に従うこととして、保険契約の締結前にこの保険の対象となる損害が発生していたとしても、被保険者がその損害発生の事実を知り、かつ保険者がこれを知らなかった場合を除き、被保険者はこの保険によって担保されている期間内に発生するこの損害についててん補を受ける権利がある。

（継搬費用）
第12条
この保険によって担保される危険の作用の結果として、この保険の対象となる輸送が、この保険によって保険の目的物がそこまで担保されている港または地以外の港または地で打切られる場合には、保険者は、保険の目的物の荷卸し、保管およびこの保険に付けられた仕向地までの継搬のために適切かつ合理的に支出された一切の追加費用を被保険者にてん補する。

この第12条は、共同海損または救助料には適用されないが、上記第4条、第5条、第6条および第7条に規定された免責規定の適用を受ける。また、この第12条は被保険者またはその使用人の過失、怠慢、支払不能または金銭債務不履行から生じる費用を含まない。

（推定全損）
第13条
保険の目的物の現実全損が避け難いと思われるため、または保険の目的物の回収、補修および保険に付けられた仕向地までの継搬に要する費用の合計額が到着時の保険の目的物の価額を超える見込であるために、保険の目的物が合理的に遺棄される場合を除き、推定全損に対する保険金はこの保険ではてん補されない。

(増値)
第 14 条
　14.1　この保険に付けられた保険の目的物について被保険者が増値保険を付けた場合は、保険の目的物の協定価額は、この保険の保険金額および同じ損害をてん補するすべての増値保険の保険金額の合計額まで増額されたものとみなされ、この保険による保険者の責任額は、この保険の保険金額の上記合計保険金額に対する割合による。
　　　保険金の請求に際しては、被保険者は、この保険以外のすべての保険の保険金額についての証拠を保険者に提供しなければならない。
　14.2　この保険が増値についての保険である場合には、以下の規定を適用する。
　　　保険の目的物の協定価額は、原保険の保険金額および被保険者によってその保険の目的物について保険に付けられ、同じ損害をてん補するすべての増値保険の保険金額の合計額と同額とみなされるものとし、この保険における保険者の責任額は、この保険の保険金額の上記合計保険金額に対する割合による。
　　　保険金の請求に際しては、被保険者は、この保険以外のすべての保険の保険金額についての証拠を保険者に提供しなければならない。

保険の利益

第 15 条　この保険は
　15.1　被保険者を対象とする。被保険者には、この保険契約を自ら締結した者もしくは自己のためにこの保険契約を締結された者として、または譲受人として、保険金の請求を行う者を含む。
　15.2　拡張解釈またはその他の方法によって運送人その他の受託者を利するために利用されてはならない。

損害の軽減

(被保険者の義務)
第 16 条　この保険によって損害がてん補されるためには、以下を被保険者ならびにその使用人および代理人の義務とする。
　16.1　その損害を回避または軽減するために合理的な処置を講じること、および
　16.2　運送人、受託者またはその他の第三者に対するすべての権利が適切に保全され、かつ行使されることを確保すること。
　　保険者は、この保険によっててん補されるすべての損害に加えて、これらの義務を履行することにより適切かつ合理的に支出された一切の費用についても被保険者に支払う。

(権利放棄)
第 17 条　保険の目的物の救助、保護または回復のために被保険者または保険者が講じる処置は、委付の放棄または承諾とみなされず、またいずれの当事者の権利を害するものでもない。

遅延の回避

第 18 条 被保険者が自己の支配しうるすべての状況下において相当な迅速さをもって行動することがこの保険の条件である。

法律および慣習

第 19 条 この保険は、英国の法律および慣習に従う。

注意:第 9 条により担保の継続が要請される場合、または第 10 条により仕向地の変更が通知される場合には、遅滞なくその旨を保険者に通知する義務があり、担保の継続を受ける権利は、この義務が履行されることを条件とする。

協会貨物約款(B)(2009 年 1 月 1 日)

担保危険

(危険)

第 1 条 この保険は、下記第 4 条、第 5 条、第 6 条および第 7 条の規定により除外された場合を除き、以下のものをてん補する。

1.1 以下の事由に原因を合理的に帰し得る保険の目的物の滅失または損傷
   1.1.1 火災または爆発
   1.1.2 船舶または艀の座礁、乗揚げ、沈没または転覆
   1.1.3 陸上輸送用具の転覆または脱線
   1.1.4 船舶、艀または輸送用具の、水以外の他物との衝突または接触
   1.1.5 遭難港における貨物の荷卸し
   1.1.6 地震、噴火または雷
1.2 以下の事由によって生じる保険の目的物の滅失または損傷
   1.2.1 共同海損犠牲
   1.2.2 投荷または波ざらい
   1.2.3 船舶、艀、船艙、輸送用具、コンテナまたは保管場所への海水、湖水または河川の水の浸入
1.3 船舶もしくは艀への積込みまたはそれらからの荷卸中における水没または落下による梱包 1 個ごとの全損

(共同海損)

第 2 条 この保険は、下記第 4 条、第 5 条、第 6 条および第 7 条において除外された事由を除く一切の事由による損害を避けるためまたはこれを避けることに関連して生じ、運送契約および/または準拠法および慣習に従って精算されまたは決定された共同海損および救助料をてん補する。

(「双方過失衝突」条項)
第3条　この保険は、この保険の一切の担保危険に関して、運送契約の双方過失衝突条項により被保険者が負担する責任額をてん補する。上記条項によって運送人から請求があった場合には、被保険者はその旨を保険者に通知することを約束する。保険者は自己の費用で、運送人の請求に対して被保険者を防護する権利を有する。

免責事由

第4条　この保険は、いかなる場合においても以下のものをてん補しない。
4.1　被保険者の故意の違法行為に原因を帰し得る滅失、損傷または費用
4.2　保険の目的物の通常の漏損、重量もしくは容積の通常の減少または自然の消耗
4.3　この保険の対象となる輸送に通常生じる出来事に堪えることができるはずの保険の目的物の梱包または準備が、不十分または不適切であることによって生じる滅失、損傷または費用。ただし、その梱包または準備が、被保険者もしくはその使用人によって行われる場合またはこの保険の危険開始前に行われる場合に限る（本約款においては、「梱包」にはコンテナへの積付けを含むものとし、「使用人」には独立した請負業者を含まない）。
4.4　保険の目的物の固有の瑕疵（かし）または性質によって生じる滅失、損傷または費用
4.5　遅延が担保危険によって生じた場合でも、遅延によって生じる滅失、損傷または費用（上記第2条によって支払われる費用を除く）
4.6　船舶の所有者、管理者、用船者または運航者の支払不能または金銭債務不履行によって生じる滅失、損傷または費用。ただし、保険の目的物を船舶に積込む時に、被保険者がそのような支払不能または金銭債務不履行が、その航海の通常の遂行を妨げることになり得ると知っているか、または通常の業務上当然知っているべきである場合に限る。

　　本免責規定はある拘束力のある契約に従って、善意で保険の目的物を購入した者もしくは購入することに同意した者に保険契約が譲渡され、その者が本保険により保険金を請求する場合には適用されない。
4.7　一切の人または人々の不法な行為による保険の目的物の全部または一部の故意の損傷または故意の破壊
4.8　直接であると間接であるとを問わず、原子核の分裂および／もしくは融合もしくはその他類似の反応または放射能もしくは放射性物質を利用した兵器または装置の使用によって生じる、またはそれらの使用から生じる滅失、損傷または費用

第5条
5.1　この保険は、いかなる場合においても以下の事由から生じる滅失、損傷または費用をてん補しない。
　　5.1.1　船舶もしくは艀の不堪航、または船舶もしくは艀が保険の目的物の安全な運送に適さないこと。ただし、被保険者が、保険の目的物がこれらの輸送用具に積込まれる時に、その不堪航または安全な運送に適さないことを知っている場合に限る。
　　5.1.2　コンテナまたは輸送用具が保険の目的物の安全な運送に適さないこと。た

だし、これらの輸送用具への積込みが、この保険の危険開始前に行われる場合、または被保険者もしくはその使用人によって行われ、かつ、これらの者が積込みの時に運送に適さないことを知っている場合に限る。
- 5.2 上記第5条1項1号の免責規定は、ある拘束力のある契約に従って、善意で保険の目的物を購入した者または購入することに同意した者にこの保険契約が譲渡され、その者が本保険により保険金を請求する場合には適用されない。
- 5.3 保険者は、船舶の堪航性および船舶が保険の目的物の仕向地までの運送に適することについての黙示担保の違反があっても、これを問わない。

第6条 この保険は、いかなる場合においても、以下の事由によって生じる滅失、損傷または費用をてん補しない。
- 6.1 戦争、内乱、革命、謀反、反乱もしくはこれらから生じる国内闘争、または敵対勢力によってもしくは敵対勢力に対して行なわれる一切の敵対的行為
- 6.2 捕獲、拿捕（だほ）、拘束、抑止または抑留およびこれらの結果またはこれらの一切の企図
- 6.3 遺棄された機雷、魚雷、爆弾またはその他の遺棄された兵器

第7条 この保険は、いかなる場合においても、以下の滅失、損傷または費用をてん補しない。
- 7.1 ストライキに参加する者、職場閉鎖を受けた労働者、または労働争議、騒じょうもしくは暴動に参加している者によって生じるもの
- 7.2 ストライキ、職場閉鎖、労働争議、騒じょうまたは暴動から生じるもの
- 7.3 一切のテロ行為、すなわち、合法的にあるいは非合法に設立された一切の政体を、武力または暴力によって転覆させあるいは支配するために仕向けられた活動を実行する組織のために活動し、あるいはその組織と連携して活動する者の行為によって生じるもの
- 7.4 政治的、思想的、または宗教的動機から活動する一切の者によって生じるもの

保険期間

（輸送条項）

第8条
- 8.1 下記第11条に従うこととして、この保険は（この保険契約で指定された地の）倉庫または保管場所において、この保険の対象となる輸送の開始のために輸送車両またはその他の輸送用具に保険の目的物を直ちに積込む目的で、保険の目的物が最初に動かされた時に開始し、

    通常の輸送過程にある間継続し、
    - 8.1.1 この保険契約で指定された仕向地の最終の倉庫または保管場所において、輸送車両またはその他の輸送用具からの荷卸しが完了した時、
    - 8.1.2 この保険契約で指定された仕向地到着前にあると仕向地にあるとを問わず、被保険者もしくはその使用人が、通常の輸送過程以外の保管のため、または割当もしくは分配のためのいずれかに使用することを選ぶその他の倉庫もしくは保管場所において、輸送車両またはその他の輸送用具からの荷卸しが完了した時、または

8.1.3 被保険者もしくはその使用人が、通常の輸送過程以外の保管のため、輸送車両もしくはその他の輸送用具またはコンテナを使用することを選んだ時、または

8.1.4 最終荷卸港における保険の目的物の航洋船舶からの荷卸完了後60日を経過した時、

のうち、いずれか最初に起きた時に終了する。

8.2 最終荷卸港における航洋船舶からの荷卸後でこの保険の終了前に、保険の目的物が保険に付けられた仕向地以外の地に継搬される場合は、この保険は第8条1項1号から第8条1項4号の保険終了の規定に従って存続するが、変更された仕向地への輸送の開始のために保険の目的物が最初に動かされる時以降は延長されない。

8.3 この保険は、（上記第8条1項1号から第8条1項4号に規定された保険終了の規定、および下記第9条の規定に従うこととして）被保険者の支配しえない遅延、一切の離路、やむを得ない荷卸し、再積込または積替の期間中および運送契約によって運送人に与えられた自由裁量権の行使から生じる一切の危険の変更の期間中有効に存続する。

（運送契約の打切り）

第9条 被保険者の支配しえない事情により、運送契約がその契約で指定された仕向地以外の港または地において打切られたか、または上記第8条に規定するとおり、保険の目的物が荷卸しされる前に輸送が打切られた場合には、この保険もその時点で終了する。ただし、被保険者が、遅滞なくその旨を保険者に通知し、担保の継続を要請する場合は、保険者が割増保険料を請求するときはその支払を条件として、この保険は、

9.1 輸送が打切られた港もしくは地において保険の目的物が売却の上引渡される時、または特に別段の協定が行われない限りは、これらの港または地への保険の目的物の到着後60日を経過した時、のうち、いずれか最初に起きた時、

または

9.2 保険の目的物が、上記60日の期間（もしくは協定によりこれを延長した期間）内に、この保険契約で指定された仕向地もしくはいずれか他の仕向地に継搬される場合は、上記第8条の規定によって保険が終了する時まで、有効に存続する。

（航海の変更）

第10条

10.1 この保険の危険開始後に被保険者が仕向地を変更する場合は、遅滞なくその旨を保険者に通知し、保険料率および保険条件の協定をしなければならない。その協定前に損害が発生した場合は、営利保険市場において妥当と考えられる保険条件および保険料率による担保が得られるときに限り、担保が提供される。

10.2 保険の目的物が、（第8条1項に従い）この保険によって企図された輸送を開始したが、被保険者およびその使用人が知らずして、船舶が別の仕向地に向けて出帆した場合であっても、この保険はその輸送開始の時に危険が開始したものとする。

保険金の請求

(被保険利益)
第11条
  11.1 この保険によって損害のてん補を受けるためには、被保険者は、損害発生の時に保険の目的物について被保険利益を有していなければならない。
  11.2 上記第11条1項の規定に従うこととして、保険契約の締結前にこの保険の対象となる損害が発生していたとしても、被保険者がその損害発生の事実を知り、かつ保険者がこれを知らなかった場合を除き、被保険者はこの保険によって担保されている期間内に発生するこの損害についててん補を受ける権利がある。

(継搬費用)
第12条 この保険によって担保される危険の作用の結果として、この保険の対象となる輸送が、この保険によって保険の目的物がそこまで担保されている港または地以外の港または地で打切られる場合には、保険者は、保険の目的物の荷卸し、保管およびこの保険に付けられた仕向地までの継搬のために適切かつ合理的に支出された一切の追加費用を被保険者にてん補する。
    この第12条は、共同海損または救助料には適用されないが、上記第4条、第5条、第6条および第7条に規定された免責規定の適用を受ける。また、この第12条は被保険者またはその使用人の過失、怠慢、支払不能または金銭債務不履行から生じる費用を含まない。

(推定全損)
第13条 保険の目的物の現実全損が避け難いと思われるため、または保険の目的物の回収、補修および保険に付けられた仕向地までの継搬に要する費用の合計額が到着時の保険の目的物の価額を超える見込であるために、保険の目的物が合理的に遺棄される場合を除き、推定全損に対する保険金はこの保険ではてん補されない。

(増値)
第14条
  14.1 この保険に付けられた保険の目的物について被保険者が増値保険を付けた場合は、保険の目的物の協定価額は、この保険の保険金額および同じ損害をてん補するすべての増値保険の保険金額の合計額まで増額されたものとみなされ、この保険による保険者の責任額は、この保険の保険金額の上記合計保険金額に対する割合による。
    保険金の請求に際しては、被保険者は、この保険以外のすべての保険の保険金額についての証拠を保険者に提供しなければならない。
  14.2 この保険が増値についての保険である場合には、以下の規定を適用する。
    保険の目的物の協定価額は、原保険の保険金額および被保険者によってその保険の目的物について保険に付けられ、同じ損害をてん補するすべての増値保険の保険金額の合計額と同額とみなされるものとし、この保険における保険者の責任額は、この保険の保険金額の上記合計保険金額に対する割合による。
    保険金の請求に際しては、被保険者は、この保険以外のすべての保険の保険金額についての証拠を保険者に提供しなければならない。

保険の利益

第15条 この保険は
- 15.1 被保険者を対象とする。被保険者には、この保険契約を自ら締結した者もしくは自己のためにこの保険契約を締結された者として、または譲受人として、保険金の請求を行う者を含む。
- 15.2 拡張解釈またはその他の方法によって運送人その他の受託者を利するために利用されてはならない。

損害の軽減

(被保険者の義務)

第16条 この保険によって損害がてん補されるためには、以下を被保険者ならびにその使用人および代理人の義務とする。
- 16.1 その損害を回避または軽減するために合理的な処置を講じること、および
- 16.2 運送人、受託者またはその他の第三者に対するすべての権利が適切に保全され、かつ行使されることを確保すること。

保険者は、この保険によっててん補されるすべての損害に加えて、これらの義務を履行することにより適切かつ合理的に支出された一切の費用についても被保険者に支払う。

(権利放棄)

第17条 保険の目的物の救助、保護または回復のために被保険者または保険者が講じる処置は、委付の放棄または承諾とみなされず、またいずれの当事者の権利を害するものでもない。

遅延の回避

第18条 被保険者が自己の支配しうるすべての状況下において相当な迅速さをもって行動することがこの保険の条件である。

法律および慣習

第19条 この保険は、英国の法律および慣習に従う。

注意：第9条により担保の継続が要請される場合、または第10条により仕向地の変更が通知される場合には、遅滞なくその旨を保険者に通知する義務があり、担保の継続を受ける権利は、この義務が履行されることを条件とする。

協会貨物約款(C) (2009年1月1日)

担保危険

(危険)
第1条 この保険は、下記第4条、第5条、第6条および第7条の規定により除外された場合を除き、以下のものをてん補する。
- 1.1 以下の事由に原因を合理的に帰し得る保険の目的物の滅失または損傷
  - 1.1.1 火災または爆発
  - 1.1.2 船舶または艀の座礁、乗揚げ、沈没または転覆
  - 1.1.3 陸上輸送用具の転覆または脱線
  - 1.1.4 船舶、艀または輸送用具の、水以外の他物との衝突または接触
  - 1.1.5 遭難港における貨物の荷卸し
- 1.2 以下の事由によって生じる保険の目的物の滅失または損傷
  - 1.2.1 共同海損犠牲
  - 1.2.2 投荷

(共同海損)
第2条 この保険は、下記第4条、第5条、第6条および第7条において除外された事由を除く一切の事由による損害を避けるためかまたはこれを避けることに関連して生じ、運送契約および/または準拠法および慣習に従って精算されまたは決定された共同海損および救助料をてん補する。

(「双方過失衝突」条項)
第3条 この保険は、この保険の一切の担保危険に関して、運送契約の双方過失衝突条項により被保険者が負担する責任額をてん補する。上記条項によって運送人から請求があった場合には、被保険者はその旨を保険者に通知することを約束する。保険者は自己の費用で、運送人の請求に対して被保険者を防護する権利を有する。

免責事由

第4条 この保険は、いかなる場合においても以下のものをてん補しない。
- 4.1 被保険者の故意の違法行為に原因を帰し得る滅失、損傷または費用
- 4.2 保険の目的物の通常の漏損、重量もしくは容積の通常の減少または自然の消耗
- 4.3 この保険の対象となる輸送に通常生じる出来事に堪えることができるはずの保険の目的物の梱包または準備が、不十分または不適切であることによって生じる滅失、損傷または費用。ただし、その梱包または準備が、被保険者もしくはその使用人によって行われる場合またはこの保険の危険開始前に行われる場合に限る(本約款においては、「梱包」にはコンテナへの積付けを含むものとし、「使用人」には独立した請負業者を含まない)。
- 4.4 保険の目的物の固有の瑕疵(かし)または性質によって生じる滅失、損傷または費用
- 4.5 遅延が担保危険によって生じた場合でも、遅延によって生じる滅失、損傷また

は費用（上記第2条によって支払われる費用を除く）
- 4.6 船舶の所有者、管理者、用船者または運航者の支払不能または金銭債務不履行によって生じる滅失、損傷または費用。ただし、保険の目的物を船舶に積込む時に、被保険者がそのような支払不能または金銭債務不履行が、その航海の通常の遂行を妨げることになり得ると知っているか、または通常の業務上当然知っているべきである場合に限る。

  本免責規定はある拘束力のある契約に従って、善意で保険の目的物を購入した者もしくは購入することに同意した者に保険契約が譲渡され、その者が本保険により保険金を請求する場合には適用されない。
- 4.7 一切の人または人々の不法な行為による保険の目的物の全部または一部の故意の損傷または故意の破壊
- 4.8 直接であると間接であるとを問わず、原子核の分裂および／もしくは融合もしくはその他類似の反応または放射能もしくは放射性物質を利用した兵器または装置の使用によって生じる、またはそれらの使用から生じる滅失、損傷または費用

第5条
- 5.1 この保険は、いかなる場合においても以下の事由から生じる滅失、損傷または費用をてん補しない。
  - 5.1.1 船舶もしくは艀の不堪航、または船舶もしくは艀が保険の目的物の安全な運送に適さないこと。ただし、被保険者が、保険の目的物がこれらの輸送用具に積込まれる時に、その不堪航または安全な運送に適さないことを知っている場合に限る。
  - 5.1.2 コンテナまたは輸送用具が保険の目的物の安全な運送に適さないこと。ただし、これらの輸送用具への積込みが、この保険の危険開始前に行われる場合、または被保険者もしくはその使用人によって行われ、かつ、これらの者が積込みの時に運送に適さないことを知っている場合に限る。
- 5.2 上記第5条1項1号の免責規定は、ある拘束力のある契約に従って、善意で保険の目的物を購入した者または購入することに同意した者にこの保険契約が譲渡され、その者が本保険により保険金を請求する場合には適用されない。
- 5.3 保険者は、船舶の堪航性および船舶が保険の目的物の仕向地までの運送に適することについての黙示担保の違反があっても、これを問わない。

第6条 この保険は、いかなる場合においても、以下の事由によって生じる滅失、損傷または費用をてん補しない。
- 6.1 戦争、内乱、革命、謀反、反乱もしくはこれらから生じる国内闘争、または敵対勢力によってもしくは敵対勢力に対して行なわれる一切の敵対的行為
- 6.2 捕獲、拿捕（だほ）、拘束、抑止または抑留およびこれらの結果またはこれらの一切の企図
- 6.3 遺棄された機雷、魚雷、爆弾またはその他の遺棄された兵器

第7条 この保険は、いかなる場合においても、以下の滅失、損傷または費用をてん補しない。
- 7.1 ストライキに参加する者、職場閉鎖を受けた労働者、または労働争議、騒じょうもしくは暴動に参加している者によって生じるもの

7.2 ストライキ、職場閉鎖、労働争議、騒じょうまたは暴動から生じるもの
7.3 一切のテロ行為、すなわち、合法的にあるいは非合法に設立された一切の政体を、武力または暴力によって転覆させあるいは支配するために仕向けられた活動を実行する組織のために活動し、あるいはその組織と連携して活動する者の行為によって生じるもの
7.4 政治的、思想的、または宗教的動機から活動する一切の者によって生じるもの

保険期間

(輸送条項)
第8条
8.1 下記第11条に従うこととして、この保険は（この保険契約で指定された地の）倉庫または保管場所において、この保険の対象となる輸送の開始のために輸送車両またはその他の輸送用具に保険の目的物を直ちに積込む目的で、保険の目的物が最初に動かされた時に開始し、

通常の輸送過程にある間継続し、

8.1.1 この保険契約で指定された仕向地の最終の倉庫または保管場所において、輸送車両またはその他の輸送用具からの荷卸しが完了した時、

8.1.2 この保険契約で指定された仕向地到着前にあると仕向地にあるとを問わず、被保険者もしくはその使用人が、通常の輸送過程以外の保管のため、または割当もしくは分配のためのいずれかに使用することを選ぶその他の倉庫もしくは保管場所において、輸送車両またはその他の輸送用具からの荷卸しが完了した時、または

8.1.3 被保険者もしくはその使用人が、通常の輸送過程以外の保管のため、輸送車両もしくはその他の輸送用具またはコンテナを使用することを選んだ時、または

8.1.4 最終荷卸港における保険の目的物の航洋船舶からの荷卸完了後60日を経過した時、

のうち、いずれか最初に起きた時に終了する。

8.2 最終荷卸港における航洋船舶からの荷卸後でこの保険の終了前に、保険の目的物が保険に付けられた仕向地以外の地に継搬される場合は、この保険は第8条1項1号から第8条1項4号の保険終了の規定に従って存続するが、変更された仕向地への輸送の開始のために保険の目的物が最初に動かされる時以降は延長されない。

8.3 この保険は、（上記第8条1項1号から第8条1項4号に規定された保険終了の規定、および下記第9条の規定に従うこととして）被保険者の支配しえない遅延、一切の離路、やむを得ない荷卸し、再積込または積替の期間中および運送契約によって運送人に与えられた自由裁量権の行使から生じる一切の危険の変更の期間中有効に存続する。

(運送契約の打切り)
第9条 被保険者の支配しえない事情により、運送契約がその契約で指定された仕向地以外の港または地において打切られたか、または上記第8条に規定するとおり、保

険の目的物が荷卸しされる前に輸送が打切られた場合には、この保険もその時点で終了する。ただし、被保険者が、遅滞なくその旨を保険者に通知し、担保の継続を要請する場合は、保険者が割増保険料を請求するときはその支払いを条件として、この保険は、

9.1 輸送が打切られた港もしくは地において保険の目的物が売却の上引渡される時、または特に別段の協定が行われない限りは、これらの港または地への保険の目的物の到着後60日を経過した時、のうち、いずれか最初に起きた時、
  または
9.2 保険の目的物が、上記60日の期間（もしくは協定によりこれを延長した期間）内に、この保険契約で指定された仕向地もしくはいずれか他の仕向地へ継搬される場合は、上記第8条の規定によって保険が終了する時まで、有効に存続する。

（航海の変更）
第10条
10.1 この保険の危険開始後に被保険者が仕向地を変更する場合は、遅滞なくその旨を保険者に通知し、保険料率および保険条件の協定をしなければならない。その協定前に損害が発生した場合は、営利保険市場において妥当と考えられる保険条件および保険料率による担保が得られるときに限り、担保が提供される。
10.2 保険の目的物が、（第8条1項に従い）この保険によって企図された輸送を開始したが、被保険者およびその使用人が知らずして、船舶が別の仕向地に向けて出帆した場合であっても、この保険はその輸送開始の時に危険が開始したものとする。

保険金の請求

（被保険利益）
第11条
11.1 この保険によって損害のてん補を受けるためには、被保険者は、損害発生の時に保険の目的物について被保険利益を有していなければならない。
11.2 上記第11条1項の規定に従うこととして、保険契約の締結前にこの保険の対象となる損害が発生していたとしても、被保険者がその損害発生の事実を知り、かつ保険者がこれを知らなかった場合を除き、被保険者はこの保険によって担保されている期間内に発生するこの損害についててん補を受ける権利がある。

（継搬費用）
第12条 この保険によって担保される危険の作用の結果として、この保険の対象となる輸送が、この保険によって保険の目的物がそこまで担保されている港または地以外の港または地で打切られる場合には、保険者は、保険の目的物の荷卸し、保管およびこの保険に付けられた仕向地までの継搬のために適切かつ合理的に支出された一切の追加費用を被保険者にてん補する。

　この第12条は、共同海損または救助料には適用されないが、上記第4条、第5条、第6条および第7条に規定された免責規定の適用を受ける。また、この第12条は被保険者またはその使用人の過失、怠慢、支払不能または金銭債務不履行から生じる費用を含まない。

(推定全損)
第13条 保険の目的物の現実全損が避け難いと思われるため、または保険の目的物の回収、補修および保険に付けられた仕向地までの継搬に要する費用の合計額が到着時の保険の目的物の価額を超える見込であるために、保険の目的物が合理的に遺棄される場合を除き、推定全損に対する保険金はこの保険ではてん補されない。

(増値)
第14条
14.1 この保険に付けられた保険の目的物について被保険者が増値保険を付けた場合は、保険の目的物の協定価額は、この保険の保険金額および同じ損害をてん補するすべての増値保険の保険金額の合計額まで増額されたものとみなされ、この保険による保険者の責任額は、この保険の保険金額の上記合計保険金額に対する割合による。

保険金の請求に際しては、被保険者は、この保険以外のすべての保険の保険金額についての証拠を保険者に提供しなければならない。

14.2 この保険が増値についての保険である場合には、以下の規定を適用する。

保険の目的物の協定価額は、原保険の保険金額および被保険者によってその保険の目的物について保険に付けられ、同じ損害をてん補するすべての増値保険の保険金額の合計額と同額とみなされるものとし、この保険における保険者の責任額は、この保険の保険金額の上記合計保険金額に対する割合による。

保険金の請求に際しては、被保険者は、この保険以外のすべての保険の保険金額についての証拠を保険者に提供しなければならない。

保険の利益

第15条 この保険は
15.1 被保険者を対象とする。被保険者には、この保険契約を自ら締結した者もしくは自己のためにこの保険契約を締結された者として、または譲受人として、保険金の請求を行う者を含む。
15.2 拡張解釈またはその他の方法によって運送人その他の受託者を利するために利用されてはならない。

損害の軽減

(被保険者の義務)
第16条 この保険によって損害がてん補されるためには、以下のことを被保険者ならびにその使用人および代理人の義務とする。
16.1 その損害を回避または軽減するために合理的な処置を講じること、および
16.2 運送人、受託者またはその他の第三者に対するすべての権利が適切に保全され、かつ行使されることを確保すること。

保険者は、この保険によっててん補されるすべての損害に加えて、これらの義務を履行することにより適切かつ合理的に支出された一切の費用についても被保険者に支払う。

(権利放棄)
第17条 保険の目的物の救助、保護または回復のために被保険者または保険者が講じる処置は、委付の放棄または承諾とみなされず、またいずれの当事者の権利を害するものでもない。

遅延の回避

第18条 被保険者が自己の支配しうるすべての状況下において相当な迅速さをもって行動することがこの保険の条件である。

法律および慣習

第19条 この保険は、英国の法律および慣習に従う。

注意：第9条により担保の継続が要請される場合、または第10条により仕向地の変更が通知される場合には、遅滞なくその旨を保険者に通知する義務があり、担保の継続を受ける権利は、この義務が履行されることを条件とする。

付録(11)

INSTITUTE TIME CLAUSES
HULLS

This insurance is subject to English law and practice

1. **NAVIGATION**

    1.1 The vessel is covered subject to the provisions of this insurance at all times and has leave to sail or navigate with or without pilots, to go on trial trips and to assist and tow vessels or craft in distress, but it is warranted that the vessel shall not be towed, except as is customary or to the first safe port or place when in need of assistance, or undertake towage or salvage services under a contract previously arranged by the Assured and/or Owners and/or Managers and/or Charterers. This Clause 1.1 shall not exclude customary towage in connection with loading and discharging.

    1.2 In the event of the vessel being employed in trading operations which entail cargo loading or discharging at sea from or into another vessel (not being a harbour or inshore craft) no claim shall be recoverable under this insurance for loss of or damage to the vessel or liability to any other vessel arising from such loading or discharging operations, including whilst approaching, lying alongside and leaving, unless previous notice that the vessel is to be employed in such operations has been given to the Underwriters and any amended terms of cover and any additional premium required by them have been agreed.

    1.3 In the event of the vessel sailing (with or without cargo) with an intention of being (a) broken up, or (b) sold for breaking up, any claim for loss of or damage to the vessel occurring subsequent to such sailing shall be limited to the market value of the vessel as scrap at the time when the loss or damage is sustained, unless previous notice has been given to the Underwriters and any amendments to the terms of cover, insured value and premium required by them have been agreed. Nothing in this Clause 1.3 shall affect claims under Clauses 8 and/or 11.

2. **CONTINUATION**

    Should the vessel at the expiration of this insurance be at sea or in distress or at a port of refuge or of call, she shall, provided previous notice be given to the Underwriters, be held covered at a pro rata monthly premium to her port of destination.

3. **BREACH OF WARRANTY**

    Held covered in case of any breach of warranty as to cargo, trade, locality, towage, salvage services or date of sailing, provided notice be given to the Underwriters immediately after receipt of advices and any amended terms of cover and any additional premium required by them be agreed.

4. TERMINATION

This Clause 4 shall prevail notwithstanding any provision whether written typed or printed in this insurance inconsistent therewith.

Unless the Underwriters agree to the contrary in writing, this insurance shall terminate automatically at the time of

- **4.1** change of the Classification Society of the vessel, or change, suspension, discontinuance, withdrawal or expiry of her Class therein, provided that if the vessel is at sea such automatic termination shall be deferred until arrival at her next port. However where such change, suspension, discontinuance or withdrawal of her Class has resulted from loss or damage covered by Clause 6 of this insurance or which would be covered by an insurance of the vessel subject to current Institute War and Strikes Clauses Hulls-Time such automatic termination shall only operate should the vessel sail from her next port without the prior approval of the Classification Society,
- **4.2** any change, voluntary or otherwise, in the ownership or flag, transfer to new management, or charter on a bareboat basis, or requisition for title or use of the vessel, provided that, if the vessel has cargo on board and has already sailed from her loading port or is at sea in ballast, such automatic termination shall if required be deferred, whilst the vessel continues her planned voyage, until arrival at final port of discharge if with cargo or at port of destination if in ballast. However, in the event of requisition for title or use without the prior execution of a written agreement by the Assured, such automatic termination shall occur fifteen days after such requisition whether the vessel is at sea or in port.

A pro rata daily net return of premium shall be made.

5. ASSIGNMENT

No assignment of or interest in this insurance or in any moneys which may be or become payable thereunder is to be binding on or recognised by the Underwriters unless a dated notice of such assignment or interest signed by the Assured, and by the assignor in the case of subsequent assignment, is endorsed on the Policy and the Policy with such endorsement is produced before payment of any claim or return of premium thereunder.

6. PERILS

- **6.1** This insurance covers loss of or damage to the subject-matter insured caused by
    - **6.1.1** perils of the seas rivers lakes or other navigable waters
    - **6.1.2** fire, explosion
    - **6.1.3** violent theft by persons from outside the vessel

- 6.1.4 jettison
- 6.1.5 piracy
- 6.1.6 breakdown of or accident to nuclear installations or reactors
- 6.1.7 contact with aircraft or similar objects, or objects falling therefrom, land conveyance, dock or harbour equipment or installation
- 6.1.8 earthquake volcanic eruption or lightning.

6.2 This insurance covers loss of or damage to the subject-matter insured caused by
- 6.2.1 accidents in loading discharging or shifting cargo or fuel
- 6.2.2 bursting of boilers breakage of shafts or any latent defect in the machinery or hull
- 6.2.3 negligence of Master Officers Crew or Pilots
- 6.2.4 negligence of repairers or charterers provided such repairers or charterers are not an Assured hereunder
- 6.2.5 barratry of Master Officers or Crew,

    provided such loss or damage has not resulted from want of due diligence by the Assured, Owners or Managers.

6.3 Master Officers Crew or Pilots not to be considered Owners within the meaning of this Clause 6 should they hold shares in the vessel.

7. POLLUTION HAZARD

This insurance covers loss of or damage to the vessel caused by any governmental authority acting under the powers vested in it to prevent or mitigate a pollution hazard, or threat thereof, resulting directly from damage to the vessel for which the Underwriters are liable under this insurance, provided such act of governmental authority has not resulted from want of due diligence by the Assured, the Owners, or Managers of the vessel or any of them to prevent or mitigate such hazard or threat. Master, Officers, Crew or Pilots not to be considered Owners within the meaning of this Clause 7 should they hold shares in the vessel.

8. 3/4THS COLLISION LIABILITY

8.1 The Underwriters agree to indemnify the Assured for three-fourths of any sum or sums paid by the Assured to any other person or persons by reason of the Assured becoming legally liable by way of damages for
- 8.1.1 loss of or damage to any other vessel or property on any other vessel
- 8.1.2 delay to or loss of use of any such other vessel or property thereon
- 8.1.3 general average of, salvage of, or salvage under contract of, any such other vessel or property thereon, where such payment by the Assured is in consequence of the vessel hereby insured coming into collision with any other vessel.

8.2 The indemnity provided by this Clause 8 shall be in addition to the indemnity provided by the other terms and conditions of this insurance and shall be subject to the following provisions :

- **8.2.1** Where the insured vessel is in collision with another vessel and both vessels are to blame then, unless the liability of one or both vessels becomes limited by law, the indemnity under this Clause 8 shall be calculated on the principle of cross-liabilities as if the respective Owners had been compelled to pay to each other such proportion of each other's damages as may have been properly allowed in ascertaining the balance or sum payable by or to the Assured in consequence of the collision.
- **8.2.2** In no case shall the Underwriters' total liability under Clauses 8.1 and 8.2 exceed their proportionate part of three-fourths of the insured value of the vessel hereby insured in respect of any one collision.

8.3 The Underwriters will also pay three-fourths of the legal costs incurred by the Assured or which the Assured may be compelled to pay in contesting liability or taking proceedings to limit liability, with the prior written consent of the Underwriters.

EXCLUSIONS

8.4 Provided always that this Clause 8 shall in no case extend to any sum which the Assured shall pay for or in respect of

- **8.4.1** removal or disposal of obstructions, wrecks, cargoes or any other thing whatsoever
- **8.4.2** any real or personal property or thing whatsoever except other vessels or property on other vessels
- **8.4.3** the cargo or other property on, or the engagements of, the insured vessel
- **8.4.4** loss of life, personal injury or illness
- **8.4.5** pollution or contamination of any real or personal property or thing whatsoever (except other vessels with which the insured vessel is in collision or property on such other vessels).

9. SISTERSHIP

Should the vessel hereby insured come into collision with or receive salvage services from another vessel belonging wholly or in part to the same Owners or under the same management, the Assured shall have the same rights under this insurance as they would have were the other vessel entirely the property of Owners not interested in the vessel hereby insured ; but in such cases the liability for the collision or the amount payable for the services rendered shall be referred to a sole arbitrator to be agreed upon between the Underwriters and the Assured.

10. NOTICE OF CLAIM AND TENDERS

10.1 In the event of accident whereby loss or damage may result in a claim under this insurance, notice shall be given to the Underwriters prior to survey and also, if the vessel is abroad, to the nearest Lloyd's Agent so that a surveyor may be appointed to represent the Underwriters should they so desire.

10.2 The Underwriters shall be entitled to decide the port to which the vessel shall proceed for docking or repair (the actual additional expense of the voyage arising from compliance with the Underwriters' requirements being refunded to the Assured) and shall have a right of veto concerning a place of repair or a repairing firm.

10.3 The Underwriters may also take tenders or may require further tenders to be taken for the repair of the vessel. Where such a tender has been taken and a tender is accepted with the approval of the Underwriters, an allowance shall be made at the rate of 30% per annum on the insured value for time lost between the despatch of the invitations to tender required by Underwriters and the acceptance of a tender to the extent that such time is lost solely as the result of tenders having been taken and provided that the tender is accepted without delay after receipt of the Underwriters' approval.

Due credit shall be given against the allowance as above for any amounts recovered in respect of fuel and stores and wages and maintenance of the Master Officers and Crew or any member thereof, including amounts allowed in general average, and for any amounts recovered from third parties in respect of damages for detention and/or loss of profit and/or running expenses, for the period covered by the tender allowance or any part thereof.

Where a part of the cost of the repair of damage other than a fixed deductible is not recoverable from the Underwriters the allowance shall be reduced by a similar proportion.

10.4 In the event of failure to comply with the conditions of this Clause 10 a deduction of 15% shall be made from the amount of the ascertained claim.

11. GENERAL AVERAGE AND SALVAGE

11.1 This insurance covers the vessel's proportion of salvage, salvage charges and/or general average, reduced in respect of any under-insurance, but in case of general average sacrifice of the vessel the Assured may recover in respect of the whole loss without first enforcing their right of contribution from other parties.

11.2 Adjustment to be according to the law and practice obtaining at the place where the adventure ends, as if the contract of affreightment contained no special terms upon the subject ; but where the contract of affreightment so provides the adjustment shall be according to the York-Antwerp Rules.

11.3 When the vessel sails in ballast, not under charter, the provisions of the York-Antwerp Rules, 1974 (excluding Rules XX and XXI) shall be applicable, and the voyage for this purpose shall be deemed to continue from the port or place of departure until the arrival of the vessel at the first port or place thereafter other than a port or place of refuge or a port or place of call for bunkering only. If at any such intermediate port or place there is an abandonment of the adventure originally contemplated the voyage shall thereupon be deemed to be terminated.

11.4 No claim under this Clause 11 shall in any case be allowed where the loss was not incurred to avoid or in connection with the avoidance of a peril insured against.

12. DEDUCTIBLE

12.1 No claim arising from a peril insured against shall be payable under this insurance unless the aggregate of all such claims arising out of each separate accident or occurrence (including claims under Clauses 8, 11 and 13) exceeds as in schedule in which case this sum shall be deducted. Nevertheless the expense of sighting the bottom after stranding, if reasonably incurred specially for that purpose, shall be paid even if no damage be found. This Clause 12.1 shall not apply to a claim for total or constructive total loss of the vessel or, in the event of such a claim, to any associated claim under Clause 13 arising from the same accident or occurrence.

12.2 Claims for damage by heavy weather occurring during a single sea passage between two successive ports shall be treated as being due to one accident. In the case of such heavy weather extending over a period not wholly covered by this insurance the deductible to be applied to the claim recoverable hereunder shall be the proportion of the above deductible that the number of days of such heavy weather falling within the period of this insurance bears to the number of days of heavy weather during the single sea passage.

The expression"heavy weather"in this Clause 12.2 shall be deemed to include contact with floating ice.

12.3 Excluding any interest comprised therein, recoveries against any claim which is subject to the above deductible shall be credited to the Underwriters in full to the extent of the sum by which the aggregate of the claim unreduced by any recoveries exceeds the above deductible.

12.4 Interest comprised in recoveries shall be apportioned between the Assured and the Underwriters, taking into account the sums paid by the Underwriters and the dates when such payments were made, notwithstanding that by the addition of interest the Underwriters may receive a larger sum than they have paid.

13. DUTY OF ASSURED (SUE AND LABOUR)

13.1 In case of any loss or misfortune it is the duty of the Assured and their servants and agents to take such measures as may be reasonable for the purpose of averting or minimising a loss which would be recoverable under this insurance.

13.2　Subject to the provisions below and to Clause 12 the Underwriters will contribute to charges properly and reasonably incurred by the Assured their servants or agents for such measures. General average, salvage charges (except as provided for in Clause 13.5) and collision defence or attack costs are not recoverable under this Clause 13.

13.3　Measures taken by the Assured or the Underwriters with the object of saving, protecting or recovering the subject-matter insured shall not be considered as a waiver or acceptance of abandonment or otherwise prejudice the rights of either party.

13.4　When expenses are incurred pursuant to this Clause 13 the liability under this insurance shall not exceed the proportion of such expenses that the amount insured hereunder bears to the value of the vessel as stated herein, or to the sound value of the vessel at the time of the occurrence giving rise to the expenditure if the sound value exceeds that value. Where the Underwriters have admitted a claim for total loss and property insured by this insurance is saved, the foregoing provisions shall not apply unless the expenses of suing and labouring exceed the value of such property saved and then shall apply only to the amount of the expenses which is in excess of such value.

13.5　When a claim for total loss of the vessel is admitted under this insurance and expenses have been reasonably incurred in saving or attempting to save the vessel and other property and there are no proceeds, or the expenses exceed the proceeds, then this insurance shall bear its pro rata share of such proportion of the expenses, or of the expenses in excess of the proceeds, as the case may be, as may reasonably be regarded as having been incurred in respect of the vessel ; but if the vessel be insured for less than its sound value at the time of the occurrence giving rise to the expenditure, the amount recoverable under this clause shall be reduced in proportion to the under-insurance.

13.6　The sum recoverable under this Clause 13 shall be in addition to the loss otherwise recoverable under this insurance but shall in no circumstances exceed the amount insured under this insurance in respect of the vessel.

14. NEW FOR OLD

Claims payable without deduction new for old.

15. BOTTOM TREATMENT

In no case shall a claim be allowed in respect of scraping gritblasting and/or other surface preparation or painting of the vessel's bottom except that

15.1　gritblasting and/or other surface preparation of new bottom plates ashore and supplying and applying any"shop"primer thereto,

15.2 gritblasting and/or other surface preparation of : the butts or area of plating immediately adjacent to any renewed or refitted plating damaged during the course of welding and/or repairs, areas of plating damaged during the course of fairing, either in place or ashore,

15.3 supplying and applying the first coat of primer/anti-corrosive to those particular areas mentioned in 15.1 and 15.2 above,

shall be allowed as part of the reasonable cost of repairs in respect of bottom plating damaged by an insured peril.

16. WAGES AND MAINTENANCE

No claim shall be allowed, other than in general average, for wages and maintenance of the Master, Officers and Crew, or any member thereof, except when incurred solely for the necessary removal of the vessel from one port to another for the repair of damage covered by the Underwriters, or for trial trips for such repairs, and then only for such wages and maintenance as are incurred whilst the vessel is under way.

17. AGENCY COMMISSION

In no case shall any sum be allowed under this insurance either by way of remuneration of the Assured for time and trouble taken to obtain and supply information or documents or in respect of the commission or charges of any manager, agent, managing or agency company or the like, appointed by or on behalf of the Assured to perform such services.

18. UNREPAIRED DAMAGE

18.1 The measure of indemnity in respect of claims for unrepaired damage shall be the reasonable depreciation in the market value of the vessel at the time this insurance terminates arising from such unrepaired damage, but not exceeding the reasonable cost of repairs.

18.2 In no case shall the Underwriters be liable for unrepaired damage in the event of a subsequent total loss (whether or not covered under this insurance) sustained during the period covered by this insurance or any extension thereof.

18.3 The Underwriters shall not be liable in respect of unrepaired damage for more than the insured value at the time this insurance terminates.

19. CONSTRUCTIVE TOTAL LOSS

19.1 In ascertaining whether the vessel is a constructive total loss, the insured value shall be taken as the repaired value and nothing in respect of the damaged or break-up value of the vessel or wreck shall be taken into account.

19.2 No claim for constructive total loss based upon the cost of recovery and/or repair of the vessel shall be recoverable hereunder unless such cost would exceed the insured value. In making this determination, only the cost relating to a single accident or sequence of damages arising from the same accident shall be taken into account.

20. FREIGHT WAIVER

In the event of total or constructive total loss no claim to be made by the Underwriters for freight whether notice of abandonment has been given or not.

21. DISBURSEMENTS WARRANTY

21.1 Additional insurances as follows are permitted :

21.1.1 Disbursements, Managers'Commissions, Profits or Excess or Increased Value of Hull and Machinery. A sum not exceeding 25% of the value stated herein.

21.1.2 Freight, Chartered Freight or Anticipated Freight, insured for time. A sum not exceeding 25% of the value as stated herein less any sum insured, however described, under 21.1.1

21.1.3 Freight or Hire, under contracts for voyage. A sum not exceeding the gross freight or hire for the current cargo passage and next succeeding cargo passage (such insurance to include, if required, a preliminary and an intermediate ballast passage) plus the charges of insurance. In the case of a voyage charter where payment is made on a time basis, the sum permitted for insurance shall be calculated on the estimated duration of the voyage, subject to the limitation of two cargo passages as laid down herein. Any sum insured under 21.1.2 to be taken into account and only the excess thereof may be insured, which excess shall be reduced as the freight or hire is advanced or earned by the gross amount so advanced or earned.

21.1.4 Anticipated Freight if the vessel sails in ballast and not under Charter. A sum not exceeding the anticipated gross freight on next cargo passage, such sum to be reasonably estimated on the basis of the current rate of freight at time of insurance plus the charges of insurance. Any sum insured under 21.1.2 to be taken into account and only the excess thereof may be insured.

21.1.5 Time Charter Hire or Charter Hire for Series of Voyages. A sum not exceeding 50% of the gross hire which is to be earned under the charter in a period not exceeding 18 months. Any sum insured under 21.1.2 to be taken into account and only the excess thereof may be insured, which excess shall be reduced as the hire is advanced or earned under the charter by 50% of the gross amount so advanced or earned but the sum insured need not be reduced while the total of the sums insured under 21.1.2 and 21.1.5 does not exceed 50% of the gross hire still to be earned under the charter. An insurance under this

Section may begin on the signing of the charter.

- **21.1.6** Premiums. A sum not exceeding the actual premiums of all interests insured for a period not exceeding 12 months (excluding premiums insured under the foregoing sections but including, if required, the premium or estimated calls on any Club or War etc. Risk insurance) reducing pro rata monthly.
- **21.1.7** Returns of Premium. A sum not exceeding the actual returns which are allowable under any insurance but which would not be recoverable thereunder in the event of a total loss of the vessel whether by insured perils or otherwise.
- **21.1.8** Insurance irrespective of amount against :
  Any risks excluded by Clauses 23, 24, 25 and 26 below.

21.2 Warranted that no insurance on any interests enumerated in the foregoing 21.1.1 to 21.1.7 in excess of the amounts permitted therein and no other insurance which includes total loss of the vessel P.P.I., F.I.A., or subject to any other like term, is or shall be effected to operate during the currency of this insurance by or for account of the Assured, Owners, Managers or Mortgagees. Provided always that a breach of this warranty shall not afford the Underwriters any defence to a claim by a Mortgagee who has accepted this insurance without knowledge of such breach.

22. RETURNS FOR LAY-UP AND CANCELLATION

22.1 To return as follows :

- **22.1.1** Pro rata monthly net for each uncommenced month if this insurance be cancelled by agreement.
- **22.1.2** For each period of 30 consecutive days the vessel may be laid up in a port or in a lay-up area provided such port or lay-up area is approved by the Underwriters (with special liberties as hereinafter allowed)
  (a)_____per cent net not under repair
  (b)_____per cent net under repair.
  If the vessel is under repair during part only of a period for which a return is claimable, the return shall be calculated pro rata to the number of days under (a) and (b) respectively.

22.2 PROVIDED ALWAYS THAT

- **22.2.1** a total loss of the vessel, whether by insured perils or otherwise, has not occurred during the period covered by this insurance or any extension thereof
- **22.2.2** in no case shall a return be allowed when the vessel is lying in exposed or unprotected waters, or in a port or lay-up area not approved by the Underwriters but, provided the Underwriters agree that such non-approved lay-up area is deemed to be within the vicinity of the

approved port or lay-up area, days during which the vessel is laid up in such non-approved lay-up area may be added to days in the approved port or lay-up area to calculate a period of 30 consecutive days and a return shall be allowed for the proportion of such period during which the vessel is actually laid up in the approved port or lay-up area

22.2.3 loading or discharging operations or the presence of cargo on board shall not debar returns but no return shall be allowed for any period during which the vessel is being used for the storage of cargo or for lightering purposes

22.2.4 in the event of any amendment of the annual rate, the above rates of return shall be adjusted accordingly

22.2.5 in the event of any return recoverable under this Clause 22 being based on 30 consecutive days which fall on successive insurances effected for the same Assured, this insurance shall only be liable for an amount calculated at pro rata of the period rates 22.1.2 (a) and/or (b) above for the number of days which come within the period of this insurance and to which a return is actually applicable. Such overlapping period shall run, at the option of the Assured, either from the first day on which the vessel is laid up or the first day of a period of 30 consecutive days as provided under 22.1.2 (a) or (b), or 22.2.2 above.

The following clauses shall be paramount and shall override anything contained in this insurance inconsistent therewith.

23. WAR EXCLUSION

In no case shall this insurance cover loss damage liability or expense caused by

23.1 war civil war revolution rebellion insurrection, or civil strife arising therefrom, or any hostile act by or against a belligerent power

23.2 capture seizure arrest restraint or detainment (barratry and piracy excepted), and the consequences thereof or any attempt thereat

23.3 derelict mines torpedoes bombs or other derelict weapons of war.

24. STRIKES EXCLUSION

In no case shall this insurance cover loss damage liability or expense caused by

24.1 strikers, locked-out workmen, or persons taking part in labour disturbances, riots or civil commotions

24.2 any terrorist or any person acting from a political motive.

25. MALICIOUS ACTS EXCLUSION

In no case shall this insurance cover loss damage liability or expense arising from

25.1 the detonation of an explosive

25.2 any weapon of war

and caused by any person acting maliciously or from a political motive.

26. NUCLEAR EXCLUSION

In no case shall this insurance cover loss damage liability or expense arising from any weapon of war employing atomic or nuclear fission and/or fusion or other like reaction or radioactive force or matter.

CL280
01/10/1983

付録(12)

1906年英国海上保険法
（エドワード7世即位第6年法律第41号）

海上保険に関する法を法典化する法律（1906年12月21日）

海上保険

第1条　海上保険の定義　海上保険契約は、その契約によって合意した方法と範囲で、海上損害すなわち航海事業に付随する損害を保険者が被保険者にてん補することを引受ける契約である。

第2条　海陸混合危険　(1)　海上保険契約は、その明示の特約または商慣習によって、その担保の範囲を拡張し、海上航行に付随することがある内水または陸上の危険の損害に対しても、被保険者を保護することができる。

(2)　建造中の船舶、船舶の進水、または航海事業に類似する一切の事業が海上保険証券様式の保険証券によって保険に付けられる場合には、この法律の諸規定は、その適用が可能である限り、これに適用される。ただし、本条によって定められた場合を除き、この法律の規定は、この法律によって定義された海上保険契約以外の保険契約に適用される一切の法規を変更し、またはこれらの法規に影響を及ぼすものではない。

第3条　航海事業および海上危険の定義　(1)　この法律の諸規定に従うこととして、一切の合法な航海事業はこれを海上保険契約の目的とすることができる。

(2)　特に次の場合には航海事業があるものとする。

(a)　船舶、貨物またはその他の動産が海上危険にさらされる場合。この法律においては、かかる財産を「被保険財産」という。

(b)　被保険財産が海上危険にさらされることによって運送賃、旅客運送賃、手数料、利潤もしくはその他の金銭的利益の収得もしくは取得、または前渡金、貸付金もしくは費用に対する担保が脅かされる場合。

(c)　被保険財産の所有者その他被保険財産に利害関係または責任を有する者が、海上危険のために第三者に対して責任を負担することがある場合。

　　「海上危険」とは、航海に起因または付随する危険、すなわち海固有の危険、火災、戦争危険、海賊、漂盗、強盗、捕獲、拿捕、王侯および人民の抑止および抑留、投荷、船員の悪行並びに上記の諸危険と同種のまたは保険証券に記載されるその他の危険をいう。

被保険利益

第4条　賭博契約または射倖契約の無効　(1)　射倖または賭博のためにする一切の海上保険契約はこれを無効とする。

(2)　次の場合には、海上保険契約は射倖契約または賭博契約であるとみなされる。

(a)　被保険者がこの法律に定める被保険利益を有せず、かつ、かかる利益を取得する見込なしに契約が締結される場合、または

(b) 保険証券が「被保険利益の有無を問わない」、「保険証券自体以外には被保険利益の存在を証明することを要しない」、「保険者に救助物取得の利益がない」、または上記と同様な文言付きで作成される場合。

　ただし、救助物を得る見込がない場合には、保険者に救助物取得の利益がないという条件で保険契約を締結することができる。

第5条　被保険利益の定義　(1)　この法律の諸規定に従うこととして、航海事業に利害関係を有するすべての者は、被保険利益を有する。

(2)　特に、ある者が航海事業に対し、または航海事業の危険にさらされる被保険財産に対して、普通法上または衡平法上の関係を有する場合において、その関係を有する結果、被保険財産が安全であることもしくは被保険財産が予定の時期に到達することによって利益を得、または、被保険財産の滅失、損傷もしくは留置によって損害を被り、または、被保険財産に関して責任を負うときは、その者は航海事業について利害関係を有するものとする。

第6条　被保険利益が存在しなければならない時期　(1)　被保険者は、保険契約締結の時に保険の目的物について利害関係を有することを要しないが、損害発生の時にこれを有しなければならない。

　ただし、保険の目的物が「滅失したと否とを問わない」という条件で保険に付けられる場合には、損害発生の後まで被保険利益を取得しないことがあっても、保険契約締結の時に被保険者が損害発生の事実を知り、かつ、保険者がこれを知らなかった場合を除き、被保険者は保険者から損害を回収することができる。

(2)　被保険者が損害発生の時に被保険利益を有しない場合には、被保険者は、損害発生の事実を知った後、いかなる行為または選択によっても、被保険利益を取得することができない。

第7条　消滅することあるべき利益または未必利益　(1)　消滅することあるべき利益はこれを保険に付けることができる。未必利益についてもまた同様とする。

(2)　特に、貨物の買主がその貨物を保険に付けた場合には、売主の貨物引渡の遅延またはその他の理由により、買主が自己の選択によって、貨物の引取を拒絶しまたは貨物を売主の危険負担として処理することができるときにおいても、買主はその貨物について被保険利益を有する。

第8条　部分的利益　部分的利益は、その性質のいかんを問わず、これを保険に付けることができる。

第9条　再保険　(1)　海上保険契約の保険者は、自己の危険について被保険利益を有し、これについて再保険を付けることができる。

(2)　保険証券に別段の定めがない限り、原被保険者はその再保険について権利または利益を一切有しない。

第10条　冒険貸借　船舶または貨物の冒険貸借の貸主は、その貸付金について被保険利益を有する。

第11条　船長および海員の給料　船長またはすべての船舶乗組員は、自己の給料について被保険利益を有する。

第12条　前払運送賃　前払運送賃の場合には、運送賃を前払する者は、損害が発生したときにその運送賃が払戻されない限り、被保険利益を有する。

第13条　保険の費用　被保険者は、自己の付ける一切の保険の費用について、被保険利益を有する。

第14条　利益の額　(1)　保険の目的物に抵当権が設定された場合には、抵当権設定者は保険の目的物の全価額について被保険利益を有し、抵当権者は抵当権の下に支払われる金額または支払われることとなる金額について被保険利益を有する。

(2)　抵当権者、荷受人その他保険の目的物に利害関係を有する者は、自己のためのみならず、利害関係を有する他人のためにも、保険を付けることができる。

(3)　被保険財産の所有者は、損害発生の場合に第三者が所有者に損害を補償することを約し、または補償する責めを負うときにおいても、被保険財産の全価額について被保険利益を有する。

第15条　利益の譲渡　被保険者が保険の目的物について有する自己の利益を譲渡し、またはその他の方法でこれを手放す場合には、保険契約上の被保険者の権利を譲受人に移転する旨の明示または黙示の合意が譲受人との間にない限り、これによって、被保険者は保険契約上の権利を譲受人に譲渡するものではない。

　　ただし、本条の諸規定は法律の効果による利益の移転に影響を及ぼすものではない。

保険価額

第16条　保険価額の算定基準　保険証券に明示の規定または評価額がある場合はこれに従うこととして、保険の目的物の保険価額は、次のようにこれを定めなければならない。

(1)　船舶の保険においては、その保険価額は、艤装船具、高級船員および普通船員用の食料品および貯蔵品、海員の給料の前渡金、並びに保険証券に定めた航海または航海事業に対して船舶を堪航にするために支出したその他の船費（もしあれば）を含む危険開始の時における船舶の価額に、上記の全部に対する保険の費用を加えた額とする。

　　汽船の場合には、その保険価額は、更に、機械および汽缶を含み、かつ、石炭および機関用貯蔵品で被保険者の所有に属するものがあればこれを含み、また、特殊事業に従事する船舶の場合には、当該事業に必要な通常の艤装品を含む。

(2)　運送賃の保険においては、運送賃が前払であると否とを問わず、その保険価額は、被保険者の危険に属する運送賃の総額に保険の費用を加えた額とする。

(3)　貨物または商品の保険においては、その保険価額は、被保険財産の原価に、船積費用および船積に付随する費用並びに上記の全部に対する保険の費用を加えた額とする。

(4)　その他の目的物の保険においては、その保険価額は、保険証券の効力が始まる時に被保険者の危険に属している金額に保険の費用を加えた額とする。

告知および表示

第17条　保険契約は最大善意の契約である　海上保険契約は最大善意に基づく契約であって、当事者の一方が最大善意を守らない場合には、相手方はその契約を取消すことができる。

第18条　被保険者による告知　(1)　本条の諸規定に従うこととして、被保険者は、自己の知っている一切の重要な事情を契約締結前に保険者に告知しなければならない。被保険者は、通常の業務上当然知っているべき一切の事情についてはこれを知ってい

るものとみなされる。被保険者がかかる告知をすることを怠るときは、保険者はその契約を取消すことができる。
(2) 慎重な保険者が保険料を定め、または保険を引受けるかどうかを決定するに当たってその判断に影響を及ぼす一切の事情は、これを重要な事情とする。
(3) 次の事情は、質問がない限り、告知することを要しない。すなわち
 (a) 危険を減少させる一切の事情
 (b) 保険者が知っているかまたは知っているものと推定される一切の事情。保険者は、周知の事項および保険者が通常の業務上当然知っているべき事項については、これを知っているものと推定される。
 (c) 保険者が通知を受ける権利を放棄した一切の事情
 (d) 明示または黙示の担保があるために告知することが余計である一切の事情
(4) 告知されない特定の事情が重要であるか否かは、各場合における事実問題とする。
(5) 「事情」という文言は、被保険者に対してなされた一切の通信または被保険者の受けた一切の情報を含む。

第19条 保険契約を締結する代理人による告知 告知することを要しない事情に関する前条の諸規定に従うこととして、保険契約が被保険者のために代理人によって締結される場合には、代理人は、次の事情を保険者に告知しなければならない。
 (a) 代理人が知っている一切の重要な事情。保険を付ける代理人は、その通常の業務上当然知っているべきまたは当然代理人に通知されたはずの一切の事情を知っているものとみなされる。および
 (b) 被保険者が告知しなければならない一切の重要な事情。ただし、被保険者が知るのが遅れたために代理人に通知することができなかった事情については、この限りでない。

第20条 契約締結の交渉中の表示 (1) 契約締結の交渉中であって契約が締結される前に、被保険者またはその代理人が保険者に対して行った一切の重要な表示は、真実でなければならない。それが不実であるならば、保険者は契約を取消すことができる。
(2) 慎重な保険者が保険料を定め、または危険を引受けるかどうかを決定するに当たって、その判断に影響を及ぼす表示は、これを重要な表示とする。
(3) 表示は、事実問題に関する表示であることもあれば、期待または信念の問題に関する表示であることもある。
(4) 事実問題に関する表示は、それが実質的に正確であれば、すなわち、表示されたものと現実に正確なものとの間の相違が慎重な保険者によって重要とみなされないものであれば、これを真実な表示とする。
(5) 期待または信念の問題に関する表示は、それが善意でなされるならば、これを真実な表示とする。
(6) 表示は、契約締結前においては、これを撤回または訂正することができる。
(7) 特定の表示が重要であるか否かは、各場合における事実問題とする。

第21条 契約が締結されたものとみなされる時期 海上保険契約は、被保険者の申込が保険者によって承諾された時に締結されたものとみなされ、その時に保険証券が発行されると否とを問わない。申込が承諾された時期を証明する目的のためには、スリップ、カバー・ノートまたはその他の慣習的に使用される覚書を参照することができ

る。

保険証券

第 22 条　契約は保険証券に具現されなければならない　一切の制定法の諸規定に従うこととして、海上保険契約は、この法律に従って海上保険証券に具現されない限り、証拠として認められない。保険証券は、契約締結の時またはその後において、これを作成し、発行することができる。

第 23 条　保険証券に記載しなければならない事項　保険証券には次の事項を記載しなければならない。

(1)　被保険者の氏名または被保険者のために保険契約を締結する者の氏名

　　(訳注) (2)～(5)は 1959 年財政法（Finance Act, 1959）によって廃止された。

第 24 条　保険者の署名　(1)　海上保険証券は、保険者によって、または保険者のために、署名されなければならない。ただし、法人の場合には、法人の印章で十分である。本条の規定は、法人の署名には印章が必要である旨を定めているものとこれを解してはならない。

(2)　保険証券が、二名以上の保険者によって、または二名以上の保険者のために、署名される場合には、反対の特約がない限り、各署名は被保険者との各別の契約を構成する。

第 25 条　航海保険証券および期間保険証券　(1)　契約が保険の目的物をある地「において、および、から」、または、ある地から、他の一つまたは二つ以上の地まで保険するものである場合には、その保険証券を「航海保険証券」といい、また、契約が保険の目的物を一定の期間に対して保険するものである場合には、その保険証券を「期間保険証券」という。航海と期間の両者に対する契約を同一保険証券に含めることができる。

　　(訳注) (2)は 1959 年財政法によって廃止された。

第 26 条　保険の目的物の表示　(1)　保険の目的物は、相当な正確さをもって海上保険証券にこれを記載しなければならない。

(2)　保険の目的物について被保険者の有する利益の性質および範囲は、これを保険証券に明示することを要しない。

(3)　保険証券に保険の目的物が総括的文言で記載されている場合には、その保険証券は、被保険者が保険に付けることを意図した利益に適用されるものとこれを解釈しなければならない。

(4)　本条を適用するに当たっては、保険の目的物の表示を律する一切の慣習を考慮しなければならない。

第 27 条　評価済保険証券　(1)　保険証券は、評価済または評価未済のいずれかとすることができる。

(2)　評価済保険証券とは保険の目的物の協定価額を記載した保険証券をいう。

(3)　この法律の諸規定に従うこととして、かつ、詐欺がない場合には、保険証券で決められた価額は、保険者と被保険者との間においては、損害が全損であると分損であるとを問わず、保険に付けることを意図した目的物の保険価額として決定的なものとする。

(4) 保険証券に別段の定めがない限り、保険証券で決められた価額は、推定全損があったかどうかを確定するためには、決定的なものではない。

第28条　評価未済保険証券　評価未済保険証券とは、保険の目的物の価額を記載せず、保険金額を限度として、この法律において前に定めた方法で後日保険価額を確定する保険証券をいう。

第29条　船名等未詳保険証券　(1) 船名等未詳保険証券とは、総括的文言で保険契約を記述し、船名およびその他の明細を後日の確定通知によって定める保険証券をいう。

(2) 後日の確定通知は、保険証券の裏書またはその他の慣習的方法によって、これを行うことができる。

(3) 保険証券に別段の定めがない限り、確定通知は、発送または船積の順序でこれを行わなければならない。貨物の場合においては、その確定通知は保険証券の文言に該当する一切の積送品を包含しなければならず、また、貨物またはその他の財産の価額は正直にこれを申告しなければならない。ただし、確定通知の脱漏または誤りは、それが善意でなされた場合に限り、損害発生後または貨物の到達後においてもこれを訂正することができる。

(4) 保険証券に別段の定めがない限り、価額の確定通知が損害発生または貨物到達の通知の時までに行われない場合には、その保険証券は、価額の確定通知の目的物については、評価未済保険証券としてこれを取扱わなければならない。

第30条　保険証券の文言の解釈　(1) 保険証券はこの法律の第1付則に掲げた様式によることができる。

(2) この法律の諸規定に従うこととして、かつ、保険証券の文脈上別段の解釈を要しない限り、この法律の第1付則に掲げた文言および表現は、同付則に定めた範囲と意味とを有するものとこれを解さなければならない。

第31条　追って協定される保険料　(1) 保険料は追って協定されるものとするという条件で保険契約が締結された場合において、その協定がなされなかったときは、妥当な保険料が支払われるべきものとする。

(2) 一定の事由が生じたときには割増保険料が追って協定されるものとするという条件で保険契約が締結された場合において、その事由が生じても割増保険料の協定がなされなかったときは、妥当な割増保険料が支払われるべきものとする。

重複保険

第32条　重複保険　(1) 同一の危険および同一の利益またはこれらの一部について、二つ以上の保険契約が被保険者によってまたは被保険者のために締結される場合において、保険金額の合計額がこの法律で認められたてん補額を超えるときは、これを被保険者が重複保険によって超過保険を付けたものという。

(2) 被保険者が重複保険によって超過保険を付けた場合には、
　(a) 被保険者は、保険証券に別段の定めがない限り、自己の適当と考える順序に従って各保険者に支払を請求することができる。ただし、被保険者はこの法律で認められたてん補額を超える額を受取る権利はない。
　(b) 被保険者が保険金を請求する保険証券が評価済保険証券である場合には、被保険者は、保険の目的物の実価のいかんにかかわらず、他の保険証券の下で受取った額

をその評価額から控除しなければならない。
(c) 被保険者が保険金を請求する保険証券が評価未済保険証券である場合には、被保険者は、他の保険証券の下で受取った額をその保険価額の全額から控除しなければならない。
(d) 被保険者がこの法律で認められたてん補額を超える額を受取った場合には、被保険者は、その超過額を保険者相互間の分担請求権に従って、各保険者のために受託したものとみなされる。

担保（ワランティ）その他

第33条 担保の性質 (1) 担保とは、これに関する次条以下の条文においては、確約的担保、すなわち、特定のことが行われることもしくは行われないこと、もしくはある条件が充足されることを被保険者が約束する担保、または特定の事実状態の存在を被保険者が肯定もしくは否定する担保をいう。
(2) 担保は明示または黙示のいずれかとする。
(3) 上に定義した担保は、危険に対して重要であると否とを問わず、正確に充足されなければならない条件である。これが正確に充足されなければ、保険証券に明示の規定がある場合はこれに従うこととして、保険者は担保違反の日から責任を免れるが、その日よりも前に生じた保険者の責任はこれによって影響を受けるものではない。

第34条 担保違反が許される場合 (1) 担保の不充足は、事情の変更によって担保が契約の事情に適用できなくなるとき、または、担保の充足がその後の法律によって違法となるときは、許される。
(2) 担保の違反があった場合には、被保険者は、損害発生前にその違反が改められて担保が充足されていたという抗弁を援用することはできない。
(3) 保険者は、担保違反を主張する権利を放棄することができる。

第35条 明示担保 (1) 明示担保は、担保とするべき意思が推測されるものであれば、その文言のいかんを問わない。
(2) 明示担保は、保険証券に挿入されるか、もしくは書加えられるか、または、引用によって保険証券と一体をなす書類の中に記載されなければならない。
(3) 明示担保は、それが黙示担保と抵触しない限り、黙示担保を排除しない。

第36条 中立担保 (1) 船舶であると貨物であるとを問わず、被保険財産が中立財産であることが明文で担保されている場合には、その財産が危険開始の時に中立的性質を有すること、および、被保険者が事態を支配できる限り、中立的性質が保険期間中維持されることを黙示条件とする。
(2) 船舶が「中立」であることが明文で担保されている場合には、被保険者が事態を支配できる限り、船舶が適当に書類を備付けること、すなわち、船舶がその中立性を立証するのに必要な書類を備付けること、および、船舶がその書類を偽造もしくは隠匿しないことまたは擬装書類を使用しないことをも、黙示条件とする。この条件の違反によって損害が生じた場合には、保険者は契約を取消すことができる。

第37条 国籍に関する黙示担保はない 船舶の国籍についての黙示担保または船舶の国籍を保険期間中変更してはならないという黙示担保はない。

第38条 安全担保 保険の目的物が特定の日に「無事」または「安全」であることが

担保される場合には、その日の任意の時刻に安全であれば、それで足りる。

第39条　船舶の堪航担保　(1)　航海保険においては、航海開始の時に、船舶が保険に付けられた特定の航海事業遂行のために堪航でなければならないという黙示担保がある。

(2)　船舶が港にある間に保険の効力が開始する場合においては、更に、危険開始の時に船舶がその港の通常の危険に対抗するのに適合していなければならないという黙示担保がある。

(3)　保険が異なる段階に分けて遂行される航海に関するものであって、その航海中段階が異なるに従って船舶が異なる種類のまたは一層完全な準備または艤装をすることが必要な場合には、船舶は、各段階の開始の時に、その準備または艤装について、その段階の航行のために堪航であるという黙示担保がある。

(4)　船舶が保険に付けられた航海事業の通常の海固有の危険に対抗することにすべての点において適合しているときは、船舶は堪航であるものとみなされる。

(5)　期間保険においては、船舶が航海事業のいかなる段階においても堪航でなければならないという黙示担保はない。ただし、被保険者が船舶の不堪航状態であることを知りながらこれを就航させた場合には、保険者は不堪航に起因する一切の損害について責めを負わない。

第40条　貨物が堪航であるという黙示担保はない　(1)　貨物またはその他の動産の保険においては、貨物または動産が堪航であるという黙示担保はない。

(2)　貨物またはその他の動産の航海保険においては、航海開始の時、船舶が、船舶として堪航であるのみでなく、貨物またはその他の動産を保険証券に定めた仕向地まで運送するのに適合しているという黙示担保がある。

第41条　適法担保　保険に付けられた航海事業が適法な航海事業であり、かつ、被保険者が事態を支配できる限り、その航海事業が適法な方法で遂行されなければならないという黙示担保がある。

航　　海

第42条　危険開始に関する黙示条件　(1)　保険の目的物が、航海保険証券によって、特定の地「において、および、から」または「から」の条件で保険に付けられる場合には、船舶は、保険契約締結の時にその地にあることを要しないが、航海事業が相当な期間内に開始されなければならないという黙示条件および航海事業が相当な期間内に開始されないときは保険者は契約を取消すことができるという黙示条件がある。

(2)　この黙示条件は、保険者が保険契約締結前に知っていた事情に因って遅延が生じたこと、または保険者がこの黙示条件に関する権利を放棄したことを証明することによって、これを否認することができる。

第43条　発航港の変更　発航地が保険証券に記載されている場合において、船舶がその地から出帆せずに他の地から出帆するときは、危険は開始しない。

第44条　異なる仕向地に向かっての出帆　仕向地が保険証券に記載されている場合において、船舶がその仕向地に向かって出帆せずに他の仕向地に向かって出帆するときは、危険は開始しない。

第45条　航海の変更　(1)　危険開始後、船舶の仕向地が保険証券に定めた仕向地から

任意に変更される場合には、航海の変更があるものとする。
(2) 保険証券に別段の定めがない限り、航海の変更がある場合には、保険者は、その変更の時、すなわち、航海を変更する決意が表明された時から、その責任を免れる。損害発生の時に船舶が保険証券に定めた航路を実際に離れていなかったとしても、そのことは問わない。

第46条 離路 (1) 船舶が、適法な理由なしに、保険証券に定めた航海から離路する場合には、保険者は離路の時から責任を免れる。船舶が損害発生前に元の航路に復帰していたとしても、そのことは問わない。
(2) 次の場合には、保険証券に定めた航海からの離路があるものとする。
  (a) 航路が保険証券に特に指定されている場合には、その航路を離れるとき、または
  (b) 航路が保険証券に特に指定されていない場合には、通常かつ慣習上の航路を離れるとき。
(3) 離路の意思はこれを問わない。保険者が契約上の責任を免れるためには、実際に離路がなければならない。

第47条 複数の荷卸港 (1) 複数の荷卸港が保険証券に指定されている場合には、船舶はその全部または一部の港に航行することができる。ただし、反対の慣習または十分な理由がないときは、船舶は、保険証券に指定された順序に従って、その全部または一部の港に航行しなければならない。船舶がこの順序に従って航行しなければ、離路があるものとする。
(2) 保険証券が港名を指定せずに一定地域内の「諸荷卸港」までとしている場合に、反対の慣習または十分な理由がないときは、船舶は、地理的順序に従ってその全部または一部の港に航行しなければならない。船舶がこの順序に従って航行しなければ、離路があるものとする。

第48条 航海の遅延 航海保険の場合には、保険に付けられた航海事業はその全行程を通じて相当な迅速さをもって遂行されなければならない。適法な理由なしに相当な迅速さをもって遂行されないときは、保険者は遅延が不当となった時から責任を免れる。

第49条 離路または遅延の許容 (1) 保険証券に定めた航海を遂行するに当たっての離路または遅延は、次の場合には許される。
  (a) 保険証券上の明示の規定によって認められた場合、または
  (b) 船長およびその雇主の支配できない事情に因って生じた場合、または
  (c) 明示もしくは黙示の担保を充足するために合理的に必要である場合、または
  (d) 船舶もしくは保険の目的物の安全のために合理的に必要である場合、または
  (e) 人命を救助するため、もしくは人命が危険に瀕する恐れのある遭難船を救助するためである場合、または
  (f) 船上にある者に内科的もしくは外科的医療を施すために合理的に必要である場合、または
  (g) 船長もしくは海員の悪行が被保険危険の一つであるときは、これらの者の悪行行為に因って生じた場合。
(2) 離路または遅延が許される事由が止んだときは、船舶は、相当な迅速さをもって、元の航路に復帰して航海を遂行しなければならない。

保険証券の譲渡

第50条　保険証券の譲渡の時期および方法　(1)　海上保険証券は、保険証券面に譲渡を禁止する明示の文言がない限り、これを譲渡することができる。海上保険証券は、損害発生の前後を問わず、これを譲渡することができる。

(2)　海上保険証券が保険証券上の権利を移転する目的で譲渡された場合には、保険証券の譲受人は、自己の名において保険証券に基づいて訴えを提起することができる。被告は、その訴えが自ら保険契約を締結した者または自己のために保険契約が締結された者の名において提起されたとするならば被告が援用することができたはずの、契約上の一切の抗弁をすることができる。

(3)　海上保険証券は、保険証券への裏書またはその他の慣習的方法によって、これを譲渡することができる。

第51条　利益を有しない被保険者は保険証券を譲渡することができない　被保険者が保険の目的物について有する自己の利益を手放すか、または失った場合において、その時よりも前またはその時に保険証券を譲渡する明示または黙示の合意をしなかったときは、その後の保険証券の譲渡は効力を生じない。

　　ただし、本条の規定は損害発生後の保険証券の譲渡に影響を及ぼすものではない。

保険料

第52条　保険料支払の時期　別段の合意がない限り、被保険者またはその代理人が保険料を支払う義務と保険者が被保険者またはその代理人に保険証券を発行する義務とは、同時条件であって、保険者は、保険料の支払または提供があるまでは、保険証券を交付する義務を負わない。

第53条　ブローカーを通じて締結される保険契約　(1)　別段の合意がない限り、海上保険契約が被保険者のためにブローカーによって締結される場合には、ブローカーは、保険料支払について、保険者に対して直接に責任を負い、保険者は、損害または返還保険料に関して支払うことあるべき金額について、被保険者に対して直接に責任を負う。

(2)　別段の合意がない限り、ブローカーは、被保険者に対し、保険料および保険契約締結に関する自己の費用について、保険証券に対して留置権を有する。また、ブローカーは、本人として自己を使用する者と取引をした場合には、その者がブローカーに支払うべき一切の保険勘定の残高についても、保険証券に対して留置権を有する。ただし、債権が発生した時に、ブローカーがその者を単なる代理人に過ぎなかったと信ずる理由をもっていた場合は、この限りでない。

第54条　保険証券上の保険料領収の効果　被保険者のためにブローカーが締結した海上保険契約の保険証券で、保険料を領収したことを承認している場合において、詐欺がないときは、その承認は、保険者と被保険者との間においては決定的なものであるが、保険者とブローカーとの間においては決定的なものではない。

損害および委付

第55条　てん補される損害および免責される損害　(1)　この法律の諸規定に従うこと

として、かつ、保険証券に別段の定めがない限り、保険者は被保険危険に近因して生じた一切の損害について責めを負うが、上記二つの条件に従い、保険者は、被保険危険に近因して生じたものでない一切の損害について責めを負わない。
(2) 特に
- (a) 保険者は、被保険者の故意の違法行為に起因する一切の損害について責めを負わない。ただし、保険証券に別段の定めがない限り、保険者は、被保険危険に近因して生じた損害については、その損害が船長または海員の違法行為または過失がなかったならば生じなかった場合でも、責めを負う。
- (b) 保険証券に別段の定めがない限り、船舶または貨物の保険者は、遅延が被保険危険に因って生じた場合でも、遅延に近因して生じた一切の損害について責めを負わない。
- (c) 保険証券に別段の定めがない限り、保険者は、保険の目的物の自然の消耗、通常の漏損および破損、固有の欠陥もしくは性質について、または鼠もしくは虫に近因して生じた一切の損害について、または海上危険に近因して生じたものでない機関の損傷について責めを負わない。

第56条　分損および全損　(1) 損害は全損または分損のいずれかとする。以下に定義する全損以外の一切の損害は分損である。

(2) 全損は現実全損または推定全損のいずれかとする。

(3) 保険証券の文言から異なる意思が明らかでない限り、全損を担保する保険は、現実全損の外に推定全損をも担保する。

(4) 被保険者が全損について訴えを提起した場合において、証拠上分損に過ぎないことが立証されるときは、保険証券に別段の定めがない限り、被保険者は分損について回収することができる。

(5) 貨物が保険に付けられた種類の物として仕向地に到達したが、荷印の消滅またはその他の理由で同一性を識別することができない場合において、もし損害があれば、それは分損であって全損ではない。

第57条　現実全損　(1) 保険の目的物が破壊される場合、もしくは保険に付けられた種類の物として存在することができなくなる程の大きい損傷を被る場合、または、被保険者が保険の目的物を奪われてその回復が不可能である場合には、現実全損があるものとする。

(2) 現実全損の場合には、委付の通知をすることを要しない。

第58条　行方不明の船舶　航海事業に従事する船舶が行方不明となり、相当な期間経過後においてもその消息が得られなかったときは、現実全損と推定することができる。

第59条　積替その他の効果　運送契約に別段の定めがある場合を除き、船長が貨物またはその他の動産を陸揚して再び船積すること、またはこれを積替えてその仕向地に運送することを正当とする事情の下で、航海が被保険危険に因って中間の港または地において中断される場合には、保険者の責任は、陸揚または積替にかかわらず、継続する。

第60条　推定全損の定義　(1) 保険証券に明示の規定がある場合はこれに従うこととして、保険の目的物の現実全損が避け難いと思われるため、または、費用を支出した後における保険の目的物の価額を超える見込の費用を支出しなければ現実全損を免れ

ることができないため、保険の目的物が正当に遺棄される場合には、推定全損があるものとする。

(2) 特に次の場合には推定全損があるものとする。
 (i) 被保険者が被保険危険に因って自己の船舶または貨物の占有を奪われた場合において、(a)被保険者がその船舶もしくは貨物を回収する見込がないとき、もしくは(b)船舶もしくは貨物を回収する費用が回収した後の船舶もしくは貨物の価額を超える見込であるとき、または
 (ii) 船舶の損傷の場合には、船舶が被保険危険に因って大きい損傷を被り、その損傷を修繕する費用が修繕した後の船舶の価額を超える見込であるとき。
    修繕費を見積るに当たっては、その修繕に対して他の利益によって支払われる共同海損分担額を控除してはならない。また、将来の救助作業に要する費用、および、船舶が修繕されたならば船舶の負担となる将来の共同海損分担額は、これを修繕費に加算しなければならない。または
 (iii) 貨物の損傷の場合には、その損傷を修補する費用と貨物をその仕向地まで継搬する費用との合計額が、到達時の貨物の価額を超える見込であるとき。

第61条 推定全損の効果 推定全損がある場合には、被保険者は、その損害を分損として処理することもできるし、保険の目的物を保険者に委付してその損害を現実全損の場合に準じて処理することもできる。

第62条 委付の通知 (1) 本条の諸規定に従うこととして、被保険者が保険の目的物を保険者に委付することを選ぶ場合には、被保険者は委付の通知をしなければならない。被保険者が委付の通知をすることを怠るならば、損害はこれを分損としてのみ処理することができる。

(2) 委付の通知は、書面、口頭または一部を書面一部を口頭でこれをすることができ、また、保険の目的物上の被保険者の被保険利益を保険者に無条件に委付する被保険者の意思を表示するものであれば、いかなる文言をもってしても差支えない。

(3) 委付の通知は、損害についての信頼すべき情報を受取った後、相当な注意をもってこれをしなければならない。ただし、その情報が疑わしい性質のものである場合には、被保険者は相当な期間これを調査する権利がある。

(4) 委付の通知が正当に行われた場合には、被保険者の権利は、保険者が委付を承諾することを拒絶したという事実によって害されることはない。

(5) 委付の承諾は、明示的に、または保険者の行為によって黙示的に、これをすることができる。委付の通知後の保険者の単なる沈黙は承諾ではない。

(6) 委付の通知が承諾された場合には、委付を撤回することはできない。委付の通知の承諾は、損害に対する責任およびその通知の十分であることを決定的に承認するものである。

(7) 被保険者が損害の情報を受けた時に保険者に委付の通知をしたとしても、保険者に利益を与える見込が全くない場合には、委付の通知は不要である。

(8) 保険者は委付の通知を受ける権利を放棄することができる。

(9) 保険者が自己の危険を再保険に付けた場合には、保険者は委付の通知をすることを要しない。

第63条 委付の効果 (1) 有効な委付がある場合には、保険者は、保険の目的物の残

存部分についての被保険者の利益、および保険の目的物に付随するすべての財産権を承継する権利がある。
(2) 船舶の委付があった場合には、船舶保険者は、船舶の収得中の運送賃であって損害を引起した災害後に船舶が収得する一切の運送賃から、その運送賃を収得するために災害後に支出した費用を控除したものを取得する権利がある。船舶がその船舶の所有者の貨物を運送している場合には、保険者は、損害を引起した災害後のその貨物の運送に対して妥当な報酬を受ける権利がある。

分損（救助料、共同海損および特別費用を含む）

第64条　単独海損損害　(1)　単独海損損害とは、被保険危険に因って生ずる保険の目的物の分損であって、共同海損損害でないものをいう。
(2)　保険の目的物の安全または保存のため被保険者によってまたは被保険者のために支出された費用であって共同海損および救助料以外のものは、これを特別費用という。特別費用は単独海損に含まれない。

第65条　救助料　(1)　保険証券に明示の規定がある場合はこれに従うこととして、被保険危険に因る損害を防止するために支出した救助料は、被保険危険に因る損害としてこれを回収することができる。
(2)　「救助料」とは、契約に基づかないで海法上救助者が回収することができる費用をいう。救助料には、被保険者、その代理人またはこれらの者に報酬を得て雇われた者が被保険危険を避けるために行った救助の性質を有する役務の費用を含まない。この種の費用であって正当に支出されたものは、その文出された事情によって、特別費用または共同海損損害としてこれを回収することができる。

第66条　共同海損損害　(1)　共同海損損害とは、共同海損行為に因って、または共同海損行為の直接の結果として生ずる損害をいう。共同海損損害は共同海損犠牲および共同海損費用を含む。
(2)　共同の航海事業において危険にさらされた財産を保存する目的のために、危険に際し故意に、かつ合理的に異常な犠牲を払いまたは異常な費用を支出する場合には、共同海損行為があるものとする。
(3)　共同海損損害がある場合には、その損害を被った者は、海法で定められた条件に従って、他の利害関係人に一定の割合の分担額を請求する権利がある。この分担額を共同海損分担額という。
(4)　保険証券に明示の規定がある場合はこれに従うこととして、被保険者が共同海損費用を支出した場合には、被保険者は、この費用損害のうち自己の負担に帰する部分について保険者から回収することができる。共同海損犠牲の場合には、被保険者は、分担義務を有する他の当事者に対して分担請求権を行使せずに、この犠牲損害の全額について保険者から回収することができる。
(5)　保険証券に明示の規定がある場合はこれに従うこととして、被保険者が保険の目的物について共同海損分担額を支払ったか、または支払う責めを負う場合には、被保険者はこれについて保険者から回収することができる。
(6)　明示の特約がない場合には、損害が、被保険危険を避けるため、またはこれを避けることに関連して招致されたのでないときは、共同海損損害または共同海損分担額に

ついて、保険者は責めを負わない。
(7)　船舶、運送賃および積荷の全部またはこれらのうちのいずれか二つが同一被保険者に属する場合には、共同海損損害または共同海損分担額に関する保険者の責任は、これらの目的が別個の者に属する場合に準じてこれを決定しなければならない。

損害てん補の限度

第67条　損害に対する保険者の責任の範囲　(1)　被保険者が損害について自己の保険される保険証券に基づいて回収することができる金額は、評価未済保険証券の場合には保険価額の全額、または評価済保険証券の場合には保険証券で決められた価額の全額までとし、これを損害てん補の限度という。

(2)　保険証券に基づいて保険者から回収することができる損害がある場合には、保険者、または保険者が二人以上いるときの各保険者は、評価済保険証券のときは保険証券で決められた価額、または評価未済保険証券のときは保険価額、に対する自己の引受額の割合を、損害てん補の限度に乗じて得た金額について責めを負う。

第68条　全損　この法律の諸規定に従うこととして、かつ、保険証券に明示の規定がある場合はこれに従うこととして、保険の目的物の全損がある場合において、

(1)　保険証券が評価済保険証券であるときは、損害てん補の限度は保険証券で決められた額とする。

(2)　保険証券が評価未済保険証券であるときは、損害てん補の限度は保険の目的物の保険価額とする。

第69条　船舶の分損　船舶が損傷を被ったが全損とならない場合には、損害てん補の限度は、保険証券に明示の規定がある場合にはこれに従うこととして、次の通りとする。

(1)　船舶が修繕された場合には、被保険者は妥当な修繕費から慣習上の控除を行った残額についててん補を受ける権利がある。ただし、一回の災害については保険に付けられた額を限度とする。

(2)　船舶が損傷の一部についてのみ修繕された場合には、被保険者は、修繕部分については前号によって計算した妥当な修繕費のてん補を受ける権利がある外、未修繕の損傷から生ずる減価があれば妥当な減価についててん補を受ける権利がある。ただし、その総額は前号によって計算した全損傷の修繕費を限度とする。

(3)　船舶が修繕されず、かつ、保険者の危険の継続中に損傷状態のまま売却されるということがなかった場合には、被保険者は、未修繕の損傷から生ずる妥当な減価についててん補を受ける権利がある。ただし、その額は第1号によって計算した損傷の妥当な修繕費を超えないものとする。

第70条　運送賃の分損　保険証券に明示の規定がある場合はこれに従うこととして、運送賃の分損がある場合には、損害てん補の限度は、被保険者の失った運送賃の、保険証券上被保険者の危険に属する全運送賃に対する割合を、評価済保険証券のときは保険証券で決められた額、または評価未済保険証券のときは保険価額、に乗じて得た額とする。

第71条　貨物、商品等の分損　貨物、商品またはその他の動産の分損がある場合には、損害てん補の限度は、保険証券に明示の規定がある場合にはこれに従うこととして、

次の通りとする。
(1) 評価済保険証券によって保険に付けられた貨物、商品またはその他の動産の一部が全損に帰した場合には、損害てん補の限度は、減失した部分の保険価額と全部の保険価額とを評価未済保険証券の場合に準じて算出し、前者の後者に対する割合を保険証券で決められた額に乗じて得た額とする。
(2) 評価未済保険証券によって保険に付けられた貨物、商品またはその他の動産の一部が全損に帰した場合には、損害てん補の限度は、全損の場合に準じて算出された減失部分の保険価額とする。
(3) 保険に付けられた貨物または商品の全部または一部が仕向地において損傷状態で引渡された場合には、損害てん補の限度は、到達地における総正品価額と総損品価額との差額の総正品価額に対する割合を、評価済保険証券のときは保険証券で決められた額、または評価未済保険証券のときは保険価額、に乗じて得た額とする。
(4) 「総価額」とは、卸売価格、または卸売価格がない場合には見積価額をいい、いずれの場合においても、運送賃、陸揚費用および前払関税を含むものとする。ただし、慣習上保税のまま売却される貨物または商品の場合には、保税価格をもって総価額とみなす。「総売上金」とは、売主が一切の売却費用を負担する場合にその売却によって得られる実際の価格をいう。

第72条 評価額の割当 (1) 異なる種類の財産が単一の評価額で保険に付けられる場合には、その評価額は、評価未済保険証券の場合に準じて、異なる種類の財産のそれぞれの保険価額の割合に応じてこれらの財産に割当てられなければならない。ある種類の財産の一部分の協定保険価額は、当該部分の保険価額とその種類の財産の全部の保険価額とをこの法律の規定に従って算出し、前者の後者に対する割合をその種類の財産の全部の協定保険価額に乗じてこれを定めるものとする。
(2) 評価額を割当てなければならない場合において、種類、性質または銘柄を異にするそれぞれの貨物の原価の明細を算出することができないときは、評価額の区分は、異なる種類、性質または銘柄の貨物の正味到達価額を基準としてこれを行うことができる。

第73条 共同海損分担額および救助料 (1) 保険証券に明示の規定がある場合はこれに従うこととして、被保険者が共同海損分担額を支払ったかまたは支払う責めを負う場合において、分担義務のある保険の目的物がその負担価額の全額について保険に付けられているときは、損害てん補の限度はその分担額の全額とする。また、保険の目的物がその負担価額の全額について保険に付けられていないとき、または保険の目的物の一部のみが保険に付けられているときは、保険者が支払うべきてん補額は、一部保険の割合によってこれを減額しなければならない。また、負担価額から控除される単独海損損害であって保険者が責めを負うものがあった場合には、保険者が分担する責めを負う金額を算出するためには、その損害額を協定保険価額から控除しなければならない。
(2) 保険者が救助料について責めを負う場合には、保険者の責任の範囲は、前項と同様の原則によってこれを決定しなければならない。

第74条 第三者に対する責任 被保険者が第三者に対する責任を明文をもって保険に付けた場合には、損害てん補の限度は、保険証券に明示の規定がある場合はこれに従

うこととして、被保険者がその責任について第三者に支払ったかまたは支払わなければならない金額とする。

第75条　損害てん補の限度に関する一般規定　(1)　この法律の前諸規定に明文で規定されていない保険の目的物に関して損害が生じた場合には、その損害てん補の限度は、前諸規定を個々の場合に適用できる限り、できるだけこれに従って算出されなければならない。

(2)　損害てん補の限度に関するこの法律の諸規定は、重複保険に関する諸規則に影響を及ぼすものではなく、また、保険者が、被保険利益の全部もしくは一部を否認すること、または損害発生の時に保険の目的物の全部もしくは一部が保険に付けられた危険にさらされていなかった事実を証明することを禁止するものでもない。

第76条　単独海損不担保の条件　(1)　保険の目的物が、単独海損を担保しないという条件で保険に付けられる場合には、保険証券に記載された契約が可分であるときを除き、被保険者は、共同海損犠牲に因って生じた損害以外の一部の損害については、これを回収することができない。契約が可分であるときは、被保険者は可分な部分の全損について回収することができる。

(2)　保険の目的物が、全部または一定歩合未満の単独海損を担保しないという条件で保険に付けられる場合には、保険者は、救助料並びに保険に付けられた損害を避けるために損害防止約款の規定に基づいて正当に支出された特別費用およびその他の費用について責めを負う。

(3)　保険証券に別段の定めがない限り、保険の目的物が、所定の歩合未満の単独海損を担保しないという条件で保険に付けられる場合には、所定の歩合を満たすために、共同海損損害を単独海損に加算することはできない。

(4)　所定の歩合に達したかどうかを算出するためには、保険の目的物の被った実損害のみを考慮しなければならない。特別費用、並びに損害を算出しかつ証明する費用およびこれらに付随する費用はこれを除外しなければならない。

第77条　連続損害　(1)　保険証券に別段の定めがない限り、かつ、この法律の諸規定に従うこととして、保険者は、連続損害について、その損害の合計額が保険に付けられた額を超えることがあっても、責めを負う。

(2)　同一保険証券の下において分損が生じ、これが修繕されないかまたはその他の方法によって補償されないうちに全損が生じた場合には、被保険者は全損に関してのみ回収することができる。

　　　ただし、本条の規定は、損害防止約款に基づく保険者の責任に影響を及ぼすものではない。

第78条　損害防止約款　(1)　保険証券に損害防止約款が挿入されている場合には、この約款に基づく約束は保険契約を補足するものとみなされ、保険者が全損に対して保険金を支払ったときでも、また、保険の目的物が、全部または一定歩合未満の単独海損を担保しないという条件で保険に付けられているときでも、被保険者はこの約款に従って正当に支出した費用を保険者から回収することができる。

(2)　この法律に定める共同海損損害、共同海損分担額および救助料は、損害防止約款に基づいてこれを保険者から回収することはできない。

(3)　保険証券によって担保されない損害を防止または軽減するために支出した費用は、

損害防止約款に基づいてこれを回収することはできない。
(4) 損害を防止または軽減するために合理的な処置をとることは、すべての場合において、これを被保険者およびその代理人の義務とする。

損害の支払に伴う保険者の権利

第79条　代位権　(1) 保険者が、保険の目的物の全部、または貨物の場合には保険の目的物の可分な部分の全損に対して保険金を支払ったときは、保険者は、これによって、保険金が支払われた保険の目的物の残存する部分について被保険者が有する利益を承継する権利を有し、かつ、これによって、損害を引起した災害の時から、保険の目的物自体についておよび保険の目的物に関して被保険者の有する一切の権利および救済手段に代位する。

(2) 前諸規定に従うこととして、保険者が分損に対し保険金を支払った場合には、保険者は、保険の目的物またはその残存する部分に対していかなる権原も取得しない。ただし、保険者は、損害に対する支払によって、この法律に従って被保険者が損害てん補を受けた限度において、損害を引起した災害の時から、保険の目的物自体についておよび保険の目的物に関して被保険者の有する一切の権利および救済手段に代位する。

第80条　分担請求権　(1) 被保険者が重複保険によって超過保険を付けた場合には、各保険者は、自己と他の保険者との間においては、自己の契約上その責めを負う金額の割合に応じて、比例的に損害を分担する義務を負う。

(2) 保険者の一人が自己の分担割合を超えて損害を支払った場合には、その保険者は、他の保険者に対して分担請求のための訴えを提起する権利があり、かつ、自己の分担割合を超える債務を支払った保証人と同様の救済手段をとる権利がある。

第81条　一部保険の効果　被保険者が、保険価額よりも少ない金額、または評価済保険証券の場合は保険評価額よりも少ない金額で保険を付けている場合には、被保険者は、保険に付けていない残額については、自家保険者とみなされる。

保険料の返還

第82条　返還の強制　この法律によって保険料またはその一部を返還しなければならないと定めている場合において、
　(a) 保険料が既に支払われているときは、被保険者はこれを保険者から回収することができる。また、
　(b) 保険料がまだ支払われていないときは、被保険者またはその代理人はこれを支払わずに済ますことができる。

第83条　合意による返還　一定の事由が発生したときには保険料またはその一部を返還する旨の規定が保険証券に挿入されている場合において、その事由が発生したときは、保険料またはその一部は被保険者に返還されるものとする。

第84条　約因の欠如による返還　(1) 保険料の支払に対する約因が全部消滅した場合において、被保険者またはその代理人の側に詐欺または違法がなかったときは、保険料は被保険者に返還されるものとする。

(2) 保険料の支払に対する約因が可分である場合において、約因の可分な部分が全部消滅したときは、その部分の保険料は前項と同様な条件の下で被保険者に返還されるも

のとする。
(3) 特に、
　(a) 保険契約が無効であるか、または保険者によって危険開始の時から取消された場合には、被保険者の側に詐欺または違法がなかったときに限り、保険料は返還されるものとする。ただし、危険が不可分であり、かつ、いったん開始したときには、保険料は返還されないものとする。
　(b) 保険の目的物またはその一部が危険にさらされることがなかった場合には、保険料またはその一部は返還されるものとする。
　　ただし、保険の目的物が「滅失したと否とを問わない」という条件で保険に付けられた場合において、契約締結の時に安全に到達していたときは、契約締結の時に保険者がその安全な到達を知っていたときを除き、保険料は返還されないものとする。
　(c) 被保険者が危険期間を通じて被保険利益を有していなかった場合には、保険料は返還されるものとする。ただし、この規定は、射倖または賭博のために締結された保険契約には適用されない。
　(d) 被保険者が消滅することあるべき利益を有する場合において、その利益が危険期間中に消滅したときは、保険料は返還されないものとする。
　(e) 被保険者が評価未済保険証券によって超過保険を付けていた場合には、超過部分に対する保険料は返還されるものとする。
　(f) 前諸規定に従うこととして、被保険者が重複保険によって超過保険を付けていた場合には、それぞれの超過部分に対する保険料は返還されるものとする。
　　ただし、二つ以上の保険契約が時を異にして締結された場合において、前の保険契約が既に危険の全部を負担したとき、または、ある保険契約によってその保険に付けられた金額の全額について保険金が支払われたときは、その保険契約に関しては、保険料は返還されないものとする。また、被保険者が重複保険であることを知りながらこれを契約した場合には、保険料は返還されないものとする。

相互保険

第85条　相互保険の場合のこの法律の修正　(1) 二人以上の者が海上損害に対して相互に保険し合うことを約束する場合には、これを相互保険という。
(2) この法律の保険料に関する諸規定は、これを相互保険には適用しない。保証、または協定されるその他の取決めをもって、保険料に代えることができる。
(3) この法律の諸規定のうち、当事者の協定によって修正することができるものについては、相互保険の場合には、組合の発行する保険証券の文言または組合の規約によって、これを修正することができる。
(4) 本条に定めた除外規定に従うこととして、この法律の諸規定は相互保険に適用される。

補　則

第86条　被保険者による追認　海上保険契約がある者によって他の者のために善意で締結される場合には、自己のために保険契約が締結された者は、損害発生の事実を知

った後でも、その契約を追認することができる。

第87条　合意または慣習によって変更される黙示義務　(1)　海上保険契約上、法の推断によって何らかの権利、義務または責任が生ずる場合には、明示の合意、または慣習が契約両当事者を拘束するものであるならばその慣習によって、これを否定または変更することができる。

(2)　前項の規定は、この法律の定める権利、義務または責任であって合意によって合法的に修正することができるものにも、すべて適用される。

第88条　相当な期間その他は事実問題とする　この法律において相当な期間、妥当な保険料または相当な注意という文言を使用している場合には、何をもって相当または妥当とするかは事実問題とする。

第89条　証拠としてのスリップ　正当に印紙をはった保険証券がある場合には、一切の訴訟手続において、スリップまたはカバー・ノートを従前通り引用することができる。

第90条　文言の解釈　この法律においては、文脈上または文言自体が別段の解釈を要しない限り、

「訴え」は反訴および相殺請求を含む。

「運送賃」は、第三者によって支払われる運送賃の外に、船主が自己の貨物または動産を運送するために自己の船舶を使用することによって収得する利潤を含むが、旅客運送賃を含まない。

「動産」は、船舶以外の可動な有体財産を意味し、貨幣、有価証券その他の証書を含む。

「保険証券」は海上保険証券を意味する。

第91条　留保　(1)　この法律の諸規定またはこの法律によって廃止された諸規定は、次に掲げるものに何ら影響を及ぼすものではない。

(a)　1891年印紙税法または歳入に関する現行制定法の諸規定

(b)　1862年会社法または同法の改正法もしくは同法に代る制定法の諸規定

(c)　この法律によって明文で廃止されていない制定法の諸規定

(2)　商慣習法を含むコモン・ローの諸規則は、この法律の明示規定と抵触するものを除き、引続き海上保険契約に適用される。

第92条　（この条文は1927年法律改正法（Statute Law Revision Act, 1927）によって廃止された。）

第93条　（この条文は1927年法律改正法によって廃止された。）

第94条　略称　この法律は1906年海上保険法としてこれを引用することができる。

付　　則

第1付則

保険証券の様式（第30条参照）

ここに次のことを表明する。　　　　　は自己の名において、および保険の目的物の一部または全部が現在帰属し、帰属することのある、または将来帰属する一切の他人のため、および、その名において、保険契約を締結し、

ロイズ S.G
保険証券

および上記一切の者をして、既に滅失したと否とを問わないという条件において、および、から　　　　まで保険に付けられたものとする。　　　　号と称せられる堅牢な船舶に属し、かつ、この船舶の中にある一切の種類の貨物および商品並びに船体、索具、属具、兵器、弾薬、大砲、ボートおよびその他の船備品について保険するものである。この航海においては、　　　　が神の庇護の下に船長であるが、将来他の誰でも上記船舶の船長となることができ、また、上記船舶または船長は、いかなる船名または人名で現在呼ばれ、または将来呼ばれることがあっても差支えない。上記貨物および商品に対する冒険は、　　　　において上記船舶にそれが積込まれた時に始まり、上記船舶その他に対する冒険は、において始まり、船舶の同地停泊中上記船舶その他に対して継続する。また、更に、上記船舶がその一切の兵器、索具、属具等並びに一切の貨物および商品と共に　　　　に到達するまで継続する。上記船舶その他については、船舶が投錨して安全に24時間を経過するまで、貨物および商品については、それが上記の地に荷卸されて安全に陸揚されるまで継続する。また、上記船舶その他は、この航海においては、　　　　いかなる港または地に向かって進航し、出帆し、寄港し、および停泊しても適法であって、この保険の効力を害することはない。上記船舶その他、貨物および商品その他は、被保険者に関する限りでは、この保険証券上被保険者と保険者との合意によって、　　　　と評価され、かつ将来も評価されるものとする。

　この航海において、われわれ保険者が満足して担保する冒険および危険は次の通りである。海固有の危険、軍艦、火災、外敵、海賊、漂盗、強盗、投荷、捕獲免許状、報復捕獲免許状、襲撃、海上における占有奪取、いかなる国籍・状況または性質であるとを問わずすべての国王・王侯および人民の拘束・抑止および抑留、船長および海員の悪行、並びに、上記貨物、商品および船舶その他またはそれらの一部に対して破損、毀損また**損害防止** は損傷を生じさせたか、または生じさせるであろうその他一切の危険、滅**約款** 失および不幸である。また、ある滅失または不幸が生じた場合には、被保険者、その代理人、使用人および譲受人が上記貨物、商品および船舶その他またはそれらの一部の防衛、保護および回復のために努力をすることは適法であって、この保険の効力を害することはない。これに要した費用は、われわれ保険者において、ここに引受**放棄** けた金額の割合に応じて、各自これを分担するものとする。また、被保険財産**約款** を回復し、救助し、または保存するための保険者または被保険者の行為は委付の放棄または承諾とみなされないことを特に宣言し、かつ約束する。われわれ保険者は、この保険の書面または証券が、ロンバード街もしくはローヤル・エクスチェンジまたはロンドンのその他の場所において従来作成された最も確実な保険の書面または証券と、同一効力を有することを約束する。また、そこでわれわれ保険者は、以上の諸事項に満足し、各自の引受部分について、被保険者、その遺言執行人、財産管理人および譲受人に対し、上記の諸事項の真正な履行をすることを約束し、かつ、そのためにわれわれ保険者自身、その相続人、遺言執行人および財産を拘束する。この保険に対しわれわれ保険者が受取るべき対価が　　　　の割合をもって被保険者によって支払われたことを言明する。

　よって証拠として、われわれ保険者はロンドンにおいてわれわれの名前と引受金額と**注意―メモ** をここに記した。
ランダム　　　　雑穀、魚類、塩、果実、穀粉および種子については海損を担保しない。

ただし、共同海損について、または船舶が座礁した場合はこの限りでない。——砂糖、たばこ、大麻、亜麻および皮革については5％未満、その他の一切の貨物並びに船舶および運送賃については3％未満の海損を担保しない。ただし、共同海損について、または船舶が座礁した場合はこの限りでない。

保険証券の解釈規則

　文脈上別段の解釈を要しない場合においては、前掲の様式またはこれと同様な様式の保険証券の解釈について、この法律の定める規則は次の通りである。

第1条　滅失したと否とを問わない　保険の目的物が「滅失したと否とを問わない」（lost or not lost）という条件で保険に付けられた場合において、損害が契約締結前に発生していたときは、契約締結の時に被保険者が損害発生の事実を知り保険者がこれを知らなかったのでない限り、危険は開始する。

第2条　から　保険の目的物が特定の地「から」（from）の条件で保険に付けられた場合には、船舶が被保険航海のために発航するまでは、危険は開始しない。

第3条　において、および、から　(a) 船舶が特定の地「において、および、から」（at and from）の条件で保険に付けられた場合において、船舶が契約締結の時安全にその地にいるときは、危険は直ちに開始する。

(b) 船舶が契約締結の時にその地にいないときは、危険は、船舶が安全にその地に到達すると同時に開始する。この場合、保険証券に別段の定めがない限り、船舶が到達後の特定期間について他の保険証券によって担保されているということは問わない。

(c) 用船料が特定の地「において、および、から」の条件で保険に付けられた場合において、船舶が契約締結の時安全にその地にいるときは、危険は直ちに開始する。契約締結の時に船舶がその地にいないときは、危険は、船舶が安全にその地に到達すると同時に開始する。

(d) 用船料以外の運送賃が特別の条件なしで支払われる場合において、その運送賃が特定の地「において、および、から」の条件で保険に付けられたときは、危険は、貨物または商品が船積される部分ごとに開始する。ただし、船主に属する積荷または第三者が船積することを船主と契約した積荷の船積の準備が整っているときは、危険は、船舶がその積荷を受取る準備を整えると同時に開始する。

第4条　それの積込の時から　貨物またはその他の動産が「それの積込の時から」（from the loading thereof）の条件で保険に付けられた場合には、危険は、その貨物または動産が実際に船舶に積込まれるまでは開始せず、また、保険者は、陸地から船舶まで運送されている間の貨物または動産については責めを負わない。

第5条　安全に陸揚される　貨物またはその他の動産の危険が「安全に陸揚される」（safely landed）まで継続する場合には、その貨物または動産は、荷卸港に到達後、慣習的方法により、かつ相当な期間内に陸揚されなければならない。そのように陸揚されない場合には、危険は終了する。

第6条　寄航および停泊　特別の許可または慣習がない場合には、「一切の港または地に」（at any port or place whatsoever）寄航および停泊する自由は、発航港から仕向

港に至る航海の航路を離れることを船舶に許すものではない。

第7条　海固有の危険　「海固有の危険」（perils of the seas）という文言は海の偶然な事故または災害のみをいう。この文言は風および波の通常の作用を含まない。

第8条　海賊　「海賊」（pirates）という文言は、暴動を起す旅客および海岸から船舶を襲う暴徒を含む。

第9条　強盗　「強盗」（thieves）という文言は、ひそかな窃盗、または、海員であると旅客であるとを問わず乗船者のある者の行った窃盗を含まない。

第10条　王侯の抑止　「国王、王侯および人民の拘束その他」（arrests, &c., of kings, princes, and people）という文言は、政治上または行政上の行為を指し、騒じょうまたは通常の訴訟手続に因って生ずる損害を含まない。

第11条　船員の悪行　「船員の悪行」（barratry）という文言は、船主または場合によっては用船者に損害を及ぼす船長または海員の故意に行った一切の不正行為を含む。

第12条　その他一切の危険　「その他一切の危険」（all other perils）という文言は、保険証券に列挙された危険と同種類の危険のみを含む。

第13条　共同海損以外の海損　「共同海損以外の海損」（average unless general）という文言は、共同海損損害以外の保険の目的物の分損を意味し、「特別費用」を含まない。

第14条　座礁した　船舶が座礁した場合には、損害が座礁に起因しないときでも、保険者は免責損害について責めを負う。ただし、座礁が起った時に危険が開始しており、かつ、貨物の保険の場合には、その損傷貨物が船上にあるときに限る。

第15条　船舶　「船舶」（ship）という文言は、船体、船舶資材および艤装船具、貯蔵品並びに高級船員および普通船員用の食料品を含み、また、特殊な事業に従事する船舶の場合にはその事業に必要な通常の艤装を含み、更に、汽船の場合には、機械、汽缶並びに被保険者の所有に属する石炭および機関用貯蔵品を含む。

第16条　運送賃　「運送賃」（freight）という文言は、第三者によって支払われる運送賃のほかに、船主が自己の貨物または動産を運送するために自己の船舶を使用することによって収得する利潤を含むが、旅客運送賃を含まない。

第17条　貨物　「貨物」（goods）という文言は、商品の性質を有する貨物を意味し、身回品または船内で消費するための食料品および貯蔵品を含まない。

　反対の慣習がない場合には、甲板積積荷および生動物は特にその旨を明示して保険に付けることを要し、貨物という総括名称で保険に付けてはならない。

第2付則

（この付則は、1927年法律改正法によって廃止された。）

索 引

和文事項索引
欧文事項索引

和文事項索引

あ

悪意 …………………………………… *172*
アクティブ・アンダーライター ……… *78, 285*
油による汚染損害についての民事責任に
　関する国際条約 ………………………… *375*
油による汚染損害の補償のための国際基金
　の設立に関する国際条約 ……………… *375*
アメリカ海上保険協会 …………………… *277*
アメリカ油濁法 …………………………… *375*
アレジド・サルベージ …………………… *440*

い

イギリス海損精算人 ……………………… *397*
イギリス海損精算人協会 ………… *402, 408*
イギリス法準拠約款 ……………………… *97*
以後免責 …………………………… *155, 214*
異種原因の協力作用 ……………………… *193*
イタリック書体約款 ……………………… *320*
一応の推定の証拠 ………………………… *171*
一部保険 ……………………… *123, 265, 268*
委付 ………………………… *243, 340, 433*
委付の通知 ………………………………… *244*
委付事由 …………………………………… *340*
因果関係 …………………………………… *181*
インコタームズ …………………………… *324*

う

ウォー・リスク──→戦争危険
海固有の危険 ……………… *161, 165, 320*
運送契約打切 ……………………………… *147*
運送契約打切条項 ………………… *145, 310*
運送条項 …………………………… *145, 146*
運送人の過失と共同海損 ………………… *395*
運送人への事故通知 ……………………… *415*
運送の遅延 ………………………………… *307*
運送保険 …………………………………… *278*
運送保険普通保険約款 …………………… *275*

え

英国海上保険法（MIA）(1906 年)
………………………… *4, 99, 235, 306, 386*

エクイタス再保険会社 ………………… *76*
SSBC 事故 ………………………………… *322*
S.G.フォーム ……………………………… *313*
MAR フォーム …… *82, 84, 275, 300, 301, 302,*
313, 323, 329, 352, 355, 356
LOF 型救助契約 ………………………… *397*

お

オール・リスクス ………………………… *170*
オール・リスク(ス)担保 ……… *165, 295, 319,*
321, 349, 358
オール・リスク担保条件 ………………… *165*
汚染者負担の原則 ………………………… *376*
オフ・ハイアー …………………………… *348*
オムニバス・クローズ …………………… *380*

か

Gard クラブ ……………………………… *368*
海外直接付保 ……………………………… *288*
外航貨物海上保険 ………………… *274, 294*
海事先取特権 ……………………… *437, 438*
海事勅令（1681 年）……………………… *23*
海上受合 …………………………………… *86*
海上請負 …………………………………… *85*
海上危険 ………………… *109, 156, 159, 161, 339*
海上貸借 …………………………………… *50*
海上保険研究の意味 ……………………… *15*
海上保険の役割 …………………………… *3*
海上保険法（1824 年）………………… *362*
蓋然説 ……………………………………… *192*
海賊(行為) ………………… *168, 356, 382*
海損精算事務所 …………………………… *412*
海損精算人 …… *396, 402, 405, 406, 407, 409, 412*
海損盟約書 ………………………………… *442*
海難救助 …………………………………… *405*
海難救助条約（1989 年）……………… *435*
価額申告書 ………………………………… *443*
火災 ………………………………………… *167*
火山の噴火 ………………………………… *167*
仮装売買 …………………………………… *52*
仮装冒険貸借 ……………………………… *52*
仮装保険契約 ……………………………… *53*

過怠金 ……………………………… 379
加藤由作 …………………………… 31, 40
可分な部分の全損 ………………… 248
貨物海上保険 …………… 274, 278, 295
　──における船舶の変更 ……… 228
貨物海上保険市場の特色 ………… 288
貨物海上保険普通保険約款 … 294, 295, 296
貨物のコンテナ内の積付不良 …… 180
貨物の荷造り・梱包の不良 ……… 180
仮修繕費 …………………… 341, 403
環境損害 …………………………… 398
環境損害防止費用 ………………… 439
間接損害 …………………………… 237
鑑定人 ……………………………… 413
カンパニー ………………………… 285

き

期間保険 …………………………… 136
危険 ………………………………… 359
　──の概念 ……………………… 150
　──の変革 ……………………… 223
　──の変更・増加 ………… 228, 298
　──の変動 ………………… 221, 222
　──の変動と通知義務 ………… 346
危険開始後の船舶の仕向地の変更 … 231
危険事故（peril） …… 151, 161, 183, 207
危険事情（hazard） ……… 151, 183, 205,
　　　　　　　　　　　　206, 207, 221
　──の限定 ………………… 205, 210
危険条項 …………………………… 62, 319
危険普遍の原則 …………………… 152
危険約款 …………………………… 162
希望利益 …………………………… 241
逆選択 ……………………………… 154
休航戻条項 ………………………… 140
救助 ………………………………… 435
求償権放棄特約 …………………… 266
救助契約書式 ……………………… 397
救助者に対する報酬 ……………… 344
救助物差引てん補（方式） …… 249, 417
救助報酬 …………………… 353, 396
協会貨物約款（ICC）(2009年)
　………………… 81, 83, 275, 294,
　　　　　　　　300, 304, 318, 321, 418
　（A） ………………… 83, 84, 304, 313

（B） ………………… 83, 84, 313
（C） ………………… 83, 84, 313
オール・リスクス担保 …………… 321
分損担保（WA） …………… 321, 322
分損不担保（FPA） ………… 321, 322
協会期間約款 ……………………… 168
協会建造約款 ……………………… 357
協会コモディティ・トレード約款 … 307
協会修繕約款 ……………………… 417
協会ストライキ・騒じょう・暴動約款 … 320
協会ストライキ約款 …… 83, 84, 317, 318
協会戦争(保険)約款 ……… 83, 84, 316,
　　　　　　　　318, 320, 323, 357
協会約款 …………………………… 277
協定全損 …………………………… 434
協定保険価額 ……………………… 120
共同海損（GA） …… 239, 305, 379, 385, 412
　──たる損害の範囲 …………… 394
　──の精算 ………………… 404, 443
　──の成立要件 ………………… 393
　運送人の過失と── …………… 395
　「共同の安全」のための── … 391
　「共同の利益」のための── … 391
共同海損犠牲損害 ………………… 444
共同海損行為 ……………………… 403
共同海損条項 ……………………… 305
共同海損精算書 ……… 395, 404, 406, 409
共同海損宣言状 …………………… 442
共同海損費用 ……………………… 444
共同海損費用保険 ………… 405, 443
共同海損負担価額 ………… 405, 443
共同海損分担額 ……… 253, 342, 361
共同海損分担保証状 ……………… 442
共同雇用の原則 …………………… 363
共同保険 …………………………… 334
近因 ………………………………… 196
近因原則 …………………………… 201
近因説 ……………………………… 188

く

偶然の事故 ………………………… 205
グラスゴー決議（1860年） …… 387, 388
クレーム代理店 …………………… 413
グレゴリウス9世 ………………… 51
クロスボーダー取引 ………… 288, 292

軍事的行動 ································ 197

け

継続条項 ···························· 138, 139
継搬費用 ································ 311
契約上の条件 ·························· 211
原因免責 ······························· 211
現実全損 ···················· 244, 340, 432
原子力兵器 ···························· 307

こ

故意 ···································· 172
　——の違法行為 ·········· 173, 174, 201
航海開始に関する黙示条件 ·········· 230
航海途上における貨物の売却 ········ 248
航海ニ関スル事故 ············· 3, 92, 109,
　　　　　　　　　　157, 159, 160, 339
航海の遅延 ······················ 231, 298
航海の変更 ········· 146, 147, 228, 231, 298, 310
航海変更条項 ·························· 146
航海保険 ······························· 141
交差責任主義 ·························· 255
強盗 ···································· 168
宏盟社 ·································· 85
航路定限 ······························· 137
港湾法 ································· 364
国際海事機関 ·························· 287
国際海上保険連合（IUMI） ····· 24, 82,
　　　　　　　　　　276, 287, 389
国際グループ ·························· 369
小口貨物運送保険普通保険約款 ····· 275
告知義務 ······················ 96, 208, 299
国連貿易開発会議 ················ 82, 352
異なる仕向地に向かっての出港 ····· 230
固有の瑕疵もしくは性質 ···· 173, 177, 178, 179
梱包の不十分、不適切 ················ 306

さ

サーベイ ······························· 415
サーベイ・レポート ·················· 423
最後条件説 ···························· 189
最大善意 ································ 10
再保険協定 ···························· 370
再保険プール ·························· 291
最有力条件説 ·························· 190

先支払いまたは先履行の原則 ········ 380
先取特権 ······························· 256
座礁 ···································· 166
座州 ···································· 166
残存物代位 ······················ 260, 262

し

GA サーベイ ·························· 442
始期価額不変更の擬制 ················ 240
時効 ···································· 300
自国保険主義（付保規制） ··········· 289
事故通知 ······························· 415
　運送人への—— ····················· 415
事後免責 ······························· 214
至上約款（条項） ··············· 356, 359
地震 ···································· 167
自然成り行き説 ························ 191
自然の消耗 ··············· 173, 177, 178, 306
自然発火 ······························· 178
質権 ······································ 13
実損てん補の保険 ····················· 125
死亡事故法 ···························· 363
収益利益 ······························· 116
集積リスク ···························· 291
修繕 ···································· 426
修繕費 ···························· 250, 341
重大な過失 ···························· 172
出訴期限 ···················· 260, 423, 424
出訴期限法（1980 年） ·············· 260
準拠法 ································· 356
準拠法約款（条項） ········· 9, 97, 302, 319
小額共同海損担保特約条項 ··· 386, 406, 444
上下架・入出渠費用 ·················· 341
条件説 ································· 185
商船法（1854 年） ··················· 364
小損害の不てん補 ····················· 247
衝突 ······························· 167, 428
衝突損害賠償金 ···· 343, 344, 347, 357, 361
証明費用 ······························· 254
消滅時効 ······························· 260
消滅することある利益 ················ 116
使用利益 ······························· 116
除外水域 ······························· 348
諸原因の結合 ·························· 193
所有者利益 ···························· 115

新旧交換差益控除 ················· 341
新協会貨物約款 ····················· 82
シンジケート ····················· 285
迅速措置条項 ····················· 312
新日本検定協会 ··················· 413
信用状 ······················ 324, 327
信用状統一規則 ·············· 324, 327
新ロイズ法 ························· 75

す

推定全損 ················ 244, 311, 432
SCOPIC 条項 ······················ 440
ストライキ騒じょう暴動不担保条項 ······ 323
ストライキ(等)危険 ····· 170, 317, 322, 349, 359
　　戦争危険および―― ············ 322
ストライキ免責 ···················· 308

せ

請求権代位 ··················· 264, 267
精算保険料 ························ 371
性質危険 ························· 178
正品市価 ···················· 248, 417
責任制限条約（1976 年）··········· 431
責任防衛のための費用 ············· 380
責任利益 ·························· 117
絶対全損 ·························· 340
窃盗 ······························ 168
船員の悪行 ······················· 167
船級条項 ·························· 354
船主（船舶所有者）················ 332
船主工事 ·························· 427
船主責任相互保険組合――→P&Iクラブ
船主責任保険特別約款 ············· 350
船主等の支払不能または金銭債務不履行
································ 307
戦争危険（ウォー・リスク）······ 164, 169,
							182, 322, 349
　　――およびストライキ等危険 ······ 322
戦争その他の変乱 ·················· 172
戦争保険 ·························· 359
戦争保険特別約款 ·················· 347
戦争免責 ·························· 308
全損 ······················ 241, 261, 340
全損のみ担保 ······················ 296
センチメンタル・ロス ·············· 249

船長の変更 ························ 228
船底検査費用 ······················ 342
船舶 ······························ 340
　　――の堪航性 ··················· 219
　　――の不堪航 ··················· 179
　　――の変更 ···················· 228
船舶建造保険特別約款 ············· 349
船舶修繕費 ························ 443
船舶衝突についての規定の統一に関する条約
································ 430
船舶の安全航行及び汚染防止のための国際管
　　理コード ······················ 332
船舶保険 ··············· 274, 278, 281, 284
　　――における被保険利益 ········ 339
船舶保険普通保険約款 ······ 276, 337, 355
船舶油濁損害賠償保障法 ······ 256, 375
全部保険 ·························· 123

そ

相互船体保険組合 ·················· 362
増値 ······················· 241, 312
相当因果関係説 ········· 184, 186, 187, 188
相当の注意義務 ···················· 354
「双方過失衝突」条項 ··············· 305
遡及保険 ·························· 136
その他一切の危険 ·················· 320
損害 ····························· 183
　　――の種類 ···················· 240
　　――の評価基準 ················ 240
損害調査費用 ····················· 361
損害てん補 ······················· 233
　　――の契約 ·············· 235, 267
損害てん補原則 ···················· 234
損害発生の可能性 ·················· 221
損害防止サービス ·················· 290
損害防止費用 ········· 251, 344, 361, 418
損害防止約款(条項) ·········· 252, 319
損害割当説 ······················· 192
損品市価 ···················· 248, 417

た

代位 ····························· 267
代位求償 ························· 422
代位権 ··························· 263
第１次危険保険 ··················· 125

和文事項索引　549

代換費用 …………………………… *401*
第5種特別約款 ……………………… *347*
代償利益 …………………………… *116*
第2種特別約款 ……………………… *346*
第6種特別約款 ……………………… *347*
WP 払い …………………………… *204*
他保険条項 ………………………… *302*
単一責任主義 ……………………… *255*
堪航性 ……………………… *203, 219*
堪航黙示担保 ……………………… *137*
単独海損 …………………… *412, 413*
担保危険 …………………………… *304*
担保利益 …………………………… *115*

ち

遅延 ………………………… *173, 177, 203*
　──の回避 ………………………… *312*
中性危険 …………………………… *155*
超過保険 …………………………… *123*
重畳的因果関係 …………………… *195*
重複的因果関係 …………………… *195*
重複保険 …………………… *125, 299*
徴利禁止令 ……………………… *51, 52*
直接請求権 ………………………… *256*
直接損害 …………………… *118, 237*
直接損害てん補の原則 ……… *237, 361*
沈没 ………………………………… *166*

つ

追加(後払い)保険料 ……………… *371*
追約書 ……………………………… *328*
通常の輸送過程 …………………… *309*
通常の漏損および破損 …… *173, 177, 178*
通常の漏損、重量もしくは容量の通常の減少
　……………………………………… *306*
　──または自然の消耗 ………… *306*
積替え ……………………………… *231*
積荷の負担価額 …………………… *409*
積荷の負担価額の明細書 ………… *409*

て

停止条件 …………………………… *213*
てん補金支払い条項 ……………… *333*

と

ドイツ保険契約法（VVG）(2007 年) …… *102*
東京海上保険会社 ………………… *86*
同種制限の原則 …………… *161, 170, 320*
特別費用 …………………………… *247*
特定危険担保 ……………………… *295*
特別補償 …………………… *353, 439*
独立責任額比例方式 ……………… *127*
独立責任額連帯方式 ……………… *127*

な

内航貨物海上保険 ………… *274, 295*
内航貨物海上保険普通保険約款 ……… *275*
抛銀 ………………………………… *84*

に

荷為替信用状に関する統一規則及び慣例
　……………………………………… *327*
荷崩れの再積付け費用 …………… *401*
日本海運集会所書式（JSE フォーム）…… *436*
日本海事検定協会 ………………… *413*
日本船主責任相互保険組合（JPI）…… *286, 350, 368, 369*
日本船舶保険再保険プール ……… *292*

ぬ

抜き荷 ……………………………… *168*

ね

ネーム …………………………… *78, 284*
ネームコ …………………………… *77*

の

延払い(遅延)保険料 ……………… *371*
乗揚げ ……………………………… *166*
ノルウェー海上保険通則(プラン)
　……………………… *106, 193, 383*
ノンマリン種目 …………………… *273*

は

爆発 ………………………………… *167*
発航港の変更 ……………………… *230*
Hull クラブ ……………… *362, 365, 371*
バルセロナ条例 …………………… *20*

万国海法会 …………………………………… 287
ハンブルク保険および海損条例 …………… 26
ハンブルグ・ルール ………………………… 423

ひ

P＆Iクラブ ………… 255, 286, 350, 357, 369,
　　　　　　　　　371, 374, 382, 395, 399, 440
P＆I保険 ………………… 94, 106, 108, 255,
　　　　　　　　　　　 265, 286, 340, 361, 369
ひそかな窃盗 …………………………………… 168
非担保危険 ……………………………………… 155
避難港費用 ……………………………………… 399
被保険者(等) …………………………………… 109
　――の義務 ………………………………… 312
　――の故意の違法行為 ……………………… 306
　――の故意または重大な過失 ……… 174,
　　　　　　　　　　　　　　　　 297, 345
被保険利益 ………………………… 109, 110, 311
100％分損 ……………………………………… 434
評価済保険 ……………………………………… 122
評価済保険証券 …………………………… 266, 297
費用利益 ………………………………………… 117
比例てん補の原則 ………………………… 124, 268

ふ

ファイナイト・リスク保険 …………………… 154
プール協定 ……………………………………… 372
付加危険・追加危険 …………………………… 164
不可欠の条件 …………………………………… 185
不可抗力による積荷の売却 …………………… 247
不稼働損失保険 ………… 340, 346, 348, 349, 359
不稼働損失保険特別約款 ……………………… 348
不可避説 ………………………………………… 190
不可分的協力的因果関係 ……………………… 195
不成功無報酬 …………………………………… 435
負担価額 ………………………………………… 406
不堪航 ……………………………………… 172, 179
　――および不適合免責条項 ………………… 307
不担保危険 ……………………………………… 155
不着 ……………………………………………… 168
付保規制 …………………………………… 9, 289
フランス保険法典 ……………………………… 105
フランチャイズ ………………………………… 247
フランチャイズ委員会 ………………………… 77
ブリタニアP＆Iクラブ …………………… 286, 368

プロイセン普通法 ……………………………… 27
ブローカー ……………………………………… 286
分割指定条項 …………………………………… 264
分損 ………………………………………… 245, 247
分損計算 …………………………………… 248, 417
分損担保 ………………………………………… 296
分損不担保 ……………………………………… 296

へ

ヘーグ・ヴィスビー・ルール ………… 379, 423
ヘーグ・ルール ………………………………… 379
便宜置籍船 ……………………………………… 333

ほ

包括責任主義 ……………………………… 162, 313
包括保険特約書 ………………………………… 329
包括予定保険契約 ……………………………… 329
包括予定保険証券 ……………………………… 329
冒険貸借 …………………………………… 5, 50, 52
法定免責事由 …………………………………… 172
泡沫法 ……………………………………… 25, 72, 362
捕獲拿捕不担保条項 ……………………… 322, 359
補完的因果関係 ………………………………… 195
保険価額 ……………………… 118, 122, 248, 297
保険価額不変の擬制 ……………………… 120, 241
保険価額不変の例外 …………………………… 120
保険期間 ……………………… 135, 297, 316, 318, 344
保険給付の履行期 …………………… 258, 300, 336
保険金額 ………………………………………… 122
保険契約期間 …………………………………… 136
保険工事 ………………………………………… 427
保険事故 …………………………………… 152, 339
保険者の免責が成立する条件 ………………… 212
保険証券 ………………………………………… 328
保険承認状 ……………………………………… 328
保険制限金額 …………………………………… 123
保険責任の一時停止 …………………………… 214
保険年度 ………………………………………… 372
保険の目的(物) ………………………………… 109
保険の利益 ……………………………………… 312
保険申込書 ……………………………………… 328
保険料に関する特別条項 ……………………… 335
保険料の返還 …………………………………… 335
保証状 ………………… 239, 357, 430, 431, 432
保任社 ……………………………………………… 85

ま

前払い保険料 …………………………… *371*
マネージング・エージェント ……… *78, 285*
マリシャス・ダメッジ約款 …………… *314*
マリン・サーベイヤー ──→ 鑑定人
マリン種目 ……………………………… *273*
マリン・リスク ……………………… *164, 182*

み

未修繕損害 ………………………… *250, 357*
見積書 …………………………………… *328*
未必利益 ………………………………… *117*

む

無償の消費貸借 ………………………… *52*
村瀬春雄 ………………………………… *38*

め

明示担保 ………………………………… *354*
名誉保険証券 …………………………… *113*
免責危険優先の原則 …………………… *156*
免責歩合条項（メモランダム）…… *81, 319*

も

黙示担保 …………………………… *180, 354*

や

約定免責事由 …………………………… *171*

ゆ

輸送条項 ………………………………… *309*
油濁損害の防止 ………………………… *439*

よ

ヨーク・アントワープ規則（YAR）…… *342, 387, 441*
4/3 衝突条項 ……………… *357, 365, 374*
4/4 衝突条項 …………………………… *357*

ら

落雷 ……………………………………… *167*
裸用船者 ………………………………… *332*

り

陸上戦争危険不担保協定 ……………… *170*
利得禁止原則 ……………… *112, 235, 262*
離路 ………………………………… *231, 298*

れ

列挙責任主義 …………………………… *162*
レッテル約款 …………………………… *249*

ろ

ロイズ ……………………… *68, 83, 284, 385*
──の改革 ………………………… *76*
ロイズ S. G. フォーム ……… *252, 300, 301, 302, 309, 319, 320, 322, 351, 352*
ロイズ S. G. 保険証券（1779 年）…… *20, 79, 83, 84*
ロイズ・アンダーライター …………… *285*
ロイズ・アンダーライティング・メンバー ……………………………………… *284*
ロイズ評議会 ……………………… *76, 77*
ロイズ法 ………………………………… *75*
ロイズ保険組合 ………………………… *75*
ロッテルダム・ルール …………… *395, 423*
ロンドン国際保険業協会 ……………… *300*
ロンドン保険業者協会 ……… *300, 352, 359*

わ

和文貨物海上保険約款 ………………… *294*
和文建造保険約款 ……………………… *276*
ワランティ ……………… *153, 155, 212, 215, 216, 217, 253, 258, 354*
割合的因果関係 ………………………… *203*
ワルソー条約 …………………………… *424*

欧文事項索引

A

active underwriter ······················ 78
actual total loss, absolute total loss ······· 244, 340, 432
advance call ···························· 371
adverse selection ······················ 154
alleged salvage ························ 440
Allgemeine Deutsche Seeversicherungs-bedingungen（ADS 1919）············ 104
all risks ··························· 165, 170
alteration of risk ······················ 223
American Institute of Marine Underwriters : AIMU ································ 277
Antoine Massias ··················· 65, 66
Application for Marine Cargo Insurance ·· 328
arising from ···························· 201
arising out of ·························· 200
Arnould ···························· 29, 32
assured ································ 175
attributable to ···················· 176, 201
average adjuster ················· 396, 412
Average Adjusting Office ············ 412
Average Bond ························ 442
avoidance of delay ···················· 312

B

barratry ································ 167
Benecke ································ 30
benefit of insurance ··················· 312
Bensa ·································· 33
Beschaffenheitgefahr ················· 177
"Both to Blame Collision" Clause ········ 305
Bubble Act 1720 ················ 25, 72, 362

C

causation ······························ 181
caused by ······························ 201
CFR ··································· 326
Chalmers ······························ 34
change of voyage ················ 146, 310

Change of Voyage Clause ············· 146
CIF ··································· 326
claim notice to carrier ················· 415
clandestine theft ······················ 168
Classification Clause ················· 354
Code des assurances ·················· 105
collision ·························· 167, 428
combination of causes ················ 193
Comité Maritime International : CMI ···· 287
common employment rule ············· 363
compromised settlement ·············· 204
conditio sine qua non ············ 185, 186
condition ··············· 211, 212, 216, 258
condition precedent ·············· 213, 258
condition precedent to liability ············ 212
constructive total loss ········ 244, 311, 432
contract of indemnity ············ 235, 267
Corporation of Lloyd's ················· 75
CRISTAL ····························· 375

D

deferred call ··························· 371
delay ·································· 173
directly or indirectly ··················· 200
due diligence ···················· 354, 355
duty of assured ························ 312

E

earthquake ···························· 167
Edward Lloyd ·························· 69
Emérigon ······························ 29
Endorsement ·························· 328
excess ································ 179
explosion ······························ 167
express warranty ··············· 218, 354
extraneous risks ······················ 164

F

Fines ································· 379
finite risk insurance ··················· 154
fire ··································· 167
FOB ·································· 325

fœnus nauticum············48, 50
forwarding charge············311
franchise············247
Franchise Board············77
Free from Particular Average············322
Free of Capture and Seizure Clause : FC & S Clause············359
Full Value Clause············358

G

GA declaration letter············442
general average············305
general average adjustment············406
general average disbursement insurance············405
Goldsmidt············32
grounding············166
Guidon de la Mer············22, 64, 65, 66

H

Hague Visby Rules············379
Harbours, Docks and Piers Clauses Act 1847············364
hazard············151, 153, 182, 183, 205, 206, 207, 221
held covered clause············232
"hypothetical salvage"············408

I

IMO············287
implied warranty············180, 218, 354
increased value············312
inherent vice or nature············178
Institute Cargo Clauses : ICC············81, 275, 294, 300, 321
Institute Cargo Clauses (All Risks)············321
Institute Cargo Clauses (FPA)············321, 322
Institute Cargo Clauses (WA)············321, 322
Institute Clauses············277
Institute Clauses for Builders' Risks : IBC············357
Institute Commodity Trade Clauses············307
Institute of London Underwriters : ILU············300, 352
Institute Replacement Clause············417

Institute Time Clauses-Hulls : ITC············336, 337, 352, 355, 429
Institute War and Strike Clause Hulls-Time : IWSC············348, 357
insurable interest············110, 311
Insurance Certificate············328
insurance policy············328
Insutitute Malicious Damage Clause············314
International Convention for the Unification of Certain Rules of Law in regard to Collision : COLREG············430
International Convention on Civil Liability for Oil Pollution Damage : CLC············375
International Group of P & I Clubs············369
International Management Code for the Safe Operation of Ships and for Pollution Prevention············332
International Maritime Organization············287
International Union of Marine Insurance : IUMI············24, 82, 276, 287, 389, 393, 411
ISM Code············332
ITC-Hulls (1/10/83)············352

J

Japan P & I Club : JPI············286, 350, 368
joint combination of several different causes············193
Joint Hull Committee : JHC············353

L

Label Clause············249
Law and Jurisdiction Clause············9, 356
Letter of Guarantee············239, 357, 430, 442
lightning············167
Limitation Act 1980············260
Lloyd's············68, 83, 284, 385
Lloyd's Act············75
Lloyd's Open Form : LOF············396, 436, 438, 439
Lloyd's S.G. Policy············20, 68, 301
Lloyd's Underwriter············285
Lloyd's Underwriting Member············284
Lord Campbell's Act or Fatal Accident Act 1846············363
Lord Mansfield············28

loss, damage ················· 183
Loss of Charter Hire Insurance（ABS 1/10
　/83 Wording）：ABS ················· 359
Loss Payable Clause ················· 13, 333
loss prevention service ················· 290

M

Magens ················· 30
Malynes ················· 25
managing agent ················· 78, 285
Marine Aviation Transport：MAT ······ 277
Marine Insurance Act：MIA ············ 4, 99,
　　　　　　　　　　　　　　　235, 306
marine quotation ················· 328
marine surveyor ················· 413
maritime lien ················· 437
Memorandum ················· 81
Merchant Shipping Act 1854 ············ 364

N

Name ················· 78, 284
new for old ················· 341
No Cure-No Pay ················· 435, 436
non-delivery ················· 168
Norwegian Marine Insurance Plan ······ 106,
　　　　　　　　　　　　　193, 341, 383
notice of abandonment ················· 244

O

occasioned by ················· 200
Off-hire ················· 348
Off-Hire Clause ················· 140
Oil Pollution Act 1990 ················· 375
Omnibus Clause ················· 380
Open Contract ················· 329
Open Policy ················· 329
ordinary course of transit ················· 309

P

Paramount Clause ················· 356, 359
payment first by member ················· 380
partial loss ················· 247
peril ······ 151, 153, 161, 182, 183, 205, 207, 359
perils clause ················· 162
perils of the seas ················· 161, 165

piracy (pirates) ················· 168, 356
pilferage ················· 168
Policy Year ················· 372
polluters pay principle ················· 376
prima facie evidence ················· 171
principle of average ················· 268
protection & indemnity（P & I）insurance
　················· 286, 361
proximate cause ················· 196

R

release call ················· 371
resulting from ················· 201
Rider ················· 328
rights of subrogation ················· 263
risk ················· 150, 221
Risks Covered ················· 304
Ritter ················· 37, 190, 192

S

salvage loss settlement ················· 249, 417
salvage remuneration ················· 353, 396
Santerna ················· 24
sentimental loss ················· 249
Ship Owners' Mutual Protection Society
　················· 286
Shipowners' Mutual Hull Underwriting
　Association ················· 362
sinking ················· 166
Skuld ················· 368
spontaneous combustion ················· 178
Straccha ················· 24
stranding ················· 166
strike risks ················· 170, 317, 359
subject-matter insured ················· 109
subrogation ················· 267
subrogation agreement ················· 269
sue and labour clause ················· 252
supplementary call ················· 371
syndicate ················· 285
Swedish Club ················· 368

T

Targa ················· 25
Termination of Adventure Clause ······· 145

termination of contract of carriage *147, 310*
The Britannia Steam Ship Insurance Association *365*
theft *168*
The Japan Ship Owners' Mutual Protection & Indemnity Association : Japan P & I Club *286, 368*
The Ship Owners Mutual Protection Society *365*
The Steamship Owners Mutual Protection & Indemnity Association *366*
thieves *168*
TOVALOP *375*
Transit Clause *145, 146, 309*

U

UNCTAD *82, 352*
underwriter *71*
Uniform Customs and Practice for Documentary Credits : UCP *327*

V

Valuation Form *443*

valued policy *297*
Versicherungsvertragsgesetz 2007: VVG *102*
volcanic eruption *167*

W

Wahrscheinlichkeitstheorie *192*
warlike operations *197*
warranty *153, 155, 212, 215, 216, 217, 253, 258, 354*
war risks *169, 182, 322*
Waterborne Agreement *170*
wilful misconduct *173, 174, 177, 201*
With Average *322*
without prejudice (WP) settlement *204*

Y

York-Antwerp Rules : YAR *342, 387, 441*
YAR1924 ...... *388*
YAR1950 ...... *389*
YAR1974 ...... *389*
YAR1994 ...... *390*
YAR2004 ...... *390*

【編者紹介】

木村栄一（きむら・えいいち）
　1925年生まれ。東京商科大学（現・一橋大学）卒業。一橋大学助教授を経て、1965年同大学教授。1981～1992年、日本保険学会理事長。現在、一橋大学名誉教授。商学博士。専攻、海上保険契約論。
　『ロイズ保険証券生成史』（海文堂・1979）、『海上保険』（千倉書房・1978）、『ロイズ・オブ・ロンドン』（日本経済新聞社・1985）、『保険入門』（共著、有斐閣・1993）、『保険の知識』（共著、有斐閣・1980）、『損害保険論』（共編著、有斐閣・2006）ほか。

大谷孝一（おおたに・こういち）
　1941年生まれ。早稲田大学大学院商学研究科博士課程修了。早稲田大学商学部助教授、早稲田大学商学学術院教授を経て、現在、早稲田大学名誉教授。商学博士。専攻、海上保険契約論。
　『フランス海上保険契約史研究』（成文堂・1999）、『海上保険論』（共著、損保総研・1984～1994）、『海上保険法概論』（共著、損保総研・2002～2010）、『アイバミー海上保険法』（共訳、早稲田大学出版部・1972）、『グッドエーカー海上保険クレーム』（監訳、損害保険事業研究所・1978）、『テンプルマン海上保険―その理論と実際』（共訳、損保総研・1991）、『はじめて学ぶ損害保険』（共編著、有斐閣・2012）ほか。

落合誠一（おちあい・せいいち）
　1944年生まれ。東京大学法学部卒業。成蹊大学法学部教授、東京大学大学院法学政治学研究科・法学部教授などを経て、現在、中央大学法科大学院教授、同東京大学名誉教授。専攻、商法・消費者法。
　『運送責任の基礎理論』（弘文堂・1979）、『運送法の課題と展開』（弘文堂・1994）、『消費者契約法』（有斐閣・2001）、『会社法要説』（有斐閣・2010）ほか。

【執筆者紹介】

中西正和（なかにし・まさかず）
　1932年生まれ。京都大学経済学部卒業。東京海上火災保険株式会社勤務を経て、同専務取締役、日本船舶保険連盟会長などを歴任。専攻、海上保険法。
　「英文船舶保険証券の問題点」日本海法会創立百周年祝賀『海法大系』（商事法務・2003）、「1974年（1990年改正）、1994年および2004年ヨーク・アントワープ規則の基本的問題」損害保険研究71巻2＝3号（2009）ほか。

今泉敬忠（いまいずみ・たかただ）
　1933年生まれ。早稲田大学大学院商学研究科博士課程修了。関東学院大学助教授、横浜国立大学教授などを経て、現在、横浜国立大学名誉教授。商学博士。専攻、海上保険・保険。
　『チャーマーズ・イギリス海上保険法論』（共訳、早稲田大学出版部・1961）、『P & I 保険の解説』（訳、成山堂・1989）、『英国 P. & I.保険の研究』（成文堂・1997）、『日本船主責任相互保険組合の新定款および保険契約規定の研究』（損保総研・1998）、『海上保険法概論〔第3版〕』（共著、損保総研・2010）ほか。

近内保利（こんない・やすとし）
　1957 年生まれ。東京大学法学部卒業。東京海上火災保険株式会社勤務を経て、現在、Tokio Marine Insurance (Thailand) Public Company Limited Managing Director。専攻、貨物海上保険・運送保険にかかわる引受業務全般。

中出　哲（なかいで・さとし）
　1958 年生まれ。一橋大学商学部卒業。ロンドン大学 L.S.E. 法学修士、ケンブリッジ大学法律学研究ディプローマ。東京海上日動火災保険株式会社勤務を経て、現在、早稲田大学商学学術院准教授。専攻、海上保険・保険法。
　『保険論〔第 2 版〕』（共著、成文堂・2009）、『損害保険市場論』（共著、損保総研・2011）、『船舶衝突法』（共著、成文堂・2012〔2012 年住田正一海事奨励賞受賞〕）、『はじめて学ぶ損害保険』（共編著、有斐閣・2012）ほか。

梅野鉄朗（うめの・てつろう）
　1961 年生まれ。東京外国語大学外国語学部卒業。東京海上火災保険株式会社勤務を経て、現在、東京海上日動火災保険株式会社船舶営業部部長兼船舶営業開発室長。主要担当業務、船舶保険にかかわる引受業務全般。

山口裕幸（やまぐち・ひろゆき）
　1962 年生まれ。東京大学法学部卒業。東京海上火災保険株式会社勤務を経て、現在、東京海上日動火災保険株式会社海上業務部次長兼船舶業務グループ課長。主要担当業務、船舶保険にかかわる引受業務全般。

増谷　博（ますたに・ひろし）
　1966 年生まれ。一橋大学経済学部卒業。東京海上火災保険株式会社勤務を経て、現在、東京海上日動火災保険株式会社コマーシャル損害部次長。主要担当業務、貨物海上保険・運送保険にかかわる損害サービス全般。

村上暢男（むらかみ・のぶお）
　1969 年生まれ。京都大学法学部卒業。東京海上火災保険株式会社勤務を経て、現在、東京海上日動火災保険株式会社コマーシャル損害部次長兼船舶航空グループリーダー。主要担当業務、船舶保険にかかわる損害サービス全般。

【編者】
木村栄一　　一橋大学名誉教授
大谷孝一　　早稲田大学名誉教授
落合誠一　　東京大学名誉教授・中央大学法科大学院教授

【執筆者】
中西正和　　元東京海上火災保険株式会社専務取締役
今泉敬忠　　横浜国立大学名誉教授
近内保利　　Tokio Marine Insurance（Thailand）Public Company Limited Managing Director
中出　哲　　早稲田大学商学学術院准教授
梅野鉄朗　　東京海上日動火災保険株式会社船舶営業部部長兼船舶営業開発室長
山口裕幸　　東京海上日動火災保険株式会社海上業務部次長兼船舶業務グループ課長
増谷　博　　東京海上日動火災保険株式会社コマーシャル損害部次長
村上暢男　　東京海上日動火災保険株式会社コマーシャル損害部次長兼船舶航空グループリーダー

海上保険の理論と実務

平成23年8月15日　初版1刷発行
平成24年12月15日　同　2刷発行

編　者　木村栄一・大谷孝一・落合誠一

発行者　鯉渕　友南

発行所　株式会社 弘文堂　　101-0062　東京都千代田区神田駿河台1の7
　　　　　　　　　　　　　　TEL 03(3294)4801　　振替 00120-6-53909
　　　　　　　　　　　　　　　　　　　http://www.koubundou.co.jp

装　丁　後藤トシノブ

印　刷　三美印刷株式会社

製　本　牧製本印刷株式会社

© 2011 Eiichi Kimura, Kouichi Ootani & Seiichi Ochiai. Printed in Japan
[JCOPY] 〈(社)出版者著作権管理機構　委託出版物〉
本書の無断複写は著作権法上での例外を除き禁じられています。複写される場合は、そのつど事前に、(社)出版者著作権管理機構（電話03-3513-6969、FAX 03-3513-6979、e-mail: info@jcopy.or.jp）の許諾を得てください。
また本書を代行業者等の第三者に依頼してスキャンやデジタル化することは、たとえ個人や家庭内での利用であっても一切認められておりません。

ISBN978-4-335-35485-4